盐亭年鉴

YANTING YEARBOOK

2023

中共盐亭县委党史研究室　编

方志出版社
Publishing House of Local Records

图书在版编目（CIP）数据

盐亭年鉴. 2023 / 中共盐亭县委党史研究室编.—
北京 ：方志出版社，2023.11
ISBN 978-7-5144-5895-4

Ⅰ. ①盐… Ⅱ. ①中… Ⅲ. ①盐亭县－2023－年鉴
Ⅳ. ①Z527.14

中国国家版本馆CIP数据核字(2023)第219047号

责任编辑：李丝雨
责任校对：张玉霞
责任印制：梅中英
出 版 者：方志出版社
地　　址：北京市朝阳区潘家园东里9号（国家方志馆4层）
邮　　编：100021
网　　址：http://www.zgfzcb.cn
发　　行：方志出版社图书营销中心（010-67110500）
印　　刷：成都市昇华印务有限公司
开　　本：889毫米×1194毫米　1/16
印　　张：31
字　　数：825千字
版　　次：2023年11月第1版
印　　次：2023年11月第1次印刷
定　　价：358.00元

《盐亭年鉴(2023)》编纂委员会

《盐亭年鉴(2023)》编辑部

主　　编：任　春

副 主 编：杨永浩

责任编辑：魏　琪

资 料 员：顾子琪　李春风

编辑说明

一、《盐亭年鉴》是在中共盐亭县委领导下，由盐亭县人民政府主办，中共盐亭县委党史研究室编纂的年度资料性文献。1986 年出版首部年鉴，2014 年《盐亭年鉴（2014）》首次公开出版发行，《盐亭年鉴（2023）》为总第 37 卷。

二、《盐亭年鉴（2023）》以马克思列宁主义、毛泽东思想、邓小平理论、“三个代表”重要思想、科学发展观、习近平新时代中国特色社会主义思想为指导，坚持辩证唯物主义和历史唯物主义的立场、观点和方法，全面、系统、翔实地反映 2022 年全县人民在县委、县政府的领导下，开拓创新，务实发展，大力实施“产业强县、开放兴县、文旅活县”战略，奋力描绘“产业振兴新天地、通达开放新高地、和谐美丽新福地”的生动画面，充分展现 2022 年全县经济社会各项事业发展取得的新成绩，为实现全县科学发展提供决策依据和借鉴，为广大读者了解和研究盐亭提供资料和信息。

三、《盐亭年鉴（2023）》时间上限为2022年1月1日，时间下限至2022年12月31日。为突出年鉴的时效性，首卷专题图片中的部分图片，特载和文献资料中的部分内容时间后延。

四、《盐亭年鉴（2023）》采用分类编辑法，设类目、分目、条目三个层次，条目为基本记事单元。全书设置图片专辑、特载、专文、大事记、县情概览、中国共产党盐亭县委员会、盐亭县人民代表大会、盐亭县人民政府、中国人民政治协商会议盐亭县委员会、中国共产党盐亭县纪律检查委员会·盐亭县监察委员会、民主党派·工商联、群众团体、法治、军事、经济管理、农业与农村、工业、商贸服务业、金融、交通运输、邮政·通信、应急管理、城乡建设与管理、生态环境、科学技术、教育·体育、文化、旅游、卫生和健康、社会生活、乡镇街道、人物、统计资料、附录等。

五、《盐亭年鉴（2023）》正文中条目统一使用黑体字加【】表示。部分“简略语”随条目注释；文中部分单位机构名称进行简称，请参照“盐亭县部分机关企事业单位机构名称全简称对照表”。

六、《盐亭年鉴（2023）》内容按年鉴编辑部的任务分配方案和撰稿要求，由盐亭县经开区管委会和各部、局、行、办及乡镇、街道供稿，部分图片采用盐亭摄影家协会孙秀云所摄图片，经盐亭年鉴编辑部整理编辑，经编委会审查、上级主管部门审核而成，具有权威性。所用统计资料由盐亭县统计局提供，正文中数据由各部门提供，引用时以《盐亭统计年鉴（2022）》为准。

数字盐亭

基本情况

行政区划面积 1645.8 平方千米

乡镇(街道)17 个

村 189 个

社区 65 个

户籍人口 51.91 万人

农业

农林牧渔业总产值 88.95 亿元

粮食总产量 29.4 万吨

生猪出栏 57 万头

肉类总产量 6.63 万吨

森林面积 7.6 万公顷

森林覆盖率 49.68%

自然保护区面积 3018.5 公顷

工业

全年工业增加值 29.03 亿元

规模以上工业企业 37 家

工业总产值 36.07 亿元

工业销售产值 35.16 亿元

国民经济

地区生产总值 203.65 亿元

第一产业增加值 45.57 亿元

第二产业增加值 57.29 亿元

第三产业增加值 100.79 亿元

三次产业结构 22.4：28.1：49.5

地方财政总收入 22.22 亿元

一般公共预算收入 5.02 亿元

地方财政总支出 56.77 亿元

社会消费品零售总额 105.81 亿元

城镇居民人均可支配收入 41569 元

农村居民人均可支配收入 21594 元

年末金融机构存款余额 263.73 亿元

年末金融机构贷款余额 142.88 亿元

交通邮电

境内公路总里程 2539 千米

公交车路数 12 路

出租汽车数 130 辆

邮政局(所)65 处

固定电话机用户 5.78 万户

教育卫生

学校 94 所

在校学生 42049 人

卫生机构数 526 个

卫生机构床位数 3636 张

卫生技术人员 2412 人

环境保护

污水集中处理率 86.45%

城市空气质量优良天数 354 天

山水盐亭

桃花盛开天水村

七里花香之春

嫘祖陵风景区

莲花湖

鳌鱼新貌

夕韵坝雄

云溪逸景美如画

两江广场新貌

玉龙镇

中国西部鳜鱼之乡

兴旺盐亭

大兴回族乡留守妇女在家养鸡2000余只，看见又大又肥的土鸡即将售完，脸上露出喜悦的笑容

富驿镇梨园村渔业丰收

黄甸镇利和村蚕桑产业发展迅速

大兴回族乡青峰村黄牛养殖

文通镇留守妇女在家养殖山羊1000余只，在乡村振兴中起到了模范带头作用

丰收的喜悦

玉米丰收

嫘祖镇高粱丰收

盐亭县水产现代农业园区

嫘祖粮油现代农业园区

盐亭县柑橘现代农业园区

经开区全景图

“嫘之味”农产品区域公用品牌推介发布会

绵品出川（盐亭）“嫘之味·福州行”

绵阳锂源新能源
电池生产线

工业园区双辉科技公司
生产车间钢花飞舞

直播带货推介
盐亭农产品

2022年11月4日，盐亭经开区与南浔经开区签订区域合作协议，
共促两地发展

2022年11月10日，黄甸镇高林村角75井开工建设

九龙镇角井1号全景

2023年2月13日，位于盐亭县大兴回族乡广裕村的蓬深6井顺利完钻并成功固井，井深最深达到 9026米，刷新亚洲最深直井纪录，堪称“地下珠峰”

通达盐亭

龙顾井大桥

龙凤谷大桥

毛公大桥

成德南高速大桥

石龙大道

梓江上的高速路

螺祖大道

绵西高速云溪枢纽

成德南高速盐亭出口

金通工程

2023年6月11日，绵阳市人民政府办公室发出《关于认定第五批“四好农村路”示范乡镇的通知》，认定第五批绵阳市“四好农村路”示范乡镇。盐亭县莲湖乡、西陵镇、金孔镇3个乡镇榜上有名

农村道路加宽建设　　绵西高速

玉带桥

和美盐亭

黄昏下的石岭小区

人才公寓

盐亭县华宸国际学校

盐亭县指南幼儿园

建设中的盐亭中学新校区

章邦河边露营基地

2022年，林山乡村民在王家大院开展新春田拜会

盐亭县中医医院

24小时自助法院

弥江闸坝口袋公园

建好武引水网，2万名群众告别靠天吃饭

整治后的樱花路

民族团结进步示范街

文脉盐亭

荣阳村字库塔

玉龙字库塔

字库塔，也称字库、惜字宫、焚字炉、敬字亭等，是古时人们焚烧字纸的塔形建筑，体现了古人对文字、文化的敬重、敬仰。盐亭县现存字库塔32座，分布在云溪、巨龙、九龙、西陵、永泰、玉龙、黄甸、岐伯、大兴、富驿、金孔、高渠、嫘祖、莲花湖、鹅溪等15个乡镇，是全国字库塔留存最多的县，被誉为“字库塔之乡”。盐亭字库塔群造型精美、保存完好、形态各异、极具特色，堪称中国字库塔典范，已于2019年1月被四川省人民政府公布为“四川省文物保护单位”。

榉溪笔塔

莲池寺字库塔

毛罐寺字库塔

玉龙镇涂氏牌坊

岐伯镇上演川剧表演

岐伯行乡

盐亭上演非遗文化木偶戏

耍蚕龙

桃子龙

两江广场坝坝电影

闹元宵

盐亭县行政区划图

内部用图

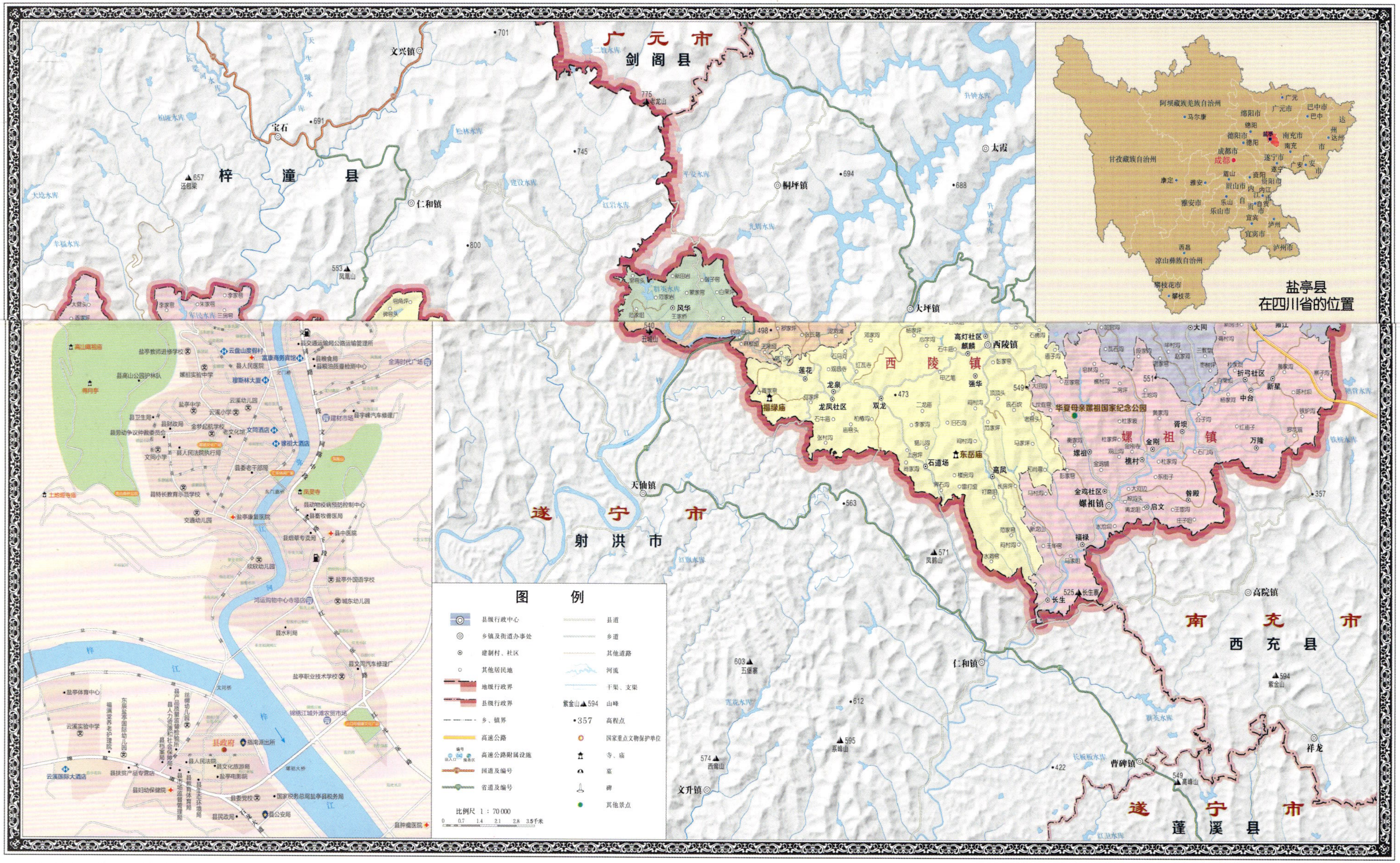

盐亭县民政局 编制

审图号：川S【2022】06003号

目　录

特　载

专　文

大事记

县情概览

中国共产党盐亭县委员会

盐亭县
人民代表大会

盐亭县人民政府

中国人民政治协商会议盐亭县委员会

中国共产党盐亭县纪律检查委员会·盐亭县监察委员会

民主党派·工商联

群众团体

法 治

军 事

经济管理

农业与农村

工　业

商贸服务业

金　融

交通运输

邮政·通信

应急管理

城乡建设与管理

生态环境

科学技术

文　化

旅　游

卫生和健康

社会生活

乡镇街道

人　物

统计资料

附　录

特　载

在县委十四届二次全会上的讲话

2022 年 1 月 6 日

县委书记　何长鹰

在第一次全体会议上的讲话

县委十三届十次全会以来，面对复杂严峻的外部环境和新冠肺炎疫情的冲击挑战，面对开启“十四五”、启航新征程的繁重任务，县委坚定以习近平新时代中国特色社会主义思想为指导，深入贯彻党的十九大和十九届历次全会精神，全面落实党中央大政方针和省委、市委决策部署，立足新发展阶段、贯彻新发展理念、融入新发展格局、推动高质量发展，统筹推进“五位一体”总体布局、协调推进“四个全面”战略布局，统筹推进疫情防控和经济社会发展，统筹发展和安全，紧紧依靠和团结带领全县干部群众攻坚克难、埋头苦干，胜利打赢脱贫攻坚战，步入全面小康社会，开启了全面建设成渝地区生态经济强县和社会主义现代化盐亭新征程，全县各项事业迈上新台阶。

一年来，县委因势利导、顺势而为，统筹兼顾当前与长远、全局与重点，机遇与挑战等多重关系，在全面推进各项工作的同时，着重抓了六件大事。

第一，认真学习宣传贯彻党的十九届五中、六中全会和省委、市委全会精神。把科学谋划“十四五”发展作为贯彻落实党的十九届五中全会、省委十一届八次全会和市委七届十次全会精神的重要任务，准确把握党中央、省委、市委关于“十四五”时期经济社会发展新的重大判断和部署要求，高质量编制《盐亭县国民经济和社会发展第十四个五年规划和二〇三五年远景目标纲要》，明确盐亭未来发展的基本思路、主要目标、重点任务和重大举措。党的十九届六中全会闭幕后，及时召开县委常委会（扩大）会议、县委理论学习中心组专题学习会传达学习，扎实开展宣传宣讲和学习培训，在全县迅速掀起学习宣传贯彻全会精神热潮。贯彻落实党的十九届六中全会、省委十一届十次全会和市委八届二次全会精神，认真筹备县委十四届二次全会，重点研究深入学习贯彻党的十九届六中全会精神巩固党史学习教育成果、以实现碳达峰碳中和目标引领绿色低碳产业加快发展问题，县委常委会领导成立文件起草组，深入开展调查研究，广泛征求意见建议，反复讨论修改，形成了提交此次全会审议的决定稿。

第二，精心组织开展党史学习教育和庆祝建党 100 周年活动。成立县委庆祝中国共产党成立 100 周年活动暨党史学习教育领导小组，制定实施方案和若干配套文件，把两项重要政治任务有机结合、一体推进。贯彻落实党中央、省委、市委部署要求，召开 2 次全县党史学习教育领导小组会议和 6 次县委中心组理论学习会分阶段学习党的历史，举办县级领导干部、全县乡科级干部专题读书班和中青班进行集中学习，县委常委带头作专题宣讲和党课报告，带头联系实际办好民生实事，带头推动学习教育走深走实。精心筹备庆祝党的百年华诞系列活动，组织党员干部收听收看庆祝中国共产党成立 100 周年大会盛况，认真学习贯彻习近平总书记“七一”重要讲话精神，开展“党史进万家”“三讲一展示”等主题活动，评选“两优一先”150 个，向 2800 余名老党员颁发“光荣在党 50 年”纪念章，进一步坚定了全县广大党员干部和各族群众听党话、感党恩、跟党走的信心决心，凝聚了奋进新征程、谱写新篇章的磅礴力量。

第三，乘势而上全力发展能源化工产业。抢抓“双碳”战略目标和“气大庆”目标历史机遇，立足盐亭油气资源富集优势，明确把“油气资源勘探开发”摆在工业经济发展的中心位置，并将其作为“十四五”及未来发展的重要战略方向，对油气资源勘探开发、重大项目布局、化工园区申报等工作作出全面部署，推动工作力量、资源要素向能源化工产业聚集。去年全县部署天然气井9口、现有正常生产气井42口，开采天然气3.45亿立方米、凝析油5659吨。金浅512井测试获气98.74万立方米/天，创四川盆地致密气测试产量新高。角探1井先后在沧浪铺组和茅口组测试获气51.62万立方米/天、112.8万立方米/天高产工业气流，实现了四川盆地沧浪铺组、茅口组油气勘探的重大战略突破，同时，地面工程和输气管线建设有序推进，预计今年初投产。化工园区申报工作得到市委、市政府全力支持，格润中天项目即将建成投运，神州卓越石油项目落地开工，计划投资20亿元的致密气轻烃回收联产氦气项目正式签约，全县现有能源化工产业规模以上工业企业5户，油气资源优势正加快转化为高质量发展优势。

第四，稳妥有序做好县乡领导班子换届工作。坚持把党的领导贯穿换届工作全过程、各方面，成立全县县乡领导班子换届工作领导小组，组建选举指导、风气监督、信访核查等6个工作组，在全省率先拍摄严肃换届纪律专题警示教育视频11部，有力有序推进换届工作。胜利召开县第十四次党代会，选举产生了新一届县委、县纪委，明确了未来五年发展的战略举措、目标任务和工作要求。成功召开县“两会”，高质量完成选举任务。全县乡镇（街道）领导班子结构更优、功能更强，县级党政领导班子平均年龄下降至43.1岁。乡镇（街道）领导班子平均年龄较上届下降3.2岁，具有2年以上乡镇工作经历的达88%以上，“五方面人员”进入乡镇领导班子16名。整个换届工作规范有序、风清气正，实现了“绘就好蓝图、选出好干部、配出好班子、树立好导向、形成好气象”的目标。换届后，全县党员干部积极追求“三个一流”，大力争做“四有”干部，干事创业、拼搏实干的氛围浓厚。

第五，扎实推动巩固拓展脱贫攻坚成果同乡村振兴有效衔接。科学谋划5年过渡期农业农村工作，充实调整县委农村工作领导小组，挂牌运行县乡村振兴局，召开县委农村工作会议统筹部署安排，制定实施任务清单，明确12个方面44项重点工作任务。巩固拓展脱贫攻坚成果，严格落实“四个不摘”要求，健全防止返贫动态监测和常态化帮扶机制，顺利通过省级巩固脱贫成果“后评估”交叉检查。接续推进乡村全面振兴，着力抓好乡村产业发展、乡村建设、乡村治理能效提升等重点工作，明确12个乡村振兴重点帮扶村并在资金、项目安排上予以倾斜支持。鹅溪镇入选“国家农业产业强镇”，巨龙镇、鹅溪镇入选全省“一乡一业”试点，奇骏果树、鑫兴生猪2家合作社被评为“2020年国家农民合作社示范社”，众兴肉牛、琪霞土鸡、金钟水产3家合作社被评为“四川省第十三批农民合作社省级示范社”。巩固拓展脱贫攻坚成果同乡村振兴有效衔接、联动推进，标志着全县“三农”工作重心实现历史性转移，正朝着加快实现农业农村现代化、促进共同富裕的目标迈进。

第六，有力推进乡镇行政区划和村级建制调整改革“后半篇”文章。坚持“六个导向”，紧扣“四大任务”，制定“1+29”专项工作方案，明确169项年度重点任务，着力推动城乡格局调适、管理体制调顺、产业布局调优、服务治理调强。“三联三百三晒”改革经验入围《人民日报》“献礼建党百年——基层党建与民生发展”优秀案例，“阳光村（居）务面对面”工作被《人民日报》刊载，城乡一体化供水、盘活撂荒地、优化师资配置等改革经验被国家部委和省厅官网宣传推广，富驿镇雄关村被认定为“全国乡村治理示范村”，巨龙镇、黄甸镇三学村荣获“四川省第二批乡村治理示范村镇”。坚持经济区和行政区适度分离，谋划推进以片区为单元编制乡村国土空间规划，科学拟定县域内片区划分方案。乡村国土空间规划编制工作是对两项改革成果的巩固拓展，必将在县域内培育更多具有较强支撑力和带动力的新引擎，形成更强综合效应、释放更大改革红利。

一年来，县委坚持稳中求进工作总基调，应对新挑战、解决新问题，统筹推进经济社会发展和党的建设，打好开局主动仗、跑出赶超加速度，主要做了以下工作。

一是坚定不移推动经济高质量发展。坚持科学精准抓防控、统筹各方抓发展，预计去年全县地区生产总值达190亿元、增长10.1%，增速有望超过全市平均水平，经济发展保持了稳定恢复、稳中加固、稳中向好的态势。大力促进产业发展。实施工业“123”工程，开展工业经济倍增三年行动，居里亚、熔增环保等12个项目竣工投产，新华康生物被科技部认定为国家高新技术企业，群琪科技、新川义生物科技建成市级企业技术中心，预计去年规模以上工业企业完成总产值30.3亿元、增长27%，规模以上工业增加值增长14.2%以上，工业用电量增长31%。实施农业“135”工程，新发展藤椒、杂柑等特色产业基地6500余亩，生猪、蛋种鸡全产业链初步构建，新希望生猪全产业链项目获评全市“骏马项目”，县农旅公司、华腾水产、浩淼渔业3家单位成功入选以生产经营单位为主体的“国家级水产健康养殖和生态示范区”，预计去年实现第一产业增加值47.89亿元、增长7.7%、居全市第一梯队。实施服务业“114”工程，嫘祖圣境、西部写生基地等7个项目加快推进，积极发展农村电商和产销对接，推动线上线下消费融合，预计去年实现社会消费品零售总额103.2亿元、增长15%。合理扩大有效投资。围绕“两新一重”持续深化基础设施等重点领域补短行动，岐伯广场、文同桥至冲沙闸市政道路等重大项目顺利竣工、交付使用，西部北部供水、第一批撤并建制村道路等项目全面提速、加快建设，107个重点项目预计完成投资46.9亿元、年度投资完成率70.9%，预计实现固定资产投资75亿元、增长14.5%。抓紧抓实项目储备。全县共谋划储备“十四五”项目657个、总投资1169.65亿元，其中5亿元以上项目54个、10亿元以上项目26个。申报2022年地方政府专项债券项目42个，总投资144.79亿元，当年资金需求48.79亿元，并全部通过省发改委审核。

二是坚定不移深化改革扩大开放。坚持强化改革思维、开放意识，推动改革与开放相互促进、相得益彰。以深层次的对内改革激发活力。县委全面深化改革委员会明确的171项改革任务，目前已完成108项、完成率63.2%，进度符合预期。下足真功夫优化营商环境，“放管服”改革进一步深化，“最多跑一次”事项占比达100%，“全程网办”事项比例达99.43%。创新“不见面”信贷审批服务，投放中小微企业贷款2.3亿元，切实缓解中小微企业融资难、融资贵问题。全面落实企业减税降费政策，工业用电累计降费442万元，减免税费2564万元。大力支持民营企业发展壮大，出台《盐亭县推动工业经济高质量发展奖励政策（试行）》，预计去年民营经济实现增加值111.36亿元、增长6.2%、占地区生产总值比重达58%。以高水平的对外开放增添动力。加快畅通对外开放大通道，紧抓新一轮交通攻坚大会战契机，主动谋划做好南盐高速、盐茂高速前期工作，为两条高速早日开工建设打下坚实基础。把招商引资作为经济工作主抓手，坚持“请进来”和“走出去”双管齐下，县委、县政府主要领导亲自率队赴北京、上海、广东等地考察企业项目23批次，举办投资推介会和项目集中签约仪式5场，签约项目31个、其中5亿元及以上项目6个，预计去年引进到位国内省外资金35亿元，完成市目标任务的175%、完成比居全市前列。建强用好对外开放平台，成功举办国家对台交流重点项目“海峡两岸嫘祖文化交流活动”，盐亭“朋友圈”不断拓展，知名度持续提高。

三是坚定不移提升民生幸福指数。坚持人民至上、生命至上，始终牢记权为民所用、情为民所系、利为民所谋，切实解决人民群众最关心、最直接、最现实的利益问题。预计去年城乡居民人均可支配收入达39819元、20589元，分别增长9.1%和12%。不断保障和改善民生。尽力而为、量力而行办好33件民生实事，民生支出占全县一般公共预算支出比重稳定在70%以上。多措并举稳就业、保就业，开展“金秋送岗”“网络职通车”等活动，城镇累计新增就业2986人，城镇登记失业率稳定在4%以下。义务教育优质均衡发展，改建新建富驿小学、先锋幼儿园等公办学校11所，“双减”工作稳步推进，盐亭职业技术学校荣获“2021一带一路暨金砖国家第二届人工智能机器人大赛二等奖”，盐亭中学荣获“绵阳市普通高中教育质量特等奖”。把“问题楼盘”化解处置作为一项政治任务和民生工程，一楼一策、专班推进，13个楼盘按期销号、2475户确权办证。扎实推进新型城镇化。按照“做优旧城、拓展新区、组团发展”的思路，实施城建攻坚重点项目42个、完成投资13.83亿元，54个老旧小区改造项目和309个棚户区改造项目全面开工，23个整村推进项目和12501户卫生厕所改造任务全部完成，6套周转房维修改造任务全面完工、121套新建任务加快推进。扎实开展重点项目周边环境秩序专项整治，启动城市违法建设专项整治，中心镇人口吸纳和综合服务功能不断提升，富驿镇、黄甸镇成功进入“省级百强中心镇”入库候选名单，嫘祖镇入选全省“百镇建设行动”试点。健全公共卫生服务体系。落实分级诊疗制度，深化公立医院改革，18个涉改乡镇卫生院基本完成资源整合，县人民医院成功申请“无痛医院”试点获国家卫健委批准，全县建档立卡脱贫患者医疗费用自付比例稳定在10%以下。

四是坚定不移推进生态文明建设。认真践行“绿水青山就是金山银山”的理念，持续做好生态建设和环境治理“加减法”，坚定走生态优先、绿色发展之路。深入打好污染防治攻坚战。加大环保基础设施建设投入，建成日处理能力5000立方米的城市污水处理应急设施，经开区污水处理厂技改项目全面完工，全县污水收集处理率达86.5%。顺利通过第二轮中央生态环境保护督察，转办群众信访举报件较上一轮大幅下降、降幅达85%，10件信访举报件已办结7件。开展养殖场周边环境专项整治行动，限期整改16家、停业整顿3家。去年全县城市空气优良天数达标率为98.4%、居全市第二，县城和24个乡镇集中式饮用水源地水质达标率均为100%，出境断面水质整体达到Ⅲ类标准，土壤环境风险安全可控，“国家生态文明建设示范县”创建成果持续巩固，盐亭绿色生态本底不断夯实。持续加大生态保护修复力度。全面推行河湖长制、林长制，“三区三线”第二轮划定和“三调”变更调查基本完成，修复废弃矿山12.3亩，新增森林蓄积46.6万立方米、森林覆盖率达49.68%，超额完成市下达森林资源“双增长”目标，实施现有林改培2万亩、新造林2000亩，被绵阳市绿化委员会评为“绵阳市绿化模范先进单位”。

五是坚定不移加强宣传思想文化工作。聚焦举旗帜、聚民心、育新人、兴文化、展形象，推动宣传思想文化工作主动作为、勇开新局。巩固壮大主流思想舆论。统筹开展中国共产党成立100周年、新冠肺炎疫情防控、全面建成小康社会等重大主题宣传，牢牢掌握意识形态工作领导权、主动权，中央电视台来盐拍摄制作播出《中国推介——盐亭县：华夏母亲之都　世界丝绸之源》《藤椒老人招工记》等专题片，播放量达1000余万次，我县县级综合传播力影响力指数排名连续11个月跻身全省第一方阵。培育和践行社会主义核心价值观。加强和改进新时代思想政治工作，充分用好袁诗荛烈士纪念园、革命烈士纪念碑等本土红色资源，扎实开展爱国主义、集体主义和社会主义教育，推动志愿服务常态化、制度化，深化各类精神文明创建，顺利通过省级文明城市年度测评，新一轮省级文明城市建设有序推进。促进文化事业繁荣发展。嫘祖陵公园被中央台办、国务院台办批准设立为“海峡两岸交流基地”，县文化馆被文化和旅游部命名为“国家一级文化馆”，玉龙镇被评为“绵阳市乡村文化振兴样板镇”，永泰镇文同村被评为“四川省乡村文化振兴样板村”，巨龙镇胜利村被评为“市级乡村文化振兴样板村”。

六是坚定不移加强民主法治建设。坚持党的领导、人民当家作主、依法治国有机统一，不断发展全过程人民民主，巩固和发展生动活泼、安定团结的政治局面。支持县人大及其常委会依法行使职权。确保县人民政府、县监察委员会、县法院、县检察院自觉接受人大监督，支持人大依法任免干部，县乡民生实事项目人大代表票决制实现全覆盖，县乡两级人大换届选举工作圆满完成。支持县政协依照章程履行职能。围绕高质量发展、乡村振兴等开展协商议政活动，加强专门协商机构建设，推动县政协进一步提高“有事来协商”工作质效，广泛凝聚共识、凝聚智慧、凝聚力量，县政协换届工作圆满完成。充分发挥统一战线作用。支持各民主党派持续开展政治协商、民主监督、参政议政，推动加强自身建设。认真贯彻中央民族工作会议和全国宗教工作会议精神，全面贯彻党的宗教工作基本方针，扎实做好民族团结进步各方面工作，大力推进民族地区区域协同发展，依法依规管理宗教事务，宗教工作督查整改任务取得突破性进展。统筹抓好群团和党管武装工作。支持工会、共青团、妇联、科协、残联、侨联等立足自身优势，发挥桥梁纽带作用，服务中心大局。扎实抓好全民国防教育，支持部队参与地方经济社会建设，持续做好双拥共建工作，切实落实退役军人安置保障各项政策规定。深入推进全面依法治县。科学编制《法治盐亭建设实施方案（2021—2025年）》，启动实施“八五”普法，深化拓展“法律七进”，积极探索“枫桥经验”盐亭样本，创新建立访调诉援联动中心，“三建三联”矛盾纠纷化解体系在全省推广，7月以来，全县矛盾纠纷调解成功数同比上升50%，万人发案率同比下降7%。

七是坚定不移建设更高水平的平安盐亭。深入贯彻落实总体国家安全观，把安全发展贯彻经济社会发展始终，推动实现全县高质量发展和高水平平安良性互动。坚决维护政治安全。深入开展“护旗”系列专项行动，着力抓好反奸防谍斗争，严密防范宗教渗透，依法打击邪教组织违法犯罪活动，持续加强反恐防暴工作，深化整治网络政治谣言和有害信息，为庆祝建党100周年营造了安全稳定的社会环境。着力防范化解重大风险。政府债务风险总体可控，提前完成隐性债务化解目标任务。依法严厉打击非法金融活动，对重点公司、重点人员实行动态式台账管理，守住了不发生系统性区域性金融风险的底线。常态化开展扫黑除恶斗争，打掉涉黑犯罪组织1个，县委政法委、县纪委监委等5个部门先后被评为省、市扫黑除恶先进集体。深入实施安全生产专项整治三年行动，全年未发生重特大安全生产事故，牢牢守住社会稳定、安全生产、食品药品安全底线。扎实做好防灾减灾救灾工作。坚持以防为主、防治结合，森林草原防灭火专项整治成效明显，全年未发生一起森林火灾，成功处置

“5·2”冰雹灾害和“7·15”洪涝灾害，有力维护了人民群众生命财产安全。

八是坚定不移纵深推进全面从严治党。全面贯彻新时代党的建设总要求，坚持和加强党的全面领导，持续在学懂弄通做实习近平新时代中国特色社会主义思想上下功夫，不断提高党的建设质量。坚持把党的政治建设摆在首位。严明党的政治纪律和政治规矩，强化“守责”的政治自觉、“负责”的政治担当、“尽责”的政治使命。扎实抓好对党忠诚教育，引导党员干部准确理解、深刻把握“两个确立”对新时代党和国家事业发展、对推进中华民族伟大复兴历史进程所具有的决定性意义，不断增强“四个意识”、坚定“四个自信”、做到“两个维护”。发展积极健康的党内政治文化，切实加强政德建设，以良好政治文化涵养良好政治生态。认真践行新时代党的组织路线。落实新时代好干部标准，坚持“优化结构、人岗相适、全面比选、择优使用”，切实选好干部、配强队伍。把关心关爱干部落到实处，出台激励干部担当作为39条硬措施。切实抓好基层党建工作，打造“三会共治”“四治协同”等特色基层党建品牌。深入实施“嫘祖故里英才计划”，培养7个类别190名高层次人才。围绕重点产业、乡村振兴招才引智，“带编进校”对口引进高学历专业人才。驰而不息正风肃纪反腐。坚持不敢腐、不能腐、不想腐一体推进，推动重大违纪违法典型案件以案示警、以案明纪、以案促改，去年党纪政务立案194件195人，组织处理198人次，移送司法机关7人。大力整治群众身边腐败和不正之风，承接全市唯一一个由中央纪委国家监委建立的小微权力“监督一点通”服务平台试点，试点经验得到省、市纪委监委高度认可，在中央纪委国家监委视频调研座谈会上作交流发言，在“学习强国”、廉洁四川等媒体平台宣传推广，自8月试运行以来，通过平台办结群众投诉件308件、群众回评满意度达98%。《盐亭县“三聚焦三深化”推动系统治理走深走实》，被省纪委监委在全省纪检监察系统推广。坚决落实省委巡视反馈问题整改责任，71个反馈问题已整改完成57个。深入开展政法队伍教育整顿。紧紧围绕“打造忠诚干净担当的政法铁军”这条主线，着力抓好“四项任务”，扎实推进“三个环节”，坚决清除害群之马，累计核查办结各类线索53条，立案查处29人，留置2人，处理处分46人，移送司法机关2人，整治“六大顽瘴痼疾”问题351个。通过教育整顿，全县政法队伍纪律作风进一步好转、素质能力进一步增强、执法司法公信力进一步提升。

一年来，县委常委会高度重视加强自身建设，始终坚持以身作则、率先垂范，充分发挥把方向、管大局、作决策、保落实作用。旗帜鲜明讲政治，始终胸怀“两个大局”，心系“国之大者”，带头以正确认识、正确行动拥护“两个确立”、做到“两个维护”。每次习近平总书记发表重要讲话、作出重要指示批示，县委常委会会议都及时传达学习，举行11次县委理论学习中心组集体学习，坚定以习近平新时代中国特色社会主义思想武装头脑、指导实践、推动工作。县委常委带头参加所在党支部组织生活，在“我为群众办实事”实践活动中领办具体事项。严格执行民主集中制，认真落实县委常委会会议议事决策规则，召开38次常委会会议研究部署重大工作、重大事项。带头履行全面从严治党主体责任，自觉执行中央八项规定精神及其实施细则，管好家属子女和身边工作人员，带动形成风清气正的良好政治生态。

这些工作的推进和各项成绩的取得，是以习近平同志为核心的党中央和省委、市委坚强领导的结果，是全县广大干部群众团结奋斗的结果。特别是在座的各位同志，在各自岗位上履职尽责、担当作为，对县委常委会工作给予了大力支持，为盐亭经济社会发展作出了积极贡献。在此，我代表县委常委会，向同志们表示衷心的感谢！

在总结工作的同时，县委常委会客观分析了工作中存在的问题和不足。主要是，推动高质量发展任务繁重，重大项目投资支撑不足，具有盐亭特色的现代化产业体系还需进一步完善；创新活力不足，全县创新能级有待进一步提升；民生领域还存在不少短板，巩固脱贫攻坚成果、推进乡村全面振兴任务艰巨；统筹发展和安全面临许多新挑战，常态化疫情防控各项举措仍需狠抓落实，防范和化解重大风险的意识和能力还要持续增强；社会治理还任重道远，县域发展“大环境”仍要不断优化；党的建设方面还存在一些薄弱环节，正风肃纪、惩贪治腐还需纵深推进，等等。对于这些问题和不足，我们将在今后工作中努力加以解决。

在第二次全体会议上的讲话

在大家的共同努力下，县委十四届二次全会圆满完成各项议程，即将胜利闭幕。会议期间，与会同志进行了深入讨论，大家一致认为，这是一次求真务实、催人奋进的总结会。一年来，面对错综复杂的外部形势和影响深远的新冠肺炎疫情，县委坚定以习近平新时代中国特色社会主义思想为指导，认真贯彻落实中央、省委、市委决策部署，统筹疫情防控和经济社会发展，推动盐亭各项事业取得了新成效，开启了盐亭“十四五”发展新征程。大家一致认为，这是一次旗帜鲜明、态度坚决的落实会。县委以全会的形式深入学习贯彻党的十九届六中全会、省委十一届十次全会、市委八届二次全会精神，全面总结了党史学习教育取得的丰硕成果，充分体现了县委坚决拥护“两个确立”、坚决做到“两个维护”的高度政治自觉。大家一致认为，这是一次抢抓机遇、加快发展的动员会。全会深入研究“双碳”战略与盐亭经济社会发展的契合点，作出了《关于以实现碳达峰碳中和目标引领绿色低碳产业加快发展的决定》，体现了县委勇于服务国家战略、担当盐亭发展重任的远见与魄力，必将推动盐亭油气资源勘探开发、能源化工产业发展取得重大突破，迎接盐亭工业春天的到来。大家一致表示，将坚决拥护“两个确立”、坚决做到“两个维护”，自觉把思想和行动统一到党的十九届六中全会、省委十一届十次全会、市委八届二次全会和县委十四届二次全会精神上来，不折不扣推动各级会议精神落地落实。

下面，我就相关工作，再强调几点意见。

第一，认真贯彻落实党的十九届六中全会、省委十一届十次全会、市委八届二次全会和县委十四届二次全会精神

11月8日，中国共产党第十九届中央委员会第六次全体会议召开。习近平总书记作的工作报告，全面总结了党的百年奋斗重大成就和历史经验，深刻揭示了“过去我们为什么能够成功、未来我们怎样才能继续成功”，对于推动全党进一步统一思想、统一意志、统一行动，更加坚定自觉地践行初心使命，在新时代更好坚持和发展中国特色社会主义，具有重大现实意义和深远历史意义。全会作出《中共中央关于党的百年奋斗重大成就和历史经验的决议》，是郑重的历史性、战略性决策，充分体现党牢记初心使命、永葆生机活力的坚强意志和坚定决心，充分体现党深刻把握历史发展规律、始终掌握党和国家事业发展的历史主动和使命担当，充分体现党立足当下、着眼未来、注重总结和运用历史经验的高瞻远瞩和深谋远虑。决议作为马克思主义的纲领性文献，是新时代中国共产党人牢记初心使命、坚持和发展中国特色社会主义的政治宣言，是以史为鉴、开创未来、实现中华民族伟大复兴的行动指南。

12月2日，省委召开十一届十次全会，会议深入学习贯彻党的十九届六中全会精神，全面落实习近平总书记对四川工作系列重要指示精神和党中央决策部署，审议通过了《中共四川省委关于深入学习贯彻党的十九届六中全会精神巩固党史学习教育成果的决定》和《中共四川省委关于以实现碳达峰碳中和目标为引领推动绿色低碳优势产业高质量发展的决定》，对于引导全省上下更好从党的百年奋斗重大成就和历史经验中汲取智慧力量，坚定不移走生态优先、绿色低碳的高质量发展道路，团结带领全省各族人民朝着全面建设社会主义现代化四川目标不懈奋斗，具有重大现实意义和深远历史意义。

12月16日，市委召开八届二次全会，全面贯彻落实党的十九届六中全会、省委十一届十次全会精神，审议通过了《中共绵阳市委关于深入学习贯彻党的十九届六中全会精神巩固党史学习教育成果的决定》和《中共绵阳市委关于以实现碳达峰碳中和目标为引领加快发展绿色低碳产业的决定》。全会的胜利召开，对于教育引导全市广大党员干部自觉做“两个确立”坚决拥护者和“两个维护”坚定践行者，在全面建设中国科技城和社会主义现代化绵阳的新征程中展现新气象新作为，以及引导全市上下大力发展绿色低碳产业，加快走出一条服务国家战略全局、顺应四川发展大势、支撑绵阳未来发展的绿色低碳发展之路，都具有十分重大的意义。

深入学习贯彻党的十九届六中全会、省委十一届十次全会以及市委八届二次全会，认真落实县委十四届二次全会决策部署，是当前和今后一个时期全县的重大政治任务。全县各级党组织要迅速行动，结合自身工作实际抓好贯彻落实。

*一要深刻领会各项会议精神。*县委十四届二次全会与党中央、省委、市委会议一脉相承，是体现盐亭特色、坚持系统观念的务实举措和行动方案。全县上下要把学习宣传贯彻本次全会精神与学习党的十九届六中全会、省委十一届十次全会以及市委八届二次全会精神结合起来，与谋划部署好各地各部门今年工作统一起来，不断加深对县委决策部署的理解把握，做到入脑入心、知行合一。

*二要迅速掀起学习贯彻热潮。*全县各级党组织要及时召开会议，持续用力将党中央、省委、市委、县委各项会议精神传达到领导班子、传达到基层、传达到党员群众。宣传部门要采取多种方式开展宣讲工作，形成持续深入的宣传氛围，掀起贯彻落实的热潮。各级领导干部特别是领导班子成员要率先垂范、以身作则，带头深入学习会议精神，率先到分管领域、联系乡镇宣讲会议精神。

三要推动决策部署落地落实。各级各部门要结合部门实际，找准自身工作与“双碳”战略的结合点，对照梳理中央、省、市决策部署，细化贯彻落实的具体措施，形成部门实施方案。要把做“两个确立”的坚决拥护者和“两个维护”的坚定践行者落实到具体工作之中，从党的百年奋斗历程中汲取奋进的智慧和力量，以“不忘初心、砥砺前行”的饱满热情，展现“方得始终、为民尽责”的担当作为。

第二，围绕实施“三大战略”奋进“三大目标”，抓好今年经济社会重点工作

一要努力推动产业发展壮大。产业强则经济强，产业兴则百业兴。要深刻理解“产业强县”战略对盐亭县域崛起的现实意义，将干部力量、工作精力、优势资源聚焦到产业发展中来。要以油气资源勘探开发为中心抓好工业发展，加快推进化工园区申报创建，为天然气产业蓬勃发展和能源化工项目签约落地打下坚实基础。要切实帮助企业协调解决土地、融资、用工、生产生活配套等各类实际问题，推动神州卓越、轻烃回收联产氦气、天然气发电等签约项目尽早开工，确保绵阳锂源、熔增环保、格润中天等在建项目尽快投产。要围绕“生物医药、能源化工、绿色食品”三大主导产业，一方面持续培育壮大存量，支持企业通过技术革新、科技创新等方式增加市场占有率，做大规模、做响品牌。另一方面，对外招引寻求增量，瞄准构建产业集群，精细研判、靶向出击，提升招商质效。研究优惠扶持政策，着力引导“盐商回归”“乡贤创业”。要以传统农业向现代农业转变为中心抓好农业发展，积极推进国家级农产品质量安全县创建认定工作，加快建设鹅溪生猪+粮油、黄甸蛋种鸡等现代农业园区，以社会主体为核心推进现有园区提档升级、融合发展，不断打造盐亭农产品品牌，以产业振兴为核心推进乡村全面振兴。要推动“水产、畜禽、柑橘、藤椒”四大主导产业提质增效，加快推进新希望150万头生猪全产业链、凤集蛋种鸡关联项目等重点项目建设，争创全国生猪调出大县和全省最大蛋种鸡基地。要按照《盐亭县“十四五”推进农业农村现代化规划》中的产业划分，结合各地资源禀赋，统筹发展一批特色重点产业，因地制宜加快种业发展，形成鲜明的特色优势。要以推动三次产业融合为中心抓好现代服务业发展，积极发展生产性服务业，推动物流产业与工业、农业有效衔接，推进旅游观光与休闲农业融合发展，促进产业链和价值链向高端攀升。要大力建设嫘祖圣境、西部写生基地等重点文旅项目，加快发展以嫘祖文化为品牌的旅游业，加大优质旅游产品供给，实现三星级旅游景区“零”的突破。要大力发展健康养老、现代物流、文化旅游等现代服务业，推动商贸流通等传统服务业转型升级。这里再特别强调一下，三次产业的发展都要注重市场主体的培育，要持续壮大市场主体规模，推动企业升规入统，力争农业新增规上企业2户、市以上龙头企业3户，工业新增规上企业10户，服务业新增规上企业2户。

二要开足马力加大项目投资。项目建设蒸蒸日上，产业发展才能欣欣向荣。要深刻理解“抓项目就是抓发展，稳投资就是稳增长”的现实意义。要多措并举加大项目储备，围绕公共服务、环境保护、市政设施、产业基础设施尤其是能源化工产业等强化项目包装，做细做实做好项目前期准备工作，提高项目申报的成功率。要积极开展对上争取，瞄准国省政策导向，抢抓省级换届契机，跑省到市加强工作汇报，争取更多项目纳入国家、省级大盘子，为今年以及“十四五”时期获得国、省支持奠定基础。要有条不紊推进在建项目，强化分类调度和要素保障，加快重点项目建设进度。要落地落实县级领导联系重点项目工作机制，坚决反对只挂帅不出征、只做虚工不求实效的官僚主义行为，对推进速度慢的，要逐项进行排查梳理，找准项目建设滞后症结，并想方设法解决问题。要千方百计招引优质项目，以延链、补链、强链为目标加大主导产业招商引资力度，以行业龙头带动产业上下游协同发展。当然，随着化工园区创建成功，将有更多项目主动找上盐亭，我们要秉承生态优先、绿色发展的理念，优中选优、强中选强，形成契合盐亭发展的能源工业体系和低碳发展格局。要逗真碰硬强化项目管理，规范操作程序，严格执行项目招投标、工程资金拨付、财务决算审计等规定。要扎实开展“三大专项整治行动”，严厉整治项目领域乱象，重拳整治围标串标、恶意阻工、强揽工程等行为，为项目建设营造良好环境。

三要深化改革扩大开放。改革创新是经济社会发展的不竭动力，是经济转型的核心内容。要深刻理解“创新是引领发展的第一动力，抓创新就是抓发展，谋创新就是谋未来”的现实意义。要深化农业农村改革，积极探索农村集体经济发展新模式，全面完成86个村集体经济“消薄”任务。要扎实推进乡村振兴，加强农村基层综合治理，提升农村公共服务水平，建设一批省、市级乡村振兴先进示范单位。要做深做细两改“后半篇”文章，落实好省市重点任务，积极争取更多专项试点和项目资金落户盐亭，加快补齐农村基础设施短板。要加紧谋划启动乡村国土空间编制工作，确保形成高质量编制方案。要加大工作中好经验、好做法的总结力度，及时将盐亭典型做法总结提炼出来，形成可复制可推广的经验做法，为全省全市两项改革“后半篇”文章工作贡献盐亭智慧。要扎实推进省市重点改革任务，深化生态文明体制、民主法治领域、文化教育卫生体制、社会体制、党建制度、纪律检查体制等重点改革，因地制宜开展自主改革，不断激发内生动力、发展活力。要持续扩大对外开放力度，节俭、高效办好第六届海峡两岸嫘祖文化交流活动，搭建开放合作平台。要加强与西南油气田分公司、农科院以及各类高校的合作力度，以科技创新推动高质量发展。要跟进南盐、茂盐高速建设，做好项目前期和服务工作，促进对外开放“大通道”建设。

四要持续办好民生实事。民生福祉无小事，一枝一叶总关情。要深刻理解“人民对美好生活的向往就是我们的奋斗目标”，把增加民生福祉作为改革发展的最终目的，让“民之所望”成为“政之所向”。要强化就业优先导向，落实好中央经济工作会关于“六稳”“六保”工作，尤其是稳就业、保就业的重大部署，用活用好现行各类扶持政策，跟进落实灵活就业劳动用工和社会保障政策。办好各类就业招聘活动，帮助和促进返乡农民工、退役士兵、高校毕业生等重点群体创业就业。要巩固脱贫攻坚成果，落实好防止返贫动态监测和帮扶机制，精准锁定监测户、易致贫户，严防返贫、致贫、产生新贫。要抓好社会民生工作，稳步实施义务教育质量提升“11255”工程，加快建设指南小学，尽快启动嫘祖初中、产教融合园区等项目。要继续实施县级公立医院综合改革，加快推进县医院、中医院、疾控中心、妇幼保健院等县直医疗单位的改、扩建工程。要全力推进公共服务基础设施配套建设，加快推进S306、金峰水厂、西部北部城乡供水等重点工程，不断完善城乡基础设施。

五要统筹安全与发展两件大事。安全是发展的前提，发展是安全的保障。要深刻理解“人民至上、生命至上”的理念，把安全作为头等大事抓在手上。要始终绷紧安全生产这根弦，围绕危化品、城乡消防、道路交通、建筑施工、食品药品等行业领域，因地制宜开展安全隐患排查整治工作，确保无死角、无盲区、无缝隙、全覆盖，牢牢守住安全底线。要继续做好新冠肺炎疫情防控、森林防灭火等工作，坚决杜绝麻痹思想、侥幸心理，坚决打赢防疫防火“两场硬仗”。要积极妥善化解历史遗留问题，始终站在人民群众的立场上看问题、想办法，做好退役军人、问题楼盘等重点领域和群体的稳控工作，高效化解各类矛盾纠纷，切实提高群众幸福感和满意度。牢牢掌握意识形态工作领导权，坚决同各类歪风邪气做斗争，理直气壮弘扬新风正气。要依法管理宗教事务，不断巩固民族和睦、宗教和顺、社会和谐的良好局面。要加大网络舆情监管力度，围绕油气资源开发、重大项目建设、重点产业发展等领域，动态捕捉苗头性负面舆情，确保早发现、早化解，决不能出现因舆情影响盐亭形象和盐亭发展的情况。

第三，纵深推进全面从严治党，夯实高质量发展的政治基础

一要把深刻把握“两个确立”、坚决做到“两个维护”放在重要位置。党的百年历史告诉我们，一个成熟的马克思主义政党，必须有坚强的领导核心和科学的理论指引，各项事业才能从胜利走向新的胜利。党的十八大以来，习近平总书记以大气魄运筹治党治国治军，以大视野谋划改革发展稳定，以大情怀践行人民至上，掌舵领航中华民族伟大复兴踏浪前行，是众望所归、当之无愧的核心。党的十九届六中全会，确立了习近平同志党中央的核心、全党的核心地位，确立了习近平新时代中国特色社会主义思想的指导地位，反映了全党全国各族人民的共同心愿。“两个确立”是历史和时代的选择，来自人民内心深处的衷心拥戴，任何时候都不能含糊、不能动摇。全县各级党组织和广大党员干部要始终把坚决拥护“两个确立”作为应有的政治信念、政治忠诚、政治立场、政治态度，始终在党的旗帜下团结成“一块坚硬的钢铁”，确保盐亭各项事业发展始终沿着习近平总书记指引的方向前进。在新的征程上，我们要更加坚定自觉坚持和捍卫“两个确立”，把坚决做到“两个维护”作为最高政治原则来坚守，让忠诚核心、拥戴核心、维护核心、捍卫核心成为盐亭政治生态最鲜明的政治底色、党员干部最鲜明的政治品格。

二要在开启新的历史征程、创造新的历史伟业中展现更加顽强的作风。一百年来，我们党从小到大，由弱到强，每一步前进都历千难而前赴后继，经万险而锲而不舍，向人民、向历史交出了一份优异的答卷，体现了中国共产党人脚踏实地、顽强奋斗的优良作风。现在，我们踏上了实现第二个百年奋斗目标新的赶考之路，面临的改革发展稳定任务之重、矛盾风险挑战之多，前所未有，我们必须以更加顽强的作风迎接更加困难的挑战。要迈开步子不停息。锚定县第十四次党代会确立的目标任务，立下“不破楼兰终不还”的誓言，努力在实施“三大战略”、奋进“三大目标”的征程上奋勇搏击、迎难而上，创造新的历史伟业。要敢于担当不避难。沧海横流显砥柱，万山磅礴看主峰，主动挑大梁、扛重任，以功成不必在我的境界和功成必定有我的担当，争做“四有”干部，直面发展过程中的问题与挑战，充分展现新时代盐亭党员干部的精气神、新面貌。要追求一流不懈怠。恪守以市委提出的“三个一流”为价值导向，凡事坚持高标准、体现严要求，精雕细琢做好每项工作、殚精竭虑把好每道关口、恪尽职守站好每个岗位，一步一个脚印，一年一个台阶，推动盐亭的各项工作始终走在前列。

三要刀刃向内自我革命、发扬新时代斗争精神。不畏挑战、不惧风险，必须自我革命强体魄、保持斗争增本领。要有奋起直追的志气。盐亭发展潜力巨大，省市都十分关心盐亭的发展，给予我们无限的关怀和期望。我们应该深刻地认识到“打铁必须自身硬”，坚定奋进之志、激发进取之心、砥砺担当之勇，锤炼发展的志气，不断提升工作的能力水平。要有抢抓机遇的意识。在疫情变化和外部环境的冲击下，挑战与机遇并存。广大党员干部务必要充分解放思想，主动抢抓机遇。要克服“怕”的思想，体现“敢”的担当，敢碰困难、敢冒风险、敢担责任，不断破解发展难题，努力开拓创新。要有防腐拒变的定力。在追求高质量发展的道路上，广大党员干部要时刻保持清醒头脑，始终坚定理想信念，保持共产党人应有的价值追求。准确把握好“我是谁”“为了谁”“依靠谁”的问题，依法依纪用好党和人民赋予的权力。始终坚持严于律己，培养积极健康的生活方式和高尚的道德情操，做到慎始、慎微、慎独，切实展现盐亭干部清正廉洁的形象。

年节前后，我再强调一下近期重点工作。

一要认真筹备春节前后重要活动。要高度重视、周密部署年前节后召开的经济工作会、县纪委全会和全县“两会”，统筹做好前期各项准备工作，确保会议顺利召开。要深入开展“走基层”“送温暖”活动，重点关注脱贫不稳定人口、突发严重困难户以及低保户、优抚对象、孤寡老人等重点群体，切实把党和政府的关怀和温暖送到群众心坎上，进一步拉近党群干群的距离。要做好春节期间基本生活保障，维护好供水、供电、供气等设施，营造和谐、安康、喜庆的过节氛围。要化解处置稳控好历史遗留问题，开展好根治欠薪专项行动，切实维护农民工合法权益，维护社会大局和谐稳定。

二要常态化做好疫情防控。年关是外出务工人群集中返乡的时间，必须重点抓好疫情防控工作。要坚持外防输入、内防反弹、“人”“物”同防的防控策略，持续做好重点部位、重点领域精准防控。要全面掌握返盐人员动态，落实好居家隔离措施，确保不发生内部感染。要做好疫苗接种工作，强化物资储备，加强应急演练，加强宣传教育，提升群防群控意识，切实保障人民群众生命健康安全。

三要严防各类安全事故发生。年底前后历来是各类事故多发易发期，要深刻吸取近期事故教训，要举一反三抓好道路交通、森林防灭火、城市消防、项目建设等重点领域安全生产工作，坚决打赢岁末年初安全防范这场硬仗。

四要谋划经济“开门红”。要认真贯彻中央、省、市经济工作会议精神，按照县第十四次党代会提出的目标任务，认真谋划今年经济工作，尽快研究印发工业、农业、服务业和项目投资、招商引资工作要点。抓早动快，扎实做好一季度各项工作，确保实现“开门红”。

五要清正廉洁过年节。廉不廉看过年，洁不洁看过节。要认真贯彻落实中央八项规定精神，戴紧规矩“紧箍咒”，严防“节日腐败”。要自觉树好形象、当好表率，认真落实厉行节约、制止奢侈浪费的有关规定，带头抵制违规相互宴请等不正之风和各种奢侈浪费歪风，引导全社会过一个风清气正、安定祥和的春节。

盐亭县人民代表大会常务委员会工作报告

2023年1月8日
在盐亭县第十九届人民代表大会第三次会议上
盐亭县人大常委会主任 蒲浪涛

2022年工作回顾

2022年，县人大常委会在县委的坚强领导和市人大的正确指导下，坚持以习近平新时代中国特色社会主义思想为指导，全面贯彻落实党的十九大、二十大精神以及中央、省委、市委人大工作会议精神，以高站位谋划紧跟党委决策部署，高效能监督助推工作落实，高水平决定体现共同意志，高标准履职引领代表发挥作用，认真履行宪法和法律赋予的职责，担当作为、开拓进取，为谱写全面建设成渝地区生态经济强县和社会主义现代化盐亭新篇章贡献人大力量。

一、紧抓笃学笃行、高举信仰之旗，始终与县委同心同德

常委会坚持用习近平新时代中国特色社会主义思想凝心铸魂，坚决贯彻落实坚持党的领导这一最高政治原则，坚定不移做“两个确立”忠诚拥护者、“两个维护”示范引领者。

坚持在政治思想上“入脑入心”。把习近平新时代中国特色社会主义思想作为理论学习第一课程、研讨交流第一议题、谋划工作第一依据，用党的创新理论统揽新时代人大工作和建设，靠新思想定向领航，向新思想寻策问道。深学细悟笃行党的二十大精神，准确把握报告中关于坚持和发展全过程人民民主和人民代表大会制度的科学内涵、精神实质和实践要求，夯实做好新时代人大工作的理论根底。

切实在服务大局上“善作善为”。严格落实重大事项向县委请示报告制度。坚持召开重要会议、作出重要决定、组织重要活动、开展重要工作及时向县委请示报告。全年向县委请示报告18次。充分发挥常委会党组把方向、管大局、促落实的作用，通过法定程序将县委的决策部署转化为人民群众的共同意志，依法作出决议决定、审议意见23项；将县委确定的干部人选任命为地方国家机关工作人员，全年依法任免47人次，切实把党的全面领导贯穿人大工作始终。

确保在作用发挥上“见行见效”。心怀“国之大者”，情系“民之关切”，精选19项议题开展视察调研、座谈走访，以重点突破带动监督工作的整体推进，以问题督办形成同题共答、合力破题。聚焦经济高质量发展、项目建设、营商环境优化、生态文明建设、基层社会治理、乡村振兴等中心工作，深入开展调查研究，组织引导人大代表、人大工作者主动服务和深度参与，为建设盐亭广聚人心、汇聚合力。首次召开县人大常委会和县政府联席会议，推动人大和政府实现同频共振、互促互进，合力推动全县经济社会高质量发展。

二、紧随大局大势、勇担监督之责，始终与发展同向同力

常委会紧扣事关全县高质量发展和人民群众普遍关注的重点问题，依法开展工作监督和法律监督，以监督工作的实绩实效推动县委决策部署的落地落实。全年共听取和审议专项工作报告24项，组织视察调研、执法检查45次。

谋实谋细经济预算监督。深入贯彻落实新发展理念，密切关注新冠肺炎疫情对经济运行造成的影响，提前介入计划编制审查，加强全口径、全过程预算监督。审议上半年国民经济和社会发展计划执行情况、财政预算执行情况、审计及审计查出问题整改情况等工作报告，审查批准财政决算和预算调整方案，持续加强对政策实施和财政资金使用绩效情况的审查监督，多措并举管好人民“钱袋子”。出台《深入推进全县国有资产监督工作实施意见》，审议企业国有资产管理情况的报告，提出统筹做好国有企业转型升级，防范化解国企风险隐患，加强国有资产有效监管等建议，依法守护好政府的“家底子”。视察调研“放管服”改革，以简化程序、服务企业为切入口，强化监督，依法履职，打通助企纾困“最后一公里”。

抓实抓细重点工作监督。紧扣全县工作大局，紧盯大事要事开展监督，充分发挥好人大在解决问

题、推动工作中的独特优势。聚焦服务业“114”工程，认真落实常委会党组牵头协助抓好服务业发展职责，构建由常委会党组牵头抓总，常委会主任分块协作，人大常委会机关全员参与、相关职能部门合力攻坚的共推服务业发展工作格局；专题调研服务业“114工程”实施情况和全县房地产运行情况，鼓励企业坚定发展信心，立足自身优势，抢抓发展机遇，不断提高服务质量，助力我县服务业高质高效发展。聚焦工业“123”工程，实地查看格润中天、新华康、绵阳锂源、熔增环保等工业企业生产情况，面对面倾听企业诉求，全面了解企业生产经营状况，切实为企业谋措施、想办法、破难题。审议“园区提质”“企业满园”情况报告，调研全县工业经济发展情况，提出高质量建好化工园区、梯度化培育龙头企业、用好用足政策和服务等建议，让更多企业在盐亭留得住、做得大、走得远。聚焦农业“135”工程，紧紧围绕现代农业园区建设、天府粮仓建设、高标准农田建设、耕地撂荒治理、乡村闲置资产管理、公益性岗位助力乡村振兴等进行执法检查和专题调研，合力推进农业农村高质量发展。通过听取报告、视察调研、执法检查等形式，以人大之为帮党委分忧、给政府加持、为发展助力。

做实做细法律司法监督。以维护社会公平正义为主题，以促进依法行政、公正司法为目标，切实加强对法律实施和司法工作的监督。围绕法律普及抓监督。对“七五”普法工作开展调研，正式全面启动“八五”普法工作。主办国家宪法宣传周法律知识擂台赛，推动宪法法律宣传常态化。全面落实任前法律知识考试、任职表态发言、宪法宣誓等制度，对县政府4个部门主要负责人履职情况进行评议及满意度测评，增强任命干部的宪法意识、法律意识和责任意识。紧盯法律实施抓监督。对《中华人民共和国道路交通安全法》《四川省宗教事务条例》等10部法律法规的贯彻执行情况开展执法检查，跟踪督办审议意见8件。首次听取规范性文件备案审查工作情况的报告，出台《规范性备案审查工作办法》，建立备案审查和司法监督咨询专家库，不断提升依法履职专业化水平。调研“践行民主立法、服务基层治理”工作，推动上级人大在盐亭建立基层立法联系点并蓬勃发展。立足公正司法抓监督。专题调研县法院、县检察院依法履职情况，听取和审议县法、检两院年度重点工作报告，组织市县人大代表90余人次参加旁听庭审、座谈会、现场监督，增强审判工作的透明度和公开度，促进阳光司法、公正司法。首次听取审议县监委扫黑除恶“打伞破网”专项工作报告，实现了人大通过听取专项工作报告的方式对“一府一委两院”监督的全覆盖。

三、紧系民心民意、恪守为民之志，始终与人民同声同音

常委会认真贯彻落实以人民为中心的发展思想，始终坚持把为民履职作为工作的出发点和落脚点，紧抓目标导向、需求导向、效果导向，尽人大之责，用心用情做实民生实事，不断擦亮盐亭“和谐美丽新福地”的民生底色。

倾力办好民生实事项目。顺应人民对美好生活的向往，把督促办好民生实事作为为民履职的重点任务抓实抓好，着力推动解决群众烦心事、操心事、揪心事，不断增强人民群众的获得感、幸福感、安全感。通过集中视察、专题调研、日常监督等形式，动态跟踪民生实事项目实施进度、工程质量、社会效果，形成“一季一督查”“半年一总结”“年终一测评”全过程常态化的监督机制，促进政府相关部门以更大力度办好民生实事，以更实举措解决城市基础设施建设、农村交通出行等人民群众急难愁盼的问题。

着力提升生态宜居品质。深刻领会习近平生态文明思想，依法行使职权，积极担当作为，把绿水青山护得更美，把美丽宜居城市扮得更靓。听取年度环境状况和环境保护目标完成情况报告，调研环保督察问题整改落实情况，督促政府统筹推进综合治理、系统治理、源头治理，提升绿色发展水平，持续改善生态环境质量。实地调研县城垃圾清运和处理情况，督促做好垃圾收集转运工作，推动生态文明建设、保障公众健康、维护生态安全。配合市人大开展《绵阳市文明行为促进条例》等执法检查，以法治力量推动市民文明习惯养成、文明素质提升。

全力助推民生福祉改善。坚持人民至上，主动回应人民群众关切，以行动践行“为民初心”。高度关注群众生命健康安全，听取审议常态化疫情防控工作报告，组织全县人大系统干部和人大代表积极参与疫情防控工作，有效应对疫情冲击。调研基层医疗机构实施国家基本公共卫生服务项目情况，推动解决乡镇卫生院在人才引进、资金扶持、基础设施建设等方面存在的突出问题。倾心关注养老服务需求，开展城镇职工和城乡居民基本养老保险办法执法检查，专题调研养老服务发展情况，全力助推养老服务事业高质量发展。密切关注群众诉求解决，常委会班子成员扛稳责任担当，牵头开展9个“问题楼盘”矛盾化解攻坚，高效推进永逸广场复工、万福楼和弥江公馆竣工，完成凤楚云天、梧桐巷18号、紫江金岸A区、高山书院等楼盘392户分户办证或分房安置。开展消费者权益保护调研，切实维护好市场公平秩序，营造放心、安心、舒心的消费环境。认真做好人大信访工作，加强跟踪督办，推动群众合法合理诉求妥善解决。

助力脱贫攻坚同乡村振兴有效衔接。严格落实“四个不摘”要求，扎实做好帮扶各项工作。人大班子成员率先垂范，实地调研帮扶村基础设施建设、产业助农增收、人居环境整治、集体经济消薄等情况，现场督导问题整改落实。机关干部职工下沉到一线，结对帮扶联系村69户已脱贫户，以购代扶助力联系村农产品销售，增加农户收入和村集体经济，改善群众的生活水平。各级人大代表聚焦“产业兴旺、生态宜居、乡风文明、治理有效、生活富裕”总要求，充分发挥“领头雁”作用、创业先锋优势，积极引导群众持续巩固脱贫攻坚成果，全面推进乡村振兴。

四、紧扣齐心齐力、凝聚奋进之势，始终与代表同行同为

常委会始终尊重代表主体地位，坚持联系与服务并重，切实加强和改进代表工作，拓展代表参与常委会工作的深度和广度，代表工作活力持续增强，代表作用得到有效发挥。

全方位拓宽代表履职能力。把提高代表的履职能力作为代表工作的重点，有步骤、有计划地开展人大代表履职培训、专题培训，激活人大代表工作源头活水。经常邀请代表参加常委会开展的视察调研、执法检查等活动，持续畅通代表知情知政渠道。组织省市县人大代表300余人次进社区、进院坝、进农户联系服务群众，开展督察城市内涝整治、市政基础设施建设、重点项目推进、安全生产等活动，切实发挥好代表在各方面的主体作用。我县“我为群众办实事——人大代表在行动”工作，在全市推进会作经验交流发言。

全覆盖搭建代表履职平台。持续巩固开展代表阵地建设工作，优化平台设置和活动内容，加强日常管理与运行保障，依托“家、站”开展代表接待等履职活动535次，收集意见建议900余条，把代表联络站打造成为社情民意“直通站”、社会治理“加油站”。不断强化代表先进典型事迹宣传报道力度，先后在省市县媒体网站宣传、刊发信息稿件10余篇，多维度展示代表故事、代表声音、代表形象，激励各级代表在各行业、各领域冲在先、走在前、做表率。

全流程抓好议案建议督办。认真落实“内容高质量，办理高质量”的要求，不断探索创新代表建议交办督办和办理工作机制，推动代表建议走深走实，见行见效。从严把好建议“提出、交办、办理、督办和办后评价”五道关口，推动议案建议真正从纸上落到地上，提升代表和群众的满意度。开展建议办理“人大代表面对面”活动，加强人大代表与承办单位和人民群众常态化沟通联系，完善建议答复承诺解决机制，推动建议的跟踪办理，提升代表建议办理质效，确保建议办理落地落实。2022年交办的47件代表建议已全部办理完毕。

五、紧盯善作善成、锤炼履职之能，始终与时代同进同步

常委会锚定“四个机关”定位，准确把握新时代对人大工作新要求，从政治建设抓起，从纪律作风严起，从素质能力强起，不断加强人大自身建设。

突出政治统领。坚持把政治建设摆在首位，不断强化政治担当，认真履行全面从严治党主体责任。加强机关党的建设，严肃党内政治生活。深入抓好党风廉政建设，驰而不息纠“四风”、正作风，全力支持保障派驻纪检组开展工作。高度重视意识形态工作。认真贯彻民主集中制度，坚持重大事项、重大决策、重大财务支出集体研究决定。

突出工作效能。扎实开展“真抓实干、建功一线”活动，狠抓工作作风改进，深入一线调查研究，服务全县经济社会发展大局。撰写的全县房地产运行情况等调研报告得到县委长鹰书记的肯定性批示，《大兴回族乡深入践行全过程人民民主的思考与建议》等入选绵（阳）（北）碚“全过程人民民主的基层实践路径”研讨会文稿集，汇编《全过程人民民主的基层实践路径合集》，启动《盐亭县人民代表大会志（1954—2023）》编纂工作。

突出高效联动。自觉接受上级人大工作指导，全力配合做好省、市人大常委会组织开展的20余次立法调研、执法检查、视察走访等。加强对乡镇人大法定会议、主席团工作、代表活动的指导，强化年度工作考核，坚持邀请乡镇人大主席、街道人大工委主任列席常委会会议，推动乡镇（街道）人大工作规范化建设。听取凤灵街道人大工委年度工作报告，不断规范街道人大工作，促进街道人大工委履职尽责、发挥作用。

各位代表，过去一年取得的成绩，是习近平新时代中国特色社会主义思想科学指引的结果，是县委坚强领导的结果，是常委会组成人员和全体代表共同努力的结果，是县人民政府、县政协、县监察委员会、县人民法院、县人民检察院协同工作的结果，也是全县人民、乡镇街道人大和社会各界大力支持的结果。在此，我谨代表县人大常委会向大家表示衷心的感谢！

回顾一年来的工作，我们清醒地认识到，常委会的工作与宪法和法律赋予的职责，与县委对人大工作的要求，与人民群众的期盼相比，仍有一定的差距和不足。主要是监督工作的实效还需进一步提高，代表履职服务保障和主体作用发挥有待进一步增强，人大常委会机关自身建设还应进一步提升。这些问题都需要在今后的工作中高度重视，持续改进。

2023年工作安排

各位代表，2023年是全面贯彻落实党的二十大精神开局之年，是实施"十四五"规划承上启下的关键一年。立足新征程，面对新使命，今年县人大常委会工作的总体要求是：坚持以习近平新时代中国特色社会主义思想为指导，深入学习贯彻党的二十大精神及中央、省委、市委人大工作会议精神，全面落实县委十四届二次全会各项决策部署。牢牢把握以中国式现代化全面推进中华民族伟大复兴的使命任务，坚持党的领导、人民当家作主、依法治国有机统一，坚决践行全过程人民民主理念，在彰显制度优势上保持定力，在服务大局上精准发力，在密切联系群众上深挖潜力，在加强自身建设上持续用力，为全面建设成渝地区生态经济强县和社会主义现代化盐亭贡献人大智慧和力量。

一、突出政治引领，以更高站位把牢政治方向

常委会将时刻在党委的坚强领导下，更加注重加强政治建设，不断提高政治判断力、政治领悟力、政治执行力，牢牢把握新时代盐亭人大工作正确政治方向。坚守政治原则。坚决贯彻习近平总书记和党中央提出的"五个牢牢把握""七个聚焦"等重要要求，入脑入心全面学习，切实把思想和行动统一到党的二十大精神上来。认真学习贯彻报告中涉及人大工作的重点内容，找准定位、抓住要点、明确责任、提出措施，确保党的二十大精神全面准确贯彻落实到人大各项工作中。强化政治担当。坚持在县委领导下依法履行职责、开展工作，确保重大事项请示报告到位，县委决策部署贯彻落实到位，县委人事安排意图体现到位，县委重大工作监督推动到位。落实政治责任。严格执行民主集中制，积极推进常委会工作制度化规范化，为做好人大工作提供坚强保证。

二、突出中心任务，以更实举措服务发展大局

常委会将继续坚持把支持寓于监督之中，综合运用各种监督形式，积极助推高质量发展。用好重大事项决定权服务大局，抓住带全局性、根本性的重大事项，适时作出决议决定，把县委的主张转化为全县人民的共同意志。围绕经济发展质量，加大对财政预算、决算、审计等专项工作的审查力度，跟踪监督"十四五"规划纲要中期实施情况，开展国有资产管理情况调研，促进经济加快转型升级。围绕发展大局，助力营商环境打造、重大项目招引建设等重点工作提质增效。围绕企业所盼，聚焦市场主体的痛点堵点，推动惠企纾困政策落地落实、到位见效。围绕民心所向，高度重视"三次"产业、项目建设、就业创业、生态环境、"一老一小"、食品药品安全、医疗健康等工作，探索运用评议、问询等刚性监督手段推动问题解决，做到整改不到位、监督不停止。围绕问题导向，通过专题审议、执法检查、视察调研等方法，找准"病灶"，开好"良方"，助力"一府一委两院"高效开展工作。围绕成果转化，进一步完善审议意见交办督办机制，实行全链条监督，加强跟踪督办，提升监督实效。

三、突出平台搭建，以更优履职彰显为民情怀

常委会将始终尊重代表主体地位，健全和完善代表履职服务保障机制，支持和保障代表更好依法履职。不断发展全过程人民民主，扩大人民有序政治参与，进一步完善人大代表的民主民意表达平台和载体，拓展常委会与人民群众、人大代表的多层联系，邀请更多代表参加常委会会议和活动，更好发挥人大代表之家和代表联络站作用。深入开展"我为群众办实事——人大代表在行动"活动，丰富代表联系群众的内容和形式，更好接地气、察民情、聚民智、惠民生。推进代表培训工作的系统化、规范化、专业化，分期分批安排代表学习培训。完善代表履职评价体系和激励机制，切实提高代表履职的能力和成效。加强和改进代表建议办理工作，加大跟踪督办力度，提高代表建议办理质量和实效。

四、突出自身建设，以更严标准激发内生动力

常委会将自觉按照"四个机关"的定位要求，一体推进政治、思想、组织、作风、纪律、制度建设，促进自身建设全面进步、全面过硬。把学习贯彻习近平新时代中国特色社会主义思想作为首要政治任务，筑牢信仰之基、补足精神之钙、把稳思想之舵。全面加强常委会及机关党的建设，落实管党治党主体责任，严格贯彻落实中央八项规定及其实施细则精神，严守党的政治纪律和政治规矩，落实党风廉政建设责任制。不断完善议事程序和工作机制，努力构建高水平决定、高效能监督、高标准履职的人大工作新格局。加强人大制度宣传和理论研究，积极展示我县人大工作成果和各级人大代表履职风采。强化对乡镇、街道人大工作和建设的指导，加强人大干部队伍建设，不断提升全县人大工作和建设整体水平。

各位代表，新征程时不我待，新使命催人奋进。让我们更加紧密地团结在以习近平同志为核心的党中央周围，在县委坚强领导下，踔厉奋发、勇毅前行，积极投身实施“三大战略”、奋进“三大目标”的宏伟事业中，为全面建设成渝地区生态经济强县和社会主义现代化盐亭作出人大新的更大贡献。

政府工作报告

2023年1月8日
在盐亭县第十九届人民代表大会第三次会议上
盐亭县人民政府县长　卢　昊

2022年工作回顾

2022年，在市委、市政府和县委的坚强领导下，在县人大、县政协的监督支持下，县政府坚定以习近平新时代中国特色社会主义思想为指导，深入学习贯彻党的二十大精神，认真落实上级决策部署，高效统筹疫情防控和经济社会发展，全面统筹发展与安全，坚定实施“三大战略”[1]，加速奋进“三大目标”[2]，有力推动“四个三年行动”[3]，全县各项事业平稳有序发展。全年实现地区生产总值203.65亿元、增长5.1%；地方一般公共预算收入5.02亿元、增长12.8%；规上工业增加值增长10.3%；全社会固定资产投资85.7亿元、增长11.4%；社会消费品零售总额105.81亿元；城乡居民人均可支配收入达到41569元、21594元，分别增长4.8%、6.3%。

回顾过去一年，面对经济下行压力和新冠肺炎疫情轮番冲击，以及高温干旱等诸多风险挑战，我们紧密依靠全县广大人民群众，迎难而上、砥砺前行、团结奋斗，重点干成了四件大事，全力以赴做好了五个方面的工作，谱写了盐亭经济社会加速发展的崭新篇章！

——*县域经济实现历史跨越。*扎实推动国家、省市稳经济增长一揽子政策和接续政策落地落实，为市场主体减轻税费负担2.7亿元，惠及企业500余户。地区生产总值突破200亿元大关，增速高于全市平均0.1个百分点，创历史最好成绩；10项市下主要经济指标5项居全市前3位，县域经济呈现蓬勃发展的强劲态势。

——*化工园区引领发展航向。*举全县之力集中攻坚，盐亭巨龙化工园区申报认定工作取得突破性进展，有望在第一季度取得认定。天然气处理厂项目已完成初设批复，进入实施阶段，配套基础设施已开工建设。已储备一批高质量涉气涉化项目，百亿级产业园区发展态势加快形成。

——*农业质量开启兴农大幕。*历经三年艰辛努力，国家农产品质量安全县创建工作得到农业农村部高度认可，农产品质量“123458”监管模式[4]在全国推广，即将摘得这一金字招牌。现代农业园区建设迈上新台阶，建成“嫘之味”农产品区域公用品牌，质量兴农、品牌强农迈出坚实步伐。

——*风险应对更加科学高效。*精准抗击新冠肺炎疫情，快速扑灭“4·11”“10·04”“11·04”疫情，有力处置重点地区多轮关联疫情，切实守护了人民群众生命安全和身体健康。同时，有效应对高温干旱、缺电保供等重大风险挑战，及时采取减灾减损措施，大力推进“让电于民”工作，充分彰显了人民至上的民本情怀。

一年来，我们聚力产业发展这个核心，建园区兴实体，县域发展势头强劲

*工业经济加速快跑。*大力实施工业“123”工程和“工业经济倍增”三年行动，实现工业投资26.48亿元、增长49%，技改投资10.91亿元、增长36.3%，规上工业总产值36.1亿元、增长17.6%，规上工业增加值增速居全市第2位。深入开展“园区提质”“企业满园”行动，新增规上工业企业6户、国家高新技术企业3户，新认定省级创新型中小企业3户、科技型中小企业15户，晋升省级专精特新企业2户。“两主一特”产业[5]不断壮大，“一区多园”格局加快形成，天然气勘探开发取得新进展，天然气

年产量实现翻番、达到7.4亿立方米。优化提升经开区路网11.3千米，盘活闲置土地306亩，完成工业用地“标准地”[6]供给123.8亩，建成标准厂房11.33万平方米。

农业经济蓬勃发展。大力实施农业“135”工程和“农业产业提质”三年行动，实现第一产业增加值45.57亿元、增速5.1%，稳居全市第1位。认真落实国家粮食安全战略，设置县、乡镇、村三级党政田长290名，完成撂荒地整治1.33万亩，新建高标准农田3.5万亩，实现粮食产量31.49万吨、增长2.07%，油料产量6.64万吨、增长7.62%。建成投产生猪代养场132个，年出栏生猪63万头以上，重回全国生猪调出大县行列；水产、畜禽、柑橘、藤椒等特色产业提质发展。西部水产创建为省四星级现代农业园区，生猪+粮油、嫘祖粮油园区通过市级验收考核，球宿根花卉园区创建为市四星级现代林业园区。扎实开展“三品”工程[7]，西部水产种业获批国家水产种业阵型企业，梓江鳜鱼、大兴黄牛等特色品牌加快培育，“三品一标”[8]达73个。

服务业经济复苏回暖。大力实施服务业“114”工程，实现服务业增加值100.79亿元、增长4%。新增规上服务业企业4户、限额以上商贸企业9户。嫘祖圣境、墨竹里风情街、龙凤谷景区初具规模，两江文旅商业聚集区、西部写生创作基地有序推进，嫘祖国家纪念公园、文同诗竹园建成AAA级景区，实现旅游收入10.5亿元、增长11%。建成社区养老服务综合体1个，打造社区养老15分钟服务圈。全省首批县域商业建设行动示范县落地盐亭，“绵品出川”实现本土产品订单超8000万元。出台购房补贴政策，发放普惠性消费券2000万元，拉动消费1亿元以上。实现电商交易额14.01亿元、网络零售额7.87亿元，物流业增加值4.61亿元、增长8%。

一年来，我们聚力投资促进这个中心，抓项目跑招商，盐亭底蕴厚积成势

项目投资创造佳绩。谋划储备项目839个、计划总投资1618亿元。实施省市县重点项目138个，总投资448.42亿元，完成年度投资74.31亿元。民间投资占比达49.6%以上。实施产业类项目60个，绵阳锂源、熔增环保、格润中天等项目投产达效；实施基础类项目50个，湍江黄甸镇防洪治理工程、三道咀水库道路建设等项目竣工投运；实施民生类项目28个，中医院医技综合楼、疾控中心等项目投入使用。精准研判国省政策投向，谋划申报项目219个、计划总投资531.77亿元。

招商引资稳中有升。召开首届招商引资大会，聘任“招商大使”10名，优化调整驻外机构。坚持县级领导带队招商，全年赴省外开展招商活动100余批次，邀请客商来盐考察100余批次，开展“三推”[9]活动20余场次。全年签订投资协议43个、总投资120亿元，到位国内省外资金43亿元，引进5亿元及以上项目6个；落实招商快速响应和落地协调机制，迪维洛普、安东石油等项目实现签约即落地。外商直接投资（FDI）达1068万美元、占全市完成数五分之一，实际利用外资达3564万美元、增长近25倍，均创下历史新高。鼓励支持乡镇开展招商引资，大力推行盐商回归、乡贤创业，总投资8亿元的嫘祖粮油园区项目落户嫘祖镇。对外合作不断深化，与11所高等院校建立校地合作，与顺德高新区、南浔经开区建立区域合作，成立川中油气矿盐亭天然气上产区“地企党建联盟”。

对上争取成效显著。主动跑市赴省汇报，不遗余力争项目、争资金、争示范试点。抢抓政策“窗口期”，深入研判地方专项债券、中央预算和新增中央投资支持方向，争取政策性开发性金融工具（基金）项目8个、到位基金3.19亿元，获批央省预算内投资项目9个、到位资金1.24亿元，发行专项债券项目8个、筹措资金6.91亿元。全年争取到位各类项目资金45.15亿元、增长2.2%。获得市级以上先进示范称号16个。

一年来，我们聚力基础建设这个重心，强弱项补短板，城乡面貌持续更新

基础设施日益完善。全面推进“交通建设升级”三年行动，茂盐高速、南盐高速前期工作加快推进，县道水毁恢复工程、盐射路莲花桥改线工程全面完成；改（扩）建农村道路420千米，成功创建省级四好农村路示范县。新华水库前期工作高效推进，金峰水厂巩固提升工程和西部城乡一体化供水项目主体完工并试水，武引二期6条支渠建成通水，成功创建为全省第二批乡村水务示范县。220千伏输变电工程稳步推进。新建5G基站151个，全县乡镇场镇均已实现5G网络覆盖。

城市发展步伐加快。全面推进“宜居城市建设”三年行动，实施城建项目8个，新（改）建城市污水管网4.8千米，完成凤池街、弥江路下段等12条道路更新升级。改造老旧小区14个、棚户区309户，新增住宅电梯38部。化解问题楼盘20个，新增入住2784户，累计办证3511户。开展违法建设整治247处、面积3.38万平方米。纵深推进“城乡环境综合提质”三年行动，完成成巴、绵西高速出入口景观打造；取缔马路市场2处；布设“口袋公园”12个、“组团式绿化”58处，建设成效上镜央视。省级文明城市年度测评位列全省第五名、取得历史最好成绩，受到全省通报表扬。富驿镇获评首批省级百强中心镇。

乡村振兴深入推进。巩固拓展脱贫攻坚成果同乡村振兴有效衔接，481户监测对象收入稳定，全面消除集体经济薄弱村92个，全县所有行政村集体经济年收入达到5万元以上。建成乡村振兴省级先进乡镇1个、示范村4个，市级先进乡镇1个、示范村7个。启动“一户多宅”整治和农村危房拆除专项行动，全年拆除农村D级危房2250户。新建村级供水站2座、大口井11口，整治水源地2处，受益2.74万人。实施农村“厕所革命”整村推进示范村项目10个，改造卫生厕所2250户。科学编制完成5个乡镇级片区国土空间总体规划，“三区三线”[10]划定成果获批并正式启用。

一年来，我们聚力为民谋福这个初心，惠民生增福祉，生活品质不断提升

重点民生保障有力。投入民生资金27.59亿元，让发展红利更多惠及群众。城镇新增就业2000余人，城镇登记失业率3.82%。27件省市民生实事、2件县级人大票决民生实事全面完成。实施全民参保计划、参保率达95%。发放民政救助资金1.7亿余元，有效保障5万余名困难群众基本生活权益。医疗机构服务能力持续提升，全县“两癌”筛查、适龄女性HPV疫苗接种任务完成率达100%。义务教育质量提升“11255”工程[11]接续实施，“三大措施”[12]有效缓解城区学位紧张；高考综合改革纵深推进，本科硬上线再攀新高；中职教育规范发展；体育赛事创历史新高，斩获市级及以上各类奖牌40余块。凤灵社区养老服务综合体建设完工，建成“童之家”示范点3个。兑现退役军人抚恤优待等补助资金7000余万元，县域内烈士纪念设施全面提质。大兴回族乡青峰村入选乡村文化振兴省级样板村，岐伯行乡会入选第六批省级非物质文化遗产代表性项目。

生态质量不断优化。严格落实扬尘治理、油气回收等防控措施，城市环境空气质量达标率达97%。统筹推进河（湖）长制“5+9”工作[13]，县城和乡镇集中式饮用水水源地水质达标率100%，国控断面水质达Ⅲ类以上。土壤环境风险安全可控。持续改善农村环境，完成“千村示范”项目8个，农村生活污水整治覆盖行政村167个、治理率达88.4%。严格落实林长制，在全市率先建立“林长+警长+检察长”联动森林资源保护机制，森林覆盖率达49.68%。

社会大局和谐稳定。深入推进平安盐亭建设，建成平安智慧小区40个，化解“治重化积”[14]案48件；破获刑事案件188件，侦破公安部挂牌督办案1件，全县发案和损失数连续下降。圆满完成党的二十大安保维稳工作。落实安全生产十五条硬措施，深入推进安全生产专项整治三年行动，全面构建“中心+乡镇+部门+网格”的应急联动工作机制。扎实开展道路交通、城镇燃气、危险化学品等专项整治行动，全年未发生较大及以上生产安全事故。有力防范处置森林草原防灭火、食品药品安全、地质灾害、防汛抗旱、动植物疫情、金融等重点领域风险隐患，社会大局保持和谐稳定。

加强国防动员、人民防空建设。侨务、港澳台、民族宗教、地方志、档案、保密、外事、气象、公积金等工作取得新成效，积极支持工会、共青团、妇联、侨联、工商联、科协、慈善、红十字等事业取得新进展。

一年来，我们聚力政府革新这个靶心，转作风增效能，自身建设全面加强

党的建设纵深推进。始终把党的政治建设摆在首位，深入学习宣传贯彻党的二十大精神，深刻领悟“两个确立”的决定性意义，准确把握“三个务必”的时代内涵，不断增强“四个意识”、坚定“四个自信”、做到“两个维护”。落实落细全面从严治党，强化审计监督，财政资金使用效率进一步提升，累计压减非重点、非刚性支出7600万元。持之以恒正风肃纪，全年立案审查调查275件，给予党纪政务处分279人，移送司法机关6人，党风廉政建设和反腐败工作取得新成效。

法治建设深入人心。积极推进“八五”普法，文通镇红联村创成全国民主法治示范村。深入推进法治政府建设，严格执行重大行政决策程序规定，审查行政规范性文件、政府重大投资合作协议、招商引资合同等111件，在线办理行政复议案件9件。自觉接受县人大及其常委会的法律监督、工作监督和县政协的民主监督，建立县人大常委会和县政府、县政府和县政协工作联系机制，人大代表建议、政协委员提案办结率均达100%。主动接受社会各界和人民群众监督，公开政府信息3万余条。

政府改革不断深化。完成国家、省市县年度改革任务40项。持续深化“放管服”改革，下放行政权力124项，在全省率先推行“以诺代证”[15]；成功创建省级示范便民服务中心2个、省级示范便民服务站9个；集中向经开区放权赋能84项。持续优化营商环境，办理留抵退税2825万元，召开企业家座谈会8场、收集处理企业诉求170余条。落实乡镇综合执法改革，“一支队伍管执法”基本形成。

深入推进国企改革，国有资本结构进一步优化、经营能力进一步增强。出台“人才十条”[16]政策，设立人才资金1000万元，建成人才公寓125套，“带编进校”“带企进校”引进全日制硕士研究生64名，是2021年在编全日制研究生人数的4.5倍。深入开展“真抓实干、建功一线”主题活动，大力践行“一线工作法”，建立重点工作“周报制”，政府凝聚力、执行力、战斗力不断增强。

各位代表！艰难困苦，玉汝于成。这些成绩的取得，是习近平新时代中国特色社会主义思想科学指引的结果，是上级党委、政府和县委正确领导的结果，是全县人民团结拼搏的结果。特别是在疫情防控这场没有硝烟的战争中，全县党员干部带头冲锋，医务工作者逆行而上，全县人民团结一心，共同铸就了防疫钢铁长城，以实际行动彰显了嫘祖儿女的精神风貌和品格内涵。在此，我谨代表县人民政府，向在各个领域和岗位上辛勤劳动的全县广大干部群众，向给予政府工作大力支持的人大代表、政协委员，向始终冲锋在一线的武警官兵、公安干警和消防救援人员，向一直以来关心支持盐亭发展的各民主党派、工商联、无党派人士、人民团体和离退休老同志，表示诚挚的感谢并致以崇高的敬意！

安不忘危，兴不忘忧。在肯定成绩的同时，我们也清醒看到面临的困难和挑战。我县作为传统的丘区农业县，经济总量不大、产业结构不优、市场主体薄弱，稳增长的基础还不牢固；创新能力不强、民生领域存在短板，进位赶超压力仍然较大；劳动力大量流出、老龄化严重、人才难留住的困境没有彻底改变，等等。对此，我们将直面问题，采取有力措施认真解决，用最大努力换取最好结果。

2023年工作任务

2023年是全面贯彻落实党的二十大决策部署的开局之年，是落实“十四五”规划的攻坚之年，也是盐亭实现赶超跨越十分重要和关键的一年。做好今年政府工作任务艰巨、意义重大。

2023年政府工作的指导思想是：坚定以习近平新时代中国特色社会主义思想为指导，全面贯彻落实党的二十大精神，认真贯彻执行中央、省市和县委决策部署，以中国式现代化推动引领盐亭现代化建设，坚持稳中求进工作总基调，完整、准确、全面贯彻新发展理念，积极融入、主动服务新发展格局，深入实施“三大战略”、全力奋进“三大目标”，扎实开展“四个三年行动”，加大市场主体培育，大力提振市场信心，突出做好稳增长、稳就业、稳物价工作，更好统筹疫情防控和经济社会发展，更好统筹发展和安全，着力推动高质量发展，加快建设成渝地区生态经济强县和社会主义现代化盐亭。

2023年全县的主要奋斗目标是：实现地区生产总值增长7.5%；地方一般公共预算收入与经济发展趋势基本一致；规模以上工业增加值增长11.5%；全社会固定资产投资增长10%；社会消费品零售总额增长9%；城镇居民人均可支配收入增长6.5%，农村居民人均可支配收入增长8%；常住人口城镇化率达到41.2%；城镇登记失业率控制在4%以内；全面完成市下达的其余指标目标任务。

各位代表！奋斗创造美好生活，实干铸就复兴梦想。确定这个目标，符合盐亭发展实际，也是对盐亭百姓热切期盼的积极回应。为实现上述目标，我们将重点做好以下六个方面的工作：

一、加快构建现代产业体系，不断夯实追赶跨越基底

深入实施“产业强县”战略，以重点工作为切入点，引领带动三次产业突破发展，走出一条独具特色的新型产业发展之路。

提升新型工业能级。坚定实施工业“123工程”和“工业经济倍增”三年行动，推动工业现代化发展，力争完成工业投资27亿元、技改投资13亿元，实现规上工业总产值45亿元以上。扭住巨龙化工园区建设这个重点，积极拓宽资金渠道，创新专业园区合作模式，以更大力度、更快进度推进园区内基础设施建设，高质量建好特勤消防站等要素保障项目。持续开展“园区提质”“企业满园”行动，积极培育镇园之宝，推进天然气处理厂、安汇石油增压脱烃等重点项目建设进度，推动盐亭天然气发电项目签约落地，建成迪澳药业院士工作站。持续推进工业用地“标准地”供给；实施清闲促建、园区配套等工业筑巢行动，整理盘活闲置土地180亩、新建标准厂房10万平方米，优化提升经开区水电路网等配套基础设施。

做优特色农业品牌。坚定实施农业“135工程”和“农业产业提质”三年行动，推动农业特色化发展，确保农业增加值增速继续保持全市第一方阵。扭住现代农业园区建设这个重点，力争将西部水产、生猪+粮油、嫘祖粮油园区晋升为省五星级、省三星级和市四星级现代农业园区，推进球宿根花卉园区晋升为市五星级现代林业园区。以“全域土地整理”为引领抓好粮食生产，推进零散土地连片整合。严格落实耕地“进出平衡”和“田长制”，推进“五良”融合[17]产业宜机化改造，粮食播面达到84.5万亩、总产31.65万吨，油料播面达到38.6万亩、总产6.77万吨。

规模养殖场保有量达到300个以上，年出栏生猪65万头以上。全面推广区域公用品牌“嫘之味”，新增“三品一标”认证产品4个。

创新现代服务业品质。深入实施服务业“114工程”，推动服务业多元化发展，力争实现服务业增加值109.7亿元、增长8%以上，新增规上服务业企业6户，限上商贸企业14户。深入实施“文旅活县”战略，促进文化旅游产业融合发展，加快打造嫘祖国家纪念公园，推进嫘祖圣境、中华龙凤谷、高山国家森林公园等文旅项目建设，争创AAA级景区1个；举办好第七届海峡两岸嫘祖文化交流活动。加快促进健康养老产业发展，打造“居家社区机构相协调、医养康养相结合”的养老模式。推进商贸流通持续繁荣，建立“县城为中心、乡镇为重点、村为基础”的县域商业体系。促进农村电商和农村物流融合发展，打通城乡双向物流通道，构建完备的县乡村三级电商物流服务平台。

二、全面激发投资促进活力，不断蓄积高速发展动能

竭尽全力抓项目、跑招商，充分发挥好投资促进对县域经济社会高质量发展的关键性作用。

聚力抓好项目投资。积极发挥项目的支撑引领作用，全力以赴拼经济、搞建设、抓发展、上项目，全年实施项目120个、完成固定资产投资97亿元以上。大力推进56个产业类项目、48个基础设施类项目、16个社会民生类项目建设，助力高质量发展。紧紧围绕经济政策投向和资源禀赋，谋划储备一批成熟度高、带动性强、匹配度高的重点项目。促进民间投资健康发展，增强市场主导的投资内生增长动力，实现民间投资增长10%以上。

全力推进招商引资。把招商放在更加突出的位置，聚焦“两主一特”产业定位，统筹“线上+线下”方式，主动出击、精准招引。立足“建链”目标，研判全国重点产业分布，精准召开推介会12场次。充分用好化工园区金字招牌，瞄准全国天然气化工、化学药制造产业聚集地，以更高效率、更快速度引进1—2个百亿级大项目落户盐亭。充分发挥“招商大使”、盐商和乡贤作用，有效拓宽项目信息渠道；进一步规范招商程序、项目管理和考核办法，激励自主招商，力争全年引进项目35个、5亿元以上项目6个，协议引资150亿元、到位资金32亿元以上。

持续突破创先争优。全力抓好对上争取，健全完善人员顶岗交流机制，确保上级政策第一时间了解，项目信息第一时间知晓，项目材料第一时间提报。积极对接国省政策和投资方向，力争更多项目纳入国省大盘，全年争取到位各类资金46亿元以上。牢固树立一流意识，全力争创国家、省市荣誉称号和示范试点20个以上。

三、大力实施主体培育计划，不断增强县域经济韧劲

开展“转企升规”攻坚行动，构建“大企业顶天立地、小企业铺天盖地”的竞相发展格局，更大激发市场活力和社会创造力。

不遗余力“优存量”。全面摸清现有个体工商户底数，健全“转企培育库”，分期分批推进“个转企”工作。完善重点企业培育“三库”[18]，梯次推进新开业达产企业和存量企业升规。力争新增个体工商户8000户以上、企业法人单位5600户以上、“四上”企业[19]28户以上。

想方设法“扩增量”。开展“主辅分离”[20]专项行动，合理引导生产性企业分离设立独立核算的服务业市场主体。进一步加大政府购买服务支持县内市场主体力度，培育县乡两级政府机关运行保障后勤服务社会化市场主体，强化一、二级县属国有企业子公司升规入库示范引领作用。鼓励各行政村（社区）通过成立农村闲置资产经营企业，引导农业种植养殖生产基地、专业合作社及种植养殖大户成立商贸流通企业。

千方百计“提质量”。深入实施企业培育提质行动，全力激发企业创新创造潜能，鼓励企业加大R&D研发投入，催生更多专精特新企业。强化企业要素保障服务，建立“一企一策”工作台账，积极为企业排忧解难。力争全年新认定市级企业技术中心2个，培育省级专精特新企业3户，新增高新技术企业3户。

持之以恒“优环境”。及时掌握兑现国家、省市惠企政策，降低企业用工、用能、物流、房屋租金等成本。常态化开展“优化营商环境面对面”专题座谈会、“服务企业活动月”等系列活动，畅通市场主体意见反映渠道。落实动态向经开区放权赋能工作机制，加快推动实现“园区事园区办、企业办事不出园”。持续推进“一网通办”前提下的“最多跑一次”改革，推出更多领域“一件事一次办”；全面推行综窗改革，深入实施“四减一优”[21]行动，实现政府采购项目“不见面开评标”；建成省级示范便民服务中心2个。规范行政执法行为，严格落实行政执法程序，营造公平公正的法治环境。

四、统筹推进城乡融合发展，不断构建区域协调格局

坚持从城乡双向、农业内外、供需两侧共同发力，加快促进城乡融合发展，积极构建全县全域协调发展新格局。

不断夯实基础建设。深入实施“开放兴县”战略，全力推进“交通建设升级”三年行动，加速构建对外开放大通道。积极推动茂盐、南盐高速前期工作取得实质性进展，完成S223富驿至金孔段改建工程前期工作，加快推进S413、S306等国省干线建设，开工建设巨龙、玉龙、西陵3条美丽乡村路，改（扩）建农村道路120千米，创成省级金通工程样板县。不断完善水利基础设施互联互通体系，全力推进新华水库开工建设，加快推进嫘祖镇等16个乡镇水网工程项目建设。开工建设盐亭220千伏输变电工程，稳步推进电网改造。加快布局新型基础设施，推动5G网络向农村延伸。

着力打造宜居城市。坚定实施“宜居城市建设”三年行动，推动老城区提升改造和新城区有序扩展。大力推进地下管网的维护和建设，力争全年新（改）建9.8千米以上。滚动实施城市道路风貌打造，完成新西街等街道更新；改造老旧小区9个，建设棚户区安置房260户，增设城镇既有住宅电梯17部。深入推进“城乡环境综合提质”三年行动，加快城区排水防涝体系建设，完成垃圾压缩中转站建设。加力加速推进涉房历史遗留问题化解。巩固省级文明城市创建成果，提升城市精细化管理水平。加快补齐场镇基础设施短板，支持黄甸镇创建省级百强中心镇。

共同建设美丽乡村。持续巩固拓展脱贫攻坚成果同乡村振兴有效衔接，力争创建乡村振兴省级先进镇1个、示范村4个，市级先进镇1个、示范村6个，建成全省乡村振兴成效显著县。推进农村集体“三资”[22]管理平台建设，落实“村账乡（镇）管”制度，持续发展壮大农村集体经济。以“两端两网”[23]建设为重点，不断提升供销服务“三农”能力。积极推进省级村（社区）农民工综合服务示范站创建。着力提升农村人居环境，深入开展农村污水治理、“千村示范”项目，实施农村“厕所革命”整村推进示范村项目10个，改造卫生厕所2075户。合理开发利用传统村落，焕发乡村文明新气象。

五、坚定践行为民服务宗旨，不断改善群众生活品质

树立“江山就是人民，人民就是江山”民本思想，尽力而为、量力而行为民办实事，不断增进群众的幸福感、获得感和安全感。

保障改善重点民生。坚持实施就业优先战略和更加积极的就业政策，力争新增城镇就业2000人以上。加快建设高质量教育体系，全面做好“双减”[24]工作，完成指南小学、盐亭中学新校区二期建设，认真落实“五育并举”[25]，力保高中教育处于全市领先水平，创成国家级学前教育普及普惠县。实施全民健身计划，推进体育事业实现新跨越。大力提升卫生健康治理能力和服务水平，继续实施县级公立医院综合改革，推进构建科学合理的分级诊疗制度。进一步完善养老育幼服务体系，规范运营失能半失能老年养护院、黄甸区域性养老中心，争取评选星级养老机构6所以上。持续强化未成年人基础保障和关爱服务，稳步推进“三孩”政策。扎实做好退役军人服务保障，积极争创全省双拥先进县。全面落实城乡居民养老保险制度，接续推进全民参保计划。完善重特大疾病医疗保险和救助制度，扩大异地就医结算范围。着力提升公共文化服务水平，继续做好文物保护和非遗传承；全面完成应急广播建设，实现县乡村组全覆盖。

建强建好人才队伍。充分挖掘高素质人才对县域发展的支撑作用，持续做好人才招引工作。继续深入高校开展推介活动，招引优化人才队伍；健全完善人才“引育留用”机制，着力构建全方位人才保障体系。拓展产学研新空间，让产业需求与职业教育无缝衔接。加快建设公共实训基地，推进重点群体职业技能培训。

巩固拓展生态建设。坚决打好污染防治攻坚战，持续巩固国家生态文明建设示范县创建成果。推进大气环境质量持续改善。着力提升水环境质量，深入落实河（湖）长制，力争获得“优秀”等次。推进土壤污染源头防控、风险管控和修复。严格落实长江流域十年禁渔计划。认真实施林长制，强化森林资源管理，全面启动国家储备林项目年度建设任务，筑牢绿色生态屏障。

全面加强社会治理。全面准确贯彻“乙类乙管”各项措施，科学精准抓好疫情防控。加快推进法治社会建设，扎实开展“八五”普法，在全社会营造尊法守法学法用法良好氛围。加强和创新基层社会治理，将矛盾纠纷化解在基层，将和谐稳定创建在基层。持续深化安全生产领域专项整治，统筹推进森林草原防灭火、地质灾害、消防安全、食品药品和特种设备安全、金融等重点领域风险隐患防范化解，严防发生重大公共安全事故。常态化推进扫黑除恶斗争，集中整治突出问题和治安乱点，积极创建全省平安建设先进县。

六、持续加强政府自身建设，不断提升政府工作效能

坚定不移全面从严治党，纵深推进政府自身建设，着力提升政府治理现代化水平，积极打造人民满意的服务型政府。

坚定信念忠诚干事。深入学习党的二十大精神，全面贯彻习近平新时代中国特色社会主义思想，大力弘扬伟大建党精神，自觉弘扬党的光荣传统和优良作风，发扬斗争精神，不折不扣落实中央、省市决策部署和县委工作要求，让党的二十大精神在盐亭落地生根、开花结果。

主动担当高效干事。大力践行“一线工作法”，增强等不起慢不得的紧迫感，转变作风、真抓实干，切实做到“定一件干一件、干一件成一件”。聚焦重点领域突出矛盾，勇于向顽固问题开刀，善于对疑难问题开方。用好“三项机制”[26]，旗帜鲜明为担当者容错、为实干者撑腰，凝聚干事创业强大合力。

依法行政规范干事。坚定践行习近平法治思想，按照法定权限和法定程序行使权力。落实重大决策公众参与、重大行政决策合法性审查等制度，使各项决策更加民主、更合民意。用好县人大常委会和县政府、县政府和县政协工作联系机制，依法接受人大法律监督，自觉接受政协民主监督，主动接受群众监督和社会舆论监督，让权力在阳光下运行。

廉洁从政干净干事。纵深推进全面从严治党，坚定不移纠“四风”、树新风。充分发挥审计在推进反腐败工作中的“利剑”作用，持续深入正风肃纪反腐。努力打造一心为民、清正廉洁的干部队伍。严控“三公”经费和一般性支出，用政府“紧日子”换取群众“好日子”。

各位代表！扬帆新时代、奋斗正当时。站在新的历史起点上，让我们紧密团结在以习近平同志为核心的党中央周围，在县委的坚强领导下，与党同心、与时代同步、与人民同行，加快建设成渝地区生态经济强县和社会主义现代化盐亭，为全面推进中国式现代化、实现中华民族伟大复兴贡献力量！

名词解释和说明

1. “三大战略”：“产业强县、开放兴县、文旅活县”战略。

2. 三大目标：“产业振兴新天地、通达开放新高地、和谐美丽新福地”目标。

3. 四个三年行动：“工业经济倍增、农业产业提质、交通建设升级、宜居城市建设”行动。

4. “123458”监管模式：“1”即“农产品质量安全承诺书”一书，“2”即“产业分布图和网格监管责任图”两图，“3”即“监管员、检测员、协管员”三员，“4”即“定区域、定职责、定任务、定考核”四定，“5”即“规范工作方式、精准指导服务、落实售前报告、常态巡查督查、实时监管评价”五条举措，“8”即“目标考核、教育培训、检测检疫、承诺达标合格证、日常巡查、追溯管理、举报奖励、应急处理”八项制度。

5. “两主一特”产业：“两主”是指天然气化工、化学药和原料药产业，“一特”是指资源循环利用产业。

6. 标准地：是指在国土空间规划确定的城镇开发边界内具备供地条件的区域，对新建工业项目用地先行完成区域评价、设定控制指标，并实现项目动工开发所必需的通水、通电、通路、土地平整等基本条件的可出让的国有建设用地。

7. “三品”工程：品种改良、品质提升、品牌打造。

8. 三品一标：无公害农产品、绿色食品、有机农产品和农产品地理标志。

9. 三推：城市形象推广，产业项目推介，特色产品推销。

10. 三区三线：“三区”即农业空间、生态空间、城镇空间，“三线”即永久基本农田保护红线、生态保护红线、城镇开发边界。

11. “11255”工程：围绕义务教育“一个总目标”，探索办学“一项改革”，践行教育“两个根本”，着力队伍建设“五大举措”，构建质量管理“五大体系”。

12. 三大措施：盐中搬迁、新建指南小学、新建城区幼儿园。

13. 河（湖）长制“5+9”工作：“5”即水资源管理、河道采沙管理、河湖“清四乱”、水土保持、小水电清理及生态流量管控，“9”即水污染防治、入河排污口监管、饮用水水源地保护、沿岸生活污水和生活垃圾治理、黑臭水体治理、港口码头污染防治、长江流域禁捕禁渔、河渠沿岸造林绿化、水源涵养区管理保护。

14. 治重化积：治理重复信访、化解信访积案。

15. 以诺代证：针对经营面积30平方米以下小型公共场所卫生许可推行“承诺代证”改革，通过企业自愿签订《公共场所卫生告知和承诺书》来取代公共场所卫生许可证。

16. 人才十条：指《盐亭县加快积聚创新人才十条政策措施（暂行）》。

17. “五良”融合：良种、良法、良制、良田、良机五种农艺农机融合发展。

18. 三库：达标库、成长库、种子库。

19. “四上”企业：规模以上工业、有资质的建筑业、限额以上批发和零售业、限额以上住宿和餐饮业、有开发经营活动的全部房地产开发经营业、规模以上服务业法人单位。

20. 主辅分离：是指企业将生产经营过程中的原材料采购、产品运输、安装、包装、营销等非核心辅助性的业务从其主营业务中分离出来，集中力量发展主业的做法及模式。

21. 四减一优：减材料、减跑

动、减时限、减费用、优流程。

22. “三资”：农村集体资金、农村集体资产和农村集体资源。

23. 两端两网：“两端”即农村生产端、城市消费端，“两网”即线下流通网、线上数字网。

24. “双减”：减轻义务教育阶段学生作业负担和校外培训负担。

25. 五育并举：德育、智育、体育、美育、劳育全面发展。

26. 三项机制：正负激励、容错纠错、能上能下。

中国人民政治协商会议
盐亭县第十一届委员会常务委员会工作报告

2023年1月8日

在政协盐亭县第十一届委员会第三次会议上

县政协主席　衡洪志

2022年工作回顾

一年来，在中共盐亭县委坚强领导和绵阳市政协大力指导下，县政协及其常委会坚定以习近平新时代中国特色社会主义思想为指导，深刻领悟“两个确立”的决定性意义，增强“四个意识”、坚定“四个自信”、做到“两个维护”。准确把握政协专门协商机构性质定位，紧密围绕全县中心工作，积极履行政治协商、民主监督、参政议政职能，始终保持与县委同频共振、同心同德、同向同行，为建设成渝地区生态经济强县和社会主义现代化盐亭贡献了政协力量。

一年来，我们强化思想政治引领，在学习贯彻新思想新要求上有新提升

始终坚持党的全面领导。县政协始终坚持在县委领导下履行职能、开展工作、发挥作用，及时组织学习县委重要会议、重要文件精神，坚决贯彻落实县委各项部署要求，坚持重大事项及时向县委请示报告，重点履职成果及时报送县委决策参考，重要履职活动主动邀请县委领导出席指导，切实把党对政协工作的全面领导落到实处，全年向县委汇报各项工作10余次，请示事项8项，确保政协各项工作始终同党政中心工作同向推进。

不断加强政协党的建设。持续强化政协党组把方向、管大局、促落实作用，严格落实党建工作主体责任，定期研究党建工作，促进党建与政协履职融合发展。持续加强党风廉政建设，严格落实“一岗双责”，支持派驻纪检组工作，组织政协委员代表、机关干部到文同廉政文化陈列馆和县文化馆，开展廉政专题教育和专题讲座9次，深入推进“听音问廉绵州行”“清风护民”等活动，营造良好政治生态。严格落实“三会一课”、民主生活会、双重组织生活会等制度，实现党的组织对党员委员全覆盖、党的工作对政协委员全覆盖。

持续夯实思想政治基础。持续深入学习中共二十大精神，把学习贯彻中共二十大精神作为首要政治任务。及时组织机关干部和各界别委员学习习近平总书记最新重要讲话和省、市、县全会精神，开展“喜迎二十大，坚定跟党走”暨庆“七一”主题党日活动、“书香政协”读书活动和二十大精神系列宣讲活动。全年召开党组会议12次，主席会议7次，常委会会议4次，党组理论学习中心组学习等专题学习会10余次，开展主题宣讲7场，持续用党的最新创新理论武装头脑、指导实践、推动工作，切实抓好思想政治引领，牢牢掌握意识形态工作主动权，不断夯实团结奋斗的共同思想政治基础。

一年来，我们围绕全县中心大局，在助推高质量发展上有新作为

竭力助推“三大战略”。围绕“产业强县”战略，按照县委安排“县政协党组统筹协调抓好全县农业产业发展”要求，县政协党组主动担当，及时研究，制发了《关于统筹协调抓好2022年度盐亭县农业产业“135”工程工作方案》，明确了新希望六和150万头生猪全产业链基地、盐亭县生猪+粮油产业融合示范园建设等15个农业产业重点项目责任人和年度工作任务目标，召开了2次季度农业产业

“135”工程重点项目专题议政会，围绕突破产业瓶颈、强化政策保障、产业融合发展等方面进行了深度协商，提出30余条意见建议，为“国家农安县”创建、“生猪调出大县”摘牌、西部水产升星、鹅溪“生猪+粮油”园区晋级汇聚政协力量。组织开展武引二期续建配套工程建设、农业特色产业提质增效、县畜禽养殖企业排污等专题协商和视察调研，提出20余条意见建议，为“三农”工作提档升级献计出力。围绕“开放兴县”战略，组织委员开展三次产业重点项目专题视察，提出意见建议10条。围绕“文旅活县”战略，组织开展“两江四岸”重点文旅项目等课题调研视察，激活融合发展新动能，将文化、生态等优势转化为经济发展优势。全年开展全体会整体协商1次、常委会专题协商1次、专委会对口协商9次、界别协商会8次、提案办理协商6次。

高标准推进提案办理。积极引导委员围绕党政关注、群众关心的社会热点问题撰写提案，一次会议以来共提交提案205件，通过审查立案169件，占提案总数的82.4%，已全部办结。一年来，我们着力规范“提、立、办、督”等工作环节，持续开展旧案“回头看”，针对已实施办理的《关于畅通县人民医院(北门院区)病员通道的建议》《关于提升乡镇便民服务的建议》等提案，组织委员开展“回头问效”，彻底跟踪解决多年旧案办理缓慢或不到位的问题。认真开展重点提案督办工作，对群众关心、社会关注的重点提案，由主席会成员领衔督办，县目标绩效办全程跟踪，全年对《关于大力推进我县柑橘产业可持续发展的建议》《关于加强村级集体经济组织财务收支审计监督的建议》《关于我县实施“双减”工作的建议》等6件提案进行专题督办。持续搭建提案办理协商面对面平台，针对《关于弥江重要河段管理的建议》《关于“两项”改革后进一步优化教育资源配置的建议》等5件重点提案，组织办理部门、提案人、部分委员和群众代表面对面提问、质询、沟通，让提办双方在阳光下运行，面对群众和社会说效果，使提案办理真正成为助推改革发展、回应社会关切的重要载体，成为发现问题、研究问题、解决问题的重要方式，成为协调关系、汇聚力量、服务大局的重要渠道。

全力应对突发事件。在疫情防控关键节点，政协领导班子成员加强对联系乡镇、社区督导；政协全体机关干部积极参与党员“双报到”“敲门扫街”等行动，全力保障全员核酸检测、志愿服务、物资保供等工作；广大委员积极投身疫情防控主战场，始终把“委员作业”写在防疫一线。在省级“文明城市”建设重要时段，政协队伍个个争做“文明先锋”，在委员群中广泛宣传，培养文明意识，规范文明行为，在大街小巷排好班、站好岗，劝导群众，助力创建。面对严峻的抗旱形势，县政协主动协调国网公司让电于民生，重点关注北部旱区老百姓人畜饮水，特别是规模养殖场生产用电，精准调度。在防洪度汛和森林防火方面，政协领导班子成员，督导联系乡镇加强山洪危险区、地灾隐患点等重点区域防范，加强火情监测预警，加大巡山护林，落实驻片驻点责任。

一年来，我们始终秉持为民情怀，在助力人民群众幸福感上有新成效

聚焦乡村振兴做细“双助”工作。在全县政协系统广泛开展“双助”专项活动。政协领导主动作为，向县委报告“关于用好我市‘惠绵保’政策，防止脱贫户返贫致贫的建议”受到县委长鹰书记肯定，批示“争取将我县脱贫户纳入‘惠绵保’保障范围”，15天之内，配合县政府及有关部门，形成了《关于在困难群众中大力推广“惠绵保”建议方案》，并实现了使用盐亭县防止返贫致贫基金19.15万元，为全县监测对象2152人参保。同时，帮扶单位、帮扶责任人筹措资金共196.57万元，为全县已脱贫户22086人参保，弥补了脱贫攻坚时期医保政策渐退遗留的政策缺口，为因大病可能存在返贫致贫风险的群众，加上一道保险绳。泸州江阳区检查组在“后评估”，认可盐亭县衔接阶段的创新工作举措，专报省局表扬。政协机关严格落实驻村帮扶和脱贫户联系制度，派遣驻村帮扶队员2名，机关干部对67户联系脱贫户定计划，添措施，“一对一”扶持，为脱贫户送鸡苗、化肥等物资，合计3.3万元，力助脱贫户增收。全年，各界别政协委员积极参与，开展劳动技能培训2000人次，帮助群众就业500人次，办好事实事300余件，整合帮扶资金共计260余万元。

聚焦基层治理全面推进“有事来协商”。按照省政协关于在全省开展“有事来协商”工作总要求，及时召开工作推进会，规范协商流程，在17个乡镇(街道办)成立了政协工作联络组，在村(社区)、企业、单位建立协商阵地20个，开展小微协商活动50余次，委员参与402人次，帮助解决党政重点工作、基层社会治理等一批群众急难愁盼问题80余个。如，组织开展的“如何加快推进弥江河堤治理”小微协商，有效推动了先锋桥至盐中城北校区路段路灯的安装，电信山庄地灾整治点和闸坝桥头连接处排水孔的整改，私人占有公共车位地桩的拆除。促进了我县巩固文明城市创建成果和城乡环境综合提质三年行动的深入开展，得到群众纷纷点赞。

聚焦民生热点做实社情民意信息。着力提升社情民意信息工作水平，引导政协委员和信息员撰写社情民意信息80余篇，编审上报县委、县政府26期，编审上报绵阳市政协39篇。其中，《关于借鉴盐亭县水旱灾害防御调度系统做法的建议》得到了省委常委、市委书记曹立军“盐亭的做法可以借鉴”的肯定性批示。其他相关社情民意信息被县委、县政府主要领导签批，并获得相关部门办理。

一年来，我们坚持团结民主主题，在画出最大同心圆弘扬正能量上有新举措

进一步发挥党派团体作用。加强同县级各民主党派人士的联系交流，通过开展视察调研、提交集体提案、大会发言等方式，鼓励并支持通过政协平台参政议政，营造畅所欲言、平等协商、合作共事的政治氛围。如民盟党派委员在二次全体会议“关于加快申报认定化工园区的建议”的发言，受到参会领导肯定评价，积极助推了我县化工园区申报认定工作。密切与各类社会组织、经济组织及社会各阶层代表人士的联系，积极向县委、县政府反映来自不同界别、阶层的社情民意，推动具体问题的解决。在常委会会议、专题协商会议等履职活动中，先后邀请了相关方面的代表人士30余人次参加，扩大社会各界的有序政治参与。

进一步发挥乡贤作用。围绕“盐商回归、乡贤创业”主题，持续开展“迎老乡、回故乡、建家乡”相关活动，增强沟通，了解需求，提供服务。全年在各方共同努力下，完成了盐亭县政贤、商贤、学贤、德贤4个人才名录库建设，汇集各类乡贤人才800余名，其中，县处级及以上政贤210名，教授以上学贤26名，资产超千万元商贤400余名。全年开展对接洽谈40人次，挂牌成立海南联络处、粤港澳大湾区分会，协助引进乡贤投资100万元以上回乡创业项目17个，项目拟投资近8亿元。绵阳昝望农业开发有限公司、绵阳新嘉州“大兴黄牛”养殖园、盐亭县返乡创业园先后成立，项目加紧推进，辐射带动1000余名群众就业增收。

进一步发挥联谊交流作用。积极参加市政协组织的各类重要会议和专题联合调研，形成了上下联动、成果共享的工作格局。完成市政协安排的“园区提质，企业满园”“石油、天然气开采利用情况”“水旱灾害防御”“书香政协”调研及重点提案培育等工作任务。在市政协三次会议第一次全体大会上，“关于大力发展我市化工产业的建议”的发言，吸引了大家重视，达成了广泛共识，为助推我县化工园区建设发出了政协声音。组织委员到三台、安州、梓潼等地考察学习有事来协商、武引工程建设等工作，有力推动了工作。

一年来，我们紧扣提质增效目标，在强化履职能力建设上有新高度

强化作风建设提高干部执行力。完善专委会职能职责，发挥专委会作为政协联系委员履职的重要纽带作用和传帮带作用，进一步加强各专委会对委员的协调管理。健全责任落实机制，修订《政协年度目标考核办法》，将党建工作、提案办理、调研视察、社情民意、文史作品等重点工作纳入考核范畴，在机关集中考核的基础上强化各委室之间交叉考核，让各方既是考核责任主体，又是接受考核对象，形成“人人争先进”的工作格局。创新教育形式，针对部分机关干部自身的定位不准、归属感不强、工作效率低等问题，通过开展《激发干部担当情怀，建设高效政协机关》为主题的大讨论，进一步转观念、变思维，抓学习、强素质，扣中心、重实效，激发干部工作积极性，自身综合能力、集体荣誉感、协商服务力，促进政协工作提质增效。

强化管理增强委员担当力。不断加强委员队伍建设，抓好委员理论学习，依托委员小组，通过“线下小组集中学+线上委员自学”等形式，不断提高委员思想政治素质和参政议政水平。加强履职考核评价，完善委员履职的考评通报制度和专委会向常委会报告工作制度，促进专委会带领界别委员认真履职，担当作为。按照《中国人民政治协商章程》和《全国专业标准化技术委员会管理办法》等要求，免去1名委员职务，同意1名政协常委和3名委员辞职申请，坚持对常委、委员在会期请假情况进行通报。持续开展政协委员走访活动，走访委员193人次，走访覆盖率达83.2%，收集意见建议180余条。全年委员“五个一”完成率达92%，履职的积极性和主动性进一步提升。

强化信息宣传提升政协影响力。在省政协报、省政协网、市政协网等新闻媒体上刊载发表文章、信息150余篇，盐亭电视台播出政协履职活动报道40余次。完成《盐亭文史》第37辑《脱贫攻坚》专辑的编辑出版，真实记录县委、县政府统筹，专规部门攻坚，镇村干部上阵，社会各界人士参与的“五年攻坚战”，贫困村、贫困户的发展，各类帮扶干部心路历程，展现广大人民群众在脱贫致富道路上的获得感、幸福感，有力展示了每一个参与者的心血与辉煌，充分发挥了政协文史资料记录历史、传承文明、服务社会的重要作用。

各位委员、同志们：过去一年成绩的取得，是中共盐亭县委正确领导的结果，是县人大常委会、县政府、县法院、县检察院和社会各界大力支持的结果，是广大政协委员及政协工作者共同努力的结果，也是县政协历届老领导、老同志热忱关心的结果。在此，我代表十一届县政协常委会，向所有重视、关心、支持政协工作的同志们、朋友们，致以诚挚的敬意和衷心的感谢！

同时，我们清醒地认识到工作中还存在一些不足和薄弱环节，主要是：凝聚共识的平台渠道需进一步拓展，民主监督的机制需进一步完善，部分政协委员履职能力需进一步提升，我们将在今后的工作中不断加以改进、完善。

2023年工作安排

2023年是贯彻党的二十大精神的开局之年。今年，县政协工作的总体思路是：坚持以习近平新时代中国特色社会主义思想为指导，全面深入学习贯彻党的二十大精神，深入贯彻落实习近平总书记关于人民政协工作的重要思想，把“两个确立”的政治自觉转化为“两个维护”的行动自觉，全力聚焦县委、县政府中心任务，坚持建言资政和凝聚共识双向发力，持续发挥专门协商机构作用，为推动盐亭经济社会高质量发展建诤言献良策。

一、紧抓学习重点，强化思想政治引领

坚持把加强思想政治引领、广泛凝聚共识作为政协工作的中心环节，用中国特色社会主义的伟大旗帜引领事业，用党的创新理论凝聚共识，筑牢团结奋斗的共同思想政治基础，为全方位推动高质量发展汇集更多的同心者、同行者。深入学习党的二十大精神，紧紧围绕“两个结合”和“六个必须坚持”，精心组织、系统安排，充分运用“书香政协”、专题讲座、集中培训等形式原原本本学、结合实际学，有效拓展学习深度和广度，以学习强政治、促履职、聚共识、固团结，努力将贯彻落实党的二十大精神转化为推进社会主义现代化盐亭建设的强大合力。

二、立足政协职能，突出工作重心

坚持县委工作推进到哪里，政协工作就跟进到哪里，委员的才智力量就汇聚到哪里。聚焦“三大目标”，深入调查建诤言，广泛协商聚共识，把“政治协商、民主监督、参政议政”的职能落到实处。一是聚焦农业产业，主动参政议政。在去年基础上，进一步调整明确新希望六和150万头生猪全产业链基地、盐亭县生猪+粮油产业融合示范园建设等15个农业产业重点项目责任人和年度工作目标任务，定期持续召开农业产业“135”工程重点项目专题议政会，围绕突破产业瓶颈、强化政策保障、产业融合发展等方面进行深度协商，为巩固我县农业产业发展汇聚政协力量。二是围绕民生事业，强化民主协商。进一步健全省政协倡导的“1+2+4+N”协商工作体系，持续发力推进“有事来协商”平台建设，做好全县各乡镇(街道)已建立委员联络站的运营维护。进一步推动协商重心下移、协商触角下延、委员力量下沉。通过“有事来商量”平台，将群众的意见和诉求汇集成改进各方面工作的“金点子”，理民情、解民忧、聚民心，让协商成果转化为群众看得见摸得着的基层治理实效。三是突出社情民意，强化民主监督。用活用好委员分片联系点，组织引导委员将有价值的社情民意信息及时反馈给属地党委、政府。将群众关心关注的急难愁盼的事情及时反馈解决。四是发挥乡贤联谊会作用，凝聚发展共识。不断积蓄乡贤力量，充分发挥乡贤对产业发展的引领带动作用。引导商贤回归创业，建设家乡；汇聚政贤智慧良策，推进家乡各项事业发展；传递学贤、德贤立德树人经验，推进乡村治理，倡导新风尚，弘扬正能量。

三、完善工作体系，激发履职活力

在拓展委员履职渠道、丰富委员履职形式、创新委员履职管理上狠下功夫，通过规范化、常态化、信息化的履职实践探索，更好地把全过程人民民主落到实处。一是完善“双助”联动体系。政协常委会团结带领全体政协委员和机关干部加强与农业农村、乡村振兴、卫健、文旅、教育等部门协调联动，及时掌握全县巩固脱贫攻坚和乡村振兴的工作要求和工作动态，为委员开展“双助”活动提供政策和信息方面的支持。引导委员围绕不发生规模性返贫、保障国家粮食安全线、巩固“三保障”和饮水安全成果、促进农村产业发展、助力乡村建设和治理等课题，充分运用视察、调研、协商、提案、社情民意信息等履职手段积极建言助力，形成横向到边、纵向到底的工作格局。二是完善政协提案动态管理体系。加大提案工作信息化建设力度，架设好“提、办、督”三方相互沟通联系的桥梁。要通过平台建设，实现对委员的管理与服务互促互进，拓展委员履职的广度、深度和精度，推动提案工作由“重数量”“重答复”向“重质量”“重落实”转变，让提案工作在政协全局工作中的作用更突出、特色更鲜明。三是完善社情民意信息运行体系。建立“广泛收集—集中研判—领导审核—专人报送—跟踪问效”的运行体制，创新反映社情民意信息的有效形式，做到精准性、广泛性，助力委员把“小信息”做成“大文章”，将更多优秀的社情民意收集反馈上来，通过采集更多“带露珠、沾泥土”的社情民意，让信息报送的“供给侧”与党政决策部署的“需求侧”更加契合。要遴选更多履职能力强、综合水平高的委员，切实发挥他们的自身优势和专业特长，开掘社情民意信息的源头活水。

四、发挥五方作用，强化自身建设

全面加强政协委员和政协机关干部两支队伍建设，奋力开拓抓党建、带队伍、促履职、增团结的局面，为政协工作提质增效提供坚强保障。一是发挥政协党组在政协工作中的统领作用。将政协重点协商活动纳入县委、县政府整体工作部署，会同县委、县政府制定年度协商计划。协助县委出台贯彻落实中办《关于加强和改进新时代市县政协工作的意见》的实施方案，全面压实党建工作责任制、党风廉政建设和反腐败工作责任制、意识形态工作责任制，切实把党的领导体现在落实责任、健全机制的使命担当上，体现在严格教育、严格管理的务实举措上，体现在建言资政、凝聚共识的协商成果上。二是发挥领导干部的表率作用。全面实行政协班子成员和政协常委联系界别委员制度，严格遵守政协章程和规定，严格执行政治纪律、工作纪律、廉政纪律，做遵纪守法和模范履职的表率，带头珍视和维护政协组织形象和声誉。三是发挥党支部的战斗堡垒作用。牢固树立政协是政治机关的意识，持续规范机关党支部和 8 个委员党支部工作程序，严格工作标准，落实工作制度，锻造坚强有力的基层党组织，推进党的工作在政协系统全覆盖。四是发挥党员委员的先锋模范作用。不断健全完善党员委员联系党外委员制度，把党员委员的先进性、模范性体现在委员履职实践中。通过深入开展党员委员亮身份、树形象活动，带动全体委员勇担当、善作为。用每个党员委员的先锋模范作用，带动整个政协工作的提质增效。五是发挥政协委员的主体作用。政协的历史要靠委员来书写，政协的风采要靠委员来展现。要充分尊重委员的主体地位，坚持以事业凝聚委员、以机制激励委员、以真情服务委员，不断健全完善委员学习培训、服务管理、考核评价等制度机制。引导委员不断提高政治把握能力、调查研究能力、联系群众能力、合作共事能力，努力造就一支堪当政治协商大任的高素质委员队伍。

专 文

“真抓实干、建功一线”主题活动

盐亭县大力践行“一线工作法”，扎实开展“真抓实干、建功一线”主题活动，通过“找差距、亮目标、抓落实、晒成绩”，进一步加强全县工作的目标管理、过程管理、效率管理、结果管理，实现“效率提高、短板补齐、环境优化、发展加快、群众满意”的总目标，推动全县党风政风持续向上向好，干部干事创业激情不断提升。

一、抓全盘，盯要点，整体推进。

一是聚焦主线抓统筹。组织召开推进会4次，总结阶段性成果，剖析存在的问题，阶段性工作稳步推进。组织开展办公室成员单位调度会7次，强化统筹协调，建立联动反馈机制，为主题活动纵深推进提供强大合力。二是聚焦实绩抓调研。深入开展“大学习、大调研、大提升”活动，奔赴基层一线、项目现场，面对面理思路、手把手教方法、实打实解难题，指导活动开展，督促干部履职。全年调研17个乡镇、10个部门，协调解决问题52个，形成有指导作用的调研报告21份。三是聚焦问题抓推进。各级各部门全覆盖建立“四张清单”，双周汇总、单月通报，动态管理，有效形成工作闭环。全年查摆整改项目建设、营商环境、服务群众等方面问题1147个，推广典型经验做法32项。

二、严督查，勤指导，促进实效。

一是结对联系加强指导。组建9个主题活动督导组，由副科级以上干部任组长，全覆盖结对联系80个活动开展单位，开展重点工作督查，定期反馈推进情况，有力促进主题活动有形有效。二是协同配合凝聚合力。融合“组织+纪检+巡察+媒体+群众”监督合力，制定督查清单，持续开展组织部、县纪委、目标绩效办等成员单位联合“随机访”，巡察办“赶集访”，发现解决问题50余个，集中约谈重视不够、进展缓慢的单位9个。三是建章立制强化实效。建立“月月谈”制度，分乡镇、部门开展6次集中调度，构建“工作总结—短板检视—问题整改—经验推广”的动态夯基提标全链条，集中调度活动开展情况，持续把问题找准找全找深，完善对策举措，对57个单位点对点发送提醒函，督促主体责任落实，扎实推动问题整改落细落实，逐渐改变长期以来存在的“拖磨扯、敷哄浸”现象，形成“立说立行”的良好作风。

三、强基础，重引领，示范带动。

一是铸魂赋能强引领。聚焦实施“三大战略”，提升拼经济、搞建设、抓发展、上项目的综合能力，开展“1+4”提能培训，分层举办各类培训班次9期、培训3200余人次，坚持逢培必考，确保干部学有所获、学有所为。注重活动在“最后一公里”落地生根、开花结果，举办“2022头雁峰会·我为振兴办件事”擂台赛3期，组织18名作风过硬、会带队伍、善抓发展的村（社区）示范点党组织书记现场交流，分享经验，以点带面推动全县村（社区）工作提质增效、进位升级。二是选树典型强带动。着力挖掘一批先进典型、形成一批经验做法、树立一批活动榜样，推广宣传经验做法50余项；依托“盐亭发布”，邀请单位“一把手”、组织委员、村（社区）党组织书记等12人，围绕活动推进谈思路、说举措、讲落实、晒答卷；在“盐亭红”开辟《身边榜样》专栏，大力宣传活动中涌现出的先进基层党组织、先进个人；表彰“服务基层特别贡献奖”3人，营造比学赶超浓厚氛围。三是整合资源强示范。按照“一点带动一域、一域带动全域提升”工作思路，围绕农旅融合发展、壮大村级集体经济、深化基层治理等重点工作，整合农业、民政、群团等部门资源，组织新引进高端人才、部门业务能手等力量，分类制定提升方案，打造基层党建示范点22个，以点带面的整体效应正起势见效。

（县委组织部）

人才兴"盐""亭"留青春

2022年，盐亭深入推动人才兴县战略，成立县委人才工作领导小组，县委书记何长鹰任县委人才工作领导小组组长，加速释放编制资源潜能，充分发挥县高端人才服务中心编制"蓄水池"作用，打破编制固化、部门"私有"等思维，精减收回事业编制175个，全部纳入编制"蓄水池"，实行单列、实名制管理，人才工作"数、质、效"提升显著。

全年，盐亭县围绕招商引资、乡村振兴、项目建设等重点工作，按需引才、精准引才。充分发挥高层次人才引进工作站和赴外招才引智小分队作用，到高校集中的城市、人才集聚的地区常态化开展"带岗上门、带编进校"。坚持以产聚才、以项目引才，积极创新"人才+项目+资本"协同引才模式，将项目引进与人才引进协同跟进、深度融合，把相关人才引进等内容纳入项目洽谈内容，努力实现项目与人才的双向良性互动。

扎实开展"带编进校""带企入校"招才引智活动，先后赴西南石油大学、西南科技大学等9所高校考核招聘高层次和急需紧缺专业人才，通过县情介绍和人才招引政策宣讲，盛情邀约高校大学生现场预报名和网络报名到盐亭就业，共开展各类招才引智活动20余场次，引进全日制硕士研究生64名，是全县2021年在编全日制研究生人数的4.5倍，同时成功招引430余名专业技术人才，人才队伍质量稳步提升。先后与西南石油大学联合建立天然气综合利用产业研究院，与中南大学联合建立新能源产业研究院，与凤集集团联合建立国际化蛋种鸡技术研究院，柔性引进博士生导师2名、博士7人，专业化平台建设水平不断提升。全县爱才敬才惜才氛围浓厚，人才环境逐步改善，引进人才为盐亭经济社会高质量发展提供强大智力支撑。

（县委组织部）

2022年度盐亭县特色亮点工作

【"123458"农产品质量安全监管模式获农业农村部推广】 2022年7月29日，盐亭县"123458"农产品质量安全监管模式获农业农村部推广，通过农产品质量安全简报发送各地供各地参考借鉴。盐亭县"123458"农产品质量安全监管模式通过"一书"（农产品质量安全承诺书）压实生产主体责任，"两图"（产业分布图和网格监管责任图）推进精准化管理，"三员"（监管员、检测员、协管员）完善基层监管队伍，"四定"（定区域、定职责、定任务、定考核）细化监管措施，"五项举措"（规范工作方式、精准指导服务、落实售前报告、常态巡查督查、实时监管评价）规范监管行为，"八项制度"（目标考核、教育培训、检测检疫、承诺达标合格证、日常巡查、追溯管理、举报奖励和应急处理）织密网格化监管体系，进一步夯实农产品质量安全监管工作的"最初一公里"。盐亭县推行网格化管理以来，监管覆盖面达到了100%，生产经营主体年均巡查频次8次以上，监测合格率稳定在98%以上，农产品质量安全治理走上了"快车道"。

【创建新型"三化"基层供销社助力集体经济发展】 2022年，盐亭县以建设标准化、数字化、公益化的"三化"基层供销社为抓手，不断推进基层供销系统改革，促进新型基层供销社建设与村集体经济"消薄"行动融合发展，切实解决基层供销社服务农村组织不强、服务农业能力不足、服务农民便利不够等问题。该项工作得到市委副书记王华蓉肯定性批示并在全市推广，被省委改革办以专报形式在全省推广。截至2022年5月，全县17个乡镇（街道）已实现基层供销服务网络全覆盖，建成村级分社189个。2022年，助力全县各村级集体经济收入全面超过5万元，实现在盐亭历史上具有里程碑意义的突破。

【探索"一诺一单三评一监督"提升基层治理效能】 2022年，盐亭县针对两项改革"后半篇"中部分基层党组织出现的后续改革动力不足、责任压力传递不到位、核心表率作用不突出、“佛系躺平”苗头初显等问题，紧抓村级党组织书记这个“关键少数”，在巨龙镇试点开展“一诺一单三评一监督”行动，探索加强村级“一把手”考核管理和作用发挥的新模式新方法，打造锻炼出一支政治素质高、工作作风好、带动作用强的村级党组织书记队伍，农村基层党组织“堡垒”作用显著加强，村级集体经济得到快速发展。全镇村党组织书记兑现承诺87条，成立各类自治群体、公益组织、志愿服务队15个，帮助群众解决问题79个，落地实施道路、产业等投资2000余万元，95%的村级党组织满意度测评超过90%。

【推行经营场所卫生许可“承诺代证”改革】 2022年，盐亭县出台《盐亭县三类小型公共场所卫生许可“承诺代证”改革实施方案》，全面推动三类小型公共场所卫生许可“承诺代证”改革，制定公共场所卫生告知和承诺书文本，通过申请人自行学习，承诺符合各项条件并签字盖章，取代公共场所卫生许可证。2022年，已完成62家“承诺代证”备案。

（县委办）

大 事 记

1 月

1日　县委副书记、县长、县应急指挥部指挥长卢昊带队督导新冠肺炎疫情防控工作。

3日　全县道路交通安全工作专题会召开。

5日　县委召开常委会会议，传达贯彻2021年第9次县（市、区）委书记月度重点工作点评会精神、1月4日市委专题会议精神；通报江油“1·2”道路交通事故并传达中央省市领导作出的指示批示精神，研究部署盐亭县道路交通安全工作。

6日　县委第十四届第二次全体会议召开。审议通过《中共盐亭县委关于以实现碳达峰碳中和目标引领绿色低碳产业加快发展的决定》。

12日　全县整治违法建设三年攻坚行动动员部署会召开。

同日　盐亭县首个“政务+金融”综合服务站启动暨战略合作协议签约仪式在玉龙镇举行。

13日　县委第十四届第11次常委会会议召开，审议《盐亭县2022年经济工作要点》《盐亭县2022年项目投资工作要点》等文件。

14日　2022年县委经济工作会议召开，分析当前经济形势，安排部署2022年经济工作。

18日　县委常委会（扩大）会议暨2021年度全县党委（党组）书记抓基层党建工作述职评议会召开。

19日　省生态环境厅副厅长李银昌带队到盐亭调研四川格润中天环保科技有限公司危险废物集中处置项目、四川熔增环保科技有限公司1万吨/年废有机溶剂综合利用项目建设情况。

20日　市委常委、科技城党工委副书记、管委会常务副主任、市国资委党委书记黄朝阳率队到盐亭调研。

21日　盐亭县召开党史学习教育总结会。

同日　盐亭县召开党外代表人士暨民营企业家代表座谈会，听取党外代表人士和民营企业家对盐亭经济社会发展的意见和建议，推动全县经济社会发展再上新台阶。

24日　县委副书记、县长卢昊主持召开化工园区认定工作推进会，听取化工园区认定工作推进情况汇报，安排部署有关工作。

同日　县委书记何长鹰带队到巨龙镇天水村调研花果嫘乡现代农业园区建设推进情况。

27日　盐亭县召开2021年目标绩效考核表彰暨2022年党务工作会，学习贯彻落实中央省委市委有关工作会议精神，回顾总结2021年度全县党务工作，对全县纪委监委工作、组织工作、宣传思想工作、统战工作、政法工作进行安排部署。

28日　县委书记何长鹰，县委副书记、县长卢昊，县人大常委会主任蒲浪涛，县政协主席衡洪志县四套班子领导带队开展慰问活动，向困难群众、一线工作人员、离退休老干部、消防救援人员、驻盐部队官兵等送去党和政府的浓浓温暖与深切关怀，并向大家致以新春的美好祝福。

同日　县委常委会（扩大）会议召开，传达贯彻全市领导干部大会精神、全市重点工作部署会议精神，研究盐亭县贯彻落实意见。

29日　盐亭县安全生产委员会2022年第一次全体（扩大）会议召开。

2 月

8日　县委书记何长鹰深入九龙镇青松村、凤灵街道滨江社区，调研农村党建、集体经济、社区党建以及社会治理等工作。

10日　副市长袁明到盐亭督导交通运输、住房城乡建设和生态环境等领域工作。

11日　县委第十四届第14次常委会会议召开，审议《县纪委十四届二次全会报告（送审稿）》等文件。

15日　中共盐亭县纪委第十四届第二次全体会议举行。

同日　第六届海峡两岸嫘祖文化交流活动第五次协调会召开。

16日　县政府十九届一次全体会议召开。

21日　县委第十四届第15次常委会会议召开，审议《政府工作报告（送审稿）》《关于2021年县级民生实事人大代表票决项目实施情况及2022年县级民生实事人大代表票决候选项目有关情况的报告(草案)》等文件。

22日　全县群团工作会议召开。

23日　中国人民政治协商会议盐亭县第十一届委员会第2次会议在新区电影院开幕。

24日　盐亭县第十九届人民代表大会第2次会议在县城新区电影院开幕。

28日　县政府与农发行绵阳市分行举行乡村振兴重点项目融资工作对接会。

3　月

1日　盐亭县项目工作专题会议召开，安排部署项目投资相关工作。

2日　县委书记、县委应对新冠肺炎疫情工作领导小组组长何长鹰到县疫情防控指挥部调研督导疫情防控工作。

同日　盐亭县化工园区申报认定工作会召开。

同日　县委副书记、县长卢昊带队调研集中隔离场所建设管理情况，并主持召开专题会议，安排部署有关工作。

3日　全县以片区为单元编制乡村国土空间规划专题会议召开。

9日　市委副书记王华蓉带队到盐亭调研农业农村工作。

10日　县委第十四届第17次常委会会议召开，审议2022年度党建主题活动方案、《盐亭县行政事业单位人员调动办法(送审稿)》等文件。

11日　盐亭经开区伙伴智造谷智能制造产业园项目现场与全市同步举行2022年3月重大项目集中开工仪式，20个重大项目集中开工。

16日　县委书记何长鹰调研指导全县统战工作。

17日　盐亭县召开“真抓实干、建功一线”主题活动动员大会。

23日　县委全面深化改革委员会第九次会议召开，通报2021年全面深化改革工作情况，审议2022年县委深改委工作要点、改革落实台账、专项改革方案，安排部署全年改革工作。

24日　县委农村工作会议召开。

25日　省政协副主席祝春秀率调研组到盐亭开展“发展壮大农村集体经济”专题协商调研。

29日　市委常委、统战部部长、秘书长姚永红到大兴回族乡调研。

30日　县委第十四届第18次常委会会议召开，审议《盐亭县高速路口及县城主要干道周边违法建设专项整治进度安排》等文件。

4　月

2日　县安委会2022年第二次全体(扩大)会议召开。

5日　县委应对新冠肺炎疫情工作领导小组会议召开，贯彻落实省、市应对新冠肺炎疫情应急指挥部疫情防控工作视频调度会议精神，听取全县疫情防控工作情况汇报。

7日　全县村级集体经济“消薄”决胜攻坚推进会召开。

8日　全县召开两项改革“后半篇”文章第七次推进会。

19日　盐亭经开区和巨龙化工园区规划汇报会召开。

21日　全县招商引资大会召开。

24日　县委书记何长鹰深入重点项目建设一线调研。

25日　市委常委、副市长梁磊到盐亭调研经济社会发展情况。

27日　盐亭县举行嫘祖粮油现代农业园区项目开工仪式。

28日　盐亭县耕地保护、防汛抗旱、地质灾害防治和河湖长制工作推进会召开。

5　月

5日　县委书记何长鹰调研全县既有房屋安全隐患排查整治工作。审议《盐亭县房屋建筑安全隐患专项整治工作推进实施方案》。

6日　县委书记何长鹰到县经开区调研“园区提质、企业满园”工作。

同日　盐亭县召开党的十九届六中全会精神专题报告会。

7日　盐亭县文学艺术界联合会第三次代表大会召开。

10日　主题为“清风满盐亭•廉潮涌万家”的廉洁书画展在盐亭县文化馆拉开帷幕。

12日　盐亭县举行第111个国际护士节庆祝活动。

13日　全县城乡环境综合提质三年行动工作部署会议召开。

18日　县委书记、新华水库工程建设指挥部指挥长何长鹰调研新华水库项目推进情况。

19日　盐亭县委组织部、县人社局赴西南石油大学开展招才引智宣介活动。

同日　盐亭县与西南石油大学签订天然气综合利用产业研究院建设合作协议。

20日　县交通运输局在云溪镇盐新路口举行“2022年盐亭县交通运输局道路保通应急抢险演练”。

24日　县政府召开2022年廉政工作会议，全面深入贯彻落实国务院、省政府和市政府廉政工作会议精神，安排部署政府系统党风廉政建设和反腐败工作。

同日　盐亭县举办“喜迎二十大·强国复兴有我”首届理论宣讲大赛。

同日　盐亭县2022年营商环境工作会议召开。

25日　县城生活垃圾处理费规范征收工作动员会召开。

26日　市人大常委会副主任代顺兴前往盐亭县西部水产现代农业园区，调研贯彻中央、省委、市委关于现代农业园区建设的决策部署情况。

27日　副市长、民建绵阳市委主委蒋丽英带领民建绵阳市委民主监督组到盐亭开展长江生态环境保护民主监督工作。

6　月

1日　县委书记何长鹰主持召开县委常委会（扩大）会议，传达学习全国、全省、全市稳住经济大盘电视电话会议精神和省第十二次党代会精神，研究部署全县贯彻落实意见。

4日　县委副书记、县长卢昊带队调研督导高考中考备考、城乡环境综合提质、防洪度汛和隔离场所运行管理等工作。

6日　“全国放鱼日”，盐亭县开展主题为“落实长江流域十年禁捕，养护水生物资源，建设梓江生态文明”的增殖放流活动，10万尾鱼苗“游入”梓江，养护水域生态环境。

同日　县委书记何长鹰督导中高考备考工作和教体系统重点项目建设情况。

8日　县委书记何长鹰到县内部分乡镇、街道调研城乡环境综合提质三年行动工作开展情况。

10日　县委书记、县委党建领导小组组长何长鹰主持召开县委党建领导小组2022年第一次会议。审议《县委党建领导小组2022年工作要点》《2021年度县委书记抓基层党建述职查摆问题整改方案》等文件。

同日　县委书记何长鹰带队调研巨龙化工园区申报认定工作推进情况。

同日　盐亭县召开企业家座谈会。县委书记何长鹰出席会议并与企业家代表面对面交流，倾听企业心声，研究解决企业生产经营中遇到的问题。

13日　盐亭县2022年领导干部读书班开班式举行，县委书记何长鹰出席仪式并作动员讲话。

14—17日　借助绵阳市党政代表团赴厦门学习考察搭建的平台，绵阳市盐亭县先后在福建厦门、广东广州和惠州开展招才引智、招商引资活动。

15日　县委书记何长鹰与参加中国（绵阳）科技城厦门推介会部分企业家座谈交流，邀请大家到盐亭投资，共谋发展。

16日　“盐亭县新冠疫苗临时大规模接种点”（盐亭县体育馆接种点）暂时关闭。

同日　嫘祖粮油现代农业园区项目在广州成功签约，县委书记何长鹰出席签约仪式并致辞。

同日　县委书记何长鹰率队在广东省佛山市顺德区考察，参观拜访顺德中集智谷、佛山市天劲新能源科技有限公司，并出席顺德高新区—盐亭县经开区合作协议签约仪式。

20日　副市长李栋到盐亭县调研农业经济运行、重点农业项目投资建设、城乡环境综合提质工作。

23日　县委组织部、县人社局带领招才引智小分队赴重庆西南大学、重庆化工职业学院等高校开展“带编进校”“带企入校”招引人才，为盐亭县经济社会高质量发展提供坚实人才支撑。

同日　县委召开常委会会议，传达学习习近平总书记到四川视察重要指示精神，传达学习全市园区高质量发展大会会议精神，研究全县贯彻落实意见；听取平安盐亭建设工作开展情况汇报。

24日　四川省首批“省级百强中心镇”名单公布，盐亭县富驿镇成功入选。

27日　川中油气矿盐亭天然气上产区“地企党建联盟”成立。

28日　县委副书记、县长卢昊主持召开2022年上半年经济运行及项目推进调度会，对全县半年经济运行和项目投资工作进行再分析、再研究、再部署、再落实。

同日　盐亭县乡贤联谊会在新区墨竹里项目部召开“文旅活县、乡贤回归、助推产业发展”联谊交流大会，来自成都、盐亭共50余名企业家济济一堂，共商盐亭发展大计。

29日　县工商联（总商会）第十三次代表大会召开，全面总结五年来县工商联（总商会）各项工作，谋划部署今后五年工作任务，选举产生新一届县工商联（总商会）领导机构和领导班子。

7　月

1日　巩固拓展脱贫攻坚成果同乡村振兴有效衔接专项督查工作汇报会召开。

5日　县妇联在盐亭中学举行2021年“99公益日”“春蕾计划”助学金发放仪式，82名学生接受助学金资助。

7—8日　福建省四川商会会长、优传（厦门）供应链集团有限公司董事长宁晓晖率福建省四川商会企业家考察团到盐亭考察投资环境、寻求合作。

12日　县委副书记、县长、县禁毒委主任卢昊主持召开全县禁毒工作会议，贯彻落实全国禁毒工作电视电话会议精神，全面研判全县禁毒工作形势，安排部署有关工作。

同日　县委书记何长鹰深入文通镇实地检查指导抗旱保苗工作。

13日　县委书记何长鹰调研油气资源勘探开发工作。

同日　县委书记何长鹰主持召开县生态环境保护委员会全体会议暨环保督察工作领导小组会议。审议《盐亭县2022年生态环境工作要点》《盐亭县贯彻落实第二轮中央生态环境保护督察报告整改方案》。

同日　县委副书记、县长卢昊主持召开县安委会2022年第三次全体(扩大)会议暨县防汛抗旱指挥部2022年第一次会议。

15日　全县防汛抗旱和地灾防范应对工作会议召开。

同日　县委副书记、县长卢昊到岐伯镇调研经济社会发展情况，并督导防汛抗旱工作。

16日　市委常委、科技城党工委副书记、管委会常务副主任、市国资委党委书记黄朝阳到盐亭督导防汛抗旱工作。

18日　县委书记何长鹰率队督导地质灾害防治和防洪度汛工作。

同日　县委召开常委会会议，传达学习省委书记王晓晖，应急管理部党委书记、部长黄明，省委副书记、省长黄强和有关省领导对做好防汛抗旱地灾防治工作作出的批示精神及全省防汛救灾工作调度会议精神，传达学习市委第45次常委扩大会精神，研究盐亭县贯彻意见。

21日　县委农村工作领导小组召开巩固拓展脱贫攻坚成果同乡村振兴有效衔接专题会议，传达学习中央、省、市巩固拓展脱贫成果同乡村振兴有效衔接会议精神，安排部署下阶段工作。

同日　以“嫘祖故里美，盐亭‘乡’当潮”为主题，四川省第二届乡村文化振兴魅力竞演大赛盐亭赛区活动举行，为中共二十大胜利召开营造浓厚氛围。

22日　县委召开常委会会议，传达市委第46次常委(扩大)会精神，听取县委党校分类改革推进情况汇报，研究部署有关工作。

25—28日　2022年度盐亭县领导干部读书班举行。县委书记何长鹰参加学习并作结业讲话。

29日　2022年度县委人才工作领导小组第一次会议召开。

同日　县委书记、县人武部党委第一书记何长鹰，县委副书记、县长卢昊率队开展八一走访慰问活动。

8　月

3日　市委副书记、市长李云赴盐亭县调研，强调要深入学习贯彻习近平总书记到四川视察重要指示精神，认真落实中央和省市部署要求，高效统筹疫情防控和经济社会发展，更好统筹发展和安全，强产业筋骨，筑发展底线，奋力推动县域经济社会高质量发展。

8日　县委副书记、县长卢昊深入经开区粮油购销应急配送中心、利源科技、奥蓉多肽、博大金点、生物医药产业园等项目建设一线，督导重点工业项目推进工作。

11日　省委常委、市委书记曹立军调研盐亭县经济社会发展情况。

12日　县委书记何长鹰主持召开县委常委会会议，传达学习省委常委、市委书记曹立军和市委副书记、市长李云到盐亭县调研经济社会发展情况时提出的要求，研究全县贯彻落实意见。

16日　省考评组(第三组)组长、省交通运输厅公路局二级调研员舒超率队到盐亭县开展四川省第六批省级“四好农村路”示范县创建现场考评。

同日　县委书记何长鹰前往高渠镇调研抗旱保苗和山洪灾害防御工作。

17—18日　盐亭县2022年引进首批高层次和急需紧缺专业人才在县委党校开展集中学习。

17日　县委书记何长鹰前往国网盐亭县供电公司调研电力供应保障、迎峰度夏等工作，看望慰问电力一线干部职工。

18日　县委书记何长鹰深入九龙镇、永泰镇、富驿镇调研抗旱保苗、水利工程建设运行等工作。

19日　县委书记何长鹰前往绵西高速云溪出站口、柏梓出站口，看望慰问高温下坚守岗位的一线工作人员，代表县委、县政府向全县医护人员、公安干警、基层一线工作人员、志愿者送去关怀和清凉，致以诚挚敬意。

同日　平安盐亭建设领导小组2022年第一次领导小组会议召开，县委书记、领导小组组长何长鹰出席会议并讲话。

22日　县委书记何长鹰专题调研政务服务和优化营商环境工作。

同日　县委副书记、县长卢昊前往经开区、凤灵街道调研保电网安全和让电于民工作，并主持召开专题会议研究相关工作。

同日　盐亭县应对新冠肺炎疫情应急指挥部第18次会议召开。

25日　县退役军人事务局召开2022年度符合政府安排工作条件退役士兵选岗工作会。

同日　盐亭县举行学习贯彻

习近平总书记到四川视察重要指示精神和省第十二次党代会精神宣讲报告会。

26日　县委书记何长鹰主持召开县委农村工作领导小组全体会议。

同日　县委副书记、县长卢昊前往嫘祖镇、西陵镇，督导抗旱、城乡环境综合提质和森林防灭火等工作。

30日　县委书记何长鹰带队调研城区基础设施项目推进情况。

31日　县委副书记、县长卢昊主持召开县人民政府十九届二次全体会议。

同日　盐亭县在广东省东莞市举行“迎老乡、回故乡、建家乡”恳谈会。

9　月

1日　盐亭县寄递物流行业纠纷调解中心正式挂牌成立，系属绵阳首家。

2日　县委召开“七廉共建”活动推进会。

同日　县人大常委会与县人民政府工作联席会议召开。

同日　县委书记何长鹰主持召开疫情防控调度会议，贯彻落实省委应对新冠肺炎疫情工作领导小组会议精神和全市疫情防控工作视频调度会议精神，分析研判当前疫情防控形势，部署有关工作。

同日　盐亭县召开2022年晚秋生产现场会。

5日　县委书记何长鹰检查秋季学期开学疫情防控工作。

7日　县工信局联合中国电信盐亭分公司在南门休闲广场开展2022年国家网络安全宣传周电信主题日活动。

同日　县委书记何长鹰专题调研问题楼盘化解处置工作，并召开专题推进会。

同日　县委副书记、县长卢昊带队调研重点文旅项目推进情况。

9日　县委书记何长鹰主持召开十四届县委第31次常委会会议，传达学习7月29—30日中央统战工作会议精神，学习《市委常委会2022年工作要点》，研究部署盐亭县贯彻落实措施。

15日　盐亭县举行2022年秋季自主就业退役士兵光荣返乡集中欢迎仪式暨适应性培训开班典礼。

16日　盐亭县召开2022年深改工作推进会，通报2022年全面深化改革年中督察情况，安排部署有关工作。

19日　盐亭县城乡环境综合提质三年行动工作推进会召开。

20日　市人大常委会副主任李川萍带队，到盐亭县开展《绵阳市文明行为促进条例》执法检查。

22日　全县“决战四季度、大干一百天”工作动员部署会召开，会议深入学习贯彻习近平总书记到四川视察重要指示精神，认真落实党中央、省委和市委重要要求，安排部署当前和下一步工作。

26日　全县2022年村（社区）党组织书记进修班开班，县委书记何长鹰作动员讲话。

27日　盐亭县举行进一步向盐亭经开区放权赋能集中交接仪式。

同日　县委书记何长鹰前往富驿镇、永泰镇、九龙镇调研两项改革“后半篇”文章工作。

28日　十四届县委第四轮巡察工作动员部署会召开。

29日　县委人才工作会议召开。

30日　盐亭县在革命烈士纪念碑广场举行烈士纪念日公祭仪式。

10　月

8日　县委书记何长鹰主持召开十四届县委第32次常委会会议，传达省委常委、市委书记曹立军在10月7日疫情防控调度会上的讲话精神，听取盐亭县关于“绵阳‘9·29’”疫情应急处置情况汇报，审议《盐亭县2022年优化营商环境工作方案》，研究部署全县贯彻落实措施。

9日　全县巩固拓展脱贫攻坚成果“回头看”暨防止返贫监测第二轮集中排查工作动员部署会议召开。

11日　全县精神文明建设暨深化巩固省级文明城市建设工作会议召开。

17日　十四届县委第四轮常规巡察第一批次5个巡察组完成进驻。第一批次将对县医保局（医疗保险事务中心）、县残联、县行政审批局、县委党史研究室（县地方志办公室）、县妇联、团县委、县农民工服务中心、档案馆共8个党组织开展为期1个月的常规巡察。

18日　县委书记何长鹰率队调研城乡环境综合提质三年行动工作开展情况。

同日　县委书记何长鹰到县经开区调研项目推进工作。

21日　县委书记何长鹰督导省级文明城市建设工作。

同日　县委副书记、县长卢昊前往经开区调研部分规上企业。

26日　盐亭县举行传达学习中共二十大精神大会。

30日　县委副书记、县长卢昊主持召开县应对新冠肺炎疫情应急指挥部第21次会议。

同日　县委副书记、县长卢昊主持召开县政府党组（扩大）会议专题学习贯彻中共二十大精神。

31日　盐亭县召开第六次归侨侨眷代表大会，县委书记何长鹰、市侨联主席陈福林出席并讲话。

同日　盐亭县领导干部经济发展能力提升暨乡村振兴能力提升专

题培训班开班典礼在成都举行。

11　月

3日　县委副书记、县长卢昊前往莲花湖乡、金孔镇、黄甸镇，督导巩固拓展脱贫攻坚成果同乡村振兴有效衔接工作。

4日　“盐亭经开区—南浔经开区”区域合作签约仪式暨中国共产党盐亭县农民工流动党员南浔支部委员会、盐亭县农民工南浔服务站授牌仪式在浙江南浔举行。

8日　县委副书记、县长卢昊督导城区部分重点项目推进工作。

9日　县委书记何长鹰主持召开县委党建领导小组2022年第二次会议。

11日　县委书记何长鹰主持召开县委全面深化改革委员会第十次会议。

同日　县委副书记、县长卢昊主持召开全县经济形势分析暨四季度收官冲刺会议，总结分析前三季度经济运行情况，对四季度经济工作进行再安排部署。

14日　县委书记何长鹰到文同诗竹园景区、高山公园项目、墨竹里风情街项目、中华龙凤谷景区调研文旅项目。

同日　全县召开2022年市考核目标冲刺会议。

15日　县委书记何长鹰前往西陵镇麒麟村、嫘祖镇樵村、金孔镇孟阳村督导巩固脱贫攻坚成果后评估工作。

16日　县委书记何长鹰组织召开2022年县委书记直抓农业农村改革工作座谈会，听取有关改革事项抓落实情况汇报和县级部门、镇村代表意见建议，进一步推动改革事项走准走稳走深走实。

18日　盐亭县举行2022年第二批引进高层次和急需紧缺专业人才入职对接会。

23日　县委书记何长鹰带队开展巡河工作。

24日　县委副书记、县长卢昊主持召开县应对新冠肺炎疫情应急指挥部第23次会议。

25日　盐亭县召开县农村信用合作联社改革工作专班第一次会议，正式启动全县信用联社改制组建农商银行工作。

同日　县政府与县政协召开工作联席会议，听取县政府有关工作情况通报和县政协对县政府工作的意见建议，并就全县经济社会发展、乡村振兴、工业经济、宜居城市和交通建设等领域工作进行协商交流。

29日　县委书记何长鹰在高渠镇白虎村参加县委办党支部“学习二十大·建功新征程”主题党日活动。

12　月

7日　县委书记何长鹰前往盐亭经开区调研疫情防控和企业生产工作。

8日　县委书记何长鹰主持召开十四届县委第36次常委会会议，传达学习12月6日中共中央政治局会议精神，研究全县贯彻落实意见。

9日　2022年绵阳市推动“四好农村路”和乡村运输“金通工程”高质量发展现场会在盐亭召开，副市长袁明出席会议并讲话。

13日　盐亭县县生态环境保护委员会召开2022年全体会议暨县生态环境保护督察工作领导小组会议，传达学习中共二十大关于推动绿色发展，促进人与自然和谐共生的重大战略部署和习近平总书记关于生态文明建设和生态环境保护工作的重要论述，听取全县生态环境保护工作开展情况汇报，安排部署有关工作。

19日　县委书记何长鹰前往鹅溪镇督导重点项目建设推进情况，实地了解企业需求，现场协调解决困难。

20日　盐亭县残疾人联合会第六次代表大会召开，县委书记何长鹰、市残联党组书记、理事长曾明波出席会议并讲话。

同日　县委书记何长鹰前往华夏母亲嫘祖国家纪念公园景区调研，他强调要项目化推动亮点节点工程建设，以文旅产业融合发展引领县域经济高质量发展。

27日　县委副书记、县长卢昊主持召开县政府十九届三次全体会议，深入学习贯彻中共二十大精神和习近平总书记到四川视察重要指示精神，认真落实中央和省委经济工作会议、省委十二届二次全会和市政府八届三次全体会议精神，审议《政府工作报告（送审稿）》等文件，对当前及2023年各项重点任务进行安排部署。

29日　县委书记何长鹰主持召开十四届县委第39次常委会会议，传达学习中央经济工作会议、省委经济工作会议以及市委经济工作会议精神，传达市委八届五次全会精神，研究全县贯彻落实意见。

30日　盐亭县2022年乡贤大会、盐亭县文旅惠民季启动仪式暨乡贤创业、乡村振兴项目交流品鉴会召开，县委书记何长鹰出席会议并讲话。县政协主席衡洪志出席会议。

县情概览

自然地理

【位置面积】 盐亭县属四川省绵阳市，位于四川盆地中部偏北，地处嘉陵江、涪江分水岭，距绵阳 90 千米，距成都 200 千米，历史上为巴国、蜀国交界地。今盐亭县境地理坐标位于北纬30°58′31″～31°39′40″、东经 105°12′17″～105°43′20″，东接西充县、南部县，南连射洪市，西邻三台县，北抵梓潼县，行政区域面积 1645.8 平方千米。成德南、绵南高速穿境而过，是成南巴出川大动脉和绵遂南巴的重要交通节点。

【地形地貌】 县境地貌除梓江河谷有平坝断续分布外，均系峰谷相间的丘陵、低山地貌，发育有干平坝、台地、中低丘、高丘、低山、山原地 6 种地貌类型。县境地势北高南低、多为岭谷相间的丘陵地貌，海拔多为 350 ～ 650 米之间，海拔最低点位于县城南部嫘祖镇杨家滩，为 334.5 米；最高点位于北部岐伯镇风斗山，为 789 米。盐亭县地貌大体上可以唐巴公路沿线为界，划分为北部低山窄谷区和南部高丘宽谷区。低山窄谷区面积为 632.51 平方千米，占全县总面积的 38.43%，海拔为 450 ～ 789 米；高丘宽谷区面积为 1012.94 平方千米，占全县总面积的 61.55%，海拔为 330 ～ 550 米。

（许中义）

【气候】 盐亭地处亚洲东部亚热带季风区，属于亚热带湿润季风气候，全年平均气温 17.0℃，年平均总降水量 859.7 毫米，全年日照时数达 1204.8 小时，多年平均无霜期为 357 天。

2022 年平均气温 18.0℃，比历年平均值 17.0℃偏高 1.0℃；年极端最高气温 41.3℃，比历年极端最高值 39.7℃偏高 1.6℃；年极端最低气温-1.9℃，比历年极端最低值-4.8℃偏高 2.9℃；年总降水量 470.7 毫米，比历年平均总降水量 859.7 毫米偏少 45%；年总日照时数 1293.9 小时，比历年平均总日照时数 1204.8 小时偏多 7%。

2022 年 6 月下旬至 8 月底，盐亭县出现持续高温晴热天气过程，全县经开区和 17 个乡镇（街道）日最高气温均多次达 40℃以上，超过高温红色预警信号标准（37℃）3.0℃，日平均气温为 30.5℃，较常年同期偏高 3.9℃。6 月 26 日以来，盐亭县以晴热高温天气为主，雨量显著偏少，出现两轮高温伏旱，8 月第二段高温伏旱持续发展，截至 8 月 31 日盐亭县国家气象观测站监测伏旱天数达 45 天。出现 6 级及以上大风，对工农业造成一定影响。

（程　斌）

自然资源

【土地资源】 盐亭县土壤为中生代侏罗纪上统蓬莱镇组上部，白垩纪中下部城墙岩群下部。盐亭县以省道 101 线公路为界，北面为白垩纪城墙岩群下段，呈黄红紫色厚泥薄沙与厚砂岩互层风化土，大多夹有沙姜石，呈强石灰性反应，怕涝易旱，母质层突出，土层薄，有机质含量低，水土易流失。南面属侏罗纪蓬莱镇组，上段为棕紫色厚泥互层风化土，石灰性反应强。梓江沿岸少数地区为新生代第四纪冲积土，土壤中性或微酸性，黏重，板结。盐亭县除梓江两岸狭窄地域外均属山地石灰性棕紫色森林土，游离碳酸钙含量 4%～6%，中性偏碱，pH 7.4 ～ 8.2，土质干燥，渗透大，保水能力差。盐亭县有水稻土、冲积土、紫色土、黄壤土 4 个土类，7 个亚类，8 个土属，33 个土种。丘陵、平坝发育的紫色土、水稻土、潮土、新积土均适宜发展林业、果业和草场。县境土壤大体可以弥江为界，划分为以北的黄红紫色泥土区和以南的黄棕色泥土区 2 个一级区；梓江上段高丘粮果林区，弥江以北低山粮牧林区，梓江下段中丘稻棉油果区和湍江、梓江、雍江中高丘粮棉猪区 4 个二级区。

（许中义）

【水文水资源】 盐亭县境内有大小江河溪流53条，除东北角富驿镇（原金安乡）境内的菜子河和九龙镇（原会真乡）、金孔镇（原洗泽乡）境内的宝马河等属于嘉陵江支流西河水系外，其余均系嘉陵江支流涪江水系，并以梓江为骨架呈不对称羽毛状分布。盐亭属涪江水系，境内的六大水系以梓江为主，其次是魏城河、弥江河、湍江、沈水河、榉溪，其中，梓江境内总流程113.09千米，魏城河境内总流程4.21千米，弥江河境内总流程43.17千米，湍江境内总流程53.33千米，榉溪境内总流程46.24千米，沈水河境内总流程32.46千米。梓江流域面积1360.5平方千米，发源于江油市大火山，由北向南流经县境，自然落差75米，多年平均流量53.2米^3/秒，年均径流量16.76亿立方米。其余江河均为季节性小河，枯水期间江河断流。全县水资源年平均总量11.8亿立方米。其中，县境年平均地表径流量2.92亿立方米，占24.75%；地下水年平均径流量0.41亿立方米，占3.47%；梓江过境水年平均径流量8.47亿立方米，占71.78%。全县水资源和补给主要靠大气降水，梓江过境水大量以洪水方式流泄，利用率较低。县境大部分地区多年平均降水量863.1毫米，降水量年际变化大，月际分配不均，影响着径流量的稳定，80%以上集中于夏秋两季，一年中汛期径流量占全年的70%～90%，严重影响径流常年补给，因而属于"川中老旱片"径流低值区。县境浅层地下水主要分布于河流两岸的阶地后缘坡麓以及地形低、节理和裂隙发育的砂岩底部与泥岩顶部，一般均由降水补给，埋藏浅，流程短，不稳定，少雨季节水量明显减少，约20%的水井无水，干旱年份则多干涸。全县地下水水质，20%为矿化度小于0.5克/升的重碳酸钙钠型水，80%为重碳酸钙镁型水，且矿化度一般小于0.5克/升，属合格的饮水、工业用水和灌溉用水。根据地下水含水岩层的岩性特征，县境浅层地下水可以分为第四系松散岩类孔隙水和红色地层碎屑岩类裂隙水两种基本类型。后者还可以依地下水赋存在的明显差异，再分为南部中高丘裂隙水和北部低山高丘裂隙水两个次一级类型。

2022年全县总用水量1.56亿立方米，其中，农业用水1.43亿立方米，工业用水285.49万立方米，生活用水915.31万立方米，人工生态环境用水45.9万立方米，万元地区生产总值用水量较2020年下降为11.5%，万元工业增加值用水量较2020年下降59.0%。

（尤　舟）

【动植物资源】 盐亭县属亚热带常绿阔叶林区，川东盆地及西南山地常绿阔叶林地带，川东盆地偏湿性常绿阔叶林亚带，盆地底部丘陵低山植被地区，盆中方山丘陵植被小区。森林植被种类较多，乔木树种46科、200余种，灌木20科、35种，现有森林植被主要以人工栽培为主。柏木为主要优势树种，其次是杨树、桤木、马尾松、麻栎、香樟、柳树、椿树、榕树、喜树、楝树、槐树、楠木、女贞、冬青、石栎、银杏、栾树、菩提、油桐、泡桐、雪松、罗汉松、玉兰、水杉、紫薇、海棠、樱花、棕榈、蒲葵等；经济林木以核桃、桑树、柑橘类、梨、桃为主，其次是枇杷、樱桃、李、杏、油橄榄、杜仲、红豆杉等；灌木树种20科、30余种，主要有马桑、黄荆、刺梨、花椒、枣树、火棘、石楠、小叶女贞、迎春、月季、蔷薇等；竹林以人工栽植的丛生慈竹为主，有少量的刺竹属、刚竹属竹种，多为团状分布于农家住宅周围；草丛大部分由禾本科植物组成，以黄茅草丛为主，兼有白茅草丛，莎草科、豆科、菊科、苔藓、蕨类等植物，在林内均有不同程度的分布。

盐亭县动物资源主要由亚热带农田动物群组成。常见野生动物有17目、32科、86种，其中鸟类12目、25科、72种，兽类5目、7科、14种。盐亭县有国家二级野生保护动物猫头鹰、灰鹭、红腹锦鸡。鹭科鸟类有5万余只（其中白鹭约4万只，灰鹭和苍鹭约1万只）。

（许中义）

【矿产资源】 盐亭县属于非金属矿产地，矿种包括膨润土、砖瓦用页岩、建筑用砂岩、饰面用砂岩、盐卤、石油、天然气、矿泉水及黄铁矿等。其中膨润土、砖瓦用页岩、建筑用砂岩、矿泉水及天然气等矿种实现较好开发利用。全县矿产资源总体呈现"总量少、小矿多、非金属矿产多"的特征。县内石油、天然气储量相对丰富，拥有蓬莱气区和金秋气田两个储量超万亿级的特大型气田，主要分布在九龙、黄甸、金孔、玉龙、嫘祖、西陵、高渠等乡镇，预估资源量超万亿立方米，约占蓬莱气区和金秋气田天然气资源量的20%。膨润土主要分布在莲花湖乡苟家嘴至长山嘴一带，主要产于白垩二纪下统苍溪组地层，探明全县总储量在100万千克以上。砖瓦用页岩矿产出层位多，厚度大，质量较好，从成矿地质条件分析，潜在规模大，远景好，全县查明资源储量约1560万千克，2022年小型矿床（矿山）12处保有资源储量约139.41万千克。建筑用砂岩赋存于白垩二纪苍溪组，矿层呈层状、透镜状，矿层产出稳定。现有小型矿床（矿山）1处，其保有地质储量52700立方米。

（许中义）

【农业资源】 粮油、生猪、家禽生产是盐亭农村支柱产业。盐亭县盛产水稻、小麦、玉米、油菜、大豆、花生、土豆、红薯等粮油作物；柑橘、桃子、藤椒等林果产品；莴笋、榨菜、海椒、茄子、西红柿、苦瓜、南瓜等蔬菜作物。盐亭养殖业具有悠久的历史，主要养殖生猪、牛、羊、鸡、鸭、鹅等家禽家畜，以及蜜蜂和鳜鱼、鲤鱼、草鱼、鲢鱼、黄辣丁、鲈鱼等水产品。2022年盐亭县有"三品一标"认证产品73个，四川著名商标4个；已培育49家市级产业化龙头企业、3家省级产业化龙头企业；有产业联合体5个，合作社568家，家庭农场774家，集体经济组织227个。

（彭未娟）

区划沿革

【行政区划】 2022年，盐亭辖1个经济开发区、14个镇、2个乡(含1个民族乡)、1个街道办事处。65个居民委员会、189个村民委员会。14个镇：高渠镇、巨龙镇、玉龙镇、鹅溪镇、岐伯镇、文通镇、永泰镇、富驿镇、九龙镇、西陵镇、嫘祖镇、金孔镇、黄甸镇、云溪镇。2个乡：大兴乡（回族乡）、莲花湖乡。1个街道办事处：凤灵街道办事处。

【历史沿革】 盐亭位于古蜀国东部边境，春秋战国时期，巴国、蜀国经常为争夺地盘而开战，蜀国在今县境内弥江(古称潺水)建烽火亭，用于观察敌情和守备，称为潺亭。至秦朝改称为秦亭，《太平寰宇记》载："梓州……禹贡梁州之域，秦为蜀国盐亭之地。"汉代复称潺亭。《汉潺亭考》载："自西水县以东，南迄东关，凡水之入涪者，悉为蜀地，亦即潺亭之域。"

盐亭建置，始于东晋义熙元年(405)，万安县治所迁至潺亭，称为万安县，是盐亭建县之始，至今已有1600余年历史。梁大同元年(535)更名为潺亭县。西魏时，因潺亭境内多盐井，盐卤出产丰富，西魏恭帝元年(554)更名为盐亭县。县境曾析置西宕渠郡、县，高渠郡、县，东关县，永泰县，至元代先后废置，盐亭独延至今。

（编辑部）

著名历史人物

【嫘祖】 嫘祖，上古炎黄时期历史伟人、黄帝元妃。她首倡蚕桑，衣被天下；协和百族，帛化干戈；始兴嫁娶，崇尚礼仪；辅弼黄帝，统一中原。她和炎、黄二帝一道，农桑立国，福祉万民。她是华夏民族的人文始祖，是中华民族的伟大母亲。

【岐伯】 岐伯，上古炎黄时期历史伟人、黄帝六大重臣之一。据考，他出生于西蜀古岐舌国药谷，即今四川省绵阳市盐亭县岐伯镇龙前村(龙潭庙)。他少时勤奋好学、善于思考，喜观察日月星辰，风土寒暑，常测量日影，并且精通音乐，多才多艺，有远大志向。为救治族民疾病，他以药谷为基地研究中草药，常常深山采药，合药配方，并走村串户给人治病，成为名医。轩辕黄帝曾拜他为师，并以黄帝问岐伯答的形式解释了1088个中药养生疗疾的难题，后世编辑成《黄帝内经》，成为中华第一部中医学巨著，为中医学理论奠定了坚实基础。岐伯也因此被称为中医药理论的鼻祖、医祖、天师。

【赵蕤】 赵蕤(生卒年不详)，字太宾，又字云卿，号东岩子，唐朝盐亭县高渠镇人。蕤性侠有志，博学多谋。李白曾跟他学书法和剑术，曾作《淮南卧病书怀寄蜀中赵徵君蕤》《送赵云卿》诗二首送赵蕤。广汉太守苏颋，举赞他们道："赵蕤术数，李白文章。"一时名噪蜀中。唐开元四年(716)著《长短经》，辨析时势，谈王霸经权之要，大旨在乎宁固根蒂，革易时弊，兴亡治乱。

【李义府】 李义府(613—666)，祖籍瀛州饶阳(今河北饶阳县)人，早年因祖父担任射洪县丞，迁居永泰(今四川盐亭县)。8岁能吟诗，以神童的大名进入京师。唐贞观八年(634)，剑南道巡察大使李大亮以其擅文推荐给朝廷，补门下省典仪。后由高宗迁中书舍人。唐永徽六年(655)，高宗欲立武昭仪为皇后，李义府秘密协助策立，受武后宠爱，擢中书侍郎同中书门下三品，兼修国史，加弘文馆学士，赐爵广平县男。唐显庆元年(656)，兼太子右庶子，晋爵为侯，因犯事贬知普州刺史。次年诏复兼吏部尚书同中书门下三品。唐龙朔元年(661)，丁母忧去职。次年夏为司列太常伯同东西台三品，后兼王府长史。龙朔三年(663)迁右相。此间，因侈筑祖坟于永康陵和"泄禁中语"，被治罪除名，将其长期流放西州。唐乾封元年(666)，大赦，长流人员不许还，忧愤成疾而卒，年53岁。上元三年(676)，武则天追封李义府为扬州大都督。著有文集30卷、《宦游记》20卷，但均散佚不传。史称李义府行事多阴奸，嬉怡于外，褊忌于心，时号"笑里藏刀"。

【文同】 文同(1018—1079),是宋代著名诗书画大师,盐亭县永泰镇人。字与可,号笑笑先生,人称石室先生。三进朝廷为官两载,历任邛州、大邑、陵州、洋州(今陕西洋县)等知州或知县。北宋元丰初年,文同赴湖州(今浙江省吴兴区)就任,世人称文湖州。元丰二年(1079)正月二十日,文同在陈州宛丘驿(今河南省淮阳区)病逝于就任途中。大文豪苏轼称文同有四绝:"诗一,楚辞二,草书三,画四。"文同擅画墨竹,"胸有成竹"的成语,就是从苏轼《文与可画筼筜谷偃竹记》"故画竹必先得成竹于胸中"演化而来。文同著作有《丹渊集》行于世。

【袁诗荛】 袁诗荛(1897—1928),字守琼,又名首群,清光绪二十三年(1897)5月18日出生在盐亭县岐伯镇龙顾村一个农民家庭。1912年,袁诗荛在盐亭县城高等小学堂学习。1915年,袁诗荛高等小学毕业后考进遂宁省立第三师范学校。1916年春,在校参加张澜于南充招募的护国学生军全国兴义师倒袁运动,结束后返校读书,继因反对新任校长等活动被开除。1917年夏,袁诗荛考入国立成都高等师范学校(四川大学前身),学习国文和古典文学,学习成绩一直名列前茅。1919年5月,袁诗荛任四川学界外交后援会副理事长,成为成都五四大潮的领头羊。同年,袁诗荛创办学联会刊物《四川学生潮》,唤起蜀中一代新青年反帝反封建思想。他亲自写文、编辑、校对、发行,甚至亲自上街叫卖。1920年,袁诗荛和巴金一起创办《半月》杂志,宣传弘扬妇女解放、劳工神圣等新思想,五四精神。同年,袁诗荛和王右木共同创办《新四川旬刊》,王右木任编辑,袁诗荛任经理。1921年夏,袁诗荛从高师毕业,到南充县立中学任教务长,培育了罗瑞卿、任白戈等一批优秀的革命青年。1925年春,袁诗荛回盐亭任教育局局长,创办了盐亭国民师范学校和盐亭县立初级中学。同年,袁诗荛由团员转为中国共产党党员。1927年春,党组织决定袁诗荛以川北国民党特派员身份到三台县,出任田颂尧国民革命军二十九军政治部主任兼潼川(三台古称)联中校长。袁诗荛在三台、江油等地开展革命活动,并发展了一批党员。1927年秋,袁诗荛到成都任中共川西特委委员兼宣传部部长,公开身份是成都师范大学附中教导主任。1928年2月16日,袁诗荛被杀害于成都下莲池。

【侯伯英】 侯伯英(1907—1935),盐亭县大兴回族乡青峰村人,三台、盐亭最早中共地下党组织的建立者之一。1927年考入国民革命军二十九军田颂尧办的政治讲习所,结业后分配到该军宣传处任宣传员。1928年加入中国共产党,不久建立了三台党小组,侯伯英任组长,5月任中共三台特支书记,8月任中共潼川(三台)中心县委书记。1929年5月,成立中共盐亭特支,任宣传委员。随后,他遵中共四川省委指示,到成都从事军运工作。1933年,省委派他到邛崃任游击区军事委员,并兼任中共邛(崃)、蒲(江)、大(邑)县委书记。同年12月被叛徒出卖,被捕入狱。1935年1月20日被杀害于邛崃西河坝,年仅28岁。

盐亭名特

【特色产品】 大兴黄牛。大兴黄牛肉历史悠久,距今已有200余年,是四川绵阳名优特产,其肉质紧密,鲜香醇厚,深受广大消费者的赞誉。大兴人养殖黄牛最早可追溯到明朝,据载明朝时一部分回族迁居大兴,在回族浓郁民族风情的影响下,大兴逐渐兴起黄牛养殖。乾隆《盐亭县志》中有大兴人民以水牛耕田,食用黄牛肉的记载,历经传承发展,大兴黄牛肉已融入大兴的饮食文化之中。1944年,大兴黄牛经引进良种与当地黄牛杂交定型,成为独特的肉牛种源,一直沿用至今。改革开放后,大兴黄牛肉产业随着养殖技术不断升级而持续发展,2022年大兴黄牛存栏2022头,出栏1030头,创收2575万元,已成为当地经济发展的重要支柱。

莲花湖鲢鱼。莲花湖位于盐亭县莲花湖乡境内,因神奇的"莲花石"绽放湖畔而得名,是盐亭县解放以来兴建的第一处中型水利工程。莲花湖鲢鱼属于大头花鲢,头部大而宽,头长约为体长的1/3,口亦宽大,稍上翘,眼位低,鳃孔较大;头、背部黑色,体侧深褐带有黑色花斑;腹部灰白、各鳍浅灰;皮厚肉紧,肉质鲜嫩细腻,无泥腥味;蛋白质、氨基酸含量高,脂肪低,富含丰富的钙、铁、钾等微量元素,营养丰富。2020年,"盐亭莲花湖鲢鱼"地理标志证明商标被国家知识产权局商标局核准注册,认定为国家地理标志证明商标。

梓江鳜鱼(盐亭母猪壳)。盐亭县地处嘉陵江与涪江分水岭,境内拥有梓江、弥江、湍江、雍江、榉溪五大水系。县域内水域流量常年稳定,无工业污染,生长的梓江鳜鱼活跃度高,抗病性强,肌体壮实,肉质肥厚,富含丰富的钙、镁、铁、蛋白质等营养物质,是盐亭县"美食名片"。这种鱼嘴巴大,脊背上有“鬃毛”与“猪”形似，盐亭人称它为“母猪壳”。梓江鳜鱼鱼肉新鲜滑嫩，汁多味美，享誉四方。鳜鱼对生活环境要求极高，必须是水质清澈、活水、无污染的地方。盐亭山清水秀，环境优美，正适合鳜鱼生存。2020 年，“梓江鳜鱼”地理标志证明商标被国家知识产权局商标局核准注册，认定为国家地理标志证明商标。

【特色产业】 西部水产。盐亭县水产现代农业园区（西部水产）于2013 年规划建设，规划面积 12000 公顷，累计投入 2.4 亿元，已建成以巨龙镇胜利村、梓水村、钟沟村为核心的集中连片标准化鱼池203.7 公顷，辐射总面积达 5200 余公顷。该园区是全国首批国家级水产健康养殖和生态养殖示范区，有国家大宗淡水鱼类产业技术体系综合试验站，是农业农村部水产健康养殖示范场和省级鳜鱼良种场，是省内最大的水产精养基地，2021 年成功创建为省级三星级现代农业园区，2022 年成功晋级为省级四星级现代农业园区。园区有国家级水产健康养殖示范场 3 家，省级水产良种场 1 家；园区实行“龙头企业+合作社+农户”模式，农户加入合作社的比例达到 35%。入驻新型经营主体 19 家，带动园区 81% 以上农户参与园区建设和产业经营，实现园区农民人均年可支配收入 3.22 万元，高于全县平均水平 46.5%。2022 年度，园区总产值 22927 万元，其中水产主导产业产值 19859 万元，主导产业总产值占园区总产值的 86.62%。2022 年，该园区内的云栖逸境水利风景区成功申报为省级水利风景区。

生猪产业。作为绵阳市畜禽养殖大县，多年来，盐亭将生猪产业作为乡村振兴的重点支柱产业，在连接大市场的基础上，积极构建现代生猪代养模式，形成全产业链服务体系，提升了生猪生产的标准化、现代化、规模化水平。盐亭以新希望集团生猪全产业链项目建设为依托，已建成大中型种猪场 5 个，全县批建生猪代养场 143 个、473 个单元，已建成投产 135 个、446 个单元，生猪单批存栏 43.8 万头，全面建成投产后可实现单批存栏生猪 53.1 万头。盐亭县“生猪+粮油”现代农业园区被绵阳市认定为市四星级现代农业园区，有国家级生猪产能调控基地 24 个（年出栏育肥猪 1 万头及以上的规模猪场），省级生猪产能调控基地 81 个（年出栏育肥猪 3000—9999 头的规模猪场），市级 17 个（年出栏育肥猪 1000—2999 头的规模猪场）。生猪生产转型升级，规模养殖比重达 70% 以上，为川猪发展和稳产保供贡献了盐亭力量，并在 2022 年荣获“全国生猪调出大县”称号。

蛋种鸡产业。四川凤妮可农业科技有限公司是贵州凤集生态农业科技有限公司在盐亭县投资控股的子公司，占地 33 多公顷，建有 10 多个产业配套基地，主要从事蛋种鸡的养殖、孵化与销售等。盐亭县与凤集集团合作，打造“40 万套父母代蛋种鸡全产业链”，建设四川省蛋种鸡现代农业园区，累计完成投资 2.1 亿元，已建成年孵化 4000 万羽的国内一流现代化孵化场 1 个、年存栏 10 万套的全自动化父母代蛋种鸡场 3 个、10 万只规模育雏场 1 个、年出栏 160 万羽的青年鸡场 2 个；2 个百万只蛋鸡场正在建设中，其中富驿蛋鸡场已投产 50 万只。凤集集团在盐亭已注册 7 家公司，实现年销售收入 12.69 亿元。

中药材种植。盐亭县中药材主要种植地位于岐伯镇、莲花湖乡、富驿镇、永泰镇等乡镇，主要种植品种为桔梗、吴茱萸、艾叶、丹参、黄精、天冬等。盐亭县按照“产业发展+农业生态旅游+农村环境治理融合”理念，重点打造以岐伯镇龙前村为核心的盐亭县岐伯中药材现代农业园区。2022 年，利用中央和省级财政衔接推进乡村振兴补助资金 165.971 万元对园区道路建设、设施设备完善、新品种引进等进行奖补，助力岐伯中药材现代农业园区升级。2022 年 9 月 22 日，在岐伯镇龙前村举办“岐伯中药药材现代农业园区收获节”活动。2022 年全县中药材种植面积 2100 公顷，产量 3.22 万吨，产值 3.04 亿元。

蚕桑业。盐亭蚕桑产业按“一线五区”布局。一线：指盐蓬路、大仁路公路沿线，涉及西陵镇、嫘祖镇、金孔镇、九龙镇等乡镇；五区：包括优质蚕茧生产区，以西陵镇、嫘祖镇为重点；茶桑、饲料桑生产区，以嫘祖镇为重点；果桑生产区，以九龙镇为重点；茧丝加工区，以黄甸镇、高渠镇为重点；嫘祖蚕桑文化休闲旅游区，以嫘祖镇、西陵镇为重点。2020 年，“盐亭桑叶”地理标志证明商标被国家知识产权局商标局核准注册，认定为国家地理标志证明商标。2022 年，盐亭县桑园面积 950 公顷（包括四边桑、大行桑折合桑园面积），其中，蚕用、果用、茶用桑园 484 公顷，生态桑园 466 公顷。全县桑果产量 300 吨，收入 150 万元；桑枝产量 6300 吨，桑枝产值 155 万元；桑叶茶产值 120 万元；饲料桑产值 4 万元；蚕沙产量 400 吨，蚕沙产值 53 万元；桑园间作园行间套种魔芋、青菜 13.4 公顷，桑园间作产值 7 万元；蚕桑副产品收入合计 489 万元。以嫘祖蚕桑为主题的休闲蚕业，接待游客 10 万人，收入 2000 万元。

【方言】 盐亭是一个特殊的方言岛。其主要特点是保留了大量的古入声字，形成入声方言。入声方言是以盐亭城关话为代表，含各乡镇及三台的石安、富顺、塔山等地的方言。有20个声母、38个韵母、阴阳上去入5个调类。它们与西充、射洪等地的方言组成川中入声区。

（编辑部）

中国共产党盐亭县委员会

综　述

【概况】 2022年，中国共产党盐亭县委员会（以下简称县委）坚定以习近平新时代中国特色社会主义思想为指导，深入贯彻中共二十大精神和党中央、省委、市委决策部署，认真践行"一线工作法"，坚持稳中求进工作总基调，大力实施"三大战略"、奋进"三大目标"，统筹疫情防控和经济社会发展，统筹发展和安全，推动各项事业取得新的重大进展。2022年，全县地区生产总值总量达到203.65亿元，同比增长5.1%，增速历史性超越全市水平。固定资产投资85.77亿元，同比增长11.4%、居全市第1位。

【学习宣传贯彻中共二十大精神】 2022年，县委把迎接中共二十大和学习宣传贯彻中共二十大精神作为首要政治任务和工作主线，带领全县干部群众积极营造同心向党迎盛会、团结奋斗谱新篇的浓厚氛围。中共二十大胜利闭幕后，第一时间召开县委常委（扩大）会议、县委理论学习中心组学习会等深入学习。县级领导率先垂范深入一线开展宣讲，遴选300余名骨干力量组成县乡两级宣讲团，开展分众化、对象化宣讲120余场次。把中共二十大精神纳入县委党校教育培训首要内容，利用"盐亭发布""直播盐亭"等媒体平台开设学习专栏，迅速在全县掀起学习宣传贯彻热潮。

【三次产业协同发展】 2022年，县委深入实施"园区提质""企业满园"行动。盘活闲置土地20.4公顷，新建标准厂房11.33万平方米，新增规模以上工业企业6户、国家高新技术企业3户，晋升省级专精特新企业2户，荣获省级金牌调解中心和"园保贷"项目运营先进称号。化工园区申报进展顺利，天然气勘探开采成效显著，年产能首次突破10亿立方米。规模以上工业增加值同比增长10.3%、居全市第2位，工业经济驶入量质齐升的发展快车道。高质量完成"三区三线"划定工作。新建高标准农田2333.3公顷，实现粮油总产36万吨，年出栏生猪63万头，重回全国生猪调出大县行列。西部水产成功晋升省级四星级园区，鹅溪"生猪+粮油"、嫘祖现代粮油、"七里花乡"林业等园区均高分通过升星考核，"嫘之味"农产品区域公用品牌成功创建，第一产业增加值同比增长5.1%、居全市第1位。嫘祖国家纪念公园、文同诗竹园成功创建AAA级景区，云栖逸境水利风景区、文同诗竹河湖公园荣膺全市唯一省级水利风景区、河湖公园称号，嫘祖圣境、墨竹里等新兴业态加快建设，"绵品出川"实现本土产品订单超8000万元，新增市场主体超额完成市下目标任务，成功入选"全省首批县域商业建设行动示范县"名单。

【加快项目建设】 2022年，县委多向发力推动项目建设。绵阳锂源、格润中天等10个重大产业项目投产达效，金浅5H井区东集气站建成投运，中石油天然气处理厂、云迈时代油气资源综合利用项目、省道413线、经开区连接线等基础设施项目顺利开工。2022年一季度，盐亭县项目工作成功入围全省综合排名50强。全年实施重点项目138个、总投资448亿元，其中省市重点项目均超额完成年度计划投资任务。深入实施"嫘祖故里英才计划"，开展"带编进校""带岗进校"等各类招才引智活动20余场次，引进全日制硕士研究生64名。召开首届招商引资大会，举行外出招商活动100余次，全年签订投资协议43个、总投资120亿元，国内省外资金到位43亿元，外商直接投资完成率居全市第一位。

【深化改革开放】 2022年，盐亭县全省首创卫生许可"承诺代证"，农产品质量安全"123458"监管模式在全国宣传推广，"三化"基层供销社建设获得市委表扬肯定，92项改革任务全面按进度完成。深入实施"三大专项整治行动"，持续优化营商环境、深化"放管服"改革，集中向盐亭经开区放权赋能84项，"最多跑一次"事项、"全程网办"事项占比达97.8%，企业全生命周期服务提速50%。充分发挥"稳经济"政策落实办公室职能作用，协调解决企业融资、用工等问题26个，为市场主体减轻税费负担2.7

亿元以上，惠及企业500余户。

【民生保障与改善】 2022年，全县全面完成27件省市民生实事、2件县级人大票决民生实事，民生投入资金达到26.87亿元。改（扩）建农村道路420千米，成功创建“四好农村路”省级示范县。金峰水厂巩固提升工程和西部城乡一体化供水项目主体完工并试水，武引二期6条支渠建成通水，成功创建全省第二批乡村水务示范县。中央生态环保督察及“回头看”反馈问题全部完成整改销号，239个省、市督察反馈问题完成整改228个、达序时整改11个，82件环境信访案件全面办结，全县空气质量优良天数率达97.6%、排名全市第三位。梓江出境断面水质首次实现Ⅲ类到Ⅱ类的提标升级，土壤环境风险安全可控。在全市率先建立“林长+警长+检察长”联动森林资源保护机制，以实际行动擦亮“国家生态文明建设示范县”的金字招牌。

【城乡基层治理】 2022年，县委深入实施“城乡环境综合提质三年行动”，改造老旧小区14个，化解问题楼盘20个，整治违法建设247处，改造提升凤凰大道等城区道路15条。成巴、绵西高速出入口景观打造提档升级，“口袋公园”“组团式绿化”建设成效登上央视主流频道。省级文明城市年度测评荣膺全省第五位，创历史最佳。因时因势优化防控政策，快速扑灭多轮疫情冲击。健全防灾减灾救灾机制，统筹做好多领域安全生产工作，全县安全生产事故起数、死亡人数同比均下降50%。常态化开展扫黑除恶斗争。全县189个村级集体经济收入均超5万元，“飞地抱团”等3种消除集体经济薄弱村模式在全省推广，大力宣传推广普惠型健康保险“惠绵保”，惠及全县2万余名脱贫群众和监测对象。2022年，城乡居民人均可支配收入达41569元和21594元，分别同比增长4.8%和6.3%。

【全面从严治党】 2022年，县委扎实开展“真抓实干、建功一线”主题活动。坚持把党的政治建设摆在首位，坚持“凭实绩用干部、以实绩论英雄”的用人导向，动态更新600余名科级干部实绩档案，大力培养选拔专业型干部和优秀年轻干部，出台退出科级领导岗位干部使用管理办法，全面优化全县科级领导班子人员结构。全面推行党支部标准工作法，组建盐亭首个商圈党建联盟，实现全县规模以上企业单建党组织全覆盖。与川中油气矿联合成立地企党建联盟，成立国企综合党委。持续加强对“一把手”和领导班子监督，创新开展“七廉共建”活动，全力打造“文同廉洁文化”地标。聚焦省委巡视反馈问题狠抓整改落实，对省委巡视反馈包含的26个具体问题、71项整改任务已完成整改70项（已销号存档56项，8项正在进行销号流程），1项正在整改中。省委巡视组反馈绵阳市涉及盐亭共性问题共19项，已完成整改18项。其中，与县纪委监委机关、县委巡察办对省委巡视及市委巡察反馈问题开展了2次全覆盖督查，印发工作提示函10份，召开领导小组会议8次，整改工作推进会议6次。

（蒲婷婷）

重要会议

【中国共产党盐亭县第十四届委员会第二次全体会议】 2022年1月6日，中国共产党盐亭县第十四届委员会第二次全体会议召开。全会深入学习贯彻习近平新时代中国特色社会主义思想，全面贯彻落实中共十九届六中全会、省委十一届十次全会、市委八届二次全会精神，听取和讨论县委书记何长鹰代表县委常委会作的工作报告，审议通过《中共盐亭县委关于以实现碳达峰碳中和目标引领绿色低碳产业加快发展的决定》。何长鹰就决定（讨论稿）向全会作了说明。

【县委经济工作会议】 2022年1月14日，县委经济工作会议召开。会议主要任务是深入学习贯彻中央、省委、市委经济工作会议精神，总结2021年全县经济工作，分析当前经济形势，安排部署2022年经济工作。

【“真抓实干、建功一线”主题活动动员部署大会】 2022年3月17日，全县“真抓实干、建功一线”主题活动动员部署大会召开，县委书记何长鹰出席会议并讲话。

【县委农村工作会议】 2022年3月24日，县委农村工作会议召开。县委书记何长鹰在县委农村工作会议上强调，真抓实干，建功一线，奋力谱写全县“三农”工作新篇章。

【全县招商引资大会】 2022年4月21日，全县招商引资大会召开。会议认真总结盐亭县招商引资工作，进一步贯彻中央、省委、市委经济工作会议精神，全面落实市委关于“招商引资、招才引智”的决策部署，动员全县上下进一步统一思想、凝聚共识，坚定信心、真抓实干，奋力推动盐亭招商引资工作再上新台阶，为推动县域经济高质量发展注入强大动能。县委书记何长鹰出席会议并讲话。县人大常委会主任蒲浪涛，县政协主席衡洪志出席会议。

【“真抓实干、建功一线”主题党日活动电视电话会议】 2022年7月1日，盐亭县以电视电话会议形式举行“真抓实干、建功一线”主题党日活动。县本级设主会场，经开区、各乡镇（街道）设分会场，全县共计3000余名党员干部职工通过线上方式同步参加。

【2022 年度盐亭县领导干部读书班】 2022年7月25—28日，2022年度盐亭县领导干部读书班举行。县委书记何长鹰参加学习并作结业讲话。他强调，全县上下要鲜明推动高质量发展的信心决心，坚定信心增干劲，找准差距加压力，咬定青山不放松，凝心聚力谋发展，真抓实干、建功一线，为建设成渝地区生态经济强县和社会主义现代化盐亭再立新功。

【县委人才工作会议】 2022年9月29日，县委人才工作会议召开。县委书记何长鹰在县委人才工作会议上强调，全方位招才引智，全力地服务人才，全身心做好人才工作为全面建设成渝地区生态经济强县和社会主义现代化盐亭引智聚力，蓄势奠基。

【十四届县委第9次常委会会议】 1月5日，盐亭县召开十四届县委第9次常委会会议，传达贯彻2021年第9次县（市、区）委书记月度重点工作点评会精神、1月4日市委专题会议精神；通报江油“1・2”道路交通事故并传达中央省市领导作出的指示批示精神，研究部署盐亭县道路交通安全工作。县委书记何长鹰主持会议并讲话。县委副书记、县长卢昊，县委副书记祝润明出席会议。县人大常委会主任蒲浪涛、县政协主席衡洪志列席会议。

会议强调，各级各部门要加大地方政府债券争取力度，把政府专项债券放在重要位置，提前谋划，抢抓政策机遇，进一步加大政府专项债券争取力度。要着力培育壮大市场主体，深化“放管服”改革，采取更有力度、更加精准的措施办法，推动“个转企”“小升规”，促进市场主体多生成、快成长、早做强。要持续抓好常态化疫情防控，以“一失万无”的底线思维、一抓到底的防控韧性、一刻不停的顽强斗志，把防控责任落实到位。要突出抓好安全稳定工作，强化底线思维，增强风险意识，聚焦建筑施工、道路交通、烟花爆竹等重点领域，盯紧抓牢春节、春运等重点时段、重要节点，排查化解隐患，堵塞工作漏洞，夯实基层基础，坚决防范和遏制重特大事故发生。要做好保供稳价和根治欠薪工作，切实保障人民群众祥和过节。

会议强调，县十四次党代会明确提出“文旅活县”是盐亭发展的底蕴基石，也是提升盐亭美誉度和人民幸福感的助推力。发展文旅产业完全符合中央、省委和市委关于绿色低碳决策部署的要求。全县上下要深入学习领会增斌书记的讲话精神，切实把思想和行动统一到市委的决策部署上来，奋力推动盐亭文旅产业发展再上新台阶。要结合实际，做好科学规划，加快构建文旅发展新格局。要依托嫘祖、文同等优质文化资源，加快打造嫘祖陵、文同诗竹园等一批文旅精品项目，引领带动全县旅游实现重大进展、重大突破。

会议强调，全县上下要高度重视，深刻汲取江油“1・2”道路交通事故教训，举一反三，查漏补缺，坚决杜绝出现类似事件。要严格落实责任，县道安委、县道安办要切实发挥牵头抓总、统筹协调作用，各有关单位要积极履职，形成工作合力，全面保障盐亭县道路交通安全、畅通、有序。要开展源头安全隐患排查整治，做实做细交通管控各项工作，交警部门要加大道路巡查力度，大力加强重点路段、重点区域巡逻管控，有效预防和减少道路交通事故。要扎实开展专项整治行动，紧盯农村面包车、三轮车、电瓶车、摩托车和大型车等重点高危车辆，严查酒后驾驶、疲劳驾驶、超载、超速、超员等交通违法行为，全力确保交通道路环境安全有序。要深入开展交通安全宣传活动，教育引导广大群众规范驾驶、文明出行，营造和谐的道路交通环境。

【十四届县委第11次常委会会议】 1月13日，盐亭县召开十四届县委第11次常委会会议，传达贯彻1月10日全市县（市、区）党委书记、园区党工委书记和市直有关党委（党组、党工委）书记抓基层党建工作述职评议会议精神，研究盐亭县贯彻落实意见；审议《盐亭县2022年经济工作要点》《盐亭县2022年项目投资工作要点》等文件。县委书记何长鹰主持会议并讲话。县委副书记、县长卢昊，县委副书记祝润明出席会议。县人大常委会主任蒲浪涛，县政协主席衡洪志列席会议。

会议指出，2022年将召开中共二十大和省第十二次党代会，也是落实市第八次党代会和县第十四次党代会部署的开局之年，各方面工作任务艰巨繁重，全县各级党组织要认真学习领会增斌书记在述职评议会上的讲话精神，统一思想、强化认识，推动上级会议精神在盐亭落地生根。要强化干部队伍建设，教育引导党员领导干部把心思和精力集中到干事创业上来，着力打造一支堪当时代重任、忠诚干净担当的高素质专业化干部人才队伍。要强化基层党组织建设，始终把党建工作放到全县发展大局中去谋划、思考和推进，不断提升基层党组织在推动产业发展、乡村振兴、基层治理中的组织力和执行力，以高质量党建推动高质量发展。要强化意识形态建设，严格落实意识形态工作责任制，树立鲜明的舆论导向，坚决同错误思潮、错误言论作斗争，牢牢把握意识形态工作主导权和话语权。要强化党风廉政建设，始终坚持"三不"一体推进，坚决整治不正之风、腐败之风，倒逼党员干部转作风、提效能、抓落实，为全县经济社会高质量发展提供坚强保证。

会议在审议《盐亭县2022年经济工作要点》时强调——要坚持党对经济工作的领导，充分发挥党组织和党员干部在经济社会发展各领域中的战斗堡垒和模范带头作用，真抓实干、锐意进取，推动县域经济高质量发展。要深入实施"三大战略"，抓实工业"123"工程（"1"即以油气资源勘探开发为中心；"2"即做好增量招引、存量扩张两篇文章；"3"即构建形成以生物医药、能源化工、绿色食品为主导的新型工业体系。）、农业"135"工程（"1"即"传统农业向现代农业转变"这一中心；"3"即"特色产业提质、农业园区提档、种业攻坚提速"三大工作导向；"5"即建成"国家农产品质量安全县、全国生猪调出大县、中国西部鳜鱼之乡、中国天府肉羊之乡和全省最大蛋种鸡基地"五大品牌。）、服务业"114"工程（第一个"1"即推动三次产业融合发展这一中心；第二个"1"即全县服务业增加值超百亿这一目标；"4"即聚焦文化旅游、健康养老、商贸流通、现代物流这四大主导产业。），奋力推进三次产业协同发展，夯实高质量发展基础。要深入贯彻落实省委、市委和县委的"双碳"（碳达峰与碳中和）决定，大力发展绿色产业，积极推进化工产业园申报，增强发展原动力。要不断改善民生福祉，统筹做好稳就业保就业、提升教育质量、提高医疗水平等工作，不断提高群众获得感幸福感安全感。要统筹安全与发展，扎实开展好交通安全整治，常态化抓好疫情防控工作，统筹抓好森林草原防灭火、食品药品安全、遗留问题化解等工作，坚决确保春节期间全县社会大局和谐稳定。

会议在审议《盐亭县2022年项目投资工作要点》时强调，各级各部门要持续树牢"抓项目就是抓发展，稳投资就是稳增长"和"大抓产业，抓大项目"的意识，狠抓项目投资工作。要全力以赴做好项目储备招引，围绕主导产业尤其是能源化工产业积极对上争取汇报，争取更多项目落地盐亭，更多盐亭项目纳入国、省规划的"大盘子"。要强化项目全过程管理，把好签约、招引、落地、建设投产等各个环节，推动洽谈项目早签约、签约项目早落地、落地项目早开工、开工项目早建成、建成项目早投产、投产项目早达效，确保全县项目建设取得突破性进展。要持续抓好项目服务，扎实做好资金、土地等要素保障服务，大力推进重点项目周边环境秩序专项整治、畜禽粪污资源化利用专项整治以及违法建设专项整治，持续优化营商环境。要协调配合、形成合力，共同把项目投资工作做好，全力冲刺一季度"开门红"。

【十四届县委第14次常委会会议】 2月11日，盐亭县召开十四届县委第14次常委会会议，传达学习《关于学习贯彻习近平总书记重要讲话精神提高党史学习教育专题民主生活会质量的通知》、市纪委八届二次全会等精神，研究盐亭县贯彻落实意见；审议《县纪委十四届二次全会报告（送审稿）》等文件。县委书记何长鹰主持会议并讲话。县委副书记、县长卢昊出席会议。县人大常委会主任蒲浪涛，县政协主席衡洪志列席会议。

会议在传达学习《关于学习贯彻习近平总书记重要讲话精神提高党史学习教育专题民主生活会质量的通知》时强调，要将习近平总书记重要讲话精神及时纳入党委（党组）会议、理论学习中心组的重要内容，认真学习领会、抓好贯彻落实。要将讲话精神贯穿专题民主生活会全过程，对标对表检视问题，从严从实开展自我批评和相互批评，高质量抓好整改工作。全县上下要以此次专题民主生活会为契机，牢记初心使命、勇于担当作为，以优异成绩迎接中共二十大和省第十二次党代会胜利召开。

会议在传达学习市纪委八届二次全会精神时指出，全县上下要把学习贯彻市纪委八届二次全会精神与学习贯彻十九届中央纪委六次全会精神特别是习近平总书记重要讲话精神、省纪委十一届六次全会精神结合起来，推动中央、省委、市委关于全面从严治党的决策部署在盐亭落地开花。要持续抓好党风廉政建设和反腐败斗争，一体推进不敢腐、不能腐、不想腐，持之以恒纠"四风"、树新风。要坚决杜绝腐败低龄化现象，教育引导年轻干部守住底线，不断加强自律，主动接受监督，自觉扣好廉洁从政第一粒扣子。要增强监督合力，形成严密有效的监督体系，让权力在阳光下运行。要加强纪检监察队伍自身建设，努力建设一支敢于善于斗争的纪检监察铁军，为盐亭高质量发展提供坚强纪律保障。

【十四届县委第17次常委会会议】3月10日，盐亭县召开十四届县委第17次常委会会议，传达习近平总书记在2022年春季学期中央党校(国家行政学院)中青年干部培训班上的重要讲话，研究盐亭县贯彻落实意见；审议2022年度党建主题活动方案、《盐亭县行政事业单位人员调动办法(送审稿)》等文件。县委书记何长鹰主持会议并讲话。县委副书记、县长卢昊，县委副书记祝润明出席会议。

会议在传达习近平总书记在2022年春季学期中央党校(国家行政学院)中青年干部培训班上的重要讲话时强调，要深入学习领会习近平总书记重要讲话精神，筑牢理想信念根基，做到常修常炼、常悟常进。要守住拒腐防变防线，始终把纪律规矩挺在前面，牢牢守住政治关、权力关、交往关、生活关、亲情关。要树立和践行正确的政绩观，把为民造福作为最大政绩，全面系统谋划项目投资、巩固拓展脱贫攻坚成果同乡村振兴有效衔接等工作，切实将好事、实事做到群众心坎上。要真抓实干、狠抓落实，在实施“三大战略”、奋进“三大目标”中务实功、出实招、求实效，以绣花功夫把各项工作抓落实、抓到位。要敢于斗争、善于斗争，在机遇面前主动出击，在困难面前迎难而上，在风险面前积极应对，坚决贯彻落实好党中央、省委、市委和县委各项决策部署。要持续深化“我为群众办实事”实践活动，坚决贯彻落实好党的群众路线，把人民群众放在心中最高位置，不断改进群众工作方法，走好网上群众路线，不断提高群众的幸福感、满意度。

会议在审议2022年度党建主题活动方案时要求，要统一思想、强化认识，提高政治站位，增强思想自觉和行动自觉，深刻领会开展主题活动的重要性、必要性。要切实解决党员干部的认识问题和作风问题，要切实增强党员干部的使命感和紧迫感，把注意力和兴奋点凝聚到抢抓机遇、干事创业上来，形成人人努力、人人尽责的工作局面。要找准中心工作的切入点、结合点，以“找差距、亮目标、抓落实、晒成绩”为重点，将检视问题、整改提高贯穿始终，紧紧围绕任务要求，以坚定态度和扎实行动推动各项工作取得实效。各级领导干部要率先动起来，干在实处，走在前列，示范带动全县党员干部深度参与到主题活动中来。各级党组织要压实责任，明确任务，细化工作举措，项目化、清单化抓好落实，决不能图虚功、走过场，更不能搞形式主义。

【十四届县委第19次常委会会议】4月18日，盐亭县召开十四届县委第19次常委会会议，传达学习市级领导干部和县级主要负责人读书班精神，研究盐亭县贯彻落实意见；听取全县疫情防控情况汇报，研究部署当前疫情防控有关工作。县委书记何长鹰主持会议并讲话。县委副书记祝润明出席会议。县人大常委会主任蒲浪涛、县政协主席衡洪志列席会议。

会议在传达学习市级领导干部和县级主要负责人读书班精神时强调，全县上下要切实践行“新、快、实、真、严”要求，结合“真抓实干、建功一线”主题活动，真抓实干、狠抓落实，推动各项工作取得新的更大成效。要持续深化党史学习教育，从党的百年奋斗历程中汲取智慧和力量，弘扬伟大建党精神，赓续红色血脉，确保盐亭各项事业始终沿着正确方向胜利前进。要坚持党的全面领导，坚定拥护“两个确立”、坚决做到“两个维护”，用党的创新理论武装头脑、指导实践、推动工作，确保党中央、省委和市委决策部署在盐亭落地落实。要顺应时代大势，找准盐亭发展定位，做好“增量招引”和“存量扩张”两篇文章，全力发展天然气化工产业、化学药与原料药制造产业、资源循环利用产业三大主导产业，大力推进西部水产、“生猪+粮油”等现代农业园区提档升级，全力推动嫘祖陵、嫘祖圣境等景区“创A评星”，奋力谱写盐亭经济社会高质量发展新篇章。要加大对外开放力度，全面融入成渝地区双城经济圈建设，打好新一轮交通攻坚大会战，不断拓宽对外开放平台。要聚焦盐亭发展最直接、最紧缺的领域精准化招引人才，做到用事业留人、用情感留人、用待遇留人。要深入践行“两山”理念，扎实做好“双碳”工作，坚决打好污染防治攻坚战，持续擦亮盐亭生态本底。要认真践行以人民为中心的发展思想，围绕人民群众急难愁盼的问题，聚焦就业、教育、医疗、养老、居住等方面，扎实办好各项民生实事，让人民群众的获得感成色更足、幸福感更可持续、安全感更有保障。要统筹安全与发展，始终树牢底线思维，不断增强忧患意识，持续提高应对、处置、化解各项风险的能力，扎实做好疫情防控、森林草原防灭火、城乡燃气安全、道路交通安全、防汛抗旱等工作，营造和谐稳定的社会环境。要持续推进全面从严治党向纵深发展，各级党委(党组)要履行党风廉政主体责任，党委(党组)书记要落实好党风廉政第一责任人责任，持之以恒正风肃纪，旗帜鲜明惩贪治腐，坚决做到真管真严、敢管敢严、长管长严，切实巩固盐亭风清气正的良好政治生态。

会议在听取全县疫情防控情况汇报时要求，要压紧压实各方责任。县级领导要深入基层一线督促指导工作，切实抓好分管行业领域、联系乡镇的疫情防控工作。县疫情防控指挥部要严格落实集中办公要求，做到科学研判、精准调度、高效指挥。各行业主管部门要按照“谁主管、谁负责”原则，明确防控标准，落实防控措施，加强监管监督，织密防控防线。各乡镇（街道）要履行好属地责任，持续加强重点人员摸排，建好台账，加强管控，做到守土有责、守土有方。要从严从紧守好“外防输入”第一道防线。严把高速公路出站口、国道省道卡口等所有关口加强对所有到（返）盐亭车辆、人员，特别是重点地区、重点人员的排查防控，做到不漏一车、不落一人，确保关口守得严、把得牢。要提高应急处置能力建设。加强物资储备保障和防疫人员培训调度，加快推进隔离点建设，确保关键时刻拿得出、用得上。会议还研究了其他事项。

【十四届县委第21次常委会会议】 4月27日，盐亭县召开十四届县委第21次常委会会议，传达学习市委八届第34次常委会（扩大）会议精神，听取一季度全县经济运行情况汇报，研究部署二季度经济运行有关工作；传达学习《市生态环境保护委员会第十一次全体会议暨市生态环境保护督察工作领导小组第四次会议》。县委书记何长鹰主持会议并讲话。县政协主席衡洪志列席会议。

会议在传达市委八届第34次常委会（扩大）会议精神时强调，要统筹抓好三次产业。要坚持工业为先。深入开展“园区提质、企业满园”行动，加快推进化工园区申报认定工作。要正确认识和处理好发展传统产业与培育新兴产业的关系，灵活运用政策扶持、技术改造等手段，抓好晋级升规工作，指导企业做好入库工作，做大增量。要坚持农业为本。扎实开展园区“一园一策”提升行动，加快引进培育一批联农带农能力强的龙头企业入驻园区，着力提升园区显示度，增强发展活力。以“三品”为引领做优现代农业，优化农业生产结构和产品结构，全产业链拓展增值空间，不断增强农业质量效益和竞争力。要坚持服务业为重。要适应居民消费升级的新形势新要求，积极开发消费市场、改善消费环境、培育新型消费，加快文化旅游、商贸物流等生活性服务业便利化、精细化、品质化发展。要加快推进嫘祖圣境、墨竹里等重点文旅项目的建设进度，让服务业真正成为产业强县的“助推器”。

要聚力狠抓项目投资。要扎实做好项目谋划、储备和包装工作。树立前瞻意识，吃准摸透国省重大战略部署，结合盐亭县资源优势、区位优势、产业优势，找准本单位、本行业、本区域的切入点和突破口，围绕产业发展、基础设施建设等中心工作，聚焦交通、水利等重点领域，提前开发储备、策划包装一批带动作用强、辐射范围大、发展后劲足的重大项目，力争最大限度纳入国省“大盘子”。要千方百计抓好项目招引。严格落实县四大班子领导带头招商、全员招商等制度，充分发挥驻外投促中心、招商大使的作用，积极推动“盐商回归”“乡贤创业”，围绕三大主导产业，瞄准龙头企业、优质项目招大引强、招新引优，加快引进一批具有突破效应的大项目、好项目，以项目大推进引领经济发展大突破。要加快推进项目建设。加快建设伙伴智造谷、川西北现代粮食仓储物流中心等35个新开工项目，全力推动西部片区城乡供水、县第二人民医院综合医疗诊治能力提升建设等21个续建滞后项目加快进度，全力争取章邦大桥（龙凤谷）拆除重建、居里亚等6个项目顺利竣工，形成项目梯次签约、开工、建成、投产的良性循环。

要持续优化发展环境。要扎实做好硬环境。要强化用地保障，持续开展“清闲促建”行动，动真碰硬抓好违法用地整改，提高土地利用效率。要强化资金保障，持续深化政银企合作，拓宽中小微企业融资途径，切实缓解中小微企业融资难、融资贵问题。要强化人才保障，加快完善人才政策，持续开展“春风送岗”行动，动员本地年轻人就地就近务工就业。要不断创优软环境。要落实好利企惠民各项政策，让投资者有信心、受尊重，企业进得来、留得住、能发展。要深化“放管服”改革，持续优化营商环境，深入开展重点项目周边环境专项整治，把专项整治的成果转化为优化盐亭营商环境的常态化长效化推进机制。要加快推进乡镇场镇环境整治，以优化环境、规范秩序为重点，打造整洁舒适的人居环境。

【十四届县委第25次常委会（扩大）会议】 6月23日，盐亭县召开十四届县委第25次常委会（扩大）会议，传达学习习近平总书记到四川视察重要指示精神、全市园区高质量发展大会会议精神，研究盐亭县贯彻落实意见；听取平安盐亭建设工作开展情况汇报。县委书记何长鹰主持会议并讲话。

县委副书记、县长卢昊，县委副书记祝润明出席会议。县人大常委会主任蒲浪涛，县政协主席衡洪志列席会议。

会议指出，要切实提高政治站位，深入学习领会习近平总书记到四川视察重要指示精神的内涵实质。把学习贯彻习近平总书记到四川视察重要指示精神，与学习贯彻习近平新时代中国特色社会主义思想和习近平总书记对四川对绵阳工作的重要指示精神、省第十二次党代会精神和市第八次党代会精神结合起来，进一步深刻领悟“两个确立”的决定性意义，增强“四个意识”、坚定“四个自信”、做到“两个维护”。

要切实增强行动自觉，有力有效推动习近平总书记到四川视察重要指示精神落地落实。全力推动县域经济高质量发展，狠抓项目招引、加快项目建设、持续优化营商环境；扎实做好“三农”工作，严守耕地红线、坚决保障粮食安全、大力推进农业农村现代化；不断增进民生福祉，坚持把稳就业放在首位、全面提升公共服务水平；统筹安全与发展，持续巩固疫情防控成果、筑牢安全底线；纵深推进全面从严治党，全面加强班子和干部队伍建设、全面加强基层党建、始终保持反腐高压态势。

会议在传达学习全市园区高质量发展大会会议精神时强调，要优化产业布局。坚持“两主一特”产业定位，加大现有产业整合力度，加快推动优势资源和优质企业向符合产业布局要求的园区集聚；坚持“非园区主导产业、特色产业禁入”原则，推进“工业向园区集中”，引导推动产业合理布局、有序发展；要加快化工园区申建进度。要培育“镇园之宝”。实施重点工业企业梯次培优行动，制定落实“一企一策”扶持措施，推动形成“龙头带动、竞相发展”的生动局面；突出主导产业、特色产业，用好“招商地图”，着力培育优势产业生态集群和产业生态；着力打造“嫘之味”品牌，支持企业积极争创名品名牌。要提升承载能力。加快标准厂房建设，高效集约利用土地，大力实施“清闲促建”行动，采取灵活多样的形式盘活闲置土地；持续完善功能配套，抓好园区绿化、亮化、美化、净化，着力提高园区精细化管理水平。要创新体制机制。继续实行全员聘任制、考核激励制改革，充分调动园区各类人员的主动性、积极性；鼓励园区与社会资源合作，引导社会资本参与园区建设，建立适应现代企业发展的园区运行机制。要提高服务质效。及时梳理下放权限，能放尽放、应放尽放；深化“放管服”改革，大力推行“一窗受理、集成服务”和“一网通办”；常态化开展“面对面听取意见、实打实解决问题”活动，充分听取企业在发展过程的各项诉求，为企业发展保驾护航。

【十四届县委第30次常委会会议】

8月12日，盐亭县召开十四届县委第30次常委会会议，传达学习省委常委、市委书记曹立军到盐亭县调研时提出的要求，市委副书记、市长李云到盐亭县调研时提出的要求，研究盐亭县贯彻落实意见。县政协主席衡洪志列席会议。

会议指出，8月11日，省委常委、市委书记曹立军深入盐亭县调研，对产业发展、天然气开发、全域旅游、项目投资、统筹发展和安全等工作提出明确要求，充分体现了市委对盐亭工作的高度重视和关心支持。全县各级各部门要深入贯彻落实曹立军调研指示精神，大力践行“一线工作法”，坚决落实“新、快、实、真、严”五字要求，真抓实干、狠抓落实，确保市委、市政府决策部署在盐亭落地见效。

会议强调，要全力以赴开发油气资源。进一步增强服务意识，相关县级部门和属地乡镇要加强配合协作，主动靠前服务，全力协助和保障西南油气田公司开展勘探工作；要加快化工园区申建进度和园区基础设施建设进度，推动签约项目尽快落地，主动做好与省市级部门的沟通、对接，一鼓作气完成既定目标任务。要提升文旅产业发展质效。加快项目建设进度，加快已建成项目的基础设施提档升级，以项目推进带动文旅融合；加强规划指导，瞄准消费需求，立足特色，着力提升项目的设施配套水平，丰富体验内容、体验场景和体验形式，努力形成“购、旅、吃、住、玩”全方位旅游模式。要推动现代农业园区规模化发展。加快推进“西部水产”“花果嫘乡”等现代农业园区提档升星，加速推进高标准农田建设，不断夯实农业农村发展基础；要加快补齐物流基础设施短板，推动物流体系建设特别是农村地区流通体系建设，助力农村电商蓬勃发展。要坚决打赢防汛抗旱安全保卫战。要做好全县旱情形势分析研判，县水利局、武引局要强化全县水资源管控，科学调度，保障群众生产生活用水；要持续开展在建工程、水利设施、地质灾害点等重点部位风险隐患排查，迅速更新完善整改台账，逐一整改销号，定期开展“回头看”；要强化监测预警，用好跨区域防灾减灾联防联控机制，畅通信息渠道，精准高温预警、雨情预警，警惕旱涝急转。县气象局要密切关注天气变化，抓住有利时机，开展人工增雨。要强化督查指导，县防汛抗旱工作专班做好对乡镇应急预案、应急救援队伍、应急物资及防洪减灾设施设备督查检查，提升一线应急救援能力。

会议强调，要认真落实市委副书记、市长李云到盐亭调研提出的要求，要培育壮大市场主体，深入开展“园区提质”“企业满园”行动，坚持做好“增量招引”和“存量扩张”两篇文章，全力提升市场主体的数量、体量；要围绕市场主体关切，坚持系统谋划、综合施策，强化助企纾困与激发活力并举，从资金、环境、要素等方面给予市场主体全方位支持，扎实做好助企纾困工作。要提升土地资源集约节约利用水平。县自然资源局要扎实推进批而未供和闲置土地处置，加大盘活存量建设用地力度，不断强化土地出让工作；要建立长效机制，积极争取通过撤回批文和批文失效方式解决批文时间久无法供应等历史存量问题。招商引资时要引导企业在符合国土空间规划和产业规划的前提下，尽可能在批而未供土地上进行选址。要全力以赴做好安全稳定各项工作。集中力量打好信访"治重化积"攻坚战，各县级包案领导和责任部门要紧盯目标、集中力量、攻坚克难、真抓实干，全力完成积案化解任务，为中共二十大胜利召开营造良好的政治社会环境；切实做好高温期间安全生产工作，县工信局、应急管理局、经开区等部门单位要加强联动，加大企业、生产经营单位安全检查力度，重点排查、消除各种电气设备、电线在高温、高负荷情况下的安全隐患，严防电气火灾事故；各乡镇和水利部门要加强对水库、河流和池塘等重点水域的巡查检查力度，完善安全警示标志，配齐安全防护设施。

【十四届县委第32次常委会会议】

10月8日，县委书记何长鹰主持召开十四届县委第32次常委会会议，传达省委常委、市委书记曹立军在10月7日疫情防控调度会上的讲话精神，听取盐亭县关于"绵阳'9·29'"疫情应急处置情况汇报，审议《盐亭县2022年优化营商环境工作方案》，研究部署盐亭县贯彻落实措施。县委副书记、县长卢昊，县委副书记祝润明出席会议。县人大常委会主任蒲浪涛，县政协主席衡洪志列席会议。

会议传达学习了省委常委、市委书记曹立军在10月7日疫情防控调度会上的讲话精神，听取了盐亭县关于"绵阳'9·29'"疫情应急处置情况汇报。会议强调，当前疫情防控形势仍然复杂严峻，越是关键时候越不能放松。要严格落实疫情防控"四方责任"，严格执行分级分类管控措施。要扎牢"外防输入"关口，加大高速路口等进入盐亭查验卡点排查力度，抓好重点区域、敏感人群风险的排查管控，切实筑牢疫情防控防线。要加强常态化疫情防控，持续落实"查亮扫报"等各项措施，扎实推进10月31日前每周一轮的全员核酸检测，确保应检尽检、不漏一人。要千方百计稳住经济增长，加大企业纾困力度，决战四季度、大干一百天，坚决稳住经济大盘。

会议通报了2021年度全市目标绩效考核结果，研究部署2022年度目标绩效考核工作。会议强调，要务必深化认识，实现冲刺争先。增强危机意识，思想上再加压、行动上再加力，决战四季度、大干一百天，坚决兑现县委、县政府向市委、市政府立下的责任书、"军令状"。要务必明确方向，对标精准补短。要主动适应新的考核方式，真正吃透考评细则和打分规则，力争"目标综合考评结果进入全市一等次行列"。要认清差距补齐短板弱项，紧盯2021年失分领域，抓紧有限时间，集中精力攻坚补短。要全力以赴开展对上争取。各县级领导要全面梳理掌握分管领域存在的扣分风险点，多汇报沟通、寻求支持，力争在工作评价考核中多得分。各县级部门要紧盯重点指标、党政同责指标、分值较大指标的完成情况和年度考核工作，加大对上争取力度，确保全面完成2022年各项目标任务。要务必跟踪问效，强化结果运用。要旗帜鲜明地表扬奖励，实事求是地批评问责，在全县上下形成奖优罚劣、奖勤罚懒的浓厚氛围，切实让干与不干不一样，干多干少不一样，干好干坏不一样。

【十四届县委第35次常委会会议】

11月17日，县委书记何长鹰主持召开十四届县委第35次常委会会议，传达学习习近平总书记在10月25日中央政治局会议、二十届中央政治局第一次集体学习、带领中央政治局常委瞻仰延安革命纪念地的重要讲话精神和在陕西延安、河南安阳考察时的重要指示精神，以及11月1日省委常委会会议和11月9日市委常委会（扩大）会议有关精神，研究盐亭县贯彻落实意见。县委副书记、县长卢昊，县委副书记祝润明出席会议。县人大常委会主任蒲浪涛，县政协主席衡洪志列席会议。

会议传达学习了习近平总书记在10月25日中央政治局会议、二十届中央政治局第一次集体学习、带领中央政治局常委瞻仰延安革命纪念地的重要讲话精神和在陕西延安、河南安阳考察时的重要指示精神，以及11月1日省委常委会会议和11月9日市委常委会（扩大）会议有关精神。会议强调，全县上下要深入学习贯彻习近平总书记重要讲话、重要指示精神，与学习宣传贯彻中共二十大精神结合起来，特别是各位县级分管领导要结合分管领域工作认真学习、带头学习、学以致用、用以促学，确保盐亭各项事业发展始终沿着正确方向前进。要把学习宣传贯彻中共二十大精神作为当前和今后一个时期的首要政治任务，结合盐亭实际形成更多更有成效的学习宣传贯彻方案，持续掀起学习宣传贯彻热潮。要牢记"三个务必"，永葆新时代赶考路上的清醒和自觉，踔厉奋发、砥砺前行，推动盐亭各项工作再上新台阶。要用好用活袁诗荛烈士纪念园、莲花湖水库等教育基地，教育引导全县党员干部赓续红色血脉、传承红色精神，增强干事创业的主动性和积极性。要坚持严的主基调不放松，以零容忍态度惩治腐败、纠治“四风”，推动全面从严治党向纵深发展。

会议传达学习了11月10日中共中央政治局常务会议精神，听取盐亭县“11·4”疫情防控工作复盘汇报，安排部署下阶段疫情防控工作。会议强调，11月10日中央政治局常委会会议重申了中国疫情防控的总策略、总方针、总要求，对优化调整防控措施作出了重大部署，为做好疫情防控工作提供了重要遵循。各级各部门要提高政治站位，学懂弄通悟透中央“二十条措施”。要做好政策宣传和思想引导，加强群众政策知悉度，引导群众做好个人防护，积极配合防疫工作，切实筑牢疫情防控防线。要强化担当、自加压力，时刻保持外松内紧的状态，在坚持既定的防控策略和方针上，科学、精准调整防控措施，确保疫情要防住、经济要稳住、发展要安全。要深刻吸取经验教训，举一反三、精准施策，结合中央“二十条措施”补齐短板、提升能力，确保一旦出现疫情能够全面统筹力量、迅速有效处置。要持之以恒落实好常态化疫情防控措施，充分发挥“网格化”管理优势，用好志愿者、村（社区）网格员，将防疫措施落实到户到人，进一步固化本次疫情防控成果，提升盐亭县应对疫情突击战、遭遇战的能力。

（蒲婷婷）

全面深化改革

【概况】 2022年，盐亭县全面贯彻落实中央和省委、市委关于深化改革工作会议精神，紧盯重点领域和关键环节，持续推进改革落地，为加快全面建设成渝地区生态经济强县和社会主义现代化盐亭提供了有力保障。全年召开深改委会议2次，改革专题会4次，出台《县委全面深化改革委员会2022年度改革落实台账》《县委全面深化改革委员会2022年工作要点》等文件部署全年改革工作，按照“清单制+责任制+督考制”明确改革任务92项，完成重点改革工作78项，其中国家、省、市重大改革试点9项；实施自主创新改革工作8项，其中创建新型“三化”基层供销社助力集体经济发展等创新改革经验得到国家、省、市肯定。6篇改革信息被国家、省、市主流媒体宣传报道和全省现场会印发推广。

【两项改革“后半篇”文章】 2022年，盐亭县高质量推进乡村国土空间规划，全县5个片区规划均通过市级审查。全面建成三级物流体系，建成撤并建制村道路334千米。切实加强农产品质量监管，建成国家农产品质量安全县。积极推进水产健康养殖，农旅公司等三家单位成功创建为首批以生产经营单位为主体的“国家级水产健康养殖和生态养殖示范区”。创新村级集体经济发展方式，全面完成92个村的消薄任务。积极推进基层群众自治，创建全国民主法治示范村1个，省级民主法治示范村1个。加快农村电网改造升级。2022年实施农网项目28个，其中2021年调增与2022年预安排24个项目，2022年综合计划第一批4个项目，总投资5979.13万元，改造10千伏线路36.16千米，低压线路265.55千米，低压台区120个。

【经济体制改革】 2022年，盐亭县深化国有资产管理。制定《盐亭县进一步深化县属国有企业改革总体方案》，建立“1+1+1”国资监管体系，构建“2+3+N”的国有企业层级管理体系架构，实行党组织书记、董事长（执行董事）“一肩挑”，在一级企业经营业绩考核中将防范化解债务风险任务以及重点项目推进情况纳入考核范围，修订完善党组织前置研讨重大经营管理事项清单，有效降低国有企业债务风险。

【农业农村体制改革】 2022年，盐亭县实施村级集体经济“一年消薄三年壮大”行动。制定《盐亭县村级集体经济“一年消薄三年壮大”行动实施方案（2022—2025年）》，细化由县级领导领办的“16+3”任务明细表，明确“‘1+N’联合发展”“基层供销体系”“飞地抱团合作”“承接农村项目”“推行代理服务”“盘活资产资源”等六种发展模式。2022年189个村集体经济收入达5万元以上，全年总收入达1500万元。

【生态文明体制改革】 2022年，盐亭县污染治理工作达到新水平，全面推动大气、水、土壤环境质量的持续改善，加强大气综合防治，水环境综合防治和土壤综合防治。盐亭县全年空气质量达标率97.6%，全市排名第三。出境水水质达到或优于Ⅲ类水质比例100%。县城及24个乡镇集中式饮用水水源地水质达标率100%。城市环境和交通噪声符合区域质量标准，土壤环境风险安全可控。农村生活污水有效治理率由80%提升至82%。

【民主法制领域改革】 2022年，盐亭县建设“访调诉援”联动中心，推进矛盾纠纷多元化解，以集成力量、协同化解、拓展外延三大手段打破工作壁垒，形成访中有调、诉中有援、调援贯通的立体调解新模式，实现矛盾化解由“单线程”模式向立体集成联动“一站式”转变。全年累计接待群众6238人，调解纠纷204件，受理法律援助申请850件，挽回群众经济损失1383万元。

【文化教育卫生体制改革】 2022年，盐亭县提升农村公共文化服务效能，盘活农村公共文化资源，建成村级文化服务中心189个，实施“农村文化人才队伍素质工程”。提升城乡教育供给水平，深化“县管校聘”改革，加强教师队伍建设。增强基层医疗卫生服务能力，完成乡镇医疗卫生机构布局调整，建成县域医疗次中心，实现全县乡镇卫生院、社区卫生服务中心发热诊室（哨点）全覆盖。

【社会体制改革】 2022年，盐亭县深化综合行政执法体制改革，持续深化乡镇（街道）“一支队伍管执法”改革，全县17个乡镇（街道）成立乡镇综合行政执法办公室，整合市场监管所、自然资源所、派出所、交警中队等派驻机构，建立“发现—制止—纠正—报告—处置”的工作闭环运行机制，形成一支队伍管执法。

【党建制度改革】 2022年，盐亭县党建制度改革主要任务是县级党校分类改革。县委聚焦基础设施建设、科研精品战略、干部队伍培训“三个方面”，推动县级党校在教学培训、科研资政、师资队伍、校园建设等方面显著提升。2022年，4个课题在省委党校立项，10个课题分别在市政协、市社科联、市委党校立项，5篇理论文章在省市级刊物公开发表。统筹建好17个乡镇（街道）和卫健等6个行业部门基层党校，成功构建“1+N”大党校格局，建立起全县统一、资源共享的“党校教师+党政领导+技术专家+乡土人才”的基层党校师资库，共有300余名专兼职教师。建立县委党校教师包片指导、培训课程“前置审核”、分片区现场拉练等工作机制，推动各级党校规范运行，切实发挥党员教育主阵地作用。针对老党员、流动党员等群体，推行送教上门、预约培训，实现党员教育全覆盖、无盲区。

【纪律检查体制改革】 2022年，盐亭县加强监督一点通监督体系建设。制定盐亭县小微权力“监督一点通”服务平台使用手册（第一版），统一规范诉求办理的基本要求、行为规范、模式图解、信息公开、群众回访等内容，群众投诉问题平均转办时间缩短为1—2天。

（蒲婷婷）

县委办公室工作

【概况】 2022年，县委办公室全面贯彻落实上级各项决策部署，围绕县委工作大局，全面提升服务水平，狠抓各项工作任务落实，使办公室与县委在决策上合谋，节奏上合拍，工作上合心，圆满完成全年各项工作任务。

【以文辅政】 2022年，县委办高质高效完成综合文稿130余篇，其中县委全会、经济工作会等重大综合材料10余篇，向各级领导的汇报材料10余篇，《盐亭县招才引智工作汇报》文稿获省委常委、市委书记曹立军肯定性批示。印发《盐亭要情》18期刊发信息126篇。省市采用党委信息、基层建议等86篇，《关于疫情背景下脱贫人口返贫风险分析及对策建议》信息被中办采用。

【乡村振兴】 2022年，县委办谋划两项改革“后半篇”文章年度重点工作任务137项。金通工程有效实施，成为第六批“四好农村路”省级示范县。便民服务体系建设更加完善，2个乡镇被评为第二批省级“示范便民服务中心”，6个村（社区）便民服务室成功创建成首批“省级示范便民服务室”，3个社区争创省级示范便民服务站。挖掘提炼盐亭特色经验文章12篇，市两项改革专报采用3篇、市改革专报采用2篇，农村集体经济、供销社改革等经验在国家、省官方网站推广。

【办文办会】 2022年，县委办严把公文质量关，全年下发文件190份，印发各类简报、纪要52期，处理各类文件、简报4600余份。严把会议规范关，承办各类大、中、小型会议、省市视频会议活动和县委常委会会议286场，联系协调市委领导到绵阳调研、考察、会见等活动60余次。

【督查督办】 2022年，县委办贯彻落实中央、省、市、县委关于整治形式主义突出问题切实为基层减负有关要求，严控督查检查考核事项，完善联合督查督办工作机制，及时跟踪完成县委书记书面批示、专题会议议定事项督导检查102件，印发通报10期，办结率100%。

【安全稳定工作】 2022年，县委办始终践行总体国家安全观，把维护政治安全摆在首位，全力做好中共二十大期间安全稳定工作、海外利益安全等工作。扎实开展“4·15”全民国家安全教育日国家安全教育宣传活动，确保社会大局和谐稳定。

【档案管理】 2022年，县委办指导规范整理2021年度疫情防控档案700余件、党史学习教育文书档案80余件。开展档案行政执法检查2次，覆盖单位39个。定期开展档案库房巡查。

（蒲婷婷）

组织工作

【概况】 2022年，全县组织系统深入学习宣传贯彻中共二十大精神，全面对标、系统梳理二十大报告中涉及组织工作的具体措施63项，坚持"清单制+责任制+限时制"的方式细化落实，确保大会精神在全县组织系统落地生根、开花结果。组织开展"万场微党课进支部"活动，推行县级领导示范讲、乡镇（街道）党委书记带动讲、村（社区）书记入户讲，累计开讲900余场，参加学习党员2万余人次。依托"盐亭红"开辟《建功新时代·书记话发展》专栏，截至2022年底，已邀请21名党委（党组）"一把手"谈体会、提措施、抓落实，以点带面，进一步激励全县各基层党组织和广大党员干部冲在一线、干在实处。

【干部教育培训与管理】 2022年，盐亭县针对干部队伍实际制定"夯基·扬帆"培训方案，聚焦推进"三大战略"，提升干部拼经济、搞建设、抓发展、上项目的能力，分层分类举办培训班96期，共计培训干部1.8万余人次。坚持"跳出盐亭看盐亭、跳出绵阳看盐亭"，举办2期领导干部读书班，组织83名"一把手"奔赴成都天府新区、崇州、射洪等地学习先进经验，进一步破除"内陆心态"，以更加宽广的视野、开放的格局谋划盐亭经济社会发展。常态化开展"守纪律、讲规矩、展形象"党员教育活动，进一步严肃党内政治生活，在"盐亭红"平台增设"三会一课"、主题党日活动等线上审核、双向提醒功能，运用信息化手段"一竿子插到底"督促检查，让既有的组织生活制度不折不扣得到执行。通过"身边榜样"专栏，视频形式展播先进基层党组织和优秀党员事迹20余期，在全县范围内营造比学赶超、奋勇争先的浓厚氛围。印发绵阳市党员干部履行党建责任和党员义务查核评价表，细化评价操作办法，明确4类查核主体，细化21项查核项目，压实3级查核责任。全年共查核460名党员干部，取消评优资格7人，暂停提拔重用3人。

【基层党建】 2022年，县委组织部采取总结提炼经验、超前规划设计两种模式，集合新引进高端人才8人、业务骨干14人组建指导专班，挖掘特色亮点，现场蹲点指导，6个市级基层党建示范点全面实施，16个县级示范点稳步推进，以点带面的整体效应起势见效。在恒都商业广场试点，组建"党群团联席会"，开展"服务质量大家评""诉求面对面"等各类活动10余场，服务工商注册、变更登记、水电费代缴、税收代办等便民事项50余项，有效激发企业跟党走的内生动力。围绕新业态新就业群体党建，"一摸底二核对三登记"全面摸清家底，从550名从业人员中引导92名党员亮明身份，新建党组织8个，成立行业党委3个，配套430万元支持开展工作。新选派党建指导员16名，推动规模以上企业应建尽建党组织22个。

【干部人事工作】 2022年，盐亭县有在编公务员和参公人员1898名，在编事业人员5202名；新招录公务员151名，新招录事业人员278名，其中，教师44名，医生51名；"三支一扶"新招募支农计划人员10名，实际到岗9名，中途离岗1名；"三支一扶"服务期满5人，续期1月后已全部直接考核招聘为本县乡镇事业单位人员。全年选派30余名干部到省市经济发展部门顶岗锻炼，长见识、提能力、强争取。系统出台退出科级领导岗位干部使用管理办法，探索实施"单位点单、组织派单、个人接单、县委评单"模式，完善职级公务员管理使用机制。分类设置以工业发展、乡村振兴、项目攻坚、涉稳楼盘工作专班和县委重督组为主的"5+N"多元化岗位，择优选派90余名退出领导岗位的职级公务员参与服务县域经济发展，8人综合表现优秀晋升职级。坚持"公开考调为主、比选商调为辅"，出台《盐亭县行政事业单位人员调动办法（试行）》，把公平公正贯穿始终，为基层干部提供平等机会到更大平台。全年两次开展县内公开考调，28名公务员（参公人员）考调到心仪岗位。严格执行晋级、调动、调资政策，保障事业单位人员福利待遇。完成各类事业单位人员晋级以及工资待遇调整1500余人，办理事业单位人员调出县外16人，县外调入4人，县内调动19人，事业单位人员辞聘、解聘65人，备案全县事业单位及机关工勤5300余名工作人员的年度考核，对其中1026名优秀等次嘉奖人员予以公示，办理首批140人职员等级晋升，16个乡镇、2个派驻机关乡镇补贴调整，办理机关事业单位事业人员退休110人，连续工龄认定51人。规范事业人员奖励性绩效工资发放，制定管理岗位职员等级晋升及专业技术统筹指标实施方案、全县事业人员绩效奖金发放方案。

【人才工作】 2022年，盐亭县出台《盐亭县人才发展"十四五"规划》《盐亭县乡村人才振兴五年行动实施方案（2021—2025年）》《盐亭县加快集聚创新人才十条政策措施（暂行）》《嫘祖故里英才集聚培养行动》《"嫘祖故里英才卡"制度实施办法（试行）》等一揽子政策措施，持续完善人才政策体系，激发人才市场活力。全年先后与西南石油大学联合建立天然气综合利用产业研究院，与中南大学联合建立新能源产业研究院，与凤集集团联合建立国际化蛋种鸡技术研究院。柔性引进博士生导师2名、博士7人，科技化平台建设水平不断提升。扎实开展"带编进校""带企入校"，开展各类招才引智活动20余场次，引进全日制硕士研究生64名，其中3名引进人才具有海外留学经历。开展2022年度智兴天府专家行项目、2022年度博士后科研特别资助项目、第三批四川省"天府学者"特聘专家选聘、第十四批四川省学术和技术带头人及后备人选推荐等申报推荐工作以及2022年享受津贴专家信息核查工作，重点做好首批绵阳市学术和技术带头人选拔推荐工作。

【问题督查整改与优秀典型激励】 2022年，县委组织部指导各级各部门全覆盖建立问题、责任、任务、成效"四张清单"，查摆整改党的建设、产业发展、服务群众等方面问题1147个，全县党风政风民风焕然一新。充分发挥督促检查的"指挥棒"作用，融合"组织+纪检+巡察+媒体+群众"监督合力，持续开展"随机访""赶集访"，发现问题100余个，组织部部长集中约谈重视不够、工作进展缓慢的单位9个。深入挖掘优秀典型、经验做法，印发简报8期，推广典型经验做法30余项，选树优秀干部12名，充分展示盐亭发展的新变化、新业绩。对17个省级、市级、县级先进村党组织集中表扬授牌，设立"服务基层特别奉献奖"，高规格评选表扬3名对基层作出突出贡献干部，一线工作导向得到进一步鲜明。

【党员基层服务】 2022年，全县全覆盖成立89个小区（临时）党支部，建立健全"居民信息、志愿者队伍、特殊困难群体"三本台账，安排22.85万元专项党费用于购买防疫物资和开展慰问，为疫情防控提供坚强组织保障。扎实落实"双报到"工作十二条措施，建立完善"服务需求、服务资源、服务项目"三张清单和"群众点单、社区（小区）派单、机关（党员）接单"双向认领工作机制，引导全县在职党员干部参与疫情防控、文明城市创建等志愿服务活动10万余人次。

（张　琪、王　静）

宣传思想工作

【理论工作】 2022年，县委常委会坚持把政治学习摆在第一位，作为第一议题，紧紧围绕学习宣传贯彻习近平新时代中国特色社会主义思想和中共二十大精神，县委理论学习中心组集体学习3次，各地各部门党委（党组）理论学习中心组开展学习150余次。创新打造具有盐亭特色"1+3+N"理论学习品牌，建设理论宣讲队伍113支。举办"学习二十大·奋进新征程"第二届基层理论宣讲大赛。组建科级干部、老干部、行业专家等组成的宣讲团、特色宣讲小分队开展宣讲，使党的创新理论真正在基层开花结果。

【外宣工作】 2022年，盐亭县创新印发《进一步提升盐亭县级综合传播力影响力工作方案》《盐亭县宣传联动工作机制（试行）》《盐亭县外宣稿件和节目推送工作机制》《大力践行"一线工作法"精准制定月度宣传需求清单的工作方案》等符合盐亭宣传工作实际的政策文件，建立"乡镇部门齐参与，线上线下同发声"的动态策划机制。成功加入《人民日报》新媒体中心"乡村振兴传播计划"，成为绵阳首个重点推广县，全国首批重点推广的100个县（市、区）之一。创新在县级层面成立短视频联盟，率先成立青年宣传突击队，整合多方力量，形成大宣传格局。在市级以上媒体共计发稿2050余篇（条），其中在中央级媒体平台发稿220余篇（条），在省级媒体平台发稿960余篇（条）、在市级媒体平台发稿870余篇（条），在中央、省主流媒体出镜率分别是"十三五"期间的5.5倍、3.7倍，推动盐亭宣传工作实现从"起立"到"起跳"。

【文艺宣传】 2022年，盐亭县成立46支"文艺宣传小分队"，编排三句半、快板、歌曲等节目10余个，深入各村（社区）开展文艺宣传120余场次，受众超3万人次。开展"时代楷模"主题电影放映、"喜迎二十大·奋进新征程"主题放映暨城市社区广场公益电影、爱教电影进校园等650余场次。"嫘祖故里文艺轻骑兵"成功申报为全省文旅公共服务高质量发展"四个一批"优秀团队。组织开展第三届乡村文化振兴魅力乡镇竞演大赛，县四套班子领导亲临现场，上传视频数23个、点击量1.6万次。

【精神文明建设】 2022年，盐亭县组建文明城市创建“1+8”工作专班，落实“周督查、旬督导、月推进工作机制”和“书面提示+问责激励”机制，召开工作推进会8次、培训会3次，现场督促指导20余次。顺利通过省级文明单位、文明村镇、文明家庭复查。牵头开展餐厨垃圾投放转运工作，持续督促落实餐厨垃圾处理清洁化、规范化。推动城市墙体美化工作，采取“公司+比赛+属地”模式，打造城市亮丽风景线。依托新时代文明实践中心(所、站)，按照“五大任务”制定月度活动清单，开展活动400余场次，惠及群众14万余人次。开展“扣好人生第一粒扣子”主题教育实践12次，推报四川省第七届道德模范、“身边好人”“最美人物”等先进模范20人，先后涌现出“四川好人”2人，“最美绵阳人物”2人，绵阳市2022年“新时代好少年”4人，用榜样力量激发广大群众崇德向善的道德意愿和道德情感。印发《盐亭县开展移风易俗专项行动方案》，持续推进“倡树文明新风，推进移风易俗”主题专项行动，聚焦农村重点领域，发出“四抵制、四提倡”倡议，坚持法治教育与德治教化相结合，引导群众争做文明风尚的培育者、美好生活的创造者。开展清洁家园行动，倡清洁宜居风。

（陶军伟）

统一战线工作

【概况】 2022年，盐亭县深入贯彻落实《中国共产党统一战线工作条例》，践行“4321工作法”，不断提高全县统战工作科学化、规范化、制度化水平，推动新时代统战工作高质量发展。

【完善大统战格局】 2022年，盐亭县先后3次召开县委统战工作领导小组会议和宗教工作领导小组会议；县委常委会4次将统战工作列入议题，学习贯彻中央统战工作、对台工作和全省、全市统战工作等会议精神；县委统战部6次召开部务会议专题研究、安排部署统战工作。起草印发《2022年盐亭县统战工作要点》《2022年宗教工作要求》等文件，创新工作举措，明确责任分工，细化分解各项任务，切实做到抓重点、补短板、建机制，为筑牢县委统一领导、统战部门牵头、有关方面各负其责的大统战格局奠定坚实基础。召开党外代表人士暨民营企业家代表座谈会，与代表面对面交谈，听取意见建议，由相关部门负责人现场答疑解惑；邀请川台文旅新干线专家深入盐亭县考察、交流，就如何将盐亭丰富的历史文化同旅游业有效融合，打造属于盐亭特有的文旅产业提出切实可行的方案；开展侨情调查，围绕侨情调查的重大意义、调查对象、调查范围、方法步骤、时间节点、工作要求和工作纪律等方面进行总体安排部署，努力实现“全面覆盖、信息准确”，最大限度地调动归侨侨眷和海外侨胞的积极性，最大限度地发挥归侨侨眷和海外侨胞的独特优势。

【联谊交友促发展】 2022年，盐亭县积极举办活动广泛联谊交友。成功举办第六届海峡两岸嫘祖文化交流活动，通过网络祭祀吸引海内外同胞在线焚香祭祖。依托嫘祖、岐伯、文同、字库塔等文化底蕴，搭建桥梁，整合资源，借力乡村振兴战略，引进台资打造“润养山房+露营基地”等项目，成为海峡两岸农文旅融合发展亮点项目，吸引港澳台资入驻盐亭，助力盐亭经济社会发展。2022年先后有德阳市侨联、遂宁市侨联到盐亭县进行学习交流，共推侨联事业向前发展。县侨联也前往自贡、宜宾等地参观学习，增长见识，增进友谊，扩大交流。

【海峡两岸交流合作】 近年来嫘祖陵公园累计接待社会公众30余万人，其中有台湾同胞1000余人，涉台公务参访交流团10批次。举办海峡两岸嫘祖文化交流活动以来，多名台湾政要为大典题词或发来祝贺视频，600余名台湾政要、同胞到盐亭参加祭祖大典；表达了同文同宗的文化认同和祈福中华的美好愿景。吸引了中国台湾地区的媒体到盐亭报道，嫘祖故里盐亭祭祖大典百度搜索信息达29万余条，各类报道达3000余篇，盐亭嫘祖文化品牌在海峡两岸得到有力彰显。

【侨务工作】 2022年，盐亭县积极维护广大归侨侨眷合法权益，解决其后顾之忧。聘请专业法律顾问，在城东路社区“侨胞之家”、凤池社区“侨法宣传角”常态化开展法律宣传，并设立为侨服务窗口，方便侨界群众咨询，为广大归侨侨眷解难纾困。在春节、端午节、中秋节等传统节日入户走访慰问困难侨眷50余人，发放慰问金1万余元、慰问物资价值4000余元，及时解决困难侨眷生活所需。开展侨界迎春座谈会、侨界清明祭祖活动、侨界端午联谊活动和“中秋话团圆·喜迎二十大”中秋联谊等活动，凝聚侨智、汇聚侨力。

（尹雨欣、勾志理）

巡察监督

【概况】 2022年，县委巡察办内设机构3个(综合股、巡察一股、巡察二股)，有5个巡察组，每个巡察组配备组长、副组长各1名，第一、四、五巡察组配备巡察专员各1名。县纪委监委充分发挥协助职责，贯通党委全面监督和纪委专责监督，推动县委每季度专题听取县委常委及77个党委(党组)主要负责人开展党内监督、履行党风廉政建设主体责任情况汇报，及时解决重大问题，形成“县委主责、书记主抓、纪委监督、各级落实”的全面从严治党新格局。坚持把纪检监察工作融入中心大局，聚焦统筹疫情防控和经济社会发展、防汛减灾、优化营商环境、森林草原防灭火等落实情况强化政治监督，常态化开展监督24批次，发现问题307个，坚决防住风险，保障政令畅通。紧盯“关键少数”深化“一把手”监督，完善全面从严治党“1+3”工作法，细化5个方面47项具体指标，压紧压实各级党组织管党治党责任和书记第一责任人责任。

【巡察规范化建设】 2022年，盐亭县梳理完善制度规范，参照中央、省、市印发的巡视巡察制度，结合盐亭县工作实际修订完善《县委巡察工作领导小组工作规则》《县委巡察办工作规则》《县委巡察组工作规则》等17项制度；新制定《中共盐亭县第十四届委员会巡察工作规划(2022—2026年)》《中共盐亭县委巡察指导督导工作办法(试行)》等8个规范；根据巡视巡察新部署、新要求废止《巡察归档资料移交办理规范(试行)》等3项制度。严格按照巡察准备、巡察了解、巡察反馈和巡察整改主要环节制定工作流程图和工作清单，并标注清楚时效要求，确保巡察工作规范有序。严格执行上级巡视巡察机构和本级巡察机构相关事项和资料等的报批、报告、报备和审议、审核、审批相关要求，确保巡察工作全过程监督制约落实落细。按照中央、省、市对巡视巡察工作规范要求，结合《中共盐亭县委巡察工作流程》已有的文书模板，全面修订完善巡察涉及的报告、方案、函、记录(纪要)、表等各环节所需各类文书模板，印制《巡察工作资料汇编》和《巡察工作流程及文书格式汇编》供巡察机构干部学习参考，确保巡察工作记录标准规范统一。

【巡察信息化建设】 2022年，县委巡察办构建“智慧巡察”1234体系，即：一个体系(“智慧巡察”)、两种网络(内网+外网)、三类终端(台式机+移动电脑+手机)、四大平台(巡视巡察网络信息平台、巡视巡察现场管理平台、视频会议会商系统、盐亭巡察OA系统)，覆盖巡察准备、了解、报告、移交、反馈、整改和归档7个环节51个步骤131项重点工作，涉及巡察任务的全程跟踪、适时督查、及时提醒，包含五年规划、年度计划、数据统计，以信息化促进巡察工作规范化。

【深化政治巡察】 2022年，县纪委监委科学编制并出台十四届县委巡察工作五年规划。积极配合市委开展新冠肺炎疫情防控机动巡察，发现问题17个。对20个县级部门、1个县属企业、10个乡镇开展常规巡察，并以直巡至村形式对10个乡镇所辖75个村(社区)开展巡察，本届县委巡察覆盖率已完成31%。巡察发现问题1390个，巡察移交问题线索49件，已党纪政务立案39人、处分39人、组织处理10人。持续压实整改责任，对被巡单位的巡察整改方案、整改报告联合开展“四审三评”，县委“五人小组”约谈被巡单位主要负责人15人次，县级分管领导参加被巡单位巡察整改民主生活会15人次，完成立行立改问题17个，整改巡察反馈问题1292个。将巡察结果作为年度考核、干部任用的重要参考。

【巡察与其他监督贯通融合】 2022年，县委巡察办出台《关于结合巡察开展选人用人、意识形态工作责任制专项检查工作机制》《关于县委巡察机构与政法机关建立协作机制的意见》《关于县委巡察机构与县信访局建立协作机制的意见》等贯通协作意见，推进巡察与人大、政协、纪委、组织、宣传、政法、审计、财政等部门监督协同协作。巡前，充分向各相关单位征集被巡单位廉洁风险点及风险防范、日常监督、信访、选人用人、干部监督、审计等方面情况，促使巡察方案更加精准有效；巡中，协作单位提供力量支持、业务协助、政策咨询等方面协助，巡察发现问题更加高效；巡后，根据职能向协作单位反馈巡察监督情况、信访、问题线索等情况，实现整改落实监督。2022年，巡前向各单位发出收集情况资料的函件共38份，相关单位向巡察机构提供政策文件、审计报告、信访等各类信息资料11份；抽调党政领导干部、组工干部、宣传干部、财经审计干部100余人参加市县巡察；巡察组根据工作需要，与纪检监察组进行协调沟通3次。

【做实做细政治监督】 2022年，县纪委监委严明政治纪律规矩，聚焦“七个有之”问题，有序推进庸俗政治文化整治，严肃查处违反政治纪律行为3件3人。整体把握被监督单位政治生态状况，对59个单位开展政治生态研判评估，回复干部党风廉政意见117件3464人次。

【完善专责监督体系】 2022年，县纪委监委健全日常监督统筹谋划、部署实施、提醒提示、监督检查机制，建立县乡村三级责任落实考核、评价和权力监督体系，发出提醒提示12期，推动主体责任清单化、监督责任台账化、问题整改常态化。认真贯彻《纪检监察机关派驻机构工作规则》，综合运用专项检查、主动约谈、谈话函询、提出纪律检查建议和监察建议等方式，开展专项监督检查106次，列席监督单位民主生活会或组织生活会112次，发现问题126个，制发纪检监察建议书26份。推进纪律监督、监察监督、派驻监督、巡察监督统筹衔接，构建系统集成、协同高效的监督机制。优选任用267名党风政风监督员，不断发挥村级监督"探头"和"前哨"作用，村级纪检监察组织规范化、标准化建设迈上正轨。

【"清淤治乱·清风护航"专项行动】 2022年，县纪委监委锚定营商领域突出问题，开展"清淤治乱·清风护航"专项行动，查处破坏营商环境27人，全力打造"亲清"政商关系，治理成效位列全市第一方阵，省委常委、市委书记曹立军点赞盐亭公开征集营商环境问题线索工作。深化招投标等六大重点行业领域系统治理，党纪政务处分24人，组织处理14人，推动完善制度10个，其中，招投标领域查处问题11个，党纪政务处分18人，组织处理5人。坚决贯彻"绿水青山就是金山银山"理念，严查破坏森林资源问题，立案10人，组织处理24人，有效构筑"林长+警长+纪检组组长"的监督体系。聚焦群众反映突出问题治理，排查养老机构37家，发现问题20类，立案9人，组织处理1人，诫勉1人，通报批评4家养老院，提醒谈话4人，责令辞职3人，辞退1人，分类健全共性问题治理机制，养老领域健康发展。

（江小婷、刘鉴云）

目标督查

【概况】 2022年，县委目标绩效办压实责任，传导压力，督查"利剑"作用更加彰显。以督查通报、专报、督办通知、工作提示函等方式，向督查对象及县级相关领导反馈督查情况，全年印发《督查专报》《督查通报》共92期，确保中央、省、市、县的决策部署逐一落到实处，被评为全市民生工作先进集体。

【目标管理】 2022年，县委目标绩效办坚持目标导向、结果导向，考核"指挥棒"作用更加凸显。按照市级考核进位争先，县级考核科学精准的要求，目绩办加强新时期新形势下目标绩效管理工作探索研究，总结"做好'五个坚持'，实现精准考核"经验，形成工作清单、工作流程；统筹规范和组织实施2021年度年终目标绩效综合考核和2021年重点工作考核工作，审核并报送2021年度创先争优加扣分材料，精准做好考评数据统计、分析工作；抓好《2022年县级目标绩效综合考评体系》修订完善及下达工作，指导各单位开展2022年考核细则制定工作；加强对上沟通汇报工作，上报2022年度市考个性化指标、"五位一体"盐亭所获省市荣誉，报送《中共盐亭县委2022年县委书记批示事项办结督办情况月报》共5期；紧盯市考目标完成情况，实行"一周一研判"工作机制，下发市考目标的督查督办通报3期；参与筹备2022年县委党务工作会、目标绩效管理工作会、绩效委会，筹备2022年市考冲刺会等。

【督查督办】 2022年，县委目标绩效办扎实做好中央、省、市、县决策部署贯彻落实的督促检查。督查138个新开工和续建重点项目并印发6期《督查通报》；督查35个政府投资新开工及21个滞后项目推进情况并印发21期《督查专报》；督查脱贫攻坚后评估阶段、乡村振兴补短板项目、驻村帮扶工作并印发通报2期；督查居民医疗缴费任务、对上争取情况、招商引资目标任务完成情况以及巩固省级卫生县城、农产品质量安全县、省级文明城市建设并印发相关通报、专报12期；督查2022年市考目标推进情况并印发通报2期；协同多个部门开展近百次疫情防控督查、多次省市县联合督查，督查点位200余个，发现问题600余个，印发相关通报35期；向省市报送督查发现问题和整改情况30余次；协助县委、县政府做好城乡环境三年提质工作，印发《盐亭县城乡环境综合提质三年行动2022年评比方案（试行）》；重督组每月深入各乡镇（街道）、村（社区）督查暗访，明确整改落实情况及推进措施，印发相关通报、专报6期。整合全县各部门年初报送的拟开展监督检查事项，统筹监督检查力量，取消重复或不必要的督查事项，并明确各部门不得自行设置、规定、开展督查检查考核活动，使督查事项比2021年减少14项，同比减少28%。

化解处置全县33个问题楼盘并印发专报9期，第一批12个楼盘已顺利销号；督查省级“四好农村路”示范县创建、农发行贷款项目等7个重点项目并进行“周汇报”17次；群内通报“盐亭巨龙化工园区申报工作”26次；专项督查嘼竹里文旅项目，印发《督查专报》2期；通报会风会纪、党风廉政等相关专项督查3期。

（韩进仕）

档案管理

【概况】 2022年，县档案馆馆藏有全县各机关、团体和事业单位文书档案228个，卷宗137177卷144946件，照片档案31卷690张，音视频数字档案1.5G，数字照片档案0.76G，印章、奖牌证章等532件，馆藏资料8124册（本）。

【档案接收与查阅】 2022年，县档案馆认真贯彻国家档案局9号令，依法开展档案接收进馆工作，接收应急管理局等单位文书档案12276件进馆，并组织力量对2021年新接收的421卷、49436件档案进行了整理、编目、杀虫、入库，以保证档案安全、长久保存。在档案查阅利用服务方面，坚持为民服务的宗旨，不断加强档案查阅利用服务工作，全年接待查阅档案群众7594人次，提供档案17188卷次，实施跨馆查档服务75例，为机关单位和人民群众的工作和生产生活提供有关依据和凭证。

【档案信息化建设】 2022年，县档案馆继续开展馆藏档案数字化工作，全年完成原金孔镇、原两河镇、原富驿镇等单位10440件档案的全文数字化，共生成电子图像70814幅，累计完成30031卷44124件馆藏档案的全文数字化工作，数字化比例达到22%，使民生类档案（人口普查档案、婚姻登记档案、招工就业档案等）基本实现计算机查询利用，大大提高查档速度。

【档案规范化建设】 2022年，县档案馆建立档案业务指导员制度，将全县乡镇和部门分为6个片区，一名指导员联系一个片区，定点指导，定点联系。举办档案业务培训会，并现场组织业务结业考试，受训人员200余人。在全市率先开展大规模档案规范清理整治行动，联合县纪委、县委组织部等单位全覆盖整治2001年至2022年各单位室藏的文书、党员、人事等档案，着力发现并整改应归档而未归档、该移交而未移交、档案遗失等问题，深入40余个单位开展检查指导80余次，30余个单位已完成室藏文书档案、会计档案的清理。

【档案宣传教育】 2022年，县档案馆为迎接第十五个“6·9”国际档案日，进一步普及档案知识，宣传档案文化。县档案局、县档案馆联合举办以“喜迎二十大，档案颂辉煌”为主题的系列宣传活动，以实际行动迎接中共二十大胜利召开。宣传活动共展出专题展板4张，接受群众咨询500余人次，发放档案宣传资料3000余份。此外，县档案馆还举办了“档案馆开放日”活动，组织开展档案文献、实物展览，邀请100余名群众观看档案科普宣传片，参观爱教基地、查阅大厅、档案库房，现场演示档案整理、数字化扫描处理，增强全民档案意识。

（任　钰）

机构编制

【概况】 2022年，盐亭县创新机构编制管理，立足全县中心大局，不断优化全县机构设置和职能配置，强化编制管理，最大限度发挥编制资源效应，有力促进全县机构运行协同高效。

【机构设置调整】 2022年，盐亭县新设立事业单位5个，分别为县委直属正科级事业单位盐亭县新时代文明实践中心、县委组织部下属副科级事业单位盐亭县高端人才服务中心、县财政局下属股所级事业单位盐亭县国有企业综合服务中心、县民政局下属股所级事业单位盐亭县未成年人保护中心，县退役军人事务局下属股所级事业单位盐亭县烈士纪念设施保护中心。调整机构规格3个，将县乡村振兴服务中心升格为正科级事业单位，将县社会救助帮扶中心降格为副科级事业单位，将县人力资源服务中心降格为股所级。调整县人社局、县自然资源局等单位（部门）内设机构，进一步优化内设机构设置。撤销盐亭县金孔镇安佛小学、盐亭县九龙镇会真小学、盐亭县云溪镇七宝小学、盐亭县高渠镇共和小学、盐亭县鹅溪镇剑河小学5所非建制乡镇小学，将人员编制划转到相邻的建制乡镇小学，集中资源提升建制乡镇小学办学水平。

【编制实名制管理】 2022年，盐亭县加强编制动态管理，坚持编办、人事、财政等部门共同把关的联动机制。根据组织人事部门文件，督促全县相关单位及时办理上下编手续，全年共计办理录用、聘用、引进人员上编338人，县内调动193人，退休、辞职、调出下编374人，发放用编通知19份（共计61人次），核批股级领导职数使用审核表93份，促进编制信息动态化管理，保障机构编制信息的准确性、完整性和及时性。明确县委人才办主任为正科级、县民宗局局长为正科级，增核县委办、县政府办、县发改局、县农业农村局、县住建局、县商务局副科级领导职数各1名。

【事业单位登记管理】 2022年，县委编办全面规范登记内容，在换发新证书前对事业单位名称、住所、经费来源、开办资金、举办单位等各项登记内容逐项全面核实，确保事业单位登记相关信息准确和规范。全年通过网上审批办理事业单位法人设立登记12家，变更登记92家，注销登记14家，证书补领3家，进一步明确事业单位法人证书作为事业单位唯一合法“身份证”“通行证”的地位和作用。认真落实《机关群团统一社会信用代码赋码工作有关问题办理意见》，为12家机关、2家群团单位进行了法人信息变更。扎实做好事业单位法人年度报告公示工作，印发《关于开展2022年度全县事业单位法人年度报告公示工作的通知》，对年度报告对象、时间、内容、程序、所需材料等作出详细规定，压实举办单位监管职责和保密审查责任，全县所有事业单位法人均完成年度报告公示，报送率和公示率达100%。随机抽取16家事业单位开展公示信息实地核查，对核查中发现的问题责令限期整改，充分保证社会公众对事业单位法人开展业务活动情况的知情权和监督权。抓实机关事业单位中文域名注册和续费工作，对全县党政群机关、事业单位中文域名进行全面梳理，督促全县各单位根据机构编制调整文件及时完成中文域名注册、变更，按时完成中文域名续费，全年党政群机关、事业单位共注册中文域名433个，域名注册率为107%，保障全县机关事业单位网络管理安全，确保机构网上“身份证”发放准确、到位。

【机构编制监督检查】 2022年，盐亭县深入贯彻落实《中国共产党机构编制工作条例》，进一步规范机构编制工作，3月起对全县机关事业单位全覆盖开展机构编制监督检查，对各单位机构设置、机构挂牌、领导职数使用及“三定”运行情况等展开检查，与单位负责人、业务分管领导、人事干部等进行座谈，深入了解机构编制运行情况、存在困难和意见建议等。检查发现存在机构编制违规违纪问题6起，对违规违纪违法单位进行约谈，责令限期整改，并向全县通报。

【行政权力下放调整】 2022年，盐亭县深入开展乡镇（街道）扩权赋能工作，根据《四川省赋予乡镇（街道）县级行政权力事项指导目录（第二批）》，充分征求各县级行权部门、乡镇（街道）意见建议，经合法性审查后，制定印发《盐亭县赋予乡镇县级行政权力清单（第二批）》，向乡镇（街道）下放行政权力124项。持续梳理明确县级行政部门权力边界，根据省委编办、省司法厅关于印发《四川省行政权力指导清单（2021年本）》的通知，对5248项县级行政权力进行梳理，明确各项权力对应责任部门，明晰各部门间权力边界。

【乡镇（街道）机构编制“扁平化”管理改革】 2022年，盐亭县按照“职能职责相近、协作配合密切、运行顺畅高效”的原则，细化梳理乡镇（街道）党政综合办事机构、直属事业单位和县级部门派驻（出）乡镇（街道）站（所）的职能职责，将相近职能归类整合为党建综合、行政执法、民生保障、经济发展、社会治理、村镇建管六大模块，对应搭建6个工作平台，将乡镇党政综合办事机构、事业单位、派驻机构人员纳入相应平台管理运行，以“大部制”“模块化”形式开展工作。工作平台设立负责人岗位和工作岗位，由乡镇其他副科级领导担任，负责平台工作协调及日常运转管理，确保平台管理顺畅、协同高效；工作岗位按照工作平台职责任务对应设置，明确工作岗位职责，做到岗位设置与实际需求相适应。依托工作平台，压缩管理层级，将原有的“主要领导→分管领导→中层干部→工作人员”管理架构压缩成“主要领导→平台负责人岗位→平台工作岗位”管理架构，破除现行多层级管理模式，实现管理层级“扁平化”。由乡镇（街道）党（工）委书记统筹抓好平台全面工作，乡镇长侧重抓好涉及与经济发展、社会治理、行政执法、公共服务相关的平台工作。“按照编制分类管理，人员统筹使用”的原则，统筹乡镇的行政、事业、工勤编制资源，打破干部身份限制，通过双向选聘的方式，择优选配素质高、能力强的干部到相应岗位，确保人岗相适、人尽其才。通过机构编制“扁平化”管理改革，有效破解乡镇管理效能不高、政事职能交叉重叠、职责条块分割、干部忙闲不均等实际问题。

【行政复议体制改革】 2022年，盐亭县县政府各部门不再行使行政复议职责，由县人民政府统一行使行政复议职责，县司法局为县政府的行政复议机构，具体承担行政复议具体工作，依法办理行政复议事项。在县司法局增挂盐亭县人民政府行政复议办公室牌子，县司法局以盐亭县人民政府行政复议办公室名义对外开展工作，行使县人民政府行政复议职责。

【应急管理综合行政执法改革】 2022年，盐亭县根据四川省应急管理厅《认真贯彻落实关于深化应急管理综合行政执法改革的实施意见的通知》，在县应急局增挂“盐亭县应急管理综合行政执法大队”牌子，实行“局队合一”体制，县应急管理综合行政执法大队以县应急管理局名义统一执法。将盐亭县安全生产监察执法大队编制划入县应急管理综合行政执法大队，县应急管理综合行政执法大队的编制进行实名制锁定、专项管理，编制性质不变。

（向明辉）

党史和地方志工作

【概况】 2022年，盐亭县党史和地方志工作立足新起点、聚焦新使命，围绕全县中心大局，不断挖掘和发挥史志工作“存史、资政、育人”作用，扎实做好史志编纂、宣传研究、红色资源普查等工作，单位获得“绵阳市名镇志名村志编纂工作先进单位”荣誉称号，《盐亭年鉴（2020）》获四川省第二十次地方志优秀成果年鉴类“三等奖”，论文《对编纂精品县级地方综合年鉴的思考》获“精品年鉴品读季”主题征文“优秀奖”。

【年鉴和执政实录编纂出版】 2022年，县委党研室创新编纂工作机制，对稿件“边收边审边编”，有效提高工作效率、加快编纂进度，按照“全、新、精、特、鉴、便”六字要求，反复审核校稿，严把政治关、文字关、质量关，《盐亭年鉴（2022）》于12月初全面完成出版发行任务，实现“一年一鉴，当年出版”的目标。认真抓好《中国共产党盐亭执政实录（2021）》编印工作，建立资料征集联系人制度，由专人点对点联系，明确资料报送要求和入编内容，确保按时完成资料收集工作。在编纂过程中严格执行“三审三校”制度，严把质量关，坚持全面、真实记录上年度县委领导全县经济社会发展取得的辉煌成就和经验。《中国共产党盐亭执政实录（2021）》于12月底完成内部印刷。

【乡镇志村志编纂】 2022年，盐亭县按照《盐亭县乡镇（街道）志、村志编纂实施方案》，积极推进首批三部乡镇志、村志《永泰镇志》《嫘祖镇志》《大兴回族乡青峰村志》编纂出版工作。县委党研室建立月督查制度，多次前往嫘祖镇、永泰镇、大兴回族乡实地督导志书编纂情况，与编纂人员和分管领导进行交流沟通。多次召开乡镇志编纂工作推进会，详细了解编纂进度、指导编纂内容、框架体例，提供出版建议，切实解决编纂过程中遇到的问题。2022年年底前，三部志书均通过三审，交付出版社进入出版程序。

【史志宣传】 2022年，县委党研室在党史资料馆、地方志资料馆开设资料查阅室，为干部群众查阅史志资料提供便利，全面建成玉龙镇和县图书馆两个史志阅览室，并赠送史志书籍共100余册。加强与全国各地方志馆、图书馆等资料交流，《盐亭抗震救灾志》《盐亭县志（1986—2007）》等4种4册志鉴书籍入藏国家方志馆，向各地方志馆、图书馆赠书17册17本，收藏《平遥县志（1997—2011）》等书籍6册6本。围绕全省、全市、全县党史地方志工作重点，进一步加强史志信息报送，实行全员信息制度，充分调动干部积极性，全年，被四川党史文献网采用信息9条，四川省情网采用11条，绵阳党史方志网采用共42条。审查更新《盐亭年鉴（2021）》并在盐亭县人民政府官方网站发布，为群众查阅盐亭县2020年经济社会发展情况提供方便。大力开展党史“七进”活动，在岐伯广场举办“奋进新征程建功新时代·强国复兴有我——中国共产党历次全国代表大会光辉历程展览”，用19张图片，生动展示中国共产党历次全国代表大会光辉历程和主要贡献。在“盐亭发布”官方微信公众号开设了《盐亭记忆》栏目，发布“盐亭历史上的今天”120期，回顾解盐亭发展史。

【红色资源普查】 2022年，盐亭县再次组织力量对全县红色资源普查成果进行全面梳理，新增红色资源10个。按照省市两级主管部门的要求，对普查成果科学分类，形成盐亭县红色遗址普查成果汇总表和省级红色资源保护名录推荐表，撰写《盐亭县红色遗址普查情况报告》，进一步摸清了盐亭县红色资源家底，为党史研究和宣传提供了翔实的第一手资料。全县红色遗址遗迹通过省级验收共91处，其中，袁诗荛烈士纪念园、侯伯英烈士纪念馆、高山国家森林公园等15处红色遗址纳入省级红色资源保护名录推荐名单。

【资政研究】 2022年，县委党研室围绕县委、县政府重点工作，扎实开展资政研究，为全县经济社会发展作出积极贡献。在盐亭县革命烈士纪念碑修缮、墨竹里、嫘祖圣境等项目建设和全县国土空间规划等工作中，积极提供史志资料、给出意见建议。积极参与县政协组织的龙潭革命纪念园小微协商，为纪念园建设提出有价值的意见建议5条。全面调查白塔沟、黄溪观等地下交通站现状，梳理1984年地下交通员谈话资料，向省市有关部门提供相关资料。利用好红色资源普查成果，进行深入研究，撰写资政参考材料《关于保护利用好盐亭县革命遗址遗迹等红色资源助推生态经济强县建设的建议》，为县委、县政府决策提供参考。

（顾子琪）

老干部工作

【概况】 2022年，盐亭县开展特殊困难老干部帮扶工作，全年向16名特殊困难离退休干部发放帮扶资金1.6万元。组织离退休干部参加《政府工作报告》征求意见座谈会，为县域建设凝心聚力。离退休干部管理服务、离退休干部统计2项工作被市委老干部局评为先进；退休干部樊淑琼荣获省第十届“四川关爱明天十佳五老”提名奖。

【离退休干部党建】 2022年，县委老干部局坚持以政治建设为统领，持续推行支部活动离退休干部做主的活动形式，固定每月25日为两个功能性支部主题活动日，集中开展学习研讨和主题活动。坚持征订《学习参考》《晚霞》等学习资料，引导离退休老干部关注使用中央、省、市离退休干部公众号、“学习强国”学习平台等平台进行自主学习。指导各单位建立离退休老干部“网上支部”，通过每周微信督导提醒的形式，督促老干部开展线上学习。召开经济社会发展情况通报会，县委书记何长鹰向离退休干部代表通报全县经济社会发展情况，并听取离退休干部代表意见建议。

【离退休干部走访慰问】 2022年春节前夕，县委书记何长鹰、县长卢昊、县人大常委会主任蒲浪涛、县政协主席衡洪志、县委组织部部长张珏走访慰问5名县老领导；全县共走访慰问离休干部、县处级退休干部、中华人民共和国成立初期参加革命工作退休干部及离休干部无工作遗孀217人。2022年重阳节，县委书记何长鹰、县长卢昊走访慰问4名县老领导；全县共慰问离退休干部157人。全年看望9名生病住院、发生重大变故的离退休干部。按照政策调整离休干部生活补贴并增发基本离退休费。按照政策提高中华人民共和国成立初期参加革命工作退休干部的困难补助标准，为22名“建初退休干部”审核报销门诊医疗费10.26万元。慰问异地居住离休干部2人。

【离退休干部管理服务】 2022年，县委老干部局积极推行“一人一策”精准服务机制。通过采取档案查阅、入户走访等方式，精准掌握离休干部家庭情况、健康状况、服务需求、存在困难等情况，建立完善5名离休干部基本信息、个性化服务清单。同时为离休干部提供精细服务，全程协助办理好医疗费用、护理费用及其他相关费用报销。

【离退休干部参与活动】 2022年，县委老干部局积极组织离退休干部参与“建言二十大”“我看中国特色社会主义新时代”等活动，发挥老同志特长，为全县大局积极建言献策，共收到建议25条。充分发挥“五老”宣讲团作用，积极参与“喜迎二十大”“传承红色基因”等系列主题教育。开展“喜迎二十大，重阳话党恩”活动，为离退休干部讲党课，以“喜迎党的二十大、对党说句心里话”为主题建言，对盐亭发展现状表达感受、提出建议。

（张　琪）

党校工作

【概况】 2022年，县委党校紧紧抓住县级党校分类建设契机，坚持党校姓党的办学原则，扎实开展“真抓实干、建功一线”主题活动，认真开展理论教育、干部培训、智库建设、基础设施提升改造等各项工作。先后荣获绵阳市党校系统科研资政工作一等奖、绵阳市党校系统干部继续教育工作三等奖、绵阳市党校系统案例设计一等奖。

【规范教育培训】 2022年，县委党校严格执行年度办班计划、县委审定制度和市委党校审核备案制度，全年规范办班12期。其中，举办乡科级领导干部进修班1期；举办中青年干部培训班1期；举办公务员任职培训班1期；举办村（社区）党组织书记进修班2期；举办入党积极分子和预备党员示范培训班1期；举办领导干部读书班2期；举办基层党员示范轮训班1期；举办新任基层党组织书记培训班1期；举办重大决策部署暨党务干部提能专题研讨班1期；举办乡村振兴专题研讨班1期。11月，承担市委党校委托举办的公务员初任培训班1期，共培训96人。各类干部教育培训中党的理论教育和党性教育比重稳步提升，理论教育和党性教育课达到总课时的70%以上，党性教育课占总课时的36.3%。开发袁诗荛烈士纪念园、文同廉政文化教育基地、嫘祖文化基地3个现场教学点。2022年中共盐亭县委党校被绵阳市委党校评为县级党校教学管理奖第三名。

【创新教学方式】 2022年，县委党校创新设置党性教育体验教学、能力提升情景模拟教学、脱贫攻坚现场观摩、产业发展案例教学等教育培训课程，大力推行研究式教学，将讲授式、案例式、体验式、互动式和情景模拟式教学方法综合运用到课堂教学中。创新体验式教学“森林防火人人有责”“户外拓展训练”；互动式教学“领导干部美学素养”；情景模拟式教学“侵权责任法专题培训——民法典视角下个人权益的实体和程序法保护”等课程。

【挖掘利用本土资源】 2022年，县委党校开发袁诗荛烈士纪念园、文同廉政文化教育基地、嫘祖文化基地3个现场教学点，被绵阳市委党校和其他县级党校纳入现场教学点，反响良好。组织2022年秋季中青年干部培训班参训学员积极参加红色文化音乐情景剧《杜鹃声中唱红军》的编排，并于10月中旬进行汇报表演，这既是对中共二十大召开的献礼，也对深入挖掘红色资源，讲好红军在盐亭石牛庙战斗的故事，丰富主体班教学内容及形式，传承弘扬红军长征精神，具有十分重要的意义。

【打造科研精品】 2022年，县委党校坚持政治建校、理论强校，推进“科研出精品”核心战略，努力发挥党校思想库作用，注重学习理解马克思主义基本原理和最新理论成果，结合新时期出现的热点、难点问题，围绕盐亭县当前重大理论和现实问题开展研究，取得显著成效。将科研经费列入年度财政预算，兑现科研资助经费，整个科研咨政水平和成绩处于全市第一乃至全省第一方阵。3个课题在省委党校立项结项，1个获得优秀；5个课题在市社科联立项结项，1个获得优秀；1个课题在绵阳市委党校立项结项，9个课题在盐亭县社科联立项结项，3篇理论文章在省级刊物公开发表，19篇理论文章入选省市级理论研讨会，4篇基层治理案例入选绵阳市委党校基层治理典型案例，并由四川人民出版社公开发表。在绵阳市第十六次社会科学优秀科研成果评奖中，1项获三等奖，2项获优秀奖。3篇咨政报告获得县长肯定批示，成果及时得到转化运用。

【优化师资队伍】 2022年，县委党校推进高层次人才引进，从成都理工大学招聘马克思主义理论硕士研究生1名；以社会公开招考的方式招录参公人员3名（其中研究生2名），进一步壮大县委党校人才队伍。县委党校15名教职工全部具有大学专科以上学历，其中硕士研究生3名，在各类班次上课的专兼职教师13人，开设各类专题课20余堂、微党课3堂。支持党校开展师资培训提能，切实加强教职工教育培训，通过自学研讨、外出培训、以老带新等方式，专兼职教师教学、科研、咨政能力不断提升，素质明显提高。组建包括省委党校、市委党校、市内高校、县委党校在职及退休教师在内近50人的师资库。

【校园建设】 2022年，县委党校对照四川省关于独立办学类县级党校的要求，落实办学保障，提升办学能力，在县委关心支持下，县委党校与县民政局置换的新校园于2022年2月全面投入使用。新校园占地面积2.54公顷，建筑面积11952平方米，其中教学楼3347平方米，有教室、讨论室共8间，会议室2间，室内健身房1间，图书室280平方米，共藏书3万余册。建成“智慧校园”“数字化图书室”标准篮球场、羽毛球场。新校园环境优美，完全能够满足封闭办学的现实需要。

（尚　敏）

盐亭县人民代表大会

综　述

【概况】 2022年，县人大常委会认真履行宪法和法律赋予的职责，组织筹备召开盐亭县第十九届人民代表大会第二次会议，召开常委会会议8次，听取审议专项工作报告24项，开展视察调研、跟踪检查和执法检查45项，作出决议决定、审议意见23项，任免国家机关工作人员47人次，开展履职评议4人次。

【县人大常委会机构设置】 盐亭县人大常委会设正科级工作办事机构8个。其中，3个综合办事机构：办公室、调查研究室、执法监督室；5个工作委员会：预算工作委员会、教科文卫工作委员会、城乡建设环境资源保护工作委员会、农业工作委员会、人事代表工作委员会。

【县十九届人大专门委员会设置】 2021年9月27日，盐亭县第十九届人民代表大会第一次会议决定，设置盐亭县第十九届人民代表大会监察和司法委员会、财政经济委员会、民族宗教外事侨务委员会和社会建设委员会4个专门委员会。

（金　勇）

重要会议

【概况】 2022年，盐亭县第十九届人民代表大会第二次会议召开，会议通过盐亭县人民政府工作报告的决议、关于绵阳市人大常委会工作报告的决议、关于盐亭县人民法院工作报告的决议、关于盐亭县人民检察院工作报告的决议、关于盐亭县2021年国民经济和社会发展计划执行情况与2022年国民经济和社会发展计划的决议、关于盐亭县2021年财政预算执行情况和2022年财政预算的决议。全年共召开常委会会议8次（第三次会议至第十次会议），审议通过民生实事、常态化疫情防控、“八五”普法和经济社会发展等事项，通过县人大常委会、县人民政府及县人民法院、县人民检察院等相关人事任免。

【县十九届人大二次会议】 2022年2月23—25日举行。2月24日上午，大会在县城新区电影院开幕。大会应到代表247人，实到197人；大会主席团常务主席、执行主席何长鹰主持开幕大会；县长卢昊作政府工作报告，蒲浪涛作县人大常委会工作报告，卢珊作县人民法院工作报告，张雪松作县人民检察院工作报告；会议表决通过大会民生实事项目人大代表票决办法。2月25日下午，召开第二次全体（闭幕）会议，应到代表247人，实到192人；大会主席团常务主席、执行主席何长鹰主持会议；会议票决2022年县级民生实事项目（盐亭县城市升级更新项目、盐亭县2022年撤并建制村畅通工程2个项目列为盐亭县人民政府2022年民生实事项目），表决通过关于政府工作报告的决议、关于盐亭县2021年国民经济和社会发展计划执行情况与2022年国民经济和社会发展计划的决议、关于盐亭县2021年财政预算执行情况和2022年财政预算的决议、盐亭县人大常委会工作报告的决议、关于盐亭县人民法院工作报告的决议、关于盐亭县人民检察院工作报告的决议。

【县十九届人大常委会第三次会议】 2022年1月21日召开，会议由县人大常委会主任蒲浪涛主持。县人大常委会副主任范晓林、黄世勇、胥雄、杨海燕等32名组成人员出席会议。县人民政府副县长康玉波，县人民法院院长卢珊，县人民检察院检察长张雪松，县监察委员会副主任赵文武列席本次会议。会议学习《中共四川省委关于新时代坚持和完善人民代表大会制度加强和改进人大工作的实施意见》。会议听取县人民政府关于2022年财政预算（草案）编制初步方案的报告；会议表决通过盐亭县人大常委会关于召开盐亭县第十九届人民代表大会第二次会议的决定、盐亭县第十九届人民代表大会第二次会议方案、关于补选部分县十九届人民代表大会代表的决定。会议表决通过有关人事任免案，举行颁发任命书及宪法宣誓仪式。

【县十九届人大常委会第四次会议】 2022年2月21日召开，会议由县人大常委会主任蒲浪涛主持。县人大常委会副主任范晓林、黄世勇、胥雄、杨海燕等29名组成人员出席会议。县人民政府副县长吴鸿飞，县人民法院副院长杜尧，县人民检察院副检察长杜庆，县监察委员会副主任赵文武列席本次会议。会议学习绵阳市第八届人民代表大会第二次会议精神。会议听取县人民政府关于盐亭县第十九届人民代表大会第一次会议期间代表意见建议办理情况的报告、关于2021年县级民生实事人大代表票决项目实施情况及2022年县级民生实事人大代表票决候选项目有关情况的报告；审议通过县人大常委会工作报告（草案），并决定提交盐亭县第十九届人民代表大会第二次会议审查；表决通过县人大常委会关于代表建议批评意见办理情况的审议意见、关于设立盐亭第十九届人民代表大会常务委员会代表资格审查委员会的决定。会议对2021年民生实事项目实施情况进行满意度测评。会议表决通过有关人事任免案，举行颁发任命书及宪法宣誓仪式。

【县十九届人大常委会第五次会议】 2022年4月15日召开，会议由县人大常委会主任蒲浪涛主持。县人大常委会副主任范晓林、黄世勇、胥雄、杨海燕等30名组成人员出席会议。县人民政府副县长衡孝波，县人民法院院长卢珊，县人民检察院检察长张雪松，县监察委员会副主任赵文武列席本次会议。会议学习《中华人民共和国传染病防治法》。会议听取县人民政府关于2021年全县环境状况和环境目标完成情况的报告、关于常态化疫情防控工作情况的报告；表决通过县人大常委会关于2021年全县环境状况和环境目标完成情况的审议意见、关于盐亭县常态化疫情防控工作情况的审议意见。

【县十九届人大常委会第六次会议】 2022年6月15日召开，会议由县人大常委会主任蒲浪涛主持。县人大常委会副主任范晓林、胥雄、杨海燕等32名组成人员出席会议。县人民政府副县长汪晓艳，县人民法院院长卢珊，县人民检察院检察长张雪松，县监察委员会副主任赵文武列席本次会议。会议学习《中华人民共和国噪声污染防治法》。会议听取县人民政府关于盐亭县“七五”普法规划实施情况和开展“八五”普法工作意见的报告、关于贯彻实施《中华人民共和国道路交通安全法》情况的报告、关于贯彻实施《四川省粮食安全保障条例》情况的报告、关于贯彻实施《中华人民共和国安全生产法》和《四川省安全生产条例》情况的报告；表决通过县人大常委会关于开展第八个五年法治宣传教育的决议、关于《中华人民共和国道路交通安全法》执法检查报告的审议意见、关于《四川省粮食安全保障条例》执法检查报告的审议意见、关于《中华人民共和国安全生产法》和《四川省安全生产条例》执法检查报告的审议意见。会议表决通过有关人事任免案，举行颁发任命书及宪法宣誓仪式。

【县十九届人大常委会第七次会议】 2022年8月10日召开，会议由县人大常委会主任蒲浪涛主持。县人大常委会副主任黄世勇、杨海燕等28名组成人员出席会议。县人民政府副县长衡孝波，县人民法院院长卢珊，县人民检察院副检察长杜庆，县监察委员会委员张艳列席本次会议。会议学习《中华人民共和国陆地国界法》。会议听取县人民政府关于2022年1—6月国民经济和社会发展计划执行情况的报告、关于2022年1—6月财政预算执行情况的报告、关于2021年县级财政预算执行和其他财政收支审计工作报告、关于2021年财政决算（草案）的报告、关于盐亭县第十九届人民代表大会第二次会议期间代表建议批评和意见办理情况的报告、关于优化营商环境工作情况的报告和法检“两院”履行职能营造法治化营商环境工作情况的报告；表决通过县人大常委会关于批准2021年财政决算的决定、关于补选第十九届人民代表大会代表的决定、关于2022年1—6月国民经济和社会发展计划执行情况的审议意见、关于盐亭县2022年1—6月财政预算执行情况的审议意见、关于盐亭县2021年财政预算执行和其他财政收支审计工作的审议意见、关于盐亭县第十九届人民代表大会会议期间代表建议批评和意见办理情况的审议意见、关于县政府优化营商环境及法检“两院”履行职能营造法治化营商环境工作情况的审议意见。会议表决通过有关人事任命，举行颁发任命书及宪法宣誓仪式。

【县十九届人大常委会第八次会议】 2022年10月20日召开，会议由县人大常委会主任蒲浪涛主持。县人大常委会副主任范晓林、黄世勇、胥雄、杨海燕等31名组成人员出席会议。县人民政府副县长康玉波，县监察委员会主任刘帆、县人民检察院检察长张雪松、县人民法院副院长杜尧列席本次会议。会议学习《绵阳市文明行为促进条例》。会议听取县人民政府关于“园区提质、企业满园”行动开展情况的报告、2021年度企业国有资产管理情况的专项报告，县监察委员会关于扫黑除恶“打伞破网”专项工作情况的报告，县人大常委会关于2021年度备案审查工作情况的报告；会议听取县教体局、县民政局、县医保局、县应急管理局4部门主要负责人2022年度履职情况报告，开展满意度测评；表决通过县人大常委会关于盐亭县“园区提质、企业满园”行动开展情况报告的审议意见、关于盐亭县2021年度企业国有资产管理情况报告的审议意见、关于盐亭县扫黑除恶“打伞破网”专项工作情况报告的审议意见。会议表决通过有关人事任免案，举行颁发任命书及宪法宣誓仪式。

【县十九届人大常委会第九次会议】 2022年12月9日召开，会议由县人大常委会主任蒲浪涛主持。县人大常委会副主任范晓林、黄世勇、胥雄、杨海燕等31名组成人员出席会议。县人民政府副县长康玉波，县人民法院院长卢珊、县人民检察院检察长张雪松、县监察委员会副主任赵文武列席本次会议。会议学习《四川省市辖区、不设区的市人民代表大会常务委员会街道工作委员会工作条例》。会议听取县人民政府关于2022年财政预算调整方案（草案）的报告、关于2023年财政预算（草案）编制初步方案的报告、关于贯彻实施《宗教事务条例》和《四川省宗教事务条例》情况的报告，县人民法院及县人民检察院重点工作开展情况报告，县人大常委会代表资格审查委员会关于盐亭县第十九届人民代表大会代表资格审查和代表变动情况的报告，县人大常委会凤灵街道工作委员会2022年工作报告；表决通过县人大常委会关于批准盐亭县2022年财政预算调整方案的决议、关于召开盐亭县第十九届人民代表大会第三次会议的决定、盐亭县第十九届人民代表大会第三次会议方案、关于对县人民政府2021年财政预算执行和其他财政收支审计查出问题整改情况报告的审议意见、关于《宗教事务条例》和《四川省宗教事务条例》执法检查报告的审议意见。会议表决通过有关人事任免案，举行颁发任命书及宪法宣誓仪式。

【县十九届人大常委会第十次会议】 2022年12月30日召开，会议由县人大常委会主任蒲浪涛主持。县人大常委会副主任范晓林、黄世勇、胥雄、杨海燕等26名组成人员出席会议。县人民政府副县长朱沛元，县人民法院院长卢珊、县人民检察院检察长张雪松、县监察委员会副主任赵文武列席本次会议。会议听取县人民政府关于盐亭县第十九届人民代表大会第二次会议票决出的县级民生实事项目实施情况及2023年县级民生实事人大代表票决候选项目有关情况的报告；审议通过县人大常委会工作报告（草案），并决定提交盐亭县第十九届人民代表大会第二次会议审查；表决通过县人大常委会关于调整盐亭县第十九届人民代表大会第三次会议召开时间的决定，决定盐亭县第十九届人民代表大会第三次会议召开时间调整为2023年1月8—10日；表决通过县人大常委会关于对2022年县级民生实事人大代表票决项目推进实施工作的审议意见。

【县人大常委会与县人民政府工作联席会议】 2022年9月2日，县人大常委会与县人民政府工作联席会议召开，这也是盐亭县人大设立常委会以来，县人大常委会与县人民政府首次举行联席会议。县委副书记、县长卢昊主持会议，县人大常委会主任蒲浪涛出席会议。县人大常委会副主任范晓林、黄世勇、胥雄、杨海燕，县人民政府副县长康玉波、衡孝波、朱沛元，县人大专门委员会、县人大常委会办事工作机构负责人，县政府部门负责人参加会议。会议通报了县人大常委会、县人民政府2022年以来工作开展情况及下一步工作安排，双方就相关工作开展进行了深入沟通交流。

【县十九届人大常委会第三次主任会议】 2022年1月17日召开，会议由县人大常委会主任蒲浪涛主持。县人大常委会副主任范晓林、黄世勇、胥雄、杨海燕出席会议。县人大常委会办公室、财经委、预工委、人代工委主要负责人列席会议。会议听取关于县十九届人大常委会第三次会议召开时间和建议议程设置的汇报，决定1月21日召开县十九届人大常委会第三次会议。会议听取县人大常委会相关工作机构关于盐亭县2022年财政预算编制情况的初审意见，关于召开盐亭县第十九届人民代表大会第二次会议的决定（草案）和盐亭县第十九届人民代表大会第二次会议方案（草案）的说明，关于人事任免案的汇报，关于补选部分县第十九届人民代表大会代表的决定（草案）的说明。决定将上述议题提请县十九届人大常委会第三次会议审议。

【县十九届人大常委会第四次主任会议】 2022年2月21日召开，会议由县人大常委会主任蒲浪涛主持。县人大常委会副主任范晓林、黄世勇、胥雄、杨海燕出席会议。县人大常委会办公室、社会建设委、人代工委主要负责人列席会议。会议听取关于县十九届人大常委会第四次会议召开时间和建议议程设置的汇报，决定2月21日召开县十九届人大常委会第四次会议。会议听取县人大常委会相关工作机构关于《盐亭县人大常委会工作报告（草案）》的说明，关于盐亭县第十九届人民代表大会第一次会议期间代表意见建议办理情况调研报告的汇报，关于设立盐亭县第十九届人大常委会代表资格审查委员会的决定（草案）的说明，关于人事任免案的汇报；听取县人大社会建设委关于2021年县级民生实事人大代表票决项目实施情况及2022县级民生实事人大代表票决候选项目有关情况调研报告的汇报。会议决定将上述议题提请县十九届人大常委会第四会议审议。

【县十九届人大常委会第五次主任会议】 2022年4月11日召开，会议由县人大常委会主任蒲浪涛主持。县人大常委会副主任范晓林、黄世勇、胥雄、杨海燕出席会议。县人大常委会办公室、城环资工委、人代工委、教科文卫工委主要负责人列席会议。会议听取关于县十九届人大常委会第五次会议召开时间和建议议程设置的汇报，决定4月15日召开县十九届人大常委会第五次会议。会议听取县人大常委会相关工作机构关于2021年全县环境状况和环境目标完成情况报告的初审意见，关于常态化疫情防控工作情况报告的初审意见。会议决定将上述议题提请县十九届人大常委会第五次会议审议。会议审定通过关于2022年对部分序列局（办）负责人开展履职评议的方案，决定对县投促局、县工信局、县发改局和县商务局等4个县政府组成部分主要负责人2022年度履职情况进行评议和满意度测评。

【县十九届人大常委会第六次主任会议】 2022年6月10日召开，会议由县人大常委会主任蒲浪涛主持。县人大常委会副主任范晓林、黄世勇、胥雄、杨海燕出席会议。县人大常委会办公室、监察和司法委、社会建设委、财经委等专委（委室）主要负责人列席会议。会议听取关于县十九届人大常委会第六次会议召开时间和建议议程设置的汇报，决定6月15日召开县十九届人大常委会第六次会议。会议听取县人大常委会相关工作机构关于《中华人民共和国道路交通安全法》执法检查情况的报告，关于人事任免案的汇报；听取县人大社会建设会关于《中华人民共和国安全生产法》和《四川省安全生产条例》执法检查情况的报告，听取县人大监察和司法委关于开展第八个五年法治宣传教育决议（草案）的说明；听取县人大财经委关于《四川省粮食安全保障条例》执法检查情况的报告。会议决定将上述议题提请县十九届人大常委会第六次会议审议。会议还听取关于盐亭县“七五”普法决议贯彻实施情况调研报告的汇报，关于县人民政府落实《盐亭县人大常委会关于〈公共文化服务保障法〉审议意见》情况调研报告的汇报，关于消费者权益保护工作情况调研报告的汇报；审定通过《盐亭县人民代表大会志（1954—2023）》编纂方案。

【县十九届人大常委会第七次主任会议】 2022年8月8日召开，会议由县人大常委会主任蒲浪涛主持。县人大常委会副主任范晓林、黄世勇、胥雄、杨海燕出席会议。县人大常委会办公室、民宗外侨委、财经委、农工委等专委（委室）主要负责人列席会议。会议听取关于县十九届人大常委会第七次会议召开时间和建议议程设置的汇报，决定8月10日召开县十九届人大常委会第七次会议。会议听取县人大常委会相关工作机构关于盐亭县第十九届人民代表大会第二次会议期间代表建议批评和意见办理情况报告的初审意见，关于2021年度规范性文件备案审查工作情况报告的初审意见，关于补选县第十九届人民代表大会代表的决定（草案）的说明，关于人事任免案的汇报；听取县人大财经委关于盐亭县2022年1—6月国民经济和社会发展计划执行情况调研报告的汇报，关于盐亭县2021年财政预算执行和其他财政收支审计情况调研报告的汇报，关于盐亭县2021年财政决算（草案）的初审意见，关于2022年1—6月财政预算执行情况调研报告的汇报，关于县政府优化营商环境及“法检”两院履行职能营造法治化营商环境工作情况调研报告的汇报。会议决定将上述议题提请县十九届人大常委会第七次会议审议。会议还听取关于大兴回族乡推动项目建设助力乡村振兴情况调研报告的汇报，关于县人民政府落实《盐亭县人大常委会关于〈中华人民共和国种子法〉执法检查审议意见》情况调研报告的汇报，关于全县“两项改革”后镇（乡）村闲置资产管理和利用情况调研报告的汇报；讨论通过《盐亭县人大关于深入推进人大国有资产监督工作的实施方案》。

【县十九届人大常委会第八次主任会议】 2022年10月18日召开，会议由县人大常委会主任蒲浪涛主持。县人大常委会副主任范晓林、黄世勇、胥雄、杨海燕出席会议。县人大常委会办公室、监察和司法委、财经委、人代工委等专委（委室）主要负责人列席会议。会议听取关于县十九届人大常委会第八次会议召开时间和建议议程设置的汇报，决定10月20日召开县十九届人大常委会第八次会议。会议听取县人大常委会相关工作机构关于2021年度备案审查工作情况的报告，关于人事任免案的汇报；听取县人大财经委关于盐亭县"园区提质""企业满园"行动开展情况调研报告的汇报，关于盐亭县2021年企业国有资产管理情况调研报告的汇报；听取县人大监察和司法委关于盐亭县扫黑除恶"打伞破网"专项工作相关情况的汇报；听取县人大常委会评议调研组关于对县投促局、县工信局、县发改局和县商务局主要负责人述职评议调研报告的汇报。会议决定将上述议题提请县十九届人大常委会第八次会议审议。会议还听取关于盐亭县治理撂荒耕地情况调研报告的汇报，关于盐亭县基层医疗机构实施国家基本公共卫生服务项目情况调研报告的汇报；讨论通过《盐亭县人大常委会规范性文件备案审查工作办法》《盐亭县人大常委会备案审查和司法监督咨询专家库管理办法》。

【县十九届人大常委会第九次主任会议】 2022年12月6日召开，会议由县人大常委会主任蒲浪涛主持。县人大常委会副主任范晓林、黄世勇、胥雄、杨海燕出席会议。县人大常委会办公室、监察和司法委、社会建设委、民宗外侨委、财经委、人代工委等专委（委室）主要负责人列席会议。会议听取关于县十九届人大常委会第九次会议召开时间和建议议程设置的汇报，决定12月9日召开县十九届人大常委会第九次会议。会议听取县人大常委会相关工作机构关于初步审查盐亭县2023年财政预算编制情况报告的意见，关于盐亭县2022年财政预算调整方案（草案）审查结果报告的意见，关于召开盐亭县第十九届人民代表大会第三次会议的决定（草案）的说明，关于盐亭县第十九届人民代表大会第三次会议方案（草案）的说明，关于人事任免案的汇报；听取县人大财经委关于盐亭县2021年财政预算执行和其他财政收支审计查出问题整改情况调研报告的汇报；听取县人大民宗外侨委关于《宗教事务条例》和《四川省宗教事务条例》执法检查情况的报告；听取县人大监察和司法委关于县人民法院及县人民检察院重点工作开展情况调研报告的汇报；听取县人大常委会凤灵街道工委2022年工作报告；听取县人大常委会代表资格审查委员会关于盐亭县第十九届人民代表大会代表资格审查和代表变动情况的报告。会议决定将上述议题提请县十九届人大常委会第九次会议审议。会议还听取我县养老服务业发展情况调研报告的汇报。

【县十九届人大常委会第十次主任会议】 2022年12月28日召开，会议由县人大常委会主任蒲浪涛主持。县人大常委会副主任范晓林、胥雄、杨海燕出席会议。县人大常委会办公室、社会建设委等专委（委室）负责人列席会议。会议听取关于县十九届人大常委会第十次会议召开时间和建议议程设置的汇报，决定12月30日召开县十九届人大常委会第十次会议。会议听取县人大常委会相关工作机构关于《盐亭县人大常委会工作报告（草案）》的说明，关于调整盐亭县第十九届人民代表大会第三次会议召开时间的决定（草案）的说明；会议听取县人大社会建设委关于盐亭县第十九届人民代表大会第二次会议票决出的县级民生实事项目实施情况的评估报告及2023年县级民生实事人大代表票决候选项目有关情况的汇报。会议决定将上述议题提请县十九届人大常委会第十次会议审议。

（金　勇）

监督调研

【概况】 2022年，县人大常委会紧扣事关全县高质量发展和人民群众普遍关注的重点问题，依法开展工作监督和法律监督，以监督工作的实绩实效推动县委决策部署的落地落实。全年共听取和审议专项工作报告24项，组织视察调研、执法检查45次。

【改进监督工作】 2022年10月20日，县十九届人大常委会第八次会议，听取审议县监察委员会主任刘帆作的关于开展扫黑除恶专项斗争"打伞破网"专项工作情况的报告。这是党中央作出地方监委向本级人大常委会报告专项工作的决策部署以来，县人大常委会首次听取审议县监委专项工作报告，实现人大通过听取专项工作报告的方式对"一府一委两院"监督的全覆盖。首次听取规范性文件备案审查工作情况的报告，出台《规范性备案审查工作办法》，建立备案审查和司法监督咨询专家库。出台《深入推进全县国有资产监督工作实施意见》。对县政府4个部门主要负责人履职情况进行评议及满意度测评。

【重点工作专题监督调研】 2022

年，县人大常委会紧扣全县工作大局，紧盯大事要事开展监督，充分发挥好人大在解决问题、推动工作中的独特优势。开展服务业“114工程”实施情况专题调研，对房地产运行情况、养老服务业发展进行调研，构建由常委会党组牵头抓总，常委会主任分块协作，人大常委会机关全员参与、相关职能部门合力攻坚的共推服务业发展工作格局。开展全县工业经济发展情况调研，审议“园区提质”“企业满园”情况报告。开展现代农业园区建设、天府粮仓建设、高标准农田建设、耕地撂荒治理、乡村闲置资产管理、公益性岗位助力乡村振兴等重点工作执法检查和专题调研。

【计划预算监督调研】 2022年，县人大常委会深入贯彻落实新发展理念，密切关注新冠肺炎疫情对经济运行造成的影响，全力做好计划预算监督。初审计划编制，审议上半年国民经济和社会发展计划执行情况、财政预算执行情况、审计及审计查出问题整改情况等工作报告，审查批准财政决算和预算调整方案。出台《深入推进全县国有资产监督工作实施意见》，审议企业国有资产管理情况的报告。视察调研“放管服”改革。

【司法监督调研】 2022年，县十九届人大常委会第六次会议审议通过《关于开展第八个五年法治宣传教育的决议》，决定从2021年至2025年在全县开展第八个五年法治宣传教育。通过主办国家宪法宣传周法律知识擂台赛；调研“践行民主立法、服务基层治理”工作；调研县法院、县检察院依法履职情况；听取审议县法院、县检察院年度重点工作报告等方式全面开展“八五”普法工作。

【生态环境保护监督调研】 2022年，县人大常委会认真听取2021年度环境状况和环境保护目标完成情况报告，开展环保督察问题整改落实情况调研，调研县城垃圾清运和处理情况。配合市人大开展《绵阳市文明行为促进条例》执法检查。

【社会民生监督调研】 2022年，县人大常委会认真听取审议关于2021年县级民生实事人大代表票决项目实施情况及2022年县级民生实事人大代表票决候选项目有关情况的报告，并对2021年民生实事项目实施情况进行满意度测评。听取审议常态化疫情防控工作报告；调研基层医疗机构实施国家基本公共卫生服务项目情况；开展城镇职工和城乡居民基本养老保险办法执法检查；调研养老服务发展、消费者权益保护情况。常委会班子成员牵头开展9个“问题楼盘”矛盾化解攻坚，推进永逸广场复工、万福楼和弥江公馆竣工，完成凤楚云天、梧桐巷18号、紫江金岸A区、高山书院等楼盘392户分户办证或分房安置。

（金　勇）

代表工作

【概况】 2022年，县人大常委会加强和改进代表工作，拓展代表参与常委会工作的深度和广度，代表工作活力持续增强，代表作用得到有效发挥。印发《盐亭县人大常委会关于加强和改进人大代表工作的具体意见》，将“双联”活动（“双联”即县人大常委会组成人员联系县人大代表、县人大代表联系群众）拓展为“三联”活动（即在“双联”活动基础上，增加县人大专委会、常委会办事工作机构联系县人大代表这项内容），密切常委会组成人员、人大代表同人民群众的联系。依托“代表之家”“代表工作联络站”开展代表接待等履职活动535次，收集意见建议900余条。盐亭县“我为群众办实事——人大代表在行动”工作经验被推广。

【代表建议督办】 2022年，县人大常委会执行代表建议交办、跟踪督办等制度，听取和审议办理工作情况报告，推动代表建议办理工作由重满意率向重办成率转变。县十九届二次会议期间代表所提建议采纳和基本采纳率为78.7%，代表对办理结果反馈的满意和基本满意率为100%。

【代表履职尽职】 2022年，县人大常委会把提高代表的履职能力作为代表工作的重点。经常邀请代表参加常委会开展的视察调研、执法检查等活动，培训市县乡镇三级人大代表980余人次，组织人大代表90余人次参加法检“两院”司法监督。开展人大代表走访企业、群众专项工作，组织省市县人大代表300余人次进社区、进院坝、进农户联系服务群众，开展督察城市内涝整治、市政基础设施建设、重点项目推进、安全生产等活动，走访企业320人次、群众1万余人次，为群众办实事900件，帮助解决问题810个。

（金　勇）

选举任免

【概况】 2022年，县人大常委会坚持党管干部和人大依法任免有机统一，全年共依法任免国家机关工作人员47人次。坚持拟任人选任前到会见面并作表态发言，现场颁发任命书，举行宪法宣誓。

【县政府人事任免】 2022年6月15日，县十九届人大常委会第六次会议决定任命刘仕通为盐亭县农业农村局局长，任小兵为盐亭县市场监督管理局局长，赵强为盐亭县发展和改革局局长，敬宗平为盐亭县工业和信息化局局长。决定免去彭光益的盐亭县农业农村局局长职务，刘仕通的盐亭县市场监督管理局局长职务，刘锐的盐亭县发展和改革局局长职务，赵强的盐亭县工业和信息化局局长职务，敬宗平的盐亭县经济合作局局长职务。10月20日，县十九届人大常委会第八次会议决定任命赵艳梅为盐亭县商务局局长，蒲定军为盐亭县综合行政执法局局长，王显佳为盐亭县经济合作局局长。决定免去任溢的盐亭县商务局局长职务，杨广旭的盐亭县综合行政执法局局长职务。12月9日，县十九届人大常委会第九次会议决定任命何蛟为盐亭县科学技术局局长，决定免去赵春梅的盐亭县科学技术局局长职务。

【县人大常委会人事任免】 2022年1月21日，县十九届人大常委会第三次会议决定接受杨冰、何畅辞去县十九届人民代表大会代表职务，并报盐亭县人民代表大会备案。6月15日，县十九届人大常委会第四次会议决定免去毛亨的盐亭县人大常委会预算工作委员会副主任职务。8月10日，县十九届人大常委会第七次会议决定任命张芙蓉、陶虹霞、李羊、李果虹为盐亭县人大常委会凤灵街道工作委员会委员。10月20日，县十九届人大常委会第八次会议决定任命敬标为盐亭县人大常委会调查研究室副主任，陈勇为盐亭县人大常委会农业工作委员会副主任，何泽荣为盐亭县人大常委会预算工作委员会副主任。决定免去任春的盐亭县人大常委会调查研究室副主任职务。

【县监察委员会人事任免】 2022年2月21日，县十九届人大常委会第四次会议，决定任命喻波为盐亭县监察委员会委员，决定免去宋彪的盐亭县监察委员会委员职务。

【县“两院”人事任免】 2022年1月21日，县十九届人大常委会第三次会议决定任命杨银红为盐亭县人民法院行政审判庭(综合审判庭)庭长，罗富云为盐亭县人民法院民生审判庭副庭长。决定免去杨银红的盐亭县人民法院立案庭副庭长职务。10月20日，县十九届人大常委会第八次会议决定任命赵小卉、邓晶晶、申婷、李玉敏、何静、冯莉、岳平、陶明生、杨周德、冯冬、赵海秀、陈凤、陶波、赵正凤、敬昭祥为盐亭县人民法院陪审员。决定免去刘仁辉的盐亭县人民法院审判委员会委员、审判员职务。

（金　勇）

盐亭县第十九届人大常委会组成人员一览表

表1

主　任	蒲浪涛
副主任	范晓林　黄世勇　胥　雄　杨海燕
委　员 （按姓氏笔画排序）	王小红　王　飞　王　栋　达文海　刘安勇　许勇军　杜　艽 吴秀文　何　云　何丽蓉　汪云凤　汪　君　汪　茜　张延书 张　锡　林雨霄　金　勇　庞　霞　赵红军　赵　畅　赵益民 胡晓胜　胥永兴　胥成果　顾琼芬　黄　林　黄　波　黄海英 彭秀梅　穆桂兰

盐亭县人民政府

综　述

【概况】　2022年，盐亭县坚定实施“三大战略”，加速奋进“三大目标”，有力推动“四个三年行动”，全县各项事业有序发展。实现地区生产总值203.65亿元，同比增长5.1%；地方一般公共预算收入5.02亿元，同比增长12.8%；规模以上工业增加值同比增长10.3%；全社会固定资产投资85.7亿元，同比增长11.4%；社会消费品零售总额105.81亿元；城乡居民人均可支配收入分别达到41569元、21594元，分别同比增长4.8%、6.3%。

【三次产业发展】　2022年，盐亭县全年实现工业投资22.5亿元、技改投资10亿元，规模以上工业总产值36亿元；新增规模以上工业企业6户、国家高新技术企业3户，新认定省级创新型中小企业3户、科技型中小企业15户，晋升省级专精特新企业2户；盐亭巨龙化工园区申建工作取得突破性进展，即将取得认定，配套基础设施已开工建设，并储备一批高质量涉气涉化项目，百亿级产业园区发展态势加快形成；天然气年产量达到7.4亿立方米、实现翻番。实现第一产业增加值45.57亿元；完成撂荒地整治886.7公顷，新建高标准农田2333.3公顷，实现粮食产量31.49万吨，油料产量6.64万吨；年出栏生猪63万头，重回全国生猪调出大县行列；西部水产创建为省四星级现代农业园区，“生猪+粮油”、嫘祖粮油园区通过市级验收考核，球宿根花卉园区创建为市四星级现代林业园区；国家农产品质量安全县创建工作得到农业农村部高度认可，农产品质量“123458”监管模式在全国推广；建成“嫘之味”农产品区域公用品牌，全县“三品一标”达73个。实现服务业增加值100.79亿元；新增规模以上服务业企业4户、限额以上商贸企业9户；嫘祖国家纪念公园、文同诗竹园建成国家AAA级旅游景区，实现旅游收入10.5亿元；全省首批县域商业建设行动示范县落地盐亭，“绵品出川”实现本土产品订单超8000万元；发放普惠性消费券2000万元，拉动消费1亿元以上。

【项目投资】　2022年，盐亭县实施省市县重点项目138个，总投资448.42亿元，完成年度投资74.31亿元；绵阳锂源、熔增环保等项目投产达效；湍江黄甸镇防洪治理工程、三道咀水库道路建设等项目竣工投运；中医院医技综合楼、疾控中心等项目投入使用。全年签订投资协议43个、总投资120亿元，到位国内省外资金43亿元，引进5亿元及以上项目6个；总投资8亿元的嫘祖粮油园区项目落户嫘祖镇；外商直接投资(FDI)达1068万美元、占全市完成数的1/5，实际利用外资达3564万美元、增长近25倍，均创下历史新高。全年争取到位各类项目资金45.15亿元；争取政策性开发性金融工具（基金）项目8个、到位基金3.19亿元，获批央省预算内投资项目9个、到位资金1.24亿元，发行专项债券项目8个、筹措资金6.91亿元；获得市级以上先进示范称号16个。

【城乡建设】　2022年，盐亭县大力开展城乡建设。茂县盐亭高速、南江盐亭高速前期工作加快推进；改(扩)建农村道路420千米，成功创建省级“四好农村路”示范县；新华水库前期工作高效推进，武引二期6条支渠建成通水，成功创建为全省第二批乡村水务示范县；220千伏输变电工程稳步推进。新(改)建城市污水管网4.8千米，完成凤池街、弥江路下段等12条道路更新升级；改造老旧小区14个、棚户区309户，新增住宅电梯38部。化解问题楼盘20个，新增入住2784户；布设“口袋公园”12个，建设成效获央视报道；省级文明城市年度测评受到全省通报表扬；富驿镇获评首批省级百强中心镇。481户监测对象收入稳定，全面消除集体经济薄弱村92个，全县所有行政村集体经济年收入达5万元以上；建成乡村振兴省级先进乡镇1个、示范村4个，市级先进乡镇1个、示范村7个；全年拆除农村D级危房2250户，改造卫生厕所2250户；科学编制完成5个乡镇级片区国土空间总体规划，“三区三线”划定成果获批并正式启用。

【民生事业】 2022年，盐亭县投入民生资金27.59亿元；城镇新增就业2000余人，城镇登记失业率3.82%；完成27件省市民生实事、2件县级人大票决民生实事；医疗机构服务能力持续提升；义务教育质量提升“11255”工程接续实施，高考综合改革纵深推进，本科硬上线再攀新高；凤灵社区养老服务综合体建设完工，建成“童之家”示范点3个；大兴回族乡青峰村入选乡村文化振兴省级样板村，岐伯行乡会入选第六批省级非物质文化遗产代表性项目。城市环境空气质量达标率达97%；土壤环境风险安全可控；国控断面水质达Ⅲ类以上；完成“千村示范”项目8个，农村生活污水整治覆盖行政村167个、治理率达88.4%；率先在全市建立“林长+警长+检察长”联动森林资源保护机制，森林覆盖率达49.68%。深入推进平安盐亭建设，建成平安智慧小区40个，化解“治重化积”案48件；扎实开展道路交通、城镇燃气、危险化学品等专项整治行动，有力防范处置森林草原防灭火、食品药品安全、地质灾害、防汛抗旱、动植物疫情、金融等重点领域风险隐患，社会大局保持和谐稳定。

【政府改革】 2022年，盐亭县强化审计监督，累计压减非重点、非刚性支出7600万元。严格执行重大行政决策程序规定，审查行政规范性文件等111件，在线办理行政复议案件9件。建立县人大常委会和县政府、县政府和县政协工作联系机制。下放行政权力124项，集中向经开区放权赋能84项。在全省率先推行“以诺代证”。成功创建省级示范便民服务中心2个、省级示范便民服务站9个。办理留抵退税2825万元，召开企业家座谈会8场、收集处理企业诉求170余条。出台“人才十条”政策，引进全日制硕士研究生64名，是2021年在编全日制研究生人数的4.5倍。

（何谢东）

重要会议

【盐亭县人民政府十九届二次全体会议】 8月31日召开，深入学习贯彻习近平总书记到四川视察重要指示精神，认真贯彻党中央、国务院重要决策部署，全面落实省第十二次党代会、省委工作会议、省政府第十次全体会议、市委工作会议、市政府八届二次全体会议和县委有关部署要求，分析研判当前形势，总结上半年工作，积极谋划下半年重点工作，奋力推动完成全年主要目标任务。

【县政府十九届四次常务会议】 1月11日召开，学习《中华人民共和国乡村振兴促进法》和中共、省、市有关会议、文件精神。审议《全市道路交通安全集中整治工作方案（送审稿）》《盐亭县2022年一季度经济发展领域“开门红”工作方案》《盐亭县食品安全突发事件应急预案（试行）》《盐亭县药品安全突发事件应急预案（试行）》《盐亭县2022年农业农村工作要点》《盐亭县2022年工业工作要点》《盐亭县 2022 年第三产业发展工作要点》《盐亭县2022年经济工作要点》《盐亭县2022年项目投资工作要点》《盐亭县“十四五”水安全保障规划》审议利源科技医药项目投资协议书、利源科技医药项目补充协议书、新能源自动化设备生产项目投资协议书、新能源自动化设备生产项目补充协议书、适客食品加工项目合作协议、适客食品加工项目补充协议、兽药、微生物中药添加剂研发及生产线项目补充协议书（二）、动物保健品、兽用药品生产项目补充协议书（二）、收购六宗国有土地使用权的相关事宜；审议绵阳中嫘投资发展（集团）有限公司、盐亭国有投资管理有限公司2022年融资计划相关事宜、成立盐亭丝路源文化旅游发展有限公司相关事宜、解决辅警员额和提高辅警经费预算标准相关事宜。

【县政府十九届五次常务会议】 2月14日召开，学习《四川省公共消防设施条例》，听取全县道路交通安全综合治理工作情况汇报，安排部署相关工作；审议《政府工作报告（送审稿）》《盐亭县地震应急预案》《盐亭县防汛抗旱应急预案（修订）》《盐亭县暴雨洪涝巨灾应急预案》《盐亭县低温雨雪冰冻灾害应急预案》《关于2021年县级民生实事人大代表票决项目实施情况及2022年县级民生实事人大代表票决候选项目有关情况的报告（草案）》《盐亭县2021年国民经济和社会发展计划执行情况与2022年国民经济和社会发展计划（草案）的报告（送审稿）》《关于盐亭县2021年财政预算执行情况和2022年财政预算（草案）的报告（送审稿）》《盐亭县农业产业提质三年行动方案》《盐亭县交通建设升级三年行动方案》《盐亭县宜居城市建设三年行动方案》《盐亭县工业经济倍增三年行动方案》《盐亭县二水厂集中式饮用水水源突发环境事件应急预案（2021年修订版）》；审议祖代蛋种鸡项目投资协议书、绵阳锂源新能源有限公司盐亭总部经济项目合作协议、绵阳锂源新能源有限公司盐亭总部经济项目补充协议、盐亭农旅投资管理有限公司与四川川汇水电投资有限责任公司合作开发建设盐亭县辖区内分布式光伏发电项目相关事宜、紫江金岸问题楼盘B区化解处置相关事宜、调整城市生活污水处理厂污水处理服务费相关事宜、购置森林草原地方专业扑火队特种专业技术车辆相关事宜、人事事项；听取盐亭县国有资产资源整合重组工作情况汇报；审议绵阳市斯丽化妆品厂破产案件财产处置、职工安置、债权分配及清偿等相关事宜。

【县政府十九届六次常务会议】

3月15日召开，学习贯彻中央、省、市领导重要指示批示和近期党中央、国务院以及省、市有关重要会议精神。审议《〈政府工作报告〉重点工作责任分工（送审稿）》、解决土坯房补助资金相关事宜。

【县政府十九届七次常务会议】

4月21日召开，学习贯彻中央、省、市领导重要指示批示和近期党中央、国务院以及省、市有关重要会议精神。听取盐亭县一季度经济运行暨项目投资情况汇报；审议《关于进一步深化招商引资工作构建全域开放合作格局的实施意见》《盐亭县"招商大使"聘任管理办法（试行）》《盐亭县安全生产大检查工作方案》《四川省"四好农村路"示范县试点建设项目实施方案》《盐亭县县以下事业单位管理岗位职员等级晋升制度工作实施细则（试行）》，审议调整盐亭县中华龙凤谷景区旅游基础设施建设项目新增专项债券资金相关事宜、盐亭丝路源文化旅游发展有限公司增加注册资本金相关事宜、成立盐亭城市商业运营管理有限公司相关事宜；通报盐亭县破坏森林资源突出问题整改工作推进情况；听取盐亭县化工园区申报工作推进情况汇报。

【县政府十九届八次常务会议】

5月25日召开，学习贯彻中央、省、市领导重要指示批示和近期党中央、国务院以及省、市有关重要会议精神。审议《盐亭县人民政府关于支持文化旅游产业发展的十条措施（试行）》，动物药品、保健品生产项目投资协议书，动物药品、保健品生产项目补充协议书，植物提取、药食同源及动物保健品生产项目投资协议书，植物提取、药食同源及动物保健品生产项目补充协议书》，《精密电感生产加工项目补充协议书（三）；审议《关于防控新冠肺炎疫情规范市场经营秩序的通告（征求意见稿）》《盐亭县中医药强县建设行动方案（2021—2025年）》《绵阳市盐亭县城市出租车发展规划》《盐亭县"十四五"综合交通运输发展规划》《盐亭县农村生活污水治理专项规划（2019—2030年）》《盐亭县"十四五"卫生健康发展规划》《梓江盐亭河段"十四五"采砂规划》；审议盐亭县与绵阳市同立建筑工程有限公司合作协议书、盐亭县与绵阳市同立建筑工程有限公司合作补充协议书、盐亭县耕地保护专项行动方案、《关于加强高考、中考期间环境噪声管理的通告》、《盐亭县乡村振兴局2022年省财政衔接推进乡村振兴补助资金项目实施方案》、2022年第二批新增专项债券项目发行计划相关事宜、人事事项、大额资金事宜；听取全县道路交通安全综合治理工作情况汇报，安排部署相关工作；听取化工园区申报工作专班推进情况汇报、《绵阳市审计局关于2022年第一季度重大政策措施贯彻落实情况跟踪审计的报告》中涉及盐亭问题整改情况的汇报、5月项目投资工作情况汇报、2022年度集体经济扶持村项目工作汇报。

【县政府十九届九次常务会议】

6月10日召开，学习贯彻中央、省、市领导重要指示批示和近期党中央、国务院，以及省、市有关重要会议精神。听取盐亭县经济运行"双过半"有关情况汇报、盐亭县"稳经济"政策落实工作开展情况汇报，审议《盐亭县2022年营商环境专项整治行动方案》、给予县消防救援大队拟记集体三等功和李明远等3人拟嘉奖的相关事宜、人事事项。

【县政府十九届十次常务会议】

6月29日召开，学习贯彻中央、省、市领导重要指示批示和近期党中央、国务院以及省、市有关重要会议精神。听取2022年上半年巩固拓展脱贫攻坚成果同乡村振兴有效衔接工作情况汇报、盐亭巨龙化工园区申报认定工作推进情况汇报，审议《盐亭县赋予乡镇（街道）县级行政权力事项清单（第二批）》《盐亭县自建房安全专项整治实施方案（送审稿）》《盐亭县县本级重大经济事项决策规定实施细则（试行）》；审议天然气脱烃增压项目投资协议书、凤集蛋品深加工项目投资协议书、凤集蛋品深加工项目补充协议书、《盐亭县2022年第二批国有资产资源重组方案》、县属国有企业出资人资格以及股权变更相关事宜、盐亭县发展投资建设集团有限责任公司变更注册资本金相关事宜、《盐亭县防止返贫致贫基金使用管理办法（试行）》、《盐亭县农产品区域公用品牌建设方案》、划拨土地使用权房屋补办出让土地使用权审批相关事宜、购置森林草原地方专业扑火队特种专业技术用车相关事宜、人事事项相关事宜，审议盐亭县拘留所和公安云溪、富驿派出所修建事宜。

【县政府十九届十一次常务会议】

7月21日召开，学习贯彻中央、省、市领导重要指示批示和近期党中央、国务院以及省、市有关重要会议精神。听取全县防汛抗旱工作汇报，安排部署下阶段工作，通报《〈盐亭县防汛抗旱应急预案（2022年7月修订版）〉操作指南》修订情况；听取2022年上半年主要经济指标完成情况汇报，安排部署当前及下一步经济工作；审议《盐亭县法治宣传教育的第八个五年规划（2021—2025年）》；听取全县道路交通安全综合治理工作情况汇报、盐亭县2021年耕保督察反馈问题整改方案、2022年第5次规委会及土委会全体委员会议情况汇报；审议《盐亭县科学技术奖励办法》、盐亭县2022年1—6月财政预算执行情况的报告。

【县政府十九届十二次常务会议】

8月4日召开，学习贯彻中央领导重要指示批示和近期党中央、国务院重要会议精神，省委、省政府、市委、市政府近期重要会议精神；审议《盐亭县2021年县级预算执行和其他财政收支的审计工作报告》、《盐亭县2022年1—6月国民经济和社会发展计划执行情况的报告》、《盐亭县推进撂荒耕地复耕复种工作方案》、角76井零散气地面建设工程投资协议书、《盐亭县2021年财政决算（草案）的报告》“雪亮工程”一期升级改造相关事宜、人事事项。

【县政府十九届十三次常务会议】

9月14日召开，学习《中华人民共和国道路交通安全法》（2021修正）；学习中央领导重要指示批示和近期党中央、国务院重要会议精神、省委及省政府近期重要会议精神；听取盐亭县8月项目投资工作推进情况汇报；听取全县两项改革“后半篇”文章工作推进情况汇报及全县巩固拓展脱贫攻坚成果同乡村振兴有效衔接工作汇报，安排部署下阶段工作；听取盐亭县自建房安全专项排查整治及“9·5”泸定地震后专项排查整治工作情况汇报、2022年第6次规委会及土委会全体委员会议情况汇报；审议《盐亭县人民政府2022年高温天气森林禁火令》《盐亭县凤灵街道梓江路10号等3个片区棚户区改造项目赐紫路170号和凤池下街64号片区房屋征收与补偿安置方案》《关于促进房地产市场平稳健康发展的实施意见》审议盐亭县商业服务中心项目投资协议、梓江盐亭县河段“十四五”采砂权处置相关事宜、梓江盐亭县巨龙镇防洪堤工程设计变更相关事宜、大额资金相关事宜、人事事项。

【县政府十九届十四次常务会议】

9月23日召开，学习《中华人民共和国安全生产法》（2021年修订版）；学习习近平总书记等中央领导重要指示批示和近期党中央、国务院重要会议精神，省委、省政府近期重要会议精神；传达贯彻全市、全县“决战四季度、大干一百天”工作动员部署会议精神；审议《盐亭县2022年优化营商环境工作方案》《盐亭县凤灵街道梓江路10号等3个片区棚户区改造项目赐紫路170号和凤池下街64号片区房屋征收与补偿安置方案》审议动物保健品生产项目投资协议书、动物保健品生产项目补充协议书、新庚晨产业园项目投资协议书、盐亭县公共实训基地项目建设用地划拨相关事宜、县城规划区市政桥梁安全检测相关事宜、蓝泊湾段雨污管网应急施工项目欠下工程款及资金利息等相关事宜；听取2022年第7次规委会、土委会全体委员会议情况汇报。

【县政府十九届十五次常务会议】

10月30日召开，学习《中华人民共和国法律援助法》，学习贯彻中央、省、市领导重要指示批示和近期党中央、国务院以及省、市有关重要会议精神。通报盐亭县2022年县属国有企业新增融资情况相关事宜；听取全县道路交通安全综合治理工作情况汇报；审议《盐亭县金融突发事件应急预案（试行）》、规范农村集体“三资”管理平台运行相关事宜、墨竹里特色街区市政道路工程投资协议书、《盐亭县行政权力清单（2021年本）》、《盐亭县“十四五”服务业发展规划》、命名第四批县级现代农业园区相关事宜、《盐亭县城市声环境功能区划分技术报告》、解决盐亭县洁城环保公司垫付税金等经费相关事宜、《经开区关于134户拆迁户的安置方案》、双辉科技建筑结构用型钢生产建设项目投资协议书、双辉技改项目补充协议书、盐亭县2022年第三批新增专项债券项目发行计划、耕地占补平衡指标有偿调剂相关事宜、袁麒淞个人和相关公司所涉财产处置相关事宜、专职网格员工作经费相关事宜、盐亭县2022年更新购置公务用车相关事宜、乡镇专职消防救援站采购抢险救援消防车相关事宜、人事事项。

【县政府十九届十六次常务会议】

11月29日召开，学习《中华人民共和国消防法》（2021修正）；学习贯彻中央、省、市领导重要指示批示和近期党中央、国务院以及省、市有关重要会议精神。审议《盐亭县2021年度县级预算执行和其他财政收支审计查出问题整改情况的报告》、调整《盐亭县防止返贫致贫基金使用管理办法（试行）》部分内容相关事宜、《盐亭县重污染天气应急预案（2022年修订版）》、核销县住建局等6个部门部分隐性债务相关事宜、适客食品加工项目投资协议书、适客食品加工项目补充协议书、《盐亭县人民政府关于2022年财政预算调整方案（草案）的报告》；听取双辉科技技改项目投资协议书、双辉科技技改项目补充协议书修改情况的汇报、盐亭县经济运行情况汇报、盐亭县“转企升规”攻坚行动工作开展情况汇报、2022年第8次规委会全体委员会议情况汇报。

【县政府十九届十七次常务会议】12月23日召开，学习《中华人民共和国农产品质量安全法》；学习贯彻中央、省、市领导重要指示批示和近期党中央、国务院以及省、市有关重要会议精神。审议《政府工作报告（送审稿）》《盐亭县2022年财政预算执行情况和2023年财政预算（草案）的报告（送审稿）》《盐亭县2022年国民经济和社会发展计划执行情况与2023年国民经济和社会发展计划（草案）的报告（送审稿）》《关于2022年县级民生实事人大代表票决项目实施情况及2023年县级民生实事人大代表票决候选项目有关情况的报告》《盐亭县突发生态环境事件应急预案（2022年版）》《盐亭县“十四五”生态环境保护规划》《盐亭县行政许可事项清单（2022年版）》。审议盐亭县民政局往来款项核销相关事宜、《盐亭县县域商业建设项目实施方案》、法院及检察院国有资产划转工作相关事宜、拟对连续3年年度考核优秀的干部记三等功和2021年度考核优秀的干部给予嘉奖相关事宜、人事事项；听取全县安全生产工作情况汇报、盐亭县“转企升规”攻坚行动工作开展情况汇报、全县道路交通安全综合治理工作情况汇报、2022年第9次规委会及第8次土委会全体委员会议情况汇报、盐亭巨龙化工园区工作推进情况汇报。

（何谢东）

民生实事

【概况】 2022年，盐亭县实施省级民生实事共20件30项，全部完成任务，其中“减免非民族自治地区幼儿保教费”等9个小项完成全年目标任务110%以上，占全部任务的30%；“城镇新增就业”等21个小项完成全年目标任务的100%，占全部任务的70%。实施市级民生实事共5类7件，全部完成任务，完成比例均为100%。实施县级人大票决制民生实事共2件，分别是盐亭县城市升级更新项目、盐亭县2022年撤并建制村畅通工程，均完成全年目标任务的100%。

【民生实事资金执行情况】 2022年，盐亭县省级20件民生实事中，除“提高40.245万名城乡居民基本医疗保障水平”由市级统筹安排，其余19件年初预算安排资金40342.4万元，实际拨付资金45358.87万元。盐亭县5类7件市级民生实事计划安排资金7728.17万元，预算下达7715.7万元，实际拨付资金7445.7万元。盐亭县实施县级民生实事人大代表票决制项目2件，计划安排资金8706万元，下达预算资金10281万元，实际拨付资金4572.11万元。

【推进民生实事顺利实施】 2022年，盐亭县足额下达民生实事项目县级配套资金，坚持“三保支出”优先保障的原则，统筹整合上级补助资金，努力拓宽资金安排渠道，为确保全县民生实事资金的正常拨付奠定基础。督促项目单位按照项目进度及资金管理有关规定，严格落实通报、视察、提醒制度，对进展缓慢、推进滞后的民生项目，及时进行通报，督促相关部门采取有力措施加快工作进度。主动加强公开公示，按照“依法公开、规范统一、责任明晰、积极稳妥”的要求，坚持以公开为常态、不公开为例外的原则，全面推进民生实事信息全程网上公示，鼓励引导社会公众关注项目建设，民生实事政策和民生实事进度实现公开透明，切实保障群众对民生实事的知情权、参与权和监督权，努力营造民生实事全员参与的良好社会氛围。

【实行“1234”工作法推进城镇老旧小区改造】 2022年，盐亭县对老旧小区内雨污管网、屋顶防水、地面硬化、绿化、照明、停车位等进行改造完善。采取一会商、二交流、三决策、四检验的“1234”工作法推进项目进行。一会商：改造前期，通过召开业主代表会议、问卷调查等方式，充分征求业主改造意愿，实施一区一策“个性化”方案优化定制。二交流：建立“公示—意见—修改—再公示”的方案修订闭环模式，将设计图、效果图在小区内进行2—3轮公示，最大限度满足业主需求。三决策：改造过程中统筹本小区楼栋长、志愿者等业主力量，实行小区改造清单制、领办制，将协调筹措改造资金、化解业主矛盾纠纷、监督改造工程建设等重点工作压实到个人。建立业主单位、街道、社区、建设、设计、监理等多方协商议事机制，协同推进各类难题化解，确保改造工作有序推进。四检验：工程竣工后组织业主代表参与竣工验收，做到业主满意，保障工程质量。后期管理过程，鼓励小微型老旧小区推行“自治物业”，通过政府主导、社区指导、业主参与等方式，全覆盖成立业主委员会，实行“自我管理、自我服务、费用均摊”管理，建立议事决策、经费管理等制度，优先聘用小区热心业主开展设施维修、绿化养护等管理工作，为群众打造舒适宜居的生活环境。

（程　凯　张宜松　霍荟宇）

县政府办公室工作

【概况】 2022年，县政府办围绕县委、县政府中心工作，认真履行参谋助手、综合协调、督查落实等职责，保障县政府工作高效有序运转。

【公文处理】 2022年，县政府办进一步规范公文办理流程和要件，严把行文规格和报送要求，及时签收各级文电，准确分类登记、规范拟办呈批。2022年共发文401件，在2018年基础上减少31%；签收、登记各类公文8000余件，办理中央、省、市来文5500余件。

【会务办理】 2022年，县政府办坚持精简、效能、务实原则，从严控制会议数量和规模，精心做好会前准备、会中组织、会后整理等各个环节工作；进一步完善县政府常务会议议题申报和材料报送流程，全面升级改造县政府常务会议室，切实提升线上线下会议质效。2022年，成功组织接待国家省市各级领导到盐亭视察调研活动16次，组织全县党代表、人大代表、政协委员共计1100余人次的视察活动；承办县政府全体会议、常务会议、专题工作会议等228次，同比下降11.3%。

【政务调研及文稿起草】 2022年，县政府办围绕政府重点工作，科学制定调研方案，深入基层开展“沉浸式”调研行动，起草《实施“开放兴县”战略，蹚出丘区农业县更高水平开放发展路径》等高质量调研报告5篇。积极做好各级领导到盐亭调研配合工作，协助市政府办调研2次、其他县市区到盐亭调研5次。着力提升写作水平，确保高质量完成文稿起草工作，全年起草政府工作报告、政府全体会讲话等各类材料186篇。

【政务信息】 2022年，县政府办围绕中央、省、市重点安排以及盐亭特色亮点工作，每月制定并发布信息报送重点，全年通过文件、会议及约稿等途径收集特色亮点信息素材600余条，采编上报乡镇和部门优质政务信息300余篇，被省市采用49篇；高质量完成约稿信息118篇。

【政务公开】 2022年，县政府办不断健全政务公开体制机制，强化法定主动公开政府信息发布，抓好政策文件解读，并利用政务新媒体不断丰富信息发布渠道和解读形式，全年共发布法定主动公开信息1500余条，解读重要政策文件55份。及时完善《盐亭县政府信息公开指南》，依法规范办理政府信息公开申请10件。进一步优化政府门户网站栏目布局，全面清理政务新媒体账号，全县纳入监管的政务新媒体数量较年初减少65%；坚持政府网站和政务新媒体每周巡查制度，累计开展检查120余次，发出季度通报4期，责成相关单位整改各类问题3200余个。

【值班值守】 2022年，县政府办严格落实值班值守三级带班制度，及时制定并按时报送值班安排表，确保节假日期间1名县级领导在岗带班、1名科级干部和1名值班人员24小时在岗值班。认真按照突发事件信息报送流程，并严格落实10分钟内电话报送、30分钟内书面报送要求，及时向市政府值班室报告相关情况，做到口径一致、内容准确、数据真实、文字精练。

【督查督办】 2022年，县政府办创新重点工作督办形式，清单式下达督办事项，及时转送市政府主要领导督办件及县政府主要领导专题会议和指示批示。每月形成督办情况报表和《重点工作督查专报》，为县政府领导掌握工作进展和决策提供参考。全年累计下达督办事项200余项，形成县长批示事项督办情况报表5期、专题会议交办事项督办情况报表5期、重点工作督查专报4期。

【外事工作】 2022年，县政府办始终坚持党对外事工作的集中统一领导，及时调整外事工作委员会成员，代县委起草《中共盐亭县委关于调整外事工作委员会的通知》《2022年全县外事工作要点》，确保相关工作稳步推进。根据全县疫情防控工作总要求，积极同县卫健局、县公安局、县机关事务服务中心等部门做好沟通对接，统筹抓好境外返回人员接运，切实做好防范境外疫情输入工作。2022年，专车接返境外到（返）人员115人。

（何谢东）

信访工作

【概况】 2022年，盐亭县积极践

2022 年 11 月 8 日，县信访局协调处理信访问题

行“一线工作法”，确保全县社会和谐。

【老难问题积案化解】 2022 年，盐亭县各级各部门持续发力，全力做好下发任务化解工作，两批共 48 件“治重化积”案件全面完成。同时坚持对已化解案件持续做好回访、下访，做好新问题化解、困难救助、政策宣讲，确保案结事了，事心双解，防止反弹倒流。

【“三率”工作稳步开展】 2022 年，县信访局按照省市统一安排部署，会同相关乡镇（街道）、部门（单位），齐心协力、联合攻坚。全县案件及时受理率 100%；按期办结率 100%；群众满意率信访部门 99%、责任单位 98%、参评率 99%，均超过全市平均值，圆满完成年度目标任务。

【乡镇信访联席会议制度建设】 2022 年，县信访局结合盐亭县信访工作实际，在 17 个乡镇（街道）成立信访工作联席会议，定期分析研判信访形势，协调处理信访问题。落实新时代“枫桥经验”，积极践行“一线工作法”，持续推进领导包案制度、领导接访制度，基本做到“小事不出村、大事不出乡镇”，促进地方和谐。

（任　寅）

政务服务

【概况】 2022 年，盐亭县积极推行告知承诺、容缺受理、首问负责制等工作机制，梳理公布《盐亭县县级部门政务服务事项告知承诺制清单（第二批）》，共 55 个事项。2022 年 6 月积极开展“四减一优”和行政审批流程再造工作，精简申请材料、环节、时限、费用，优化服务，历时 3 个月，28 个单位完成 1126 个政务服务事项，累计精简材料 170 项、389 份，精简审批环节 338 个，缩减承诺时限 464 个工作日，减少跑动次数 141 次。《以便民服务“三化”建设助力民生实事做实走深》《“实打实”优化服务，“心贴心”便利群众》《绵阳盐亭多举措提升基层便民服务水平　持续优化群众办事体验》《四川盐亭县：便民服务“切实便民”》等经验文章被《绵阳日报》、四川新闻网、环球网等多家媒体转载报道。

【县级政务服务】 2022 年，盐亭县全面推行“一窗受理、综合服务”模式。统一设置“综合受理窗口、综合审批窗口、综合咨询窗口”三类综合窗口，从高频服务事项入手，按照“成熟一批、接手一批”的原则，推进“一窗受理、综合服务”。启用审批服务专用章，群众办事不再跑多个部门，依次盖多枚印章，实行“一枚印章管审批”。实行“政务服务+邮政寄递”一站式服务模式，对工商营业执照、首次办理的身份证、税务发票等实行免费邮寄，全年为办事群众免费邮寄 4500 余次。

【乡镇便民服务体系建设】 2022 年，县政务服务和大数据管理中心精心编制《盐亭县乡镇级片区便民服务设施专项规划（2021—2035 年）》，梳理完成盐亭县进驻乡镇（街道）便民服务中心服务事项 143 项，进驻村（社区）便民服务站帮办代办业务 49 项（2022 年版）。建立完善清单动态调整机制，定期收集整理与群众生产生活相关的高频事项，及时纳入服务清单。探索县域特色服务，梳理公布首批 20 项县内通办事项，30 个基层群众常办的“一件事一次办”场景和办事指南。

高渠镇、黄甸镇成功创建第二批“省级示范便民服务中心”，凤灵街道三义社区、城东路社区、玉龙镇腾龙社区成功创建为“省级示范便民服务站”。“政务+金融”业务进驻玉龙镇、高渠镇、金孔镇等乡镇便民服务中心，“政务+便民”中，户政、水电气电视缴费、企业服务等业务进驻富驿、西陵等乡镇便民服务中心。

（张　艳）

行政审批

【审批服务“四减一优”】 2022年，县行政审批局实行“股室办结、分管领导审批、局长审批、党组审定”四级审批制，减少内部审批流程，提高审批效能；精简审批环节346个，减少材料1114项，材料精简率达50%以上；压缩企业开办时间，各类企业登记均在2小时内办结；推行延时服务、绿卡服务、上门服务、邮寄服务以及容缺受理等多种服务方式，做到疫情防控和企业群众办事两不误。

【“证照分离”改革】 2022年，县行政审批局深化“证照分离”改革要求，对所有涉企经营许可事项按照直接取消审批、审批改为备案、实行告知承诺、优化审批服务等方式分类推进“证照分离”改革，梳理形成“告知承诺制”事项清单139项，其中，容缺受理24项，部分材料告知承诺92项，零材料告知承诺23项，破解企业准入易准营难问题。

【企业开办“一窗专理”】 2022年，盐亭县完善“一窗受理”模式，实行“专区+综合窗”，企业登记、施工许可等事项分别进驻企业开办专区和工程建设项目审批专区办理办结；企业开办零费用（提供免费复印打印、印章刻制、邮寄服务），降低企业经营成本；将企业登记、印章刻制、银行开户、发票申领（涉税事项）统一整合到企业开办专区，实现7.5小时办结；企业注册登记延伸至银行网点，实行专人帮办；为招商引资企业、持绿卡企业、外地迁入企业等提供“一对一”专人服务，全程跟踪办理所有事项。

【优化营商环境】 2022年，县行政审批局推行《优化营商环境六条措施及六项承诺》，为到盐亭投资重点项目提供全程帮办服务，派出业务骨干到企业“一对一”指导业务办理，压减办证时限；帮助企业指导特殊工程消防验收等事项审批，积极同上级主管部门沟通对接，帮助企业纾难解困；设立24小时咨询热线等，帮助企业解决困难问题。

【公共场所卫生许可“承诺代证”改革】 2022年，县行政审批局变“审批”为“服务”，当好市场主体“店小二”，主动思谋，对三类小型公共场所卫生许可推行“承诺代证”改革，通过企业自愿签订公共场所卫生告知和承诺书取代公共场所卫生许可证，帮助降低时间成本和资金成本，助力经营者减负增能，进一步推进“宽进严管”的市场准入制，优化审批流程，提高审批效率，加强监管，实现“放得开、管得住”的目标。此项改革，被绵阳市两改办采用并在全市推广。2022年以来，共有53家小型公共卫生场所享受了“承诺代证”改革政策，市场主体活力得到进一步激发。

（曾靖琳）

退役军人事务

【概况】 2022年，全县退役军人事务工作准确把握新时期退役军人事务工作的定位和方向，不断聚焦法律政策落地落实、退役军人作用发挥、服务保障精准有力、尊崇尊重氛围营造、拥军优属提质增效，全力抓好退役军人服务保障各项工作，进一步在全社会营造尊崇军人职业、尊重退役军人的浓厚氛围，全县退役军人工作得到高质量发展。

【退役军人思想政治教育】 2022年，盐亭县积极发挥退役军人先锋模范作用，动态更新退役军人优秀人才库，选树表扬“最美退役军人”10名，拍摄优秀“兵支书”、老兵献礼中共二十大宣传视频6个，将爱岗敬业模范、就业创业模范、无私奉献模范等一批先进典型通过电视台、微信公众号等媒介宣传，加强激励引导。持续开展红色宣讲8场，举办退役军人参与基层治理能力培训班3期，组织退役军人参与抗击疫情志愿服务活动，累计排查10余万人次，捐赠医疗物资1000余件，走访宣传500余次，发放防护知识宣传资料2万余份。培育政策宣传员20名，积极开展进机关、进军营、进企业、进学校、进村社、进市场等“六进”活动22场次，推动退役军人宣传活动常态化。开展“法治宣传月”活动，专题宣传《中华人民共和国退役军人保障法》，在县城主干街道路口、中心地段、人流密集场所悬挂、播放宣传标语、宣传片。制作2万余份宣传册、“口袋书”、宣传单等，发放至各基层服务站，主动与各级主流媒体合作联动，用好“两微一端”等新媒体平台，形成退役军人思想政治工作合力。

【退役军人就业创业帮扶】 2022年，县退役军人事务局掌握就业创业需求。深入调研，动态更新就业创业需求台账。组织退役军人开展适应性、职业技能、就业创业培训，举办线上线下招聘会5场，提供岗位800余个。依托退役军人创业孵化基地为17家企业提供创业孵化服务。开展“军创企业走访月”活动，局班子成员带队走访军创企业150余家，现场把脉，答疑解惑。全面了解企业生产模式、运营现状和未来发展规划，以及退役军人在创业过程中面临的各种困难和解决途径。与教育、人社、工会、税务、金融等部门建立常态化信息共享机制（如人社的个人技能提升补贴、创业贷款贴息、免息贷款申请等；税务的就业创业税收个人减免、企业减免等），为退役军人就业创业当好服务员。鼓励抱团发展，通过县优秀企业及"四川省退役军人就业创业服务平台"向退役军人提供创业指导和就业岗位，带动更多退役军人实现就业安置和提升创业能力，以"军"带"军"，以"军"安"军"，以求更高效地促进退役军人就业创业。举办退役军人企业家联席会，6家企业达成合作意向，现场签订了战略合作协议，在产品销售、资源共享、发展战略等方面进行深度合作。

【退役军人移交安置】 2022年，盐亭县认真贯彻落实《关于进一步加强由政府安排工作退役士兵就业安置工作的实施意见》。落实"军人退役一件事"，完成2022年度退役士兵返乡报到"一站式"服务。完成2021年度自主就业退役士兵档案整理工作，按时发放2021年度退役士兵地方一次性经济补助金。落实退役士兵安置政策，完成2022年度符合政府安排工作条件退役士兵的档案会审、报到接收、服役表现分值确认工作，并于8月底完成岗位安置。落实伤病残士兵移交工作，加强与相关部门、乡镇（街道）、社区协同作战，顺利完成伤病残士兵三年集中移交工作。

【拥军优抚工作】 2022年，盐亭县严格精准发放各类资金，全年发放重点优抚对象各类抚恤及生活补助金、护理费、医疗补助，发放义务兵家属优待金，为大学生发放大学生入伍奖励金，为困难退役军人发放关爱帮扶资金，发放军队离休退休干部养老金。同时，加大随军家属就业、官兵子女入学等方面保障力度，对烈士遗属人员信息建档立卡，完成一人一档资料，完成伤残军人换证工作，常态化做好伤残等级评定初审、辅助器材申报、一次性抚恤金发放、带病回乡待遇申报、年满60周岁农村籍老兵待遇申报等相关工作。有序推进优待证办理，退役军人事务局与民政、人社、人武等部门对接，建立信息比对机制，确保建档立卡内容翔实准确；加强与网信、公安等部门协调，建立风险联动机制，及时回应社会关切；加强与合作银行协作，及时沟通信息，统一工作进度，确保优待证申领制发工作按时间节点高质量完成。全面开展双拥工作，元旦前夕，为困难退役军人发放慰问金。春节前夕，慰问驻盐部队及军休所，赠送慰问品；走访慰问退役军人和其他优抚对象，发放慰问金（品）；发放慰问信。清明期间，引导烈属和广大群众在网站文明祭扫，走访慰问烈属，送去米面油等慰问品和慰问金。"七一"期间走访烈士遗属、1至4级伤残军人、在乡老复员军人，发放慰问品和慰问金。八一建军节之际，走访慰问驻盐亭部队、军休所，赠送慰问品；为退役军人发放慰问短信；慰问边海防官兵，发放慰问金。"9·30"烈士公祭日，组织县级领导、县级部门、群众代表及退役军人代表出席公祭活动，走访慰问烈属，送去慰问金和慰问品。12月，开展"关爱老兵，暖冬行动"活动，为参战退役军人送去暖风机。

【褒扬纪念】 2022年，全县稳步推进烈士纪念设施三年提升行动，对高山公园烈士纪念碑广场、袁诗荛烈士故居进行提质改造。春节、清明、八一建军节、"9·30"烈士纪念日等重要节日，县委、县政府主要领导坚持深入军烈属家中开展走访慰问。精心组织清明、"9·30"烈士纪念日线上+线下纪念活动。为入伍新兵举行欢送仪式，坚持慰问驻训新兵。为光荣返乡的退役军人举行欢迎仪式，并提供"一站式"服务。及时为在部队立功受奖的现役军人家属送达各类喜报、荣誉证书等，送达三等功喜报，发放慰问金、物资；送达优秀士兵（警官、士官、学员）喜报，发放慰问金、物资工作。开展光荣牌悬挂，悬挂率达到98.5%，举行悬挂仪式。大力提升烈士纪念水平，印发《关于加强烈士纪念设施保护管理工作的通知》，进一步明确监管部门、责任单位和保护管理人员在环境整治、安全隐患排查等方面的具体职责和要求。同时，不断加强对《中华人民共和国英雄烈士保护法》《烈士褒扬条例》《烈士纪念设施保护管理办法》等政策法规的学习宣传，持续推进烈士纪念设施管护制度化、规范化、专业化。

【退役军人服务站点创建升级】 2022年，县退役军人事务局在就业创业孵化基地挂牌成立退役军人工作室，提升改造富驿镇、高渠镇、云溪镇风池街社区等镇（村）级服务站8个，建成"共建共享退役军人服务超市"2家，优化服务保障，引入企事业单位、社会力量等拓展服务站功能。

（杜元状）

机关事务

【公务会务接待管理】 2022年，

县机关事务服务中心在接待方面始终遵循"有利公务、简化礼仪、务实节俭、杜绝浪费"的原则，严格落实中央和省市的规定。坚持方案管理，精准对接，确保接待工作"零失误"。坚持规范流程，提升效率。对接待组成员进行充分培训和明确分工，各成员严格按照流程开展工作，确保相互之间既各司其职又相互配合，注重盐亭特色和个人习惯，高质量完成全国人大宪法和法律委员会副主任、省委组织部部长、省纪委书记到盐亭，省、市有关人员到盐亭以及绵阳市园区高质量发展大会等大型接待任务。会务方面，把好会前准备关，坚持会前准备充分，会场布置庄重简洁，座牌摆放规范严谨。把好会中服务关，增强服务意识，强调服务周到，确保会议组织严谨有序，会场服务规范到位，会场井然有序。把好会后总结关，及时总结办会全过程得失，全面提升办会质量。

【公务用车管理】 2022年，县机关事务服务中心紧抓公务用车安全管理、纪律管理、费用控制等关键要素。坚持"零差错"强化保障质效，始终围绕安全管理核心和"信息平台"核心载体，认真梳理用车需求。综合开展全县重点工作倾向研判，准确预判用车需求，积极探索"共享理念"，针对用车单位出行方向和用车时间进行分析，对不同单位出行方向一致，用车时间重合的情况采取综合保障方法，科学统筹车辆调度。坚持"管流程"，强化规范运行，严格执行中心公务用车系列管理制度，让车辆日常维护更加透明规范。坚持常规检查和专项督查，强力推动"3+"监督（标识化社会监督+满意度征集用车单位监督+交警大队违章实时监督），构建信息共享桥梁，突出源头监督、精准监督、有效监督，实现公务出行标识化社会监督无盲区。全年为全县各级各部门提供车辆保障服务共计2万余次，保障了疫情防控、重大调研、乡村振兴、巡视巡察、县两会等重大活动顺利进行。高票通过了2022年公务用车管理专项领域省级示范点建设（司勤人员队伍建设）验收。

【办公用房管理】 2022年，县机关事务服务中心科学统筹全县办公用房，安排集中化、科学化、合理化，采取"调、换、租、改"四种配置方式，统筹调整县纪委、县巡察办、县工信局、团县委等机关单位办公用房，共计950平方米。深入落实中央八项规定和党政机关办公用房建设标准，点明"盲区"，指正"误区"，划出"禁区"，在全县范围内全覆盖开展单位自查，现场抽查等专项督查，对于督查中发现的问题，通过"发点球"的方式，发出问题限时整改通知，定时跟踪整改进度、定期开展实地回访，"不走过场"，确保整改到位。坚决杜绝超面积使用、超豪华装饰装修等违规违纪现象发生。

【公共节能管理】 2022年，县机关事务服务中心坚持低碳节能，引领公共机构能源资源节约化。高标准完成节约型机关创建，拟订方案、培训指导，邀请第三方专家对创建资料进行初验，做到严审、严核、严改，要求创建单位必须高标准、高质量、高要求完成创建。截至2022年底，全县累计创建成功55家，完成比达85%。实现节约型机关硬件改造，对政务中心整栋楼，丝源大楼一楼改建办公室等实施空调节能改造，安装充电桩11个，更新3辆新能源汽车，让节能看得见，落得实。同时以节约型机关创建为契机，按照省、市机关事务管理部门年初下达任务要求，对政务服务中心15家公共机构完成了能耗监测点建设（2021年20家），全县累计拥有能耗监测点35个，实现了能耗数据实时查看、监测、分析、预警。

【集中办公区安全运行】 2022年，严格落实集中办公区出入管理、环境消杀、就餐管控等防控措施，严格执行测温、验码、戴口罩、一米线等防控要求，编制应急预案，全覆盖组织核酸检测、疫苗接种工作。加强安全风险源头管控，聚焦食堂食品安全、电梯使用安全、消防安全等重点部位开展不定期、全方位安全隐患排查，建立全覆盖、动态式安全隐患台账，实行"清单制+责任制+销号制"，切实把各种风险隐患消除在萌芽状态。

【严谨财务管理】 2022年，县机关事务服务中心严格控制"三公"经费各项支出，做到管好用好每一笔钱，从抓好预算管理入手，做好编制、分解、执行工作，坚持"无预算不开支，有预算不超支"的工作原则，落实"保障有力、服务有为、管理有序、监督有效"的工作主线，规范管理手段和运转程序，厉行节约，执守简朴，把过紧日子作为一种习惯和常态。

【司勤人员管理与关爱】 2022年，县机关事务服务中心着力加强司勤人员安全教育培训，建立"警医消"轮转轮培训制度，会同交警大队、医疗机构、消防大队等相关部门，针对行车安全、真实案例、事故处理、人员急救等方面开展全方位培训，增强司勤人员交通安全意识和处置突发事件的能力。创新推出"亲情图片、寄语"挂件，张贴在驾驶座最显眼的位置，让驾驶员时刻绷紧安全弦，时刻牢记安全责任。举办"司勤人员技能大比武"

活动，围绕连续通过障碍路段、坡道定点停车、窄路掉头等项目，着重考核司勤人员的驾驶技能及心理素质，通过以练促学、以练促培的方式，全面夯实司勤人员的整体水平。截至2022年底，已成功举办“司勤人员技能大比武”活动两届，评选出6个先进集体。建立首个市级司勤人员“心灵驿站”，设立个体咨询室等功能区，聘请国家心理咨询师作为驿站指导老师，并开设电话预约热线，建立“双色预警”，结合个人心理档案“体检”数据，跟踪监测，建立分色预警机制，对心理压力较大的司勤人员，提前介入，谈心谈话，促进司勤人员身心健康发展。设置司勤个人休息室，配置隔断式办公桌，做到一人一桌，形成独立的学习、休息空间。建成占地面积60余平方米，藏书500余册的“职工书屋”，图书涉及文学、经管、生活等方面，丰富干部职工精神文化生活。充分发挥工会组织职能作用，认真做好“秋送助学”“困难帮扶”“集体生日”活动，提升司勤人员的幸福指数。开展“遴选”工作，按照“多面培养、多岗锻炼”的原则，在年轻干部自荐、科室负责人推选、分管领导评选的基础上，探索建立司勤人员转聘到管理岗位政策，打破身份、年龄、学历等限制，让能者居其位尽其才，激发司勤人员队伍活力。

（袁　伟）

政府采购与公共资源交易服务

【概况】 2022年，县财政预算专项资金20万元，通过政府采购相关设施设备，安装专门网络，实现不见面开标和远程异地评标。过程中安全抽取评标专家。

【全流程电子化交易】 2022年盐亭县实现政府集中采购项目100%全流程电子化交易，交易文件的获取、投标文件的递交均在网上进行。2022年4月，在省中心政府采购机构标准化服务标准征集工作中，盐亭县（项目受理）获得县（市、区）单项标准三等奖。7月，在市政务服务和公共资源交易服务技能大赛中，盐亭代表队获公共资源交易服务（政府采购）组三等奖。

【公共资源交易和政府采购】 2022年，盐亭县累计受理各类交易项目169宗，交易金额136117.89万元，增收节支财政性资金13369.93万元。其中政府采购项目66宗，交易额5079.05万元，节约资金313.05万元，节资率5.81%；地矿国有资产交易项目42宗，交易额131038.84万元，溢价13127.78万元，溢价率11.13%。

（张　艳）

中国人民政治协商会议盐亭县委员会

综　述

【概况】 2022年，县政协向县委汇报各项工作10余次，请示事项8项，确保政协各项工作始终同党政中心工作同向推进。全年召开党组会议12次，主席会议7次，常委会会议4次，党组理论学习中心组学习等专题学习会10余次，开展主题宣讲7场。全年开展全体会整体协商1次、常委会专题协商1次、专委会对口协商9次、界别协商会8次、提案办理协商6次。

【协商调研与建议】 2022年，县政协按照县委“县政协党组统筹协调抓好全县农业产业发展”安排，制发《关于统筹协调抓好2022年度盐亭县农业产业“135”工程工作方案》，明确新希望六和150万头生猪全产业链基地、盐亭县“生猪+粮油”产业融合示范园建设等15个农业产业重点项目责任人和年度工作任务目标，召开2次季度农业产业“135”工程重点项目专题议政会，围绕突破产业瓶颈、强化政策保障、产业融合发展等方面进行深度协商，提出30余条意见建议，为“国家农安县”创建、“生猪调出大县”摘牌、西部水产升星、鹅溪“生猪+粮油”园区晋级汇聚政协力量。组织开展武引二期续建配套工程建设、农业特色产业提质增效、县畜禽养殖企业排污等专题协商和视察调研，提出20余条意见建议，为“三农”工作提档升级献计出力。围绕“开放兴县”战略，组织委员开展三次产业重点项目专题视察，提出意见建议10条。围绕“文旅活县”战略，组织开展“两江四岸”重点文旅项目等课题调研视察，激活融合发展新动能，将文化、生态等优势转化为经济发展优势。

（谢朋君）

重要会议

【县政协十一届第4次常委会会议】 政协盐亭县委员会十一届4次常委会会议于2022年6月24日在县政协常委会议室召开。会议传达学习了省第十二次党代会、省委十二届一次全会、省纪委十二届一次全会精神、省委(市委)民族工作会议暨全省(市)宗教工作会议精神，听取了全县2022年上半年党风廉政建设和反腐败工作情况和全县经济运行情况。

【县政协十一届第5次常委会会议】 政协盐亭县委员会十一届5次常委会会议于2022年10月13日在县政协常委会议室召开。会议传达学习了《中国共产党政治协商工作条例》《省委办关于加强和改进新时代市县政协工作的实施意见》，开展专题议政：关于盐亭县武引二期续建配套工程建设情况的建议。

【县政协十一届第6次常委会会议】 政协盐亭县委员会十一届6次常委会会议于2022年10月13日在县政协常委会议室召开。会议审议了政协盐亭县第十一届委员会第三次会议相关事项。

（谢朋君）

协商监督

【概况】 2022年，县政协聚焦基层治理全面推进“有事来协商”。按照省政协关于在全省开展“有事来协商”工作总要求，及时召开工作推进会，规范协商流程，在17个乡镇(街道)成立政协工作联络组，在村(社区)、企业、单位建立协商阵地20个，开展小微协商活动50余次，委员参与402人次，帮助解决党政重点工作、基层社会治理等一批群众急难愁盼问题80余个。组织开展“如何加快推进弥江河堤治理”小微协商，有效推动了先锋桥至盐中城北校区路段路灯的安装、电信山庄地灾整治点和闸坝桥头连接处排水孔的整改、私人占有公共车位锭子的拆除等，促进了盐亭县巩固文明城市创建成果和城乡环境综合提质三年行动的深入开展，得到群众纷纷点赞。

【强化民主协商】 2022年，县政协坚持围绕民生事业，强化民主协商。进一步健全省政协倡导的"1+2+4+N"协商工作体系，持续发力推进"有事来协商"平台建设，做好全县各乡镇(街道)已建立委员联络站的运营维护。进一步推动协商重心下移、协商触角下延、委员力量下沉。通过"有事来协商"平台，将群众的意见和诉求汇集成改进各方面工作的"金点子"，理民情、解民忧、聚民心，让协商成果转化为群众看得见、摸得着的基层治理实效。

【强化民主监督】 2022年，县政协坚持突出社情民意，强化民主监督。用活用好委员分片联系点，组织引导委员将有价值的社情民意信息及时反馈给属地党委、政府。将群众关心关注的急难愁盼事情及时反馈解决。

（谢朋君）

提案调研

【概况】 2022年，县政协高标准推进提案办理。积极引导委员围绕党政关注、群众关心的社会热点问题撰写提案，一次会议以来共提交提案205件，通过审查立案169件，占提案总数的82.4%，已全部办结。

【老案"回头看"】 2022年，县政协着力规范"提、立、办、督"等工作环节，持续开展老案"回头看"，针对已实施办理的《关于畅通县人民医院(北门院区)病员通道的建议》《关于提升乡镇便民服务的建议》等提案，组织委员开展"回头问效"，彻底跟踪解决多年老案办理缓慢或不到位的问题。

【重点提案督办】 2022年，县政协认真开展重点提案督办工作，对群众关心、社会关注的重点提案，由主席会成员领衔督办，县目标绩效办全程跟踪，全年对《关于大力推进盐亭县柑橘产业可持续发展的建议》《关于加强村级集体经济组织财务收支审计监督的建议》《关于盐亭县实施"双减"工作的建议》等6件提案进行专题督办。

【提案办理协商面对面平台搭建】 2022年，县政协持续搭建提案办理协商面对面平台，针对《关于弥江重要河段管理的建议》《关于"两项"改革后进一步优化教育资源配置的建议》等5件重点提案，组织办理部门、提案人、部分委员和群众代表面对面提问、质询、沟通，让提办双方在阳光下运行，面对群众和社会说效果，使提案办理真正成为助推改革发展、回应社会关切的重要载体，成为发现问题、研究问题、解决问题的重要方式，成为协调关系、汇聚力量、服务大局的重要渠道。

【调研视察】 2022年，县政协围绕"开放兴县"战略，组织委员开展三次产业重点项目专题视察，提出意见建议10条。围绕"文旅活县"战略，组织开展"两江四岸"重点文旅项目等课题调研视察，激活融合发展新动能，将文化、生态等优势转化为经济发展优势。

（谢朋君）

社情民意调查

【概况】 2022年，县政协聚焦民生热点做实社情民意信息。着力提升社情民意信息工作水平，引导政协委员和信息员撰写社情民意信息80余篇，编审上报县委、县政府26期，编审上报绵阳市政协39篇。其中，《关于借鉴盐亭县水旱灾害防御调度系统做法的建议》得到了省委常委、市委书记曹立军"盐亭的做法可以借鉴"的肯定性批示。其他相关社情民意信息被县委、县政府主要领导签批，并获得相关部门办理。

【社情民意信息工作水平提升】 2022年，县政协着力提升社情民意信息工作水平，密切与各类社会组织、经济组织及社会各阶层代表人士的联系，积极向县委、县政府反映来自不同界别、阶层的社情民意，做到社情民意传达的精准性、广泛性、战略性，让信息报送的"供给侧"与党政决策部署的"需求侧"更加契合，推动盐亭经济社会发展中具体问题的解决。

【优秀社情民意收集反馈】 2022年，县政协并用活用好委员分片联系点，组织引导委员将有价值的社情民意信息及时反馈给属地党委、政府，助力委员把"小信息"做成"大文章"，将更多优秀的社情民意收集反馈上来，将群众关心关注的急难愁盼事情及时反馈解决。

（谢朋君）

文史研究

【概况】 2022年，县政协在省政协报、省政协网、市政协网等新闻媒体上刊载发表文章、信息150余篇，盐亭电视台播出政协履职活动报道40余次。

【《盐亭文史》编辑出版】 2022年，县政协完成《盐亭文史》第37辑《脱贫攻坚》专辑的编辑出版，真实记录县委、县政府统筹，专规部门攻坚，镇村干部上阵，社会各界人士参与的“五年攻坚战”，贫困村、贫困户的发展，各类帮扶干部心路历程，展现广大人民群众在脱贫致富道路上的获得感、幸福感，有力展示了每一个参与者的心血与辉煌，充分发挥了政协文史资料记录历史、传承文明、服务社会的重要作用。

【推动文旅产业深度融合发展】 2022年，县政协深入思考文化旅游产业深度融合发展、关注县城“两江四岸”重点文旅项目建设情况、如何打造“龙潭革命纪念园”红色文化同农旅深度融合和文化繁荣发展等问题，撰写《关于“两江四岸”重点文旅项目的调研报告》和《关于加快打造龙潭革命纪念园的建议》等社情民意调研报告和建议，通过政协主席会议审议通过后由政协党组上报县委，为盐亭发展贡献政协智慧。

【开展“书香政协·读书明智”活动】 2022年，县政协成立以政协主席为组长的“书香政协·读书明智”活动领导小组，鼓励政协委员和机关干部职工“每天读书一小时、每月阅读一本书”，组织开展荐书、交流分享读书心得等活动，引导政协委员和机关干部职工在阅读中坚定信念、提振精神，营造政协机关爱读书、重学习、能作为的浓厚氛围。与县委党校、县总工会、县图书馆加强衔接，开展形式多样的读书学习活动，把“书香政协·读书明智”活动向纵深推进。

（谢朋君）

第十一届盐亭县政协常委会委员名单一览表

表2

主　席	衡洪志							
副主席	衡正明	杨　冰	何　畅	王　雪				
秘书长	张郅东							
副秘书长	石美莲	刘　璐						
委　员	赵艳鸿	王止柱	黄春梅	黄映强	王德丰	黄晓花	王晓清	任才昌
	胥执龙	孙　勇	何　顺	冯国伦	胥琳富	董钦金	刘　利	范弋川
	蒙　涯	蒲清清	周述华	刘　铭	穆拥军	释普慧	徐克海	唐迎春
	汪秀英	王斗满	侯　俊	牟绍冬	文　强	赵　娟	冯　斌	宋长清
	何　蛟	李大友	袁树勇	郑　蓉	李　岚	杜先海		

中国共产党盐亭县纪律检查委员会·盐亭县监察委员会

综　述

【概况】　2022年，县纪委监委聚焦重大部署，紧盯“关键少数”，深化“一把手”和班子监督，创新推进全面从严治党“1+3”工作法，细化9个方面47项“两个责任”具体指标，推动党委(党组)运用第一种形态4226次，督促解决重大问题851个。围绕上级部署，县委、县政府安排，主要领导指示批示，逐项建立监督清单，跟进开展监督24次，运用第一种形态解决民生、经济、安全问题307个，问责“一把手”3人，确保执行不走样。聚焦疫情防控，既督且战，开展监督检查17次，发出通报19期，落实“双报到”人员560人次，在“10·04”“11·04”期间零风险转运隔离5799人，紧盯营商环境突出问题，坚决处置“中梗阻”“官油子”问题27个，问责27人，率先在全市建立营商环境监测点10个，协调、督促解决企业落地、证照办理、基础设施建设等问题302个，简易审批项目专项治理工作成效全市第一。紧盯文明城市创建、城乡环境综合提质三年行动、森林草原防灭火、防洪度汛等事项开展专项监督，坚决处置“真抓实干、建功一线”中的不落实问题，逐个跟进推动真抓实干。健全基层监督格局，深化“监督一点通、码上举报、听音问廉、阳光政务、阳光村务”活动，及时解决群众各类诉求6318件，阳光村务面对面被《人民日报》刊载。

【查办违纪违法问题】　2022年，县纪委监委聚焦重点领域，查办违纪违法问题275件，追缴违纪违法所得1481.15万元，挽回经济损失2000余万元。落实粮食安全“党政同责”，精准处置粮食领域重大问题11个，移送司法1人，完善制度34个，贯通推进866.7公顷撂荒地治理，果敢处置胜利村违规占地问题，坚决守住耕地红线。针对国家自然资源督查成都局的反馈，审慎处理党员干部39名，推动立行立改问题12个，快速处置“活人墓”线索13个，坚决防住生态环境风险。认真落实中央八项规定精神，建立教育、检查、谈话、排查、通报闭环处置机制，开展“窗口腐败”“吃公函”“违规旅游”问题治理，处置问题10个，批评教育帮助和处理17个，享乐主义、奢靡之风新发问题同比下降50%。针对养老领域问题，排查养老机构37家，发现问题128个，立案9人，组织处理1人，针对性开展20类共性问题治理，养老领域健康发展。创新开展“六项行动·清风护民”专项行动，及时解决重大民生实事157件，群众满意度持续上升。创新信访工作机制，全员接访、带信下访，在全省率先探索推进“信访三无乡镇”评选，全年检控类信访同比下降40.12%，针对乱告状现象，联合七部门开展打击诬告陷害专项行动，训诫1人，澄清2人，为担当者担当。

【优秀经验做法】　2022年，县纪委监委推进“四强行动”，队伍平均年龄38岁，配置专业化履历人员23人，“三专两兼”“一人一策”被省纪委专刊推广、片区协作做法被中纪委网站刊载。有力有效推进基层廉政建设，中纪委、省纪委办案抽调7人次，市纪委抽调53人次，办案质效得到中央纪委国家监委驻工信部纪检监察组、省市纪委监委相关领导肯定。全域开展“七廉共建”活动，相关活动经验被省纪委点赞，被廉洁四川、川观新闻专题报道。外宣信息中央级主流媒体上稿21篇、省级媒体上稿36篇、市级媒体上稿47篇，宣传质效位居全市纪检系统最前列，盐亭成为省纪委信息直报点。县纪委监委2人分别荣获中纪委、省纪委表彰，盐亭纪检监察干部认真学习习近平总书记在中纪委二十届二次全会上的重要讲话精神，被中央电视台《新闻联播》头条播报。

【中国共产党盐亭县第十四届纪律检查委员会第二次全体会议召开】　中国共产党盐亭县第十四届纪律检查委员会第二次全体会议，于2022年2月15日在盐亭举行。出席这次全会的县纪委委员25人，列席170人。县委书记何长鹰出席全会并作讲话。县委常委、县人大常委会、县政府、县政协及县法院、县检察院领导出席会议，有关方面负责人参加会议。全会由县纪律检查委员会常务委员会主持。全会以习近平新时代中国特色社会主义思想为指导，传达学习十九届中央纪委六次全会、省纪委十一届六次全会和市纪委八届二次全会精神，按照县委部署要求，总结2021年纪检监察工作，安排2022年工作任务，审议通过了县委常委、县纪委书记、县监委主任刘帆代表县纪委常委会所作的题为《奋力谱写纪检监察工作高质量发展新篇章，以实际行动迎接党的二十大胜利召开》的工作报告。

（刘鉴云）

党风廉政建设

【概况】 2022年，县纪委监委把监督检查中央八项规定精神贯彻落实情况作为重点任务和经常性工作，守住节点寸步不让，扎实开展监督检查84次，纠治问题39个，抓早抓小防微杜渐。紧盯“四风”隐形变异新动向，深入开展“借公款培训名义旅游”专项整治，坚决纠治违规吃喝、收送高档礼品礼金以及滥发津补贴等易发多发问题，查处享乐主义、奢靡之风问题案件17件17人，严防风腐交织，成风成势。深化公职人员违规饮酒问题专项整治，坚决斩断由风及腐链条。

【形式主义官僚主义问题专项整治活动】 2022年，县纪委监委找准找实服务保障经济社会发展的结合点和着力点，围绕县委“真抓实干，建功一线”主题活动，聚焦不担当、不作为、乱作为、假作为等问题，持续开展形式主义、官僚主义问题专项整治，全覆盖开展专项监督检查2次，发现并纠治问题536个，查处不作为、做选择、搞变通等形式主义、官僚主义问题30个，组织处理54人，党纪政务处分47人，以务实作风推动真抓实干。

【正风肃纪】 2022年，县纪委监委坚持什么问题突出就解决什么问题，建立正风肃纪年度工作清单、联席研判制度和党风政风监督日常问题联席通报制度，推动16个正风肃纪牵头单位集中攻坚行业作风突出问题。建立健全风腐同查、同审、同析、同治工作机制，加强同财政、审计、税务、公安、市场监管、金融机构等部门信息联动，督促推进国企非正常亏损、村级负债等难点问题治理，坚决破除风腐一体的勾连纽带。针对乱告状问题，联合7部门开展打击诬告陷害专项行动，诫勉1人，澄清2人，切实保护党员干部合法权益和干事创业积极性。督促开展移风易俗专项治理，全面排查清理违规楼堂馆所建设，推动转变大操大办、高价彩礼、活人墓等陈规陋习，着力强化震慑，对涉及兴建“活人墓”问题的34名党员干部追责问责。

（刘鉴云）

反腐倡廉建设

【概况】 2022年，县纪委监委做好监督执纪“后半篇”文章，抓实“五粮春”系列案国企以案促改工作，督促农业农村、发改、金孔等案发单位开展以案促改，深挖问题根源、查找风险漏洞、健全完善制度，强化基层治理。在全市率先探索村级以案促改、以案促治，按照违纪违法案例21种表现，形成四类“以案促改”工作类型，精准施治、靶向治疗。开展纪法教育，编印《前车之鉴》《洞鉴》等警示教育读本，拍摄政法队伍教育整顿专题警示教育片《“小人物”铸成“大错误”》，发放《黑白人生》等警示教育读本860份，《墨香》《暗里着迷纪检版》等4部廉洁歌曲在全市反响强烈，《第一粒扣子》被省纪委专题展播。在全市率先谋划开展“廉洁文化宣传月”系列活动，举办廉洁主题书画展，共征集廉洁文化作品238件，展出108件，接待6000余人次参观。打造特色“文同廉洁文化”地标，以全景VR的形式将文同廉洁文化馆搬上“云端”，线上浏览量达105.7万次，线下参观达1.2万余人次，持续擦亮盐亭廉洁文化品牌。

【坚持一体推进“三不腐”战略】 2022年，盐亭县各级纪检监察组织共受理检举控告97件次，处置问题线索472件，党纪政务立案275件，处分279人，组织处理119人次，移送司法机关6人，减存量、遏增量质效全市第一。坚决贯彻粮食安全战略，严肃查处文同粮油购销有限公司等4家单位涉粮腐败案件，追责问责19件、34人，推动建章立制34项，“纪委书记盯粮库”工作成效居全市第一。常态化推进扫黑除恶斗争，持续深入“打伞破网”，查处“保护伞”1人，追责问责8人。

【推进重点案件办理】 2022年，县纪委监委高标准、高质量完成上级指定管辖案件办理，办理省市纪委监委指定管辖案件6件、7人，留置6人，盐亭推进重点案件办理取得历史性突破，办案质效得到中央纪委国家监委驻工信部纪检监察组、省市纪委监委领导肯定。建立领导包案和信访复盘机制，探索“五步工作法”，率先在全省开展“纪检监察信访举报三无乡镇创建评选”，化解历史遗留信访问题5件。提高监督检查针对性、实效性，建立监督检查问题分析研判、请示报告工作制度，主动发现问题线索178件，同比增长76.2%，创历史最高水平。精准处置问题线索，完善问题线索集体排查、了结会商机制，委机关、派驻纪检监察组、乡镇纪委初核成案率分别为82.9%、92.6%、99.1%，分别同比提高41.5%、53.1%、53.6%。健全片区协作工作机制，条块结合、压茬推进重大事项监督、重要案件办理，推动基层党风廉政建设“两个责任”一体贯通，工作做法被《中国纪检监察报》刊载。

【严厉整治群众身边腐败和作风问题】 2022年，县纪委监委深入开展巩固拓展脱贫攻坚成果同乡村振兴有效衔接跟进监督，强化对落实“四个不摘”要求、乡村振兴项目建设的监督检查，开展过渡期政策落实情况专项监督，解决返贫风险问题背后的工作不实问题31个，有效拓展延伸脱贫攻坚工作成果。统筹推动“六项行动·清风护民”专项行动，社情民意大调研收集问题146个，意见建议192条，推动落实民生实事157个，盐亭群众满意指数连续提升。构建“监督一点通、码上举报、听音问廉、阳光政务、阳光村务”“五位一体”基层监督格局，收集群众反映问题6510件，解决问题6318个，让人民群众从一件件具体的实事中感受到纪检监察工作就在身边。重拳惩治群众身边作风和腐败问题，党纪政务处分217人，基层“微腐败”得到有效震慑，群众身边腐败和作风问题存量大力削减。聚焦“三农”领域突出短板全面开展简易审批村庄项目专项治理，清理项目1013个，查办案件26件、32人，有力护航美丽乡村建设，工作成效位列全市第一。探索完善“三资”提级监督措施，在全县范围内选定4个“三资”提级监督试点村，同农业农村部门“三资”监管平台同步深化解决突出问题，找准“人防+技防”有效破点路径，推动全县189个村38个涉农社区规范“三资”管理。

【改革和自身建设】 2022年，县纪委监委创造性落实“四强行动”，上级部署41项任务全面完成，创新探索8项任务落地见效。率先在全省完成“三专两兼”配备，配备乡镇(街道)纪(工)委委员84人，工作做法被全省推广。开展“双向互派”“双新提升”活动，选派11名干部到中央、省、市纪委跟班学习。构建主责主业强能机制，落实“一人一策”精准化措施122条，创建“综合培训+专题培训+知识讲堂+研讨交流+调查研究+文体活动”六位一体培训体系，覆盖2500人次，盐亭培养一专多能复合型干部工作经验被全省推广。深入开展“百日攻坚”专项行动，“久办不结”“久立不决”问题全面清零。强化基层保障，全面落实乡镇纪检监察专用工作经费保障以及专职委员待遇保障，推进乡镇纪委一体化专区建设，基层纪检监察工作环境历史性重塑。加强阵地建设，完成县纪委监委谈话中心建设，高标准打造县纪委信访接待中心，盐亭纪检监察阵地规范化、标准化走在全省县区前列。分层分类精准考核，完善3类、12项、204条具体考核指标，开展纪检监察系统“月小结、季拉练、年述职”行动，推进实施乡镇纪委双重考核机制。严格落实纪委书记抓班子和干部监督工作“四个亲自”要求，健全领导班子成员“一岗双责”和“双指导”工作机制，构建管工作、管纪律、管作风的管理体系，形成管工作必须管队伍、抓工作必须抓队伍“两个必须”。率先在全市探索纪检监察干部问题线索“复盘”机制，率先在全省落实“两必谈三必问”工作制度，复盘问题线索2件，组织处理10人，谈话提醒17人，“再监督”作用持续彰显。制定《关于规范审查调查组临时党支部建设的措施（试行）》，将党的建设工作贯穿审查调查全过程。制定《党员“先锋行为”积分制管理制度》，用“小积分”管理好“大队伍”；组织“青年先锋”志愿服务队，实施“星辰计划”志愿服务项目，持续增强为民情怀。创新探索纪检监察干部“全域”关系数据库，收集“全域”信息150人、1115条，从线索分办入手，排查问题线索116件、157人次，排查立案审查对象145人，回避3件、3人，从源头上杜绝“人情案”“关系案”。强化外部监督，县监委按规定向县人大常委会报告专项工作，聘请特约监察员8名，举办“纪检开放日”活动2次。

（刘鉴云）

民主党派·工商联

民盟绵阳市委直属基委四支部

【概况】 2022年，民盟绵阳市委直属基委四支部有盟员10人，其中男盟员7个，女盟员3个。在县委统战部的领导下积极围绕全面建设成渝地区生态经济强县和社会主义现代化盐亭参政议政、建言献策，贡献公益力量服务社会。在组织分工上，参政议政主要由杜先海、贺川、母国梁、郝仕龙、叶剑美、汪茜负责，宣传报道主要由任莹莹、石秋、陈朝伟、陈模负责。其中，汪茜被选为县人大第十九届常委委员，杜先海被选为县政协第十一届常委委员，石秋、任莹莹、叶剑美均被选为县政协第十一届委员。

【调研及参加议政】 2022年，四支部盟员积极参加调研活动，邀请盟市委参政议政部副部长刘骅鑫及盟市委副秘书长、直属基委副主委胡跃军对盐亭盟员如何“履行参政议政职责，撰写社情民意”进行培训；盟员撰写社情民意和提案20余篇，建议内容涉及新冠肺炎疫情、水利、环保、农业以及消防安全等方面。

【社会服务】 2022年，四支部与县团委共同慰问弥江路社区10名困难儿童，向他们赠送书包、签字笔、彩色笔、练习本等学习用品，陪他们一起开展各种活动，了解他们的学习情况及家庭生活具体情况；与民盟绵阳市委社会服务部共同前往岐伯镇开展慰问贫困户活动；与盟市委、县委统战部、退役军人事务局以及岐伯镇共同开展“缅怀先烈、慰问老兵、传承红色精神”及瞻仰革命先烈袁诗荛、慰问抗美援朝老兵活动。

（尹雨欣）

中国民主促进会盐亭县支部

【概况】 中国民主促进会盐亭县支部成立于2015年。截至2022年，共有会员45人，其中支部委员11名(包含主任委员1名，副主任委员4名)。2022年，民进盐亭支部顺利完成届中调整工作，盐亭县人大常委会副主任杨海燕成功当选为民进盐亭支部主任委员，王燕、杜艽增补当选为副主任委员。支部被民进市委评为“2022年度综合工作先进集体”和“我为泸定地震灾区献爱心先进集体”，有11名会员获得“2022年度综合先进个人”称号，有28名会员荣获“我向泸定地震灾区献爱心先进个人”称号。杨海燕撰写的《差别化对待城乡中小学课后延时服务，切莫让减负变增负》被评为民进省委2021年度参政议政优秀成果社情民意信息类二等奖。

【调研及参政议政】 2022年初，民进盐亭支部11名会员分别参加了政协第十一届二次会议和十九届人大二次会议。大家立足岗位，积极履行参政议政职责，努力建言献策，围绕疫情防控、社会保障、民生实事、文旅产业等各个领域发表意见建议，提交《盘活存量、扩大增量、切实推进文旅活县的建议》《在县城两江广场置一座“情景”塑像的建议》等15件提案建议，充分展现民进会员代表、委员的履职能力和为民情怀。2022年11月，民进盐亭支部到县文广旅游局就文旅融合发展主题开展专题调研，会员们从盐亭的历史人文、旅游资源、发展规划、平台运营等多方面提出意见和建议，切实为盐亭县文旅产业更好发展出谋献策。

【社会服务】 2022年，民进盐亭支部开展“新春送温暖”“金秋助学”等志愿服务活动，看望慰问莲花湖乡敬老院孤寡老人及黄甸镇保安村贫困学生，分别为他们送去价值7000余元的生活必需品和2000元的助学金。积极开展为泸定地震灾区募捐活动，5天时间募捐善款7300元，充分彰显了民进会员主动担当、服务社会的责任担当和无私大爱。

（尹雨欣）

2022 年 8 月 16 日，中太校友会联盟举办盐亭公益活动

盐亭县工商业联合会

【概况】 2022 年，县工商联持续加大对商会的调研力度，着力指导商会在党建、注册、年审等方面正规有序，进一步明确商会在本地经济社会发展中的性质定位、工作职能、发展方向和目标要求，赋予基层商会应有的地位，确保基层商会各项工作正常有序开展，作用充分发挥。全年共有个人和团体会员 130 个，其中新发展个人和团体会员 20 个，基层组织建设进一步壮大。

【走访调研民营企业状况】 2022 年，县工商联开展“民营企业发展情况”“民营企业科技创新情况”“2022 民营企业运行状况”等专题调研，实地走访会员企业 30 余家，发放调查问卷 300 余份，收集意见建议 50 余条，形成《关于大力推进农业生产托管切实把小农户引入现代农业发展轨道的建议》《大力发展绿色低碳循环经济推进园区工业可持续发展》等调研成果，得到了县委、县政府领导高度评价。

【推动民营企业发展】 2022 年，县工商联建立全县企业家座谈会制度，加强问题收集、征集梳理、跟踪督办、回复反馈，帮助解决民营企业在经营管理中存在的问题和困难。全年组织召开促进民营企业健康发展座谈会 8 次，收集梳理民营企业意见建议 170 余条，其中专业技术人才缺乏，用工难；受疫情影响，食品产量、销售量下降；营销渠道狭窄；授信贷款难等意见建议得到了县委、县政府高度重视。响应县委“文旅活县”战略，随同县委领导赴四川省工商联拜访，争取省工商联继续引导省工商联会员企业、省内知名民营企业家投资盐亭，帮助盐亭搭建中国西部写生基地招商引资平台，切实加大对盐亭投资政策和投资项目的宣传推介，促成更多务实合作成果。建设“盐亭县非公有制企业服务中心”，大力宣传和落实国家 33 条、省市 30 条稳大盘保主体惠企政策，开展“百企调研纾困”行动，围绕抗疫政策落实、复工复产、纾困惠企政策落实等，助力解决企业问题困难。加大对中小微企业扶持力度，与县税务局联合实施“春雨润苗”行动，持续优化改进办税缴费服务，切实为小微企业办实事、解难题。同金融机构搭建民营企业融资需求对接平台，缓解企业融资困难。落实检察机关与工商联沟通联系机制，联合相关单位对民营企业开展法治体检，努力为民企健康发展打造良好法治环境。

【引导民营企业履行社会责任】 2022 年，县工商联按照省委统战部、省工商联等 6 个部门“万企兴万村”行动总体部署，以乡村振兴重点帮扶村、脱贫村、集体经济薄弱村和规模较大的易地扶贫搬迁集中安置点所在村（社区）为重点。引导全县广大民营企业、商（协）会及其他民营经济组织实现村企共建共振。积极引导民营企业履行社会责任，积极投身光彩事业和各项社会公益活动，扶危济困、回馈社会，全年共捐资捐物 100 余万元。

（何丽萍）

群众团体

盐亭县总工会

【概况】 2022年，县总工会有会员122743人、工会组织842个。县总工会大力推进建会入会工作，组建网络直播行业联合工会、物业管理行业工会、恒都商圈工会等新就业形态工会组织，覆盖新就业形态职工90%以上。加强工会阵地建设，投资150万元改造的职工俱乐部、投资100万元新建的职工活动中心已投入运行。大力推进职工之家建设，新建“货车司机驿站”2个、户外劳动服务站点3个、职工心灵驿站2个、商圈党群服务站1个、职工书屋4个。

【优秀劳动者关爱奖励】 2022年，县总工会加强对劳模先进关心关爱，全年慰问劳模、招商挂职干部、一线产业工人、疫情防控人员共计300余人次。大力选树劳模先进，推荐获评四川省“工人先锋号”班组1个、绵阳市五一劳动奖状2个、“工人先锋号”2个、五一劳动奖章3人、首届“绵州工匠”2人，评选表扬了盐亭县五一劳动奖状12个、“工人先锋号”12个，五一劳动奖章17人。营造崇尚劳动社会氛围，征集110名“中国梦·劳动美”最美劳动者主题照片，在南门休闲广场和岐伯广场公开巡展20天。

【关心关爱职工】 2022年，县总工会加强职工权益保障，实现外卖、快递职工意外保险和工伤保险全覆盖。春节期间投入资金75万元，争取财政投入45万元，慰问1400多名职工。7月中旬，县委书记何长鹰、县长卢昊等县级领导带队向1500多名户外一线劳动者送清凉慰问。健全困难职工常态化梯度帮扶机制，全年累计发放困难职工生活救助、医疗救助帮扶资金80多万元，金秋助学资金16万元。深入开展职工普惠服务，创新开展劳动节和国庆节“购物和餐饮满减”、端午节“采桃和乡村游满减”、经开区工人“摩托车加油满减”等普惠活动。大力丰富职工文体活动，开展“喜迎党的二十大·建功立业新时代”书画展、“学习才艺强素质·代言盐亭建新功”为主题的“盐亭代言人”才艺培训等活动。

【促进就业与提升技能】 2022年，县总工会深入开展稳就业、稳经济服务。出台《关于贯彻落实县委“拼经济、搞建设、促发展”的10条具体举措》，发放职工购物消费券3100张共计15万元。启动开展“工业经济三年倍增行动”竞赛、“园区提质、企业满园”劳动竞赛、“嫘祖工匠杯”职业技能竞赛，选拔“嫘祖工匠”人才80名。会同人社局、工商联、经开区等单位，在10家工业、服务业企业建立行业、区域和企业集体协商制度，构建和谐劳动关系。

（何　宇）

共青团盐亭县委

【概况】 2022年，盐亭县共有共青团员9745名，其中学生团员3152名，占32.34%；共有基层团组织42个，其中，基层团委30个、基层团工委4个、团总支23个、团支部629个。

【全面推进少先队工作】 2022年，团县委全面贯彻落实《中共中央关于全面加强新时代少先队工作的意见》，聚焦少先队员政治启蒙和价值观塑造，开展“争做新时代好队员”“蜀少年文艺展演”“红领巾护书员”等主题实践活动，落实“未成年人公益电影展播”活动50余场次。在全县中小学全覆盖开展“分批入队”“推优入团”“红领巾奖章”评选，成功构建人人可行、天天可为、阶梯进步的“红领巾奖章”评价激励体系。全县中小学均建立学校少工委，全部按要求配备大队、中队辅导员。

【完善服务青年工作体系】 2022年，团县委建立健全县级青年工作联席会议机制，明确工作职责和议事规则。制定《盐亭县落实〈四川省中长期青年发展规划（2017—2025年）〉2022年工作要点》，围绕青年成长发展的重点领域和关键环节，会同36个成员单位商议制定服务青年具体举措32条并扎实推进，推动青年发展规划列入县“十四五”规划纲要。

【青年志愿服务】 2022年，团县委组建“青年突击队”47支，组织青年志愿者500余名在属地和相关部门指导下，深入社区、农村、医院、车站等地，开展防疫宣传、清洁消毒、摸排登记等志愿服务100余场次。累计招募青年志愿者5000余人次开展健康码推广、疫苗接种、核酸检测、政策宣传等志愿服务，为人民群众筑起一道道坚实的疫情防控“青春防线”。围绕社会治理，常态化开展“社区青春行动”，为社区提供特殊群体关爱、留守儿童陪伴等青年志愿服务620余场次，覆盖群众10万余人次。组织开展森林防灭火、生态环境保护、文明城市创建等志愿服务活动70余场次，为维护盐亭生态环境和生态文明贡献力量。

【关爱帮扶困难留守青少年群体】 2022年，团县委着力为留守青少年群体打造温暖港湾，建成投运19所“留守学生之家”，提质扩面12所“童伴之家”。新建青少年关护中心1个，进一步提高青少年权益保护工作制度化、规范化、社会化水平。积极关爱困境青少年，持续开展“圆梦微心愿”“暖冬慰问”“夏令营”等系列公益活动。协同县乡贤联谊会、县总工会、县妇联、县民政局等单位，联合开展“金秋助学”活动，资助生活困难学生500余名，发放助学金、慰问金和慰问物资共计35万余元。

【搭建青年返乡创业就业平台】 2022年，团县委深入开展“逐梦计划”大学生社会实践活动，建立青年返乡创业示范园，培养青年家乡情，鼓励动员更多青年投身乡村振兴事业中。深入实施“青创计划”“蜀青振兴贷”，为青年提供贴息贷款500万元，协助青年申请创业扶持贷款80余万元，协同信用联社、邮储银行等金融机构发放青年创业贷款200余万元。开展多形式、多层次的种植养殖技术、电商新媒体运用等技能培训，举办“金秋送岗位”，全县新兴领域青年交流座谈会等活动，进一步助力青年返乡创业就业，为乡村振兴注入青春动能。

【青年人才作用发挥】 2022年，团县委建立健全科学精准、规范有序的青年人才评价机制，制定《盐亭县青年人才评价实施细则》，开展“盐亭县十佳杰出青年”评选，促进优秀青年人才脱颖而出。严格“青年文明号”评选申报，实行年度复核制度，对不符合条件的单位坚决予以清退。主动为高层次人才搭建交流平台，组织开展“青春嫘乡，才聚嫘乡”主题沙龙团建活动3次，进一步激发高层次人才在盐干事创业激情。

【基层团干部队伍结构优化】 2022年，团县委树立提升基层“战斗堡垒”鲜明导向，全面完成乡村团组织换届工作，换届后，村（社区）团组织书记平均年龄34岁，较上届下降5岁；经开区、乡镇（街道）团委书记平均年龄25岁，本科及以上学历占比为100%。经过换届，一大批素质高、能力强的优秀青年充实到盐亭团干部队伍中来，基层团干部队伍结构得到进一步优化。

【共青团规范化建设】 2022年，团县委用好用活“智慧团建”系统，强化基层团组织和全县团员规范化管理，落实团费收缴、“三会两制一课”等基本工作制度，印发《基层团组织书记述职评议考核暂行办法》，制定乡镇、县直学校团委工作目标考核办法。开设业务工作季度培训班，围绕县委及团市委当前重点工作，坚持每年开展4次专题培训，进一步提升基层团组织书记的业务能力和工作素质，为共青团的有效工作提供坚实支撑。

【先进典型选树与主题宣讲】 2022年，盐亭县选树“青年文明号”“十佳青年志愿者”“两红两优”等各类先进典型368个，持续激励广大青少年见贤思齐、崇德向善。吸纳机关干部、教师等各行业优秀青年组建“青年宣讲团”和“红领巾宣讲团”，开展各类主题宣讲100余场，覆盖团员青年10万余人。

【融媒体宣传推介】 2022年，团县委做优“盐亭青年”微信公众号和抖音视频号，累计发布各类推文300余条，点击量突破千万次。精心策划拍摄《奋斗吧，盐亭青年》《唱支山歌给党听》等优质原创微视频、《我们的青春》优质原创歌曲MV，点赞及转发超30万次。大力弘扬嫘祖文化，设计推出“小青亭”IP形象，使盐亭共青团形象更加深入人心。

【打造服务青年品牌项目】 2022年，团县委聚焦青年职业体验、社会实践等需求，持续唱响“逐梦计划”“三下乡”“返家乡”等品牌活动，为大学生提供500余个实践岗位。聚焦青年创业资金短缺等现实制约，大力落实“青创计划”，累计扶持项目23个，发放扶持资金150余万元。聚焦青年婚恋交友需要，实施“青恋计划”，举办“缘起七夕，遇在中秋”青年交友联谊活动5场，为400余名适龄青年搭建沟通交流和风采展示的交友平台。聚焦丰富青年业余生活，举办青年足球联赛等系列活动11场，广泛吸引全县各行业青年参加，进一步展现新时代盐亭青年团结拼搏奋进的良好精神风貌。

【服务社会发展】 2022年，团县委全覆盖对经开区75家投产企业、县内10个现代农业园区、3个重点现代服务业（物流、餐饮、电商）进行专项调研，高质量形成专项调研报告1份，提出意见建议20余条。积极服务“三大战略”，围绕三产融合发展，分批完善非公有制企业团组织建设。组织100余名志愿者服务嫘祖祭祀、县“三会”等大型赛会。

（李运飞）

盐亭县妇女联合会

【概况】 2022年，盐亭县妇联完成换届，选举产生执委35名、主席1名、副主席1名、挂职副主席1名、兼职副主席4名。出台《关于推动在“两新领域”开展党建带妇建工作方案》，在全县建立首个小区妇联和交通运输行业妇联，在“两新”领域发展妇联组织9个。充分利用“两新”组织特点及优秀妇女作用，成立“张姐工作室”，组建“秧歌队”“直播带货”团队等，在社会治理、文化宣传、产业发展方面展现巾帼力量。开展“美丽庭院”创建工作，在巨龙镇胜利村试点，实施庭院清洁、巾帼志愿、示范引领、弘扬家风、积分评比服务五大行动，引导广大妇女及家庭弘扬传统美德，倡树文明理念，全县创建123户“美丽庭院”，官微开展“美丽庭院晒起来”短视频展播6期。全年推评全国、省、市、县最美家庭23个、省级家庭工作先进个人1个。

【妇女就业创业帮扶】 2022年，县妇联开展“巾帼学堂”培训6期，内容涉及直播带货、形象气质提升、婚姻经营等。常态化开展职工公益舞蹈培训，丰富女职工精神文化生活。组织8家企业，举办“春风十里，‘职’在等你”线上招聘会，吸引近3.2万人次观看，达成就业意向250余名。协调邮储银行为2处妇女居家灵活就业基地办理农贷通保证贷款410万元。为就业基地和种植养殖大户送去价值3000余元的防疫物资。开展“美丽庭院”创建工作，在巨龙镇胜利村试点，全县创建123户“美丽庭院”，官微开展“美丽庭院晒起来”短视频展播6期。协同思全藤艺厂在永泰镇陈家井村发展藤编产业，助力村集体经济“消薄”。

【妇女儿童权益保护】 2022年，县妇联专题安排农村适龄妇女免费“两癌”筛查工作，专业培训“两癌”筛查及女性保障计划业务；超额完成年度筛查任务，发放“两癌”救助金14万元，免费“两癌”筛查组织工作被《人民日报》《四川日报》等多家媒体报道。开展“我为群众办实事，巾帼走访暖人心”等活动，与留守儿童同做手工，并送去安全知识和慰问品（金）等；走访慰问困境妇儿56人，发放慰问金（品）3万余元。实施“妇润童心，爱伴同行”困境儿童关爱行动，招募27名“爱心妈妈”与27名事实无人抚养儿童、孤儿结对子、献爱心、共成长；99公益日劝募活动筹集项目款167181.6元（含配捐资金），发放2021年99公益“春蕾计划”助学金6.68万元（含配捐资金），资助县域春蕾女童82名；发放“金秋助学金”2.8万元资助困境女大学生14名；协调绵阳市女企业家协会在凤灵养老院开展“树尊老敬老之风·扬中华传统美德”主题活动，慰问五保老人50人，发放米、油等物资约2万元。抓住“三八”国际妇女节、普法宣传周等时间节点，线上线下宣传安全知识、禁毒、防艾等法律知识40余场次，发放宣传资料2万余份。发挥“联”的优势，聚合公安、乡镇（街道）调解委员会力量，成功调解凤灵街道一起长达十几年的离婚纠纷案件，接待处理来信来访婚姻家庭纠纷20件，群众满意度100%。在全市首创《中华人民共和国家庭教育促进法》网络知识竞赛，通过以奖促学的方式，吸引上千名干部群众参与，在全社会营造重视家庭教育的浓厚氛围，被《绵阳日报》专栏报道，引导广大家长依法履行家庭教育主体责任，有效监护、正确教育、积极陪伴未成年子女健康成长。

【巾帼建功】 2022年，县妇联开展“最美家庭”事迹巡讲、女性故事分享沙龙、“巾帼心向党，喜迎二十大”优秀女性事迹展播，广泛动员女性及单位创先争优、建功立业。推评市县三八红旗手（集体）25个，全国、省、市、县最美家庭23个，省级家庭工作先进个人1个，县级巾帼文明岗10个。

【家庭婚姻服务】 开展“圣境寻蜜，原来是你”单身青年交友联谊会，现场成功牵手7对；开展“巾帼学堂”培训，邀请婚姻情感指导师姚海燕以线上直播的方式，为广大妇女讲解什么是婚姻、夫妻如何和谐相处、如何获得完美的婚姻关系、如何处理婚姻中的冲突等知识，帮助树立正确的婚姻观；在妇女居家灵活就业基地建立“妇女之家”，统筹思想引领、普法宣传、困难救助、婚姻家庭纠纷调解等职能，实现“家”“地”合一。

【开展家庭助廉活动】 2022年，县妇联深化家庭助廉活动，通过“正气家风，我来引”“廉洁家风，我来晒”“廉洁心得，我来赛”“廉洁家书，我来写”“廉洁家庭，我来创”“廉洁活动，我参与”等子活动，征集廉洁家风作品52幅，廉洁家书15封，廉洁心得18封，评选廉洁家庭2个，对优秀作品、家书及家庭在官微展播。在绵阳市家庭家教家风实践基地——盐亭文同廉洁文化馆开展“学习二十大·弘扬好家风”最美家庭故事宣讲、“干部家属助廉”等系列活动，通过发挥先进典型引领作用，推动全社会向上向善、见贤思齐。

（胥丽娟）

盐亭县科学技术协会

【概况】 2022年，县科协以持续深化天府科技服务为主线，以加强和改善优质科普服务供给为着眼，以推动科普工作均衡化、协同化、系统化发展为目标，以积极融入和服务全县中心工作为己任，扎实开展科普宣传，努力推进“天府科技云”“科普进社区”“科普进校园”“科普进乡村”等主题鲜明、内容丰富、形式多样的科普活动。12月14日，组织召开盐亭县科学技术协会第八次代表大会，选好配齐县科协领导班子。督导协助基层科协组织选好配齐干部队伍，全年为各基层科协拨付8.6万元科普经费补助，其中5万元用于支持九龙镇、富驿镇打造乡镇科协特色亮点工作。

【全民科普服务】 2022年，县科协继续开展线上科普知识竞赛活动，帮助更多城乡群众便捷获取优质科普服务，进一步提升全民科学文化素质。全县254个村（社区）均实名注册一名科普员，并绑定天府科技云平台，精准科普服务量、科普活动发布量和科普动态发布量等指标均居全市前列。联合科技局在黄甸镇开展全市“科技活动周”活动、科普宣传活动月活动，发放科普资料、科普图书2000余份；同教体局联合组织召开“全国科技工作者日”等主题日活动。

【科技助力乡村振兴】 2022年，县科协召开农技协产业发展座谈会，推进全县农技协转型升级，引导农技协会在“天府科技云”开设旗舰店，引导农村专业技术人才在“天府科技云”发布科技服务，推广新品种新技术，帮助破解农业高质量发展难题。邀请农业专家和农村科普带头人为藤椒协会、柑橘种植协会、中药材种植协会进行协会运营管理、技术指导方面的3场培训活动，带领中药材种植协会相关负责人赴三台科技小院参观学习，积极组织人员参加省、市乡村振兴乡土人才创新创业大赛。组织盐亭县众惠农业发展有限责任公司刘海周、盐亭县中药材产业科技协会梁启玉参加“绵阳市第六届乡村振兴乡土人才创新创业大赛”，刘海周荣获金奖，梁启玉荣获优秀奖。将花果嫘乡水果种植科普示范基地成功打造成“省级科普示范基地”，将盐亭县琪霞土鸡养殖基地成功打造成“市级科普示范基地”。嫘桑缘科技有限公司和天水缘生态农业开发有限公司、亿尚农业旅游开发有限公司项目入围省科协第二届“科创会”省级专场。

【青少年科技创新与科普教育】 2022年，县科协组织15名教师参加绵阳市青少年科技创新大赛培训班，为盐亭县青少年科技创新大赛的组织打好基础；联合青少年活动中心赴宗海小学、西陵小学等4所学校开展送科技下乡进校园活动；评选表彰第37届青少年科技创新大赛选手。率队到绵阳东辰国际学校观摩科技教育活动；将云溪小学成功打造成“省级科普共享基地”，推动全县科技创新教育事业蓬勃发展。

【“天府科技云”】 2022年，县科协紧紧围绕“天府科技云”这条主线，动员科技工作者通过“天府科技云”上传科技所能，增强科普资源“云供给”。科技所能、科技所需发布量居全市前列，保姆服务成交量完成528单。

（徐海玲）

盐亭县归侨侨眷联合会

【概况】 2022年，盐亭县结合新一轮侨情调查实际，在全县侨眷相对较多的凤灵街道、鹅溪镇、高渠镇、盐亭中学建立了为侨服务工作站，为侨服务工作走在全市前列。打造“五好”侨爱之家，用心用情为侨服务，被绵阳市政府要情专报第16期转发。4月，县侨联向中国侨联主席程学源致信，汇报一年来工作情况。收到信件后，程学源在来信上亲笔签批：为侨服务情真意切，工作成绩让人振奋。

【侨界参政议政】 2022年，县侨联充分发挥侨界人大代表和政协委员作用，积极参政议政，建言献策。及时组织侨界人大代表、政协委员进乡村、到社区进行走访，了解侨界群众心声，及时传达民意。全年侨界人大代表上交建议1件，政协委员上交提案3件，涉及教育、卫生健康、社会治理等多个方面。

【配合筹备第六届嫘祖文化交流活动】 2022年，县侨联自接到嫘祖祭祀活动安排后，充分借鉴以往祭祀活动举办的成功经验，在接待方案上精心筹划，认真组织，在时间节点、行程安排、注意事项上做到充分酝酿，反复思考，把控细节。积极对接省市侨联，第一时间向省市侨联相关领导进行专题汇报，多次与市侨联对接相关工作，进行沟通协调。

（勾志理）

盐亭县红十字会

【看望慰问困难群众】 2022年，县红十字会看望慰问困难家庭90户，慰问文同小学困难学生和特殊教育学校残疾儿童40人，发放慰问物资90份、学习用品40份、慰问金8000元，切实把党的温暖和红十字的博爱送到千家万户，送到最需要帮助的人的心坎上，大力弘扬“人道、博爱、奉献”的红十字精神。

【急救培训与急救设施完善】 2022年，县红十字会开展应急救护培训，把应急救护“五进”活动作为重点工作推进，积极筹备举办“红十字博爱周”“5·12”全国防灾减灾日等大型主题活动。联合鹅溪镇人民政府、医院、学校等单位举办4期急救公益培训班，全年培训救护员达174人，不断提高盐亭县应急救护知识普及率和持证比例，大力弘扬“人人学急救，急救为人人”的社会风尚，积极对上争取自动体外除颤仪（AED）1台，已在县体育馆安装并投入使用。

【“三献”业务开展】 2022年，县红十字会主动联合卫生、应急等部门开展“三献”业务大型宣传和人体器官和造血干细胞志愿捐献登记活动，全年有捐献器官1例，采集造血干细胞血样48例。协助盐亭县一名在校大学生到绵阳四〇四医院进行造血干细胞初配体检，成功实现爱心捐献，这也是盐亭县第三例造血干细胞志愿捐献者。

【先心病筛查公益行动】 2022年，县红十字会开展“天使之旅——先心病患儿筛查公益行动”，及时向各乡镇社区发送相关文件资料，耐心回复群众问题，认真收集相关表册。截至2022年底，已有一名患儿符合先心病申报条件。

（同　娇）

法　治

政法委与综治

【概况】 2022年，盐亭县政法系统以护航中共二十大安全稳定为主线，以"真抓实干，建功一线"和"忠诚铸魂、铁纪担当"主题活动为载体，立足主责主业，围绕全县中心大局，不断夯实法治盐亭、平安盐亭之基，不断夯实政法队伍教育整顿和党史学习教育成效，助力盐亭实施"三大战略"，奋进"三大目标"。

【捍卫国家政治安全】 2022年，县委政法委提高政治站位，坚决捍卫国家政治安全，定期开展会商研判工作，分析当前政治安全形势，全面排查全县风险隐患，建立台账，确保所有矛盾隐患均得到有效稳控。

【维护稳定排查风险】 2022年，县委政法委持续做好维护稳定工作，不断提升应急处突能力水平。抓好社会稳定风险排查，依托盐亭县访调诉援联动中心，通过风控专班，持续滚动开展核查，不断健全完善工作制度，全县各行各业排查矛盾纠纷1805件，成功化解1799件，调解成功率99.67%。创新寄递物流行业调解中心，聚力县交通局、县公安局、消防大队等资源力量推进新业态行业稳定。

【平安盐亭建设】 2022年，县委政法委以"2+2"牵引"3+2+多"等重点工作，持续完善社会治安防控体系建设。先后主持召开60余场次专题会、推进会、整改会、现场会，压紧压实平安建设满意度、全国市域社会治理现代化试点反馈问题整改责任。积极申报省级、市级"六无"平安村(社区)。有序组建社会组织和非公有制经济组织平安志愿者队伍。坚决打击涉黑涉恶违法犯罪行为，出重拳、用重典，惩恶务尽、绝不手软。坚持对各类黑恶势力违法犯罪露头就打，同步"打财断血"，坚决消除社会隐患和危害。

【综治中心打造】 2022年，盐亭县进一步推进综治中心规范化建设，在全覆盖建设县乡村三级综治中心的基础上，在金孔镇、富驿镇、巨龙镇胜利村、高渠镇白虎村等5个乡镇、3个村社打造更具盐亭特色品牌的综治中心。

【网格化服务管理】 2022年，盐亭县全面提升网格化服务管理工作，积极搭建网格化服务管理"3+1+N"新模式，严格落实《关于进一步深化网格化服务管理的实施意见》，明确网格员职责清单、准入事项机制。2022年，盐亭县有四级网格员1630名、五级网格员4226名。

【精神障碍患者监管】 2022年，盐亭县聚焦精神障碍患者管理，落实以奖代补60人14.4万元，创新购买保险1782人80万元。

（胡尧敏）

2022年，盐亭县专职网格员招聘考试现场

法治政府建设

【概况】 2022年，盐亭县制定《盐亭县2022年法治政府建设重点工作安排》，《盐亭县贯彻落实〈四川省法治政府建设实施方案(2021—2025年)〉责任分工方案》，《中共盐亭县委盐亭县人民政府关于2022年法治政府建设年度报告》推进依法治县各项工作。

【行政执法】 2022年，盐亭县深化行政执法体制改革，深入推进城市管理、市场监管、生态环境、文化市场、交通运输、应急管理、农业等领域综合行政执法体制改革。在全县范围内开展监管执法不公正专项整治行动，将行政执法"三项制度"落实不力、选择性执法、"一刀"切执法、执法不作为乱作为作为整治重点，不断推进行政执法"三项制度"各层级全覆盖。加大食品药品、公共卫生、自然资源、生态环境、安全生产、劳动保障、交通运输、教育培训等关系群众切身利益的重点领域执法力度，选择群众关注度高、与民营企业关系密切的金融、环保、市场监督等重点领域，开展联合执法监督检查。制定周四检查日制度，强化规范化执法。创新"集中和分散"模式相结合的培训方式开展制度化规范化常态化行政执法人员培训，为执法人员提供学习交流的平台，进一步规范行政执法行为。不断推进跨部门跨区域执法联动响应协作机制，交流和解决涉及行政执法和联动配合工作中普遍存在的问题，不断形成执法合力。

【行政复议】 2022年，县司法局加强行政复议案件办理，全年共收到行政复议申请9件，受理6件(其中，终止行政复议2件、撤销3件、维持1件)。在全市行政复议典型案例评选中，盐亭县1件行政复议案件被选定为2022年度全市行政复议典型案例。多渠道宣传《中华人民共和国行政复议法》，利用在各乡镇司法所设立的行政复议咨询点点位作用挑选乡镇村民赶场日时段，开展"行政复议·进乡村进社区"宣传活动。

【行政诉讼案件办理】 2022年，盐亭县全县涉及行政诉讼案件15件，其中，县政府涉诉案件2件、部门涉诉13件，均严格按照《绵阳市行政机关负责人出庭应诉工作规定》，全县行政机关负责人出庭应诉率100%。

(彭斯琪)

公 安

【概况】 2022年，县公安局坚持底线思维、问题导向、追本溯源，坚决打击犯罪，切实保障人民安宁，维护社会稳定。立足打击职能，全年治安拘留457人，同比上升23.13%；破刑事案件184件，同比下降16.36%；立经济案件24起，起诉12人。被四川省公安厅评为"2022年度执法质量考评优秀县级公安机关"。

【中共二十大安保维稳】 2022年，全县公安工作在县委、县政府和市公安局党委的坚强领导下，以做好中共二十大安保维稳工作为主线，以"喜迎二十大、忠诚保平安"主题实践活动为载体，以"磐石"系列专项行动为抓手，扎实做好防风险、保安全、护稳定各项工作，全面打赢了中共二十大安保维稳硬仗，有力维护了国家政治安全和社会大局稳定。

【捍卫政治安全】 2022年，县公安局坚持底线思维，坚决捍卫了政治安全。严密防范和严厉打击境内外敌对势力捣乱破坏活动。严查宗教领域非法活动，整治查处非法聚会点8个。严打邪教违法犯罪，维护更新数据信息345条。

【维护社会稳定】 2022年，县公安局坚持稳字当头，全力维护了社会安定。坚持系统推进，争取党政重视支持，构建形成"党政主导、部门主责、属地主控、公安主力"的"大维稳"格局。坚持源头防范，构建形成"滚动排查、风险起底、动态清零"的"大排查"格局。坚持研判处置，确保了北京冬奥会、全国"两会"、省第十二次党代会、中共二十大等重大活动期间的社会稳定，县公安局被市委、市政府评为"全市信访工作先进集体"。

【严打整治保障人民安宁】 2022年，县公安局坚持严打整治，切实保障了人民安宁。深入开展"磐石"系列专项行动和夏季社会治安打击整治"百日行动"，全县刑事警情同比下降3.45%，刑事立案同比下降17.85%，抓获犯罪嫌疑人309人，移送起诉246人。治安拘留457人。侦办"4·15"破坏计算机信息系统部督案，被评为全省精品案例。外流贩毒同比下降78.43%，城市污水平均监测值同比下降75.49%，毒情治理效能跃居全省第一名。扎实做好易爆危化品、森林草原防灭火、道路交通等安全监管，收缴销毁各类枪支104支，销毁非法烟花爆竹600余箱，排查森林火灾隐患30余处，整治道路隐患1286处，处理道路交通事故

1855起。全市公安交通管理工作现场会在盐亭设分会场，盐亭在大会作交流发言，全市道路交通安全集中整治考核排名全市第一。

【服务民生发展】 2022年，县公安局坚持为民宗旨，有力服务了民生发展。聚焦县委、县政府实施“三大战略”、奋进“三大目标”，严打各类破坏经济发展的违法犯罪。深入打击整治电信诈骗违法犯罪，立案、损失金额分别同比下降49.33%、38.45%，守住了群众的“钱袋子”。坚决打击食药环违法犯罪，移送起诉16人，保护了群众“舌尖上的安全”。开展打击整治养老诈骗专项行动，抓获犯罪嫌疑人11人。常态化开展疫情防控，有效应对处置“4·11”“10·4”“11·4”等突发疫情。深化公安政务服务，办理户籍、出入境、车驾管业务8.3万余起，社会化评价满意率96.58%。出台《全县公安机关服务保障稳住经济18条措施》，整治企业周边秩序22次，处置涉企警情40余起，化解矛盾纠纷236起，侦破涉企刑事案件2件。

【锻造过硬警察队伍】 2022年，县公安局坚持从严治警，全面锻造了过硬队伍。强化政治建警，深入学习贯彻习近平新时代中国特色社会主义思想和系列重要讲话精神，全面学习、把握、落实中共二十大精神，坚定捍卫“两个确立”，坚决做到“两个维护”。强化从严管党治警，采取“四级督察”措施，加强常态化监督管理，制发《督察通报》48期，通报部门112次，处理民辅警98人次。强化从优待警，认真落实看望慰问、表彰奖励、民警维权、子女托管等爱警暖警措施，11个集体、123名民辅警受到各级表彰，1个集体获市局嘉奖，1个支部被市局授予“最强支部”称号，5个集体受到县委、县政府表彰，14人荣立“个人三等功”。

（蒋婷婷）

检　察

【概况】 2022年，县检察院共办理各类刑事案件280件，同比下降6.67%；共批捕42人，起诉190人，分别同比下降40.85%和19.83%。全年无危害国家安全、重大危害公共安全和故意杀人案件发生，故意伤害、强奸等犯罪发生率呈继续下降趋势。常态化扫黑除恶成效进一步释放，涉毒、涉黄、涉赌案件也呈继续下降趋势。

【优化法治营商环境】 2022年，县检察院坚持宽严相济刑事司法政策，最大限度地减少羁押措施对民营企业经营活动造成的影响。依法惩治破坏市场经济秩序犯罪，以司法公正保障市场秩序公平。与县委政法委等单位开展“优化营商环境面对面”座谈会，对与会企业提出的涉法涉诉问题和意见建议进行了回复。合力推进反腐败斗争，营造风清气正政务环境，共起诉监委移送职务犯罪案件5件5人，涉案金额170余万元。

【认真贯彻落实少捕慎诉慎押刑事司法政策】 2022年，县检察院共发出社会治理类检察建议10份，以检察建议推动源头治理。贯彻落实中央少捕慎诉慎押刑事司法政策，不批捕14人，不起诉31人，分别同比上升16.67%和19.23%，变更强制措施4人，诉前羁押率降至26.8%。推动认罪认罚从宽制度落地落实，一审审结公诉案件224人，适用认罪认罚从宽187人。共提出量刑建议74人，其中提出确定刑量刑建议70人，采纳率为100%。以公开听证方式审查办理案件20件，公开听证制度的运用强化了现场释法说理，取得“办理一案、治理一片”的良好治理效果。

【守护群众安全】 2022年，县检察院针对群众反映强烈的电信网络诈骗领域，起诉帮助信息网络犯罪活动罪4人，起诉偷越国(边)境犯罪7人。持续深化群众“舌尖上的安全”，通过诉前检察建议督促相关部门对县域部分诊所存在非法渠道进购药品的情况进行查处。联合县住建局、县工信局对城区窨井盖安全问题进行调查，共督促整治28处问题窨井盖，确保了群众“脚底下的安全”。联合县交通局开展“道路交通安全隐患排查”专项行动，督促相关部门对15处安全隐患点进行整改，做到“路途中的安全”有保障。通过诉前检察建议督促相关部门与辖区乡镇对梓江河道的闲置“三无”船只和脱检采砂船强化管理，确保汛期无跑船安全隐患，下游生产生活水利设施更加安全。

【守护环境安全】 2022年，县检察院开展常态化巡河行动，发出8份诉前检察建议，督促相关部门整改河道污染、生活垃圾处置等环境问题。办理破坏环境资源保护犯罪案件15件，办理刑事附带民事公益诉讼案件13件。在森林资源保护方面，督促补植1180株；在渔业资源保护方面，责令赔偿渔业资源损失2.8万余元。

【司法救助与群众信访】 2022年，县检察院做实群众信访“件件有回复”，共受理信访案件88件，其中，来访59件、来信19件、来电10件，回复率达到 100%。检察长全年包案首次信访案件 3 件，接访 21 人次。坚持"能听证、尽听证"的原则，共召开简易听证 6 次，信访案件听证化解率达到 100%。共受理司法救助案件 9 件，发放救助金 6.2 万元。共支持农民工起诉 23 件，帮助追缴薪资 50 余万元。

【守护未成年人身心健康】 2022 年，县检察院依法从严惩治侵害未成年人犯罪，受理审查批捕案件 3 件，批捕 4 人；受理审查起诉案件 1 件，起诉 1 人。坚持办案的"双向保护"，起诉未成年人犯罪 3 人，对犯罪情节轻微，具有认罪悔罪表现的 3 名未成年人依法附条件不起诉。联合县民政局、县妇联等部门落实心理疏导、复学就业等多元救助，向 1 名未成年被害人发放司法救助金 1 万元。针对校园欺凌这一社会关注度较高的问题，与县公安局、县教体局等多部门联合组建防范校园欺凌整治工作专班，形成守护未成年人身心健康工作合力。

【优化侦查活动监督】 2022 年，县检察院结合"两类案件"专项监督和刑事"挂案"专项监督活动，监督公安机关撤案 9 件，纠正漏捕、漏犯 4 人，书面提出纠正违法通知书 5 份，侦查活动违法纠正率为 3.57%。强化行刑衔接，建议行政执法机关移送涉嫌犯罪案件 3 件。

【强化审判程序监督】 2022 年，县检察院通过列席审委会、发出纠违通知书、提出抗诉等方式加强刑事审判监督。对确有错误的刑事判决提出抗诉 1 件，该案已发回重审改判。民事裁判监督共立案 51 件，发出再审检察建议 2 件，县法院均予以采纳。

【执行活动监督】 2022 年，盐亭县共有监外执行和社区矫正人员 211 人。通过日常检察监督，共纠正违法 12 人，向社区矫正机构发出检察建议 2 份，均得到回复并采纳。加强财产刑执行检察工作，共提出纠正意见 8 件。民事执行监督立案 10 件，发出检察建议 10 件，县法院均回复并采纳。开展行政非诉执行监督，发出检察建议 7 件，相关行政机关均回复并采纳。

【公益诉讼】 2022 年，县检察院共办理公益诉讼案件 51 件，办案范围由最初"4+1"大幅扩展到"4+9"。按照"诉前实现维护公益目的是最佳司法状态"理念，行政公益诉讼案件立案 38 件，发出诉前检察建议 38 份，均得到回复并采纳；向法院提起刑事附带民事公益诉讼 8 件。

（刘 维）

法 院

【概况】 2022 年，县人民法院受理各类案件 7092 件，同比上升 7.7%，审结 7023 件，同比上升 7.63%。结案率 99.03%，居全市法院系统第 4 名、全省基层法院第 46 名。法官人均结案数达 305.35 件，创历史新高，同比增长 69.9%。

【信访工作与舆情工作】 2022 年，县法院开展"治重化积"和涉法涉诉重复信访案件集中治理等专项行动，全年办结涉诉信访案件 43 件。严格落实意识形态工作责任制和"三同步"舆情处置机制，针对媒体和公众广泛关注的涉司法热点问题，主动释放相关信息，强化舆论引导，被省高院表彰为先进集体。

【法治营商环境优化】 2022 年，县法院审结各类涉企案件 2935 件，平等保护市场主体合法权益。坚持问题导向"问需于企"，与 23 家企业结对，开展员额法官"一对一"司法服务。深入践行"一线工作法"，调研走访收集意见建议 29 条，就地解决企业矛盾纠纷、法律风控问题 107 个。坚持结果导向"问效于企"，设立民营企业司法服务联络站，召开企业家座谈会 2 场、法律宣讲 2 场、专题新闻发布会 2 场。结合工作实际，编写发布《盐亭县人民法院典型案例（企业篇）》，助力企业提升法律风险防控和市场竞争能力，促进盐亭法治营商环境进一步优化。

【护航社会发展】 2022 年，县法院着力服务"六稳""六保"，优化金融法治环境，全年审结涉金融类纠纷案件 2106 件。积极探索试点互联网小额金融案件批量受理，从增税收与促就业等方面向县委、县政府提供有力支持。主动做好常态化疫情防控下的司法应对，依托智慧法院建设，在线诉讼自助服务已成常态。强化善意文明执行理念，依法适用"活封活扣"等强制措施，最大限度降低司法活动对企业经营影响，助力企业复工复产，引导各方共克时艰。

【刑事案件审理】 2022 年，县法院审结各类刑事案件 138 件，判处罪犯 155 人，有力推进平安盐亭、法治盐亭建设。持续高位推动扫黑除恶，聚焦重点精准打击，依法从严从快审结王某等 18 人组织、领导、参加黑社会性质组织一案。审结 11 件 24 人破坏生态环境犯罪案件，探索"先修复再量刑"审理机制，将被告人承担生态损害赔偿责任的情形纳入量刑情节，用司法温情守护盐亭绿水青山。

【民商事案件审理】 2022年，县法院审结各类民商事案件4851件，结案率99.32%。深化家事审判改革，妥善审结离婚、继承等婚姻家事案件824件。维护老年人合法权益，支持老年人向子女追讨赡养费、“带孙费”，依法训诫拒不赡养父母的子女，弘扬尊老传统美德。审结涉房地产纠纷案件293件，助力保障居者有其屋。审结劳动人事争议案件187件，努力实现劳者有其得。将社会主义核心价值观融入法治，采用“漫画说理”形式，对一起因强行乱停车引发拉扯伤人造成的健康权纠纷案例进行普法宣传，该案例被市中院、省高院转载，充分用“小案例”彰显“大道理”。

【行政诉讼】 自2022年1月1日起，全市法院开展一审行政诉讼案件集中管辖后，共受理行政案件9件，办结9件，结案率100%。发出司法建议36件，支持行政机关依法履行社会管理职能，围绕法治政府、营商环境、平安建设等方面，积极主动为县委、县政府提供决策参考。持续深化府院联动，建立健全行政争议诉前化解、司法建议通报反馈、重大问题联合调研等机制。

【信用体系建设】 2022年，县法院全年共受理执行案件1865件，执结1828件，执结率98%。充分发挥执行大数据功能，探索“切实解决执行难”与社会信用体系建设双向融合、双向促进的新路子。为被执行人提供信用修复渠道，通过执行调解和解方式结案415件。推广自动履行正向激励机制，引导被执行人守信履约。凸显失信惩戒力度，发布失信被执行人名单36例，限制高消费1050人次，采取强制措施18人。不断强化震慑效果，以“一处失信、处处受限”的反向惩戒促进信用体系建设。

【矛盾纠纷化解】 2022年，县法院主动融入县域社会治理格局，全年通过诉前调解化解矛盾纠纷案件793件，调解成功率98.5%，同比增长24.5%。在大兴回族乡设立“石榴籽法律服务站”，在经开区设立“园区巡回审判点”，持续增强司法供给。常态化开展败诉当事人走访活动，建立司法释明答疑中心，强化判后答疑刚性运行。持续优化人民法庭布局，积极探索矛盾纠纷闭环化解。同步开展释法明理、信访苗头排查373件次，将矛盾纠纷化解在萌芽、解决在基层，走深走实新时代人民法庭建设的盐亭实践。

【案件执行】 2022年，县法院持续推进“司法大拜年”等专项行动，开展涉金融、涉黑恶等执行案件集中攻坚，执行到位金额3746.1万元。强化智慧执行，采用“电子封条”远程查封、司法拍卖VR（虚拟现实技术）云看房等新举措新手段，案件执行效率大幅提升。常态化开展涉农民工工资案件专项执行，追回劳动报酬460万元。在立案、执行、兑付全过程畅通“绿色通道”，执结涉民生案件662件，到位标的1000余万元，努力将“胜诉权益”变为“真金白银”。关注弱势群体诉讼权益，依法为生活困难当事人减、免、缓缴诉讼费33万元，发放司法救助金16万元。

【诉讼服务“一网通办”】 2022年，县法院努力解决人民群众急难愁盼问题，以推进“提升群众满意度工程”、创建“为群众办实事示范法院”为契机，全面升级一站式多元解纷和诉讼服务体系。建立24小时自助法院，提供全时空、跨区域远程自助诉讼服务，实现网上立案、网上缴费、网上阅卷、线上庭审等诉讼服务“一网通办”。充分发挥四川微法院、网上诉讼服务中心等电子平台优势，全年网上立案2447件。探索集中送达改革，电子送达1.37万余次，提高送达效率，降低送达成本。

【普法宣传】 2022年，县法院建立法治宣传巡回站，广泛开展普法专题讲座21场，提供法律咨询、释明等服务3600余人次。主动回应人民关切，拍摄以案说法普法视频10期。用好“两微多端”，全年阅读量达50余万次，引导社会正能量。梁刚被中央宣传部、司法部、全国普法办表彰为2016—2020年全国普法工作先进个人。

【未成年人保护与救助】 2022年，县法院积极推动平安校园建设，参与防治校园欺凌工作。选派8名法官、法官助理担任法治副校长，带着案例讲好法治课。举办“模拟法庭进校园”“送法进校园”等主题活动26场，有效维护校园和谐稳定。护航青少年健康成长，运行涉案未成年人社会救助机制，切实让涉案未成年人感受到法治温度。

【审判体系和审判能力现代化建设】 2022年，县法院全面落实四级法院审级职能定位改革，细化审判人员权责清单，健全审判监督管理机制。将752件案件纳入“四类案件”监管，确保放权不放任、用权受监督。加大案件评查力度，将案件质量评查贯穿审判执行全流程。健全审判委员会、专业法官会议制度，落实资深法官对重大疑难复杂案件法律适用定期“会诊”，规范法

2022 年 9 月 7 日，盐亭县举办法官进企业活动

官自由裁量权。健全执法司法制约监督机制，制定完善内部规章制度 26 份，促进审判体系和审判能力现代化。

【电子化建设】 2022 年，县法院纵深推进电子卷宗随案同步生成和深度应用系统建设，实现网上办案全程留痕、全程可视、全程监督。深化法律文书智能纠错、类案检索等系统应用，审委会讨论案件类案检索率达 100%，推动案件裁判尺度统一。坚持科技赋能司法，通过“破易云”“云上法庭”等在线方式成功召开破产重整案件债权人会议、听证会 6 次。探索审判执行辅助事务集约化、流程化、社会化改革，稳步推进司法辅助事务外包项目，实现智慧法院与现代诉讼服务一体化。

【案件审判管理】 2022 年，县法院出台《庭审及裁判文书质量“双提升”工作方案》，持续增强法官责任意识，提高案件审判质效。配齐配强民事、执行速裁团队，全力推进简案快审、繁案精审。完善“月调度季考核”机制，以目标引领倒逼工作落实，形成全院、全员抓管理、提质效的“大格局”。全院多项审执指标排名全省前 50 名，审判质效水平不断提升。

【问题楼盘化解】 2022 年，县法院主动作为、积极把脉“问题楼盘”，深度参与全县涉房问题综合治理。每个问题楼盘均确定一名联系法官，积极提供法律解决途径。强化破产重整挽救功能，帮助支持陷入困境企业重获新生。截至 2022 年底，“金涛时代广场”已公布债权初审意见，会同公安机关打击涉案犯罪，破产清算进入攻坚阶段；“紫辰明珠”“凯金城”顺利进入破产预重整，开展清产核资；“永逸广场”复工复建稳步推进；鸿永房地产公司破产重整成功，实现销售利润，偿还 176 户债权人数亿元债务。

（朱晓杰）

司法行政

【概况】 2022 年，县司法局立足司法职能，全力打造法治政府“盐亭模板”，积极引导律师以政府法律顾问、法律专家等身份参与审查重大合同 91 份，受理行政复议申请 6 件、法律援助案件 431 件，挽回损失 580 余万元，出动执法人员开展执法监督 3300 余人次，整治重点区域 26 处，查办各类违法案件 183 件，案值 200 余万元。普法宣传“多元化”，宣传突出重点内容、重点对象，解锁法治安全新思路，增强群众国家安全意识和反邪教意识。

【法治宣传活动】 2022 年，县司法局出台《盐亭县法治宣传教育第八个五年规划（2021—2025 年）》《盐亭县贯彻落实四川省法治社会建设实施方案（2021—2025 年）责任分工方案》《盐亭县 2022 年普法依法治理工作要点》《2022 年“法治盐亭行”一月一主题活动工作方案》，编印《民法典法博士释法摘编》等“八五”普法读本万余本，宪法宣传微视频《国旗下读宪法》等法治文艺作品，开展各类法治宣传活动 500 余场次，成功创建国家级“民主法治示范村”2 个，市级民主法治示范村（社区）45 个，依托“法治青春行”普法品牌，开展“依法带娃小课堂”“开学第一课”等系列主题法治宣传教育活动。

【法律援助服务】 2022 年，县司法局新建完善村（居）公共法律服务工作室 254 个，公共法律服务站 18 个，以县乡村三级公共法律服务体系为依托，为来访、来电群众共计 2630 余人次提供涵盖法律咨询、法律援助办理、法律文书代拟等公共法律服务 2250 余次。全年共受理法律援助案件 481 件，其中民事 306 件、刑事 175 件（内含 1 起涉黑涉恶案件，18 名被告），共计挽回损失约 560 万元。开展“《中华人民共和国法律援助法》宣传”

"法律服务行业送法进工地、进企业""根治欠薪夏季行动""春暖农民工系列行动"等多个活动，聚焦法律援助现行标准，农民工工资保障等方面的宣传，指引农民工、妇女、未成年人等特殊群体合法维权，共计办理妇女援助案件160余件、未成年人援助案件21件、农民工案件145件。

【矛盾纠纷调解化解】 2022年，县司法局深入县重点工程项目排查化解矛盾纠纷，共发放宣传单3万余份、举办法治讲座42期、巡回宣传服务65次，共开展矛盾纠纷排查408次，排查发现矛盾纠纷280件，预防纠纷202件，涉及调解金额15.3万余元。建成金孔、凤灵、文通、岐伯4个市级"枫桥式司法所"。开展新一届人民监督员、人民陪审员选任工作，共选任5名人民监督员和14名人民陪审员。共调解矛盾纠纷718件，调解成功716件，其中疑难复杂案件102件，涉案金额81.83万元，调解成功率达到99%。

【执业资格年审与专业培训】 2022年，县司法局全面完成2个律师事务所、1个公证处和9个基层法律服务所的年度考核和基层法律服务工作者的执业资格年审工作。组织法律服务从业人员进行职业道德和执业纪律培训3次，集中警示教育2次，接受省、市、县司法行政部门各类人员检查8次。2022年7月，盐亭县公证处顺利通过省级规范化公证机构创建验收。

（王　钰）

附：

盐亭县律师机构

名称：四川川北律师事务所

地址：盐亭县指南新区人民银行对面

负责人：向凤熬

名称：四川文同律师事务所

地址：盐亭县云溪镇梓江新城金和商贸城裙楼一楼

负责人：顾雄峰

盐亭县法律援助机构

名称：盐亭县法律援助中心

地址：盐亭县文广新旅局1楼8号

负责人：孙桧

盐亭县公证机构

名称：盐亭县公证处

地址：盐亭县指南新区思源路4号1楼

负责人：汪永红

（司法局）

2022年12月12日，盐亭县公共法律服务中心为来访群众提供涵盖法律咨询、法律文书代拟等的公共法律服务

仲　裁

【概况】 2022年，盐亭县共处理劳动人事争议案件131件，涉及维权劳动者140人，涉及维权金额近450万元。其中，立案处理49件，调解结案35件，调解率71.4%，调解成功率100%；裁决结案14件，仲裁结案率达100%。

【规范保障调解机构运行】 2022年，县人社局夯实阵地基础，全面提升履职能力保障。督促指导各乡镇、街道、部门和企业统一基层劳动人事调解组织机构、名称和标识，并按照"六本五挂"的要求，进一步建立和完善基层调解组织机构，确保人员、场地、工作和经费保障。

【金牌调解组织建设】 2022年，盐亭县按照省市县劳动关系"和谐同行"能力提升三年行动文件要求，指导培育申报金牌劳动关系协调员、金牌劳动人事争议调解组织、和谐劳动关系企业等工作，促使“三年行动”落地落实。全县重点部门和乡镇、街道劳动人事争议调解组织规范化建设已实现全覆盖,规模以上企业调解组织建设率达80%。基层劳动争议调解体系的构建,为劳动争议的源头预防和基层治理提供了组织保障。经开区劳动人事争议调解中心被评为四川省“金牌劳动人事争议调解组织”和全国“2022年度工作突出基层劳动人事争议调解组织”。

【案件调解仲裁】 2022年,县人社局认真贯彻执行《中华人民共和国劳动争议调解仲裁法》《办案规则》,坚持案件集体研究、研讨和会商制度,严把仲裁立案关、组庭关和审理关,做到及时立案,按时结案。案件调解和裁决,做到公开、公平、公正,适用法律得当、办案文书科学规范。案件处理坚持以调为主,始终把调解工作贯穿于案件处理全过程。成功调解了县信用联社、建丰林业、兴隆科技、金和保安服务公司等劳动纠纷20余件,进一步构建了企业和谐稳定的营商环境和用工关系,也大力提升了案件调解率。

【和谐劳动关系构建】 2022年,县人社局以劳动关系“和谐同行”三年行动、和谐劳动关系“春风行动”等活动为契机,到迪澳药业、威斯卡特、格润中天、新华康、双辉科技等企业以及鸿宇广场、休闲广场等人员集中地点开展劳动关系领域法律法规和政策措施宣传。累计提供咨询服务3000余人次,发放各类法律法规宣传单、宣传手册8000余份。利用微信平台、展板、LED显示屏开展宣传活动,确保全方位多角度宣传到位,让各种法律法规深入人心,从而使劳动者和用人单位知法、懂法、守法,不断推进劳动关系和谐稳定。

【基层调解队伍建设】 2022年,盐亭县督促各基层调解组织加强调解员队伍建设,从律师、法官、法律服务工作者、人力资源服务者中挑选优秀人员充实到调解员队伍。加大调解员、仲裁员业务培训力度,着力培养一批素质过硬、公道正派、业务能力强的调解仲裁队伍。全年共培训调解员、仲裁员40余人,进一步提升了队伍的业务水平、劳动关系公共服务能力和基层调解工作效能,扎实推进了劳动关系治理体系和治理能力建设。

（王 静）

军 事

人民武装

【思想政治工作】 2022年，县人民武装部(简称人武部)深刻领悟习近平主席“越是特殊政治年份越要讲政治”的重要指示，始终把政治建设作为首要任务。深入学习贯彻习近平新时代中国特色社会主义思想和习近平强军思想，围绕“两个确立”深化中共十九届六中、七中全会精神学习，把学习贯彻中共二十大精神作为年度重大工作任务，利用党团活动时间，组织观看基层法纪教育专题片和《铁纪强军》《忏悔与警示》《镜鉴》等纪律教育片，及时传达学习各类违规违纪事故案件通报，强化警示震慑作用。持续推动全面从严治党、从严治军要求落地见效，部队保持了高度集中统一和纯洁巩固。

【军事战备训练】 2022年，县人武部坚持把备战打仗作为第一要务，以战领建，抓建为战。坚持真练实备的原则，在重大节日期间狠抓备战备勤，严格值班分队点验，确保值班人员按要求齐装满员、在职在位，对照分队编制表，按照党员比例、退役军人比例、专业对口率、人装匹配率，定人定岗定装，完成个人信息、政治面貌、专业资质核对和建档立卡，按照“编一个、训一个、强一个”的要求，科学拟制训练计划，严格落实计划天数，从严把握训练标准，组织民兵应急连参加基地轮训。

【国防动员工作】 2022年，县人武部着眼应对强敌和重要战略方向动员支前准备，扎实开展国防动员。联合地方工信、住建、卫健、交通等部门，走访摸排企业、单位，基层潜力调研覆盖17个乡镇（街道)，拟制报批民兵整组方案，并与县人民政府联文印发，明确军地分工，形成军地合力。积极适应“两征两退”新要求，大力推动年度征兵工作落地落实。扎实完成兵役登记，积极开展征兵宣传，严把体检关口，严格政治考核，严密组织役前训练，坚持阳光征兵，严格落实集体定兵，规范组织公开公示，全方位接受群众监督，全面完成全年兵员征集任务。

【双拥共建工作】 2022年，县人武部始终把维护地方稳定作为重要职责使命，加强军地协作，及时把县委、县政府各种精神传达到驻地部队，如实把驻地部队需求反映给县委、县政府，推动部队自觉跟上地方建设步伐，地方主动为部队改革发展做出贡献。积极参与县政府组织的“全民国家安全教育日”活动，通过悬挂横幅、发放宣传单、现场讲解等方式开展国防教育，进一步增强全民国防意识。联合县退役军人事务局对一线任务官兵家庭和立功军人家庭进行慰问，利用八一建军节、春节等时机走访慰问退役老兵、困难党员，真心实意帮助他们解决困难，进一步提升军人军属的荣誉感，营造尊崇军人、关爱军属的良好氛围。坚持高站位支援乡村振兴工作，深入帮扶村和学校开展调研，投入资金13万余元用于扶持帮扶村香稻玉米栽种、危桥改造和学校教学楼电路改造，广泛动员民兵和专武干部参与文明城市创建、植树造林、安保执勤等任务。

（任晓洲）

人民防空

【概况】 县人民防空办公室(简称人防办)拟订全县人民防空、民防建设总体规划，负责人民防空、民防工程建设、维护的监督管理及其开发利用。监督检查城市建设、基本建设和城市开发利用地下空间贯彻人民防空、民防建设要求的执行情况。组织修建人民防空、民防指挥工程，公用的人员掩蔽工程和疏散干道工程。负责人防工程平战功能转换、人民防空、民防组织指挥工作。组织拟订城市防空袭方案并组织实施，指导群众防空组织建设和训练工作。组织实施城市防空演习和防空防灾警报试鸣。

【人防通信警报建设】 2022年，县人防办检查、检修人防设施多次，确保人防设备正常运转。全年鸣放防空警报2次。一是“九一八”事变纪念日，二是12月6日（根据《江泽民同志治丧委员会公告（第2号）》要求），在县城规划区和富驿等15个镇（乡）使用防空警报系统鸣笛致哀，覆盖率和畅响率达100%。

【人防专业队伍训练】 2022年，县人防办按照中央国家机关人防办颁布的《人民防空训练与考核大纲》开展各项训练，演练时长达48小时，提高专业队伍应急救援能力、快速反应能力、自我发展能力、协同作战能力。

（陈春羽）

经济管理

计划管理与宏观调控

【"稳增长"措施】 2022年，盐亭县加强经济运行调度。坚持指标抓到手头、记在心头，全面落实"周监测、月调度、季盘点"工作机制，准确把握国家宏观导向，吃透国家和省市支持政策，加强经济运行分析研判，找准问题、找到支撑，补齐短板、锻造长板，确保圆满完成目标任务。发挥考核指挥棒作用。紧紧围绕"半年双过半、全年超预期"的目标任务，在充分评估经济社会发展及产业现状、发展支撑的基础上，提出全年、季度经济发展目标预期，并通过发送提示函的方式，提醒一、二、三产分管县级领导及时研究数据报送情况，层层压实主体责任。全力做好"稳增长"。出台《盐亭县推动实现2022年度"开门红"促进全年经济稳定增长激励措施》，鼓励企业加快投资、稳产扩能，发放激励180万元。深入践行"一线工作法"，组建服务企业专班，压实企业联系机制，针对专业化推进工作，进一步提高经济工作的实效性。

【信用体系建设】 2022年，盐亭县积极开展信用分级分类监管。系统梳理房地产建设、交通、生态环境、市场监管、农业农资等重点领域3632家企业开展公共信用的评级评分结果。其中评价为优、良的企业3600家，占比99.11%；评价为中的企业1家，占比0.0002%；评价为差的企业31家，占比0.008%。将公共信用综合评价结果作为各部门、各行业、各领域开展分级分类监管的基础性依据，与行业信用评价相结合，根据评价等级高低采取差异化的监管措施，对评价为"优""良"的降低检查频次，对评价为"中""差"的，加大检查频次。积极开展信用核查，在行政审批、公共资源交易、优惠政策实施、评先评优等行政管理过程和公职人员招录及考核中落实信用核查，做到逢报必查，逢办必查，充分发挥公共信用信息在行政管理过程中的积极作用，切实将信用记录作为行政决策的重要参考。信用办2022年查询个人信用60人次，查询市场主体209个。

（邹银杉）

财　政

【财政收入情况】 2022年，盐亭县累计实现各项财政收入74.51亿元，居盐亭县历史上的第一高位，较2021年决算数65.14亿元增加9.37亿元、同比增长14.4%。其中，地方公共财政收入5.02亿元，同比增长12.8%；对上争取资金45.15亿元，同比增长2.2%，有力确保了全县行政事业单位正常运转，保障了各项社会事业的刚性支出需求，推进了全年目标任务落实。

【财政支出情况】 2022年，盐亭县实现财政总支出67.04亿元，同比增长21%。一般公共预算支出38.58亿元，为年初预算31.65亿元的121.9%，同比增长16.9%，其中，一般公共服务支出3.33亿元，公共安全支出1.18亿元，教育支出6.43亿元，社会保障和就业支出6.69亿元，卫生健康支出2.62亿元，城乡社区支出3.92亿元，农林水支出7.03亿元，住房保障支出2.39亿元，债务付息支出1.11亿元，节能环保、交通运输等其他支出3.88亿元。政府性基金预算支出完成17.58亿元，为年初预算19.21亿元的91.5%，同比增长34.5%。

【政府债务风险管理】 2022年，县财政严格限额管理，严守债务风险红线。坚持尽力而为，量力而行的原则，根据上级财政分配限额管理标准，严格执行限额预警红线，统筹好全县财力、政府债务规模、债务风险状况等要素，合理申报债券资金需求。在守住不出现系统性风险前提下，积极争取新增债券资金，更新印发《盐亭县政府性债务管理办法》，将防范化解地方政府隐性债务风险作为重大政治责任和政治规矩，按照"谁举债、谁偿还"的原则，明确偿债责任主体。重新调整以县委书记、县长为组长的政府性债务管理领导小组，加强政府性债务管理领导体制;积极宣传贯彻上级债务管理相关政策精神,深入研究债务管理工作,制定债务风险化解方案,提出政府债务化解目标任务,全面规范和加强政府性债务管理工作。积极稳妥化解存量债务。进一步加强财政支出管理,优化支出结构,多措并举化解政府存量债务 117212 万元,尽最大力量降低盐亭县政府债务到期逾期风险。做好 2023 年新增债券申报工作。结合新增债券发行重点领域范围,县财政局会同县发改局及各相关部门(单位)、平台公司,顺利完成 2023 年新增债券项目储备工作。共计申报新增债券项目 67 个,申请债券资金需求 64 亿元。加强债券资金管理,切实提高资金使用效益。同时,为加强债券资金管理,提高债券资金的使用效益,印发了《进一步加快新增专项债券资金发行使用的通知》,督促项目申报单位实时跟踪核查项目工程进度及债券资金使用情况,确保债券资金合法合规使用,发挥既定效益。

(景瀚尧)

2022 年盐亭县地方一般公共预算收入执行情况统计表

表 3

单位:万元

预 算 科 目	年初预算数	变动预算数	实际执行数	为预算
税收收入小计	25915	24600	24125	98.1%
一、增值税	8943	7126	7027	98.6%
二、企业所得税	1645	817	817	100.0%
三、企业所得税退税				
四、个人所得税	648	869	869	100.0%
五、资源税	195	1401	1401	100.0%
六、城市维护建设税	1410	1116	1116	100.0%
七、房产税	359	416	416	100.0%
八、印花税	332	791	791	100.0%
九、城镇土地使用税	913	378	378	100.0%
十、土地增值税	3648	689	689	100.0%
十一、车船税	782	815	815	100.0%
十二、耕地占用税	3526	3808	3708	97.4%
十三、契税	3191	6331	6055	95.6%
十四、烟叶税				
十五、环境保护税	15	41	41	100.0%
十六、其他税收收入	308	2	2	100.0%
非税收入小计	21208	25400	26035	102.5%
十七、专项收入	1974	1616	1744	107.9%
十八、行政事业性收费收入	3311	2934	2942	100.3%
十九、罚没收入	1808	2630	2702	102.7%
二十、国有资本经营收入				
二十一、国有资源(资产)有偿使用收入	8668	5636	5637	100.0%
二十二、捐赠收入	480	70	70	100.0%
二十三、政府住房基金收入	735	1270	1270	100.0%
二十四、其他收入	4232	11244	11670	103.8%
地方一般公共预算收入合计	**47123**	**50000**	**50160**	**100.3%**

(县财政局)

2022年盐亭县一般公共预算支出执行情况统计表

表4　　　　单位：万元

预　算　科　目	年初预算数	变动预算数	实际执行数	为预算
一、一般公共服务支出	17168	32630	33330	102.1%
二、外交支出				
三、公共安全支出	11281	11400	11752	103.1%
四、教育支出	59946	63044	64293	102.0%
五、科学技术支出	830	630	657	104.3%
六、文化旅游体育与传媒支出	2933	3880	3900	100.5%
七、社会保障和就业支出	56194	66888	66888	100.0%
八、卫生健康支出	14957	25551	26181	102.5%
九、节能环保支出	7285	7633	7633	100.0%
十、城乡社区支出	70754	39212	39212	100.0%
十一、农林水支出	41096	68567	70337	102.6%
十二、交通运输支出	4489	13800	14876	107.8%
十三、资源勘探工业信息等支出	820	1588	1598	100.6%
十四、商业服务业等支出	365	710	745	104.9%
十五、金融支出	160	140	142	101.4%
十六、援助其他地区支出				
十七、自然资源海洋气象等支出	3047	4400	4437	100.8%
十八、住房保障支出	8382	22720	23885	105.1%
十九、粮油物资储备支出	560	660	690	104.5%
二十、灾害防治及应急管理支出	2182	3090	3111	100.7%
二十一、预备费	3000			
二十二、其他支出		616	616	100.0%
二十三、债务付息支出	10687	11090	11096	100.1%
二十四、债务发行费用支出	50	41	41	100.0%
一般公共预算支出合计	**316456**	**378570**	**385708**	**101.9%**

（县财政局）

税　务

【概况】 2022年，县税务局深入贯彻《扎实稳住经济一揽子政策》和省市配套政策措施，立足税务职能职责，落实落细新的组合式税费政策，朝着“抓好党务、干好税务、带好队伍”目标，真抓实干、砥砺奋进。在面对疫情反复、电力保供、经济下行等多重减收因素影响下，恪守组织收入原则，全力以赴挖潜堵漏增收，税收在极其艰难的环境下实现较大幅度正增长，确保税收、社保、非税“三驾马车”齐头并进。全年共组织税费收入25.3亿元，同比增长41.1%，其中，税收收入4.6亿元，同比增长3.0%；社会保险费收入9.0亿元，同比增长10.4%；非税收入11.7亿元，同比增长120.8%。还原留抵退税（0.2亿元）后，累计组织税收收入4.8亿元，同比增长6.8%。其中，中央级税收收入1.7亿元，同比增长5.9%，地方级税收收入3.1亿元，同比增长7.3%。牢记“国之大者”“税之要事”，精准实施新的组合式税费支持政策，成立以分管县领导为组长，财政、税务、人行等部门为成员单位的全市首个落实留抵退税政策领导小组，健全落实运行机制，创新“四优四精”工作方法，用心用情落实落细税费优惠政策，将政策的“真金白银”真正落到企业“账上”。全年办理留抵退税2320万元，惠及市场主体113户次；新增减税降费5616万元；缓税1395万元；惠及市场主体213户次，确保党和国家“放水养鱼”、涵养税源的好政策在盐亭落地见效。荣获“绵阳市工会经费征收工作先进集体”“绵阳市优化营商环境先进集体”等荣誉，组织收入、个税汇算等工作获市县领导肯定性批示10次，2名干部职工荣获绵阳市劳模称号，2名干部职工荣获工会经费征收先进个人，1名干部被省税务局评为“退税减税先进个人”。

【税收营商环境持续优化】 2022年，县税务局坚持以纳税人、缴费人为中心，多措并举优化税收营商环境。优化办税大厅、税费支持中心、纳税服务股人力资源配置，精心打造县局税费服务中心，健全“前台+调度岗+后台”模式，实现纳税服务全面支撑，压缩税费业务办理时长约20分钟，等待时限降至4分钟。深化“银税互动”，高质量完成纳税信用评价并及时帮助企业进行纳税信用修复，先后助力纳税人取得贷款授信8089万余元。深化“税邮协作”，成功建成“税邮驿站”8个，打通服务群众的“最后一公里”，免费寄递发票4626件，为纳税人节约办税成本3.3万元。完善精准宣传机制，开展“开门大调研，登门大走访”、税收宣传“四进”等活动，发放政策“套餐”8000余份，覆盖企业6万余户次，切实增强税收宣传的针对性和实效性。完善快速响应机制，开展“优化营商环境面对面”涉税涉费专题座谈会和“一把手”走流程活动，收集解决问题194个。完善全程辅导机制，组建“业务股室+税务分局”纳税服务团队，通过“上门服”“远程服”等方式辅导纳税人、缴费人5000余人次。

【税收法治稳步向前】 2022年，县税务局坚持依法治税思想，用好“法治文化平台+学堂互动平台+媒体普法平台”三大平台，落实落好“八五”普法规划，作为先进典型全县推广。编撰《社会保险费和非税收入政策汇编》，增强税务人员对相关社保非税知识的应知应会能力。执法资格考试实现参考率、通过率双100%。全面贯彻落实行政执法“三项制度”，开展专题培训、专项检查2次，组织重大执法决定法制审核1次，依法治税力度明显加大。达成《警税合作备忘录》前期共识，健全税警联络共享、联合行动、快速响应以及监委、公安、税务三方长效合作机制，持续加大加油站、股权转让等涉税案件查处力度，税法尊严得到有力维护。加强与县委政法委、司法局、人民法院在化解涉税费矛盾纠纷方面的协作，联合印发《深化“枫桥式”税务分局建设源头防范化解税费矛盾纠纷的实施方案》，实现矛盾纠纷多元化解。

【数字化电子发票全面推行】 2022年10月28日，县税务局全面进入“战时状态”，深入贯彻落实四川省、绵阳市税务局关于全面数字化的电子发票试点推广工作安排部署，举全局之力全面发起全电发票推广攻坚战。“一把手”主抓直管，分管领导靠前指挥，抽调专业骨干成立“全电办”，锚定阶段推广目标，制定推广台账，分类分阶段制定责任分工表，根据实际情况开展“预先服”“远程服”“集中服”“上门服”，做到精准辅导、逐户销号，2022年成功推行2500余户纳税人，推广率达89.9%。

（胥紫禹）

2022 年国家税务总局盐亭县税务局税务收入情况统计表

表 5　　单位：万元

序号	征收项目	实缴金额	序号	征收项目	实缴金额
1	增值税	21940.17	9	印花税	790.45
2	消费税	23.53	10	城镇土地使用税	582.3
3	营业税	5.32	11	土地增值税	689.42
4	企业所得税	3135.41	12	车船税	815.05
5	个人所得税	3370.88	13	车辆购置税	675.64
6	资源税	2201.57	14	耕地占用税	3708.3
7	城市维护建设税	1115.88	15	契税	6054.53
8	房产税	640.07	16	环境保护税	63.4

（县税务局）

盐亭县 2022 年纳税前 10 名企业纳税情况统计表

表 6　　单位：万元

序号	纳税人名称	税收收入合计	序号	纳税人名称	税收收入合计
1	中油西南油气田分公司川中合作项目管理部	2965.73	6	四川省烟草公司绵阳市公司盐亭分公司	1486.44
2	四川慈辰建筑工程有限公司	2107.21	7	绵阳市恒和房地产开发有限公司	1166.04
3	绵阳富红房地产开发有限公司	1830.89	8	四川恒都投资有限公司	904.13
4	盐亭国有投资管理有限公司	1738.58	9	四川威斯卡特工业有限公司	785.45
5	中国石油天然气股份有限公司西南油气田分公司川中油气矿	1695.95	10	国网四川省电力公司盐亭县供电分公司	739.72

（县税务局）

审　计

【概况】 2022年，县审计局共组织开展财政预算执行、领导干部经济责任和自然资源资产责任、固定资产投资审计等各类审计项目42个，审计发现问题512个，管理不规范金额39245万元，促进增收节支和挽回损失1270万元，提出审计建议131条，移送主管部门处理问题线索31个。

【财政预算执行和决算情况审计】 2022年，县审计局围绕一般公共预算、政府性基金预算、国有资本经营预算、社会保险基金预算执行情况及地方政府性债务和隐性债务化债方案落实等情况，对2021年度县本级预算执行情况、决算草案以及其他财政收支情况开展审计，揭示预算管理、预算执行、财政管理等方面问题16个，并提出意见建议22条。同时推进部门预算执行和乡镇财政决算审计，树牢政府带头"过紧日子"理念，围绕预算编制完整性和规范性、重点支出预算及政策执行、财政存量资金统筹盘活、中央八项规定精神执行等方面，对12个部门财政预算执行情况和3个乡镇决算情况进行审计，揭示执行财经纪律和制度不够严格、财务管理不规范等问题，规范了财政收支行为，促进财政资金提质增效。

【重大政策措施落实情况跟踪审计】 2022年，县审计局围绕打好污染防治攻坚战、优化营商环境、稳经济政策措施、教育"双减"政策措施、巩固拓展脱贫攻坚成果同乡村振兴有效衔接等7个方面开展4轮次跟踪审计，提交审计情况报告4份，揭示问题10个，从重大项目规范有序推进、建立健全管理监督机制、保障和改善民生、管理使用财政衔接推进乡村振兴专项补助资金等方面提出有针对性的建议，促进出台完善配套政策、建立健全规章制度3项。

【重点民生资金和项目审计】 2022年，县审计局开展村集体"三资"提级管理、财政衔接推进乡村振兴专项补助资金、优化营商环境政策措施落实情况3个专项审计调查，审计发现未及时拨付乡村振兴奖励金、以工代赈建设项目监督不到位、涉企保证金应退未退等问题35个，提出审计建议12条，推进民生资金安全运行和扶贫惠民政策落实。

【领导干部经济责任审计】 2022年，县审计局根据《盐亭县县管党政主要领导干部和国有企业事业单位主要领导人员经济责任审计工作规划（2021—2025年）》，分层分类实施领导干部经责审计，密切关注领导干部贯彻执行中央、省、市、县重大经济方针政策和决策部署、完成重大目标任务、规范履职行权等情况。全年组织开展15个单位主要领导干部的任期经济责任审计，审计发现问题149个，涉及资金4729.14万元，其中，管理不规范资金4665.4万元，促进财政增收节支7.87万元，挽回或避免损失55.87万元。领导干部或企业主要领导负有直接责任的问题7个，负有领导责任的问题142个。向有关部门移送问题线索22个，提出建议意见34条。对审计发现的普遍性、倾向性的重点问题，及时督促被审计单位进行整改，推动建章立制、规范管理。

【重大投资项目审计】 2022年，县审计局以省厅投资审计"三个转变"为指导，重点揭示政府投资领域存在的问题，着力防范审计风险，促进政府投资项目规范有序建设。组织开展中嫘投资发展（集团）有限公司2018—2021年建设工程项目已办理竣工结算情况专项审计调查和西部片区城乡一体化供水工程项目推进情况跟踪审计，审计发现工程结算办理方面、未按规定提交履约保证金方面、施工图设计文件技术交底不完全不规范方面等问题，并从项目监管、主体责任、内控制度等方面提出审计建议。

（冯　涛）

国有经济

【概况】 2022年，盐亭县根据《中共盐亭县委全面深化改革委员会关于印发〈盐亭县进一步深化县属国有企业改革总体方案〉的通知》精神，构建"2+3+N"的国有企业层级管理体系，新组建盐亭发展投资集团有限责任公司（以下简称盐亭发投）、盐亭丝路源文化旅游发展有限公司（以下简称文旅公司）2家一级公司，将绵阳中嫘投资发展（集团）有限公司（以下简称中嫘集团）、盐亭农旅投资管理有限公司（以下简称农旅公司）、盐亭国有投资管理有限公司（以下简称国投公司）股权划转至盐亭发投，原代管企业保持不变，明确中嫘集团、农旅公司、国投公司为独立运行经济实体。

【主要经济指标】 2022年，盐亭县纳入监管的县属国有企业资产总额达302.27亿元；负债总额达

120.69亿元，负债率39.93%；所有者权益总额181.58亿元；实现营业收入9.05亿元，利润0.69亿元；上缴税金0.78亿元。

【县属国有企业】 盐亭发投。2022年6月16日，盐亭发投注册登记，注册资本0.3亿元。企业以服务地方重大战略、优化国有资本布局、提升产业竞争力为目标，通过战略方向及财务内控等管控模式，开展投融资、产业培育和资本运作。

文旅公司。公司于2022年1月15日成立，注册资本5亿元。划转接收中嫘集团的盐亭中嫘广告有限责任公司、绵阳翰呈加立广告传媒有限公司、盐亭国学教育科技发展有限公司、四川中嫘国际旅行社有限公司、绵阳嫘圣文化传播有限公司、国投公司盐亭夫子教育咨询有限公司。公司以文旅产业投资孵化及文旅项目开发建设(第三产业)为主，进行文化旅游、城市品牌打造。

中嫘集团。2022年，公司有二、三级全资子公司18家、控股企业1家、参股企业2家，集团公司注册资本7.6亿元，其中现金2.46亿元，实物5.14亿元。二三级子公司注册资本14.41亿元。企业主要承担政府重点工程、基础设施、公益性项目投资融资建设任务和项目代建管理。

农旅公司。公司注册资本6亿元，其中现金0.1亿元，实物5.9亿元。2022年有全资子公司8家、参股企业4家，二级子公司注册资本4.5亿元。公司主营种植、畜禽养殖、水产养殖、园区建设、商贸流通、出口代理、农特产品加工生产等业务。

国投公司。公司注册资本5亿元，其中现金3.42亿元，实物1.58亿元。2022年有二、三级全资子公司18家(其中全建兴为农旅托管国投旗下)，控股企业1家，参股企业1家。二、三级子公司注册资本12.62亿元。公司主营业务涵盖国有资产经营管理、项目建设、建筑建材销售、污水处理、商贸流通、停车服务、检验检测、酒店餐饮住宿、经营性公墓运营、人力资源供给等领域。

【国有资产监督管理】 为进一步加强党对国有企业的领导，强化国有资产监督管理，2022年4月，县委决定设立中国共产党盐亭县国有企业综合委员会，县委编委批复同意设立盐亭县国有企业综合服务中心(县财政局所属公益一类股级事业单位)，全面形成“1+1+1”国资监管体系(一个设立县国企综合党委，按照国有企业党的基层组织建设要求，牵头负责县属国有企业党的政治建设、思想建设、组织建设、作风建设、纪律建设、制度建设等工作；一个成立国企综合服务中心，代表县人民政府履行出资人职责，为企业提供基础性指导服务；一个国有资产监督管理办公室，负责国有资产监督管理工作)。把全面履行国有企业出资人职责、专司国有资产监管职责，负责国有企业党的建设“三大职责”统一起来，推动管资本与管党建相结合，履行出资人职责与履行国资监管职责相结合，党内监督与出资人监督相结合，充分发挥专业化、体系化、法治化的监管优势，构建全县国资监管大格局。

完善监管体系。完善工作机构，强化监督力量，整合监督资源，健全协同高效的监督机制，推进出资人监督和纪检监察监督、巡察监督、审计监督、社会监督，建立健全企业内部监督体系，全面建立覆盖各监管企业责任追究体系和工作机制。

建立监管系统。启动建立县属国有企业国资监管大平台建设，对企业财务资金管理、“三重一大”决策、重大任务落实、防范风险等板块实现动态监管。

优化监管手段。制定完善权责事项清单，进一步强化企业规范化运行管理。积极推动一级企业向下属企业实现再授权，持续加大授权放权力度，动态调整权责清单，国资监管机构审批事项适时压减。

落实资产监管。推进经营性国有资产集中统一监管，构建集中统一、分类监管、授权明确、权责一致的国有资产监管体系，提高国有资本运营效率，推动国有资本做大做强做优，促进国有企业健康发展和国有资本保值增值。

【国企改革三年行动】 2022年，盐亭县国企改革9个方面51项改革重点目标任务和6项个性指标全面“清零”，100%完成各项改革任务。实现了国有资本布局结构优化，国资监管效能有效提升，经济效益稳中向好，综合实力明显增强。

【基础设施和民生项目建设】 2022年，国投公司投资3700万元改建原大兴乡政府办公楼等四处医学集中隔离点和新建堽子山等2处方舱医院，设置独立隔离房间1000个。县属国有企业向101户中小微企业和个体工商户减免房租金额166.3万元。县属国有企业聚焦新发展理念，抢进度、抓质量、促效益，在推进城市基础设施和民生项目建设工作上持续用力，高效率推动项目建设。全年新开工项目33个，投资约226643万元；完工项目24个，投资149111万元。

(景瀚尧)

民营经济

【概况】 2022年，盐亭县新增民营企业1388个，其中，新增龙头企业7户，新升规6户，新增8户限额以上企业；实现民营经济增加值120.18亿元，同比增长3.1%，占地区生产总值的59%；民间投资增速-4.6%；盐亭县民营经济创造税收收入1.93亿元，占全县税收收入的42%；吸纳就业人员9万余人，占从业人员的81%；民营经济减免税收占盐亭税收减免总额的66%；民营企业贷款32.81亿元（含个体工商户），同比增加8.11亿元，占各项贷款新增额的37.61%。

【民营企业】 盐亭新好农牧有限公司。公司成立于2016年8月，位于盐亭县剑河乡，注册资本为1.81亿元，公司为新希望六和股份有限公司旗下西藏新好科技有限公司所属全资子公司。公司主要经营生猪养殖与销售、饲料加工与销售、兽药销售、动保产品销售、屠宰与肉制品加工及销售、有机肥加工与销售、农业技术综合开发及技术推广服务。

盐亭优锂新材料科技有限公司。公司成立于2018年10月19日，2020年11月升规，占地面积13924.73平方米，项目总投资3000万元。公司主要与中国锂业巨头——成都天齐锂业有限公司合作，由天齐锂业提供工业固废（锂渣），再由优锂科技进行资源化再利用加工生产成优质非金属矿物原料——锂质硅铝微粉，每年处理锂渣6万余吨，产能3万余吨。公司作为新兴建筑原材料和大宗资源综合利用产业的创新载体和孵化基地，未来将面向绿色新产品开发，面向管理运营国际服务全面发展。

四川新川义生物科技有限责任公司。公司位于盐亭县经济开发区，占地3.3公顷，项目投资1.8亿元，致力于生物医药原料药的研发、生产和销售。公司秉持以科技创新为导向的发展理念，其中甲状腺粉、胰酶、胃蛋白酶生产工艺技术属国内领先。

绵阳迪澳药业有限公司。公司位于盐亭县经济开发区，占地4.3公顷，总投资1亿元，是2014年由成都迪澳植化实业有限公司全资成立的一家集科、工、贸于一体、拥有自主进出口经营权的生产型企业。公司主导提取类产品有橙皮苷、辛弗林、多甲氧基黄酮（PMFs）、柚皮苷及新橙皮苷等，衍生产品类有地奥司明、甲基橙皮苷、橙皮苷甲基查耳酮、橙皮素、木犀草素、芹菜素、柚皮素、圣草次苷、香叶木素及新橙皮苷二氢查耳酮等，产品具有软化心脑血管、减肥以及抗氧化等功能，产品广泛应用于医药制造、食品添加、膳食补充、保健品、化妆品及其他领域，具有强劲的市场前景。

四川省鸣兴建设集团有限公司。公司成立于2001年10月30日，是一家市政公用工程施工总承包二级、建筑工程施工总承包二级企业。公司主要经营范围为房屋建筑工程施工总承包、水利水电工程施工总承包、建筑装修装饰工程专业承包、市政公用工程总承包、公路工程施工总承包、钢结构专业承包、建筑幕墙专业承包、环保工程施工、建筑机电安装工程专业承包，业务范围覆盖四川各地。2022年被推荐为市级“服务绿卡”企业。

【个体经济】 2022年，盐亭县新增市场主体6077户（个体工商户4665户、企业1388户、农专社24户），同比增长21%。截至年底共有市场主体28598户（个体工商户23840户、企业4190户、农专社568户）。经营范围涵盖住宿和餐饮业、批发和零售业、制造业、交通运输业、居民服务和其他服务业等众多产业。盐亭县个体工商户发展数量稳定增长，个体工商户经营规模不断壮大，个体经济增长势头强劲，对盐亭经济贡献度显著提升。

（雍雪梅）

投资引资

【外出招引工作】 2022年，县委、县政府始终坚持把招商引资作为“一号工程”“一把手工程”，主要领导率队，先后赴厦门、广东、重庆、成都等地24次，拜访西南油气田公司、西南石油大学、厦门大学、福建四川商会等部门、高等院校以及商协会，考察峨眉山宏晟药业、重庆锦瑜电子、厦门中童、广东高文工业等有投资意向的知名企业64家。驻外中心共收集各类投资信息100余条，收集到有跟踪价值信息76条。截至2022年底，正在跟进42条。

【客商到盐亭工作】 2022年，县委、县政府出台一系列招商引资新政策，进一步提升盐亭城市形象，对外影响力不断加强。在招商大使、乡贤的大力引荐下，共有重庆锦瑜、川能投电力集团、四川新奥能源发展、联想集团、天齐锂业等100余批次企业到盐亭考察，共计600余人次。

【签约项目管理】 2022年，盐亭县全年签约项目43个，计划总投资187.64亿元。其中，一产项目7

个，计划投资12.03亿元；二产项目27个，计划投资162.99亿元；第三产业项目9个，计划投资12.62亿元。新签约的项目中，利源科技、金源恒邦、迪维洛普等32个项目已经履约，履约率74.41%，双辉金属、安东石油、嫘祖粮油等30个项目已经开工建设，开工率69.76%，履约项目资金到位率近10%。省级平台活动中签约的13个项目已经全部履约、开工。履约率、开工率、到位资金率分别是100%、100%、37.57%。

【招商成果扩大】 2022年，县委、县政府主要领导带头外出招商，全年通过各种签约活动，共签订招商引资项目协议43个，计划总投资105.8亿元，其中5亿元以上项目9个，国内省外到位资金34.69亿元、完成全年任务的115.63%，任务完成率居全市第二名。外商直接投资达1067.58万美元，任务完成率居全市第一名。

【招商引资机制完善】 2022年，盐亭县召开全县招商引资大会，聘请首届招商大使10名，优化驻外机构并公开选派精干力量驻外招商。大力鼓励乡镇（街道）、经开区自主招商，全力推进“盐商回归、乡贤创业”。截至2022年底，各乡镇（街道）、经开区签约项目21个，协议引资7.95亿元。

【对外合作深化】 2022年，盐亭县校地联动、地企协同、区域合作不断加强，先后与四川化工职业技术学院等8所高职院校建立校地合作，与西南石油大学等3所高等院校合作建立研究所，与顺德高新区、南浔经开区签订战略合作协议，成立川中油气矿盐亭天然气上产区“地企党建联盟”。

【招商引资快速响应和落地协调机制加强】 2022年，盐亭县天然气增压脱烃项目、角76井零散气地面建设工程项目签约即履约，天然气增压脱烃项目签约后30天内开工建设。

（陈玉娇）

【项目投资稳定增长】 2022年，县发改局抓好预警预判，每月中旬提前分析下月项目入库入统数据，梳理次月拟入库项目台账，采用“发点球”的方式，对各项目分管副县长发送工作提示函。县政府分管领导对拟入库项目亲自研究、亲自过问、亲自督促，督促项目业主加快项目建设、完善入库资料，有力保障了全县项目投资稳定增长。2022年，市下达盐亭县全年全社会固定资产投资“开门红”目标任务为24亿元、同比增长27.1%，“双过半”目标任务48亿元、增长23.55%。“开门红”实现投资24.22亿元、同比增长28.2%，“双过半”实现投资45.78亿元，全年盐亭县完成全社会固定资产投资85.77亿元，超额完成市下目标任务，同比增长11.4%、增速连续7个月位居全市第一；新增入库项目110个、总投资139.90亿元、同比增长92.65%。

【投资效益不断显现】 2022年，县发改局狠抓产业发展、城乡基础设施、交通等重点领域项目推进，全年共实施省市县重点项目58个。截至2022年底已完成投资54.35亿元，其中，全县13个省市重点项目完成投资36.86亿元，超过年度计划投资30个百分点，超额完成年度任务。形成落地项目抓开工，开工项目抓竣工，竣工项目抓投产的良好工作氛围。伙伴智造、锦茂生物、博大金点等项目有序开工；西部片区城乡一体化供水工程、第二人民医院综合医疗诊治能力提升、嫘祖圣境等项目有序推进；吉圣汽车、绵阳锂源、中医医院门诊住院医技综合楼等项目按期投入使用。

（何东洲）

市场体系

【概况】 2022年，县商务局依托区位优势，发挥资源禀赋，采取有效措施克服疫情影响，营造良好消费环境，全面推进市场体系建设，统筹城乡商贸发展，全县城乡商贸发展差距不断缩小，以城乡市场、批零市场和线上线下市场为主体共同发展的商品市场体系不断得到完善。

【消费品市场回暖】 2022年，随着疫情防控向好态势持续巩固以及系列促消费政策与促销活动有效实施，居民消费逐步趋于活跃，商气人气逐步复苏，全县消费品市场逐月回暖，呈现出以基本生活类商品消费为主和非基本生活类商品增速持续走高等特点。2022年全县实现社会消费品零售总额105.81亿元，同比下降0.5%，降幅呈逐季收窄的运行态势。其中，批发业实现零售额同比增长11%；零售业实现零售额同比增长10.9%；住宿业实现零售额同比增长16.8%；餐饮业实现零售额同比增长6.6%。

【生产资料市场】 2022年，盐亭县重要生产资料市场价格总体稳定，重要生产资料价格环比小幅波动，其中化肥价格小幅上涨，成品油、钢材价格小幅下跌。截至2022年12月，成品油价格环比小幅下跌，同比大幅上涨。92号汽油平均零售价为8.06元/升，环比上涨

13%，同比上涨11%；95号汽油平均零售价为8.62元/升，环比上涨13.1%，同比上涨11%；0号柴油平均零售价7.68元/升，环比上涨14.1%，同比上涨11.8%。钢材价格环比小幅下跌，同比微幅上涨。钢材平均销售价为5090元/吨，环比上涨1.4%，同比下跌0.5%。其中板材均价为5051.1元/吨，环比上涨1%，同比下跌10.1%；管材均价5101.8元/吨，环比上涨1.2%，同比下跌12.2%；棒线材均价为4609.6元/吨，环比上涨1.9%，同比下跌0.7%；型材均价为4723.4元/吨，环比上涨1.9%，同比上涨0.96%。化肥价格环比小幅上涨，同比大幅上涨。化肥平均销售价为3399.2元/吨，环比上涨0.7%，同比上涨0.73%。其中，氮肥（国产尿素）平均销售价为2833.8元/吨，环比上涨2.2%，同比上涨2.3%；磷肥（国产磷酸二铵）平均销售价为3349.8元/吨，环比上涨11.0%，同比上涨13.1%；钾肥平均销售价为3663.5元/吨，环比持平，同比上涨0.65%；国产三元复合肥平均销售价为3485.3元/吨，环比上涨1.0%，同比上涨0.09%。

（何荣梅）

【金融市场】 2022年，盐亭县有各类金融机构数量共计24家，经营网点135处、从业人员近2700人。其中，银行业金融机构9家，营业网点104个，从业人员677人。保险业机构13家，营业网点31处，从业人员近2000人。有融资性担保公司1家（盐亭三信农业融资担保责任公司），从业人员8人。有小额贷款公司1家（绵阳市盐亭县金源小额贷款有限公司），从业人员9人。初步形成了银行、保险、融资担保、小额贷款公司共同发展的金融机构体系，金融机构密集度在全市处于中等偏上水平。

（景瀚尧）

【土地市场】 2022年，县自然资源局编制2022年度用地计划，并报县政府批准。2022年计划供应国有建设用地786.7939公顷。其中商服用地28.7公顷，工矿仓储用地273公顷，住宅用地2.904公顷，公共管理与服务用地66.88公顷，水域及水利设施用地124.226公顷，交通运输用地291.09公顷。全年共完成出让土地36宗，面积80.38公顷，总计成交价款为12.38亿元。扎实推进供应土地高效利用，盘活低效工业用地，为23家企业提供土地面积1186066.3平方米，建设使用土地面积891360.6平方米。配合四川大友房地产土地资产评估有限公司完成新一轮城区土地级别与基准地价更新，充实完善全县基准地价体系，真实反映盐亭县地价水平及其分布规律，发挥地价杠杆的调控和引导作用，为全县合理确定出让地价、收购地价等提供依据。

（许中义）

【房产市场】 2022年，盐亭县有在库房地产开发企业27家，在库房地产开发项目12个，完成房地产开发固定投资14.5亿元，同比增长4.3%。有存量房面积约64万平方米，注册备案二手房中介经纪机构15家。受疫情反复和国家调控政策的影响，近三年来盐亭县房地产开发投资和商品房销售面积呈现先升后降的态势，2022年商品房销售面积为38.55万平方米，同比增长1.04%；住宅成交均价从2021年的3786元，下降至3524元，同比增长-6.9%。二手房成交10万平方米，同比增长-21.57%。为提升房地产市场信心。9月，盐亭县人民政府印发《关于促进房地产市场平稳健康发展的实施意见》等相关政策，延缓城市基础配套费缴纳时限，适当降低商品房预售形象进度要求，并对年度商品房销售面积达到3万平方米、5万平方米、7万平方米的企业分别给予一次性奖励5万元、8万元、10万元。在政策实施后的3个月时间，全县较往年同期新增商品房销售3202套、2.24万平方米，车库47个。坚持“一楼一策一专班”工作机制，结合“问题楼盘”实际，逐一优化完善化解方案，积极推动“问题楼盘”有序有效化解处置。截至2022年底，共化解“问题楼盘”24个，累计实现办证3501户。

（陈春羽）

【中介市场】 2022年，盐亭县共有各类中介市场主体99家，其中工程设计咨询9家、工程（建设项目）管理咨询6家、建筑工程质量检测机构3家、工程（建设）监理机构2家、房地产经纪机构34家、机动车检测机构2家、其他检验检测机构1家、税务师事务所机构1家、会计（师事务所）及记账代理机构6家、融资性担保机构1家、教育培训咨询机构（非学科类）20家、职业培训机构1家、商务信息咨询机构7家、农业（科普及科技推广）咨询机构3家、其他咨询机构3家。

（杜小迪）

市场监督管理

【城区环境整治】 2022年，县市场监管局采用“单兵作战+组合拳”的模式，对城区集贸市场、街道、商铺进行为期2个多月的拉网式排查整治和驻点值守，全面取缔望江楼新中心及弥江河堤、岐伯广场占道经营摊点。协调发改、住建等部门暂停危险市场1个（新西旺农贸市场）、新建标准化农贸市场1个（外滩农贸市场）、A级农贸市场1个（黄甸三元农贸市场），整治市场主体不明、环境卫生差、占道经营、车辆乱停乱放等各种市场乱象300余个。

【行业乱象整治】 2022年，盐亭县持续开展市场监管领域行业乱象整治行动，加大对活禽和野生动物交易、哄抬物价、销售假冒伪劣产品、价格欺诈等各类违法行为的打击力度，悬挂宣传标语15余幅，设置线索举报箱10个。组织人员进社区开展打击传销受理举报活动1次，发放宣传资料100余份，发布打击传销内容警示提示、典型案例1条，指导企业整改规范1家。

【疫情防控稳价保供】 2022年，县市场监管局积极贯彻落实上级疫情防控工作系列要求，坚持精准施策、科学防控的原则，全面加强冷链、外卖配送、农集贸市场等重点行业、重点场所的常态化防控，全面禁止野生动物交易，大力加强医药行业稳价保供工作。

【市场主体培育】 2022年，县市场监管局打响市场主体“六保、六稳”攻坚战，多措并举，高效服务企业，最大限度地培育市场主体，激发市场活力，全年共培育发展企业1050户、个体工商户2056户，超额完成上级下达的目标任务。大力打造“食品安全示范街”1条、“农产品质量追溯示范店”5个、“放心舒心营商环境街”2条，创建放心消费示范街区2个、示范单位14家、示范店94个、示范行业5个、示范景区1个，为盐亭经济注入一剂“强心针”。

【放管结合持续监管】 2022年，县市场监管局稳步推进“双随机、一公开”监管工作，全年开展省市双随机抽查11次，部门联合抽查16次。全面实行“双告知一承诺”制度，完成企业年报公示3506户、年报率达91.97%；农专社517户、年报率达93.32%；个体户13428户、年报率达67.8%。加强经营异常名录和严重违法失信名单管理，企业列异323户，移异39户；农专社列异27户、移异3户；个体列异5614户，移异300户，列入严重违法企业名录信息172户。创新监管方式，推进“互联网+监管”，平台目录清单认领率100%，实施清单完备率100%，监管行为数据量录入量9111条，目录编制数1701条。涉企信息归集公示实现应归尽归，已归集行政许可信息1359条，行政处罚491条，抽查检查1262条。大力开展网络监管，检查网站、网店1266个次，实地检查网站、网店经营者611个次，向办案单位移交违法违规线索5条，行政约谈企业负责人4次，责令整改平台2个，责令整改网店5户，下架网络经营市场主体4户，交易类电子商务经营主体亮标亮照亮证率超过90%。

【“放管服”改革解决企业融资难题】 2022年，县市场监管局贯彻“放管服”改革精神，开展“入企帮扶”活动，宣传“四川助企纾困政策明白卡”等利好政策，指导信誉好、有融资意向的企业申报合适融资项目。开展“守合同重信用”企业培育，培育省级“守合同重信用”企业8户，市级9户，县级35户。将全县7户转供电主体纳入常态化监管，开展转供电环节加价重点治理工作，有效保障盐亭县转供电价执行在0.77—1.00元/千瓦·时的合理区间。

【计量器具专项执法检查】 2022年，县市场监管局以第23个“520世界计量日”等为载体开展宣传活动10余场次，印发宣传资料1000余份，对群众关注度较高的水电气三表、医疗、贸易结算计量器具等热点问题作出相应解答。充分利用元旦、春节、“五一”等节日，开展粮油收购市场、环境保护、交通安全、医疗民生、加油机等计量器具专项执法检查共计30余次，检查集贸市场4个、餐饮业300余家、道路交通地秤8台（件）、超市48家、加油站51家、粮油购销企业3家。全年共检测各类计量器具8300余台（件），其中，加油机560台（件），天平、砝码43台（件），压力表1200余台（件），医疗卫生系统各类计量器具650台（件），衡器1000余台（件），水、电、气表4757台（件）。

【食品药品责任落地落实】 2022年，县市场监管局成功召开食安委（扩大）会议和落实食品安全“两个责任”工作会议，高位推动食品安全“两个责任”落地落实，已建立县、乡、村三级共2195户包保台账，食品安全“三单一书”制度建立100%，食品安全总监、食品安全员配备率达100%，全县食品主体分级分层任务已全部完成，推动形成末端发力、终端见效的食品安全责任落实机制。以“守查保”专项行动为抓手，圆满完成政协会议、人民代表大会、高中考等重大活动餐饮安全保障，检查各类经营单位4000余户次，开展培训活动20余场次，培训从业人员1000余人次。共计完成食用农产品和自定食品抽样1130余批次及食用农产品快检200批次。深入开展“餐饮提质创优深化年”，评定达标餐饮服务单位1133家，获90分以上的餐饮服务单位107家。截至2022年底，全县大中型餐饮服务单位及学校、敬老院食堂全部实现“明厨亮灶”，持小餐饮备案主体实现“明厨亮灶”663家，指导22家餐饮服务单位建成“互联网+明厨亮灶”。实施餐饮服务食品安全“红黑榜”评比机制，开展食品安全监督志愿服务活动，让民众参与食品安全检查监督过程，体验食品安全，带动社会增强食品安全意识，倒逼餐饮单位积极主动落实食品安全主体责任。开展2022年春秋两季学校食堂食品安全专项检查，共出动执法人员617人次，检查学校食堂193家次，对14家不规范的学校食堂及校园周边食品经营单位下达责令整改通知书，立案查处校园周边食品经营店案件2起。持续深化药品安全、医疗器械、化妆品专项整治工作，立案查处药品案件28起、医疗器械案件16起、化妆品案件5起。开展安全用药月、药品科技活动周等宣传活动，为群众提供免费咨询60余人次，义诊20余人次。强化不良反应监测，收集上报药品不良反应报告489例，其中，严重报告26例；医疗器械147例，其中，严重报告15例；化妆品100例。

【特种设备安全监管与隐患整改】 2022年，县市场监管局制定并印发《2022年度特种设备年度巡查计划》，开展特种设备安全隐患“清零”百日攻坚行动、汛期特种设备安全检查等专项行动，对全县785台电梯、35个锅炉、235台压力容器、31台起重机械、23辆厂内专用机车、4台大型游乐设施、5000余只气瓶、405千米压力管道进行了分级分类建档管理，共出动执法人员370余人次，检查特种设备使用单位98家次，发现并整改一般安全隐患23处，整改率100%。

【产品质量安全宣传与监管】 2022年，县市场监管局以流通领域质量安全监管为重点，抽检产品174批次，立案查处20件，处罚没款4万余元。对盐亭县内1家食品相关产品取证企业实行质量风险分类监管。利用“3·15”国际消费者权益日、质量月等宣传活动，大力开展质量安全知识宣传，全面提升辖区群众对质量工作的知晓度和认可度。

【中介行业监管】 2022年，县市场监管局依法履行行业监管职责，出台整治工作实施方案，成立工作专班，专人负责，建立部门联动协同机制，对中介行业乱象进行严肃整治，切实规范中介服务收费行为，保障中介机构和委托人的合法权益。组织各中介机构认真贯彻落实专项整治工作的内容和要求，自查自纠，规范管理，诚信经营，共建良好营商环境。开展部门联合检查，查看中介机构备案、经营场所证照信息公示、业务开展、服务合同签订、档案管理等情况。对检查中发现的少数中介机构价格公示没有及时更新等问题进行通报，并以要求中介机构现场整改、发放限期整改通知书等方式责令相关中介机构限期整改。在办公场所显著位置公示已备案中介机构名单及投诉举报电话，提醒广大消费者审慎选择中介机构，避免不必要的交易风险。督促各中介机构提供服务和收费要按照公正合法、诚实守信、公平竞争、自愿有偿、委托人付费的原则，严格落实明码标价、收费标准公示等制度，不得有强制服务、强制收费、只收费不服务、少服务多收费等价格违法行为，保障中介交易和经济活动当事人的合法权益，促进盐亭县中介市场平稳健康有序发展。

（杜小迪）

统　计

【概况】 2022年，县统计局以服务经济发展为根本，以提升统计素质为路径，深化统计改革创新，持续巩固基层基础，提升统计数据质量，有效发挥服务效能，为全县经济社会高质量发展提供坚实统计支撑。

【监测分析助力社会发展】 1—12月，全县经济发展保持“稳中有进”良好趋势。全县固定资产投资同比增长11.4%，位列全市第1；规模以上工业增加值同比增长10.3%，位列全市第二；全县实现消费品零售总额同比下降0.5%，位列全市第五；商品房销售面积同比增长1%，位列全市第五。

【提升统计服务实效】 2022年，县统计局及时发布《盐亭县2021年国民经济和社会发展统计公报》，按时发布统计月报，及时做好季度、半年及全年经济指标分析及季度经济运行形势分析研判和预警预测，撰写各类综合经济运行分析材料20余篇。完成《盐亭统计年鉴(2021)》相关数据的收集和整理，为形势研判、经济决策提供有价值的专业统计资料。

【常规统计】 2022年，县统计局各项常规统计工作将培训指导和实战相结合，强化了对乡镇、部门、企业统计人员的业务培训，召开各类业务培训会共计17次。工作中严格按照要求，细化措施，把握时间节点，掌控工作进度，严把质量关，较好完成农业、工业、服务业、投资、社科、综合核算等各项统计任务。

【盐亭县第五次全国经济普查筹备】 2022年，县统计局提前谋划部署，扎实筹备“五经普”。成立盐亭县统计局第五次全国经济普查筹备领导小组及办公室，印发《盐亭县统计局第五次全国经济普查筹备工作实施方案》，将“五经普”筹备作为全年统计工作的重点内容，抓早动快、落实落细。

（陈 航）

统计调查

【概况】 2022年，县统计局不定期通过统计法治培训、调查方案制度学习、传达落实上级工作要求、警示教育、检查通报等多种方式树立各级调查人员、调查对象依法统计、真实统计、科学统计的理念，在坚决守住统计数据质量生命线的基础上，不断与时俱进、改革创新，提升调查工作质效。

【推进统计调查服务现代化】 2022年，县统计局围绕服务地方经济社会发展，坚持一手抓调查数据解读分析制度化，一手抓约稿调研常态化，加强经济监测、强化分析研判，为地方党委政府科学决策提供更多、更优的统计服务。坚持“能发布尽发布”原则，不断丰富统计调查数据发布内容、拓宽发布渠道，更好满足社会公众多样化统计信息需求。结合单位工作实际和本地民情实际，组织开展更接地气、更加丰富、更具实效的统计普法宣传，做实、做强、做优“中国统计开放日”品牌。

【加强调查能力建设】 2022年，县统计局对上主动加强与总队、市队的请示报告，对下坚持严字当头，从严培训、管理、审核，力促上下联动顺畅，工作整体提升。积极与县委、县政府、县直相关部门进行沟通对接，争取各方面支持，努力实现横向贯通，提升工作质效。

【严守方案制度履行国家调查职责】 2022年，县统计局严格执行国家统计调查方案制度，围绕宏观调控主要目标、服务乡村振兴战略、民生调查监测等方面，坚持依法治统，践行“一线工作法”，做实做细样本管理、队伍建设、能力培训、督导检查、数据采集、审核汇总、台账建设、分析解读、提供发布等各项工作，扎实履行国家调查职责。积极主动承接专项调查，严格执行总队审批制度，精心谋划部署，科学组织实施，服务地方发展。

【常规调查】 2022年，盐亭县住户调查城镇电子记账覆盖率保持在100%，农村电子覆盖率保持在93%，均名列全市前茅；粮食监测完成了夏播粮食面积调查、夏收粮食实割实测调查及相关任务培训工作；畜禽监测、月度劳动力调查、小微企业跟踪调查每月到点到户核查，圆满完成了全年各项常规调查摸底和报表任务。

【调查大样本轮换】 2022年，县统计局夯实前期调研，全面了解盐亭县第七次全国人口普查人口结构、分布等实际情况，认真摸查城乡规划、就业举措、涉农惠民政策等与住户调查紧密相关的民生、经济状况，提升住户调查大样本轮换结果的科学性、代表性；扎实推进部署，全面铺开业务指导、媒体宣传、物资保障、监督检查等各项工作，抓好部门对接和县镇村三级联动，加强协作破解难点，合力推动大样本轮换工作顺利开展；压实队伍管理，在乡镇业务指导员和调查点辅助调查员的选人用人上下好功夫，在提高业务培训实效上创新方法，力求打造一支业务素质硬、法治观念强、责任意识高的辅助调查员队伍，切实提升调查数据质量。

【强化统计法治全面防惩统计造假】2022年，县统计局将统计法律法规列为每周理论学习的必学、常学、重点学、反复学内容。定期召开研讨会，结合专业工作进行深入分析研讨，提出意见建议。制定下发《临泉队统计法治工作培训计划》，明确各专业调查员、调查对象每年集中培训内容、时间、频次、要求等，培训结束后通过“试卷作答，现场演练”等方式进行测试，持续增强调查员、调查对象依法统计意识。

【多渠道宣传扩影响】 2022年，县统计局要求各专业工作人员在日常下乡入户工作中，主动采取“现身说法，案例教学，发放问卷，知识讲座”等多种方式进行实时普法宣传。以住户调查大样本轮换为契机，在新抽中调查点组织举办形式多角度，内容具体化，方式接地气的“9・20”中国统计开放日文艺会演活动。在开展文明创建、帮扶走访、专项调查时，采取“拉横幅，放广播，发放法治一封信”等方式，宣讲《中华人民共和国统计法》的现实意义和统计工作重要性。开通临泉调查队微博、微信公众号、网站，不定期对统计法律法规进行发布宣传，切实增强普法宣传效果。

（陈 航）

农业与农村

综　述

【概况】 2022年，盐亭县全面贯彻落实中央、省、市农村工作会议精神，在县委、县政府的坚强领导下，以农业“135”工程为主抓手，全面推进巩固拓展脱贫攻坚成果同乡村振兴有效衔接。

【农业农村经济稳定发展】 2022年，盐亭县农业农村经济稳定发展，全年第一产业总产值88.95亿元，增加值增量45.57亿元，增加值同比增长5.1%，居全市第一位。农村人均可支配收入21594元，同比增长6.3%。全年粮食播面5.3733万公顷、总产29.4万吨，同比增长2.3%、-2.18%；全年油料作物播种2.5133万公顷、总产6.81万吨，同比增长7.41%、10.10%，“产粮大县、产油大县”称号得到进一步巩固。特色产业持续增长，荣获“全国生猪调出大县”称号，年出栏生猪57万头、存栏达到40万头；禽出栏952万羽，水产2.15万吨。藤椒和柑橘种植面积6667公顷。

【农业产业投资引资】 2022年，盐亭县全年完成第一产业固定资产投资18.6亿元，同比增长15.8%；实施项目8个，完成投资24.35亿元；招引签约社会资本项目8个，协议投资额36.66亿元，其中，招引总投资5亿元以上项目3个，总投资1亿元以上、5亿元以下项目5个。

【新农村建设】 2022年，盐亭县编撰《绵阳市盐亭县农村人居环境整治专项规划(2022—2035年)》，坚持深入推进新农村建设，农村面貌得到新改观。新农村工程覆盖面不断增加，更多农民从中受益，新农村建设成果得到巩固和发展。投资400万元进行农村人居环境整治提升，对全县254个村(居)人居环境基础设施补短板，农村卫生厕所普及率达到90.9%，10个村整村推进农村厕所革命，全年改造无害化卫生厕所2250户，累计改造无害化卫生厕所27246户。创建省级乡村治理示范村2个，创建美丽宜居乡村市级样板村1个，县级样板村2个。

【“三品一标”农产品培育】 2022年，盐亭县把“三品一标”作为实施质量兴农、绿色兴农、品牌强农战略的重要抓手，着力培育“三品一标”农产品市场，建立健全农产品质量安全监管机制，全年共培育“三品一标”获证农产品73个，绿色15家28个产品、有机2家5个产品、地标2家2个产品，盐亭桑叶、梓江鳜鱼获批国家地理标志保护产品。制定奖补标准，完善政策保障，落实“三品一标”奖补政策，上浮补助标准，全额纳入财政预算；完善融资扶持政策，发挥融资担保功能，引导金融机构支持“三品一标”农业生产企业，扩大信贷规模，兑现“三品一标”奖补资金20万元，4家受失信惩戒；实行农产品质量安全追溯与农业农村重大创建认定、农业品牌推选、农产品认证、农业展会等“七挂钩”制度，加快农产品“三品一标”认证步伐，提升品牌影响力。

（彭未娟）

种植业

【粮油种植】 2022年，盐亭县农作物总播种面积8.936万公顷，同比增长3.7%。小春粮食播面1.648万公顷、同比增长1.9%，产量7.43万吨，同比增长0.84%，其中，小麦产量6.71万吨、同比增长0.77%，豆类154吨、同比增长18%，薯类7080吨、同比增长1.2%；油菜播种面积2.008万公顷、同比增长9.13%，产量5.03万吨、同比增长10.45%。大春粮食播种面积3.72万公顷、同比增长2.5%，产量21.96万吨、同比减少3.17%，其中，稻谷产量7.86万吨、同比减少1.63%，玉米12.96万吨、同比减少5.34%，其他谷类73吨、同比增长147.44%，豆类5946吨、同比增长18.75%，薯类5346吨、同比增长9.10%；花生播种面积0.502万公顷、同比增长1.07%，产量1.78万吨、同比增长9%。受极端高温、春夏连旱天气的影响，大春农作物产量有所下降。

【蔬菜种植】 2022年，盐亭县蔬菜种植面积0.973万公顷，复种面积1.45万公顷，产量35.77万吨，产值7.4亿元。以富驿为重点的加工辣椒生产基地种植辣椒66.67公顷；以金孔、九龙、大兴为重点的榨菜生产基地种植榨菜133.33公顷；以云溪为重点的莲藕生产基地种植莲藕133.33公顷；以巨龙、高渠为重点的萝卜生产基地种植萝卜400公顷。引进新品种9个，推广利用低龄幼果园林行间、常绿园地下桩后秋冬闲隙时节间套种植蔬菜、一季中药材与蔬菜轮作等蔬菜种植模式，提高蔬菜产量。

【水果种植】 2022年，盐亭县水果种植面积0.79万公顷，主要有杂柑、桃子、李子、梨子等，年产量9.6万吨，产值4.27亿元，核心水果种植基地主要集中在金孔镇、富驿镇、大兴回族乡、鹅溪镇、玉龙镇、西陵镇、巨龙镇。杂柑新种植品种改良水果33.33公顷，主要改良品种为"阳光1号""明日见"，形成早、中、晚熟杂柑种植格局，产品从每年9月至次年4月均可满足消费者需要。

【花卉种植】 2022年，盐亭县花卉种植主要以九龙镇、高渠镇为核心，核心基地种植面积7.104万公顷。四川亿尚农业旅游开发公司主要种植景观树木及百合、朱顶红、彼岸花等各类观赏花卉；盐亭九龙乡贤农业开发有限公司主要种植各种景观盆景及景观树木；高渠镇高团村主要种植非洲小雏菊、向日葵等鲜切花。

【中药材种植】 2022年，盐亭县中药材种植面积为0.21万公顷，

2022年，嫘祖粮油园区油菜花海

产量3.22万吨，产值3.04亿元。中药材主要种植片区为岐伯、莲花湖、富驿、永泰等乡镇，主要种植品种为桔梗、吴茱萸、艾叶、丹参、黄精、天冬等。其中重点打造以岐伯镇龙前村为核心的盐亭县岐伯中药材现代农业园区，利用中央和省级财政衔接推进乡村振兴补助资金165.971万元对园区道路建设、设施设备完善、新品种引进等进行奖补，助力岐伯中药材现代农业园区升级。2022年9月22日，岐伯镇龙前村举办"岐伯中药材现代农业园区收获节"。

【科学施肥用药】 2022年，盐亭县抓好农药肥料科学使用培训，坚持以安全、污染可控为基本原则，选用新型高效、低毒、低残留农药，做到少施氮肥、稳磷肥、保钾肥、增施有机肥。全县全年化肥使用量为3.8350万吨，与2021年3.8920万吨比减少了570吨，实现了化肥使用量同比减少1.4%的负增长目标。

【"稻香杯"优质米产业发展】 2022年，盐亭县积极发展优质稻生产，推进"稻香杯"优质米产业发展。在富驿镇、永泰镇、黄甸镇、嫘祖镇、鹅溪镇、岐伯镇、金孔镇、九龙镇根据当地生态气候条件、土壤类型、耕地制度和稻种产量、抗病性选择3—5个适宜本地种植的高档优质品种作为主推品种建立农作物高产、优质、绿色新品种核心展示示范片。核心示范片高档优质稻示范品种为晶两优534、C两优919、泰优粤禾丝苗、蓉优33、晶两优1377、荃9优2117、宜香优2115、蓉7优、523蓉7优523、蓉7优523、川优6203、川种优3877。全县国标二级以上优质稻种植面积0.4万公顷，同比增加100公顷。对优质稻种植销售情况进行全过程跟踪督查，并在各关键生长阶段和重要环节进行督导。同时以高档优质稻核心示范片为依托，联系本地优质米加工企业，对示范点种植的高档优质稻新品种做到优质优价收购，实现种植高档优质稻品种比普通水稻品种收益明显提高，充分调动农户种植高档优质稻新品种的积极性。

【规范农作物新品种展示示范评价】 2022年，盐亭县进一步规范农作物新品种展示示范评价。组织专人对展示示范品种进行日常观察和考种记载，并进行产量测产验收；组织全县农技人员、种植大户、农业新型经营主体对展示示范水稻、玉米、油菜、小麦新品种进行现场观摩；根据新品种的丰产性、

抗病性、适应性田间表现组织农业系统内的专家进行现场测评，确保品种评价科学规范，真实可靠。做好展示评价结果利用，根据展示示范评价结果，做好下年度全县农作物品种区域布局，确定主栽品种、主推品种和后备品种，满足不同生态区域、不同栽培模式、不同生产用途对相应品种的需求。

【推进大豆玉米带状复合种植】 2022年，省、市下达盐亭县0.27万公顷大豆玉米带状复合种植示范推广任务，盐亭县根据“四川省大豆玉米（高粱）带状复合种植技术手册”的推荐，结合实际，充分组织农民专业合作社、家庭农场、种植大户、集体经济组织等新型农业经营主体开展大豆玉米带状复合种植。选取贡夏豆13、贡夏豆15、南夏豆25、南夏豆30、贡秋豆5号、贡夏豆12、南夏豆32、南夏豆22、南夏豆35、南夏豆38、南夏豆40等大豆品种和株型紧凑或半紧凑型、耐密抗倒、株高适中、适宜机械化收割的高产玉米品种进行“大豆2—4行，玉米2行”大豆玉米带状复合种植比例模式种植。并在工作推进中给予一定数量大豆、玉米种物化补助作为激励。

（彭未娟）

养殖业

【概况】 2022年，盐亭县按照“以种定养、以养定种、种养结合”的原则，大力倡导循环利用、绿色发展，走种养业循环发展之路。成立以县委书记、县长任双指挥长的盐亭县非洲猪瘟防控和畜禽生产指挥部，在做好统筹产业推进，制定落实扶持政策的同时，着力健全完善四级生物安全防控体系，推行区域分级管理，抓好引种、饲料、人员等方面管控，落实各项防控措施，全面控制非洲猪瘟、禽流感等重大疫病发生和蔓延。坚持以新希望、凤集集团等龙头企业为引领，以大兴黄牛、天府肉羊、150万头生猪全产业链和40万套蛋种鸡全产业链项目为抓手，着力推进标准化养殖、集中屠宰、食品精深加工、冷链仓储、饲料等全产业链发展。

【正式进入全国生猪调出大县】 2022年，盐亭县生猪存出栏数量增长明显。年底生猪存栏56.9万头，同比增长11.5%，比2019年增长2.45倍。全年出栏生猪57万头，比2019年增长1.89倍；能繁母猪保有量达到4.5万头，同比增长12.9%，比2019年增长2.1倍。2022年5月，财政部以《关于下达2022年生猪（牛羊）调出大县奖励资金预算的通知》下达盐亭县生猪调出大县奖励资金397万元，标志着盐亭县正式进入“全国生猪调出大县”行列。

【牛羊禽兔养殖】 2022年，盐亭县牛羊禽兔生产持续稳定发展。年底牛存栏7.49万头、羊存栏18.4万只、兔存栏13.6万只、禽存栏571.9万羽，同比分别上升6.96%、7.4%、1.9%、5.7%；全县1—12月出栏肉牛2.7万头、肉羊29.6万只、肉兔49.7万只、小家禽1026.6万羽，同比分别增长2.2%、6.13%、11.13%、6.23%。

【蛋鸡产业发展】 2022年，盐亭县与凤集集团合作，打造“40万套父母代蛋种鸡全产业链”，建设四川省蛋种鸡现代农业园区，累计完成投资2.1亿元，已建成年孵化4000万羽的国内一流现代化孵化场1个、年存栏10万套的全自动化父母代蛋种鸡场3个、10万只规模育雏场1个、年出栏160万羽的青年鸡场2个。

【水产品养殖】 2022年，盐亭县水产品总产量2.15万吨，渔业总产值4.64亿元。西部水产种业公司入选国家阵型企业，浩淼农业有限公司进入市政府阵型企业库，并实施200万元的省级良种场繁育基地建设项目。盐亭县水产养殖主要以鳜鱼和鲈鱼等名优品种为池塘养殖对象，鳜鱼年产量为1426吨，鲈鱼年产量为919吨。农旅公司新建四川梓江鳜鱼智能化繁育中心并投产，占地1公顷，苗种繁育驯食成功，产出鱼苗600万尾；浩淼渔业鲈鱼、鳜鱼苗种驯食成功，销往陕西、湖北等地。新建尾水处理池1处，优化尾水处理池2处，尾水处理面积达203.7公顷。对所有出售的苗种严格实行产地检疫，联合市场监管局等部门开展对渔药钓具使用专项监督检查，重点查处孔雀石绿、硝基呋喃、氯霉素等禁用药物，对销售门市的禁用钓具进行罚没处理。

【蚕桑养殖】 2022年，盐亭县有桑园面积950.7公顷（包括四边桑、大行桑折合桑园面积），其中，蚕用、果用、茶用桑园484公顷，生态桑园466.7公顷。全县桑果产量300吨，收入150万元；桑枝产量6300吨，桑枝产值155万元；桑叶茶产值120万元；饲料桑产值4万元；蚕沙产量400吨，蚕沙产值53万元；桑园间作园行间套种魔芋、青菜13.3公顷，桑园间作产值7万元；蚕桑副产品收入合计489万元。蚕桑养殖全年发种9384盒，产茧324.69吨，蚕茧产值1617.4万元（其中春季发种1814盒，产茧70.38吨，综合均价50元/千克；夏季发种2400盒，产茧74.88吨，综合均价42元/千克；秋季发种3700盒，产茧122.1吨，综合均价53元/千克；晚秋季发种1470盒，产茧57.33吨，综合均价53元/千克）。由于受极端高温干旱天气影响，全年发种量同比减少820盒，下降8.03%，产茧量同比减少68.01吨，下降17.31%，蚕茧产值同比减少428.6万元，下降20%。

【天府肉羊新品种培育】 2022年，盐亭县与四川农业大学合作承担四川省畜禽育种攻关项目，加快天府肉羊育繁推一体化发展。以农旅公司为平台，建成2个天府肉羊核心场和5个扩繁场，全面推进天府肉羊产业化发展，计划2024年出栏优质肉羊实现30万只以上，良种率实现90%以上，力争“十四五”期间天府肉羊新品种培育成功。

（彭未娟）

农业园区建设

【概况】 2022年，盐亭县拥有县级以上现代农业园区13个（粮油园区5个，养殖园区2个，经作类园区5个，林业园区1个），拥有市级现代农业园区5个（生猪+粮油现代农业园区、柑橘现代农业园区、蛋鸡种业现代农业园区、嫘祖粮油现代农业园区、球宿根花卉现代农业园区），拥有省级现代农业园区1个（水产现代农业园区）。

【盐亭县水产现代农业园区】 盐亭县水产现代农业园区以水产为主导产业，涉及巨龙、富驿、九龙等5镇、12村，拥有核心区集中连片标准化鱼塘206.7公顷，是全国水产健康养殖示范场，省内最大的水产精养基地，依托国家地标产品“梓江鳜鱼”，深入挖掘梓江鳜鱼农耕文化，成功创建“中国西部鳜鱼之乡”品牌。园区狠抓农旅融合发展，建成2万余平方米渔文化中心、光伏停车场、智能化管理系统和鳜鱼繁育中心。2022年园区总产值2.29亿元，人均可支配收入3.22万元，高于全县人均可支配收入46.5%。

【盐亭县“生猪+粮油”现代农业园区】 盐亭县“生猪+粮油”现代农业园区以生猪、粮油为主导产业，涉及鹅溪镇长寿村、鹅溪村、裕泉村、剑河社区，已建成1.2万头、1.05万头种猪场2个，生猪代养场5个，粮油种植面积0.13万公顷。园区全域推广“生猪+粮油”种养循环生产模式，引进省级龙头企业2个，实行“大园区+小业主”经营模式，商品猪存栏规模突破5万头，建成农事服务中心和烘干中心，烘干率、产地初加工率均达80%以上。2022年园区总产值5.2亿元，人均可支配收入3.26万元，高于全县人均可支配收入58.8%。

【盐亭县柑橘现代农业园区】 盐亭县柑橘现代农业园区以柑橘、桃为主导产业，涉及巨龙镇天水村、梓水村等5个村，核心区面积达540公顷，依靠“公司+农户+村集体经济+合作社”的合作模式，通过生产、销售带动周边农户增收，拥有冷冻仓储设备500平方米，冷冻仓储能力500吨/次。园区全域推广“水果+大豆”绿色高效模式，“天水脆桃”“天水蜜柑”已获得相关绿色食品认证和ISO体系认证。2022年园区总产值0.68亿元，人均可支配收入2.8万元，高于全县人均可支配收入37.7%。

【蛋鸡种业现代农业园区】 蛋鸡种业现代农业园区以蛋种鸡养殖为主导产业，涉及黄甸、富驿、文通等5个镇10个村和经开区，园区与政府平台公司“盐亭农旅公司”“四川农业大学”合资成立了西部唯一一家国产蛋鸡品种育种企业，培育自主知识产权的特色品种，同时引进全球最大的蛋鸡育种公司——德国EW集团的优良品种，建设从品种繁育、祖代饲养、父母代扩繁、高品蛋鸡养殖、蛋品深加工的蛋鸡全产业链项目。截至2022年底，园区经营主体凤集集团已荣获省级重点龙头企业、四川省畜禽种业骨干型企业、省级畜禽标准化示范场、市级企业技术中心等称号，培育“黄天鹅”品牌，成功入选新华社乡村振兴频道《了不起的国货》。2022年园区总产值3.9305亿元，农民人均可支配收入达2.81万元，高于全县平均水平27.7%。

【嫘祖粮油现代农业园区】 嫘祖粮油现代农业园区以优质粮油为主导产业，涉及嫘祖镇明殿村、启文村、胥坝村3个村，核心区面积733.3公顷，建成农事服务中心、烘干中心等配套设施，产地初加工率均达85%以上。园区以“一心引领、一带示范、三区协同”构建发展新格局，全力打造“嫘祖后花园、川北稻渔乡”，按照标准化有机优质粮油生产方式，推进园区“生产+加工+科技”一体化发展，形成现代农业、休闲旅游、田园社区融合的田园综合体发展模式。2022年被认定为市三星级现代农业园区，园区总产值1.22亿元，人均可支配收入2.8万元，高于全县人均可支配收入28%。

（邓仙煜）

林业

【森林资源管理】 2022年，盐亭县审议并通过《盐亭县林长制运行规则》《盐亭县林长制监督制度》《盐亭县林长制信息制度》《盐亭县林长巡林工作制度》《盐亭县林长制工作考核办法》等五项规章制度，建立“林长+警长+检察长”森林资源保护协作机制，完善林长制组织体系。全县设置县级林长2名、乡镇(街道)林长34名、村级林长254名；设置林长公示牌254块，公开公示责任人、管理范围、联系电话、工作职责等内容，主动接受社会监督。采取“四不两直”方式，不定期巡林2000余人次，解决责任区森林资源保护发展和安全重点难点热点问题10个。截至2022年，全县林地达7.6万公顷，森林蓄积量724.2万立方米，森林覆盖率达到49.68%。严格执行森林采伐限额管理制度，停止天然商品林集中性采伐。下达2022年生产生活用材采伐限额10817立方米。人工商品林的采伐工作，依法核发林木采伐许可蓄积3237.67立方米，出材量1648.682立方米，核发林木采伐许可证368份。加强对建设项目使用林地检查(含临时占用林地检查)、林木采伐检查、林业有害生物检疫检查、陆生野生动物人工繁育许可检查、林木种子生产经营许可进行监督检查。依法报批林地征占用手续61件，面积49.3526公顷。通过外业调查、叠加林地一张图数据、土地确权矢量数据和各项目红线范围矢量等方式举证，完成2022年第一次森林督查国家下发督查图斑135个面积58.26公顷核查并通过国家林草局验收。制定《盐亭县外来入侵物种普查实施方案》，全面落实生态系统外来入侵物种普查工作。完成2021年森林督查发现违法违规使用林地项目135个。持续巩固抓好古树名木的管理。完成森林生态效益补偿补助面积27570.33公顷，资金646.68万元。

【森林防火】 2022年，盐亭县采取“四不两直”督查方式，对弥江河湿地自然保护区、高山国家森林公园、玉龙山风景名胜区、庙宇、成片坟山等重点区域进行全方位督导检查，发出整改通知书4份并全面落实整改。清理高山公园、白塔山等重要场所森林防火隔离带10余千米。新增九龙等乡镇森林防火检查站点16个，设置防火码11处。建立熊猫护林员App护林防火巡查工作机制，“数字熊猫监测即报”App护林员上线率达90%以上。开展林区森林防火专项整治，排查整治森林火灾隐患16处、重点目标和设施隐患6处、林区输配电设施隐患84处。实行“十户联保”森林防火工作机制，组织群众轮流开展值班值守、巡山检查、森林防火宣传。联合全县所有中小学校开展“开校第一课”森林草原防火活动，通过“小手拉大手”广泛宣传森林防火工作。联合应急、气象等部门组建森林防火“一办六组”工作专班，实行集中办公，整合防灾减灾救灾资源，依托县消防救援大队组建50人县级森林防火专业队伍，乡镇(街道)依托民兵组建森林火灾应急分队18支628人；各行政村成立森林火灾义务扑火队254支5080人；全年开展应急实战演练115场，确保能够快速响应，实现火灾隐患“打早打小打了”。配备风力灭火机50台，1号工具和2号工具200把，新购置防火阻燃服、头盔和战靴100套，定期对森林防火工具进行检测、维修，连续实现51年无重特大森林火灾佳绩。

【野生动物保护】 2022年，盐亭县通过“世界湿地日”“世界野生动植物日”“爱鸟周”“地球日”“野生动物保护宣传月”等活动，宣传野生动植物保护。建立盐亭县打击破坏野生动植物资源违法犯罪联席会议制度，制定《盐亭县开展珍贵濒危野生动物保护“林蜂”专项整治行动方案》，开展“林蜂”专项整治，开展巡护、值守、清网、清套、清夹和除毒饵等专项行动，设置监测巡护线路26条，巡护参与人数102人次，执法检查18次，检查野生动物活动区域20余处，重点市场场所3处，经营活禽交易门店4家，餐饮场所6家，未发现危害珍贵濒危野生动物重特大案件的行为。印发《盐亭县陆生野生动物疫源疫病监测防控应急预案》，成立陆生野生动物疫源疫病监测防控工作领导小组，加强对陆生野生动物疫源疫病监测预警，全年未发生疫情。

【林业有害生物防治】 2022年，盐亭县开展2022年越冬代虫情调查，科学编制《盐亭县蜀柏毒蛾病虫害防治方案》，向上争取资金50万元对云溪镇等乡镇开展飞机防治蜀柏毒蛾3333.34公顷。完成全县123.5公顷松树春秋松材线虫普查，未发现枯死松树和传媒松墨天牛。实施产地检疫种苗面积10.67公顷，办理产地检疫合格证8份，检疫率100%，无外来有害物种引进。

【造林绿化与科技推广】 2022年，盐亭县根据《新一轮大规模绿化绵州2022年度行动方案》，明确各项任务牵头部门和责任部门。3月

12日，县委、县政府领导班子和机关单位代表在巨龙镇天水村6组中苍坝河边开展义务植树活动，现场栽植银杏、水杉、栾树等树苗2070株，乡镇(街道)、机关单位开展义务植树或通过认养、捐赠、管护等方式参与义务植树40万株，尽责率92%。持续推进世行贷款长江上游森林生态系统恢复项目，新增造林133公顷、实行低效林改造2000公顷、实现“森林抚育+补植”738公顷。完成巨龙镇胜利村、嫘祖镇嫘祖村华夏母亲国家纪念公园森林质量精准提升样板基地建设，大规模栽植栾树、银杏、香椿、板栗等珍稀树种133.33公顷。完成林木种质资源普查并通过专家组验收。编制完成《盐亭县国家储备林基地建设项目特许经营实施方案》，采取“农发行+政府+企业+林农”支持、特许经营运作模式，向上争取获得农发行四川省分行审批贷款9.5亿元，投放贷款资金3.04亿元，完成兑现2018年新一轮退耕还林第三次资金补助资金120万元、退耕还林生态林抚育资金79.59万元。在岐伯、高渠、莲花湖乡等乡镇开展以“科技促发展，振兴新农村”为主题的科普宣传及实用林业技术推广活动，现场帮助群众解决种植业病虫害防治、指导种植业提质增效。采取“互联网+科技+产业兴村”的新型农村科技服务模式，为群众提供技术咨询服务，满足农业生产技术需求。

（许中义）

水　利

【节水型社会建设】 2022年，盐亭县启动县域节水型社会达标建设，成立县域节水型社会达标建设工作领导小组，建立节约用水工作联席会议制度，落实公共供水管理非居民用水超计划加价制度，完成58个县直机关、35所中小学校等节水载体创建，县水利局创建为四川省水利行业节水型机关。

【农村安全饮水】 2022年，盐亭县积极做好农村安全饮水供水保障。完成《2022年农村饮水安全实施方案》的编制和批复，项目涉及全县11个乡镇、17处农村饮水安全工程，总投资172.9万元，受益人口27400人，其中，贫困人口、易致贫户和边缘户155人。工程已完工并通过验收。

【水土流失综合治理】 2022年，盐亭县建立健全水土保持联动协调机制、信息共享制度，加强水土流失预防监督，完成水利部、水利厅下发遥感监管任务。收取水土保持补偿费120余万元，审批水土保持方案70余个，验收水土保持设施27个。竣工验收2021年永泰镇玉龙小流域水土流失综合治理项目，治理水土流失面积20平方千米。

【防洪治理工程】 2022年，盐亭县启动湍江黄甸镇防洪治理工程，总投资3290万元，预计2023年3月底完工；启动沈水河宗海场镇金鸡场镇防洪治理工程，总投资3290万元，预计2023年3月底完工；启动梓江盐亭县巨龙高渠防洪堤工程，总投资7134万元，预计2023年6月底完工。

【水库除险加固】 2022年，盐亭县投资1354万元进行水库除险加固。截至2022年底，已完成金家沟水库等13座水库前期工作以及高峰水库等6座三类坝水库初步设计工作；完成庙子湾水库等5座水库蓄水验收工作。

【金峰水厂巩固提升工程】 盐亭县金峰水厂巩固提升工程项目总投资2.12亿元，2022年完成工程总量的96%，预计2023年6月底完工。

【西部、北部城乡一体化供水项目】 2022年，西部城乡一体化供水工程已基本完工，正在进行厂区绿化和设备调试。北部片区乡镇供水设施及管网升级改造工程已完成主管线铺设83千米建造，高位水池进场道路1.9千米建造。正在进行厂区建设。

（尤　舟）

【水土保持】 2022年，盐亭县高标准农田建设边坡整治工程和沟渠控制项目共计建成沟渠5118米，六菱形护坡1万平方米，整治土地4673.1公顷，整治山坪塘27口，建设蓄水池13口。有效保护了生态环境，减少了水土流失，使得农业可持续发展能力得到提高。

（彭未娟）

【武引一期灌区工程】 武引一期盐亭灌区工程于2000年建成，设计灌溉面积0.4万公顷，包括高复分干渠、共麻分支渠、双龙分支渠及双安斗渠、毛公斗渠等渠系，全程82.8千米，年均供水1200万平方米，涉及盐亭县高渠镇、巨龙镇、凤灵街道、玉龙镇、鹅溪镇五个乡镇，受益人口达16万人。

【武引二期灌区工程】 盐亭县是武引二期灌区工程的主战场和主要受益区，设计灌面2.682万公顷，占整个武引二期灌区的38.2%。盐亭县武引二期灌区中小型渠系国家批复建设总投资4.7亿元，新建富城、仁柏、林麻、金洗、石黑、大宝支渠6条长97.63千米，示范片斗渠1条长16.59千米，农渠1条长9.03千米。项目覆盖全县水利供、引、灌网络，彻底疏通盐亭水利大动脉，共计50余万名群众受益。截至2022年底，武引二期盐亭灌区中小渠系工程已全面完工并实现通水。

【莲花湖水库】 莲花湖水库原名两岔滩水库，位于盐亭县莲花湖乡境内，控制流域面积162.6平方千米，水面面积360公顷，是以灌溉为主，结合防洪、养殖、旅游等综合功能的中型水利工程。配套有总干渠1条，店临、店韩、店富分干渠3条及雄关、定光支渠2条，总长75.78千米。水库控灌区包括莲花湖乡、大兴回族乡等6个乡镇，实现灌面0.27万余公顷。

【金峰水库】 金峰水库是武引二期灌区工程规划建设的囤蓄水库，位于绵阳市盐亭县富驿镇高峰村凤鸣河上缘王家沟。水库坝址以上集雨面积8.38平方千米，设计入库流量14.1米^3/秒，出库流量16.5米^3/秒，设计洪水标准50年一遇，校核洪水标准100年一遇。水库永久征地302公顷，涉及移民2370人，概算投资8.6亿元，建设工期47个月，2020年6月大坝建成封顶，同年12月，水库进行第一次蓄水，截至2022年底已完成蓄水7000万立方米。金峰水库可有效控灌盐亭、射洪和南部3个县（市）3.12万公顷农田，为盐亭县14个镇（乡）近50万人提供饮用水源，是武引三期（蓬船灌区）唯一水源。

（王　磊）

农业机械化

【规范农机购置补贴】 2022年，盐亭县认真实施农机购置补贴政策，全年发放农机购置补贴中央资金829.9145万元，补贴各类农业机械5145台（套），受益户达3921户。

【提高农机装备水平】 2022年，随着国家购机补贴政策实施，盐亭县农机装备能力进一步提高，农机

2022年，武引一期共麻分支渠

2022年，盐亭县莲花湖水库

2022年，武引二期富城支渠盛家湾渡槽

2022年，金峰水库

装备开始向多元化、高技术方向迈进。全县有农机总动力45.52万千瓦，其中，耕地机械30719台(套)16.74万千瓦，植保机械3113台(套)0.59万千瓦，排灌机械3457台(套)3.6万千瓦，收获机械1288台(套)3.01万千瓦，收获后处理机械23407台(套)4.0万千瓦，农产品加工机械28926台(套)5.71万千瓦，渔业机械1204台(套)0.13万千瓦，畜牧养殖机械6087台(套)2.21万千瓦，为盐亭县农业增产、农民增收、农村经济繁荣和新农村建设发挥巨大作用。

【健全农机服务体系】 2022年，盐亭县有17个乡镇设农业服务中心，每个中心配有一名农机专职干部。依据《中华人民共和国农民专业合作社法》，盐亭县积极培育发展农机专业合作社、农机大户等农机作业服务组织，初步形成了以农机专业合作社为主体，农机大户为骨干，农机协会、农机中介组织为补充的多形式并存的县乡村一体化农机社会化服务体系。截至2022年底，全县拥有农机化作业服务组织841个、农机专业合作社26个、农机维修点81个。这些农机服务组织的建立和发展为提高盐亭县农机化服务水平、推进农机服务产业化打下坚实基础。

【提高农机化作业水平】 2022年，盐亭县农作物机耕面积7.19万公顷，机播面积3.1万公顷，机收面积4.19万公顷，机电灌溉面积1.68万公顷，农作物耕种收机械化作业水平达57.21%；畜禽机械饲喂总数2.8万只，水产机械投饵养殖总产量3973吨。

【改善农机作业基础条件】 2022年，盐亭县大力开展“五良”融合宜机化改造，全县有提灌站710座1.8万千瓦，常年提水4000万立方米，控灌1.53万公顷农田。

【稳定农机安全形势】 2022年，变型拖拉机由2020年末的479台减少到2022年末的14台，有效稳定了农机安全形势。

（彭未娟）

农业监测

【概况】 2022年，盐亭县农产品质量安全监测工作围绕“治违禁，控药残，促提升”三年行动，紧盯高风险农产品、高风险指标、高风险区域等安全问题，排查隐患，增强农产品监测的针对性、有效性、系统性，高质量高标准完成省市抽样检测任务。

【农产品检测】 2022年，绵阳市下达农产品和食品抽检量达到4批次/千人，其中市县本级定量检测农产品量达到1批次/千人。盐亭县本级农产品年定量检测达到444批次，超额完成市县本级定量检测农产品任务。

【强化本级监测抽样】 2022年，盐亭县组织实施本级监测抽样215个，其中监督抽样135个，采取双随机抽样，抽样范围覆盖全县17个乡镇(街道)，涉及的生产经营主体达54个，抽样单位类型包括：企业基地、种植业大户、个体散户、经营门店、屠宰场等，全县抽样覆盖率达94.1%。实施县级风险监测抽样80个，抽样范围覆盖全县17个乡镇(街道)，重点检测合格证开具主体及“三年行动”12个重点品种。全县215个本级监测抽样结果均为合格。

（彭未娟）

工 业

综 述

【概况】 2022年，盐亭县工业经济持续健康发展，规模以上工业企业实现工业总产值36.07亿元，同比增长17.6%；规模以上工业增加值同比增长10.3%，排名绵阳市第二，连续5年位列绵阳市第一方阵；工业销售产值实现35.16亿元，同比增长16.2%；实现利润总额2.61亿元，同比增长17%。工业增加值29.03亿元，占第二产业50.67%，占全县地区生产总值14.25%，占第二产业比重比2021年提升0.8个百分点，占全县地区生产总值比重比2021年提升1.19个百分点，工业增加值在二产中占比首次达50%以上，工业化率呈逐年增长态势，工业化水平进一步提高。新增规模以上工业企业6户（锂源新能源、格润中天、应友光电、祈睿建材、川气东送LNG、伟程建材），新增4亿元以上企业1户（建丰林业），亿元以上企业2户（群琪科技、金和建材）。

【产业协同成网发展】 2022年，盐亭县以加快构建先进制造产业体系为蓝图，深入实施工业“123”工程，聚焦能源化工、生物医药、绿色食品“2+1”产业体系，不断深化产业链垂直整合，加快产业内部升级和资源集约化提效，积极引进配套产业和企业，推动品牌商、制造商和零部件配套企业在盐亭聚集。探索融合新业态新模式，鼓励推动产业间融合协同发展，支持产业成网发展。

【能源化工产业发展】 2022年，盐亭县贯彻绿色发展理念，按照“延链条、促转型、强配套”的发展思路，抢抓万亿方天然气气田核心区域和新能源汽车等发展机遇，延伸产业链条，聚焦天然气开采利用、生物质能发电、节能环保装备等重点领域，力争在全市能源化工产业版图中占据重要一席。2022年，9户规模以上企业实现能源化工产业产值7.37亿元。

【生物医药产业发展】 2022年，盐亭县把握生物医药产业发展大势，坚持引进增量和培育存量并重的核心思路，聚焦现代中药、兽药、创新化学药等领域，加快提升产业能级，打造全国最大的动植物提取中心。2022年，5户规模以上企业实现生物医药产业产值4.43亿元。

【绿色食品产业发展】 2022年，盐亭县以食品产业绿色化、安全化、健康化为导向，立足成渝地区广阔的市场需求，坚持“强品牌、促联动、建集群”的核心思路，聚焦发展肉制品加工、蛋制品加工、白酒饮料、调味品等领域，争创名优品牌。2022年，4户规模以上企业实现绿色食品产业产值2.28亿元。

【保障经济平稳运行】 2022年，盐亭县紧盯企业培育，保障经济运行平稳。建立股室联系企业制度，深入企业一线，协调解决企业原材料缺乏、招工困难、上下游复产不同步、融资难等困难，稳定工业基本盘，推进企业复工复产。紧跟企业升规入统，按照每周一报告工作原则深入在建项目、试投产企业进行实地查看，协调解决生产困难，进行要素指导，确保符合条件的企业熟悉升规入统详细流程。

【项目建设提升经济发展】 2022年，县工信局提前规划做好指导。开展项目前期备案指导，确保项目建设符合工业、技改投资规定要求，项目入库前一对一指导项目行业编码，确保项目正确纳入工业、技改投资。实行重点项目挂图作战，倒排工期、顺排工序，细化时间节点，加快解决项目建设中存在的突出困难和问题，全力服务投资千万元以上的工业项目。2022年盐亭县在库工业项目共计38个，纳入省、市重点工业项目共计8个。

【助企纾困】 2022年，盐亭县扎实开展助企纾困，协调降低工业企业用气、用电成本，全年工业用电累计降费441.89万余元，补贴部分民营企业电费116.02万元。积极协调相关部门确保企业产业链供应政策畅通，落实生产经营困难小微企业用电“欠费不停供”政策，落实疫情低风险地区企业货运车辆防疫通行，发放企业货运车辆通行证65张，有力保障了疫情防控期间企业运输车辆畅通无阻。抓好工业产业应用和推广，组织督导绵阳锂源、新川义生物、迪澳药业等公司组织拳头产品参加中国(绵阳)科技城创新展览，组织盈基生物质发电企业参加2022世界清洁能源装备展览会，组织椒奥食品、园香园食品公司等企业参加“绵品出川”推荐活动，展现嫘祖故里工业产品新形象，提升产品知名度和市场竞争力。

【安全生产】 2022年，盐亭县保障工业企业安全稳定。严格落实行业监管责任，加强督查巡查工作，保障工业企业及食盐、烟草、成品油等行业规范运行。加强行业监管，持续推进安全生产专项整治三年行动，全力打好重污染天气防治攻坚战，开展食盐市场常态化检查。组织开展疫情防控知识宣传、安全生产宣传月、环境保护日宣传、碘缺乏日宣传、工业企业统计工业业务培训、网络安全周电信日专题宣传等专题活动，增强企业依法依规运营意识。

【专项规划编制】 2022年，盐亭县主动对接，协助推进工业“十四五”专规、乡镇片区国土空间规划通信专项、化工园区产业发展专项规划等规划编制。会同市经信局对食品、白酒、汽车、生物医药等行业企业开展调研，提高行业管理质量，促进行业健康发展。大力开展两化融合、工业互联网、数字化转型支持政策宣传，印发《工业领域网络信息安全工作实施方案》，指导有条件的企业有序开展信息化建设和“两化融合”贯标，推进数字经济发展。为企业数字化奠定基础。

（雍雪梅）

2022年盐亭县千万元以上工业企业一览表

表7

序号	单位详细名称	序号	单位详细名称
1	盐亭峻峰建材有限公司	19	盐亭县京基商品混凝土有限公司
2	盐亭县创新压缩天然气有限责任公司	20	四川新华康生物科技有限公司
3	盐亭盈基生物质能源开发有限公司	21	四川建丰林业有限公司
4	四川中宇橡塑新材料科技有限公司	22	绵阳天鸿生物科技有限公司
5	四川新川义生物科技有限责任公司	23	四川群琪科技有限公司
6	绵阳双辉金属科技有限公司	24	盐亭县坤昇食品有限公司
7	盐亭优锂新材料科技有限公司	25	绵阳市嫘祖酿造食品有限公司
8	四川威斯卡特工业有限公司	26	盐亭县黄甸丝纺厂
9	四川佳电宝精密电子有限公司	27	四川格润中天环保科技有限公司
10	四川省全成生态食品有限公司	28	绵阳应友光电科技有限公司
11	四川绵阳盛丰磷化工有限责任公司	29	绵阳市科益塑业有限公司
12	绵阳市金明木业有限公司	30	盐亭县伟程建材有限公司
13	盐亭中民燃气有限公司	31	四川居里亚智能家具有限公司
14	四川省盐亭活性白土有限责任公司	32	绵阳锂源新能源有限公司
15	绵阳兴隆科技发展有限公司	33	四川涛城电力设备有限公司
16	四川晋深新型建材科技有限公司	34	盐亭县华腾建筑材料有限公司
17	绵阳美迪康生物科技有限公司	35	四川金和时代建筑工程有限公司
18	绵阳麦得法药业有限公司	36	绵阳迪澳药业有限公司

（县工信局）

2022年盐亭县工业企业千万元以上投资技改项目一览表

表8　　　　单位：万元

序号	项目名称	主要建设内容	总投资	企业名称	备注
1	绵阳锂源新源锂电池项目	总投资2.2亿元，主要建设内容为扩建厂房60933.25平方米，建配料、涂布、对辊分切、组装、烘烤、注液、化成、分容、包装、成品车间，以及办公楼、实验楼等附属配套设施；购置涂布、对辊分切、组装、烘烤、注液、化成、分容、包装等全自动设备520台套。投资2.2亿元（其中设备投资约7000万元），建成投产后，年产能达1亿瓦时	22000	绵阳锂源新能源有限公司	竣工
2	生物原料药生产项目	投资8000万元，在经开区购地约2.33公顷，投资建设原料药生产基地，内容包括：共10000平方米的提取车间5间、共3000平方米净化车间、综合办公楼6000平方米、污水净化处理池200立方米、有机溶剂回收设备5套、废气处理设备、200吨的冻库等	8000	四川新川义生物科技有限责任公司	竣工
3	汽车循环经济项目	项目占地3.53公顷，总投资约8000万元，固定投资不低于6000万元。该项目主要内容包括：建立年拆解能力为3万辆汽车的六条生产线及办公、营销等其他附属配套设施	8000	吉圣再生资源有限公司	竣工
4	城市固废回收综合利用项目	新建厂房（合计7000平方米），购置喂料机、电磁除铁器、输送机、除尘机械等设备，建城市固废回收综合利用生产线1条	1200	盐亭县京基商品混凝土有限公司	竣工
5	5万吨普砂及5万吨彩砂生产建设项目	购置破碎机、搅拌机、烘干炉等生产设备，建成石英石干法生产1条线，成品砂烘干1条线，生彩砂1条线	2000	四川中宇橡塑新材料科技有限公司	竣工
6	盐亭县郭家河建材加工厂项目	建设拟占地面积15000平方米，其中加工厂房一间，约占用1100平方米，办公用房4间，其余为储料场和配套设施。购置相关设备一套，其中有LX1560洗砂机、TYF1400圆锥破碎机、PE500750颚式破碎机、GZD0926振动给料机、3YA1860振动分筛机及输送带等	1200	盐亭县郭家河建材加工厂	竣工

续表 8

序号	项目名称	主要建设内容	总投资	企业名称	备注
7	西南地板产业园项目	项目分两期进行。第一期引入强化地板、多层叠压实木地板、无醛饰面纸、饰面板、木门、铝塑板等9家企业，两个地块占地面积分别为8.6公顷、3.93公顷。企业自行筹资，统一规划设计和建设，建设集板式设计、生产加工和智能家具制造于一体的地板产业项目。建设地板产业园，逐步打造成全国较大的地板产业基地，在行业形成完整的产业链条。实现地板、家具行业齐聚、集群发展，打造四川品牌，将园区逐步建设成为立足四川、走向全国、开拓东南亚市场的大型智慧家具产业园	60000		续建
8	油气产能开发项目	盐亭县境内致密气、常规气勘探开发	179250	中国石油天然气股份有限公司西南油气田分公司	续建
9	非晶材料生产项目	建设生产车间、变电房、办公楼、综合楼、厂区道路、绿化等附属配套设施，总建筑面积达1万平方米	5000	绵阳新磁科技有限公司	续建
10	盐亭伙伴智造谷智能制造产业园（一期）	该项目总占地面积6.8公顷，规划净用地面积5.93公顷，拟总建筑面积34万平方米（计容总建筑面积68000平方米）。规划建设11栋标准化门式钢结构厂房、1栋办公楼及相关框架配套用房	20000	盐亭伙伴智造谷企业管理服务有限公司	续建
11	金蛋饲料厂建设项目	总占地面积2万平方米，主要包括一个饲料生产车间，一栋集办公、住宿楼于一体的综合楼及部分附属房。该项目所有原料和成品全部进立筒仓进行储存采用国内领先的生产工艺，设计年生产蛋鸡饲料10万吨	4000	四川金蛋饲料科技有限公司	新开工
12	粮油精深加工项目	计划投资2000万元。建设地点：四川盐亭经济开发区食品产业园，西陵大道天桥至赵家山之间约3.33公顷。投资建设粮油精深加工项目，主要生产粮油产品及食品制品等	2000	盐亭县粮油购销中心站	新开工
13	天然气开发综合利用循环经济项目	园区污水处理厂、石油天然气开采废弃物综合利用循环经济/污水处理厂（含油泥处理、土壤处理）	40000	四川中石再生资源有限公司	新开工

续表 8

序号	项目名称	主要建设内容	总投资	企业名称	备注
14	锦茂动物保健品、兽用药品生产项目	该项目总投资 1 亿元，其中固定资产投资不低于 7500 万元，建设动物保健品、兽用药品生产项目。先后建设 3 个农业农村部新版饲料添加剂（固态、液态）生产线、六条兽药（水针、粉剂、散剂、片剂、颗粒剂、胶囊剂）生产线、一个动物疾病诊断试剂车间、一个动物抗病毒生物技术研究中心（所），以及办公、研发、质检、交易、仓储、住宿等其他附属配套设施。建筑面积不低于 3.3 万平方米，其中生产厂房面积不低于 2 万平方米	10000	四川锦茂生物科技有限公司	新开工
15	GMP（药品生产质量管理规范）生产线建设项目	在盐亭经济开发区（原峻峰建材用地处）拟购二类工业用地 4.83 公顷。先按国家标准建设 5 条兽药 GMP 生产线：含粉针剂、最终灭菌小容量注射剂（含中药提取）/最终灭菌大容量非静脉注射剂（含药提取）等，以及办公、研发、质检、交易、仓储、住宿等其他附属配套设施	10000	成都博大金点生物技术有限公司	新开工
16	奥蓉生物多肽项目	新增土地 5.33 公顷，建设 2 条生产线，分别是硫环肽、碳环肽生产线和多肽快速合成生产线。建成后，实现年产值 1.8 亿元，上缴税金不低于 1000 万元	15000	四川奥蓉生物科技有限公司	新开工
17	植物提取项目、动物用药生产项目	中药材库房，中药材前期处理，中药原料提取线 2 条（含水提线和醇提线），成品制剂线 2 条：含中药散剂成品生产线（含中药提取物），颗粒剂成品生产线等其他附属配套设施。建筑面积不低于 2.2 万平方米，其中生产厂房面积不低于 1.5 万平方米	8000	四川金源恒邦生物科技有限责任公司	新开工
18	盐亭县莲花湖水厂新建工程	新建莲花湖水厂，供水规模 15000m^3/d，制水规模 15750 立方米/天。建设内容包括综合办公楼、反冲洗泵房、配电间、配水井、网格反应沉淀池、V 型滤池和取水口等，占地面积 10335 平方米，以及堆土场（弃土容量 4.8 万立方米）	2300	盐亭农旅投资管理有限公司	新开工

（县工信局）

2022 年盐亭县工业企业新产品开发一览表

表 9

序号	企业名称	新产品名称
1	四川威斯卡特工业有限公司	NIO3.9 差速器壳体
2	盐亭盈基生物质能源开发有限公司	工业供热管网

（县工信局）

县委、县政府表彰的 2022 年度具有突出贡献的企业一览表

表 10

序号	企业名称	主要贡献	主要奖励
1	中油西南油气田分公司川中合作项目管理部	对地方税收贡献较大	纳税先进企业
2	四川慈辰建筑工程有限公司	对地方税收贡献较大	纳税先进企业
3	绵阳富红房地产开发有限公司	对地方税收贡献较大	纳税先进企业
4	盐亭国有投资管理有限公司	对地方税收贡献较大	纳税先进企业
5	中国石油天然气股份有限公司西南油气田分公司川中油气矿	对地方税收贡献较大	纳税先进企业
6	四川省烟草公司绵阳市盐亭分公司	对地方税收贡献较大	纳税先进企业
7	绵阳市恒和房地产开发有限公司	对地方税收贡献较大	纳税先进企业
8	四川恒都投资有限公司	对地方税收贡献较大	纳税先进企业
9	四川威斯卡特工业有限公司	对地方税收贡献较大	纳税先进企业
10	国网四川省电力公司盐亭县供电分公司	对地方税收贡献较大	纳税先进企业

（县工信局）

盐亭经济开发区

【概况】 盐亭经济开发区是 2014 年 7 月由四川省人民政府批准成立的省级经济开发区，园区核准面积 6.6 平方千米，规划面积 9.45 平方千米，建成区面积 10 平方千米。着力构建以天然气化工、化学药与原料药为主导产业，以资源循环利用为特色产业的“两主一特”产业体系。2019 年被省经信委评定为生物医药特色产业基地，2020 年被绵阳市委、市政府定位为生物医药产业功能区，2021 年被绵阳市经信局认定为市级“小型微型企业创业创新示范基地”。2022 年实现工业总产值 40.3 亿元、同比增长 22.52%，其中规模以上工业企业总产值 32.05 亿元、同比增长 23.11%；主营业务收入 39.34 亿元、同比增长 27.18%，其中规模以上工业主营业务收入 31.14 亿元、同比增长 29.07%；工业企业入库税金 4678 万元、同比增长 3.0%。

截至 2022 年底，盐亭经济开发区有注册企业 139 户，其中，已投产企业 109 户，在建项目 30 个；有“四上”企业 41 户，国家级高新技术企业 6 户，省级企业技术中心 2 户，市级企业技术中心 7 户，规模以上工业企业 28 户。

【基础设施建设】 2022 年，盐亭经济开发区新改(扩)建园区道路，路网密度达 3.92 千米/平方千米，

实现市政公用设施与公共服务设施建成区内全覆盖。建成口袋公园9个，美丽街角8个；整治园区形象标识10处、闲置地块4处；规范施工围挡6千米，新建护栏230米；完成41个企业内部环境整治，园区绿地率达59%。

【产业发展】 2022年，盐亭经济开发区推动化学药与原料药提取产业发展，依托迪澳药业、新华康、新川义、博大金点等企业，打造西南地区最大的动植物提取类医药基地和亚洲最大的柑橘类提取及衍生物研产销基地。推动熔增环保、格润中天、吉圣汽车循环经济等项目满产升规，引导盈基生物、建丰林业等企业技改扩能，构建盐亭资源循环型产业体系和危废资源循环利用体系。全年园区规模以上工业企业净增4户，新建标准厂房11.33万平方米，规模以上工业企业集聚度达75.68%。

【企业项目招引】 2022年，盐亭经济开发区立足盐亭区位、交通、资源基础优势，围绕“两主一特”产业链建设，全年招引天然气处理厂等50亿元“镇园之宝”培育项目1个，500强企业项目3个，引入5亿元以上项目6个，招引上市企业1户。

【人才招引】 2022年，盐亭经济开发区先后培育高新技术企业6户、科技型中小企业39户，打造省、市级企业技术中心9个，签订技术合同0.3亿元。探索校地合作新模式和产学研新空间，与中南大学共建新能源产业研究院、与西南石油大学共建天然气产业研究院、与湖南农科院建立院士专家工作站，引进科研人才9名。构建技术人才引育机制，与四川化工职业技术学院、绵阳职业技术学院等5所高职院校签订订单式培育合作协议，为人才招引奠定坚实基础。开展人才招引活动，前往厦门大学等8所高校和四川工程职业技术学院等10所职业院校，为24户重点企业招引专业技术人才430名、储备人才500余名。

【企业帮扶】 2022年，盐亭经济开发区成立经开区企业服务中心，专职配备企业服务中心主任，协调县级部门采取“直接下放”“委托行使”“定期驻点”等三种方式向园区放权赋能84项，推行一站办理，限期办结工作模式，逐步实现园区“企业办事不出园”。召开“营商环境面对面”专题座谈会，定期开展园区企业大走访，先后收集124家企业困难诉求140个，建立园区企业问题帮扶台账，推行“清单制+责任制+销号制”的工作机制，协调解决企业水电气价格、融资、涉税涉费问题92个。编制政务服务代办清单，为企业代办帮办项目报批、商事注册等17个事项。完成增值税留抵退税2700余万元，发放助企纾困政策明白卡2.4万余份。

【重点园区和企业】 盐亭巨龙化工园区。盐亭巨龙化工园区占地272.4公顷，范围东至江南社区，南至天水村，西至两岔河社区，北至青丰村。园区基础设施建设项目已成功纳入省105项重大工程项目库，拟申报30亿元专项债和贷款资金用于园区基础设施建设。天然气处理厂项目已完成初设批复，进入实施阶段，配套基础设施已开工建设。2022年底已储备一批高质量涉气涉化项目，百亿级产业园区发展态势加快形成。

四川格润中天环保科技有限公司。四川格润中天环保科技有限公司成立于2018年，是四川长虹电子控股集团成员，公司投资建设的格润中天工业废弃物集中处置项目是2020年省重点项目，总投资5亿元，占地13.33公顷。公司已取得专利技术213项，用于该项目专利共23项，是川内首家集工业资源综合利用与处置于一体的环保服务供应商。建设有2万吨/年废活性炭综合利用、100万只（约1.6万吨）/年废包装桶综合利用，1.5万吨/年焚烧处置、1.5万吨/年填埋处置生产线和26.36万立方米安全填埋场，原料来源于川内化工类及生物医药企业固体废弃物，产品主要销售给川内炼钢厂及塑料加工厂，完全投产后可实现年产值6亿元，年缴税金3000万元，提供就业岗位160余个。公司于2022年8月3日正式点火投产运营，2022年12月升规。2022年有员工103人，其中，硕士学历人才2名，本科学历人才30名。

四川熔增环保科技有限公司。四川熔增环保科技有限公司成立于2017年10月，是一家致力于废有机溶剂循环再生利用的环保行业公司。主要提供危险废物的循环再利用服务，危险废物的解决技术方案咨询服务，以及环境污染应急服务。公司秉承“青山绿水”宗旨使命，坚持致力于废有机溶剂充分回收利用及无害化处理，致使产废企业减少危废产生量，降低危废处置费用，降低产废企业采购有机溶剂成本（回收再生有机溶剂）。截至2022年底，该公司已取得危险废物经营许可证，获得发明专利26项、实用新型专利5项、注册商标4个，可利用专项环保研发技术为盐亭生物医药园及周边相关企业做配套服务。公司一期项目建设投入1.5亿元，建设年处置3万吨有机溶剂生产线，于2020年8月开工建设，项目建设已全面完成，于2022年5月建成投入试运行；项目共占地12公顷，总投资约

3.8亿元，建筑面积8.5万平方米。项目一期建成投产后，预计可实现年产值3亿元、年缴税金3000万元以上，并提供就业岗位100余个。二期项目将投入2.3亿元，将继续扩充有机溶剂处置生产线，三期将新增等离子焚烧项目。项目全面建成后对有机溶剂的年处置量将达到10万吨，项目全面投产后，预计实现年产值10亿元、年缴税金1亿元以上，并提供就业岗位500余个。该项目可为盐亭县奥蓉多肽、迪澳制药、新华康、美迪康、新川义等生物医药项目提供配套服务，同时对绵阳及周边区域生物医药及化工类企业有机溶剂进行回收、处置和再利用。公司通过将废有机溶剂中的主含量废液分离纯化达到99.9%，可优选纯化分离的产品达到99.99%，达到电子级、无水级、色谱级高品质有机溶剂，预计2023年可实现产值1亿元、纳税1000万元以上，并提供就业岗位100余个。2022年底，已与苏伊士环境公司等多家世界500强企业建立合作意向，计划将在全面投产五年内申报上市。

四川威斯卡特工业有限公司。四川威斯卡特工业有限公司成立于2013年9月，占地80万平方米，是一家专门从事汽车零部件精密加工的企业。公司拥有24项国家专利证书，2017年11月被评为高新技术企业，2019年荣获绵阳市工人先锋号。公司规划建设加工车间14个，2022年已建成车间10个，7个车间已投入使用。公司主要产品为涡轮壳、排气歧管、差速器壳体三大类，主要销售给福特、上海大众、博世马勒等著名的整车厂和零部件厂家。2022年累计实现产值6.70亿元，纳税764.9万元。

绵阳（盐亭）伙伴智造谷智能制造产业园。2021年1月，四川伙伴行科技有限公司来盐投资10亿元建设盐亭伙伴智造谷项目，属于省重点项目。项目计划分3期建设，1期投资2.5亿元，用地98亩，建设标准化厂房11栋，约3.4万平方米，1期项目建成后，预计实现产值1.5亿元，创税950万元，提供就业岗位300个。

（张瑞雪）

生物医药产业

【概况】 2022年，盐亭县生物医药产业规模持续扩大，有规模以上企业6户（迪澳药业、新华康、美迪康、新川义、天鸿生物、麦得法药业），其中亿元企业2户（迪澳药业、新华康），另新建成投产兽药项目2个（锦茂生物、博大金点），基本形成了以动植物提取、中药饮片、兽药为主的生物医药产业集聚发展格局。2022年实现规模工业总产值4.72亿元，同比增长2.03%。

【生物医药产品】 橙皮甙、地奥司明、胆红素、甲状腺素等生物医药产品广泛应用于制药、保健、食品添加、化妆品等领域。2022年，盐亭县橙皮甙、地奥司明、胆红素、甲状腺素等生物医药产品畅销30多个欧美和东南亚国家，其中，橙皮甙系列产品全球市场占有率达70%，胆红素产品占国内市场总额的35%以上。

【生物医药创新研发】 2022年，盐亭县生物医药产业创新和研发能力不断增强，迪澳药业、新华康、新川义等企业分别与四川大学、湖南农科院、广东农业科学院等知名高校和科研机构开展交流合作。生物医药企业技术中心达到3户，其中省级企业技术中心1户（迪澳药业），市级企业技术中心2户（新川义、新华康）。迪澳药业、新华康被认定为国家高新技术企业。6家医药企业均取得ISO证书；部分企业取得清真认证、犹太认证等食品药品准入资格，在东南亚超过十个国家的药厂完成注册工作；部分企业达到欧盟GMP（药品生产质量管理规范）和美国FDA（美国食品和药物管理局）出口要求。

（雍雪梅）

能源化工产业

【概况】 2022年，盐亭县将油气资源优势转化为高质量发展的着力方向，将油气资源勘探开发摆在工业发展的中心位置。积极申报建设化工园区，全力争取中石油等单位在盐亭布局天然气净化、轻烃回收、储气调峰、天然气发电等重大项目，打造化工产业集群，开辟增储上产新阵地。

【能源化工企业】 2022年，盐亭县能源化工产业有省级专精特新企业1户（晋深科技），新培育升规企业2户，规模以上企业达到7户，分别是盈基生物、创新压缩、盛丰磷化、中民燃气、晋深科技、绵阳锂源、格润中天，实现工业产值7.1亿元，同比增长75.6%。

【清洁能源发展】 2022年，盐亭县清洁能源发展取得突破性进展，发展态势不断向好。盈基生物园区供热管网项目正加快实施，庆华投资生物全降解环保新材料项目、湛江电力清洁能源开发项目正在紧锣密鼓地筹备。

（雍雪梅）

绿色食品产业

【概况】 2022年，盐亭县共有食品加工企业31户，其中规模以上食品加工企业3户(四川省全成生态食品有限公司、盐亭县坤昇食品有限公司、绵阳市嫘祖酿造食品有限公司)，初步形成以全成食品、嫘祖酿造、圆香园等为代表的“盐亭造”食品精深加工产业。2022年实现食品产业规模以上工业总产值2.28亿元。

【项目引进与储备】 2022年，盐亭县新引进食品加工项目2个(适客食品加工项目、凤集蛋品精深加工项目)，储备项目1个(粟隆粮油加工项目)，为绿色食品产业发展注入动力。

【绿色食品产业集群构建】 2022年，盐亭县依托凤集、新希望建立以蛋肉制品为龙头的绿色食品产业园，依托粮、果、桑茶等特色农产品，在具备条件的乡镇布局粮油和果蔬生产加工企业，配套布局烘干冷链物流设施，全力建好黄甸镇农产品精深加工农业产业园，以绿色有机为突破口，积极创建“盐亭造”名优品牌，构建绿色食品产业集群。

【四川省全成生态食品有限公司】 2022年，四川省全成食品全年屠宰生猪28500头，建成酱卤肉、风干肉生产线并完成试生产。公司拥有标准规范的现代化加工车间，先进的理化检验设备，充足优质的原料资源，产品主要销售往成都、重庆等地。公司计划立足现有产品，研发新产品10余种，并利用线上线下等渠道推向市场，满产后，年产值将增加4000万元，提供就业岗位150个。

【四川椒奥食品有限公司】 2022年，四川椒奥食品有限公司在全县采购藤椒120吨作为原料，促进农业与工业融合发展。全年实现藤椒油、花椒油产量800吨，年产值1551.24万元，同比增长12.99%。积极参与“绵品出川”活动，增加销售订单60万元，拉动营业收入同比增长2.4%。公司通过农业产业化市级重点龙头企业评定、四项实用新型专利证书认定。

【嫘祖辣椒酿造】 2022年，盐亭县嫘祖酿造以辣椒产业为主导，嫘祖酿造全力打造农产品加工“第一车间”，发展辣椒种植333.33公顷，本地收购鲜椒2000余吨用于豆瓣酱、辣椒酱制作，以高于同期80%的收购价格实现辣椒种植户收入翻番，实现一二产融合发展。

(雍雪梅)

天然气勘探开采

【概况】 盐亭县位于蓬莱气区和天府气区两个万亿级特大型气田的核心区域，地质条件优越，天然气层系多、资源量丰富，预估资源量超万亿立方米。县第十四次党代会召开以来，盐亭县抢抓国家“双碳”战略机遇，积极融入四川省千亿立方米天然气基地建设，将油气资源勘探开发作为工业经济的中心工作，成立工作专班，增设职能机构，建立“县、乡、村三级联动、多部门配合”的协调服务机制，与川中油气矿建立盐亭天然气上产区地企党建联盟，实行天然气勘探开发工作月报制和年度考核制，2022年天然气勘探开发工作成效显著。

【天然气产能创新高】 2022年，盐亭县完钻天然气井17口，累计获得测试产量788万立方米/天；投产15口，新增产能250万立方米/天，年产能首次突破10亿立方米。

【经济效益大幅提升】 2022年，盐亭县累计生产天然气7.4亿立方米，完成投资11.5亿元，缴纳税费5682.9万元，分别同比增长91.7%、180.5%、41.7%。

【常规气勘探取得突破】 2022年，盐亭县角探1井于2022年7月投产，日产天然气35万立方米。创四川盆地三个第一(第一口超高压井，第一次应用高压脱硫技术，第一次发现沧浪铺组储气层位)。蓬深6井已钻进8800米，成为中石油川渝地区最深的直井。

【重点项目快速推进】 2022年，盐亭县金浅5H井区东集气站总投资3亿元，于9月建成投产，日处理天然气达150万立方米；盐亭天然气处理厂项目计划总投资20亿元，设计天然气处理规模为600万立方米每天，预计2023年6月开工建设；角70井增压脱烃项目计划总投资1.9亿元，设计天然气处理规模为195万立方米每天，预计2023年4月投产；角76井试采地面建设工程计划总投资1亿元，设计天然气处理规模为30万立方米每天，日产LNG180吨，预计2023年5月投产。

(雍雪梅)

商贸服务业

综　述

【概况】 2022年，盐亭县实现服务业增加值101.58亿元，服务业总量占全县地区生产总值比重49.5%，对全县经济增长贡献率达55.5%，拉动经济增长4.6个百分点。社会消费品零售总额105.81亿元，同比下降0.5%；城乡居民人均可支配收入分别为41569元、21594元，同比增长4.8%、6.3%。文化旅游、健康养老、商贸流通、现代物流四大主导产业有序发展。文旅产业初步形成，嫘祖圣境、西部写生创作基地建设步伐加快，实现旅游收入10.5亿元、同比增长11%。健康养老业持续推进，民办养老服务机构备案达4所。经开区商贸中心主体完工。盐亭软烧藿香鳜鱼被认定为省级天府名菜。云栖逸境成功创建为绵阳市农产品直播电商基地，全年全县实现电商交易额13.32亿元、网络零售额7.29亿元。组织线下促销活动260余场，实现交易额1120万元。县域现代物流业逐步壮大，有在库规模以上物流企业4家。

【文化旅游业发展】 2022年，盐亭县嫘祖圣境、墨竹里风情街、龙凤谷景区初具规模；两江文旅商业聚集区、西部写生创作基地有序推进；嫘祖国家纪念公园、文同诗竹园建成AAA级景区，文旅融合发展势头良好。

【商贸体系成熟完善】 2022年，盐亭县打造社区养老15分钟服务圈，建成社区养老服务综合体1个。成功创建省内首批县域商业建设行动示范县，"绵品出川"实现本土订单超8000万元。出台购房补贴，组织家电企业积极参与市级2000万元家电促销补贴活动，发放普惠性消费券2000万元，开展大中型促销活动150次，拉动消费1亿元。通过商业网点设施的建设、改造、调整、完善、提升等有力措施，初步形成以县级商贸中心为龙头、乡镇商业中心为依托，村级便民服务点为末端的县域商业体系。县城范围内共有中央天街、嫘祖商业广场、锦绣江城、水晶郦城、金和智慧广场、阳光水岸、寺垭鸿运商业中心、南门广场、弥江华都9个县级商业中心；有望江楼、辰东2个综合市场；有恒都家装建材广场、昆仑建材市场、汽摩万安市场、久鑫机动车服务中心、冠珠陶瓷市场、聚龙再生资源回收市场、农江桥畜产品交易市场7个专业市场；有电子商务企业40家，本土电商平台4个；17个乡镇（街道）共有37个农贸市场。成熟的商品市场网络不断满足盐亭县城乡居民不断增长的物质和文化需求，较好地发挥了辐射功能，逐步提高新型商业业态的比重，降低食杂店、百货店等传统商业业态的比重，使专卖店、专业店、连锁超市、购物中心等新型商业业态在商业网点中的比重超过50%。全县共有商贸企业911家，其中供应链下沉到乡镇的企业89家，供应链条下沉到行政村的大型企业达到11家，盐亭商贸流通业达到更高水平，县域商贸体系更加完善。

【营商环境优越】 盐亭是四川省扩权强县试点县，投资环境优良，省政府赋予盐亭60余项经济管理审批权限，是首届全国公共资源交易百强县。重商、亲商、富商氛围浓厚，县级领导"一对一"联系到盐亭投资的重点企业和项目，职能部门实行"一站式审批，全程代办服务"。定期举办嫘祖祭祀、乡贤联谊会等活动，搭建开放平台、深化政企合作、促进乡贤回归。出台招商引资、创业扶持、支持民营企业发展等奖励政策和"园保贷""服务绿卡"及人才公寓等服务政策，鼓励各类企业、人才到盐亭投资兴业。

（何荣梅）

盐亭县大型批发、零售市场一览表

表 11

市场类别	序号	市场名称	地址	经营面积（平方米）	经营品种	年交易额（万元）	入场经营户数（户）	入场从业人员（人）	市场产权单位	市场负责人
综合市场	1	望江楼综合市场	云溪镇弥江路	9600	拆除原址重建	—	—	—	—	孙启德
	2	辰东综合市场	云溪镇弥江路	6500	农产品、陶瓷、五金、铁器、服装等	9000	300	1500	辰东市场服务有限公司	赵彩凤
建材专业市场	3	恒都商业广场	云溪镇石岭社区	100000	建材家居	3000	100	350	恒都商业广场管理公司	张　勇
	4	昆仑建材市场	文同干道桂花街	6800	建材家居	9000	220	800	昆仑有限责任公司	冯　明
汽摩销售维修专业市场	5	汽摩万安市场	云溪镇万安社区	10000	摩托车、电动车经营	6000	20	200	万安摩配物管中心	胥文化
	6	久鑫机动车服务中心	凤凰大道遂洞口	15000	汽摩配件、车辆维修服务	5000	30	120	久鑫机动车服务中心	赵德久
陶瓷经营专业市场	7	冠珠陶瓷市场	云溪镇万安社区	2000	陶瓷	800	5	30	—	杨宗平
再生资源回收专业市场	8	聚龙再生资源回收市场	云溪镇梅花垭	58000	废旧回收	8000	5	200	聚龙市场服务公司	陶　彪
畜产品交易专业市场	9	农江桥畜产品交易市场	云溪镇先锋社区	4000	畜产品	6000	30	150	云溪镇先锋社区	王建琼
农贸市场	10	城北综合农贸市场	云溪镇赐紫路	3000	农产品	3000	140	186	吴志平	吴志平
	11	新西旺农贸市场	云溪镇新西街	1050	农产品	2000	120	160	徐金发	徐金发
	12	盐亭外滩菜市场	云溪镇滨江路	—	农产品	—	—	—	—	古计林
	13	富驿牲畜市场	富驿镇	654	畜产品	1350	35	42	市场开发有限公司	金继忠
	14	富驿农贸市场	富驿镇	6000	农产品	812	80	130	段明和	段明和
	15	富驿建材市场	五马广场	5000	—	400	30	50	王　伟	王　伟

续表 11

市场类别	序号	市场名称	地址	经营面积（平方米）	经营品种	年交易额（万元）	入场经营户数（户）	入场从业人员（人）	市场产权单位	市场负责人
农贸市场	16	金安农贸市场	金安场镇	1000	农产品	800	30	90	朱长贵	朱长贵
	17	九龙八角农贸市场	八角场镇	850	农产品	1184	65	80	市场开发有限公司	邓孝良
	18	永泰林农农贸市场	永泰林农场镇	1200	农产品	1243	60	70	林农永兴市场服务公司	刘兴茂
	19	永泰和平农贸市场	和平场	1400	农产品	800	46	60	和平社区	杨小勇
	20	九龙榉溪农贸市场	榉溪场镇	380	农产品	636	30	40	何常启	何常启
	21	金孔牲畜市场	金孔孟公三社	1800	—	1120	20	26	胥其、任大驰、任培炎	胥 其
	22	金孔农贸市场	金孔镇	15000	农产品	800	80	96	任朝武	任朝武
	23	嫘祖农贸市场	嫘祖镇	2600	农产品	960	35	50	陈 兵	陈 兵
	24	玉龙牲畜农贸市场	玉龙镇	350	畜产品	950	28	35	王 雄	王 雄
	25	玉龙开发农贸市场	玉龙镇东家坝	6000	农产品	316	50	70	王宗普	王宗普
	26	玉龙综合农贸市场	玉龙镇	200	农产品	300	60	120	董国永	董国永
	27	西陵综合农贸市场	西陵镇	1500	农产品	230	35	50	马甫弟	马甫弟
	28	黄溪综合农贸市场	黄溪场镇	1200	农产品	450	80	120	陈天明	陈天明
	29	黄甸综合农贸市场	黄甸镇	2400	农产品	534	80	500	李庆中	李庆中
	30	三元综合农贸市场	三元场镇	150	农产品	375	60	80	枣园社区	何天江
	31	高渠综合农贸市场	高渠镇	1500	农产品	804	42	60	两河镇政府	谢红双
	32	高渠牲畜市场	高渠镇	100	畜产品	850	31	40	张 建	张 建

续表 11

市场类别	序号	市场名称	地址	经营面积（平方米）	经营品种	年交易额（万元）	入场经营户数（户）	入场从业人员（人）	市场产权单位	市场负责人
农贸市场	33	岐伯农贸市场	岐伯镇	200	农产品	819	35	50	何小均	何小均
	34	鹅溪农贸市场	鹅溪镇	2200	农产品	1200	270	380	安家镇	马春强
	35	文通农贸市场	文通镇	485	农产品	750	18	24	敬红梅	敬红梅
	36	石牛庙农贸市场	石牛庙场镇	600	农产品	648	15	26	石牛庙乡政府	梁平生
	37	大兴林山农贸市场	林山场镇	1300	农产品	800	90	120	群英社区	杜　晔
	38	永泰文同故里农贸市场	永泰镇	1300	农产品	900	60	80	新民社区	勾洋兵
	39	洗泽农贸市场	洗泽场镇	1400	农产品	1500	80	140	任洪波	任洪波
	40	玉龙三星农贸市场	玉龙三星场镇	1300	农产品	800	50	60	金光琼	金光琼
	41	龙泉农贸市场	西陵龙泉场镇	—	农产品	900	50	80	龙凤社区	董友纯
	42	鹅溪剑河农贸市场	剑河场镇	1100	农产品	800	56	70	雨航市场管理公司	杜红艳
	43	来龙农贸市场	来龙场镇	1400	农产品	900	60	80	新桥社区	刘　翼
	44	高渠毛公农贸市场	毛公场镇	1200	农产品	1500	90	120	秀山社区	谭　君
	45	高渠聚兴社区农贸市场	高渠镇聚兴社区	1000	农产品	1000	60	90	聚兴社区	赵登培
	46	七宝农贸市场	七宝场镇	800	农产品	800	50	60	七宝社区	陈云培
	47	冯河农贸市场	冯河场镇	1000	农产品	900	45	60	冯家河社区	李乐进
	48	双碑农贸市场	双碑场镇	800	农产品	800	40	60	莲花社区	马光敏

（县商务局）

粮油购销

【概况】 2022年，盐亭县制定并印发《盐亭县2022年粮食安全党政同责考核重点任务清单的通知》，健全粮食安全党政同责体制机制，压实粮食安全主体责任，落实目标任务。深入践行《四川省"十四五"时期保障粮食安全行动方案》《四川省"十四五"粮食和应急物资储备发展规划》，严守耕地保护红线，强化项目引领，进一步加强基础设施建设，大力培育科技种粮储粮人才，扎实抓好粮油收购储，积极开展执法检查，实现县域粮食流通市场的秩序稳定和价格可控，确保粮食生产的质量安全和粮油的增产增效，切实维护群众的合法权益。深入推进"天府菜油""中国好粮油"示范县创建工作，持续发挥粮食产后服务中心效能，全县粮食产业实现健康有序发展。

【粮食储备资金保障】 2022年，盐亭县发改局、县财政局和中国农业发展银行盐亭县支行联合制定《盐亭县粮食风险基金管理办法》，修订《盐亭县县级储备粮管理暂行办法》《盐亭县县级储备粮轮换管理暂行办法》，明确规定县级储备粮"资金管理""轮换资金和费用"，进一步明确了风险基金使用和管理。全年共下达县本级风险基金132.55万元，上级下达粮食风险基金专户资金634.12万元（粮食风险基金包干补贴465万元；省级储备粮油补贴款169.12万元。不含稻谷补贴、地力补贴及种粮农民一次性补贴）。通过粮食风险基金专户支付县级粮油保管费轮换费用67.83万元，支付县级储备粮油挂账利息42.13万元；支付政策性财务挂账利息446.38万元；支付省级储备粮油补贴款196.54万元；支付粮食政策性财务挂账消化30万元。成功争取到中央预算、省财政资金共计546万元进行粮食产量发展和应急能力建设（其中，盐亭县嫘圣粮油"仓顶阳光"建设项目296万元，盐亭县粮食质量安全检验监测机构建设项目250万元）。

【粮食储备安全管理】 2022年，盐亭县在原有3.7万吨低温库、智能库的基础上新建1万吨仓容的应急配送中心建设项目和储备库信息化建设项目，切实增强盐亭县储备保障能力，深化粮食储备安全管理体制机制改革，确保政策储备和经营业务分离。修订企业内控制度，加强政策性粮食质量安全监管，落实储粮安全责任制，严格落实进口粮食防疫检疫监测等制度，加强进口粮食管控。2022年底，盐亭县安全代储进口大豆1.15万吨、玉米7764.22吨。

【粮油应急供应体系健全】 2022年，盐亭县建立健全粮食应急保障体系，充分发挥粮油应急保供作用。实现粮食应急供应网点全覆盖，在15个乡镇，1个街道，1个经开区，均按要求设置1个应急供应网点；在县城所在地设9个供应网点，全县共计设置网点26个。发放粮食应急保障体系建设政策资金9.98万元。在疫情防控临时管控的特殊情况下盐亭县粮油供应市场平稳，无囤抢哄抬情况发生。

【夏秋粮收购】 2022年，盐亭县印发《关于切实做好2022年夏粮收购工作的通知》《关于切实做好2022年秋粮收购工作的通知》，督导企业坚持把保护农民利益放在第一位，改进方式方法，提升为农服务水平。严格执行国家质价标准，做到政策上榜、标准上墙、样品上台，让农民交上明白粮、放心粮、满意粮。认真落实收购结算政策，做到"一手交粮一手付钱"，绝不能给售粮农民"打白条"。

（赵昌银）

集市贸易

【城乡集市】 2022年，盐亭县共有城乡集市57个，其中，镇集市14个、乡集市1个、民族乡集市1个、原乡集市19个、原镇乡办事处集市16个、村集市6个。每月，凤灵街道、云溪镇系白日场；富驿镇、鹅溪镇（安家场）、金孔镇逢1、3、5、7、9；玉龙镇、岐伯镇（柏梓场）、九龙镇（八角场）、西陵镇（高灯场）、嫘祖镇（金鸡场）逢2、4、6、8、10；永泰镇（林农场）、莲花湖乡（冯河场）、龙泉场、黄溪场、茶亭场、五龙场、毛公场、冯河场、石牛庙场、两岔河场、定光场、会真场、海门场逢1、4、7；黄甸镇、巨龙镇（麻秧场）、大兴回族乡（林山场）、金安场、折弓场、洗泽场、双碑场、宗海场（农历）、三星场、三岔场、章帮场、水灌场、香山场逢2、5、8；高渠镇（两河场）、文同镇（黑坪场）、三元场、来龙场、榉溪场、巨龙场、灵瑞场、和平场、古来场、弥江场、七宝场、龙固井场逢3、6、9；剑河场逢2、5、8、10；永泰场、花林场、共和场逢4、7、10；安伏场逢3、7、10；三河场逢2、6、9；龙潭场逢3、6、10；天垣场逢2、5、9；阳春场逢2、6、10；石稻场逢1、5、9。

【城乡集市贸易秩序及交易环境整治】 2022年，盐亭县积极开展城乡环境综合提质三年行动，加强对工作落实情况的督查、评比、公示、通报、激励，引导群众共治共享，使盐亭县城乡集市贸易交易秩序、交易环境明显好转，切实提升了广大群众的生活品质。

（杜小迪）

盐　业

【概况】 四川省盐业总公司盐亭支公司是四川省盐业总公司直属企业，隶属绵阳盐业分公司领导，党组织受中共盐亭县国有企业综合委员会领导。办公地点位于盐亭县云溪镇凤池街64号，2022年有在职职工2人、内退职工4人。全年，公司围绕四川省盐业总公司提出的“深化改革，提质增效”工作主题和“强化集团管控、聚焦主业经营、强化组织保障、推动转型发展”工作主线，按照“夯渠道、强经营、推改革、抓党建、增效益”工作思路，狠抓经营管理，进一步落实改革任务、推动经营转型、强化管理效能、提升服务质量。

【食盐销售】 2022年，盐亭县小袋盐销售以“川晶”品牌为主，根据市场情况，制定营销策略，进行高强度、多频次的促销和宣传活动，树立盐业公司“品质保障、国企责任”的企业形象和“川晶食盐，放心安全”的产品形象。努力做好盐亭县的加碘食用盐及行业用盐、一般工业用盐、多品种盐、未加碘小袋食盐的供应。全年销售小袋食用盐385吨，工、行业用盐47吨，实现营业收入76.6万元。

【多种经营】 2022年，盐业公司按照上级“分公司做规模、支公司做效益”的原则，应对错综复杂的盐业形势和千变万化的市场竞争，学习理解国家《盐业体制改革方案》，不断创新经营模式，随时掌握市场新变化、新动态，优化商品结构，降低经营风险。全年新增销售酒类、味精、白砂糖、纸巾等非盐产品。

（赵明亮）

烟草专卖专营

【概况】 2022年，盐亭县烟草专卖局共销售卷烟9451箱，实现销售收入3.16亿元，实现税利9569.28万元。

【数字门店建设】 2022年，盐亭县烟草专卖局持续推进数字门店和零售重点建设，新增数字门店客户30户，截至2022年底共有60户，较2021年同比增长100%。全年数字门店总销售笔数93.7万笔，总销售金额4145.68万元，卷烟销售笔数58.51万笔，销售金额2847.86万元，会员消费2.68万人。

【烟草专卖管理】 2022年，盐亭县烟草专卖局整合现有专卖力量，成立“案件专案组”“市场监管组”，一手抓市场监管、一手抓案件查办，积极配合绵阳市烟草专卖局推进专卖条线“大兵团”集成办案模式，加强大要案件协同联动。全年向绵阳市烟草专卖局（公司）案件线索研判室申报线索2条，查获涉烟草案件59起，其中5万元以上案件2起；查获“三烟”（走私烟、假烟、非法渠道烟）67.48万支，假私烟3.622万支，假私烟占比5.42%。

【烟草市场监管】 2022年，盐亭县烟草专卖局联合县市场监管局、县公安局、县教体局等部门召开电子烟市场管理协调会1次，召开打假破网工作座谈会2次，先后开展集中打击互联网涉烟违法犯罪活动、“雷霆2022”、清理整治向未成年人销售电子烟、真烟异常流动、“茶烟”等类烟产品、百日攻坚、节日整治7个专项行动。对辖区内7户电子烟存量实体店开展宣传4次，电子烟实体店自行退出5户，开展电子烟入校宣讲1次，张贴禁止向未成年人出售卷烟的警示标语300余份。

【烟草法律法规宣传】 2022年，盐亭县烟草专卖局结合“3·15”“6·29”“12·4”等专题专项宣传要求，以纪念《中华人民共和国烟草专卖法》施行30周年为契机，运用普法宣讲形式，积极参与全县安全普法、绵阳市烟草专卖局廉政普法、“送法下基层”、普法讲师进校园等活动。创新落实“谁执法谁普法”责任制，大力推广线上宣传，通过自制短视频、互动视频等形式，创新普法载体，扩大宣传覆盖面，提升全员接受度，营造起浓厚的普法氛围。

（张旭扬）

餐饮业

【概况】 2022年，盐亭餐饮业面对新冠肺炎疫情持续冲击和经济下行、人料成本增加等不利因素，通过转方式，调结构，实现餐饮行业规模与企业规模稳中求进，良性发展。引导餐饮业转型升级，发展大众餐饮和特色餐饮。“嫘圣皇朝”“天鹅”等餐饮企业调整定位，推出中低端套餐，以此走近大众消费。伊品轩、新月、粟荷等餐饮企业转型发展，调整经营战略，不断创新菜品，开发地方菜、家常菜和特色小吃，推出平价菜、特价菜，吸引大众消费。通过政策支持，引导餐饮行业特色、集聚发展，刺激消费。引导餐饮企业设置“半份菜”“拼盘菜”等适量点餐产品，并提供量需为用、型号不同的餐盘和免费打包服务。从服务业引导资金中单列部分资金用于培育特色餐饮集聚区建设，加速餐饮集聚发展。全县已建成南街小吃一条街、桂花街烧烤一条街、外滩美食一条街等多个餐饮集聚的特色街区。特色街区内，引入火锅、中餐、烧烤、清真多种餐饮业态，弘扬传统文化、打造本地特色，促进盐亭餐饮业发展壮大。加大节庆活动餐饮促销力度，扩大餐饮消费需求。在元旦春节和“迎春购物月”期间，积极开展“年夜饭”“特色家宴”等促销让利消费，在满足市民多层次、个性化、时尚化的餐饮需求同时增加餐饮企业营业收入。鼓励餐饮业将“走出去与引进来”相结合，组织企业到江油、梓潼等市县进行餐饮考察学习，同时邀请餐饮同行到盐亭传经送宝，形成餐饮发展良性互动。利用加盟、直营等方式发展壮大餐饮业，“天府名菜”—盐亭软烧藿香鳜鱼、桑叶宴等盐亭特色菜品逐渐走出盐亭。引导餐饮企业充分利用互联网+，利用“大众点评”“美团”“饿了么”等App开展网上团购和订餐业务。截至2022年底，全县大部分餐饮企业网上销售与预订量占业务总量比例越来越大。众多餐饮企业开发App、微信小程序订餐业务，增加消费黏性，满足移动互联时代的新需求。

【盐亭嫘圣皇朝酒楼】 盐亭县嫘圣皇朝酒店管理有限公司是绵阳市知名餐饮企业，成立于2000年，前身为武装部大酒店，于2015年更名为盐亭县嫘圣皇朝酒店管理有限公司。固定资产3000万元，员工300余人，主营高中档中餐、汤锅。旗下有嫘圣皇朝酒楼总店、嫘圣皇朝酒楼寺垭分店、嫘圣皇朝酒楼政府街分店、绵阳波尔卡酒店，截至2022年底，连同承包经营的县政府机关食堂，可同时接待3500余人就餐。

【盐亭云溪国际大酒店】 盐亭云溪国际大酒店地处盐亭县城指南新区，是一家集住宿、餐饮、娱乐、商务、会议和旅游等项目于一体的综合酒店。配备有完善的餐饮、宴会设施，有可容纳550人左右同时就餐的宴会大厅及15个风格迥异的宴会包间，可提供川菜、粤菜、藏式菜等风格独特的精美菜肴。酒店有大、中、小4个会议室，可容纳400人同时开会。

【天鹅川菜馆(盐亭店)】 天鹅川菜馆是“中华饭店餐饮行业名店”“全国绿色消费餐饮企业”。盐亭店位于盐亭县阳光水岸外滩特色商业街，商业氛围浓厚，建筑面积3000余平方米，一楼用于接待大型婚宴、寿宴、团体宴等，可同时供700人用餐；二、三楼拥有各种连包、单包等豪华商务包间22个。

【盐亭桑叶主题宴】 盐亭桑叶主题宴以桑叶为原料，采取煎炒、炸烹、凉拌等多种做法，烹调成别具特色又具有健康价值的菜肴。干炸桑叶、凉拌桑叶、锦绣桑叶丸子、桑叶鲫鱼煲、桑叶煎饺等菜品，从凉菜到主食，从热菜到营养汤，一应俱全。经桑叶烹煮的菜肴清爽不油腻，入口清香，青涩中带微甜，有野菜的香气又不似野菜清苦，让人吃后仍意犹未尽。

【黄天鹅蛋品】 凤集食品集团聚集全球顶级的蛋鸡育种、生产、养殖、技术及营销资源，专注于黄天鹅品牌鸡蛋的研发与运营。其打造的“黄天鹅可生食鸡蛋”先后荣获国际食品品质品鉴大会金奖、国际顶级美味奖章，通过HACCP(危险分析与关键控制点)认证，是中国唯一荣获国际食品界品质大满贯奖的蛋品品牌。“大师小点”蛋卷添加了34%的可生吃鸡蛋，不含香精、防腐剂、反式脂肪，营养丰富、香甜酥脆，是老少皆宜的健康、美味休闲食品。

【藤椒油】 盐亭地处嘉陵江、涪江分水岭，全年无霜期达294天，适宜作物生长，唐宋时期花椒等作物便在此大量种植。“椒奥”系列油品选用人工采摘的花椒鲜果，经喷淋除尘，现代工艺压榨，最大限度保留青花椒清香特质，鲜香纯正、麻味浓烈、色泽清透明快，属于纯天然油基调味品，可用于菜品凉拌、面食、火锅、炒菜、蘸碟提香。

【嫘祖月饼】 富驿嫘祖月饼，是一款有30年历史的老式酥皮月饼。月饼纯手工打造，采用传统烘焙的方法制作而成，外皮酥脆，馅料香甜可口，口味松酥，是嫘祖月饼的精粹，有麻辣味和果仁味两种口味。

（何荣梅）

嫘祖月饼

供销合作商业

【概况】 2022年，县供销社实现销售总额、农副产品购进总额同比增长4%；供销社资本同比增长5%；社有企业利润总额同比增长5%。开展土地托管0.83万公顷，基层供销业务开展率达90%。协助乡镇发展辣椒产业333.33公顷，建立辣椒示范种植基地1个；协助乡镇发展青菜产业133.33公顷，建立青菜示范种植基地1个；发展紫苏产业20公顷。

【基层供销组织建设】 2022年，县供销社按照标准化股权构成迅速在镇一级采取现代企业运行制度，建设基层供销社8个。立足基层建设现状，进一步全面恢复基层网络建设，在九龙镇、文通镇试点在镇一级建设镇供销社，在村一级以村集体经济组织为主体，全面建设村级分社27个。

【助力村集体经济“消薄”】 2022年，县供销社编制“两张网”强化数字供销建设，高效便捷服务消薄集体经济薄弱村。聚焦供销社怎么服务“三农”，怎么“消薄”集体经济等问题，建立线上线下两张网，提供“供销”服务。依托市上“两平台”线上服务网，提供“一站式”服务。通过“农资在手”“绵州珍宝”的“供销”服务平台，对接化肥生产厂家，农特产品销售市场、平台等，建立“绵州珍宝”形象店，提供农资供销、技术服务、市场信息等农业信息“一站式”共享服务，吸引绵阳美丰厂、德阳金象厂等农资企业入驻“农资在手”平台，盐亭县嫘祖豆瓣、乡音乡情等4家企业入驻“绵州珍宝”平台上线经营。截至2022年底，销售“盐亭造”农产品200万余元，在九龙镇、文通镇试点农资业务，采集化肥190余吨，争取到厂家让利4万余元。完善县乡村三级线下服务网，提供“直通式”服务。明确县乡村三级职责，建立县供销社指导、服务，镇供销社整理、上传，村级分社动员、收集的明确服务流程，对接线上服务网开展农资直供的线下“面对面”“点对点”服务，减少中间商环节，优化物流运输，做到从过程中“精简增利”，降低物流成本、仓储成本、销售成本9000余元，村集体销售农资68.4万元，实现集体收益5.4万元，最高村集体增收9600余元，基层供销社“大小春”农资业务帮助村集体实现年收入3万元的“消薄”任务。

【农村产权流转交易】 2022年，县供销社着力抓好农村产权流转交易服务。配合市交易中心做好农村产权工程建设招投标，闲置拆并村办公场地招租，符合条件的经营性建设用地入市等工作。

【镇乡供销社服务农业经济发展】 2022年，县供销深入调查研究，外出考察学习，综合研判后，6月20日至7月20日，进行了第三轮复合肥集采集配工作，组织资金435.41万元，集采直供1110.775吨，88个村居共实现销售收入384万元、毛利润58.6万元，净利润在1万元的村居有7个，镇乡供销社服务收入4.86万元。对接网络电商、“绵州珍宝”等平台发布特色农产品信息，做好“盐亭造”特色农产品“天府乡村”四川公共品牌申报工作，同时主动与县商务局、县农业农村局等部门对接，开展“盐亭造”特色产品出盐亭系列活动，实现销售“盐亭产”农产品200余万元。

【“绿色农资”行动】 2022年，县供销深入实施“绿色农资”行动，精准施肥共筑美丽乡村。开展土壤用肥动态检测，精准测量土壤肥力情况，提供科学施肥用药方案，坚决打击过量供肥的虚假销售行为。

（程亚莉）

物流业

【概况】 2022年，盐亭县邮政快递收发量为1258万件，其中上行邮政快递为109万件。全县已建成物流园区1个（百惠通西部农贸物联港），建成配送中心1个（邮政配送中心），在建综合商贸物流中心1个（江南综合商贸物流中心），拟建商品双向流通三级物流体系项目1个（邮政公司），已初步整合县域范围内主要快递企业的运输配送资源，初步实现信息共享。

【县、乡、村三级物流体系完善】 2022年，盐亭县共完成1个县级快递物流仓配中心、15个乡镇级快递物流运营（共配）中心、189个村级“金通·邮快驿站”的提升改造，县、乡、村三级物流体系不断完善。

【建立县乡村三级物流商贸共配体系】 2022年，盐亭县推进“交商邮”融合发展试点创建工作，依托县域商业建设行动项目，初步建立县乡村三级物流商贸共配体系。

【农村物流发展】 2022年，盐亭县通过建设乡镇商业中心，融合商务、邮政、交通职能，促进农村电商和农村物流融合发展，打通城乡双向物流通道，鼓励农村电商业务延伸和覆盖面拓展，实现农村电商村级服务网点全覆盖，优化物流资源，实现农村电商快递物流网点信息共享，形成物品流、运输流、信息流、资金流优化循环。强化农产品冷链物流设施建设，拓展农产品销售渠道，建立稳定的农产品产销供应链条，实现农产品上行，助力农民增收。

（何荣梅）

2022 年盐亭县第三方物流业情况一览表

表 12

序号	企业名称	法定代表人	序号	企业名称	法定代表人
1	盐亭县德异普世物流有限公司	吴德惠	27	四川通利达物流有限责任公司	卢　磊
2	盐亭县飞燕物流有限公司	李　伟	28	四川厚安物流有限公司	肖厚强
3	盐亭县广韵物流有限公司	李　亮	29	绵阳瀚为恒通物流有限公司	傅卫忠
4	盐亭县峻博物流有限公司	曾　勇	30	四川旺虹物流有限公司	唐瑞志
5	盐亭县宏晨物流有限公司	赵定强	31	四川东飞物流有限公司	王道兴
6	盐亭县德高物流有限公司	赵德高	32	四川省智奥物流有限公司	王富会
7	盐亭县力展物流有限公司	冯　雪	33	绵阳市指南针物流有限公司	杨　昆
8	盐亭县俊汉物流有限公司	胡　燕	34	盐亭飞速物流有限公司	杨　帆
9	中国邮政速递物流盐亭县分公司	王　宁	35	四川耀发物流有限公司	林　莉
10	盐亭百惠通物流有限公司	谢秀珍	36	四川洪轮物流有限公司	倪志勤
11	四川荣磊物流有限公司	张　磊	37	四川卓宏物流有限公司	张淑芳
12	盐亭远航物流有限公司	马　铃	38	绵阳易捷物流有限公司	雷　林
13	四川春辉物流有限公司	邱应六	39	四川马运达物流有限公司	吴碧辉
14	四川君银物流有限公司	邓丽华	40	四川众航物流有限公司	汤国书
15	四川昊龙物流有限公司	陈方果	41	四川厚源物流有限公司	肖　杰
16	绵阳市道义物流有限公司	杜　冲	42	四川宏运通物流有限公司	王甫明
17	绵阳多德物流有限公司	贺　亮	43	绵阳道通物流有限责任公司	侯华兰
18	四川省肥猫物流有限公司	陈仕彪	44	四川省邦泽物流有限公司	付建伟
19	四川天宝大运物流有限公司	周文斌	45	四川省翔运通物流有限公司	杨　琴
20	绵阳市丘陵物流有限公司	梁秋林	46	绵阳市三人众物流有限责任公司	冯　川
21	四川元美物流有限公司	郑华均	47	四川快易达物流有限公司	钱银辉
22	绵阳运畅物流有限公司	刘　李	48	绵阳市顺通达物流有限责任公司	侯志伟
23	四川丽春物流有限公司	陈丽春	49	绵阳市鑫浩怡物流有限公司	郑才映
24	四川龙驰物流有限公司	陈森林	50	四川成培鸿物流有限公司	杜　容
25	四川华运物流有限公司	樊　华	51	绵阳上善均衡物流有限公司	袁友辉
26	四川省文波物流有限责任公司	付建伟			

（县商务局）

2022年盐亭县快递公司一览表

表13

序号	快递名称	地　　址
1	EMS快递	盐亭县南街116号
2	Q1优速快递	盐亭县梓江南路上段295号
3	安能快递	盐亭妇幼保健院旁
4	百世快递	盐亭县百惠通·西部农贸物联港
5	德邦物流	盐亭县嫘祖大道上段229号
6	国通快递	盐亭县凤凰大道大修厂背后
7	汇强快递	盐亭县凤凰大道
8	极兔快递	盐亭县百惠通·西部农贸物联港
9	京东快递	盐亭县红光路蓝泊湾小区
10	快捷快递	盐亭县县人民医院农家桥方向300米
11	龙邦快递	盐亭县云溪镇文同路388号
12	品骏快递	盐亭县百惠通·西部农贸物联港21栋1层15、16、17号
13	全峰快递	盐亭县云溪镇
14	申通快递	盐亭县百惠通·西部农贸物联港
15	顺丰快递	盐亭县百惠通·西部农贸物联港
16	苏宁快递	盐亭县云溪镇
17	速尔快递	盐亭县绵盐路1号
18	天天快递	盐亭县世恒锦都33—34号
19	圆通快递	盐亭县绵盐路一段指南5号附8号
20	韵达快递	盐亭县云溪镇风池上街122号
21	宅急送快递	盐亭县指南片区百惠通物联港8-3-1
22	中铁物流	盐亭县嫘祖大道上段365号
23	中通快递	盐亭县嫘祖大道上段409—415号
24	CCES快递	盐亭县云溪镇

（县商务局）

电子商务

【概况】 2022年，盐亭县通过多项政策措施助推电子商务蓬勃发展。全年实现电子商务交易额16.1亿元，完成目标任务的114.28%；实现网络零售额7.87亿元，完成全年目标任务的149.90%。

【直播促销活动】 2022年，盐亭县10余家重点电商企业在春节、“6·18”年中大促、国庆及“双十一”等节假日活动期间通过京东、淘宝、抖音、拼多多等平台以促销、直播等方式积极开展鸡蛋、桑芽茶、藤椒油、香肠腊肉等农特产品销售活动，销售额累计2.71亿元。凤集食品通过抖音、淘宝直播，以产品抢购、打折、满减等促销方式，销售黄天鹅鲜鸡蛋等系列产品，销售额约2亿元。四川椒奥通过淘宝、抖音直播销售“椒奥”牌藤椒系列产品（青花椒油、藤椒油、芝麻油、香油、保鲜椒、干花椒），销售额约1200万元。老手艺通过抖音销售桑叶等当地农特产品，销售额约800万元。亿尚农业在抖音平台开展七里花乡产品促销活动，销售额1500余万元。花果嫘乡通过拼多多、淘宝平台、抖音直播等方式销售水果，销售额800余万元。中环超市、鸿运、五星等超市通过拼多多，开展线上线下促销活动，通过多种商品满减、超低价、秒杀和年货商品打折等方式，实现销售额1600余万元。5家企业参加2022年绵阳新春年货购物节活动，销售鸡蛋、桑芽茶、藤椒油、香肠腊肉等产品。

【电商技能培训与线上活动参与】 2022年7月，盐亭县组织盐亭县电商企业、传统商户负责人和返乡创业青年、务工人员等共15人参加绵阳市直播电商技能培训。组织凤集食品集团有限公司参与2021—2022年度四川电商百强评选工作并获得四川新业态新模式创新企业称号。组织老手艺、鑫农、七里花乡等电商企业参加省商务厅举办的“2022川货电商节”及“2022川货电商节绵阳分会场暨‘优选绵品 嗨潮乐购’”活动，组织盐亭县限额以上餐饮企业参加“玩味绵州”线上美食嘉年华活动。

（何荣梅）

外资外贸

【概况】 2022年，盐亭县全面贯彻落实“六稳”“六保”任务，切实稳住外贸基本盘，加快外贸企业转型升级，以项目和企业为工作重点，营造良好发展环境。

【拓展海外市场】 2022年，县商务局抓好稳外贸工作，主动作为，充分发挥盐亭县生物医药、汽车零配件等产业优势，做好四川新华康生物科技有限公司、四川威斯卡特工业有限公司等外贸出口企业服务工作。鼓励外贸主体参加各类行业展会，大力拓展海外市场，2022年全县实现进出口总额1.78亿元，同比增长45.90%。

【减免费用缓解外贸企业压力】 2022年，县商务局密集联系走访新华康等重点企业，及时拨付外贸发展资金53万余元（其中省级专项资金52.9万元），积极帮助企业协调减免房租13.5万余元，有效缓解外贸企业下行压力。

（何荣梅）

金融

综述

【概况】 2022年，盐亭县有银行业金融机构9家，营业网点104个，从业人员677人。截至2022年底，全辖银行机构各项存款余额263.73亿元，同比增加34.05亿元，增长14.8%。各项贷款余额142.88亿元，同比增加20.67亿元，增长16.92%，增长率排全市第三位。存贷比为54.18%，同比提升2.04个百分点。全年银行业贡献全口径税收1832万元。有保险机构13家，营业网点31处，从业人员近2000人。截至2022年底，全县13家保险机构实现保费收入5.2亿元，同比增长3.3%，实现理赔1.23亿元，同比增长13.5%。其中，政策性农业保险实现保费收入7043.72万元；小额人身保险参保人数达到3.69万人，实现保费收入184.39万元，实现理赔139万元。

【金融服务实体经济】 2022年，盐亭县坚持加强金融服务实体经济能力建设，用好"政银企"投融资对接平台，加大服务实体力度，共举办系列融资对接会4次，签约融资项目6个，签约融资贷款金额4.6亿元，截至2022年末已足额投放到位；深入开展一线走访调研，切实解决企业融资阻梗，全年累计向14家融资需求企业解决资金缺口8255万元；全力支持县属国有企业发展壮大，全年累计向县属5家国有企业新增投放贷款15.25亿元，贷款额同比净增6.65亿元，同比增长达77%；农信联社改制顺利推进，截至2022年底，该机构不良贷款率、拨备覆盖率、资本充足率等主要指标均符合监管要求。

【财金互动政策】 2022年，盐亭县坚持财金互动助力经济社会发展。优化实施延期还本，缓解企业资金压力，全年累计办理贷款延期563笔，涉及贷款本金5.42亿元；积极减费让利，降低企业资金成本，全年累计向经营主体减费让利1348万元，贷款利率较2021年同期降低113个BP(基点)；积极发放普惠小微贷款，惠企纾困，截至2022年末全县普惠小微贷款余额达20.82亿元，较2021年同期净增4.8亿元，同比增长达29.96%，贷款户数为5498户，较2021年同期净增2426户，同比增长78.97%；充分利用财金互动奖补政策，发挥奖补资金撬动作用，全年累计拨付各类财政奖补资金77万元，涉及贷款本金5828万元；充分发挥担保补充作用，助企纾困，利用创业担保贷款贴息支持重点人群创新创业，全年累计向238户发放贷款4097万元，带动(吸纳)重点就业人群186人。与省市农担机构合作，利用乡村振兴农业产业发展贷款，助力新型农业经营主体缓解融资梗阻，截至2022年末累计担保102户，担保贷款金额1.2亿元，撬动社会资本投入达3.8亿元，其中2022年新增担保32户，新增担保贷款金额4741万元。

【保险高质量发展不断迈上新台阶】 2022年，盐亭县保费收入总规模达到5.28亿元，同比增长3.25%，高于全市平均增长率，累计赔付1.23亿元，同比增长13.51%。三大主粮作物(水稻、小麦、玉米)投保面积覆盖率达到84.72%，超出央省70%总要求14.72个百分点，全县农业保险保费规模已达7043万元，已争取到位财政补贴资金5360万元，财政资金补贴规模排全市第二位，为盐亭14万户农户提供13.5亿元的风险保障。

（景瀚尧）

金融监管

【中国人民银行盐亭县支行】 2022年，中国人民银行盐亭县支行认真落实好稳健货币政策，全力推进金融支持乡村振兴，压紧压实主体责任，带领全体干部职工紧密结合县域经济金融实际，积极主动履行央行职责。

【金融服务】 2022年，中国人民银行盐亭县支行对辖内104个银行网点账户服务工作进行了督查、暗访，回访开户企业43家；召开打击治理电信网络诈骗工作推进会2次，督导金融机构落实“断卡”行动要求，年内机构累计拦截涉诈汇款7次，为群众挽回经济损失近3万元；持续落实减费让利政策，2022年共减费让利97.27万元，惠及小微企业和个体工商户3821户；国库为民服务取得新成效，完成个人所得税退税7583笔共346.9万元，增值税留抵退税129笔共2823万元；国库惠民服务平台建设扩点增面，累计建成170个，授牌20个；积极探索“线上+线下”销售模式，全年累计国债下乡销售36笔，金额424.86万元。

【日常监督】 2022年，中国人民银行盐亭县支行履行职责，加强小贷担保行业监管。做好日常监管，督促公司按时上报月报表，对上报数据准确完整性进行审核；做好日常风险监管，关注风险动态监测指标，对风险预警情况进行分析形成报告及时上报市金融工作局。配合做好2022年度合规性经营检查工作，根据市局统一安排部署，开展机构现场检查相关工作，督促小贷公司等加强内控管理，增强依法合规经营意识。开展公司高管风险提示10余次，针对经营中存在的问题和困难，提示风险防范。

【严防非法集资风险】 2022年，县财政局制定《盐亭县2022年度打击和处置非法集资工作方案》《盐亭县打击整治养老领域非法集资行动实施方案》等通知文件，会同相关行业主（监）管部门开展常态化、针对性排查10余次。认真学习贯彻新版《防范和处置非法集资条例》《四川省地方金融监督管理条例》，切实做好辖内两类公司线上线下监测监管，强化现场和非现场监管，不断引导小额贷款公司、融资担保公司做强资本实力，强化风险管理，规范经营行为。同时，出台《盐亭县金融突发事件应急预案（试行）》文件，以便迅速有效地处置金融领域可能发生的群体性事件、突发性事件，维护公共利益和社会利益。截至2022年末，全县无新增非法集资案件，无存量非法集资案件，有力地保障了全县金融风险稳定。

【优化金融发展环境】 2022年，县财政局加强与市金融工作局的协调沟通，积极争取对全县金融监管工作的支持和帮助。保持与人行盐亭支行、银保监盐亭监管组的良好沟通，防范化解互联网金融风险，加强对重点风险领域、高风险金融机构的监测分析，全年未发现违法金融活动及金融乱象。不定期召开金融运行情况和解决金融机构在盐亭发展问题沟通协调会，加强辖内金融机构的协调和管理。

（景瀚尧）

银行业

【中国银行盐亭支行】 中国银行盐亭支行（以下简称支行）于2020年12月25日成立，内设营业部和业务发展部两个部门，2022年有员工10人。支行本着“服务地方经济、服务小微企业、服务城乡居民”的经营理念，紧密结合县委、县政府“产业兴盐”发展战略，努力支持盐亭实体经济发展，大力增加信贷投放总量，积极提升对重点建设项目、战略性新兴产业、现代服务业、中小企业、“三农”和民生工程的金融服务。个人储蓄存款较年初时点增长2950万元，日均较年初增长4181.57万元，全量金融资产时点较年初增长3665.78万元。全年新增个人客户1406户，代发薪签约4户，已实现代发4户，代发人数859人，累计代发金额1273万。保险全年实现中收9.85万元，重点基金实现销售322.57万元。全年支行贷款新增8274.09万元，其中，大公司客户1户，投放6649.09万元，普惠客户12户，投放金额1625万元。支行存款2900.18万元，较年初新增2458万元，其中，企业存款2458万元，行政事业存款442万元。支行单位账户新增33户，对公有效客户7户。

【中国农业银行盐亭县支行】 2022年，中国农业银行盐亭县支行（以下简称支行）存贷总规模达57.68亿元，较年初净增10.93亿元，同比增长23.39%；各项贷款余额19.93亿元，较年初净增4.5亿元，同比增长29.15%，贷款增量在县内五行一社中位列第一位。累计投放县域国资公司、事业单位贷款1.37亿元，有效助力县域经济发展。全面开展“深耕乡村”活动，每个网点分片挂钩全县所有乡镇和街道办，以整村推进的方式为各乡村和农户进行建档评级、发放贷款。2022年，贷款累计发放2534笔，金额3.28亿元，受益农户5200余户，有贷户达1155户。认真落实关于加大普惠小微企业金融支持力度的相关部署，重点围绕“增量、扩面、降本、提质”目标再发展，累计投放普惠小微企业贷款44笔，合计9585万元。

【中国工商银行盐亭县支行】 2022年，中国工商银行盐亭县支行（以下简称支行）各项存款时点余额8.99亿元，比年初增加1.44亿元。其中，储蓄存款6.66亿元，比年初增加1.41亿元；公司存款余额4575万元，比年初下降2278万元；支行机构存款余额1.87亿元，比年初增加2567万元。在存款稳定增长的同时，支行贷款情况也有较大发展，实现普惠贷款净增2761万元，信用卡分期417万元，票据贴现921万元，个贷余额7274万元，个贷不良余额647万元。2022年，支行为各企业提供一揽子金融服务，以“国担快贷”“税务”“房易贷”等产品为抓手，结合县域资源禀赋，创新贷款方式，积极向当地各大企业进行贷款投放，全年实现普惠贷款2761万元投放，完成市分行下达目标110%。以“大个货”为突破点，结合线上获客、线下对接的数字化营销新方式，依托市分行线上赋能，发挥支行产品多元化的优势，深耕商户、房产等重大客群，打造民生消费场景，房抵个人贷款放款笔数居全市中上水平。以金融资产搭配为方向，以爱车卡、银保、理财等金融产品为手段，不断拓展新客户，实现全量商户新增全市排名第一，实现信用卡资产业务发生额完成率全市排名第五，支行分期任务完成率达100.65%，排名全市第二。

【中国建设银行盐亭县支行】 2022年，中国建设银行盐亭县支行（以下简称支行）一般性存款时点余额35.62亿元，较年初新增5.26亿元；对公存款时点余额3.72亿元，较年初新增0.55亿元；对私存款时点余额31.90亿元，较年初新增4.70亿元，各项贷款时点余额13.76亿元，较年初新增0.95亿元。完成对盐亭县中医医院授信工作，总授信2000万元，截至2022年末贷款余额1000万元，实现近两年大中型授信业务新突破。2022年，支行普惠授信余额较年初新增6679万元，普惠信贷余额突破2亿元；进一步落实金融支持稳经济增长政策，全年累计为73户小微企业申请无还本续贷、累计续贷金额3955.40万元；针对不同类型的企业采取不同的授信方案，先后实现对盐亭县域内科创型企业和专精特新企业的新增授信工作，2022年为科技型企业累计授信1475万元；全年实现普惠贴现业务8笔，金额552万元。新增外币对公账户开户1户，建融智合当年新增22个，平台功能使用31次。跨境撮合完成135%、黄金积存完成100%。

【中国农业发展银行盐亭县支行】 中国农业发展银行盐亭县支行（以下简称支行）是全县唯一一家政策性银行，2022年末各项贷款余额201783.06万元，比年初增加80214.11万元，同比增长65.98%。全年累计投放贷款88520.11万元，同比多投55032.57万元。主要有粮油信用保证基金贷款100万元、农村土地流转和土地规模经营贷款38170.11万元、水利建设贷款12200万元、城乡一体化贷款21410万元、改善农村人居环境15000万元等。全年累计收回贷款8406万元，同比少收回贷款16013.85万元。中国农发重点建设基金余额38850万元，比年初增加31850万元，同比增长455%。2022年末，支行国际业务结算量人民币4486万元，折合约705万美元。2022年末，支行支农资金余额42336.73万元，同比增加28901.56万元，同比增长215.12%；日均存款余额39045.28万元，同比增加23137.46万元，同比增长145.45%。2022年末，支行实现FTP（文件传输协议）利润2253.60万元，同比增加843.70万元，同比增长59.84%；人均利润173.35万元，同比增加85.23万元，同比增长96.72%。2022年，支行支持水利基础设施1.22亿元，支持交通基础设施1.43亿元，支持片区开发0.9亿元，支持殡葬服务0.72亿元，支持供水服务建设0.6亿元，支持蛋鸡养殖0.81亿元，支持储备林3.01亿元，支持盐亭县文同粮油购销有限公司轮换储备小麦1000吨，发放地方粮油储备贷款112万元。支行向盐亭县嫘圣粮油购销有限公司成功发放一笔粮食信用保证基金贷款100万元，支持收购稻谷1000吨。

【绵阳市商业银行股份有限公司盐亭县支行】 2022年，绵阳市商业银行股份有限公司盐亭县支行（以下简称支行）各项存款余额193554万元，较年初增长29992万元；贷款余额107114万元，较年初增长13054万元。2022年普惠小微余额为20048.62万元，户数为119户，当年累计发放普惠贷款21307.2万元，累计发放普惠贷款户数41户。

【中国邮政储蓄银行盐亭县支行】 2022年，中国邮政储蓄银行盐亭县支行（以下简称支行）存款余额70611万元，较年初增加8405万元；贷款余额45913万元，较年初增长5309.88万元。全年累计投放贷款39137.63万元。全年成功堵截3起电信诈骗事件，为客户挽回经济损失23万元。信用户贷款投放475笔、3541.10万元，累计投放1603户、12990.40万元，结余341户、2712.93万元。2022年，支行小微企业贷款余额11549万元，年度净增1250万元，不良率为0。针对企业因疫情原因到期还款困难，实行展期、续贷等措施缓解企业还款压力，展期、续贷金额达4000万元。

【盐亭县农村信用合作联社】 2022年，盐亭县农村信用合作联社（以下简称联社）存款余额105.06亿元，较年初净增10.36亿元；各项贷款余额56.59亿元，较年初净增5.24亿元；存、贷款市场份额分别为39.84%、37.02%，存贷总量、市场份额稳居县域金融机构第一位。全年向县域内100家新型农业经营主体授信3.78亿元，剩余贷款余额2.7亿元，其中，发放生猪养殖贷款1885笔、金额1.01亿元。2022年累计向全县国有企业投放贷款5.82亿元，新增贷款3.45亿元；发放个人住房按揭贷款280户，金额7060.2万元，剩余贷款余额7.51亿元；发放“蜀信e贷”个人消费贷款3306户，金额2.51亿元，剩余贷款余额2.72亿元。联社全力支持县域产业发展，聚焦工业“123”工程的实施，累计向迪澳、美迪康等生物医药制造企业发放贷款3880万元；向盛丰磷化工、威斯卡特等重点工业企业发放贷款3.41亿元；向建丰林业、金明木业、金和建材等建材加工制造企业发放贷款2.37亿元。紧扣服务业“114”工程的实施，积极对接现代物流、商贸流通、健康养老、文化旅游四大主导产业，向百惠通、西部花都、新科汇等服务型企业发放贷款4.69亿元；重点支持伟诚商贸、铠圣商贸、龙芳宇程商贸等商贸企业，剩余贷款余额1.01亿元。2022年，联社聚焦基础金融服务“广度”和“深度”，持续加大电子金融机具布放力度，不断提高金融覆盖面和智能化水平。已建成农村金融综合服务站100个，累计安装ATM机85台、POS机155台、EPOS(银行支付系统)支付238台，发行蜀信卡66.4万张。

【广元市贵商村镇银行盐亭县支行】 2022年，广元市贵商村镇银行盐亭县支行(以下简称支行)贷款余额32317.05万元，较年初新增3938.03万元，涉农贷款余额25936.68万元，占比80.26%；全年各项存款余额16078.51万元，其中储蓄9377.82万元，较年初新增2193.66万元，占比58.33%；对公6700.69万元，较年初新增-1582.72万元，占比41.67%。

2022年，支行普惠小微企业贷款17555.30万元，占各项贷款的54.32%；普惠涉农贷款余额13634.35万元，占各项贷款的42.19%。积极支持盐亭县重点项目、民生工程及城市基础建设，全年共计投放相关贷款12165万元。

附：盐亭县银行机构名录

中国银行盐亭县支行
中国农业银行盐亭县支行
中国工商银行盐亭县支行
中国建设银行盐亭县支行
中国农业发展银行盐亭县支行
绵阳市商业银行股份有限公司盐亭县支行
中国邮政储蓄银行盐亭县支行
盐亭县农村信用合作联社
广元市贵商村镇银行盐亭县支行

（景瀚尧）

保险业

【中国人民财产保险股份有限公司盐亭县支公司】 2022年，中国人民财产保险股份有限公司盐亭县支公司(以下简称公司)实现总保费6851.77万元，同比增长24.20%。其中车险3014.43万元，同比增长13.90%；个非737.95万元，同比增长186.14%；商团423.04万元，同比增长-8.63%；农险2676.34万元，同比增长33.76%。提供风险保障7.18亿元，支付赔款总额98816.39万元，上缴各类税金501.11万元，贡献新增就业岗位65个。2022年，公司顺利完成农险遴选，经营份额保持稳定，三大主粮保险覆盖率达70%以上，成功应对了60年一遇的特大高温干旱天气，大春理赔做到了农户和政府基本满意，收到了良好的社会效益。警保联动持续推进，为车险稳定发展提供了品牌支持，车险份额保持稳定。惠绵保项目扎实推动，积极争取县委、县政府和医保、农业农村、财政等部门支持，将脱贫户纳入惠绵保保障。与应急、民政、卫健、政法等部门紧密互动，在安全生产、养老机构、医疗机构和精神病患者管理方面，延续提供了对应保障。

【中国人寿保险股份有限公司盐亭县支公司】 中国人寿保险股份有限公司盐亭县支公司(以下简称公司)是中国人寿在盐亭县设立的县级支公司，主要经营人寿保险、健康保险、意外伤害保险等业务。2022年，公司实现保费总收入8943万元，同比下降3.77%。其中，实现新单保费收入2457万元，同比下降7.5%；续期保费6486万元，同比下降2.3%。全年累计赔款及给付1948万元，同比增长20%。其中，满期给付927.87万元。

【锦泰财产保险股份有限公司盐亭支公司】 锦泰财产保险股份有限公司盐亭支公司(以下简称公司)主要业务范围涉及车辆保险、农业保险、财产保险、意外健康保险、责任保险，涵盖经济社会发展和人民群众生产生活各个领域。2022年，公司设有城区支公司1个，并与永泰镇有业务合作网点。公司有正式员工3人，保险代理人1人。2022年实现保费收入216.67万元，其中车险保费收入100万元，非车险保费收入101.2万元，农险保费收入15.47万元。公司按时代收车船税，足额缴纳增值税及相关附加税费，合计16.47万元。

【中华联合财产保险股份有限公司盐亭支公司】 2022年，中华联合财产保险股份有限公司盐亭支公司（以下简称公司）先后组织开展了“3·15”消费者权益保护、扫黑除恶专项斗争、打击治理电信网络新型违法犯罪集中宣传、人民币反假、防范非法集资、金融产品进社区、普及金融知识万里行等宣传活动20余次。2022年累计实现保费收入2564万元，理赔支出1364万元，纳税金额77万余元。

【中国平安保险股份有限公司盐亭支公司（财险）】 中国平安保险股份有限公司盐亭支公司（财险）（以下简称公司）有正编从业人员8人，保险代理人200余人。公司围绕“合规经营、稳健发展”的指导思想，以传统农险为基础，以科技、创新为特色，打造具有平安特点的农险生态平台。除承保政策性农险外，还承保花椒价格指数保险、育肥猪出栏价格指数、水果种植、花椒种植、蛋鸡养殖等特色农产品保险业务。2022年全年保费总收入3922.33万元，其中车险1291.94万元，非车险395.76万元，农险2234.63万元，提供风险保障近690亿元，保费规模居盐亭县财产保险市场第二位。全年理赔1810.7万元，其中，非农险理赔647.9万元，农险理赔1162.8万元，全年纳税190.3万元。

【中国太平洋财产保险股份有限公司盐亭支公司】 中国太平洋财产保险股份有限公司盐亭支公司（以下简称公司）于2015年1月30日正式成立，公司设立车商、电商、个销、农险、非车险、查勘理赔等部门，在金孔镇、高渠镇、嫘祖镇等区域设立有“三农”服务站点，2022年有正编从业人员6人，保险代理人员100余人。2022年保费规模1838.03万元，位居市场第四名，其中车险保费收入891.63万元，非车险保费收入177.03万元，农险保费收入769.37万元，当年理赔件数1835件，理赔金额合计1031.18万元。每月按时足额缴纳车船税、增值税及相关附加税费，全年缴纳各项税费188.37万元。

【新华人寿保险股份有限公司盐亭支公司】 2022年，新华人寿保险股份有限公司盐亭支公司（以下简称公司），有内勤工作人员6人，其中，经理1人，组训2人，综合柜员3人，外勤工作人员283人。2022年，盐亭营销服务部保费收入9235万元，累计理赔4001件，金额1356.47万元，被四川分公司评为“2022年度价值贡献卓越营业区”。2022年，公司被中共盐亭县委、盐亭县人民政府评为“文明单位”。公司聘请“3·15”服务质量监督员，开展理赔下乡宣讲会，非法集资宣传，反洗钱宣传等活动，全年发放宣传资料500余份。

附：盐亭县保险公司名录

中国人民财产保险股份有限公司盐亭县支公司

中华联合财产保险股份有限公司盐亭支公司

锦泰财产保险股份有限公司盐亭支公司

中国平安保险股份有限公司盐亭支公司（财险）

中国太平洋财产保险股份有限公司盐亭支公司

中国人寿财产保险股份有限公司盐亭支公司

中航安盟财产保险有限公司盐亭支公司

中国人寿保险股份有限公司盐亭县支公司

泰康人寿保险有限责任公司盐亭支公司

民生人寿保险股份有限公司盐亭支公司

天安人寿保险股份有限公司盐亭支公司

中国人民人寿保险股份有限公司盐亭支公司

新华人寿保险股份有限公司盐亭支公司

（景瀚尧）

交通运输

综　述

【概况】 2022年，盐亭县坚持规划引领，完成《盐亭县“十四五”综合交通运输发展规划》编制和修订，并经政府常务会议审定后正式印发；完成乡镇级片区交通运输专项规划，纳入全县国土空间控制规划。积极对上争取，全年成功到位省市资金13249.39万元，完成全年任务的165.6%（全年任务8000万元）。落实要素保障，组织工作专班，加强联动协调，推动66个交通项目纳入“三区三线”。梳理农村公路建设项目，推动全部项目纳入国土空间规划。全年全县境内公路总里程2539千米。

【创建“四好农村路”示范县】 2022年11月，盐亭县成功创建第六批省级“四好农村路”示范县，并承办全市推动“四好农村路”和乡村运输“金通工程”高质量发展现场会。

【金通工程】 2022年，县交通局制定印发《盐亭县省级“金通工程”样板县创建实施方案》，扎实推进“金通工程”样板县创建。乡村客运覆盖全县17个乡镇、189个建制村，建制村通客车率100%。建成县、乡、村三级物流体系，并投入使用。省级“金通工程”样板县创建工作被省厅验收，反响较好。

【交通运输服务】 2022年，盐亭县多措并举做好交通运输服务，全力保障人民群众出行。切实做好2022年春运及节假日道路旅客运输工作，圆满完成春风行动农民工返岗返乡运输任务，为中高考学子提供优质高效的适时接送服务。

（羊　佳）

交通事业管理

【概况】 2022年，盐亭县有道路运输及相关经营业户278户，城市公交企业3家，出租车企业4家，货运企业6家，个体货运业户拥有车辆366辆；维修企业一类1家、二类12家、三类92家，驾校3所，机动车检测企业2家，二级客运站1个；全县拥有营运货车498辆，营运客车636辆（其中含出租车130辆，公交车58辆），县际以上客运线路12条（车辆116辆）；农村客运车辆334辆（不包括即将达到报废年限的车辆），农村客运线路352条，全县乡镇通班车率100%，行政村通班车率100%。

【打击道路运输非法营运】 2022年，盐亭县通过“12328”、市长公开电话、客运线路经营业主投诉举报，收集反映较为突出的非法营运问题，并针对非法营运专项整治的重点“绵盐线”“成都线”以及非法营运“网约化”新特点，通过错时执法、定点检查、流动巡查等方式，始终保持打击非法营运高压态势，全年共依法查扣非法营运车辆37台。与省、市开展联动执法累计12次，完成高速执法支队非法营运案件移送处理4件。

【道路客货运输突出违法违规行为专项整治】 2022年，盐亭县按照省、市关于开展道路客货运输突出违法违规行为专项整治行动工作要求，积极开展道路客货运输突出违法违规行为专项整治。成立以县交通局牵头，县公安局、县应急管理局等部门参加的全县道路客货运输突出违法违规行为专项整治工作推进小组和工作专班，制定专项整治方案，严肃查处道路客货运输突出违法违规行为。2022年，共出动执法人员200余人次，检查企业47家次，检查各类营运车辆450辆次，查处班线违规车辆11起，查处违规巡游出租车22起。

【超限运输车辆管理】 2022年，县交通局共派出执法人员11376人次，出动执法车辆320辆次，检查车辆20339辆次，监督卸载超限运输车辆198台次、1857.11吨。通过治理，辖区超限运输车辆明显下降，恶性超限运输得到有效抑制。

（羊　佳）

【交通设施完善更新】 2022年，盐亭县投资165万元在国道245线、盐蓬路、绵盐路新建4段区间测速区；新建5处红绿灯，改建1处红绿灯，增设1处单行道；实现绵西高速至政府5处红绿灯联网联控；施划道路标线8000余平方米，施划机动车位1000余个，非机动车标线2800余平方米，增设标志标牌100余个。

【车辆管理】 2022年，县交警大队实行精细化管理，制作发放了1.6万个非机动车、电动摩托车临时号牌；实施电子警察监管，公示9153条违章信息，贴单处罚乱停乱放8283辆次。

（蒋婷婷）

公 路

【公路建设】 2022年，盐亭县全面完成撤并建制村畅通工程338千米、居民小组通硬化路46千米、县道水毁恢复工程、盐射路莲花桥改线工程、省道306线共和至毛公边坡治理和国道245线盐亭县富驿镇（三溪口至老爷湾）段整修工程。提前开工建设省道413线岐伯镇（梓潼界）至云溪镇（石牌村）段改建工程。全县交通项目建设连续3个季度跻身市交通局项目建设“红榜”。

【公路养护维修】 2022年，盐亭县加大日常养护维修，保持路容路貌整洁，确保公路畅、绿、洁、美。全面完成国道245线47.1千米、县道345千米、乡道386千米的日常维护小修保养、汛期抢险保通保畅等工作。疏通涵洞1800余道，清理边沟800余千米，检查桥梁305座、修复桥梁伸缩缝1200余米、养护泄水孔123座，清理塌方2万余立方米，培土路肩185千米，清理公路两旁的死枯行道树900余株，清理公路沿线遮挡行车视线树木树枝210余千米，清理蜂窝50余处，清洗波形护栏600余千米、标志标牌400余处，清理碎落台80余千米，桥梁栏杆刷漆500余米，拆除不规范警示桩200余个。完成全县国省干线、县、乡道路面沥青灌缝1万余米、路面小修保养4000余平方米。恢复国道245线波形护栏端头120余个、栏板240余米、百米桩40余个、里程碑30余块，修复边沟5处、边坡挡墙6处。完成国道245线路面预防性养护贴缝2000余米；完成富驿镇三溪口至老爷湾（K267+800—K271+800）4千米路面沉降路段整治，进一步提升公路使用技术等级，延长使用周期。

【公路安全隐患整治】 2022年，盐亭县集中排查，扎实开展公路安全隐患整治工作。对国道245线、梓盐路、店盐路、西玉路等7条县道，竹七路、黄三路、石中路等38条乡道共计800余千米公路存在安全隐患的区域逐一排查，排查点位6000余个，排查隐患430处，滑坡（路基垮塌）27处，路基沉降174处，其他229处。组织通达养护公司、缘泰养护公司整治管养线路路基垮塌等安全隐患425处，施划标线3.8万余平方米，修复波形护栏1000余米，增设反光贴8000余米。

【路域环境管理】 2022年，县交通局以城乡环境综合提质三年行动为抓手，以整治公路沿线非公路标志牌、广告标语、砂石撒落污染公路为重点，与乡镇人民政府密切配合，对公路沿线打场晒粮、堆物作业、摆摊设点、乱搭乱建等现象进行集中整治。通过加强对农民的宣传教育，加大路政巡查力度，及时制止和纠正违章行为，对公路周边加水洗车点、砂石运输车辆等污染公路的行为实施严管重罚，确保路域环境得到彻底改善。全年，清除堆积物1500余立方米；拆除非交通标志牌160余处（含墙标、横幅标语）；规范、修复锈蚀广告牌13块；更新陈旧、破损广告牌9块；清除公路打场晒粮210处；查处污染路面的砂石运输车辆128起。

【公路桥梁安全管理】 2022年，县交通局加大安全隐患整治力度，保障公路桥梁安全运行。对查出的安全隐患建立台账，逐项梳理，不能及时整治的，设置好安全警示标志、标牌；属于路产恢复范围及时组织恢复；属于其他部门整治范围及时报告。全年上报各类安全隐患61处；清除路障800多立方米；设置警示锥筒410个、警戒带20个；制作临时性安全警示标牌500个；增设交通标志牌60块；增设恢复因交通事故损坏的桥梁栏杆、波形护栏、公路挡墙等公路设施18处。

（羊 佳）

2022年盐亭县主干路网情况统计表

表14　　　　单位：千米

路线编码	路线名称	主要控制点	行政等级	里程	技术等级					路面类型		备注
					一级	二级	三级	四级	等外	沥青混凝土	水泥混凝土	
S2线	成（都）巴（中）高速盐亭段	三台界—共和—盐亭—八角—西充界	省道	35.6	35.6	—	—	—	—	35.6	—	—
S32线	绵阳至西充高速盐亭段	三台界—毛公—柏梓—云溪—黄甸—金孔	—	55.6	55.6	—	—	—	—	55.6	—	2018年12月建成通车
G245线	巴（中）金（平）盐亭段	三台界—两河—盐亭—大兴—林山—富驿—南部界	国道	47.009	14.697	32.312	—	—	—	47.009	—	—
S306线	永兴(遂宁)—北川盐亭段	盐亭界入口—共和—两河—骡子岩隧道	省道	27.391	9.107	7.546	—	10.738	—	16.653	10.738	原垢巨路、巴中至金平、绵盐路
S413线	宝石(梓潼)—蓬溪盐亭段	盐亭梓潼界—来龙—柏梓—云溪—临江—麻秧—玉龙—射洪界	省道	74.815	6.851	18.117	43.673	6.174	—	26.053	48.762	原梓盐路、巴中至金平、义盐路、盐蓬路、盐射路
X065510723线	云裕路	安家—大塘湾—县界	县道	5.429	—	—	—	4.996	0.433	—	5.429	—
X070510723线	刘文路	盐亭三台界—安家镇—茶亭乡—黑坪镇	县道	55.888	—	—	2.194	45.651	8.043	2.06	53.828	—

续表 14

路线编码	路线名称	主要控制点	行政等级	里程	技术等级					路面类型		备注
					一级	二级	三级	四级	等外	沥青混凝土	水泥混凝土	
X093510723 线	文西路	黑坪镇—大兴回族乡—黄甸镇—龙泉乡	县道	93.001	—	0.745	22.189	68.01	2.057	0.745	92.256	—
X094510723 线	富嫘路	富驿断桥（县界）—八角镇—金孔镇—金鸡镇	县道	63.644	—	—	50.185	13.459	—	—	63.602	—
X095510723 线	永金路	三元场镇—高灯镇	县道	40.932	—	0.533	—	40.023	0.376	0.533	40.399	—
X096510723 线	金桦路	嫘祖村—华严村—桦溪场镇	县道	18.707	—	—	—	9.597	9.11	—	18.707	—
X097510723 线	黄嫘路	定光桥头—高灯镇—金鸡镇	县道	37.107	—	22.205	0.412	14.49	—	22.205	14.902	—
X098510723 线	玉忠路	玉龙镇—石龙社区—高渠镇	县道	55.865	1.584	1.961	—	52.32	—	3.943	51.916	—
X099510723 线	巨小路	麻秧大桥—天水村	县道	6.397	—	—	—	5.913	0.484	—	6.397	—
X100510723 线	高复路	民主桥—射洪界	县道	14.918	—	—	—	14.918			14.918	—
X101510723 线	井双路	莲花湖乡	县道	14.479	—	—	—	14.479	—	—	14.479	—
X102510723 线	高小路	章邦场口—安家镇—土地垭（县界）	县道	45.397	—	—	2.301	40.295	2.801	—	45.397	—
X103510723 线	定马路	沙地梁—朱家湾嘴	县道	11.337	—	—	—	11.337	—	—	11.337	—
X104510723 线	莲黄路	冯河桥—望月嘴	县道	32.66	—	2.886	2.436	27.338	—	2.886	29.774	—

续表 14

路线编码	路线名称	主要控制点	行政等级	里程	技术等级					路面类型		备注
					一级	二级	三级	四级	等外	沥青混凝土	水泥混凝土	
X105510723线	大金路	盐亭梓潼界—石牛庙乡—金安乡	县道	45.999	—	—	0.984	40.5	4.515	—	45.999	—
X106510723线	折东路	嫘祖镇	县道	6.298	—	—	—	6.298	—	—	0.428	—
X107510723线	龙茶路	三台界—回龙寺—茶亭场镇	县道	35.659	—	—	1.734	27.662	6.263	—	35.659	—
X108510723线	毛文路	镇江村—柏梓场镇—莲花湖乡—黑坪镇	县道	37.969	—	—	0.363	27.951	9.655	0.428	37.541	—
X109510723线	永玉路	林农街口—安定村—南部界	县道	13.96	—	—	—	13.96	—	—	13.96	—
X110510723线	盐九路	麻秧高速出口—黄甸镇—八角镇	县道	42.694	—	3.069	39.625	—	—	3.443	39.251	—
X111510723线	玉洗路	玉龙镇—洗泽乡	县道	42.52	—	—	—	42.52	—	—	42.52	—
X112510723线	龙宗路	高灯镇—金孔镇—宗海乡（县界）	县道	30.233	—	0.533	—	29.7	—	—	30.233	—
合　计			—	991.508	123.439	89.907	166.096	568.329	43.737	203.121	309.636	—

（县交通局）

2022年盐亭县地方交通经济运行情况统计表

表15

序号	项目名称	公路行政等级	建设规模					完成总投资（万元）	年度资金到位（万元）	完成情况（千米）	
			公路（千米）			独立桥隧					
			二级	三级	四级	延米	座			路基	路面
1	省道306线盐亭共和至毛公提升改线工程建设项目	省道	17.6	—	—	—	—	3256	3256	—	3.3
2	盐亭县2020年农村公路建设工程	村道	—	—	12.3	—	—	1503	1503	4.1	4.1
3	盐亭县2021年村民小组通硬化路（第一批）	村道	—	—	120	—	—	3486	3486	45	45
4	盐亭县2021年两项改革后半篇文章道路建设工程	村道	—	—	25.6	—	—	927	927	12.3	12.3
5	盐亭县绵盐路毛公边坡地质灾害处治工程	省道	0.75	—	—	—	—	3938	3938	0.75	0.75
6	盐亭县2022年村民小组通硬化路（第一批）	村道	—	—	90	—	—	9521	9521	90	90
7	盐亭县2022年撤并建制村畅通工程	村道	—	—	335	—	—	16284	16284	335	335
8	盐亭县2022年农村公路危桥改造工程	县道、乡道、村道	—	—	—	—	34	4460	4460	—	—
9	国道245线盐亭县富驿镇（三溪口至老爷湾）段整修工程	国道	4	—	—	—	—	835	835	4	4
10	盐亭县2022年旅游产业路建设项目	专用公路	—	24	—	—	—	1787	1787	3.1	—

（县交通局）

航务管理

【概况】 2022年，盐亭县有渡口18处，渡船20艘133总吨。其中，人渡船19艘95总吨、机动船1艘21总吨，涉及有船乡镇4个（含莲花湖管理所）。有1艘船活动在梓江沿线、15艘船活动在莲花湖库区、4艘船活动在其他水域。

【水上交通安全专项整治三年行动】 2022年，县交通局持续开展水上交通安全专项整治三年行动，建立重大风险、问题隐患和制度措施“三个清单”，动态更新“三个清单”，针对重点难点堵点问题，集中攻坚、精准施策，通过挂牌督办、现场推进会、“开小灶”、推广有关地方和标杆水运企业的经验做法，加大专项整治攻坚力度，落实和完善治理措施，建立健全安全隐患排查和安全预防控制体系，推动整治工作取得明显成效。对重点船舶，重点码头进行重点检查，现场检查采石抽砂船等大型船舶的防洪桩、防洪绳设置、船舶停靠位置是否符合规定，是否按一船一策制定应急抢险预案，是否组建防洪抢险队伍，是否落实防洪应急抢险船舶。汛期严格坚持24小时值班制度，及时了解和掌握汛情，在第一时间通知有船乡镇和船主。

【“三无”船舶整治】 2022年，县交通局深化船舶突出问题专项整治，经过对全县“三无”船舶船主长期不懈地引导和劝说，截至2022年底，已有5名船主完成对船舶的拆解工作，涉及梓江河川盐亭货0036、川盐亭货0015、川盐亭货0009、川盐亭货0017、川盐亭货0010、川盐亭货0027、川盐亭货0034、晨曦号、长乐号、魏河村李迎春三无砂船和渔船等船舶。

【修建船舶集中停泊区】 2022年，县交通局积极响应省、市关于修建船舶集中停泊区的号召，通过对梓江河流域近十多年水情的分析和实地考察，在盐亭县钟沟村新建港湾式船舶集中停泊区。停泊区于2021年10月开工，2022年5月完工并投入使用。此项工程的完工，确保了汛期停在停泊区的12艘船舶的安全，杜绝了跑船事故发生。

（羊　佳）

邮政·通信

邮　政

【概况】 2022年，中国邮政集团有限公司四川省盐亭县分公司(以下简称盐亭邮政)围绕“经营和服务”两大主题，突出抓好特色业务发展、金融业务、快递业务、服务乡村业务。截至2022年底，全县有邮政从业人员203人；辖有邮政营业网点101处，其中电子化支局34处，开办邮政储蓄网点33个；有区内邮路39条，单程长度581千米。

【经营指标稳步增长】 2022年，盐亭邮政主要经营指标稳步增长。2022年底完成邮政业务总量7854.05万元，同比增长9.13%；实际完成业务总收入7553万元，同比增长14.39%。金融专业快速发展，完成收入6158.58万元，同比增长12.86%；寄递专业持续向好，完成收入300.65万元，同比增长18.14%；渠道专业稳步提升，完成电商收入79.10万元，同比增长62.82%；分销收入完成569.06万元，同比增长11.36%；传统业务持续巩固，集邮收入完成130.6万元，同比增长95.39%；函件收入完成126.39万元，同比增长33.17%；报刊收入完成166.57万元，同比增长9.28%。

【机制创新彰显成效】 2022年，盐亭邮政深入推进干部人事制度改革，实现“能上能下”的职业机制。落实契约化管理，实行“关键指标+重点任务”经营业绩考核，推行末端调整、不胜任退出机制。坚持“优才计划”，优先配强领导班子，持续建设青年后备人才梯队，合理调控从业人员总量，全年招聘补充专业人才1人、代理金融网点人员4人。从业人员劳动生产率37.21万元/人，同比增长1.99%。邮快合作步伐加快，整合多方资源，不断探索邮快合作新路径，县分公司实现不同模式邮快合作，与2家快递品牌签订同仓共配合作协议，全年实现邮快合作业务量26.7万件，同比增长150.63%。

【提升安全管理水平】 2022年，盐亭邮政安全管理水平进一步提升。围绕创建平安邮政、安全生产大检查大整治等活动开展各项安全工作，确保年初安全既定目标的实现，安全工作呈现较平稳态势，全县各级人员安全意识和水平得到一定提升。内控合规条线强化基础管理，深抓合规经营，内控合规各项工作稳步推进，保证了“五个不发生”的工作底线，防范了代理金融风险案件发生，保持全县机要通信质量连续39年全红目标。

【综合服务水平不断提升】 2022年，盐亭邮政全面推行营业、投递服务标准化和规范化管理，不断完善和改进服务手段及方式，报刊订阅做到投递上门收订，实现党报党刊当日投递，特快专递由专人专车投递上门收寄。全县普遍服务营业网点四项基本业务开办率达100%，网点正常运营率达100%，用户服务满意度保持在92分以上，建制村投递监测系统打卡率保持在99.8%以上，营业网点实名收寄率达100%，营业收寄开箱、贴票平信条码收寄率达100%，邮件全程时限准时率达98.6%以上，单点普遍服务基础信息采集率达100%，邮件月均封发及时率99.68%，邮件月均总包上传及时率98.51%，邮件处理规格质量合格率达95%以上，有责投诉回复及时率为100%。2022年底，盐亭邮政建成金通邮政便民驿站189个，有效解决了城区投递最后100米和乡村投递“最后一公里”的难题。

（杨　海）

通　信

【概况】 2022年，盐亭电信、移动、联通、广电等通信公司稳步推进千兆宽带、5G网络基础设施建设。全年新建5G基站151个，全县累计达到450个，实现了全县城区及乡镇场镇5G网络通达。继续做好农村及偏远地区4G网络补盲，增强4G网络信号，全年新建4G

基站210个，累计达到1461个，实现行政村4G通达率100%，覆盖率达98%以上。继续推进乡镇千兆网络升级改造，全县城区及乡镇场镇均已实现千兆宽带网络接入能力。

四大通信公司以光缆为主体建成容量大、覆盖广的传输网络，采用DWD（数据仓库详细层）技术建成大容量、高速率、高质量、安全可靠的骨干传输网。汇聚层网络采用OTN（光传输网络）、ASON（自动交换光网络）等先进设备，拥有完善的核心网络汇聚调度能力。光缆采用128芯或96芯，县城、乡镇局点都实现了光缆双路由，形成遍布城乡的网状光纤传输网，整个网络采用自愈环网的保护方式，实现实时保护，网络保护安全性高。

2022年，盐亭县建立由县工信局、县公安局、县发改局、县自然资源局、县住建局等20余个部门组成的通信基础设施建设联席会议工作机制，负责贯彻落实《中华人民共和国电信条例》《四川省电信设施建设和保护条例》《绵阳市加快5G发展的实施意见》等法规、政策，统筹协调通信网络建设中的政策支持、资源保障、产业发展、融合应用，协调处理通信基础设施建设和保护中涉及社会公共利益、群众利益等方面的重大事项和问题。

【中国电信盐亭分公司】 中国电信股份有限公司盐亭分公司（简称“中国电信盐亭分公司”）是中国电信股份有限公司在四川省绵阳市盐亭县的分公司，是盐亭境内网络规模最大的综合信息服务提供商。拥有延伸至县、乡（镇）、社区的完善电信业务运营服务机构，拥有一支专业齐全、整体素质高的员工队伍，专业管理、技术、业务、服务人数达100余人。公司秉承中国电信“用户至上、用心服务”的服务理念，具有良好的商业信誉和完善的技术服务体系，各乡镇均设有支局分支机构。

盐亭电信拥有全县最大的固定电话网络和数据传输网络，能为客户提供基于固定通信网络、移动通信网络、数据传输网络的全业务服务。采用DWDM（密集波分复用）技术建成大容量、高速率、高质量、安全可靠的骨干传输网。汇聚层网络采用OTN、ASON先进的设备汇聚，具备完善的核心网络汇聚调度能力。光缆采用128芯或96芯，光缆本地网覆盖全县。县城、乡镇局点实现光缆双路由，形成一个遍布城乡的网状光纤传输网，具有极高的网络安全性。

【中国移动盐亭分公司】 2022年，中国移动盐亭分公司累计投资近5000万元，用于宽带、网络建设和扩容工程。投资3000余万元新建5G基站78个，5G基站规模超200个，率先实现城区、乡镇及行政村5G网络连续覆盖；投资1500余万元用于新建传输线路，新增、扩容传输设备等，进一步加强网络能力；投资300余万元新建宽带3000余线，实现全县城区、乡镇及行政村宽带资源全覆盖；投资150万元挖潜项目建设电杆站27个，全面解决客户反馈的弱覆盖问题。

2022年，中国移动盐亭分公司累计关怀重要客户4000余户，收集客户问题236件，上门修复175户，闭环236件，问题闭环率为100%。重要客户满意度由85.11%提升至86.2%。全年累计出动5000余人次，抗高温、防疫情，保障重要节日、重大活动通信信号畅通。此外，中国移动盐亭分公司还积极开展“3·15电信防诈骗宣传”“消防安全进小区”“反诈宣传进小区”等活动，在服务好客户的同时，切实履行好企业应担的社会责任。

2022年，中国移动盐亭分公司建设全县统一的电子政务网络，促进政务外网资源整合，为加强智慧政府服务提供有力支撑；构建盐亭县卫生健康局基层系统云服务，用“移动云”助推医疗行业数智化转型。

【中国联通盐亭分公司】 2022年，中国联通盐亭分公司新建4G基站135个，5G基站63个（开通63个），新建端口2200个。累计建成4G基站408个，5G基站105个（开通105个），端口9800个，宽带接入用户总数达0.4万余户，移动电话用户达4.7万余人。

实施新技术革命，围绕5G、大数据新基建、云计算、大数据、物联网、智慧城市、信息安全、AI及区块链等打造“8+8”自研产品，为智慧政府、智慧城市、数字乡村、工业互联网提供全套解决方案。持续深化网络线运营体系改革，推进“五自”工作，推进员工队伍转型，提升网络线队伍能力，打造分公司自主交付能力，打造5G精品网。

（雍雪梅）

【中国广电盐亭分公司】 2022年，中国广电盐亭分公司加快5G基站建设，通过共建共享，建立覆盖全县的5G通信网络，并推出192移动通信号段并投入商用。加快建设干线环网；推进网络改造升级及光纤入户；实施公共文化服务新标准，普及高清互动及各项智慧应用；构建智慧业务平台，积极推进盐亭智慧县城、智慧社区、智慧乡村的视听智能终端的普及应用。对各传输机房进行规范、升级、改造，有线广播电视网络基本实现数字化、双向化、智能化并全面覆盖有线网络未通达的自然村，实现盐亭县广播电视节目综合覆盖率达90%以上，电视用户高清终端全面普及，建成覆盖全县所有家庭、有线无线结合、支持物联网功能和智慧业务的下一代广播电视网络，真正实现电视户户通。2022年，有宽带接入用户0.8万余户，数字电视用户2.8万余户。

（董志明）

应急管理

综 述

【应急机制建设】 2022年，盐亭县制定《盐亭县事故灾害应急响应手册》《盐亭县应急委应急处置工作守则（试行）》，对事故灾害分级响应的标准、应急工作流程、风险预测研判、预警预报、值守联动和信息的接、报、处以及应急联动的协调处置作了要求和说明。建立风险防控和隐患排查“双重预防机制”，健全24小时应急值班值守和县、乡、村三级应急联动机制。健全县级部门、经开区和乡镇（街道）之间应对突发生产安全事故及自然灾害的协作机制，制定《盐亭县防灾减灾部门应急联动机制（试行）》《盐亭县县、乡两级防灾救灾联动处置工作规范（试行）》和《应急工作报告制度》等工作机制，构建权责分明、运转高效、保障有力的工作体系，提升联合应急能力。制定《盐亭县应急委员会办公室值班值守制度（试行）》，严格执行24小时值班和领导带班制度，县应急管理局应急快反小组全年值守待命制度，不定时抽查各乡镇、各部门值班值守情况，积极开展汛期应急值守和法定假日、敏感日期、特殊时期值班工作抽查。规范突发事件信息报送，按照《中共盐亭县委办公室盐亭县人民政府办公室关于切实做好突发事件信息报送工作的通知》要求，各部门、乡镇报送突发事件信息，坚持“多个口子进，一个口子出”原则，有效防止多头报送、信息不对称和信息倒灌。健全应急处置机制，制定《事故灾害应急响应工作手册（试行）》《盐亭县应急管理局机关值班备勤工作暂行办法（试行）》《盐亭县应急管理局应急值守突发事件处置流程（试行）》等相关制度，进一步明确县级领导和相关部门在应对事故灾害工作中的职责。

【应急队伍建设】 2022年，盐亭县根据突发事件应急抢险工作现实需要，进一步充实和完善县应急抢险救援队伍力量体系，印发《关于明确县级应急抢险救援力量体系有关事项的通知》，不断完善以部门应急救援队伍为基础，公安、消防、交通、医疗急救、武警部队等专业队伍为骨干，乡镇、社区、企事业单位应急队伍为辅助的应急队伍体系。已建成县级综合应急救援队伍24支，583人；乡镇应急队伍18支，608人；村（社区）应急分队254支，4159人，各应急队伍配备了森林防灭火、防洪等应急救援设备。

【应急预案修订和演练】 2022年，盐亭县加强应急预案修订和应急演练，印发《关于进一步进行预案编制修订工作的通知》，全县各乡镇（街道）、县级部门依据现行应急管理体制，对照单位“三定”职责和县应急委员会相关专项指挥部有关职责规定进行预案修订和完善。举办盐亭县2022年地震暨危化品泄漏事故应急综合演练、盐亭县2022年森林草原火灾扑救暨火案查处县乡联合实战演练、盐亭县2022年防汛应急综合演练等各类演练20余次，累计参演人员2200余人，出动机械60余台次，各地各部门切实提高快速反应能力、应急救援能力以及协同作战能力，全面提升抵御重大灾害事故能力。

（仲徐东）

自然灾害应急处置

【地质灾害处置】 2022年，盐亭县修订完善《盐亭县突发地质灾害应急预案（修订）》，编制《盐亭县2022年度地质灾害防治方案》《盐亭县地质灾害全域综合整治三年行动计划（2021—2023年）》，组建地质灾害防治实质化运行专班，科学高效开展地灾预防。联合四川九一五工程勘察设计有限公司和各乡镇（街道）对地质灾害监测点以及城镇、村居、学校、医院人口密集区和在建工程、工矿企业开展“全覆盖、拉网式”排查，排查落实全县地质灾害监测点64处，新增监测点4处，“点对点”制定地质灾害应急抢险预案。采取集中与分散、综合与单项相结合等方式组织各乡镇和地灾隐患点的受威胁群

2022年9月28日，盐亭生态环境局到县城生活垃圾填埋场、城市生活污水处理厂、工业园区污水处理厂等点位开展节前环境安全检查

众在夜间、“三断”（断路断电断网）等特殊条件下举办地质灾害避险应急演练64场，实现在册隐患点培训、演练全覆盖。发放地质灾害知识宣传手册800余份，发放“两卡一表”409份。签订盐亭县2022年地质灾害防治目标责任书17份。完成凤灵寺山脚崩塌、高渠镇毛公社区滑坡、大修厂背后崩塌、闸坝桥边崩塌和高山公园土地垭、凤灵街道盘山巷67号滑坡等6处地灾隐患点治理；启动五龙社区文卫街滑坡和高山国家森林公园猫儿咀排危除险治理。避险搬迁地灾隐患点受威胁群众16户。对嫘祖镇雍江村5组滑坡、云溪镇凤池街幼儿园房后边坡垮塌、云溪镇三清村3处地灾隐患点安装监测设备22台，建立“人防+技防”监测预警预报，提高监测预警预报准确率和时效性，地质灾害综合防治取得显著成效，实现连续12年地灾“零伤亡”。

（许中义）

【气候灾害处置】 2022年，盐亭县汛期（5月1日至10月25日）总降水量304.5毫米，较常年同期偏少58.1%；平均气温24.7℃，偏高1.3℃；总日照时数800.2小时，偏多9.7%。8月15日、20日盐亭国家气象观测站最高气温达41.3℃，刷新2001年7月7日创造的日最高气温39.7℃纪录，创造新的历史极值。总体来看，入汛以来盐亭县气温偏高，降水显著偏少，对盐亭县农业生产造成一定的不良影响。面对汛期严峻气候形势，依据《盐亭县气象灾害应急预案（试行）》要求，建立和完善由县政府组织牵头的气象灾害防御组织体系和以气象预警为先导的部门应急联动防御机制，强化与应急、水利、自然资源、消防等防汛相关部门的会商联动，滚动开展防汛减灾气象保障服务。2022年汛期，县气象局参加市县气象部门会商30余次，部门间联动会商10余次。联合发布地质灾害气象风险预警8期、中小河流洪水气象风险预警2期。局主要领导、分管领导与防汛办、地灾办、应急局等部门负责人保持热线沟通，滚动通报强降雨天气过程形势及降雨实况。在与相关部门共同组建的“气象研判会商”微信群里滚动发布天气实况、雨量现报，并随时进行后期天气形势分析。针对短临灾害天气过程，多次启动电话叫应服务，通知乡镇和县级有关部门，并不定时同县级有关部门会商，保持信息互通，同时不定时地在县防汛抗旱微信、QQ群，气象信息QQ群里发布实时消息。经统计，2022年汛期全县共发布各类预警及预警信号74期，灾害性短临预报11期，雨量通报27期，专题天气预报20期，农业气象旬月报16期，农用天气预报10期，中期重要天气趋势预报4期，森林草原火险气象等级预报102期，手机短信12万余人次共计31万余条。过程中还不间断通过微信群、QQ群、钉钉群等方式向应急、水利、防汛办、消防、自然资源等部门及乡镇（街道）提供天气实况资料和趋势预报。加强预报会商和应急响应，启动汛期暴雨应急响应3次，全局干部职工坚守工作岗位，全力开展防汛减灾气象保障服务。

（程　斌）

【环境污染处置】 2022年，县生态环境局结合日常监管和环境安全隐患排查、执法大练兵等专项执法行动，严格执法检查，持续打击环境违法行为。2022年立案环境违法案件12件，罚款60余万元。行政许可累计办件36件，其中协助市生态环境局办理建设项目环境影响评价文件审批21件，辐射安全许可证延续办证11件，排污许可证核发4件，均依法依规在承诺时限内办结，按时办结率100%，群众满意率100%，实现零投诉。完善《盐亭县环境突发事件应急预案》，强化工业企业环境应急管理，要求企业全面落实应急预案编制和备案工作，2022年新备案19个，企业按要求开展应急演练20次，联合企业开展应急演练2次。常态化开展“双随机、一公开”工作，2022年开展“双随机”检查56家次，自发任务146条，测管协同监测18家，录入违法案件19件，全面完善双随机系统企业信息完整度，各项任务指标均达95%以上。联合水务部门开展执法检查11次；联合交通部门开展执法检查7次；联合住建部门开展执法检查6次；联合公安部门开展案件查处及执法检查2次；联合自然资源、工信等部门监督巡查、查办案件30余次；联合农业农村局开展养殖场检查20余次，有效加大了专项检查力度。进一步压实环境网格化责任，更新网格化管理层级、人员600余个，开展网格化培训3次，开展季度考核4次，4个季度市级网格化工作考核均为满分。积极争取网格化体系运行经费，创新打造富驿镇为“网格化体系建设示范乡镇”，以点带面逐步推进全县网格化体系落到实处。强化在线监控监管，参加市级业务培训2次，组织县级现场教学2次，开展重点企业在线监控检查70余次，开展比对监测12次。进一步加大排污口监管力度，积极争取省市固定污染源在线监控设备，对县域内7家敏感企业落实固定污染源在线监控安装工作。加大督查检查力度，全年共开展重点企业专项督察130余次；开展涉气企业专项督察92次；开展涉水企业专项督察83次；开展环境问题整改专项督察105次；开展汽修、固危废专项执法检查50次；对工业企业复工复产开展上门服务工作52次；开展砂石场专项检查督查整改32家次；砖瓦厂突击检查30家次；木材加工检查18家次；建筑工地专项检查28家次；汽修厂专项检查40家次；加油站、井场专项检查16家次；医疗机构专项检查42家次。就排查出的环境问题，进一步督促相关部门、企业落实整改，发送整改文件25份，其间发现环境违法行为20件，均立案查处。

（岳　蓓）

公共突发事件处置

【新冠肺炎防控工作】 2022年，县卫健局根据《四川省新冠肺炎监测技术方案（第四版）》文件和《新冠肺炎防控方案（第九版）》要求，加强了新冠肺炎疫情监测和常态化预警。根据疫情形势，共开展新冠疫情形势研判会9次，快速处置“4·11”“10·04”“11·04”等多轮疫情，并向邻水、成都、阿坝等地派出5支共9人的抗疫队伍。

（赵艳均）

【旱灾公共突发事件处置】 2022年1—4月，盐亭县连续120天未有效降雨，出现了中等程度春旱。6月27日至7月15日，连续21天高温无降雨天气，导致17个乡镇（街道）旱情偏重发生，较为严重的是岐伯镇、鹅溪镇、文通镇、莲花湖乡、云溪镇等乡镇，全县1.09万公顷农作物受灾，0.31万公顷成灾，0.0028万公顷绝收，5723人饮水困难，2640头大型牲畜饮水困难，直接经济损失8270万元。为应对旱情，盐亭县迅速部署抗旱工作。一是提出作物分类抗旱技术指导意见，督促乡镇迅速掀起抗旱保苗工作。二是加强灾情统计上报。每日开展灾情统计调度，适时收集人畜饮用水困难、农作物受灾情况。三是分行业组织指导抗旱。全县组织33名农技骨干组成的科技服务队，带领基层110余名农技人员深入基层一线、田间地块指导群众抗旱。四是分作物指导抗旱。针对不同作物采取农耕农艺措施分类抗旱。五是积极组织群众开展提蓄水保苗保供工作。全年投入抗旱设备2230余台（套）、劳动力7250人次，投入资金350余万元，大力组织抽水灌溉、运水保灌、拦沟蓄水，有效增加各类水利工程的蓄水量，解决受灾牲畜饮水、生产供水困难问题。六是狠抓大春作物中后期田间管理。根据不同时期的农业灾害类型，适时做好作物病虫害预测预报，分区域、分作物指导灾后恢复生产工作，做好农业病虫害综合防治工作，加强雨后肥药共施共管，严把作物增产保产最后关口。七是因势利导抓好晚秋作物保面保产。积极组织农户按照“宜粮则粮、宜菜则菜”原则改种增种，以重点抓好秋粮、秋菜种植为主。全县应急调度30万元采购晚秋种子，保障生产急需。八是组织开展查勘理赔。农业部门会同政策性农业保险机构及时深入村社、农户、地块开展灾情勘查定损，收集第一手灾情，落实保险机构提前做好理赔预付，减轻农业损失。

【非洲猪瘟防控处置】 2022年，盐亭县印发《关于开展2022年非洲猪瘟等重大动物疫病防控“大消毒、大培训、大宣传”行动的通知》，召开2次专题会议，对防控工作进行安排部署。继续实行生猪网格化管理，17名一级网格员、361名二级网格员、1064名三级网格员、38名屠宰环节网格员随时掌握生猪生产信息和疫情动态。加强县外调入生猪落地监管，在“四川智慧动监”平台申报备案畜禽运输车辆274辆，省外调入仔猪24200头，按10%比例进行抽样检测。开展每月一次大消毒，覆盖所有养殖场（户）。全县9个生猪定点屠宰场每月停宰一天，所有农贸市场每月休市一天，专项消毒。全县集中消毒 12 次，使用消毒药品 37.5 吨，消毒户数 78 万余户（次），消毒面积 3000 余万平方米。加强屠宰环节监管，在全县 9 个生猪定点屠宰场派驻 38 名官方兽医，屠宰企业对所有入场的 97273 头生猪开展非洲猪瘟全覆盖检测。严格落实死猪无害化处理，将全县养殖环节病死猪 3.9 万余头全部进行无害化处理。全年全县范围内未发生非洲猪瘟等重大动物疫情，没有畜禽区域性异常死亡现象发生。

（彭未娟）

【社会治安突发事件处置】 2022 年，县公安局严密风险隐患排查，牵头会同住建等部门和乡镇（街道），梳理排查全县各领域矛盾问题，推动全县风险隐患大起底，确保动态清零。成立“风控办”，建立情报会商机制，推动跨区域、跨部门情报资源共享和警务协作联动。实行公安武警联勤武装巡逻，严密重点部位和人员密集场所的巡逻防控。在邻县边界设置启动治安卡点，开展盘查检查，有效过滤风险。常态落实应急处置力量，加强经费和装备等要素保障，做到人员在岗、装备在身、状态在线。健全方案预案、快速响应、联合处置等机制，严格执行 24 小时值班、领导值班、重大事项请示报告等制度机制，及时处置各类突发事件，全县没有发生规模性群体事件、重大治安刑事案件、重大网络舆情事件。

（蒋婷婷）

城市消防管理

【概况】 盐亭县消防救援大队下设盐亭县政府专职消防队和富驿、黄甸、嫘祖、玉龙、岐伯、文通 6 个乡镇消防站，承担着全县防火、灭火和应急救援任务。2022 年，盐亭消防救援大队被中共盐亭县委、盐亭县人民政府记集体三等功，荣获全市“2021 年度重点项目建设先进单位”、全市“2021 年度执勤训练先进政府专职队”、全县“2021 年度烟花爆竹打非治违工作先进集体”。同时，盐亭消防救援大队政治教导员王旭被评为全市“优秀党务工作者”、全市“优秀基层消防救援人员”、全市“2021 年度优秀法制员”、全市“2021 年度重点项目建设先进个人”、全县“2021 年度烟花爆竹打非治违工作先进个人”；盐亭消防救援大队大队长罗兵在 2021 年度工作中表现突出，被四川省消防救援总队记个人嘉奖、荣获全市“优秀共产党员”称号；政府专职消防队班长谭伟荣获“2022 年度全国 119 先进个人”称号；政府专职消防队政治指导员李希军获得绵阳支队记个人三等功 1 次；盐亭县政府专职消防队队长胥登臣、副队长项虻等获得绵阳市消防救援支队嘉奖 1 次。

【救援能力建设】 2022 年，县消防救援大队持续开展全员岗位大练兵、保密、安全防事故、作战训练安全整治等专项工作，深入学习条令纲要、规章制度，严格落实“两严两准”的管理标准，确保队伍全年无安全事故发生，有效提升队伍凝聚力和战斗力。针对不同场所的特点，展开有针对性的演练，加强对辖区重点单位的“六熟悉”工作；大队 2022 年度共组织开展 104 次社会层面实战演练及 3 次专项综合演练、1 次高层建筑专项演练。综合演练分别是：1 月 30 日盐亭县 2022 年森林草原火灾扑救暨火案查处县乡联合实战演练，5 月 12 日盐亭大队开展 2022 年“5·12”地震暨危化品事故综合应急演练，7 月 28 日盐亭县组织开展 2022 年防汛应急演练，10 月 15 日在宏博梓江锦城开展高层建筑专项演练。同时，严格落实“每月一考”，通过 5000 米负重、5 米×40 米折返跑、60 米肩梯、100 米负重、负重登 10 楼等考核项目，强化指战员体能训练，提升队伍战斗力，全年共考核 780 余人次。

【接处警】 全年队伍共出动 561 次，其中处置火灾 206 起，抢险救援 115 起，取马蜂窝、社会救助等 240 余起，出动车辆 732 辆次，出动警力 4236 人次，抢救被困人员 55 人，疏散被困人员 7 人，抢救财产价值 63.25 余万元，保护财产价值 54.15 余万元，成功处置“1·9”凤楚云天、“4·25”半山华府高层火灾，“3·11”西陵高灯、“3·29”富驿涪山民房火灾，连续 25 年保持重特大火灾事故零发生。

【消防为民送水】 2022 年，县消防救援大队共出动送水队伍 86 次、车辆 65 辆次、消防员 138 人次，为群众送水 526 吨，解决 3795 人生活用水、109919 头牲畜饮水问题。其中，为黄甸镇、富驿镇、岐伯镇、玉龙镇共计派出送水车辆 35 辆次，送水 326 吨；为文通镇（受旱灾影响最严重区域）共计派出送水车辆 30 辆次，送水 200 余吨。8 月 24 日，县消防救援大队收到文通镇荆牛村赠送的“抗旱情鼎力相助，排忧解难暖人心”锦旗。

【消防隐患消除】 2022 年，县委、县政府主要领导、分管领导带队检查消防安全 8 次；推动消指办、消安委实体化运行，送消防工作督办提示函 20 余份，推动政府及行业部门落实消防安全监管责任，强化监管措施；开展医疗卫生机构、校园消防安全、养老机构、自建房领域等联合检查30余次，形成齐抓共管的工作格局。2022年，县消防大队共检查单位1364家，发现火灾隐患1972处，督促整改火灾隐患1954处，下发责令改正通知书1173份，下发处罚决定书93份，查封单位25家，责令“三停”单位20家，处罚金额17.23万元，有效遏制了重特大和群死群伤火灾事故发生；对盐亭壹鸣惊人歌城、盐亭县云溪镇第七感觉量贩歌城重大火灾隐患单位进行督促整改，成功摘牌销案。

【消防安全宣传】 2022年，县消防救援大队印制5万份消防宣传“门神”“福字”“对联”，提醒和呼吁广大群众关注消防，不断提高春节期间社会面火灾防范水平，累计张贴消防宣传海报22000余份，覆盖辖区120余处高层建筑以及老旧小区；联合县委组织部、宣传部推出盐亭消防救援专栏，拍摄的盐亭消防版《孤勇者》点击量达11.7万次；依托“走进科技、你我同行”主题科技周活动，联合县农旅公司通过线上直播开展“云”队站开放活动；全年在盐亭电视台播放全国重大火灾案例40次，曝光全县典型消防违法行为25次；2022年4月，大队组织召开高层自消系统操作现场会，对全县174名物业人员进行消防控制室、水泵房、风机房实地教学，做到人人会操作。2022年大队在中央、省、市、县各类媒体发稿27篇，其中，中央级媒体发稿1篇，省级媒体发稿7篇，市级媒体发稿14篇。

【经费及设施保障】 2022年，县消防救援大队争取消防业务经费1380.61万元，其中投入230万元完成富驿镇专职消防站异地重建改造，已投入执勤备战；推进四川省人民政府办公厅《关于印发四川省政府专职消防队伍工作待遇标准暂行规定的通知》文件落实，从7月开始全体人员按新待遇标准发放工资；县政府通过应急资金为大队乡镇站配备抢险救援车2辆，保障辖区火灾形势稳定。在硬件建设方面，营区新增库房3间（训练器材室1间、理发室1间、医疗物资贮藏室1间），更新更换相关岗位职责制度牌15块，新增楼层索引、人员岗位标识牌及相关库房标识牌30套。

（罗元明）

安全生产管理

【概况】 2022年，盐亭县严格贯彻落实《中华人民共和国安全生产法》和国家、省、市关于安全生产工作的决策部署，始终秉持“人民至上、生命至上”理念，更好统筹发展和安全，全年共发生生产安全事故2起，死亡3人，无较大及以上生产安全事故发生，事故起数、死亡人数“双下降”，守住了安全生产底线。

【深化清单制管理】 2022年，盐亭县制定县、乡两级党政安全生产职责清单和包保责任清单、部门监管责任清单、重点企业管理责任清单，全面落实属地领导责任、行业监管责任、企业主体责任和全员岗位责任；制定印发《盐亭县安委会成员单位安全生产工作职责分工》《关于贯彻落实国务院安委会安全生产十五条措施的实施意见（试行）》等文件，建立健全生产经营单位负责、职工参与、政府监管、行业自律和社会监督的体制机制，厘清负有安全生产监督管理职责部门的工作职责，竭力消除安全生产行业监管盲区。

【专项整治行动】 2022年，盐亭县深入推进安全生产三年行动2个专题、10个专项整治和巩固提升工作；扎实开展道路交通专项整治、自建房安全隐患排查治理、危险化学品安全风险集中整治、高层建筑重大火灾风险专项整治、城镇燃气安全整治以及“百日行动”、“护安2022”、安全生产大检查等专项整治行动。

【重大风险隐患整治】 2022年，盐亭县制定《盐亭县2022年防范化解安全生产重大风险工作计划》，印发《关于下达2022年盐亭县安全生产重大隐患整治工作的通知》，梳理全县安全生产隐患，对重大风险隐患实施行业监管整治；紧盯重要时间节点、重点行业领域，发出提醒敦促函19份、风险提示函2份、风险研判函5期，督查通报1期，推动风险隐患问题整改销号；全年共迎接省、市安全生产各类督导检查11批次，共发现16项62个安全隐患问题，全部整改完成。

【企业安全巡诊】 2022年，盐亭县坚持“服务企业就是服务经济发展”理念，聘请安全专家为企业巡诊5批次，对格润中天、熔增环保等重点企业进行安全风险辨识，创新推行安全专家巡诊服务。主动指导落地县内的招商企业做好建设项目安全设施“三同时”等安全评价工作，坚决做到“有需必应，无事不扰”。

（仲徐东）

2022 年盐亭县各类安全生产事故一览表

表 16

序号	事故发生时间	事故发生地点	事故发生单位	事故类别	死亡人数	受伤人数	事故概况
1	2022 年 7 月 30 日 11 时 00 分	盐亭县文登十字路口	通力公司	道路运输	1	0	2022 年 7 月 30 日 11 时许，王某智驾驶出租车（通力公司），从工业园区往盐亭县城方向行驶，当车辆行驶至文登路十字路口时，在跨过道路中心线超越前方徐某节驾驶的小型汽车时，与对向顾某学驾驶的重型货车相撞，造成两车受损，出租车驾驶人王某智当场死亡的交通事故
2	2022 年 10 月 16 日 23 时 29 分	盐亭县盐蓬路 40 千米+200 米西陵镇王家坪弯道处	重庆汇康物流有限公司	道路运输	2	1	2022 年 10 月 16 日 23 时 29 分许，郑某（男，汉族，28 岁）驾驶重型自卸货车运载沙石，搭乘陈某文（男，汉族，65 岁）及雷某均（男，汉族，59 岁），从玉龙往西陵场镇方向行驶，当车辆行驶至盐蓬路 40 千米+200 米西陵镇王家坪弯道处，撞上道路左侧波形防护栏，发生侧翻，造成车辆部分受损、波形防护栏部分受损，陈某文、郑某因抢救无效死亡，雷某受伤的交通事故

（县应急管理局）

城乡建设与管理

综　述

【城建攻坚】 2022年，盐亭县有城建攻坚项目32个（其中，新建项目13个，续建项目15个，储备项目4个），计划完成投资15.67亿元，实际完成15.90亿元。新建项目13个，已完工9个，2022年计划完成投资4.51亿元，实际完成4.65亿元。续建项目15个，已完工10个，2022年计划完成投资11.16亿元，实际完成11.19亿元。

【棚户区改造】 2022年，县住建局继续推进盐亭县凤灵街道盐蓬路3号等3个片区309户棚户区改造项目，该项目于2021年11月开工建设，截至2022年12月底，4号楼主体修建至12层，6号楼主体修建至7层，已完成产值约6800万元，预计2023年10月完工。

【老旧小区改造】 2022年，盐亭县改造老旧小区14个，涉及居民370户，总投资约732万元，到位资金464万元。以社区作为业主的方式进行推进，已全面开工，截至2022年底已完工10个。

（陈春羽）

城乡规划管理

【国土空间规划】 2022年，县自然资源局围绕“三区三线”划定工作，坚持粮食安全优先、生态保护优先、高质量发展优先，成立“三区三线”划定工作专班，着眼全县长远和全局，广泛征求县级部门、乡镇（街道）和社会各方面意见建议，通过6轮划定和修改完善，将各部门专项规划重点项目和其他项目用地9773.33公顷全部纳入“三区三线”。完成《盐亭县国土空间规划2022年度城市体检报告》，对盐亭城乡发展成效和不足分析评判，对后续国土空间规划实施工作、国土空间规划编制提出方向和建议，进一步优化城乡规划管理工作。落实5个批次、3个单独选址项目建设用地规划指标60公顷，保障了云栖逸景、盐亭县巨龙天然气处理站、盐亭县天然气管道巨龙枢纽场站、盐亭县盐蓬路与射洪连接线等项目实施。完成盐亭县D-08-09等地块（凤凰山公墓）、盐亭县指南丝厂片区 I-06-02 地块、盐亭县I-12-01等地块（体育馆旁用地）、盐亭县旧城区 B-30-01 地块局部用地（土产公司地块）用地性质和规划指标调整，有力保障了项目顺利落地实施。召开国土空间规划委员会全体会议8次、专家会13次，分别审议通过40个、62个议题，审批通过了嫘祖圣境、盐亭中学运动场及附属设施改造工程、凤凰大道道路改造项目等重点项目规划设计方案。依据盐亭城市总规、控规和土地利用总体规划，严格把关项目选址和建设，出具5份用地预审与选址意见书、15份建设用地规划许可证、21份建设工程规划许可证，完成规划竣工验收12处，积极推动了全县重大工程建设项目和招商引资项目落地落实。

【乡镇片区规划】 2022年，县自然资源局成立盐亭县乡镇级片区国土空间规划编制工作专班，全面负责片区规划编制工作。编制单位全覆盖踏勘、走访17个乡镇（街道）254个村（社区）、集中召开17个乡镇（街道）座谈会2次，召集发改、交通、农业农村等14个专项规划部门召开对接会、推进会4次，广泛征求各方面意见和建议，全面摸清5个片区国土空间规划的基本情况，与“三区三线”6轮上报成果和县级国土空间总体规划保持同步修改。在全市率先推行集中办公，组织2轮省市专家评审，3轮乡村规划师评审，2轮乡镇政府和居民审查，以及多轮专班审查会议，将18个专项规划目标任务统筹整合到片区国土空间规划，编制完成片区规划并通过市级专家会和县规委会审议。同时深化与绵阳市师范学院合作，按照“一片区一规划师”的要求，配强配齐乡村规划师5名。

【土地要素保障】 2022年，县自然资源局围绕省市县重点项目和招商引资用地需求，编制《盐亭县2022年度国有建设用地供应计划》，明确了2022年各类用地的供地安排，全年计划供地面积786.79公顷。完成绵阳工业废弃物综合利用处置、西南地板产业园、产业基础设施承载能力提升（一期）、西部片区城乡供水工程、“十四五”武引续建配套5个重点项目土地供应51.87公顷。加强土地供应出让，全年完成出让土地36宗，面积80.38公顷，总计成交价款为12.38亿元。开展“清闲促建”专项行动，采取“一地一策”“一企一议”等举措处置低效闲置土地22宗10.66公顷。创新工业企业用地保障和项目监管方式，制定印发了《盐亭县推行工业用地“标准地”改革工作方案》，成立了县长任组长的工业用地“标准地”改革工作领导小组，明确责任单位工作职能职责。在四川盐亭经济开发区探索推行工业用地“标准地”，2022年成功挂牌出让首批3宗工业“标准地”面积8.25公顷，实现了工业用地出让新模式、改革试点“零”的突破。盘活原丝厂、原肉联厂等5宗土地，并整合周边片区土地完成出让。开展“批而未供”专项整治，盘活闲置、低效利用土地，挖掘存量土地的利用潜力，通过拍卖、挂牌、划拨等方式，完成2009—2018年批而未供土地处置，面积达76.47公顷，居全市第二位。完成中民燃气、伟鑫商贸、峻峰建材、天正梓江之星等项目23宗闲置土地处置，面积10.54公顷。完成新一轮城区土地级别与基准地价更新，客观真实反映盐亭地价分布规律和地价水平，为盐亭未来3年经济实现高质量可持续性发展提供地价要素保障。

【土地报征】 2022年，盐亭县编制完成《盐亭县经济开发区月圆坝片区土地征收成片开发方案》并获得省政府批复，为西部水产文旅融合项目（云栖逸景）、天然气处理厂项目（氢烃）、生物医药园区项目、4GWH（亿瓦时）聚合物锂电池项目、绿色建筑智能产业园项目、食品加工园区项目、动物药品和保健生产项目等7个项目报征奠定基础。成功收储丝厂片区、肉联厂片区、墨竹里项目等地块集体土地面积32.67公顷。

【耕地保护】 2022年，盐亭县坚守耕地保护红线，深入落实“藏粮于地、藏粮于技”战略，筑牢粮食安全的政治基础。编制出台《盐亭县关于全面推行田长制的实施方案》，构建县、乡镇、村三级党政同责“田长制”责任体系，设置县乡村三级党政田长和巡查员290人，实现耕地用途管制全覆盖。依托“4·22”地球日、“6·25”全国土地日等主题宣传活动，印发《中华人民共和国土地管理法》等政策法规5万余份，引导群众增强保护耕地和节约用地的法纪意识。完成6个省级投资土地整治项目1333.33公顷的整改任务。印发《盐亭县耕地保护专项整治行动方案》，坚决遏制耕地“非农化”、严格管控耕地“非粮化”、盘活低效闲置土地、推进撂荒耕地复耕复种落实整改，完成2021年流出耕地恢复面积705.33公顷，2022年流出耕地恢复面积363.27公顷，保障了全县耕地保护年度“进出平衡”。完成2021年度国土变更调查和综合动态监测，为全县耕地保护提供准确的数据支撑。

【自然资源执法监管】 2022年，县自然资源局以卫片执法作为落实耕地和永久基本农田保护责任的抓手，健全“政府领导、部门配合”的卫片执法检查工作机制，引导合法合规用地。完成2021年耕保督查反馈能源、交通、水利等基础设施、耕地占补平衡、新增“大棚房”等问题整改工作。完成2022年土地卫片执法下发的350个图斑面积216.44公顷（耕地121.39公顷）的实地核查。开展2022年农村乱占耕地建房补充图斑摸排工作，完成省厅下发9922个图斑核查。持续深入抓好违法用地整治工作，开展为期一年的违法用地整治攻坚专项行动，完成闲置土地处置、土地动态监测、监管平台新增闲置土地核查销号和有闲置风险的地块巡查。

【不动产登记】 2022年，县自然资源局紧紧围绕“便民、优质、廉洁、高效”的服务理念，深入推进“放管服”和“最多跑一次”改革落实见效，实现企业抵押登记1个工作日办结，企业间非住宅转移登记0.5个工作日办结，抵押注销、查封、解封登记即时办结。完成不动产登记资料查询“跨省通办”上线运行，实现不动产登记“线下跑”到“线上办”。提供绿色通道服务、延时服务、上门服务、邮寄服务等各类便民服务800余次，协助企业和个人办理抵押融资17.43亿元。全年办结各类不动产登记业务9542件，颁发不动产权证书7102本、不动产登记证明2855份，不动产登记信息查询11085件。完成国有建设用地和集体建设用地登记数据178644宗，城房、农房登记数据333955户汇交。完成商品房分户、二手房过户、夫妻财产约定过户“一件事一次办”的系统配置、测试工作。

【风险防范化解】 2022年，县自然资源局坚持一盘一策、综合施策，开展“问题楼盘”化解处置专项行动，成立专门工作小组，化解县城安泰金城、新乐家园、紫江金岸B区、亿豪大厦等不动产登记历史遗留问题，完成办理不动产登记证书400户。先后深入富驿、文通、黄甸、大兴等乡镇调查摸底和核实，收集317户群众办证资料，为205户群众办理不动产登记证书。

（许中义）

城市重大基础设施建设

【概况】 2022年，盐亭县加大城市提升改造，坚持综合治理与专项治理相结合，促进城市提档升级，优化城市功能，营造生态舒适、宜居宜游的高品质城市环境。

【道路提升改造】 2022年，盐亭县投资3123.39万元对盐亭县城区昆仑路、文义路、新指路、五指路、团结街及弥江路中段约3千米的道路路面进行提升改造；投资7500万元对绵西高速盐亭云溪出口、文同干道2.5千米道路、凤凰大道3.3千米道路、红光东路1.5千米道路、消防大队至鳌鱼桥道路进行绿化亮化提升改造。

【城市配套基础设施提升改造】 2022年，盐亭县提升改造城区多处配套雨污水管网；绿化亮化提升改造部分人行道；改造及安装路灯138盏、加装玉兰灯灯箱约950盏、种植乔木约200株。

【口袋公园】 2022年，盐亭县以百姓实际需求为出发点和落脚点，按照一街一景观、一路一特色的理念，充分利用城市零散地块建设改造"口袋公园"，"见缝插绿"不断拓展居民绿色活动空间，让居民"推窗见绿、推门见景"成为可能。建成的多处城市口袋公园，形成了新的城市标志，为市民提供了休闲娱乐新场所。

（陈春羽）

建筑业管理

【概况】 2022年，盐亭县通过积极引进优势企业、助力企业资质升级、完善帮扶体系等方式促进建筑业高质量发展。协助绵阳市威瑞建设工程有限公司做好申报一级资质工作；推荐四川省鸣兴建设集团有限公司为2022年度市级"服务绿卡"企业。

【优化营商环境】 2022年，县住建局开展"服务企业活动月""优化营商环境面对面"专题座谈会等活动，加强与企业的工作互动，解决企业诉求问题18个。全年一体化平台受理、办结企业问题1266件，按时办结率97.63%。

【建筑业发展】 2022年，盐亭县有入库建筑企业45家，包括1家一级资质企业、6家二级资质企业、38家三级资质企业。全年组织召开4次产值统计工作分析会，宣传"应统尽统"的基本原则，督促指导企业统计人员完成当季度产值的申报。2022年实现建筑业产值同比增长10.1%，全市排名第四名。

【建设工程质量监督】 2022年，盐亭县报建工程25个，竣工验收工程20个，工程质量验收一次性合格率达100%。县住建局定期开展建筑工程质量安全大检查工作，不定期进行工程现场巡查、抽查，进一步推进盐亭县建设工程质量水平稳固提升。开展监理评价、商混企业专项检查、工程项目创优等工作，所有报建住宅工程项目实行竣工分户验收制度，切实做到建设工程质量安全可控。

【安全生产】 2022年，县住建局持续开展安全生产工作，全年累计开展季度综合大检查4次，专项检查10余次，实施日常检查100余次，发出责令整改通知30余份，提出整改意见120余条，纠正违章操作30余起，排查整治安全隐患40余处，全年无重大质量安全事故发生。

（陈春羽）

住房建设

【概况】 2022年，盐亭县有从事房地产开发的企业12家，开发建设项目12个，开发完成投资14.57亿元，同比下降0.47%，环比上升5.67%。累计开发商品房面积约100万平方米，批准预售商品房面积24.51万平方米，同比下降3.1%。其中，批准预售商品住房面积22.95万平方米，同比下降1.6%。

【商品房建设与销售】 2022年，盐亭县新建商品房1—12月销售面积16.53万平方米，同比下降26.48%。其中，商品住房销售面积12.28万平方米，同比下降33.21%，环比上升11.82%；非住宅销售面积4.25万平方米，同比增长3.5%。存量房1—12月销售面积10万平方米，环比下降60.67%，同比下降21.57%。其中，存量房住宅销售面积7.56万平方米，环比下降3.8%，同比减少21.19%；存量房非住宅销售面积2.44万平方米。全年商品房可售面积54.6万平方米，同比增长17.1%。其中商品住房可售面积28万平方米，同比增长61.58%，去化周期为19个月（近三年销售平均数1.47万平方米/月），库存压力逐渐增大。

【保障性住房建设与管理】 2022年，盐亭县积极进行统建房、公租房等公共保障性住房开发。城区有保障房7处分别是龙兴居、刘家桥、复兴、先锋、五指山、石家湾、文同小区，共计2174户。完善盐亭县保障性住房管理机制，严格执行保障性住房管理办法，对保障房实行动态管理，不定时对保障房承租户相关入住条件进行核实，对不符合条件的承租户按相关规定办理退出手续，并立即分配至有需求的人员。加强保障房物业管理，做好日常巡查、巡视工作，保障小区居民的各项安全，严格执行一季度一考核的管理制度，每季度按时到现场对保障性住房物业服务的环境卫生、绿化养护、通道占用、车辆停放、安全宣传等进行考评，并根据考评结果进行物业费用的拨付。

（陈春羽）

【住房公积金管理】 2022年，盐亭县住房公积金归集26130.20万元，归集总额为19.77亿元，归集余额为9.62亿元；新增缴存单位38个，新增缴存人员240人。全年办理住房公积金提取3391人次，共计16657.98万元；全年发放职工住房公积金委托贷款103户2688万元；累计向3840户职工发放住房公积金贷款5.82亿元；贷款余额2.00亿元。全年计提城市廉租住房补充资金953.8万元。持续加大逾期贷款催收力度，制定逾期贷款动态清零催收方案，通过法律诉讼、电话、短信催收、上门催收等多种方式加大逾期贷款催收力度。截至12月底，管理部逾期贷款率从年初的1.05‰降为0，实现逾期贷款清零。

（胡　丹）

市政设施管理

【城市桥梁管理】 2022年，县住建局对城市规划区桥梁进行每月巡检，修补破损桥面5处，80余平方米；修补桥梁栏杆15处，200余米；栏杆刷漆1000余米。

【排污雨水管道管理】 2022年，县住建局全面清淤污水A、B号主管网1次；清掏明沟、下水道约18千米，通污285次；清掏水箅子1845套。

【园林维护】 2022年，县住建局每日安排3辆水车对绿化带循环浇水4次；全年进行喷洒药物、施肥、松土、修剪6次；对3万余株乔木进行刷白；补栽灌木1万余平方米；移栽、补植乔木400余株。

【路灯管理】 2022年，盐亭县全年维修路灯861盏、更换灯泡276个、更换开关119个、更换玉兰灯灯罩672个、更换玉兰灯底座115个、更换交流接触器12台；修复盐蓬路、绵盐路、梓江南路、红光东路、凤凰大道、嫘祖大道道路的路灯控制柜14台；处理路灯突发事故和地埋电缆故障104处；更换地埋电缆591米。

【道路维修养护】 2022年，县住建局紧抓道路维修养护修，全年补沥青路面0.68万余平方米；更换道路隔离护栏12.8千米，校正19.87千米；更换道路隔离墩520个；更换雨污井盖400套，水箅子480套；修补城区休闲座椅使用木方415根；修复外滩沿线仿木栏杆1480余米。

（陈春羽）

城市卫生和绿化管理

【城市卫生设备更新】 2022年，盐亭县投入300万元为全县城144处垃圾分类点进行设备配套，投入8500万元新建餐厨垃圾废弃物处理厂和城乡垃圾压缩中转站，投入100万元新建一类公厕2座。

【城市垃圾处理】 2022年，盐亭县加强城市生活垃圾处理，按时完成垃圾填埋、压实、覆盖和渗滤液处理。全年共处理生活垃圾10.31万吨，处理渗滤液3.03万吨。

【城市绿化建设】 2022年，盐亭县新栽植晚樱树167株，对老城区凤池街、弥江路下段全长1.9千米的城市道路进行全面提升改造；新栽植银杏253株，对红光东路1.785千米的城市道路进行全面提升改造；在凤凰大道3.825千米的城市道路新栽植栾树222株，在文同干道2.465千米的城市道路新栽植栾树284株；建成红光社区安置点等处“口袋公园”12个，打造凤凰大道等处“组团式绿化”58处；在嫘祖大桥十字路口安全岛等处布置五色梅等鲜花3000余盆。2022年盐亭县有县城城市乔木共22517株，城市绿地面积42.084万平方米，加上高山森林公园、五指山公园等，县城绿地面积达210余万平方米，人均公园绿地面积15.45平方米，绿地率已达42.5%。

【污水处理】 2022年，盐亭县城市生活污水处理厂全年共处理生活污水581万吨，日均处理生活污水265吨，规范处理污泥3748.56吨。

（陈春羽）

城乡信息化建设

【一网通办】 2022年，盐亭县有254个村（社区）接入政务外网，做到全覆盖，居全市前列。一体化政务服务平台共有1334个政务服务事项，全年办件24万余件；在“互联网+监管”平台录入监管行为18158件，监管行为覆盖率达40.62%。

【信息资源共享开放】 2022年，县政务服务和大数据中心共发布12期政务服务通报和3期专报，共享数据资源802条，有效资源数802条，任务完成率、有效资源占比率均达100%。

（张　艳）

【云办公平台】 盐亭县云办公平台于2018年4月1日正式启用，用于处理各类非涉密公文和信息。截至2022年底，系统用户总数达2575人，全年系统访问量达43694次，日均访问量达120余人次，流转处理公文78872件，表单469件，报送信息387条。

（何谢东）

【企业信息化建设】 2022年，盐亭县以“两化融合”为目标，大力推进工业企业信息化和数字化建设，鼓励企业以互联网为基础进行生产制造、经营管理、业务发展等环节的数字化改造，以实现业务流、人才流、资金流等的在线化、网络化、智能化。在信息化投入方面，38户规模以上工业企业中，20家企业有信息化投入，其中6家企业投入超100万元。企业上云方面，28家企业通过使用信息化应用系统实现上云，比例达74%，其中，10家企业建立网站并开通电子商务，主要开展的业务有在线采购、在线销售、信息发布、信息共享等。在信息化应用系统使用方面，21家企业使用财务管理系统，10家企业使用办公自动化系统（OA），15家企业使用进销存系统，通过数字化转换实现了信息数字化。建丰林业、威斯卡特、盈基生物、格润中天、晋深科技等企业使用企业资源管理系统（ERP、SAP）、物料需求计划系统（MRP）、产品数据管理（PDM）等较复杂的系统，通过数字化升级实现流程数字化。这些系统改善和强化了企业物资流、资金流、人员流及信息流的集成管理，对企业传统的经营模式和管理模式产生冲击，提高了企业竞争力。

（雍雪梅）

【农业信息化建设】 2022年，盐亭县种植养殖业信息化生产迅速发展。全县种植业实现信息数字化生产面积320公顷，西部花都建成28公顷智能温室、“田间四情”数据搜集系统；“花果嫘乡”80公顷柑橘、“七里花香”2公顷花田实现水肥自动化管理；全县专业合作社购置植保无人机40余台，可实现农作物病虫害统防统治面积达0.618万公顷；全县75个标准化生猪代养场和新好农牧1.2万头种猪养殖场实现料线系统、水线系统、环境控制系统、粪污清理自动化、智能化；7家规模化水产养殖场初步实现水质监测，饲料投喂自动化、智能化；佳贝特蛋鸡养殖场实现流水线作业数字化。

【农产品数字化监测体系建设】 2022年，盐亭县121家企业入驻省农产品质量安全追溯平台，生猪追溯实现全覆盖。实现农作物遥感测量和粮食产量调查面积约200公顷，覆盖全县20个样本村。

【现代农业园区信息化建设】 2022年，盐亭县有市级现代农业园区2个，县级3个，其中农作物耕种收综合机械化率达60%以上的有2个，农业综合信息化水平达65%以上的有1个，“七里花香”“花果嫘乡”电子商务渠道已经建立，销售收入占比达到20%以上。

【农业电子商务持续发展】 2022年，盐亭县有电子商务企业31家，农产品电商个体经营户160个，电子商务行业从业人员超过2000人，实现销售收入1.12亿元。拥有“中国·供销e家商城”“老手艺土特馆”“上古农仓”“嫘之韵”4个本土电商平台；引进“农村淘宝”“邮乐网”“易田网购”等11家电商平台上线运营；全县累计建成电子商务县、乡、村三级服务站点53个，建成电子商务示范乡镇3个，拥有盐亭电商产业园2个。

【益农信息服务】 2022年，盐亭县有380个益农信息社，其中，标准型114个、专业型152个、简易型114个，覆盖了全县100%的行政村。全年益农信息社发布政策信息130余条，科技信息146条，市场信息152条。

【农技推广信息化服务】 2022年，盐亭县全县361名基层农技人员全部安装使用农技推广App，全年上报日志、上传问题、回答问题、查阅资料达4500余条，综合运用信息化手段开展农技推广服务的比例超过80%；积极推广使用全国农业科教云平台，全县568名新型农业经营主体(种植养殖大户、家庭农场、合作社)，1300余名个人加入云平台。

(彭未娟)

【有线数字电视】 中国广电四川网络股份有限公司盐亭县分公司通过有线网络传输256套标(高)清数字电视节目、6套广播节目，分“高清30套餐、川流39套餐、川流49套餐、5G融合慧家套餐、慧家特惠套餐”等方式向用户提供服务。全县安装有线电视有效终端7万余户(含主终端+副终端6881户)，拥有电视用户2.3万余户。与中国移动和中国联通合作，开通集音频、视频、宽带于一体的爱家系列产品、沃家系列产品、“缤纷”系列产品、单宽带、单位专网等用户18632户，互动用户8669户。

【无线数字电视】 中国广电四川网络股份有限公司盐亭县分公司承接县城、文通、岐伯、莲花湖等镇乡无线数字电视机顶盒用户的无线数字电视服务工作和13个无线地面数字电视发射塔站的管理。拥有无线数字电视用户2600余户，保证群众免费收看47套无线数字电视节目。

【盐亭智慧广电】 2022年，盐亭县建成2套高清频道，实现广播电视制播数高清化。广播电视数字化覆盖率达到98.99%，有线广播电视用户可接收高清频道90套以上，电视用户高清终端全面普及，高清互动用户超过5万户，综合人口高清覆盖率达95%以上。

(董志明)

【信息安全】 2022年，盐亭县严厉打击涉网违法犯罪。深入开展打击治理跨境网络赌博、新型电信网络诈骗、侵犯公民个人信息等涉网违法犯罪专项行动，破案6件，打击处理7人。加强公安信息化规范化建设，建立完善数字证书和移动警务终端使用管理细则，严防安全漏洞，有效杜绝公民个人信息泄露等违法违纪行为发生。

(蒋婷婷)

水电天然气石油供应

【自来水生产供应】 2022年，盐亭县显兴水业公司供水759.13万立方米，同比上升1.03%；抄回水量716.34万立方米，水损率10%以下，同比有所下降；水费回收率99.61%，与2021年基本持平；全年户表、户改安装2842户，千吨水耗电同比减少1.26%，千吨水药耗同比减少26.63%(药耗减少主要是因为2021年洪水期较长，2022年洪水期很短)。坚持每天进行水质化验室常规检测，出厂水质自检、送检4767个，全部符合《生活饮用水卫生标准》(GB5749—2006)。水厂检修、维护保养电机、水泵、阀门56台次；清洗各类水池22次，完成了水厂年度大修、设备防腐等工作。全年检测、轮换各类水表437只，报废38只，核查用水性质1948户，处理非正常用水户87户。查出新指路口、钟林房产外、嫘祖大道、文同路等大型漏水7处。热情接待用户，及时解决用水矛盾和纠纷。全年新安装PE63—315管网18680米；DN100以上管道抢险维修49余次；安装、更换DN100—200阀门56余只；砌阀门井、水表井65座；更换、维修消防6只；更换分水器378根；对全城的管网定期进行排污、冲洗，全年管网完好率达98%，抢险、抢修完成率达100%。2022年，盐亭县农业水价改革区域为鹅溪镇、岐伯镇、文通镇、富驿镇的小型灌区，改革面积0.59万公顷，新建并完善村级用水协会6个，安装计量设施52套，维修灌溉渠系22.9千米，改革区用水总量控制指标2358.4万立方米。

(尤　舟　赵冬灵)

【电力供应】 2022年，盐亭县售电量累计5.18亿千瓦时，同比增长15.9%。全年售电收入(含代征代收基金)2.98亿元，到户销售均价574.45元/千千瓦时，同比增加26.08元/千千瓦时。全年盐亭县城乡居民生活售电量21467.97万千瓦时，同比增长24.15%。全年工业售电量1.38亿千瓦时，同比增长14.91%；其中，规模以上工业企业售电量9232.04万千瓦时，占全县总售电量的17.81%，同比增9.8%。增长主要原因是盐亭工业加速发展，经开区工业用户用电负荷保持稳定增长，其中，威斯卡特公司售电量574.43万千瓦时，同比增加65.28万千瓦时，增长12.82%；金明木业公司售电量661.51万千瓦时，增加91.72万千瓦时，增长16.1%；新华康公司售电量177.92万千瓦时，同比增加32.69万千瓦时，增长22.51%；绵阳锂源新能源公司售电量290.06万千瓦时，该公司2022年1月正式投产，主要产品为储能电池，市场需求广泛，生产量较大，是售电量重要增长点。另外部分企业因原材料价格、销售市场不景气等原因导致产能下降，其中：迪澳药业公司售电量184.06万千瓦时，同比减少电量19.89万千瓦时，下降9.75%；优锂新材料公司售电量243.61万千瓦时，同比减少电量7.16万千瓦时，下降2.85%；群琪公司售电量205.86万千瓦时，同比减少电量10.64万千瓦时，下降4.92%。

（雍雪梅）

【天然气生产供应】 2022年，盐亭县管道燃气供应量为3521.05万立方米，2021年为3332.38万立方米，同比增长5.7%；2022年CNG供应量为732.75万立方米，2021年供应量为854.1万立方米，同比减少14.2%；2022年LNG供应量为2160吨，2021年供应量为3135吨，同比减少31.1%；2022年液化石油气供应量为102.166万吨，2021年供应量为94.117万吨，同比增长8.6%。（注解：CNG为压缩天然气，LNG为液化天然气）

（陈春羽）

【石油供应】 2022年，盐亭县共有加油站52个，其中迁建1个（金孔加油站），高速服务区4个，中石油6个，中石油控股合资3个，中石化2个，社会加油站36个。全年销售汽油20237吨，同比下降13.7%，销售收入1.86亿元；销售柴油13836.4吨，同比上升11.8%，销售收入1.13亿元。从两年的汽油销售量来分析：新能源车辆数量不断增加，导致汽油销售量减少。从两年的柴油销售量分析：2022年销售量同比上升11.8%，盐亭县域经济逐渐复苏，货运物流车辆需求量增加。

（雍雪梅）

县城夜市管理

【概况】 2022年，盐亭县按照“让城市亮起来、让生意活起来、让市民动起来、让消费火起来”的工作思路，规划完成嫘祖广场锦街美食城。取缔岐伯广场夜市，积极协调自然资源、住建等部门，尽快完成夜市的重新规划、搬迁，解决岐伯广场附近居民购物和农民自产自销需求和流动个体商贩经营场地困难等问题，实现既便民利民又规范有序，努力实现夜间经济多元化、城市管理精细化、疫情防控常态化的“三赢”局面。

【规范管理夜市经营】 2022年，县综合行政执法局规范管理夜市经营。联合交警部门在风情美食城外合理规划非机动车停车位，便于市民就近停放，增加夜市人流量；签订“门前五包”责任书，商家自行做好经营地点的经营垃圾处理，同时联系夜市所在地的社区和物业，合理安排夜市的保洁工作，确保夜市环境干净卫生；严格规范夜市经营群体，先到所在乡镇（街道）审核、登记备案，确保夜市能安全有序地开展经营活动。联合环境保护、市场食药、卫生健康等部门定期不定期开展专项整治，严格按照县环委办相关要求查处噪声扰民、油烟污染、食品变质等违规违法行为。为避免出现夜市深夜噪声扰民，统一规定夜市经营时间不得晚于24:00，高考、中考等特殊时段停业。联合交警、消防等部门落实消防安全检查工作，确保夜市外机动车、非机动车有序停放，预留出消防安全通道；发放宣传资料90余份，有效提升商家、市民环保意识。积极解决群众诉求，对夜市经营产生的各类投诉问题，主动予以指导、帮助，及时开展现场处置，积极化解矛盾纠纷，营造和谐共赢的经营和生活环境。全年接受办理噪声污染、餐饮油烟污染、街面占道经营等群众关注的热点、难点、堵点问题举报、投诉共345个，其中，局长信箱16件、各级领导交办9件、热线交办63件、现场来访及电话投诉236件。所有投诉、举报、信访件均做到件件有回复、事事有回音，及时受理率100%，按期办结率100%，群众满意率95%以上。

【协同共治】 2022年，县综合行政执法局宣传并落实门前五包工作，督促商家签订“门前五包”责任书，有效解决经营活动引发的环境卫生问题。加强联动提质提效，综合行政执法、市场监管、卫健、消防、交警等部门联合不定期对夜市的产品质量、市容环境、停车秩序、疫情防控、消防安全等问题进行突击检查，发现问题的要求其限期整改。

（蒋　莲）

盐亭县城区夜市网点情况一览表

表 17　　单位:户

经营时间	经营地点	摊点数量	经营种类
全天	嫘祖广场锦街风情美食街	83	生鲜果蔬、烧烤、凉菜、串串、奶茶、小商品等

(县综合行政执法局)

人口、户政管理

【概况】 2022 年,盐亭县积极做好人口、户政管理,持续开展"一标三实"及流动人口、户籍人口"双清"等相关工作。

【"一标三实"采集】 2022 年,盐亭县清理户籍信息总数 113522 条,完成 113522 条,完成率为 100%;"一标三实"辅助采集下发总数 157394 条,完成 157394 条,完成率为 100%,完成进度在全市靠前;四川 e 码张贴激活数完成比例 100%。

【户籍办理】 2022 年,盐亭县开通绵阳公安微户政,群众可在网上办理出生登记、户口迁移、户口注销等业务,答复群众咨询 50 余起。开通全国户口迁移"一站式"办结,群众可到落户地公安派出所办理上户手续。全年为省内外人员办理"一站式"户口迁移手续 2072 人次。开通川、渝、黔、藏四地就近居住地申办新生儿入户、申领身份证、开具亲属关系证明等业务。全年为川、渝、黔、藏四地群众申办新生儿入户 5 人,首次申领身份证 51 人,开具亲属关系证明 4 人。全年办理出生入户 2510 人次,补录入户 101 人次,迁入 2072 人次,迁出 5136 人次,项目变更 9577 人次,办理身份证 21666 张,办理临时身份证 8380 张,边境证 2026 张。

(蒋婷婷)

出入境管理

【概况】 2022 年,盐亭县加强出入境证件办理工作。全年接受群众咨询 450 余人次,办理出入境证件 200 本,其中,护照 50 本、港澳通行证 145 本、台湾通行证 5 本。有效杜绝乱办证现象,实现证件办理零差错,无群众投诉和民辅警违纪违规案事件发生,群众满意率达 100%。

【外国人管理】 2022 年,盐亭县加强外国人管理工作。建立健全境外人员管理基础台账,按照一人一档工作要求,完善了 18 名外国人的台账资料,对全县常住外国人逐一走访,开展法律法规宣传。同时加强境外暂住信息管控,全年录入暂住信息 28 人次,准确率、及时率达到 100%。开展"三非外国人"整治工作,查处"三非外国人"1 人。

【严查出入境违法犯罪】 2022 年,盐亭县严查出入境违法犯罪。开展"獴猎"2022 偷越国边境专项行动,立案 4 件,移送起诉 15 人。开展打击跨境赌博专项行动,立案 2 件,采取强制措施 3 人,移送起诉 2 人。

【涉企便利服务】 2022 年,盐亭县推出涉企便利服务举措,在出入境办证大厅设立专区,专门接待有赴港澳商务需求的企业,为企业办理赴港澳商务备案、签注等业务服务,助力粤港澳大湾区融合发展。

(蒋婷婷)

村镇建设

【概况】 2022 年,盐亭县紧紧围绕年初所确定的各项目标,团结协作、扎实工作,集中精力抓好农村住房安全保障、自建房排查整治、乡镇污水处理设施运维管理、中心镇项目建设、传统村落申报等重点工作。

【农村住房安全保障】 2022 年,盐亭县坚持扛稳抓牢住房安全有保障政治任务,扎实推进农村危房改造,组织乡镇进行交叉验收,通过绵阳市惠民惠农财政补贴资金社会保障卡"一卡通"发放监管系统完成 368 户 442.1 万套危房改造补助资金的发放。按照省住建厅印发《关于正式下达 2022 年农村危房改造目标任务的通知》要求,指导乡镇完成 2022 年农村危房改造对象录入"一卡通"阳光审批系统,并在网上完成公示和部门审核工作。2022 年 11 月底前率先完成省市下达的 286 户 2022 年度农村危房改造任务,较省市要求期限提前整整4个月，完成任务量占全市比例高达66.2%，为全市巩固脱贫攻坚同乡村振兴“后评估”及2022年危改任务完成奠定坚实基础。

【房屋排查整治】 2022年，盐亭县强化风险管控，调动600余人次排查全县房屋173010栋，其中自建房148762栋。对排查出有安全隐患的经营性自建房，及时采取搬离、腾空、警示、打围等应急处置措施进行处置。完成初判存在安全隐患的既有房屋鉴定32栋，自建房14栋；累计拆除D级危房1827栋。

【乡镇污水处理】 2022年，盐亭县继续规范乡镇污水处理站运营维护管理，采取季度检查、年度绩效考核等方式，管在日常、严在经常，倒逼污水处理站运维单位规范运营。通过城乡建设发展专项资金、污染治理和节能减碳专项投资完成富驿、高渠、文通、巨龙、岐伯、九龙6个建制镇污水管网新改建，实现建制镇生活污水应收尽收。

【中心镇建设】 2022年，盐亭县成功申报富驿镇为省级百强中心镇。在省级百强中心镇项目资金718万元下达3个月内结合城乡环境三年提质行动，完成富驿路改造提升建设项目，完善富驿镇基础设施及公共服务体系，完成富驿路绿化、亮化、人行道改造、店招店牌规范制作、弱电管网预埋、部分墙面立面打造、五马广场整治等建设内容，优化人居环境，提升居民幸福指数。

【传统村落建设】 2022年7月，盐亭县按照省住建厅、省文旅厅、省文物局、省财政厅、省自然资源厅、省民宗委、省农业农村厅《关于开展四川传统村落申报工作的通知》要求，积极组织各镇乡申报第五批省级传统村落，经县级推荐、市级评审等程序，盐亭县玉龙镇黄溪村成功入围四川省第五批传统村落。

（陈春羽）

城乡环境综合治理

【概况】 2022年，盐亭县加强卫生与秩序制度化管理，优化“三级网格”管理体系，推动巡查监管常态开展；强化“门前三包”责任制度，提升沿街商户整体环境；落实“社区吹哨部门报到”，加快形成基层执法合力；引导群众参与城市管理，坚持发挥党建引领作用，完善居民小区治理机制；加强对业委会指导监督，充分发挥群众自治能力；动员群众加入志愿队伍，自觉参与城乡环境综合治理。

【城乡环境集中整治】 2022年，盐亭县持续整治乱摆摊点，整治坐商跨门经营9000余次，制止占道经营6000余次，清理5000余平方米公共区域供市民休闲娱乐，拆除私装地锁100余个，引导农户、流动摊贩等就近归区经营600余人次，对违反市容环境卫生管理的轻微违法人员，依法从轻、减轻或者免予处罚500余人次。持续整治违规广告，采取现场纠违、专人清理等方式清除“牛皮癣”小广告260余处、拆除违规广告牌匾50余个。持续整治违法建设，重点监管县城19个在建项目开工建设情况，完成70余起相关单位来函及投诉的乱搭乱建案件调查，立案调查违法建设案件13件，结案7件，拆除7处，约750平方米。大力整治施工扬尘，不定期突击检查在建工地，重点查看施工现场道路硬化、裸土覆盖、工地围挡、冲洗设备、喷淋设备等扬尘防治措施落实情况。高效治理餐饮油烟，对嫘祖广场、鸿宇广场、廊桥等地流动摊贩、露天烧烤进行清理整治和集中规划，统一搬迁至嫘祖广场锦街风情美食城；利用午间、晚间营业时段，对餐饮单位后厨进行突击检查，推动城区餐饮、食堂安装油烟净化器和油烟在线监测设备，签订安装协议51家，已安装在线监测37家。有序推进犬只管理，加快文明养犬规范化、系统化、可追溯化建设，网捕流浪、烈性犬只40余只，劝导教育不文明养犬的犬主1000余人次。

（张潇斯）

【交通秩序集中整治】 2022年，盐亭县持续深化道路交通集中整治“三大行动”，强化“定人、定岗、定责”。紧紧围绕“磐石”系列、“百日行动”、“冬攻行动”、酒醉驾专项整治等重点工作，多波次、有节奏开展各类专项行动，严查“三超一疲劳”、酒驾醉驾毒驾、涉牌涉证、闯红灯、逆行、不佩戴安全头盔、不系安全带等交通违法行为。全年查处各类交通违法行为83390余件，其中饮酒驾驶1475件、无证驾驶1268件、套牌5件、疲劳驾驶22件、违法载人5件、载客汽车超员774件、超载1684件、超速3446件、非法改拼装2237件、乘车人不系安全带22539件、电动自行车违法39552起，吊销驾驶证50本。开展道路交通事故“减量控大”专项行动，依托县道安办落实整改省级挂牌道路隐患1处，市级挂牌道路隐患6处，县级挂牌道路隐患三期22处，全市道路交通安全集中整治工作排名第一。全年交通事故“四项指数”分别同比下降6.67%、35.48%、9.60%、1.45%。办理行政拘留案件181件，立刑事案件51件，移送起诉53人，吊销驾驶证50本，未发生一次死亡3人以上的较大道路交通事故。

（蒋婷婷）

【市场秩序集中整治】 2022年，盐亭县健全市场监管行政执法与刑事司法衔接工作机制，挂牌成立县检察院派驻市场监管局检察工作室，进一步实现行政处罚和刑事司法、行政执法和公益诉讼的无缝对接。坚持将行政执法作为“拳头”“利剑”，进一步规范执法行为、提高监管效能、优化市场秩序，以“铁拳”暨“春雷行动2022”等专项整治行动为抓手，以食品药品安全、特种设备安全、产品质量安全“三大安全”为重点领域，以学校、敬老院、群体性聚餐场所、医疗机构、批发市场、大中型超市、加油（气）站为重点场所，严厉打击不正当竞争、传销、非法会销、非法集资等市场监管领域内的各类违法违规行为。大力提升依法执法能力和执法效率，积极开展执法大培训、大演练，灵活应用“所所联动、股所联动、队所联动”和“先辅导再整改后执法”行政执法新模式。全年共立案查办案件231件，入库罚没款130余万元，所有案件做到了“零复议、零诉讼”，没收了大批不合格成品油、不合格服装、过期食品等，并进行集中销毁，切实净化市场环境，有效震慑违法违规行为。

（杜小迪）

【文化秩序集中整治】 2022年，盐亭县持续开展“正道”“新风”集中行动。聚焦印刷厂、书店、艺术品商店、学校等重要点位，加强对涉“黄”涉“非”内容文化产品监管，清理非法销售出版物的游商地摊。开展护航二十大“扫黄打非”专项检查。2022年办理完成1起储存非法出版物和1起侵犯著作权案件，没收储存非法出版物190本（张）。加大对网吧监管力度，充分利用“文网卫士”“双随机”等新型监管模式，弥补监管漏洞，强化主动监管，发挥属地监管职能，加强部门联动协作，延伸监管网络。开展文明城市创建拉网式检查，确保创建实地考察工作顺利进行。办理完成网吧未按规定核对、登记上网消费者的有效身份证件、擅自停止实施经营管理技术措施行政处罚案件7件，行政执法约谈3家。加强对歌舞娱乐场所的管理，采取夜间巡查、突击检查等将歌舞娱乐场所专项检查与疫情防控、安全生产等重点工作同步开展，摸清底数，规范建档。开展舞厅类娱乐场所专项整治行动，发放取缔通知书19份。督促新营业的1家歌城办理好娱乐经营许可证。妥善处理好4件“12345”政务服务热线转交的歌城噪声扰民交办单，做好中高考期间“禁噪工作”，为考生营造舒适安静的环境。规范社会艺术考级，梳理摸清底数，开展社会艺术水平考级现场监督检查，宣传《社会艺术水平考级管理办法》等法律法规，保证考级工作的公正、公平、公开。开展冬奥版权保护集中行动，联合县委宣传部开展集中执法检查，严厉打击各类涉冬奥作品的侵权盗版行为，强化宣传教育，提高商家守法经营和版权保护意识，共检查经营单位20余家，出动执法人员60余人次，未发现有销售涉冬奥侵权盗版衍生品的行为。常态化开展扫黑除恶斗争，将扫黑除恶工作和日常市场检查工作相结合，以网吧、电子游戏厅、歌舞厅、旅行社等场所为重点，加强部门联动协作，严厉打击文旅市场经营单位的违法违规行为。

（董志明）

园　林

【高山国家森林公园】 高山国家森林公园位于盐亭县城负戴山，是一座综合性、城郊型国家森林公园，总面积837.87公顷，其中国有林地46.7公顷。1993年5月被原林业部批准建立为四川高山国家级森林公园。2017年10月完成总体规划并通过国家林业和草原局批准。高山国家森林公园生态环境优美，人文历史景观丰富，登高远眺，东凤凰，南宝莲，西香坛，北紫金，千峰竞秀，如众星拱月，俯瞰县城，碧水环抱，城景交融。古往今来，吸引了无数文人游客来此挥毫抒情，吟诗作赋和旅游观光，留下不朽的千古传说。盛唐大诗人杜甫留下“马首见盐亭，高山拥县青，云溪花淡淡，春郭水泠泠。全蜀多名士，严家聚德星。长歌意无极，好为老夫听”的绝美诗歌。1983年，由县财政拨款及县城各单位筹资在负戴山临城面建设钢筋混凝土牌坊，上书“高山公园”。有170余级石梯；一条简易盘山公路全长4500米，直达山顶；13座亭、台、阁；一座革命烈士纪念碑。经过多年的建设，高山国家森林公园内的水电、交通等基础设施基本建设完善，形成集休闲、度假、疗养、观光、游览于一体的生态旅游度假休闲自然风景区。

（许中义）

【嫘祖文化广场】 盐亭县嫘祖文化广场是由原县委办公楼、县委招待所、县档案馆、县电影院拆迁而建，是县委、县政府重点打造的公益性市民休闲文化场所，是“拆房还绿”工程的亮点。“嫘祖文化广场”是由同济大学著名设计师冯凡设计，诺贝尔文学奖获得者莫言题词。广场占地面积24186.22平方米，总投资2.4亿元。广场中心位置是著名的盐亭笔塔。笔塔建于清光绪十四年（1888），为七级六角楼阁塔，高31米，塔身外用青砖和精工烧制的土陶构件砌成，七级逐层内收，空心至顶。塔身每层檐下额枋上嵌有戏剧故事、花卉、鸟兽、山水、人物陶制浮雕。笔塔因像一管巨笔而得名，造型精美、别具匠心，寓意文风兴盛，冀望家乡振兴，是盐亭县城内最耀眼的古文化标志。广场步梯入口存有一座修建于民国时期的仿西式建筑参议会馆，原会馆建于民国35年（1946），坐西北向东南，占地面积416平方米，砖木结构，重檐悬山式顶，上盖小青瓦，下面是青石地板，由成都著名设计师设计，当地名匠建造，中西合璧，风格独特。参议会馆是中华民国时期盐亭县参议会办公场所。中华人民共和国成立后曾作为贵宾接待处使用。1984—2008年为中共盐亭县委宣传部办公场所。2013年6月绵阳市人民政府将参议会馆公布为“市级文物保护单位”。会馆后面有两棵黄桷树，已有百年历史。

【两江广场】 两江广场位于梓江、弥江交汇处，是连接老城区与指南新区的重要节点，是县城城市天际线观赏点，是县委、县政府“拆房还绿”建设宜居城市的民心工程。该工程于2012年8月竣工，向市民开放。广场依山傍水，占地9000平方米，总投资6000万元（直接建设投资，不含拆迁和土地成本），广场设计方案由同济大学资深规划专家、教授冯凡主持设计，以建设休闲、娱乐、锻炼公益广场为目标，以“小而精”为设计理念，建成闹市中的“绿洲”，打造梓江活力水岸，成为展示盐亭对外形象的“窗口”。广场建设因地制宜，在不破坏周边原有景观的基础上，绿化设计保持整体性，与县城四周打造的“城市绿道”相衔接，以达到增加城市环境和谐度的目的。从广场中心到梓江、弥江两岸及文同桥、猫儿嘴大桥灯光亮化工程设计完备，广场的文化气息将在夜景景观中进一步提升。广场下游2千米处的梓江桥闸工程蓄水后，广场更具亲水性，并可观赏到该段梓江形成的城市水体景观，成为城市景观的点睛之笔。

【岐伯文化广场】 岐伯文化广场位于梓江和石龙大道间，项目总投资1000万元，占地面积21896平方米，最长195米，最宽173米，最窄70米，呈扇形状。广场主题为纪念华夏中医始祖医圣岐伯，场地分区围绕岐伯一生的传奇故事展开，分为拜谒广场、乐药坊、济世台、仪式大道等。广场以一环、一轴、三花园构成景观空间。一环为夜景慢跑步道和康健按摩步道，一轴为展演舞台、主广场、仪式大道，三花园为康健花园、草坪花园、自然花园。建成后，该项目具备市政广场、文化广场、休闲广场的功能特性。

（陈春羽）

生态环境

环境质量

【概况】 2022年，盐亭县生态环境质量总体稳定，部分指标有所好转。全县地表水环境质量稳中趋好，梓江天仙镇大佛寺出境国控断面年度水质同比由Ⅲ类提升至Ⅱ类且完成年度水质目标；饮用水安全保障能力和水平明显提高，县城及24个乡镇集中式饮用水水源地水质达标率100%。全县可吸入颗粒物（PM10）浓度均值为38.4微克/立方米，同比上升6.1%；细颗粒物（PM2.5）浓度均值为22.4微克/立方米，同比上升9.3%；二氧化硫、二氧化氮浓度均值分别为7.1微克/立方米、16.2微克/立方米，一氧化碳（CO）浓度均值为1.0微克/立方米，臭氧（O_3）8小时平均浓度值为126微克/立方米，均符合或优于国家环境空气质量二级标准，全年优良天数354天，优良天数占比97.0%，空气质量综合指数2.75，位居全市综合排名第三位。全县土壤环境质量保持稳定，核与辐射利用单位持证率100%，未发生核与辐射安全事故，环境风险得到有效管控。城区噪声功能区等级符合二类功能区标准，城市区域与道路环境噪声总体水平较好。

【水环境质量监测】 2022年，盐亭县积极做好长江经济带水质自动监测站的运维保障工作，密切配合市监测中心站完成监管工作，积极配合第三方运维机构完成站房周围环境整治，及时汇总自动监测数据和手工监测数据，为水污染防治提供及时、可靠的数据支撑。对梓江六条支流入河口、吕家桥水库等水体开展委托监测，按时完成12个省级地下水环境质量监测、县城和乡镇集中式饮用水水源地水质监测，并及时上报相关数据。

【环境空气质量监测】 2022年，县生态环境局加强空气自动监测站的运行管理。切实保障站点日常运行所必需的基础条件，及时发现和解决设备运行中存在的问题，确保盐亭县环境空气自动监测站的稳定、正常运行。落实专人24小时关注空气质量数据，提前预判空气质量形势，根据上级要求及时统计、分析、发布监测指标监测数据，确保人民群众对环境空气质量的知情权。

【污染源监督监测】 2022年，县生态环境局积极组织开展重点排污单位及具有排污许可证重点企业的自行监测及信息公开工作，督促各重点监控企业及时上传信息、数据，对监测方案、手工监测数据进行有效审核。对城市生活污水处理厂和城市生活垃圾填埋场开展定期监测，并及时报送相关监测报告。完成第一轮中央环保督察信访件（吕家桥水库、赶场岭水库等）水质监测任务。

【声环境质量现状监测】 2022年，县生态环境局按照《环境噪声监测技术规范　城市声环境常规监测》规定，加强城市区域声环境质量、道路交通噪声、城市功能区声环境质量例行监测与评价，完成相关工作。

【大气环境质量】 2022年，县生态环境局设有一个环境空气质量自动监测站，对城市环境空气质量进行24小时自动监测，监测项目为二氧化硫、二氧化氮、PM10、PM2.5、一氧化碳、臭氧。2022年监测有效天数365天，城区日均值达到《环境空气质量标准》二级标准天数354天，其中优181天，良173天，11天轻度污染，达标比例97.0%。二氧化硫日均浓度算术平均值7.1微克/立方米，二氧化氮日均浓度算术平均值16.2微克/立方米，可吸入颗粒物日均浓度算术平均值38.4微克/立方米，细颗粒物日均浓度算术平均值22.4微克/立方米，可吸入颗粒物、细颗粒物、二氧化硫、二氧化氮年均浓度均符合《环境空气质量标准》年平均浓度限值一级标准；一氧化碳24小时平均值第95百分位数1.0毫克/立方米，臭氧最大8小时滑动平均值第90百分位数126微克/立方米，一氧化碳24小时百分位数浓度符合《环境空气质量标准》24小时平均浓度限值一级标准，臭氧最大8小时滑动平均值第90百分位数符合《环境空气质量标准》日最大8小时二级标准。与2021年相比，城区环境空气二氧化硫、二氧化氮、可吸入颗粒物、细颗粒物的年日平均浓度基本不变，臭氧8小时滑动平均值第90百分位数、一氧化碳24小时平均第95百分位数有所下降；达标率变差，级别天数比例变差，城市环境空气质量略有下降。

（岳　蓓）

环境保护

【推进环境问题整改】 2022年，盐亭县坚持问题导向、强化定期调度，2017年中央生态环保督察及"回头看"反馈问题42项全部完成整改并销号；省、市督察反馈问题共239个，完成整改228个，达序时整改11个。切实加大突出环境问题自查自纠力度，深入开展环境问题大排查大整治，重点整治"散乱污"企业、砂石开采加工、畜禽养殖污染等问题，排查点位70余处，发现问题39个，全部完成整改并销号37个，其余正在有序整改中。

【环境执法监管】 2022年，盐亭县严厉打击环境违法行为，出动执法人员开展日常检查800余次，专项检查300余次，联合检查30次，疫情防控检查120次，突击夜查24次。立案环境违法案件12件，罚款60余万元。加强信访处理工作，全年共接待群众信访案件82件，对受理的来信、来电、来访进行认真登记造册，均在规定时限内办结，处理办结率100%。

【生态环境保护宣传】 2022年，盐亭县多渠道发布生态环境工作动态和信息，在各级媒体发稿200余篇次，主动公开各类生态环境保护政务信息82条，制作宣传片（含短视频）4个。组织开展10余场线上线下主题宣传及实践活动，共400余人次参加13次志愿服务活动，累计派发宣传资料3000余份。不断加强宣传阵地建设，做好天水村"绿水青山就是金山银山"点位打造，协调环保设施向社会公众开放。

【大气污染防治】 2022年，盐亭县编制并印发《盐亭县2022年大气污染防治工作要点》《2022年盐亭县臭氧污染防治攻坚实施方案》《2022年秋冬季大气污染防治攻坚实施方案》等文件，建立环境空气质量督导机制。县委、县政府主要领导抓大气环境工作，每月进行督导检查。落实专人24小时关注空气质量数据，针对可能存在的不利气象条件，加密会商频次，及早提出应对措施。健全完善县级领导包乡镇、乡镇干部包村、村组干部包地块的网格化管理体系，做到人员到位，责任清晰。成立大气污染防治督导检查专班，制定拉网式排查行动方案、大气污染防治行动方案等文件，相关部门组成督查排查

2022年7月13日，盐亭县生态环境保护委员会2022年全体会议暨盐亭县生态环境保护督察工作领导小组会议召开

2022年2月10日，副市长袁明到盐亭调研生态环境保护工作及绿色环保产业发展情况

组，按照职责分工，各负其责、密切配合，扎实落实好各项工作措施，突出精准治污、科学治污、依法治污。重点针对夏季臭氧、秋冬季颗粒物污染防控，建立153家企业大气排放清单。出动执法检查人员200人次，对各类“抛洒滴漏”及建筑工地违法行为移交案件线索4件，确保建筑工地100%湿法作业，确保每日对城区主要道路进行洒水降尘2次以上。编制企业重污染天气应急减排措施清单48家次，全年拉网式排查整治秸秆禁烧、工业企业等重点领域200余次。开展加油站油气回收专项检查50家次，监督性抽测31家。完成132辆非道路移动机械、1046辆柴油货车尾气抽测，超额（超过30%）完成市级下达柴油货车及非道路移动机械监督抽测任务。

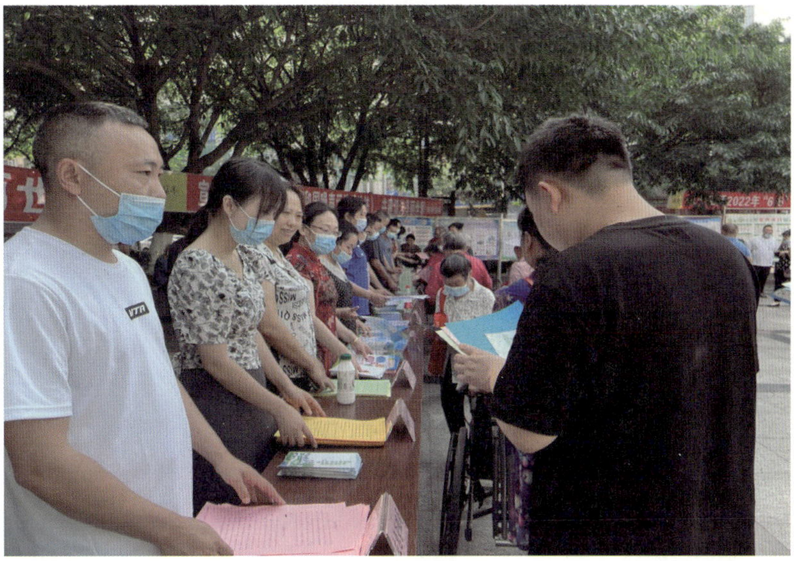

2022年6月2日，盐亭县在南门休闲广场开展“共建清洁美丽世界”主题宣传活动

【水污染防治】 2022年，盐亭县全链条落实河长责任制，统筹协调水环境管理，全年召开河长制工作会议2次，水质提升工作会议4次，层层传导压力、层层落实责任。全年开展巡河39次，重点排查了沿线水域、河流两岸陆域、入河排污口、流域内各污水处理厂（站）运行状况及汇入支渠水质等状况，及时发现问题、解决问题，确保盐亭县纳入国家考核的地表水断面水质达标。加强水环境质量日常监督管理，形成常态化水质自动监测数据值守工作模式，每日实时通报国控断面水质情况，分析预判考核断面水质变化趋势，及时调度补水、活水等水质保障措施；及时识别企业排放异常情况，杜绝非法排污行为。强化水源地保护区环境安全巡查管护与水质监测，按时开展水源环境状况评估。印发实施《盐亭县饮用水水源地污染防治“十四五”规划》，健全完善饮用水水源地日常巡查制度和水环境安全报告制度，2022年共开展水源保护区巡查100余次，集中抽查23次。强化敏感区域环境风险隐患排查整治，每月不定期暗访排查沿河工业企业、畜禽养殖场等点位排污情况，严格执法、顶格处罚偷排乱排行为，形成严惩严抓严管高压态势，确保水环境质量持续提升。2022年共立案涉水案件6起，处罚款40余万元。加快推进入河排污口溯源整治，制定并印发《盐亭县入河排污口“一口一策”整治方案》，持续推进完成排污口整治任务，排查入河排污口502个，按照“一口一策”整治方案推进排污口整治，每月定期调度，全面掌握溯源整治工作推进情况。全面推进城乡生活污水治理，完成工业园区污水处理厂问题整改，督促富驿污水处理站完成升级改造。完成

2022年3月1日，绵阳市生态环境局邓飞总工程师一行到盐亭开展2021年度农村环境综合整治成效评估现场核查

盐亭县严格落实河长制。图为2022年11月24日，盐亭县委书记、县总河长何长鹰(右一)带队开展巡河工作

167个行政村农村生活污水治理，建成“千村示范”项目24个，农村生活污水有效治理率提升至88.4%，全面完成省市下达的农村生活污水有效治理率三年达到80%的治理任务。

【土壤污染防治】 2022年，盐亭县印发实施《盐亭县固体废物污染环境大排查专项行动工作方案》，对固废产生单位进行拉网式排查。全年安全处置医疗、工业等各类危废近3000吨。配合开展格润、熔增危废经营许可证办证评审，完成年度危险废物申报132家和管理计划备案151家，规范12家小微企业危废贮存场所。加强重点建设用地土壤环境管理，完成涉镉等重金属企业排查。持续开展畜禽粪污综合治理，新建改建田间储粪池277口，配备粪便抽运一体机228台，全县畜禽粪污资源化综合利用率达94%，规模化养殖场畜禽粪污设施设备配套率达100%。加强核与辐射监督管理，完成核与辐射利用单位年度评估43家，监督性检查14家。

（岳　蓓）

节能减排

【概况】 2022年，盐亭县认真落实节能减排工作，树立创新、协调、绿色、开放、共享的新发展理念，落实节约资源和保护环境基本国策，确保如期实现碳达峰、碳中和目标，完成“十四五”节能减排约束性目标。坚持政府为主导、企业为主体、市场为驱动、全社会参与的工作格局，加快建设资源节约型、环境友好型社会，完成年度节能减排任务。

【培育绿色低碳新动能】 2022年，盐亭县推动新能源汽车充电基础设施建设，在多个小区、停车场、加油站建成充电桩，实现充电桩多点位布局。加快建设数字新基建，推动5G网络建设，全年新建5G基站151个，累计建成5G基站450个，实现了全县乡镇场镇及周边重点行政村5G网络覆盖。积极宣传新型材料产业项目支持政策，推动以群琪科技为首的新型材料产业积极拓展市场、壮大发展规模。

【传统产业向绿色低碳转型发展】 2022年，盐亭县强化措施，依法取

2022年1月19日，省生态环境厅一行到盐亭调研四川格润中天环保科技有限公司危险废物集中处置项目、四川熔增环保科技有限公司1万吨/年废有机溶剂综合利用项目建设情况

缔淘汰落后产能。四川格润中天环保科技有限公司实施“绵阳工业废弃物综合利用处置项目”；四川建丰林业有限公司实施城市废旧料回收利用技术升级改造项目；四川能投节能环保投资有限公司投资建设盐亭热网管道（一期）工程，有效减轻企业对环境的污染。

【清洁能源开发与发展】 2022年，盐亭县有序开发利用天然气。金浅5H井区东集气站用时6个月完成建设，日处理天然气达150万立方米；角70井增压脱烃和角76井试采地面建设工程预计2023年3月建成并投产达效。同时积极引进全降解新材料项目，积极推进风电、光电、气电项目。

【住建领域节能推广】 2022年，盐亭县积极开展装配式建筑推广，鼓励县内混凝土结构房屋建筑使用预制板、预制柱等装配式构件，全年完成应用装配式建筑面积7万平方米。加强建筑节能施工图审查，积极推进路灯改造节能，加大城市垃圾无害化处置，提升建筑垃圾、生活垃圾资源化利用效率。

【交通领域节能减排】 2022年，盐亭县加快淘汰国Ⅲ及以下排放标准的老旧营运车辆；进一步规范交通建设项目运渣车管理；持续推进“互联网+货运”新业态新模式发展；新增及更换公交车中新能源车占比达70%以上；新增巡游出租汽车中新能源车占比达100%；加大电子客票推广应用，扩大一票制联程应用范围；持续做好公路、水运工程施工扬尘管控；推动汽修行业绿色发展，持续加大危险废物监督管理力度，坚决取缔露天和敞开式汽修喷涂作业，持续督促汽修企业按规定完善环保手续，建立健全危险废物管理制度和台账，完善废机油等危险废物贮存场地“三防”设施；加强联合执法，推进柴油货车污染防治，配合有关部门强化现场路肩路查和停放地监督抽查，从源头上有效遏制高能耗、高污染柴油货车进入道路运输市场；落实机动车排放检验与维护（I/M）制度，严格大气污染排放超标车辆的“检验、维修、复检”闭环管理，严厉打击汽车维修过程中的违法违规行为；督促项目业主、养护和施工单位规范管理使用非道路移动机械，做好非道路移动机械信息登记和台账管理等工作，严格实施非道路移动机械排放标准；指导全县运输企业，完善企业错峰运输方案，落实重污染天气应急响应要求，配合公安等部门加大重污染天气柴油货车检查，开展清除无证无照经营的流动加油罐车整治；持续开展船舶和港口污染突出问题整治行动，加快防止船舶活动污染水域环境应急能力建设。

【节能降耗意识推广】 2022年，盐亭县组织开展“绿色中国，我是行动者——共建美丽清洁世界”主题宣传活动。主要围绕大气污染防治、秸秆禁烧和综合利用、固体废物、危险废物、臭氧防控、低碳环保、公民行为规范等领域向群众进行宣传。

（蒲小平）

【减排工作】 2022年，盐亭县编制全县“十四五”生态环境保护规划，并在规划中编制应对气候变化专章，同时制定盐亭县应对气候变化或低碳发展年度工作重点。推进绿色发展，深入企业，鼓励引导企业升级转型，降低能耗，安全用电，倡导企业错峰生产应对夏季用电高峰。严把“两高”项目审批关，加快推动绿色低碳发展。认真落实减排任务，全年完成减排项目3个，预计可减排污染物VOCs（挥发性有机化合物）69.13吨。

（岳　蓓）

科学技术

综　述

【概况】 2022年，盐亭县完成科技创新主体培育、R&D(科学研究与实验发展)经费投入统计、科技成果转化、科技项目申报立项、科技型中小企业入库评价、技术合同登记、科普宣传、科技金融服务以及“招院引所”等工作任务，先后被绵阳市科技局表彰为“2022年度科技创新综合绩效优良集体”“2022年度科普工作先进集体”和“2022年度创新主体培育先进集体”，科技创新已成为推动县域经济社会高质量发展的重要支撑。

【创新主体培育】 2022年，盐亭县大力实施创新主体“提质增量”行动，组织辖区内企业申报认定市级科技型中小企业，经市科学技术局、市经信局、市财政局、市工商局、市人民银行等五部门批准认定，2022年度盐亭县新增市级科技型中小企业15家，完成年度目标任务的150%(市下达目标10家)，其中，工业企业3家，农业企业7家，科技服务业5家。年末全县科技型企业达到197家。全年完成国家级科技型企业入库评价60家，完成市下达目标任务100%(市下达目标60家)。截至2022年底，有效(认定)高新技术企业达到7家（四川威斯卡特工业有限公司、绵阳迪澳药业有限公司、四川群琪科技有限公司、四川新华康生物科技有限公司、盐亭县优锂新材料科技有限公司、绵阳双辉金属科技有限公司、四川园香园味业有限公司)，其中，2022年新认定有效高新技术企业数3家（盐亭县优锂新材料科技有限公司、绵阳双辉金属科技有限公司、四川园香园味业有限公司)，完成率150%(市下达目标2家)。培育升规入统科技型中小企业3家，规模以上科技型中小企业达到30家。新培育规模以上科技服务业1家（四川联缀科技有限公司)，完成率100%。

【科研投入与产值】 2022年，盐亭县全社会科研经费投入完成0.35亿元，同比增长34.4%。高新技术产业工业产业总产值任务数10.4亿元，全年实现高新技术产业工业产业总产值15.49亿元，完成率148.94%，同比增长150.3%，其中，生物医药总产值4.37亿元，先进制造业总产值11.11亿元。

【创新平台建设】 2022年，盐亭县新增市级企业技术中心2个，分别是凤集食品集团有限公司企业技术中心、盐亭优锂新材料科技有限公司企业技术中心，完成县政府“三个一流”任务指标(1个)，完成率100%。

【科技成果转化】 2022年，盐亭县有绵阳市下达科技成果转化项目任务数6项，实际新增科技成果转化项目8项，完成率133.33%，分别是盐亭优锂新材料科技有限公司3万t/a锂质硅铝微粉生产加工项目、凤集食品集团有限公司一种蛋鸡沙门氏菌截断方法ZL202010186845.X、绵阳锂源新能源有限公司年产4亿瓦时锂离子电池项目、绵阳春鹏种植养殖科技有限公司一种生态养殖技术在生猪养殖中的转化应用项目、绵阳迪澳药业有限公司辛弗林[CAS：94-07-5]、盐亭县金土地农林发展有限公司核桃精深加工及综合利用关键技术集成与产业化示范(创新能力培育)、四川诚科农业科技有限公司蚕桑特色农业种植养殖关键技术集成与示范(面上项目)、绵阳钟沟生态农业科技有限公司黑猪肉休闲食品集成技术及推广示范。

【技术合同认定登记】 2022年，盐亭县市下达技术合同认定登记额任务数4400万元，实际完成4456万元，完成率101.27%。其中，四川联缀科技有限公司与盐亭顺康农牧有限公司签订技术服务合同1036万元，四川天水缘生态农业开发有限公司与四川花果嫘乡生态农业开发有限公司签订技术服务合同840万元，绵阳华康农业科技有限公司与盐亭县谢氏藕种植专业合作社签订技术服务合同870万元，四川省亿尚农业旅游开发有限公司与盐亭县云创花木种植专业合作社签订技术服务合同850万元，绵阳市春鹏种畜养殖有限责任公司与盐亭县鑫兴生猪养殖专业合作社签订技术服务合同860万元。

【产学研合作】 2022年，盐亭县鼓励辖区内企业与科研院所建立产学研合作机制，主动对接成都大学、省市农科院等科研院所，积极为企业建立科技交流平台牵线搭桥，年内签订产学研合作协议2项，截至2022年底，全县共建立产学研合作关系企业数量达65家。

【科技服务体系建设】 2022年，盐亭县有专业技术人员4542人（不含县属国有企业、民营企业及民办非企业等），其中，高级职称1042人，中级职称1802人，初级职称1698人；有高级中学1所，初级中学校（含义务教育学校、外国语学校）16所，中等职业技术学校1所；有独立科研机构2个（其中国家级科研机构1个、省级科研机构1个），市级工程技术研究中心1个，企业技术中心9个（其中省级企业技术中心2个，市级企业技术中心7个）；有省级经济开发区1个，科技示范园区1个，农业科技示范园区1个；有市级科普示范乡镇1个，县级社科普及基地1个，县级科普示范乡镇10个；有农业科技服务中心36个，社区科普服务站56个，社区科普大学20所，县级科技特派员20人团队1个。全年依托县农技推广中心、县农民工服务中心、县电子商务发展中心、县就业服务中心、县创业孵化中心，开展科技服务培训13期，培训科技型企业技术人员350余人次。

（申　林）

科技工作

【科技项目申报立项及项目验收】 2022年，盐亭县组织科技型企业、大专院校、科研院所、协会、专业合作社等单位申报省级科技项目4项，市级科技项目5项，获得省级财政科技专项资金123.45万元。包括盐亭优锂新材料科技有限公司承担并实施的2022年中央引导地方科技发展项目3万t/a锂质硅铝微粉生产加工获得省级财政科技专项资金50万元；绵阳迪澳药业有限公司承担并实施的省级科技计划项目辛弗林[CAS：94-07-5]获得省级财政科技专项资金30万元；盐亭县八角花椒种植专业合作社承担并实施的省级科技扶贫专项（产业类）项目盐亭县藤椒产业发展技术服务（科技特派员）获得省级财政科技专项资金20万元；盐亭县中药材产业科技协会承担并实施的省级科技扶贫平台（转移支付）建设与运行维护项目获得省级财政科技专项资金20万元；科技扶贫服务补助项目获得省级财政科技专项资金3.454万元。组织省级科技项目中期验收5项，包括四川园香园味业有限公司承担并实施的省级重点研发项目园香园农业产业技术服务中心建设项目（创新能力培育）、四川天水缘生态农业开发有限公司承担并实施的省级重点研发项目盐亭县优质桃（红玉）高品质标准化栽培技术集成与示范推广（科技示范村）、盐亭县八角花椒种植专业合作社承担并实施的省级科技扶贫专项（产业类）盐亭县藤椒产业发展技术服务（科技特派员）、盐亭县青土垭杂柑种植专业合作社承担并实施的省级科技扶贫专项（产业类）特色杂交柑橘生态高效栽培技术集成创新与示范推广（面上项目）、盐亭县中药材产业科技协会承担并实施的省级科技扶贫平台（转移支付）建设与运行维护已通过专家评审会检查合格。组织省级科技项目结题验收6项，其中盐亭县谢氏藕种植专业合作社盐亭县藕+虾（水产品）共生绿色种养技术集成与示范推广（示范基地）已通过省科技厅组织专家组会议验收，四川金和新型建材有限公司自保温—承重一体化绿色墙体材料开发及生产示范、盐亭县金土地农林发展有限公司核桃精深加工及综合利用关键技术集成与产业化示范（创新能力培育）、四川诚科农业科技有限公司蚕桑特色农业种植养殖关键技术集成与示范（面上项目）、绵阳钟沟生态农业科技有限公司黑猪肉休闲食品集成技术及推广示范、绵阳市春鹏种畜养殖有限责任公司优质生猪生态繁育及养殖关键技术集成与示范（创新能力培育）已通过省科技厅委托市科技局组织专家组会议验收。

【强化企业科技人才支撑】 2022年，盐亭县举办科技助理工作推进会暨首批科技助理聘任仪式，现场为6名首批科技助理发放聘书，并宣布科技助理联系企业（协会）名单，通过加大科技人才向企业输送力度，助力企业加快科技创新步伐，切实增强企业创新动能和应对市场风险的能力。

【科普宣传及示范】 2022年，县科技局、县委宣传部、县科协联合承办绵阳市2022年“走进科技，你我同行”科技活动周主会场活动。活动发放各类科普宣传资料手册1.5万余册，开展技术咨询服务300余人次，义诊600余人次；现场捐赠台式计算机、笔记本电脑、台沃复混肥料、优质种子等价值 10 万余元物资。县科技局举办粮油作物、柑橘种植技术培训、“科技兴村在线”和“天府科技云”等业务讲座，参与群众达 800 余人次。

扎实开展线上线下送科技、送文化、送卫生、送法律“四下乡”、科普宣传月、科技活动周、“大众创业、万众创新”“天府科技云”“科技防疫”等科普宣传活动 19 场次，发放各类宣传资料 5 万余份、科普宣传手册 1 万余册，接待群众咨询 5000 余人次；组织盐亭县八角花椒种植专业合作社、盐亭县中药材产业科技协会等科技项目实施单位在云溪、西陵、玉龙、高渠、富驿、黄甸、九龙、巨龙、永泰、岐伯等乡镇举办 17 期专业技术培训；聘请专业技术人员讲授优质农作物和经济作物的栽培、畜禽的养殖和农产品精深加工技术，乡镇、村社干部、种植养殖大户、贫困户和致富能手代表 5.6 万余人次参加，发放技术资料 10 万余份。

【科技金融服务】 2022 年，盐亭县秉承科技创新服务精神，通过采取“政府引导、专业化管理、市场化运作”的模式，积极发挥政府性融资担保机构的信用功能，以政府贴息、无须抵押、优惠利率等保障措施，有效凝聚政府、银行、担保机构三方合力，积极搭建融资“桥梁”，主动优化营商环境，服务全县科技型中小企业和高新技术企业。先后向盐亭优锂新材料科技有限公司、绵阳双辉金属科技有限公司等 5 家科技型企业投放 6 批次 1386.9 万元“天府科创贷”，为企业注入金融活水，助力县域企业高质量发展。

【“科技兴村在线”平台建设】 2022 年，盐亭县积极整合各方资源共同发力推进“四川科技兴村在线”盐亭平台健康稳定发展，切实发挥平台助农惠农和助力乡村振兴战略深入实施的作用。盐亭平台 2022 年 4—7 月连续四个月保持全省新入平台排名第一，得到省市科技主管部门高度肯定。

【科普基地建设】 2022 年，盐亭县成功创建省级科普基地 6 个，包括盐亭县桔之源高标准精品果园科普基地、盐亭县图书馆、盐亭县文物管理所、盐亭县川派盆景科普基地、盐亭县云溪小学、花果嫘乡水果种植科普示范基地。市级科普基地 2 个，包括盐亭县桔之源农业科技有限公司、盐亭县琪霞家庭农场。

【招院引所工作】 2022 年，盐亭县结合目标任务，积极引导企业加大研发投入和新技术开发。组织企业与高校、科研院所、大专院校签订产学研合作协议 2 项，其中，绵阳锂源新能源有限公司与中南大学签订微晶石墨的杂项成分调控、改性及细分领域应用研究校企合作协议 1 项；四川省亿尚农业旅游开发有限公司与西南科技大学签订食赏两用百合高效栽培及产品加工技术集成与示范产学研合作协议 1 项。企业科研实力得到增强，科技创新水平大幅提升。

（申　林）

盐亭县科技型中小企业入选国家库科技型企业情况一览表

表 18

序号	企业名称	认定时间	地址	负责人	是否入库评价	入库评价时间
1	四川锦茂生物科技有限公司	2022 年	盐亭县经开区	付登明	是	2022 年 10 月 25 日
2	四川椒奥食品科技有限公司	2022 年	盐亭县嫘祖大道 1 号	严政伟	是	2022 年 5 月 5 日
3	绵阳锂源新能源有限公司	2022 年	经开区规划馆	陈小飞	是	2022 年 10 月 25 日
4	四川鑫香川食品有限责任公司	2022 年	富驿镇共和村 5 组	任小静	否	
5	四川省邦富农业开发有限公司	2022 年	云溪镇 6 号附 92 号	李利君	是	2022 年 11 月 4 日
6	绵阳市昝望农业开发有限公司	2022 年	盐亭县嫘祖镇昝殿村 4 组	李洪生	否	
7	四川久旺农牧科技有限公司	2022 年	梓江南路上段 11 号	顾海兵	否	
8	四川亚强农业开发有限公司	2022 年	梓江南路上段 11 号	庞　平	是	2022 年 7 月 25 日
9	四川岐之艾生物科技有限公司	2022 年	梓江南路上段 11 号	朱　龙	是	2022 年 5 月 27 日

续表 18

序号	企业名称	认定时间	地址	负责人	是否入库评价	入库评价时间
10	四川硒科智慧农业科技有限公司	2022 年	梓江南路上段 11 号	陈仕柱	是	2022 年 6 月 22 日
11	四川联缀科技有限公司	2022 年	盐亭县梓江南路上段 11 号路 10 号楼	张珍华	否	
12	风集食品集团有限公司	2022 年	盐亭嫘祖大道 1 号	谭　海	否	
13	绵阳昊宏科技有限公司	2022 年	盐亭县云溪镇五指路一楼	阳清明	否	
14	四川麒杰货物运输有限公司	2022 年	盐亭县两河镇绵盐大道 268 号	刘芷辰	否	
15	绵阳四通电子科技有限责任公司	2022 年	盐亭县云溪镇云溪街 146—150 号	冯　龙	否	
16	盐亭优锂新材料科技有限公司	2021 年	盐亭县规划馆	王海英	是	2022 年 3 月 28 日
17	盐亭县林峰蜜柚种植专业合作社	2021 年	盐亭县林山乡人民政府旧办公楼	何　林	是	2022 年 3 月 28 日
18	绵阳双辉金属科技有限公司	2020 年	嫘祖大道 1 号(规划馆 306)	段成君	是	2022 年 3 月 28 日
19	四川群琪科技有限公司	2020 年	盐亭县梓江南路上段 11 号	叶李盼	是	2022 年 5 月 5 日
20	四川新川义生物科技有限责任公司	2020 年	盐亭县嫘祖大道	王　磊	是	2022 年 5 月 5 日
21	绵阳钟沟生态农业科技有限公司	2014 年	玉龙镇钟沟村	顾　毅	是	2022 年 5 月 5 日
22	绵阳市佬百信农业咨询服务有限公司	2018 年	四川省绵阳市盐亭县规划馆	任小君	是	2022 年 5 月 5 日
23	绵阳市嫘祖丝业有限责任公司	2012 年	两河丝厂	徐三庆	是	2022 年 5 月 5 日
24	盐亭县梦圆农业种植养殖有限公司	2013 年	金孔镇桥楼村	郭　鹏	是	2022 年 5 月 5 日
25	四川熔增环保科技有限公司	2021 年	嫘祖大道规划馆西陵大道 33 号(在建)	周述华	是	2022 年 5 月 5 日
26	四川宸赫农业科技有限公司	2021.4 年	茶亭乡龙前村	陈春凤	是	2022 年 5 月 5 日
27	四川绵阳盛丰磷化工有限责任公司	2013 年	云溪镇城东路	于云祥	是	2022 年 5 月 5 日
28	四川金和时代建筑工程有限公司	2013 年	工业园区	郑　蓉	是	2022 年 5 月 16 日
29	绵阳汉晟农业科技有限责任公司	2017 年	四川省绵阳市盐亭县云溪镇北街 73 号	张朝铭	是	2022 年 5 月 16 日
30	四川雪狼幕墙科技有限公司	2017 年	四川省绵竹市汉旺镇顺河路南段 33 号	汪　锰	是	2022 年 5 月 16 日
31	盐亭县绿缘农业发展有限公司	2013 年	富驿镇生产村 2 社	敬　敏	是	2022 年 5 月 16 日

续表 18

序号	企业名称	认定时间	地址	负责人	是否入库评价	入库评价时间
32	盐亭县杜欣生态农业开发有限公司	2018 年	盐亭县金孔镇木岗村	张　川	是	2022 年 5 月 16 日
33	四川新华康生物科技有限公司	2013 年	工业园区	王　磊	是	2022 年 5 月 16 日
34	四川鼎羊农业有限责任公司	2020 年	梓江南路上段 11 号	谭元龙	是	2022 年 5 月 27 日
35	绵阳市天昊园艺有限公司	2013 年	林农镇灵溪街	敬　欢	是	2022 年 5 月 27 日
36	绵阳华康农业科技有限公司	2015 年	盐亭县创业孵化中心(云溪)	谢宗旭	是	2022 年 5 月 27 日
37	绵阳凤之彩农业开发有限公司	2018 年	四川省绵阳市盐亭县规划馆	王佩昌	是	2022 年 6 月 22 日
38	四川诚科农业科技有限公司	2015 年	盐亭县政府街 31 号	王彩帆	是	2022 年 6 月 22 日
39	绵阳奇周再生资源开发有限公司	2019 年	盐亭县梓江南路上段 11 号	刘奇周	是	2022 年 6 月 22 日
40	四川民承电子有限公司	2022 年	成都市双流区西南航空港经济开发区黄甲街道双兴大道 1 号	蔡少涌	是	2022 年 6 月 22 日
41	四川省亿尚农业旅游开发有限公司	2018 年	盐亭县嫘祖大道 1 号	许恩培	是	2022 年 6 月 22 日
42	四川天水缘生态农业开发有限公司	2013 年	麻秧乡天水村	陈奉兵	是	2022 年 6 月 22 日
43	绵阳市云蜀耀生态农业科技有限公司	2016 年	四川省盐亭县玉龙镇周家村	申　倩	是	2022 年 6 月 22 日
44	四川园香园味业有限公司	2013 年	两河镇泥堡村经济开发区	谭天志	是	2022 年 6 月 22 日
45	四川嫘祖源科技有限公司	2016 年	四川省盐亭县石牛庙乡水灌宝山村 2 组	赵建平	是	2022 年 8 月 30 日
46	绵阳西部宇林农业科技有限公司	2016 年	四川省盐亭县石牛庙乡水灌宝山村 2 组	赵建平	是	2022 年 8 月 30 日
47	绵阳市科益塑业有限公司	2013 年	盐亭县云溪镇	任永标	是	2022 年 8 月 30 日
48	绵阳市嫘桑园农业开发有限公司	2017 年	四川省盐亭县金孔镇西林村六组	赵　慧	是	2022 年 10 月 10 日
49	绵阳市春鹏种畜养殖有限责任公司	2013 年	冯河乡白猴堂村 4 组	何　鹏	是	2022 年 10 月 10 日
50	四川中宇橡塑新材料科技有限公司	2019 年	盐亭县经开区西陵大道	柏子胜	是	2022 年 10 月 10 日
51	盐亭县川阳再生资源开发有限公司	2017 年	四川省盐亭县金孔镇西林村六组	胥碧翠	是	2022 年 10 月 10 日
52	四川凤妮可农业科技有限公司	2020 年	黄甸镇圣东路 56 号	冯继平	是	2022 年 10 月 25 日

续表 18

序号	企业名称	认定时间	地址	负责人	是否入库评价	入库评价时间
53	盐亭县桔之源农业科技有限公司	2020 年	盐亭县梓江南路上段 11 号（基地玉龙镇）	廖昌明	是	2022 年 10 月 25 日
54	四川儒然农业科技有限公司	2020 年	盐亭县梓江南路上段 11 号	廖昌明	是	2022 年 10 月 25 日
55	四川嫘祖故里华夏母亲酒业有限公司	2016 年	盐亭县金孔场镇	晏礼奎	是	2022 年 10 月 25 日
56	盐亭县三合兴旺农业科技有限责任公司	2014 年	盐亭县柏梓镇三合村 13 组	阳祥芳	是	2022 年 10 月 25 日
57	四川润来生物科技有限公司	2021 年	梓江机电产业园 1 号	姚　迅	是	2022 年 10 月 25 日
58	四川贵生牧业有限公司	2020 年	盐亭县云溪文同路 113 号	李伟明	是	2022 年 10 月 25 日
59	绵阳麦得法药业有限公司	2020 年	盐亭县梓江南路上段 11 号（经开区）	王　垒	是	2022 年 10 月 25 日
60	绵阳市众信节能环保科技有限公司	2017 年	盐亭县云溪镇西街 33 号	唐海明	是	2022 年 10 月 25 日
61	盐亭县金土地农林发展有限公司	2013 年	云溪镇高山公园护林大队三楼	唐玲玲	是	2022 年 11 月 4 日
62	绵阳德生皇食品有限责任公司	2015 年	盐亭县创业孵化中心 玉龙	唐玲玲	是	2022 年 11 月 4 日
63	绵阳权诚环保科技有限公司	2019 年	四川省盐亭县嫘祖大道一号	牛麒铭	是	2022 年 11 月 4 日
64	四川嫘祖三农科技开发有限公司	2018 年	四川省盐亭县经济开发区	赵　毅	是	2022 年 11 月 4 日
65	四川佳瑜佳生态农业科技有限公司	2022 年	四川省绵阳市仙海区庄子村 B 区 4-6	唐海明	是	2022 年 11 月 4 日
66	四川格润中天环保科技有限公司	2018 年	四川省绵阳市盐亭县规划馆	吴章杰	是	2022 年 11 月 4 日
67	绵阳市宫廷粉丝商贸有限责任公司	2016 年	盐亭县云溪镇弥江路 714 号 2-1	彭军杰	是	2022 年 11 月 4 日
68	绵阳迪澳药业有限公司	2014 年	工业园区	牟成坤	是	2022 年 11 月 4 日

（县科技局）

盐亭县 2021 年申报国家、省级、市级科技计划项目及立项情况一览表

表 19

单位：万元

序号	项目类别	项目名称	项目实施单位	项目实施期限	项目总投资	申请财政专项资金	备注
1	省级科技计划项目	3 万 t/a 锂质硅铝微粉生产加工	盐亭优锂新材料科技有限公司		50	50	
2		辛弗林[CAS：94-07-5]广（科技示范村）	绵阳迪澳药业有限公司		30	50	
3		盐亭县藤椒产业发展技术服务（科技特派员）	盐亭县八角花椒种植专业合作社	2021 年 4 月 1 日至 2024 年 3 月 30 日	60	60	2021—2023 年每年拨付 20 万元
4		科技扶贫服务补助项目	盐亭县中药材产业科技协会	2022 年 4 月 1 日至 2023 年 3 月 31 日	3.454	30	2021 年
5		科技扶贫平台建设与运行维护	盐亭县中药材产业科技协会	2021 年 4 月 1 日至 2024 年 3 月 30 日	60	60	2021—2023 年每年拨付 20 万元

（县科技局）

盐亭县 2022 年应结题国家、省、市科技计划项目结题情况一览表

表 20

单位：万元

序号	项目名称	实施期限	项目实施单位	项目负责人	级次	立项经费	目前状况
1	自保温—承重一体化绿色墙体材料开发及生产示范	2018 年 6 月 1 日至 2021 年 5 月 31 日	四川金和新型建材有限公司	郑　蓉	成果转化示范项目	86	已实施完成并结题
2	核桃精深加工及综合利用关键技术集成与产业化示范（创新能力培育）	2019 年 1 月 30 日至 2022 年 1 月 29 日	盐亭县金土地农林发展有限公司	唐玲玲	重点研发项目	30	已实施完成并结题
3	盐亭县藕+虾（水产品）共生绿色种养技术集成与示范推广（示范基地）	2020 年 1 月 1 日至 2021 年 12 月 31 日	盐亭县谢氏藕种植专业合作社	谢宗旭	科技扶贫专项（产业类）	100	已实施完成并结题
4	优质生猪生态繁育及养殖关键技术集成与示范（创新能力培育）	2018 年 7 月 1 日至 2021 年 6 月 30 日	绵阳市春鹏种畜养殖有限责任公司	何　鹏	重点研发项目	30	已实施完成并结题
5	黑猪休闲食品开发与加工关键技术研究（科技示范村）	2020 年 1 月 1 日至 2021 年 12 月 3 日	绵阳钟沟生态农业科技有限公司	顾　毅	重点研发项目	30	已实施完成并结题
6	蚕桑特色农业种养殖关键技术集成与示范（面上项目）	2020 年 1 月 1 日至 2021 年 12 月 3 日	四川诚科农业科技有限公司	王成伟	科技扶贫专项（产业类）	30	已实施完成并结题

（县科技局）

农业科技

【“科技下乡万里行”活动】 2022年，盐亭县开展“科技下乡万里行”活动。省科技下乡万里行油菜专家组于4月下旬、11月下旬两次到盐亭进行技术指导，与盐亭农业技术人员一道深入村社、走进田块查看油菜长势，对推广的品种、栽培管理、机械化应用、种植模式等方面进行深入探讨。专家组通过现场会、座谈会对盐亭种植大户、家庭农场、专业合作社技术人员开展了油菜品种选择、高产栽培、病虫防治、化学除草、机械化收割等核心技术培训，对盐亭油菜产业发展具有重要的意义。

【农业科技示范展示样板打造】 2022年，盐亭县规范建设长期稳定的农业科技试验示范基地4个，并对每个基地试验示范3次以上先进适用技术模式，其中：麻秧乡胜利村示范基地以四川省水产研究所和盐亭县华腾水产养殖专业合作社为依托单位，应用池塘健康养殖技术、鱼塘水床蔬菜种植技术、鳜鱼生态养殖技术、黄颡鱼水产养殖技术，建立核心示范面积46.7公顷，开展水产养殖试验示范。富驿镇五星村示范基地，以县农业技术推广中心和富驿镇农业技术推广中心为依托单位，建立核心示范面积20余公顷，开展粮油新品种新技术新模式试验示范。黄甸镇湍江村生猪养殖试验示范基地，以县畜牧业发展股和黄甸镇畜牧兽医站为依托单位，开展核心示范。富驿镇华龙村稻鱼综合养殖试验示范基地，以县渔业渔政股和富驿镇畜牧兽医站为技术依托单位，开展稻鱼共生、生态养殖、循环发展。

【基层农技人员知识更新培训】 2022年，盐亭县组织基层农技人员参加绵阳市基层农技人员知识更新培训，培训共5天60个学时，180人参训。培训内容涵盖低碳农业与绿色发展、农产品质量安全与品牌创建、现代种业发展与园区建设、农业新品种新技术推广应用等，提升了农技人员的专业水平和业务能力。在全县种养大户中推广使用全国农业科教云平台，组织基层农技人员351人安装使用“农技推广”App，共计上报日志19197篇、上传问题562个、回答问题1203个、上报农情2990次，以信息化手段开展农技推广服务。

【农技人员培育补充】 2022年，盐亭县紧紧围绕“135”农业产业化工程探索建立基层农技人员补充新机制。根据优势特色产业发展需求，通过政府购买服务的方式，从农业乡土专家、新型农业经营主体技术骨干、种养能手中招募特聘农技员5人，开展产业技术指导服务。让优秀的乡土专家、技术人才、种养能手等稳定持续地为农业农村发展服务。

【引进新技术促进农业发展】 2022年，盐亭县引进高低循环水养殖环保新工艺，组建梓江鳜鱼种苗繁育技术小组，改造升级全县养殖场畜禽粪污环保设施设备，指导肉羊双兴核心育种场技术，推广秸秆综合利用技术、柑橘重大病虫防控技术、生猪规模化养殖技术、玉米全程机械化生产技术、稻鱼综合种养技术等14项新技术，推动全县农业产业提质增效。

【粮油推荐品种推广】 2022年，盐亭县推广油菜推荐品种10个，分别是德油199、南油714、源油11、核优5号、天府油8号、德新油88、徽豪油12、博油100、邡油777、国豪油8号。小麦推荐品种6个：川麦98、川麦93、川麦92、南麦660、绵麦228、西科麦8号。水稻推荐品种12个，分别是晶两优534、锦城优2673、C两优919、晶两优1377、泰优粤禾丝苗、蓉优33、川种优3877、荃9优2117、宜香优2115、蓉7优523、内香8518、川优6203。玉米推荐品种15个，分别是鑫玉6号、台沃655、同玉808、正兴6号、蠡乐969、同玉593、辽禾308、川单99、仲玉1号、仲玉998、北玉1521、仲玉3号、德玉18、必胜6号、兆育125。新技术、新品种推广应用增产15%。

【全国农作物种质资源普查与收集】 2022年，盐亭县在全县范围内共补充征集品种资源16份，向四川省农科院报送征集品种资源16份。包括7个大蒜品种、4个丝瓜品种、2个藠头品种、1个姜品种、1个大枣品种、1个柿子品种。

（彭未娟）

技术标准

【企业标准管理】 2022年，盐亭县对全县范围内18个企业的18种产品执行国家标准、行业标准、地方标准以及企业标准执行情况进行监督检查，确保企业做到按相关标准生产。其中，11家企业执行国家标准，3家企业执行企业标准并在企业标准信息公共服务平台自我声明公开，3家企业按合同约定生产。做好企业产品和服务标准自我声明公开和监督制度试点工作，监督、指导企业在企业标准信息公共服务平台进行自我声明公开，自主备案，公开接受监督，新增自我声明公开企业标准162项，2家企业完成2个企业标准检查评价不合格整改。服务指导企业标准制定工作，指导优锂新材、椒奥食品等企业开展企业标准制定，联系市局专家开展服务指导。开展好世界标准日宣传活动，组织辖区内8家企业代表参加标准化知识网络培训，围绕活动主题“数字时代的标准化”，开展座谈交流，对企业在标准制定、执行中遇到的困难和问题进行解答，要求企业进一步增强标准化意识，严格标准执行，提升产品质量水平。

【商品条码管理】 2022年，盐亭县认真开展商品条码日常监督检查工作，全年新发展商品条码系统成员6个，续展7个。

【标准化知识培训】 2022年，盐亭县组织辖区内8家企业代表参加标准化知识网络培训，围绕“数字时代的标准化”活动主题，开展座谈交流。县市场监管局对企业在标准制定、执行中遇到的困难和问题进行解答。

【标准化示范试点】 2022年，盐亭县结合乡村振兴战略，将凤集食品集团有限公司、亿尚农旅公司、咎望农旅公司等企业列为标准化示范试点项目重点培育企业，建立培育计划和清单，持续培育指导企业开展标准化示范试点建设。

（杜小迪）

知识产权

【概况】 2022年，盐亭县全力构建“政府主导、部门主推、企业主创”的商标品牌工作格局，成立“创牌专项工作组”，实行知识产权“订制对接服务”，开展“服务企业月”“商标兴企”“商标惠农”系列活动，深度挖掘嫘祖、文同、岐伯等地域文化特色，助推“盐亭造”品牌知名度跨越提升。初步建立盐亭云溪商标品牌指导站，推动企业打造知名品牌，丰富优质供给，培育经济增长新动能。

【国家农产品质量安全示范县创建】 2022年，县市场监管局大力协助县农业农村局创建国家农产品质量安全示范县。成功将“盐亭桑茶”“梓江鳜鱼”申注为国家农产品地理标志，协助县农业农村局创建盐亭县农产品区域公共品牌“嫘之味”。成功注册商标439件，有效注册量同比增长12.5%；完成专利授权129件，有效授权量同比增长20%。

【知识产权保护】 2022年，盐亭县开展知识产权保护体系和能力双提升活动，“五进”、“知识产权万里行”主题活动，成功申报3件高价值发明专利，专利实施项目新增产值7300万元，核查非正常申请专利22件，撤回率100%。

【“春雷行动2022”知识产权执法行动】 2022年，盐亭县开展“春雷行动2022”知识产权执法行动，查处知识产权违规违法行为案件10件（侵犯注册商标专用权案件2件，不正当竞争行为案件8件）；开展知识产权保护专项行动，培育知识产权强企3户。

（杜小迪）

气象监测与服务

【气象预警】 2022年，盐亭县通过广播电视、QQ群、微信群、钉钉群和纸质材料等多种形式发布各类气象预报、预警信息1101期，其中预警信号75期、预警21期、灾害性短时临近预报11期、天气旬报27期、天气周报37期、森林火险等级预报203期、72小时天气预报279期、专题天气预报64期、中期重要天气趋势预报12期、气候趋势预测10期、气候影响评价9期、气象信息快报33期、农业气象旬月报25期、农用天气预报12期、24小时天气预报279期。全年共发送短信40余万条，接收短信16.5万人次。

【气象信息防灾减灾知识培训】 2022年，盐亭县通过世界气象日、“5·12”防灾减灾日、安全生产月、科普下乡等宣传活动，向群众发放《图说气象》《气象知识60问》《农村气象灾害防御指南》《雷电防御》等科普资料千余册。组织专业技术人员深入乡镇、机关、学校和重点企业对广大群众、学生和经营者进行防灾减灾知识培训。

【气象信息服务】 2022年，盐亭县积极收集整理包括村社主要负责人在内的气象应急责任人信息，并将相关责任人信息纳入气象短信服务平台，更新气象信息员队伍。

（程　斌）

地震监测预报预防

【防震减灾知识宣传】 2022年，盐亭县在电视台和盐亭在线等网络媒体上广泛宣传防震减灾知识，利用车载广播、LED大屏等播放如何正确认识地震、居家如何防震与自救互救知识。全县各乡镇、学校、社区等利用“5·12”全国防灾减灾日和“10·13”国际减灾日等重要日期开展地震科普知识宣传，全年累计发放宣传资料2万余份，切实增强居民地震应对意识。

【城市建设工程地震安全监管】 2022年，盐亭县加大对县内重大工程、城乡居民住宅和公共设施抗震设防的监管力度，加强城市建设工程地震灾害风险管控。

【地震应急预案完善】 2022年，盐亭县根据《绵阳市地震应急预案》和《盐亭县突发事件总体预案》，结合县域实际情况，修订完善《盐亭县地震应急预案》；督促县相关部门及经开区和17个乡镇（街道）、学校制定地震应急预案并按要求进行备案管理。

【紧急避难场所管理】 2022年，盐亭县规划设置全县紧急避难场所避险路线、避险场所、应急饮水、应急厕所等标识标牌，建成岐伯广场、嫘祖广场、滨江广场、南门休闲广场、鸿宇广场、指南新区体育馆、盐亭中学等多处紧急避险场所，同时将避震场所、疏散通道和疏散场地实行属地分类管理，定期开展检查维修，更换标识标牌。

【地震应急演练】 2022年5月8日，盐亭县在嫘祖小学开展地震应急疏散演练，有力提升学校师生在地震中减灾自救的能力。2022年5月12日，在经开区举办盐亭县2022年地震暨危化事故综合应急演练，提升应急队伍地震救援能力和危化品泄漏起火救援能力，此次演练参演县级部门10余个，参演人员1000余人。

【地震监测预报】 2022年，盐亭县地震烈度速报与预警项目基本站运行良好，富驿站、西陵站、云溪镇复兴监测站、气象局GPS监测站以及嫘祖镇地震烈度速报设备等站点全年数据获取监测无异常，专人管护到位，设备设施无破坏。2022年8—9月，完成GPS监测站搬迁以及室内装修线路改迁。优化升级地震监测预警室，加强预警设备运行维护和业务人员培训，提升设备使用的能力水平。持续关注监测盐亭、三台、梓潼三县交界地震活跃地带易出现的宏观异常现象。

（仲徐东）

教育·体育

综　述

【概况】 2022年，盐亭县共有各级各类学校94所，在校学生42049人，专任教师2984人。全县有小学38所，在校学生16372人；普通中学17所，在校学生14829人；中等职业教育学校1所，在校学生2876人；幼儿园63所（含附属幼儿班），在园幼儿6962人；特殊教育学校1所，在校学生162人。实现学龄儿童入学率100%，“普九率”100%。全年，荣获“永远跟党走·奋斗新征程”四川省第二十九届青少年爱国主义读书教育活动组织优秀奖、2022年县域普通高中教育质量特等奖等省、市、县级奖励38项。组织开展各类学校体育、竞技体育、群众体育，丰富群众体育生活。

【教育合作交流】 2022年，盐亭县以实施“国培”项目为契机，深化盐亭和若尔盖两地教育合作共建，优派10所优质学校与若尔盖10所学校结对帮扶，统筹调配教育优质资源，创新合作交流模式，扎实开展“一对一”帮扶工作，出色完成送教送培和影子跟岗学习任务。工作经验被腾讯网、搜狐网、中国网、四川省教育网、四川教育新闻网等平台转载。开展“三区”援藏支教工作，派遣5名优秀骨干教师到红原县进行为期一年的援藏支教，将盐亭县的先进教育理念送教到民族地区。

【体育事业发展】 2022年，省级重点项目竞走落户盐亭，与四川体育职业学院田径运动管理中心建成四川省青少年田径优秀后备人才共建学校。文同小学、云溪小学培养的优秀乒乓球新苗已经在省级比赛崭露头角，宋馨蕊在四川省青少年乒乓球锦标赛上获女单亚军。

（陶　江　杜澜馨）

教育教学管理

【素质教育】 2022年，盐亭县持续落实“双减”政策，开展素质教育。开发精品课程提高课堂教学质量、减轻学生过重作业负担；开展劳动教育、安全教育、科技活动、大课间、“阳光体育一小时”等活动提升学校课后服务水平促进学生全面发展；加强艺术、体育教育资源统筹协调，推进艺体协会进校园，形成学校艺术、体育教育发展合力。

【心理健康教育】 2022年，盐亭县出台《关于进一步加强中小学生心理健康管理工作的通知》，进一步提高全县学生心理健康管理工作针对性和实效性，切实加强专业支撑和科学管理，着力提升学生心理健康素养，增强调控情绪、应对挫折、适应环境的能力。

【国防教育与爱国主义教育】 2022年，盐亭县对县城中学新生进行适时军训，同时组织开展国防教育网络知识竞赛活动，增强学生国防意识。组织学校结合德育活动开展爱国主义教育，上好爱国主义“必修课”，厚植学生爱国情怀。

【文明校园创建】 2022年，盐亭县组织学校参加省、市、县文明校园创建，盐亭县岐伯镇中心小学成为2021—2023年绵阳市创建省级文明校园先进学校。盐亭县岐伯实验小学和盐亭县玉龙镇初级中学成功创建为市级文明校园，盐亭县岐伯镇初级中学等6所学校成功创建为县级文明校园。

【少年宫活动】 2022年，盐亭县强化少年宫运作管理，加大对各少年宫的督查力度，促进少年宫活动与课后服务工作相衔接，完成对各少年宫的考核与评价，并对部分少年宫进行表彰。盐亭县富驿镇中心小学少年宫高分通过市验收，成功创建为市级示范少年宫。

【课堂督导与高效课堂】 2022年，县教体局开展课堂督查活动，教育股工作人员与进修校教研员分组到全县近60所学校开展课堂督导，深入课堂听课1000余堂，与教师进行课改交流和探讨

1000 余人次。围绕“高效课堂”建设，商讨在“双减”背景下如何有效利用课堂时间。组织 2022 年课堂教学展示活动，评选出一等奖 51 名、二等奖 104 名、三等奖 126 名。

【招引教育人才】 2022 年，盐亭县通过公招教师计划招聘 29 名公招教师；通过“特设岗位教师计划”补充 20 名特岗教师；通过“公费师范生培养计划”接收 9 名公费师范生；通过“招才引智”计划吸纳 4 名硕士研究生人才；从外县调入 2 名优秀教师到县任教。

【教育人才培训】 2022 年，盐亭县着力抓好教师梯度建设，创新教师培训形式，完善教师培训制度，多层次覆盖全员培训，提升教师专业化水平，组织骨干教师、学科教师、信息技术 2.0、新教师入职等培训活动，2022 年全县各级各类培训超 1 万人次。推广富驿学区“名优教师培育工作室”项目经验（该项目已申报省级课题），采用“1+3+6”（即 1 个专家团队，3 名学科领衔人，6 名种子教师）模式，搭建青年教师成长平台，在学区内组织示范课堂、课例研修、专题讲座，同时跨区域开展教研和读书会，以此提升盐亭县义务教育教研师培水平。

【师德师风建设】 2022 年，盐亭县坚持以“立德树人”为本，强化师德教育、师德宣传、师德督导，建立师德师风正面、负面清单，严肃查处师德师风失范行为，构建师德师风建设长效机制。以“迎接中共二十大·培根铸魂育新人”为主题组织召开教师节表彰大会，表彰县级先进个人 254 名，先进集体 10 个；局级先进个人 310 名，先进集体 15 个。五龙小学教师倪山清被评为“感动绵阳十大人物”，盐亭中学教师张琼芬被评为“绵阳市三八红旗手”，文同小学教师寇子梅被评为“四川省家庭教育先进个人”。

【学校领导班子建设】 2022 年，县教体局组织 7 个干部考察小组深入各学校开展领导班子民主考核、考察研判工作，全面客观精准掌握学校领导班子运行情况，积极发现和培养一批后备干部。2022 年全县共轮岗交流校长 12 人、副校长 17 人、学校中层干部 16 人，从优秀教师中新提拔 45 人到领导岗位任职，部分年轻人也担起学校管理重任。

（陶　江　杜澜馨）

学前教育

【概况】 2022 年，盐亭县学前教育普及普惠进一步提升，专任教师学历达标率 100%，全县公办幼儿占比达 56.54%，普惠性幼儿园覆盖率达 83.29%，适龄儿童入园率达 100%。

【学前教育安全卫生工作】 2022 年，盐亭县高度重视学前教育及幼儿园的安全卫生工作，狠抓安全隐患排查及整治，形成多部门齐抓共管的安全管理机制，切实保障全县幼儿生命安全。严格执行卫生保健制度，高度重视幼儿生理及心理卫生保健工作，切实加强保教质量管理督查。

【学前教育教师培训】 2022 年，盐亭县组织开展幼儿园园长任职资格培训、幼儿园保育员业务培训、幼儿园教师转岗培训、幼儿园区角创设培训、寒暑假学习培训等活动，选派学前领域骨干教师参加省、市、县级培训。全年共培训幼儿教师、保育员 700 余人次。

【学前教育对口帮扶】 2022 年，盐亭县以“对口帮扶”方式，实行公办、优秀和合格幼儿园结对帮扶，充分发挥优质幼儿园的示范辐射作用，县域幼儿园继续在绵阳花园实验幼儿园结对帮扶下，开展系列教师培训活动。结对帮扶幼儿园 64 所，在优质幼儿园带领下，云溪幼儿园、岐伯幼儿园成功创建四川省示范幼儿园。

【全面提升学前教育质量】 2022 年，盐亭县组织开展“第十一个全国学前教育宣传月”主题活动、幼儿园社会领域成果展评等活动。完成公办幼儿园和城镇小区幼儿园建设，形成“公办幼儿园优先发展，协调推进普惠性民办幼儿园发展”的格局。聘请 3 名学前教育专业骨干教师担任特聘教研员，参与学前教研和教育常规管理，全面提高盐亭县学前教育整体质量。

【学前教育科研课题】 2022 年，盐亭县不定期对幼儿园常规工作开展督查，鼓励有条件的公民办幼儿园开展园本课题研究，云溪幼儿园省级课题《基于核心经验幼儿园民间体育游戏课程建设》，市级课题《幼儿园团队游戏在足球运动课程中的实践研究》，岐伯幼儿园的四川省乡村教育发展专项课题《浸润式体适能活动在幼儿体质提升中的应用探究》，嫘祖幼儿园县级课题《将本土资源融入幼儿园主题课程的探索》，指南幼儿园县级课题《幼儿园绘本阅读游戏化研究》，石岭幼儿园县级课题《纸艺促进幼儿发展的实践研究》等科研课题均已立项开题。

【规范幼儿园办园行为】 2022年，盐亭县实现幼儿园全覆盖，满足幼儿公益、普惠入园需求。开展已认定普惠性民办幼儿园复核工作。常态化开展幼儿园“小学化”治理工作及“幼小衔接”工作，进一步规范幼儿园办园行为。根据《幼儿园办园行为督导评估细则》和《绵阳市学前教育质量评价方案（试行）》进行评估和量化，开展幼儿园办园行为督导评估和幼儿园质量评价工作。云溪幼儿园、石岭幼儿园、岐伯幼儿园被评为市特等奖，嫘祖幼儿园等4所幼儿园被评为市一等奖，36人获市先进个人；8所幼儿园被认定为县级优秀幼儿园，16所幼儿园被认定为县级良好幼儿园，12所幼儿园被认定为县级合格幼儿园。

（陶　江　杜澜馨）

九年义务教育

【概况】 2022年，盐亭县小学专任教师中有高级教师239名、一级教师555名、二级教师508名、三级教师10名，未评职称76人，专任教师学历达标率为100%。小学净入学率为100%，小学巩固率100%，小学升初中升学率100%。全县初中专任教师中有高级教师249名，一级教师366名，二级教师236名，三级教师2人，未评职称76名，专任教师学历达标率为100%，初中巩固率100%，初中净入学率100%。2022年盐亭县继续坚持全县划片招生，就近免试入学的政策，在2021年基础上进一步优化方案，实行网上报名，保持开学平稳，保证不新增大班额。同时保证随迁子女和持“服务绿卡”的儿童全部按志愿在县内学校就读。

【教育设施设备提升】 2022年，县教体局全年实施项目97个、规划总投资41202万元。为提升盐亭高中的办学条件，缓解就学压力，化解大额班等问题，带动县域义务教育优质均衡发展，盐亭中学新校区建设工程规划投资1.56亿元，其中一期运动场及附属设施建设工程（规划投资1500万元）已完工。指南小学一期工程规划投资4000万元，一期工程已完工，有效缓解城区大班额现象，部分解决“城挤”问题。加快推进乡镇中心校配套设施、教学及辅助用房、体育运动场等建设。投入资金575万元进行嫘祖中学和云溪中学教学楼5750平方米、云溪小学学生食堂1200平方米、中小学校运动场6000平方米改扩建工作，有力推进农村义务教育学校薄弱环节改善与能力提升和农村义务教育学校现代化建设；投入资金751万元实施义务教育校舍安全保障项目32个，完善学校安防设施设备，排除学校安全隐患；投入资金200万元完成农村义务教育边远学校教师周转宿舍100套4299平方米维修改造，缓解教师住房紧缺问题，让教师安心扎根于农村教育，为乡村振兴贡献力量。

【义务教育保障工作】 2022年，盐亭县拓展全县教育脱贫攻坚成果，持续推进全县脱贫地区教育发展与乡村教育全面振兴，落实“控辍保学”直接责任，做好“义务教育有保障”工作，建立强有力的工作机构、机制、措施，将责任分解到人、落实到位。摸清辖区内各学段人口信息和义务教育阶段适龄学生、脱贫户学生以及监测户学生入学情况，采取行政、经济、法律等多种措施，及时动员适龄儿童按时入学，劝返失辍学生复学，并及时跟踪掌握在外就读学生信息，确保“一个都不能少”。建立和完善留守儿童基本情况台账，优先安排留守儿童就读寄宿制学校。在摸排全县义务教育阶段适龄儿童少年基本信息基础上，继续核实新一批6—15周岁适龄儿童少年相关信息和就读情况，摸排0岁儿童信息，全面完善0—15周岁儿童少年信息台账。全面清理问题学籍，将适龄儿童少年（特别是残疾儿童少年）全部记入学籍，确保全县适龄儿童少年全部入学。2022年盐亭县义务教育学生入学率和巩固率达到国家相关要求，义务教育阶段建档立卡家庭学生全部入学。

【义务教育学校管理】 2022年，盐亭县落实义务教育学校管理标准，通过多种形式组织全县学校领导干部学习研究《义务教育学校管理标准》，邀请外地专家学者对全县学校领导进行培训，2022年8月底在教师进修学校开展校级培训及“三名”教师培训，强化学校领导的专业水平，对学校领导及教师开展心理健康培训，深化学校领导对管理标准的理解，提升学校领导的管理水平。调整盐亭县学区制结构，小学学区以督导组为主体管理，学区内小学为成员单位，县城小学为领航单位。督导组牵头负责研修活动的计划安排与督查考核，牵头学校分学科负责研修活动的组织实施，领航单位负责协作体的送教送培、薄弱学科结对帮扶活动。初中学区制建设打破区域界限，根据规模与特长进行组合，由县城的嫘祖实验中学、云溪实验中学、华宸英才学校3所初中领航学校负责活动的计划与组织，相关督导组协助，成员单位共同实施。建设一批县级义务教育学科基地，领航学校、研修协作体和学科基地校有计划、有目的、有组织地开展各类研修活动，提升研修水平，促进课堂教学质量提升，建设“高效课堂”。

【毕业年级诊断】 2022年，县教体局春季对初三年级进行2次诊断检测、小学六年级进行1次诊断检测，教研室将相关监测数据进行分析，形成分析报告，供学校研究使用。

【优化学校布局】 2022年，盐亭县继续整合教育资源，将生源少的剑河小学、七宝小学、共和小学、安佛小学、会真小学五所小学撤并。五所小学生源就近前往鹅溪小学、岐伯实小、高渠小学、金孔小学、九龙小学等小学就读。

【学生食堂大宗物资统一配送】 2022年，县教体局坚持义务教育学校学生食堂大宗物资统一配送制度，统一收取食品安全风险保证金，统一食材质量标准和进货渠道。每学期对食材源头进行一次突击检查。各校按照教体局统一要求，实行定点采购制和索证、索票制，学生食堂备案制度和教体局询价公示制度。

【免费营养午餐服务】 2022年，盐亭县免费营养午餐服务全年食材款共计17723958元，工勤工资水电气共计5424300元，共受益学生14199人。

【义务教育“三免一补”】 2022年，盐亭县公办义务教育学校实行“三免一补”，没有一项政策性收费，其余服务性收费都是按照有关文件要求据实收取、按时结算、多退少补。

【学生资助工作】 2022年，盐亭县学前教育建档立卡学生保教费据实减免204人，金额24.34万元；学前教育保教费减免2560人，金额128万元。发放义务教育阶段家庭经济困难寄宿生生活补助1.8万人次，金额905.7万元；发放普通高中助学金 3499 人次，金额349.9万元，免学费3283人次，金额151.02万元。发放中职建档立卡学生生活费补助159人次，金额7.95万元；发放建档立卡大学生生活费补助85人次，金额34万元。以上项目均通过绵阳市惠民惠农财政补贴资金社会保障卡“一卡通”系统发放至学生本人社保卡。

（陶　江　杜澜馨）

普通高中教育

【概况】 2022年，盐亭县有普通高中1所（四川省盐亭中学），学校有专任教师正高级1名、高级173名、一级216名、二级80名，专任教师学历达标率为100%。生均校舍面积16.473平方米，生均图书27.1册，生均仪器设备价值200元。

【教学调研与学习】 2022年，县教体局加强教学调研，组织骨干教师赴重庆王朴中学、成都棠湖外国语等学校开展集体教研。开展高考备考研究，2022届高考复习研讨会邀请省教科院9大高考科目全体教研员、市教科所9大学科教研员莅临指导，从听课、评课到高考命题特点、趋势进行全方位指导。邀请臧铁军等著名专家学者进行现场或线上讲座。

【新高考备考研究】 2022年，县教体局进一步发挥联考联评作用，细化、优化数据统计，及时反馈评估结果，强化检测、诊断和评价功能。加强新高考备考研究，大力推进课程发展，完善高中课程开设方案，加强校本精品课程开发，推进选课走班教学，加强高中学生生涯规划教育，举办生涯规划教育论坛、生涯教育研讨会10余次。邀请重庆巴蜀中学等课改先行区优秀学校到校讲座。发挥学科基地在课程育人、教材使用、课堂效率、作业优化、评价方式等方面的作用，对9个学科基地培育进行评估指导。

【深化思政教学研讨】 2022年，县教体局举办学校案例教学研讨会、全市高中思政课课堂教学研讨活动，先后立项省级课题现代信息技术与高中思政课教学的深度融合研究，市级课题地域（绵阳）红色文化资源融入普通高中思想政治教育研究、“五育并举”在高中化学新课堂的构建研究。王昌俊老师在2022年绵阳市大中小幼思政微课征评活动中荣获特等奖。

【课题科研成果】 2022年，盐亭县省级课题研究成果大数据在农村高中解决教学痛点的应用荣获四川省人民政府2021年四川省教学成果奖二等奖。省级课题研究成果科研兴校、特色强校、提质增量课题组负责人在四川省教科院举办的12月28日“大数据精准教学研究成果省域推广暨‘双新双减’背景下高中单元作业设计研讨活动”作成果交流发言。2022年立项省级课题新课程改革背景下普通高中依托校本研修促进教师专业发展的策略研究——以四川省盐亭中学为例、新课程改革背景下普通高中依托校本研修促进教师人才培养的策略研究、将嫘祖文化融入高中历史课堂的研究、基于深度学习的高中数学人才培养策略研究、基于大数据分析下的高中文言文教学方法研究四个课题荣获2022年盐亭县政府第六届社会科学优秀科研成果奖。其中，将嫘祖文化融入高中历史课堂的研究荣获绵阳市政府第十八次社会科学优秀成果奖。

【深化招生制度改革】 2022年，盐亭县完善普通高中招生制度，印发《关于推进盐亭县高考综合改革工作的实施方案》等文件，改革和完善普通高中招生制度和办法，推进普通高中多样化、特色化发展。

【高考】 2022年高考，盐亭县本科文考硬上线1028人，艺体双上线92人。录取重点本科261人，其中“985”高校8人、“211”高校32人、“双一流”大学846人。享受国家优惠政策37人，其中高校专项计划7人、地方专项计划30人、公费师范生9人。

【盐中标准化建设】 2022年，盐亭县在城北校区划拨土地2.45公顷，改扩建学校运动场地和教学楼。投资1500万元的城北一期项目学校运动场及其附属设施建设已如期完工投入使用。投资153.5万元用于新高考智慧校园建设采购项目，投资32.29万元用于云教室及校园网络建设项目，投资66.34万元建设的城北校园视频安全系统高标准建成。投资28.37万元在城北校区建成高考外语听力广播系统及校园广播系统。

（陶　江　杜澜馨）

民办教育

【概况】 2022年，盐亭县有九年制民办义务学校1所（盐亭华宸英才学校），民办幼儿园27所，非学科类校外培训机构11家（其中营利性机构7家，非营利性机构4家），无学科类校外培训机构。盐亭县制定并出台扶持民办教育发展相关政策、措施，设立民办教育发展资金约1.5万元，用于奖励优秀民办学校。

【规范民办教育发展】 自国家“双减”政策出台以来，盐亭县成立“双减”工作领导小组，细化工作举措，多次开展民办学校办学行为督查，开展校外培训机构专项治理行动，科学制定年检考核细则，认真组织实施年检工作，引导民办教育规范发展。

【民办教育机构整治巡查】 2022年，县教体局进一步做好校外培训机构整治巡查，加大对培训学校的整治和巡查力度，每周末开展巡查或暗访，周内不定期巡查和暗访。开展校外培训机构全覆盖排查，系统梳理由教育或行政审批部门审批，在民政、市场监管部门注册登记的校外培训机构名称、办学地址、培训对象、培训学员数量、职工数量、机构属性、举办类别、预收费情况、举办者及法人代表等基本信息，以及全面排查培训机构在场地安全（包括防疫、卫生、房屋建筑、消防安全等情况）、经营管理（包括经营模式、预收费金额、房租、负债等情况）、劳动用工（包括员工薪资支付、社保缴纳、裁员等情况）、信用评价（包括投诉量、投诉主要问题、从业人员违法犯罪经历前科）等方面存在的风险隐患。

【盐亭华宸英才学校】 盐亭华宸英才学校是盐亭县唯一一所九年制民办义务学校，前身为盐亭外国语学校。学校位于县城石岭新区，毗邻盐亭县汽车客运站、恒都商贸广场和水晶郦城小区，占地8公顷，总投资近3亿元，于2017年9月建成开校。截至2022年底，在校学生2981人，其中小学部32个教学班、初中部34个教学班。教职工307人，专任教师学历达标率100%。2022年学校毕业生参加中考，绵阳中学、南山中学上线54人，盐亭中学上线率达93%。

（陶　江　杜澜馨）

中等职业教育

【概况】 2022年，盐亭县境内有职业技术学校1所（四川省盐亭县职业技术学校），学校有专任教师141人（其中，高级讲师48人，高级实习指导教师3人，高级教师6人，讲师62人，一级教师3人，一级实习指导教师1人，助理讲师13人，助理实验师1人，二级教师4人）；工勤人员4人（其中，高级工2人、中级工1人、初级工1人）；代课教师4人；临聘13人。在籍学生2360人（其中绵阳开放大学盐亭分校230人）。

【学校氛围营造】 2022年，盐亭县职业技术学校利用教学广场核心区域打造“社会主义核心价值观”展示平台，构建社会主义文化体系；利用精进楼、精技楼显著位置张贴习近平总书记关于职业教育重要指示、中共二十大胜利召开宣传标语；利用学校校门、进出通道悬挂培养社会主义劳动者和接班人标语；利用学校运动场悬挂各种主会场标语、体育锻炼标语，深化主题教育，增强学生体育锻炼意识；利用教职工食堂宣传橱窗张贴、悬挂光盘行动等警示语言；利用教学楼、实训楼和学生公寓彰显“博精”文化，营造“广博”“精益求精”的治学理念。

【教师考核激励】 2022年，盐亭县职业技术学校充分发挥学科备课组的引领作用，适当提高升学班教师课时津贴，按班额大小和专业下达升学指标，分学科对苗子生进行专人承包和定向培养，根据高考目标（本科和公办专科）完成情况奖励班主任和任课教师。实行一班一科一师制，推进工作交流和效果考核。

【考前思想教育】 2022年，盐亭县职业技术学校高三升学班先后开展“心动不如行动，赢在高三起跑线”励志讲座；“多一份付出，多一分收获”主题班会；“运筹帷幄之中，决胜于千里之外”心理辅导和百日誓师大会等活动，激励高三学生努力学习，积极成长。

【学校专业班级设置】 2022年，盐亭县职业技术学校实招中职新生895人，同比增加145人。分别组建电子、计算机、服装和旅游4个职普融通实验班，学籍人数196人。学校有与“四川工程”“绵阳职院”联办的机械、计算机、建筑材料智能生产技术专业等“3+2”身份学生144人。

【学校单招考试及高考】 2022年，盐亭县职业技术学校有228人参加单招考试，录取198人，其中公办院校151人、民办院校47人；有265人参加高考，本科上线3人，专科上线262人。

【学校荣誉】 2022年，四川省盐亭县职业技术学校荣获四川省“优秀成人继续教育院校”称号；荣获“文轩教育杯”盐亭县第二届中小学体育教师教学技能大赛“特等奖”；荣获绵阳市中等职业学校教师教学能力大赛“优秀组织奖”；荣获盐亭县总工会五一劳动奖状；荣获盐亭教育和体育局2021—2022年度学校教研工作、艺术工作先进集体；荣获2021—2022年度盐亭县学校综合目标考核（中职组）特等奖；荣获2021—2022年度绵阳市教体局质量综合表彰特等奖；在绵阳市职业教育亮点展示过程中，名列同层次第一。学校积极组队参加绵阳市教体局组织的教学技能大赛，语文、电子组分获一等奖，英语、体育、舞蹈组分获二等奖。

（陶　江　杜澜馨）

成人教育

【绵阳开放大学盐亭分校】 2022年，绵阳开放大学盐亭分校有在籍学生558人，成人教育学生37人，共计595人。2022年春季招生86人，秋季招生133人，共计219人，其中，本科68人、专科151人。“头雁提能学历提升计划”2022年招生35人（第二批招生）。学校开设课程626科，学生选课5784科次，报考5119科次。全年指导毕业论文195份，其中，本科为68份，专科为127份，指导本科学位论文1份。精心组织期末考试，本学年机考8天，纸笔考试4天，备考充分、规范组考。荣获2022年度四川省县级工作进步奖、2022年度创新办学特色奖、绵阳市2022年度业务工作综合考核奖。

【社区教育】 2022年，县教体局推进社区教育三级网络建设，成立玉龙镇、黄甸镇、高渠镇社区学校；与盐亭嫘祖诗书画院、太极拳协会、老年大学联袂举办文化活动6次；组织社区学院和开放大学相关人员集中收看全国、全省全民终身学习活动周启动仪式，现场参加全市全民终身学习活动周启动仪式；举办“银龄守护，智慧助老”绵阳App使用和网上问诊操作培训；举办自主就业退役士兵适应性培训。2022年，盐亭社区学院获四川省“优秀成人继续教育院校”殊荣。

（陶　江　杜澜馨）

特殊教育

【概况】 2022年，盐亭县有特殊教育学校1所，专任教师20人。全县有6—15周岁残疾少年儿童422人，其中，进入特殊教育学校就读的残疾学生有162人，重度残疾学生（采取送教上门方式）有41人，其余适龄残疾学生219人分布于各乡镇义务教育学校随班就读。

【加大保障力度】 2022年，盐亭县制定并实施《第三期特殊教育提升计划（2020—2025）》，加大经费投入力度，争取特殊教育中央补助资金350万元，用于盐亭县特殊教育学校建设，于2022年9月1日正式投入使用。

【推动资源中心、资源教室建设】 2022年，盐亭县探索特殊教育融合新模式，召开特殊教育资源中心建设现场推进会，进一步推进全县特殊教育资源中心和资源教室建设，新建5个资源教室。

【不断提升教育质量】 2022年，盐亭县特殊教育学校依法治校、规范办学，开齐课程、开足课时，确保特殊孩子亦能享受公平而有质量的教育。学校重视教师队伍的建设和培养，每年分批派送教师参加省、市、县各种学习和培训，加强学校常规教研和校本研修，组织教师赛课、撰写论文。6名教师在绵阳市赛课、论文活动中荣获一等奖和二等奖。扎实开展送教上门工作，送教学生一人一案、一人一卡，使重度残疾孩子在家亦能享受义务教育。长期坚持各类训练，在校师生于各类比赛中获得优异成绩，师生手语舞《唱支山歌给党听》在四川省第十六届校园教学成果交流活动中获校园综艺类一等奖。

【盐亭特殊教育学校】 盐亭县特殊教育学校拥有一流的师资队伍、优雅的校园环境、先进的教学设施（蒙氏教室、多感官训练室、律动室、语训室、家政室、模拟超市、手工绘画室、图书室、微机室、心理咨询室等功能室，每个功能室都配备专业教师和多样的教学器材）。学校规范办学行为，全面落实《特殊教育课程标准》，统一使用人民教育出版社(部编版)教材，开设生活语文、生活数学、生活适应、唱游律动、运动与保健、绘画与手工、劳动技能、生命与安全、社会实践等课程。每周共上课30节，每日有早操30分钟，大课间操、眼保健操和1小时体育锻炼活动。教师积极参与课堂改革，充分利用现代多媒体教学手段，结合传统教学的优势，探索适合学生的教学模式。2022年，盐亭特殊教育学校获得综合目标考评特殊教育特等奖，该校校长被评为优秀校长，2名班主任被评为优秀班主任，3名学科教师被评为优秀学科教师，2名学生分获县级比赛一等奖、二等奖。学校组织15名学生运动员参加绵阳市第四届残疾人运动会暨第三届特殊奥林匹克运动会旱地冰壶、滚球、乒乓球、田径、轮滑、羽毛球六个项目的比赛，获得金牌19枚、银牌25枚、铜牌16枚，合计奖牌数60枚。组织学生运动员参加四川省第十届残疾人运动会暨第五届特殊奥林匹克运动会并获12枚金牌、6枚银牌、3枚铜牌佳绩。

（陶　江　杜澜馨）

招生考试

【普通高考】 2022年，盐亭县高考报名2554人，其中文科考生783人、理科类考生1375人、职教考生396人。普通类文科本科录取272人，专科录取382人，预科录取2人。理科本科录取668人，专科录取406人，预科录取1人。艺体类本科录取85人，专科录取42人。特殊类型录取，有地方专项30人，高校专项8人，省级公费师范生8人，免费医学定向2人，省属院校帮扶专项录取1人。对口类本科录取2人，专科录取345人。

【成人高考与自学考试】 2022年，盐亭县成人高考报名618人，其中，高起专281人，专升本337人。高起专录取234人，专升本录取256人，共计录取490人。自考报名共1560人，3968科次。本科毕业2人，专科毕业3人。

【高中阶段招生考试工作】 2022年，盐亭县中考报名3343人，普通高中录取1568人。中职录取1775人，其中，三年制录取1488人，五年制录取287人。高中阶段招生录取率为100%。

【书法水平考试】 2022年，盐亭县共有2036名考生参加书法水平考试，较2021年增加483人。

【初中地理生物学业水平考试】 2022年，盐亭县成功组织全县初中2020级学生共3365人参加地理、生物学业水平考试（含全县2021年初二生物、地理学业水平考试“应考未考”的考生）。

（陶　江　杜澜馨）

现代教育信息技术

【教育教学课例录制推送】 2022年10月，盐亭电化教育馆录制基础教育精品课23节，6节推送至绵阳市参与评奖，获市一等奖2节，二等奖4节，其中盐亭中学教师顾丹、华宸国际学校英语教师严采明的课例被省教育厅推荐到教育部平台。开展优质网络教育资源推广应用活动，继续在云溪实验中学、嫘祖实验中学、文同小学、云溪小学推广试用乐教乐学平台资源“乐题库”，助力教学质量的提升。

【信息上报】 2022年，盐亭电化教育馆及时准确完成各季度教育信息化工作上报，按时完成四川省教育厅2022年全国教育信息化发展状况调研，按时完成四川省教育厅新时代教育装备质量工作问卷调查。

【规范开展各类实验操作和信息技术考试】 2022年，县教体局组织并按时完成高中学业水平考试考察，其中，理科实验操作参考1612人，合格率100%；通用技术考试参考1612人，合格率99.2%；

信息技术参考1618人，合格率92%。组织2022年初中毕业升学实验操作考试，其中，2019级参考3320人，合格率100%，2020级参考3360人，合格率100%；组织全县小学六年级学生参加2022年小学科学实验操作考查，共计46所学校，合格率100%；2022年11月，组织初中毕业年级参加信息技术考查，合格率98%。

【教师培训】 2022年2—4月，县教体局组织全县所有幼儿园学习四川省《幼儿园教育装备规范》，并组织编写相关软件，对全县幼儿园设备设施进行缺口统计。10月，组织四川云教二期4所初中学校的校长和部分教师在云溪实验中学参加绵阳市电教馆组织的云教培训。7月，组织盐亭县108名普通高中理科教师参加实验能力提升培训活动，全员合格。组织盐亭县师生在国家中小学智慧教育平台、四川省中小学智慧教育平台按时完成注册工作。

【网络及教学设备的管理维护】 2022年，县教体局继续对全县部分乡镇中心小学计算机、网络线路进行维护，全年完成五马小学、金安小学、巨龙小学、九龙小学等10余所学校教学设备的管理维护。结合学校布局调整，对剑河小学、安佛小学、七宝小学、共和小学、会真小学5所学校的班班通、办公桌、电脑、课桌、打印机、仪器设备、图书、数学、科学、音体美等进行调整。配合县委宣传部，组织教体系统开展2022年网络安全宣传周活动。完成全县公办、民办幼儿园普及普惠设备统计，并移交县文旅公司完成招标工作。

【专递课堂建设】 2022年，盐亭县结合市级民生项目，建成1所专递课堂主播学校（云溪小学），12所专递课堂接收学校（云溪小学、文同小学、嫘祖实验小学、岐伯实验小学、高渠镇中心小学、金孔镇中心小学、九龙镇中心小学、富驿镇中心小学、玉龙镇中心小学、岐伯镇中心小学、黄甸镇中心小学、文通镇中心小学）。

（陶　江）

重点特色学校简介

【盐亭县玉龙镇初级中学】 盐亭县玉龙镇初级中学坐落于盐亭县玉龙镇文化路101号，是一所农村寄宿制初级中学，主要服务玉龙镇全境的望江社区、腾龙社区、永兴社区、青峰岭村等14个村居约3.5万人。校园占地面积12222平方米，建筑面积8600余平方米。2022年，有教职工60余人，其中本科及以上学历48人，教师岗位合格率和学历达标率均为100%，有省、市、县优秀骨干教师26人。学校有在校生近400人，是一所交通便利、环境优美、设施齐全、管理规范、教育教学成绩显著的农村寄宿制学校。

学校以创办文明校园为契机，花大力气整治校园环境及学校周边环境，整治后，校园环境清新幽雅，学生公寓整洁温馨，到处充满文化气息。充分利用广播台、宣传栏等宣传窗口，营造校园文化，配合教育教学工作。成立少年宫兴趣小组，组建田径队、篮球队、排球队、音乐特长班、书法特长班、美术特长班，举办艺术节系列活动，陶冶师生情操。

在教育教学活动中，重视与学生家庭、社会的联系，形成学校、家庭、社会三位一体的教育模式。利用节假日开展“教师进万家”活动，加强家校联系。

近年来，学校获得“绵阳市校风示范学校”“绵阳市示范初中”等荣誉。2022年，学校成功创建“绵阳市文明校园”，荣获绵阳市义务教育质量评价特等奖、绵阳市五四红旗团支部、盐亭县教育质量考核特等奖、安全宣传五进示范点等奖项。校长陈玉霞被评为绵阳市义务教育学校校长先进个人，王泽沼、胥执辉被评为绵阳市义务教育学校分管领导先进个人，全校有50人次教师分别受到市、县表彰。

【盐亭县云溪小学】 1904年，盐亭署奉“新学令”于负戴山东麓之县云庵前创立新学，名盐亭县高等小学堂。一度迁校，两次分流，一次并校，四易校名，于1985年被正式命名为云溪小学。学校地处县城新西街58号，占地面积11000平方米，建筑面积约14000平方米。2022年，学校有教学班级48个，在校学生2580名，在编教职工144人，县级及以上骨干教师60人，教师学历达标率100%。

云溪小学坚持“五育并举、德育为首”理念，培养德智体美劳全面发展的社会主义建设者和接班人，取得可喜成绩。学校认真落实课堂思政，用心上好思政课，在学科知识教学中渗透爱国主义、传统文化、理想信念等教育。学校注重对学生的养成习惯的常规培养，立足班会课主阵地，德育处统一制定班会主题，形成习惯养成主题教育序列，班主任在班会课上予以实施。强化常规教育过程性管理，有安排、有过程、有考核、有通报。实施班级管理网格化，实现人人负责、人人管理、人人落实。做好学生文明行为养成教育，对学生的文明用语、坐立行走进行规范，营造争创文明先锋岗的氛围，引导教师、学生养成文明行为。重视安全、心理健康教育。利用集合集会、主题班会等对学生进行交通安全、食品安全、消防安全、流行病防控、心理健康等方面的教育。特别是心理健康教育，每周坚持上好心理健康课，每期对高段学生进行青春期教育。开展系列主题活动。班级国旗下展示活动作为班级集体活动，既能给孩子锻炼的机会，又能展示一个班级的班级面貌，凝聚班级人心，增强学生的班级荣誉感。开展“弯腰行动”，培养学生养成爱护环境卫生的习惯；开展“一木环保”活动，培养学生养成环保节约意识；开展“重阳节走进敬老院”活动，培养学生尊老意识；开展“清明节祭拜烈士”活动，培养学生爱国意识。

学校在提升教学成绩的同时，更注重学生个人素养的全面发展。学校尝试开展项目式学习，利用学科知识解决学生生活中的问题，让学生在掌握知识的同时实现能力的提升，力求让学生做到“知行合一”，从而实现内化于心、外化于行。学校租赁农场为学生提供劳动教育实践基地，每周一的“国旗下展示活动”成为班级盛典，项目众多的课后服务使学生能够快乐参与。

近年来，学校先后获得“四川省文明校园”“绵阳市示范小学”“绵阳市甲级校风示范学校”“绵阳市艺术特色学校”“绵阳市办学水平优秀学校”“绵阳市义务教育质量先进学校”“绵阳市语言文字工作先进集体”等多项殊荣。2021—2022连续两年获得市教体局教学质量考核一等奖；2020—2022年连续三年获得盐亭县教体局表彰并获得“教学质量考核特等奖”“学校综合目标考核特等奖”。2021年7月，四川省教育科学研究院在全省确定140所“高品质学校建设实验学校”，云溪小学成功入选（绵阳仅5所）。2022年春，学校成为四川省科普惠民实践基地。2022年6月、8月，“期末测试，花样闯关”和“劳动成长，乐享丰收”先后被四川电视台新闻频道报道。学校校园影视作品连续2年获得四川省校园影视教育成果交流活动一等奖。

（陶　江　杜澜馨）

2022年11月20日，绵阳市第一届老年人健身大会举行

体　育

【学校体育】 2022年，盐亭县开展中小学生阳光体育活动，确保学生每天一小时的体育锻炼，注重学生体育兴趣和特长的培养，推进“三大球”进校园工作。高标准实施《国家学生体质健康标准》，全面完成测试工作及数据的采集和报送，2022年全县学生体质健康测试和上报率达到100%，及格率达95.9%以上，良好率33.71%，优秀率6.05%。

【竞技体育】 2022年，盐亭县组队参加2022年“中国体育彩票杯”绵阳市高中校园排球联赛暨初中小学组总决赛、2022年“贡嘎杯”绵阳市高中校园篮球联赛高中组总决赛、2022年“贡嘎杯”绵阳市高中校园足球联赛高中组总决赛。组队参加绵阳市第七届运动会，团体总分位居全市第六，奖牌总数43枚，盐亭代表团荣获绵阳市第七届运动会体育道德风尚奖。组队参加绵阳市第一届老年人健身大会取得优异成绩，荣获体育道德风尚奖。竞走项目优秀运动员何晓云在省级比赛中夺奖，文同小学多名乒乓球运动员在省级比赛中取得佳绩。

【群众体育】 2022年，盐亭县开展全民健身活动。盐亭县人民政府于8月8日在岐伯广场隆重举办全民健身启动仪式，掀起盐亭县全民健身活动新高潮。举办盐亭县第八届青年足球联赛暨首届青年篮球联赛、盐亭县机关职工篮球赛、盐亭县工业企业职工运动会，丰富大众体育活动。乒乓球协会、羽毛球协会、老年门球协会、中国象棋协会、太极拳协会等体育社团组织开展丰富多彩的赛事活动。县体育中心场馆全年免费开放，接待各类体育活动者达7万人次。

（岳小标　范启东）

文 化

综 述

【概况】 2022年，盐亭县有国家一级文化馆、二级图书馆各1个；县博物馆、民俗文化博物馆（参议会馆）各1个；乡镇（街道）宣传文化中心（网格服务中心）17个。有登记成立的文艺社团9家（县作家协会、县文同诗社、县嫘祖诗书画院、县摄影家协会、县书法家协会、嫘祖川剧坐唱协会、县音乐家协会、县舞蹈戏剧家协会、县美术家协会），拥有会员1223人。2022年，盐亭县不断完善文化阵地建设，每个乡镇、村都建有相应的文化活动广场。持续推行“三馆一站”免费开放服务，加快推进公共文化服务场所宜游化建设。加强对人民群众的文化知识普及，提高他们的文化素养和文化水平。加强对文化遗产的保护和修复工作，加大对文化遗产的宣传和推广力度，让更多的人了解和认识文化遗产的重要性。大力发展文化产业，建立健全现代文化市场体系，紧密结合盐亭地域特色，进一步丰富文化产业新业态。

【文物保护单位】 截至2022年底，盐亭县共有不可移动文物414处。其中，全国重点文物保护单位2处（花林寺大殿、盐亭文星庙）；省级文物保护单位7处（笔塔、桅杆湾张氏民居、涂氏牌坊、惜墨如金坊、真常道观、龙门垭摩崖造像、盐亭字库塔群）；市级文物保护单位7处（汤得中墓、五世同堂牌坊、黄氏宗祠、陈家庵、玉带城门、参议会馆、《龙顾井记》摩崖石刻）；麟亭、轩辕庙、董叔亭等县级文物保护单位56处；一般文物点342处。

【多元化服务阵地打造】 2022年，盐亭县建成县非遗馆、岐伯广场盐亭县文化馆分馆并对外开放；组建嫘祖故里文艺轻骑兵，开展基层服务，深入践行“我为群众办实事”实践活动；建成数字文化馆总分馆，推动公共文化资源共建共享，助力现代公共文化服务体系建设。县城有嫘祖文化广场、鸿宇广场、南门休闲广场、两江广场、滨江广场、外滩广场、水晶郦城广场、岐伯广场8个大型文化活动场所，有健身舞蹈队、太极队、舞蹈队等文艺队伍10余支，乡镇（街道）、村有文艺宣传队200余支。

【综合性文化市场体系完善】 2022年，盐亭县综合性文化市场体系逐步完善，形成以网吧、歌舞娱乐、文艺表演、艺术品经营、旅游为主的市场主体。截至2022年底，盐亭县共有各类文化经营单位96家。其中，网吧19家，歌城44家，旅行社及服务网点9家，文艺表演团体7家，网站1家，艺术品经营单位1家，电子游艺1家，星级宾馆1家，乡村酒店5家，农家乐6家，旅游餐馆2家。

（董志明）

公共文化

【公共图书馆】 盐亭县图书馆位于凤灵街道丝源路4号（原云溪镇指南新区）文化大楼二楼。截至2022年底，图书馆含各镇乡分馆共有藏书17.8万余册，其中古籍619册。设有阅览座位460个（含电子阅览室），网络节点60余个，实现全馆无线网络全覆盖。图书馆设有文化信息资源共享工程盐亭县支中心（电子阅览室）、综合阅览室、少儿阅览室、地方文献室、综合活动室和盲人阅览室等服务窗口，面向社会公众错时延时免费开放。每日开放时间8:30—17:30，周末节假日照常开放，全年除因春节和高温限电闭馆外，共开放357天。总分馆共有到馆群众11.3万余人次，文献资料流通6.2万余册次。全年订阅各类纸质报刊107种（类），新增各类纸质图书2500册，更新各类电子书籍和电子期刊5000余种类；通过购买、接受交存和捐赠等各种方式，收集收藏各类地方文献资料300余册（件）。2022年，盐亭县图书馆开通社保卡借阅服务，除居民身份证外，社保卡或电子社保卡可作为读者借阅证借阅书籍，优化了借阅方式。

【文化惠民活动】 2022年，盐亭

县开展以“喜迎二十大，奋进新征程”为主题的盐亭县2022年乡村振兴暨嫘祖故里大舞台文化走基层活动，全年举行活动10余场次。开展“虎跃开门红·启航新征程”、盐亭县2022年元宵川剧专场、“嫘祖故里美·盐亭乡当潮”、“虎跃开门红·启航新征程”“喜迎二十大·艺心永向党”、“5·10”(我要廉)廉洁文化宣传月、“贯彻二十大·奋进新征程”等文艺活动，受众达8000余人次。开展“我的中国梦·文艺进万家”2022年盐亭县春节系列文化活动，先后走进笔塔、外滩广场送春联，共送出春联2000余副。

2022年，县图书馆坚持“日常服务活动化，以活动促服务”理念，先后举办“我们的节日”传统节庆文化图片展、说出你的新年祝福、2022迎新春猜谜语、典籍里的中国年线上展览、我是朗读者我思念着故乡的一切、读者迎春送“福”、读经典网上答题、学四史读经典阅读分享、喜阅盐亭之吟诵讲座、线上讲座、看图猜诗线上答题、书香盐亭世界读书日活动、“开启新征程·喜迎二十大”图片展、“献礼二十大”线上有奖接力答题活动等各类线上线下阅读推广活动80余场次，参与群众近3万人次。在老城区职工俱乐部建立智慧书房，在新城区岐伯广场建立阅读空间，拓宽服务空间。

【博物馆基层服务功能延伸】2022年，县文广旅游局与北街社区回回妈妈志愿服务队联合开展“寻访家乡发展史·盐亭”文化研学之旅活动，与文同小学开展“寻找家乡历史”亲子教育活动，“5·18”国际博物馆日在岐伯广场举办“金石记忆—盐亭县摩崖造像的传播”流动博物馆展览，共服务群众5000余人次。

【乡村文化振兴】2022年，盐亭县进一步加强脱贫攻坚与乡村振兴有效衔接，按照“补齐弱项短板、巩固拓展成果、夯实发展基础、促进乡村振兴”的思路，投资58万余元，对4个镇级宣传文化中心、12个乡村振兴重点村、8个文旅融合重点村、4个城乡基层治理社区进行公共文化设施强弱补短。整合电信、移动、联通、广电资源，实现广播通响率98%。投入资金300万元为全县贫困户、低保户、五保户、优抚对象等8000余户特殊困难户进行广电电视基本收视费充值服务。

（董志明）

文物博物

【概况】盐亭县博物馆位于指南新区文旅大楼6楼，建筑面积1000余平方米，馆藏可移动文物1031件(其中，二级文物4件，三级文物98件)，本年度馆藏文物新增6件。

【文博服务】2022年，县博物馆设置综合历史文化常设展览1个，展出240件文物及图片，全年免费开放。在汉代展区增展陶俑、陶猪等文物8件；在明清展区增展唐“乾元重宝”铜钱、宋“湖州真石家”花边手柄铜镜等文物6件；更新张家坝调查、试掘和嫘祖传说故事等内容10幅；增设文物科普知识和文明城市创建宣传栏30余个，全年服务参观群众4万余人次。

【文物藏品征集】2022年，县博物馆入库出土文物陶罐3件、陶瓦2件、陶盏1件；接受张体怀个人捐赠证书、奖状等藏品6件；接受张育平个人捐赠清床围套3件、木椅3张、20世纪80年代洗衣机和脱水机、洋瓷盆等近现代生活器15件，并全部收藏入库。

【馆藏文物保护】2022年，县博物馆成功实现库房安防系统再升级。定期不定期开展文物库房安全检查巡查，严格落实文物库房出入登记、文物出入库登记管理、库房双人双锁管理等制度。定期对馆藏文物藏品进行病害处理，开展虫病害防治4次，开展除湿保护3次。为101件陶瓷器文物配置文物囊匣，完善文物藏品保护设施。

【文博宣传】2022年，县博物馆利用多渠道宣传，扩大博物馆的影响力。运用博物馆微信公众号和“学习强国”等平台定期推送文博知识和馆内活动，全年推文累计40余条。开发设计“文房四宝”“文同墨竹”“清宫玉佩”等博物馆文物展览配套及宣传品4套，盐亭博物馆相关知识答题进入川观新闻、四川省文物信息主办的“川越古蜀”文博知识挑战赛题库。

（董志明）

物质文化和非物质文化遗产保护

【文物安全保护】2022年，盐亭县全面抓好文物安全守护和巡查检查，开展文物安全巡查检查30次，检查龙门垭摩崖造像、蒙子垭字库坊、红军亭等文物100余处。

【文物修缮保护】2022年，盐亭县拨付专项资金17.5万元，由文通镇人民政府实施县级文保单位金鼎山红军纪念碑周边环境整治工程，对红军纪念碑堡坎、条石栏杆、树池、花台等坍塌部分拆除重砌，并进行地面铺设。投入资金200余万元，由县文物局、县住建局指导，大兴回族乡人民政府作为业主，正式实施大兴回族乡洞口湾王家大院第二期修缮工程。

【文物调查研究】 2022年，县文广旅游局对岐伯镇云龙村新发现的清代古建筑袁本琴宅进行调查和不可移动文物登记。对新发现文物鹄鸣龛摩崖造像三通碑记进行识读，确认鹄鸣龛摩崖造像始建于唐贞观四年（630年），宋淳熙十三年（1186年）、明嘉靖十五年（1536年）先后进行过修缮，所在地历史地名为梓州（潼川）盐亭县永贤乡左阳里观子坪。对富驿铜泰村新发现汪氏墓碑林进行调查，该碑林由汪仕勋墓碑和汪枚墓碑两块墓碑组成，时代为清光绪十一年（1885年）和清宣统二年（1910年），墓碑用材较大，保存较好。对市保“五世同堂坊”进行全面调查、实测和文字抄录。对新发现文物高观摩崖造像、金星桥石伞进行调查。同市博物馆一道对巨龙镇胜利村双龙庙水库新发现古墓葬进行现场价值确认。该地工程挖掘面已形成，不会对墓葬造成新的损毁，同意就地深埋保存。对鹅溪镇、高渠镇等地开展名碑名刻调查。协助省文物考古研究院到巨龙镇就氢烃项目选址地进行文物调查评估。编制《古蜀道盐亭段调查报告》，记录古蜀道盐亭段90余千米。

（董志明）

盐亭县全国重点、省级、市级文物保护单位一览表

表21

序号	名 称	类 别	年代	地 址	批次	保护级别
1	花林寺大殿	古建筑	元	盐亭县富驿镇火星村三社	八	国保
2	盐亭文星庙	古建筑	明	盐亭县鹅溪（安家）镇鹅溪村五社	八	国保
3	笔塔	古建筑	清	盐亭县嫘祖文化广场	七	省保
4	涂氏牌坊	古建筑	清	盐亭县玉龙镇新家沟村五社	七	省保
5	桅杆湾张氏民居	古建筑	清	盐亭县高渠镇五和村二社桅杆湾	七	省保
6	真常道观	古建筑	清	盐亭县黄甸镇义和村9社宝珠上	八	省保
7	惜墨如金坊	古建筑	清	盐亭县巨龙镇（麻秧）檬子村	八	省保
8	龙门垭摩崖造像	石窟寺及石刻	隋—唐	盐亭县文通镇（黑坪）龙桥村3社	九	省保
9	盐亭字库塔群	古建筑	清—民国	县城16个乡镇	九	省保
10	汤得中墓	古墓葬	清	盐亭县高渠镇石门村四社书房梁	四	市保
11	五世同堂牌坊	古建筑	清	盐亭县云溪镇石牌村七宝场西	三	市保
12	黄氏宗祠	古建筑	清	剑河乡莲云沟	四	市保
13	陈家庵	古建筑	清	盐亭县金孔镇凤凰村5社玉龟山	四	市保
14	玉带城门	古建筑	明	盐亭县弥江路中段	三	市保
15	参议会馆	近现代重要史迹	民国	盐亭县嫘祖文化广场	四	市保
16	《龙顾井记》摩崖石刻	古建筑	民国	盐亭县岐伯镇龙顾村9社	四	市保

（县文广旅游局文化遗产股、县文管所）

盐亭县城区文物保护单位一览表

表 22

序号	名称	类别	年代	地址	批次	保护级别
1	笔塔	古建筑	清	盐亭县嫘祖文化广场	七	省保
2	参议会馆	近现代重要史迹	民国	盐亭县嫘祖文化广场	四	市保
3	董叔亭	古建筑	清	盐亭县凤凰山顶	一	县保
4	玉带城门	古建筑	明	盐亭县弥江路中段	三	市保
5	文昌宫	古建筑	清	盐亭县赐紫山	二	县保

（县文广旅游局文化遗产股、县文管所）

【非物质文化遗产】 2022年，盐亭县共有省级非物质文化遗产保护名录项目6项、市级非物质文化遗产保护名录项目9项、县级非物质文化遗产保护名录项目27项。有省级非遗代表性传承人1人、市级非遗代表性传承人8人。

【非物质文化遗产宣传利用与传承】 2022年，盐亭县大力推进非遗进校园、进景区、进社区等工作，举办非遗展览和非遗专题知识讲座，与县内外媒体积极互动展示盐亭县非遗传承开发成果，搞好宣传活动并发放非遗宣传册2500余份。开展2022年文化和自然遗产日非遗宣传展示周系列活动（含非遗进校园、非遗宣传展览、非遗展示展演及体验）。完成拟申报的3家非遗传习基地调研工作，初步完成盐亭县非遗展馆建设，申报《岐伯行乡会》为第六批省级非遗名录。

2022年6月14—30日，盐亭县举行2022年文化和自然遗产日非遗宣传活动周，活动坚持“人民的非遗，人民共享”，在文化馆举行非遗专题讲座，在大兴回族乡举行“非遗”体验活动，在嫘祖圣境举行蚕龙、杜氏根雕、回族火烧馍、糖画、金孔小麻花等非遗宣传展示，在盐亭非遗馆展示非遗实物。

2022年11月3日，岐伯行乡会被列入省文旅厅第六批省级非物质文化遗产代表性项目名录推荐项目公示名单，盐亭县非遗传承建设再获新成果。

（董志明）

盐亭县非物质文化遗产保护一览表

表 23

序号	项目类别	项目级别及编号	项目名称	保护单位
1	民间文学	省级Ⅰ	蚕丝祖神传说	盐亭县文广旅游局
2	传统舞蹈	省级Ⅲ	盐亭桃子龙	盐亭县文广旅游局
3	传统舞蹈	省级Ⅲ-4	耍蚕龙	盐亭县文广旅游局
4	传统舞蹈	省级Ⅲ-1	盐亭水龙	盐亭县文化馆
5	传统舞蹈	省级Ⅲ-1	盐亭梓江龙	盐亭县文化馆
6	民俗	省级Ⅹ-9	蚕姑庙会	盐亭县文化馆
7	民俗	市级Ⅹ	岐伯行乡会	盐亭县文化馆
8	传统美术	市级Ⅶ	高灯泥塑	盐亭县文化馆
9	传统美术	市级Ⅶ	杜氏根雕	盐亭县文化馆
10	民间文学	市级Ⅰ-6	藏丝洞传说	盐亭县文化馆

续表 23

序号	项目类别	项目级别及编号	项目名称	保护单位
11	民间文学	市级Ⅰ-2	文同传说	盐亭县文化馆
12	传统音乐	市级Ⅱ	龙潭鼓乐	盐亭县文化馆
13	传统美术	市级Ⅶ-4	糖画	盐亭县文化馆
14	传统戏剧	市级Ⅳ-3	皮影戏	盐亭县文化馆
15	传统技艺	市级Ⅷ	鹅溪绢传统制作技艺	盐亭县文化馆
16	传统舞蹈	县级Ⅲ	药龙	盐亭县文化馆
17	民间药方	县级Ⅸ	中医验方	盐亭县文化馆
18	民间文学	县级Ⅰ	走马岭的传说	盐亭县文化馆
19	民间文学	县级Ⅰ	涂氏牌坊的传说	盐亭县文化馆
20	民间文学	县级Ⅰ	灯杆山的传说	盐亭县文化馆
21	民间文学	县级Ⅰ	石牛庙的传说	盐亭县文化馆
22	民间文学	县级Ⅰ	嫘祖故里民歌	盐亭县文化馆
23	民间文学	县级Ⅰ	来龙桥传说	盐亭县文化馆
24	民间文学	县级Ⅰ	鹅溪绢的传说	盐亭县文化馆
25	传统技艺	县级Ⅷ	大兴回族火烧馍	盐亭县文化馆
26	民俗	县级Ⅹ	蚕姑祭祀	盐亭县文化馆
27	民间文学	县级Ⅰ	盐亭方言	盐亭县文化馆
28	民间文学	县级Ⅰ	展言子	盐亭县文化馆
29	民间文学	县级Ⅰ	《嫘祖圣地》碑文	盐亭县文化馆
30	民间文学	县级Ⅰ	嫘祖	盐亭县文化馆
31	传统技艺	县级Ⅷ	酸辣粉	盐亭县文化馆
32	传统技艺	县级Ⅷ	盐扯面	盐亭县文化馆
33	传统美术	县级Ⅶ	剪纸	盐亭县文化馆
34	传统技艺	县级Ⅷ	金孔小麻花	盐亭县文化馆
35	传统医药	县级Ⅸ	治伤秘方	盐亭县文化馆
36	曲艺	县级Ⅴ	“十想”双探媒	盐亭县文化馆
37	民俗	县级Ⅹ	先蚕节	盐亭县文化馆
38	传统音乐	县级Ⅱ	蚕姑山歌	盐亭县文化馆
39	传统舞蹈	县级Ⅲ	盐亭火龙	盐亭县文化馆
40	传统技艺	县级Ⅷ	弥江酒	盐亭县文化馆
41	传统美术	县级Ⅶ	中华之母—嫘祖	盐亭县文化馆
42	民间文学	县级Ⅰ	张氏宗谱	盐亭县文化馆

（县文化馆）

文艺创作

【概况】 2022年，盐亭县深入挖掘盐亭丰富的文化资源，繁荣文艺创作，实施文艺作品质量提升工程，推出弘扬新时代精神的文艺精品，不断增强文化软实力。加强对文艺团体指导和管理，坚持思想精深、艺术精湛、制作精良相统一，不断推出讴歌盐亭的精品力作。2022年，规模较大的文艺团体有绵阳市音才文化传播有限公司和绵阳嫘丝之源文化传媒有限公司。发扬学术民主、艺术民主，不断加强各文艺家协会之间交流和学习，鼓励继续发扬个性，提升文艺原创力，推动文艺不断创新，讲好盐亭故事，传播好盐亭声音。

【文艺创作百花齐放】 2022年，盐亭县文艺创作呈现出百花齐放的特点，《嫘乡文艺》《嫘祖文学》《嫘祖故里》《嫘祖文艺》等刊物收集发表一大批具有盐亭特色的优秀文学作品，颇受读者青睐。精心编撰《嫘祖故里》文学期刊4期，针对思潮、现象和作品开展客观、理性、专业、权威的评论，文艺评论工作得到明显加强。县文化馆创作的歌曲《春潮》荣获第二届“向着幸福奋进去”优秀文艺作品征集评选活动音乐（曲艺）类一等奖；歌曲《火烧馍》获“迎接二十大·放歌新时代”四川省大家唱群众歌咏接力活动第五名；民间舞《花香果甜》《梓江花幺妹》获四川省第二届青少年舞蹈新作品大赛——金奖；新农村题材情景音乐剧《梓江三部曲》荣获绵阳市“优秀奖”。孙昌金新作《亲山乐水》《人生四季》成功发行。作品《我和我的祖国》《这里的黎明静悄悄》被采用在2022年绵阳市“以艺抗疫”诗歌作品展播中。

【“嫘祖故里文艺奖”评奖】 2022年，县文联组织盐亭县第五届“嫘祖故里文艺奖”评奖，从文学及文艺评论（含嫘祖文化研究）、音乐舞蹈戏剧曲艺类、美术书法摄影类、民间艺术类、文艺展演五大类作品中共评选出一等奖3名、二等奖10名、三等奖9名、优秀奖4名。

【文化交流与文艺阵地建设】 2022年，县文联组织盐亭文艺界以开放的姿态开展文化交流，组织社团会员到绵阳、梓潼等地参观和交流5次；参加市文联、市诗词楹联学会举办的诗艺交流和采风活动6次，创作交流作品200余篇（首）。县舞协被四川省文化和旅游厅授予“优秀美育人才培训基地”；省诗词协会在盐亭建立“四川省诗词协会盐亭创作基地”，进一步强化盐亭文艺阵地建设。

（刘　宇　董志明）

社会科学

【科普活动开展】 2022年，县社科联充分利用市、县级社科普及基地开展社科普及活动，在剪纸艺术普及基地开展“喜迎中共二十大，欢度国庆节”主题庆祝活动；在滨江河堤社科普及橱窗宣传展示袁诗荛烈士革命事迹；组织策划社科知识进乡村系列活动；联合卫健、妇联等单位，开展疫情防控、妇女儿童权益保障等知识宣传普及；积极参加绵阳市2022年“强国复兴有我——爱国主义教育基地、社科普及基地小小讲解员”比赛；参加绵阳市2022年科技活动周盐亭主会场活动，发放袁诗荛革命烈士精神宣传资料500余份，赠送《中华人民共和国民法典》《中华人民共和国网络安全法》等法律法规读本100余本、《中国共产党简史》等书籍120余本。

【科普基地建设】 2022年，县社科联将县级“文同文化普及基地”成功创建为市级社科普及基地，被命名为“文同廉洁文化普及基地”；同时策划制作发布“墨香”系列短视频，创新性、可视化宣传普及文同文化。

【社科优秀科研成果评奖】 2022年，县社科联组织开展盐亭县第六届社会科学优秀科研成果评奖工作，经过组织动员、成果申报、参评资格审查、评审组初评、终评等程序，专家评审组严格按照评审标准，评审出优秀成果17项，并推送优秀课题10项参加绵阳市第十八次社会科学优秀科研成果评奖，获得三等奖1项，优秀奖3项。

【社科规划项目立项结项】 2022年，县社科联组织全县社科理论工作者参加市、县社会科学研究规划项目课题研究。市级社科项目共立项6项，其中，一般项目2项，自筹项目4项。县级社科项目共立项12项，其中重点项目2项，一般项目10项。11月，县社科联组织专家评审组对立项项目进行结项评审，对其中9项课题准予结项。

【理论征文活动】 2022年，县社科联为深入学习宣传《中国共产党宣传工作简史》，联合县委宣传部在全县范围内开展“学简史，谋新篇”征文活动，推进盐亭宣传思想文化工作高质量发展。

（童　瑶）

盐亭县2022年度县级社会科学研究规划项目结项情况一览表

表24

项目编号	项目名称	成果形式	项目负责人	项目类别
YT2022ZD01	盐亭县发展村级集体经济的探索与思考	研究报告	何小斌	重点项目
YT2022YB01	两改后乡镇便民服务中心运行情况的调查与思考——以盐亭县鹅溪镇为例	研究报告	李　慧	一般项目
YT2022YB02	“田保姆”土地托管方式“复活”撂荒地的盐亭实践与思考	研究报告	李　莉	一般项目
YT2022YB03	创新民族聚居地区社会治理模式　扎实做好“两项改革”后半篇文章——盐亭县大兴回族乡实施“四治协同”全面助推乡村振兴的调查与思考	研究报告	李绪鹏	一般项目
YT2022YB04	进一步增强基层政治协商民主实效的思考	研究报告	何　蛟	一般项目
YT2022YB05	深化“后半篇”文章构建应急管理新格局 盐亭县“1+2+3”应急管理模式的调查与思考	研究报告	汪　钦	一般项目
YT2022YB06	文同村创建省级乡村文化振兴示范村的调研与思考	研究报告	谢　婧	一般项目
YT2022YB07	盐亭重点企业用工问题研究与探析	研究报告	姚　熙	一般项目
YT2022YB10	提升水利基层单位党建实效研究	研究报告	刘　宇	一般项目

（县社科联）

绵阳市2022年第十八次社会科学优秀科研成果盐亭县获奖成果一览表

表25

成果名称	成果形式	成果类别	出版、发表或课题结项的详细情况	申报人或申报单位的详细情况	备注
盐亭县党性教育读本——沸腾的土地	党性教育读本	文史	盐亭县党性教育读本，2021年盐亭县党员干部党史学习教育必读教材	县委党校课题组	三等奖
盐亭县采用“3+3”模式治理撂荒地的调查与思考	学术论文	公共管理	2020年11月25日，在中共四川省委党校2020年度调研项目结项并获得优秀	刘　金 中共盐亭县委党校讲师	优秀奖
重大疫情考验下城镇社区治理缺陷和补短措施研究——以盐亭县凤灵街道红光社区为例	学术论文	哲学与政法	绵阳市社科联2020年结项优秀课题	何小斌 县委党校原常务副校长	优秀奖
将嫘祖文化融入高中历史课堂的研究	研究报告	文史类	该课题由绵阳市社会科学界联合会关于2021年度市级社会科学研究规划项目结项为合格	张金华　祝勇兵 刘红艳　邓　毅 蒋良骥　岳　聪	优秀奖

（县社科联）

新闻出版与版权

【概况】 2022年，盐亭县根据省市相关文件要求，稳步推进新闻出版各项工作，强化文化市场执法监管，加强宣传，促进版权事业发展。落实全县所有党政机关正版办公软件安装工作，强化对软件资产的管理。

【新闻出版行业监管】 2022年，县委宣传部监督指导并完成全县15家印刷企业、12家出版物发行单位年度审核。通过专人通知、指导、审核，避免统计工作中漏报、瞒报和监管不到位现象。

【版权行业监管】 2022年，县委宣传部通过开展“新风”集中行动、“正道”集中行动，“清源2021”、“净网2021”、“护苗2021”、“秋风2021”、“固边2021”五大专项行动，实施对版权行业的有效监管。利用“全国知识产权宣传周”和其他宣传节点，对“扫黄打非”知识和版权知识进行宣传，其中新《中华人民共和国著作权法》是宣传重点。指导盐亭桃李培训学校、金凤凰艺术学校和绵阳市音才文化传播有限公司创建和申报四川省版权示范单位，开展“扫黄打非·绿书签”活动。

【作品版权免费登记】 2022年，盐亭县加强版权保护，增强版权意识，全年免费为盐亭本土的文学作品、摄影、美术、音乐创作等各类作品提供收集与版权登记服务，共计615件，超额完成市委宣传部下达的600件任务。

（陶军伟）

融媒体建设

【概况】 2022年，县融媒体中心以“上大台、登大报、触大网”为工作重心，深入推进融媒建设，全方位、多维度展示盐亭高质量发展的生动现场，为建设成渝地区生态经济强县和社会主义现代化盐亭营造浓烈的发展氛围和良好的外在形象。

【对外传播提质提量】 2022年，县融媒体中心根据县委宣传部《进一步提升盐亭县级综合传播力影响力工作方案》《外宣推送机制》等符合新闻外宣工作实际的激励性文件，建立“乡镇部门齐参与，线上线下同发声”的动态新闻宣传策划机制。以总台央视、《人民日报》、四川电视台、《四川日报》等中央、省级主流媒体为重点，加大盐亭元素宣传力度，宣传盐亭典型亮点，对外传播实现新突破。全年实现央视用稿68条，其中，《新闻联播》5条、《晚间新闻》5条、《朝闻天下》4条。《成群白鹭盐亭“安营扎寨”》《夏至时节田管忙大春生产有保障》《高温持续各地多措保生活生产用水》等125条稿件被四川电视台相关栏目采用，其中《四川新闻联播》用稿18篇。

【融媒作品创佳绩】 2022年，县融媒体中心以短视频创作为抓手，提升融媒作品品牌。抽调策划、创作骨干，围绕盐亭产业发展、民生福祉、基础建设、文化旅游等方面，在创作《盐之有系列》短视频品牌后，又相继推出《寻风迹》《墨香》系列短视频，打造具有鲜明特色的宣传品牌，有力提升盐亭对外形象。全年共策划制作推出反映盐亭经济社会、文旅发展、民生福祉等各类短视频340个，通过《直播盐亭》、抖音号、微视号推介盐亭900余次。其中，点击量10万次以上作品56个，所推出的《专家提醒居家该备哪些药品？》浏览量250.8万次，《做好个人防护，佩戴N95级口罩》浏览量328.6万次。积极参加省市节目创优，共获得各类奖项15个，其中《盐之有“峙”》短视频参加省林业和草原局、省广电局举办的“森林草原防火”宣传作品评选获得三等奖；《盐之有“韵”》《约会在盐亭》、电视长消息《金孔镇：宣传小分队进村入户全会精神“飞”进农家》等14件作品获市级奖励。

【抓阵地扩大影响力】 2022年，县融媒体中心与《四川日报》、四川电视台建立战略合作关系，在“直播盐亭”App和抖音平台开通慢直播，建成集广播电视、移动客户端、微信微博等深度融合的多媒体平台矩阵。

【广播电视安全播出】 2022年，县融媒体中心始终把广播电视和网络视听节目安全播出放在工作首位，切实加强日常各类安全隐患排查，定时开展应急演练和安全播出培训，增强从业人员安全播出责任意识。在中共二十大及各重要保障期坚持领导带班制和24小时双人双岗制。同时严格执行“三审制”，对自办节目、广告和引进的电视剧严格审查，确保导向正确。

【应急广播系统建设】 2022年，盐亭县抓住“十四五”国家应急体系规划和国家广播电视总局“十四五”规划的重大机遇，聘请高水平专业团队进行规划。按照方案和项目预算，项目总投资905万元，其中向上争取中央补助资金450万元，县本级财政资金455万元，主要建设1个县级应急广播平台、17个乡镇前端平台（完善10个、新建7个）、254个村级平台（完善60个、新建194个）和2400套应急广播终端。实现应急广播系统县域全覆盖和中央、省、市、县、镇、村（居）六级联动，结束村（居）委会无广播的历史。

【高山庙无线覆盖站】 高山庙中央广播电视节目无线覆盖站位于县城高山庙，有50米铁塔1座及相关发射设备。无线发射中国之声（频率90.9兆赫）、绵阳广播电台3套、盐亭电台（频率96.4兆赫）共5套广播节目，设备运行均正常。

【广播电视频率频道】 盐亭县广播电视开设有广播节目1套（调频频率96.4兆赫）、电视频道1套（盐亭综合频道）。盐亭县广播电台每天播音16小时（7:00—22:00），06:30—07:00转播中央新闻。

（庞 燕 董志明）

电影市场

【公益电影放映】 2022年，盐亭县按照“公共文化服务体系建设专项资金”和“本地县级财政预算资金”安排，与各放映队签订农村电影公益放映任务承包书、农村电影公益放映安全责任协议书、农村电影公益放映承诺书，并在最短时间内和县财政协调“公共文化服务体系建设专项资金”和“本地县级财政预算资金”落到实处，做到领导重视到位，工作落实到位，经费补贴到位。组织17支农村公益电影放映队和6支直属流动电影放映队实施此项文化惠民工程。全年放映农村公益电影4955场，受益群众达20万余人次；社区广场电影600余场（其中，故事片467部，科教片451部），受益群众达8万余人次；校园爱教电影150场，受益学生达6万余人次。

【院线电影放映】 2022年，在疫情防控政策优化调整之后，盐亭县城三家影院的“春节档”“五一档”“暑期档”恢复繁荣，每日平均上座率达90%以上。“春节档”“暑期档”因票房火爆，延长营业时间，从早上9时营业到晚上11时。观影人次5万余人，票房产出达200余万元，同比增长30%以上。同时，为进一步激发电影市场活力，推动电影市场更快、更好恢复发展，盐亭县采取多种举措扶持影院发展。通过用活上级扶持政策，积极争取各类补助资金，并及时拨付到位，解决影院工资发放、购买片源等燃眉之急。通过降低要素保障成本，协助影院沟通、协商房租减少事宜，协调部门、乡镇及其他企事业单位开展红色主题观影活动，鼓励倡导单位职工走进影院开展红色电影党课，拓宽影院营收渠道、帮助辖区电影院纾困解难。

（陶军伟）

嫘祖文化研究和开发

【概况】 嫘祖是黄帝的元妃，是中华先祖女性的杰出代表。盐亭县作为嫘祖的出生地和归葬地，嫘祖文化是盐亭独特的文化标识，是中华传统文化宝贵精华。2022年，盐亭县继续挖掘嫘祖文化，与省市嫘促会、县嫘开会、西南科技大学嫘祖文化研究所等深入合作，推动嫘祖地缘文化资源调查，协助嫘祖文化文创产品、文旅资源开发。做好有关领导、专家、学者在嫘祖故里的调研、参观工作，2022年接待游客逾30万人次。

【嫘祖文化宣传】 2022年，盐亭县持续推进嫘祖文化进校园活动，做好嫘祖文化进党校、进高校、进中小学校等“三进校”工作。县文广旅游局党组成员、机关党委书记杨鹏，嫘开会主席赵灵芝应邀出席2022传统文化传承与发展高峰论坛，赵灵芝发表主题演讲，扩大了嫘祖文化的影响力和宣传面。

【第六届海峡两岸嫘祖文化交流活动】 2022年，盐亭县第六届海峡两岸嫘祖文化交流活动被国务院台湾事务办公室列入对台交流重点项目。但因疫情防控形势严峻，根据县疫情防控指挥部要求，在市委宣传部和有关部门的有力支持下，盐亭守正创新，及时组织开展网络祭祀，收到了良好的效果。广大网民在网上积极上香、献花、献丝，点击量逾50万次。央视频、国际在线、中国新闻网等50余家中央、省、市媒体对网络祭祀活动进行了宣传报道，共发出及转载相关报道130余篇（条）。

（董志明）

旅　游

综　述

【概况】 2022年，盐亭县大力实施“文旅活县”战略，深挖传统文化、红色文化资源，打造一批文旅景点。加快推进盐亭嫘祖圣境古镇、盐亭墨竹里风情街、盐亭县文同诗竹园及廉政教育基地旅游基础设施建设、盐亭县两江文旅商业聚集区配套设施建设、高山国家森林公园保护展示设施项目和盐亭县应急广播建设等项目，全年完成文化旅游固定资产投资入库28.8亿元，入统13.6亿元。文体娱规模以上企业营业收入共计约4000万元，同比增长55%。

【文旅产业发展】 2022年，盐亭县新开工和续建文旅项目共9个，其中续建项目2个，新开工项目7个，项目总投资达43亿元。新建嫘祖陵、文同诗竹园等景区生态停车场8处、旅游厕所7座、智慧导视系统2处、公共休憩设施5处、游客服务中心1处；整合文化、交通、农业等资金，修建龙凤谷大桥1座，提升改造大仁路至文同诗竹园道路约3千米，完成西部写生基地21千米环湖道路及入口基础设施建设，不断补短强弱，提升基础配套设施。

【文旅对上争取】 2022年，盐亭县对上争取到公共文化服务、事业发展、基础建设等上级各项资金2500万元，其中经常性项目资金800万元，非经常性项目资金1700万元。成功将嫘祖文化胜地文旅融合综合开发项目纳入国家“十四五”规划102项重大工程项目清单；盐亭县红色教育研学旅游基地建设项目、盐亭县文同诗竹园及廉政教育基地旅游基础设施建设项目、盐亭县非遗博物馆及文化基础设施建设提升项目成功通过省财政厅专家评审，进入地方政府专项债券项目待发库，总投资5亿元，待发行债券资金2.5亿元。

【文旅企业培育】 2022年，盐亭县依托市场化手段组建盐亭丝路源文化旅游发展有限公司，统筹运营全县文旅资源，盘活政府投资建设的景区(点)，实现资源向产业链转化。新培育绵阳夫子教育、绵阳翰呈加立、盐亭在线等3家企业升规入统。

【国家AAA级旅游景区】 2022年，嫘祖陵、文同诗竹园实现景区道路全面硬化美化，游客中心、旅游厕所、生态停车场、游客休憩设施设备等不断完善提升，景观景点等旅游产品不断丰富。通过绵阳市旅游资源规划开发质量评定委员会评定，成功创建为国家AAA级旅游景区。

（董志明）

旅游行业管理

【概况】 2022年，盐亭县有旅行社1家，服务网点8家，星级酒店1家，乡村酒店5家，农家乐6家，旅游餐馆2家。县文广旅组织旅行社及服务网点、旅游饭店等旅游行业主体学习《中华人民共和国旅游法》《旅行社条例》《旅行社条例实施细则》等有关规定，以旅行社清点、清查、净化为切入点，核查旅行社责任保险，落实旅行社退出机制，对旅行社及服务网点实行动态监管。持续开展“不合理低价游”、超范围经营、非法经营旅行社业务、未落实安全生产清单制管理等违法违规行为专项整治，制定具体方案，成立工作专班，明确工作任务，按照检查范围、检查内容、检查要求“三个全覆盖”的要求，开展自检自查，对发现的问题制定整改措施，限期整改到位。不定时深入市场一线指导检查，组织旅行社自愿签订旅行社服务网点规范管理承诺书，共同营造诚信公平市场环境。

【旅行社监管清查】 2022年，县文广旅联合公安、市场监管、行政审批等部门开展联合执法，利用全国旅游监管服务平台，对已进入市场的旅行社及服务网点进行全面清查，在检查机构备案情况的同时督导旅行社严格落实全国旅游监管服务平台中机构信息完善全覆盖、电子合同全覆盖、旅游团队信息全覆盖、电子导游证执业全覆盖“四个全覆盖”的规定。

【旅行市场违法违规经营行为整治】 2022年，县文广旅持续整治“不合理低价游”、超范围经营、非法经营旅行社业务等违法违规行为，全年无不合理低价游违法行为。开展旅游市场整治，对低价揽客、低于成本操作、不签订旅游合同或签订虚假合同以及导游擅自增加购物和另行付费项目，强迫或者变相强迫、诱骗游客消费（购物）等违法行为进行整治打击。开展安全生产整治，按照《绵阳市文化和旅游行业安全生产责任清单参考模板（2.0版）》制定旅行社安全生产责任清单，完善突发事件应急预案。建立完善旅游市场综合监管机制，加强与公安、网信、市场监管、通信管理等部门的执法协作，针对一些非旅游企业和个人利用社团组织或网上平台、公众号等方式售卖“不合理低价游”产品，开展联合整治。开展导游（领队）执业检查，重点查处导游（领队）擅自安排另付费用旅游项目、未经旅行社委派私自承揽导游业务、未取得导游证从事导游业务等扰乱旅游市场秩序行为。对检查中未佩戴导游识别卡，私自承揽或者以其他任何方式直接承揽导游业务，进行导游活动，旅行社违规使用无证导游等行为及时进行查处。开展旅游包车整治，联合运管等部门加强旅行社租车协议、车辆和驾驶人合规性排查，督促旅行社落实用车“五不租”制度（不租用未取得相应客运经营许可的经营者车辆、不租用未持有效道路运输证的车辆、不租用未安装卫星定位装置的车辆、不租用未投保承运人责任险的车辆、不租用未签订包车合同的车辆），督促导游、领队配合司机做好相关安全告知和提示。

（董志明）

2022年盐亭县旅游饭店（星级酒店、乡村酒店、乡村农家乐）一览表

表26

饭店类别	星　级	名　称	地　址
星级宾馆饭店（1家）	二星级	嫘祖故里大酒店	四川盐亭县云溪镇新东街87号
乡村酒店（5家）	四星级	中华龙凤谷	盐亭县新农乡鳌鱼村
	三星级	玉泉山庄	麻秧乡望龙社区
		走马岭	巨龙镇梅花村
		新青龙山庄	两河镇白虎村
		紫薇阁	巨龙镇五和村
农家乐（6家）	二星级	世外天	盐亭县云溪镇指南新区
		逍遥农家乐	新农乡鳌鱼村2组
		萍聚家庭农场	金鸡镇
		渔人码头	麻秧乡
		碧月春风	盐亭县金鸡镇启文村2组
		高老庄	盐亭县两河镇高团村
旅游餐馆（2家）	—	打渔嘴大河鱼庄	麻秧乡檬子村1组
		打渔嘴生态鱼庄	麻秧乡檬子村1组

（县文广旅游局市场监管股）

2022 年盐亭县旅行社及网点一览表

表 27

旅行社(服务网点)名称	地　址
四川百事通国际旅行社有限公司盐亭网点	云溪镇文同路中央大城 15 幢 601
绵阳康辉旅行社有限责任公司盐亭门市部(网点)	盐亭县文武街 33 号
四川太平洋国际旅行社有限公司服务网点	盐亭县嫘祖文化广场
成都市神州国际旅行社有限责任公司盐亭云溪镇政府街服务网点	盐亭县云溪镇政府街
四川中游国际旅行社	盐亭县南门休闲广场
四川全球通国际旅行社	盐亭县文同路下段
四川候鸟服务网点	盐亭县云溪镇弥江路
四川中嫘旅行社有限公司	绵阳市盐亭县云溪镇石龙大道 9 号
川行天下	绵阳市盐亭县云溪镇昙云路

（县文广旅游局市场监管股）

景区景点简介

【概况】 盐亭地处四川盆地中部偏北，位于涪江和嘉陵江之间，是巴文化和蜀文化的交汇点，是轩辕黄帝的元妃、中华民族人文始祖嫘祖的出生地和归葬地，素有“嫘祖故里、丝绸源头”的美誉，是省政府确定的“革命老区县”、中华炎黄研究会认定的“嫘祖文化圣地”、文旅部命名的“中国民间文化艺术之乡”、中国地名文化遗产保护促进会确认的“千年古县”、中华全国归国华侨联合会认定的“中国华侨国际文化交流基地”，县域内历史文化遗存和景区景点众多。

【华夏母亲嫘祖国家纪念公园(嫘祖陵景区)】 嫘祖陵景区位于盐亭县嫘祖镇，是嫘祖出生和归葬之地。景区总规划面积 7.2 平方千米，空间布局为“一心两轴四板块”(“一心”指的是嫘祖陵墓区，“两轴”指的是三祭朝拜轴和八拜水祭轴，“四板块”指的是核心祭祖板块、文化展示板块、特色小镇板块、旅游度假板块)。该景区建设计划投资 20 亿元，已投资约 5 亿元，已建成核心景区的祭祀广场、嫘祖陵道、管理中心、大坝景观、南大门游客接待中心等基础服务设施和部分景观设施；正在修建“先蚕大道”(绵西高速金孔出口到嫘祖陵专项通道)、给排水和景区绿化等项目。2022 年，成功通过绵阳市旅游资源规划开发质量评定委员会专家组验收，成功创建国家 AAA 级旅游景区。

华夏母亲嫘祖国家纪念公园(2022 年摄)

嫘祖祭拜典礼(2022年摄)

文同诗竹园(2022年摄)

【文同诗竹园】 文同诗竹园位于盐亭县永泰镇，景区规划面积0.67平方千米，以“文同文化”“诗韵”“竹趣”“生态养生”为特色，打造省级廉洁文化基地和盐亭县文旅深度融合示范项目。文同是中国北宋时期被誉为“胸有成竹”的著名诗人兼书画家，也是名垂青史的循官良吏。文同诗竹园是文同的出生地和归葬地，具有较高的纪念价值，是集开展廉政文化教育和休闲娱乐于一体的重要基地。已建成游客接待中心、诗竹大道、太守塑像、廉洁文化馆和文同墓等，景区框架基本形成。2022年，文同诗竹园成功通过绵阳市旅游资源规划开发质量评定委员会专家组验收，成功创建国家AAA级旅游景区。2022年，文同诗竹河湖公园被四川省水利厅评为“省级河湖公园”。

【中华龙凤谷景区】 中华龙凤谷位于盐亭县云溪镇、高渠镇，是盐亭县委、县人民政府集各方财力与资源打造的农耕嫘祖博览园。园区由花卉种植观赏区、时鲜果蔬采摘区、儿童游乐区、游客休闲集散区、新村文体广场、新村居民聚居区、水产养殖垂钓区、特色农家乐等新时代文化艺术与田园风光元素组成。中华龙凤谷于2012年开始建设，规划面积5.25平方千米，于2016年10月1日开始投入正式营运。中华龙凤谷以鳌鱼村行政区域为园区，面积约4平方千米，园区鳌区坝似园似圃，花团锦簇；阴阳沟、冯家沟似峡似谷，流水潺潺，清幽宜人；新村民居、游客中心亦村亦城，城市与乡村相楔，古朴与现代辉映，是新村建设之杰作，乃农耕文化之典范。中华龙凤谷距盐亭县城约4千米，距绵阳约90千米，道路通达，交通便利。已投入约2亿元，建成嫘祖文化展示厅、花卉展示园、儿童游乐场和四星级乡村酒店等项目。获“2015年四川最美乡村”、“2017年度市民最喜爱踏青地”、第三批“四川省森林康养基地”等称号。

中华龙凤谷景区(2022年摄)

【西部水产】 盐亭县水产现代农业园区(西部水产)于2013年规划建设，规划面积1200公顷，累计投入2.4亿元，已建成以巨龙镇胜利村、梓水村、钟沟村为核心的集中连片标准化鱼池203.7公顷，辐射总面积达5200余公顷。该

西部水产(2022 年摄)

园区是全国首批国家级水产健康养殖和生态养殖示范区，有国家大宗淡水鱼类产业技术体系综合试验站，是农业农村部水产健康养殖示范场和省级鳜鱼良种场，是省内最大的水产精养基地。2021 年成功创建为省级三星级现代农业园区，2022 年成功晋级为省级四星级现代农业园区。园区有国家级水产健康养殖示范场 3 家，省级水产良种场 1 家；园区实行“龙头企业+合作社+农户”模式，农户加入合作社的比例达到 35%。入驻新型经营主体 19 家，带动园区 81% 以上农户参与园区建设和产业经营，实现园区农民人均年可支配收入 3.22 万元，高于全县平均水平 46.5%。2022 年度，园区总产值 22927 万元，其中水产主导产业产值 19859 万元，主导产业总产值占园区总产值的 86.62%。2022 年，该园区内的云栖逸境水利风景区成功申报为省级水利风景区。

【花果嫘乡】 花果嫘乡位于巨龙镇天水村，规划面积 6.67 平方千米，按“公司+合作社+农户+基金会+科研院校”的模式，将农业、林业、旅游、文化、科技、康养、电商等多种行业相融合，打造集农业产业、旅游产业、文化产业、康养产业于一体的现代农业园区。项目一期主要发展农业产业，二期主要发展乡村旅游产业，三期主要发展康养度假产业。该园区已栽种果树

花果嫘乡(2022 年摄)

500 余公顷，多数已挂果，基本实现农业产业良性发展。旅游配套设施已完成园区入口广场、公共厕所、凉亭等建设。

张氏民居(2022 年摄)

【张氏民居】 张氏民居位于盐亭县巨龙镇五和村 2 社，距巨龙镇 1 千米。建于清康熙二十一年(1682 年)。张氏民居坐东向西，左靠青龙嘴，右接白虎嘴，北与张花山相望，东与圆宝山相邻，形成了古建筑与山水的和谐统一。建筑面积 3038.8 平方米，划定保护面积 9482.8 平方米。

张氏宅原名桅杆湾府宅，又名

张勉行府宅，为六道正门径直贯通三层天井坝的多重四合院布局。木结构单檐悬山式屋顶，穿斗抬梁混合式梁架结构。由甬壁、石桅杆、头朝门、第一天井坝前院、二朝门、第二天井坝、前厅、后堂、左右厢房、配房与廊庑构成，全长 85.6 米，宽 35.5 米。前厅为穿斗抬梁混合式梁架，后堂为穿斗式梁架，木结构单檐悬山式屋顶。前厅面阔 20 米，进深 10 米，通高 9.9 米。后堂面阔 23 米，进深 10 米，通高 10.3 米。保存了清代木结构建筑原貌。

张氏居有确切的纪年，较为完整地保存了清代四川传统民居建筑风格。建筑布局非常清晰明了，既以中轴为对称，层层递进，又灵活多变，空间高低错落。达到了建筑群落与自然环境的完美结合，其建筑布局和建筑构造具有很鲜明的地域特点，是研究四川不同区域传统民居的重要实例，是乡村民居中不可多得的历史文化瑰宝。

花林寺（2022 年摄）

七里花乡（2022 年摄）

【大兴回族乡王家大院】 王家大院位于“中国传统村落”盐亭县大兴回族乡青峰村。青峰村有以洞口湾王家大院、正方湾王家大院、王家坝老屋为中心的清代王氏古建筑群，其中洞口湾王家大院保留完整，颇为壮观。相传明太祖朱元璋洪武年间，开国元勋、定远侯王弼后人迁到皇封食百户禄之地盐亭富村驿，嗣后王氏族人扩大地盘至林山乡青峰村紫金山下，修建王家老屋，形成百户领地。王家大院为穿斗式木结构，青瓦屋面，四壁多用木板装成图案形（间或有土墙或草房）。为采光需要，在壁面设计安装推窗或固定窗户，俗称窗格子。夹壁多用篾编，外糊草泥或用石灰粉刷。洞口湾和正方湾民居的窗棂雕刻精美，寓意深刻，有“五福临门”、“喜上眉梢”、“福禄双全”、“双龙捧寿”、“多子多福”、“三阳开泰”、“回字格”、历史人物等字样和图案。

大兴回族乡王家大院（2022 年摄）

【花林寺】 花林寺原名兜率寺，位于盐亭县富驿镇火星村三社，总占地面积 2405.32 平方米，元至大四年（1311 年）修建，厅堂式结构，单檐歇山顶。前檐减二柱，柱间以檐额承普拍枋及五铺作斗拱 8 朵。檐额下两端施绰幕方，中部后加撑柱两根，殿前有垂带式踏道 8 级。2019 年 10 月，被国务院公布为第八批全国重点文物保护单位。

【七里花乡】 七里花乡位于九龙镇青松村，景区投资建设主体单位为四川省亿尚农业旅游开发有限公司。七里花乡以市场需求为导向，集中连片打造集花卉观赏、果蔬采摘、农产品深加工于一体的现代化农业产业园。现已建成采摘园区 333.33 公顷，建成桑葚园、桃园、杏园、无花果园等；有花卉培育中心一个，其中花卉大棚占地 3.33 公顷，室外花卉培育中心占地 23.33 公顷，花卉培育中心占地 13.33 公顷，花卉体验中心占地 2.67 公顷。

龙门垭摩崖造像（2022 年摄）

【龙门垭摩崖造像】 龙门垭摩崖造像又名龙门垭石刻，位于文通镇龙桥村三组龙门垭佛祖田，坐东向西，面积 30 平方米，现存共 24 龛。该造像刻于离地高 0.8 米，长 7 米，立面高 4 米的崖石上。龛均为长方形敞口穹隆顶。每龛大小不一，其中最大的 4 号龛，长 1.4 米，高 0.3 米，共 7 尊造像，善跏趺坐莲台上，其下有一匾有文字记载，但字迹较模糊。2019 年，龙门垭摩崖造像被四川省人民政府公布为第九批省级文物保护单位。

惜墨如金坊（檬子垭牌坊）（2022 年摄）

【惜墨如金坊（檬子垭牌坊）】 惜墨如金坊位于巨龙镇檬子村（麻秧乡敬老院大门左前方，原名檬子垭牌坊，又名学海文宗坊），建于清代，坐西北向东南，四柱三间五楼石坊。高 6.2 米，厚 0.6 米，通宽 7.4 米。坊的造型较为特殊，细砂石料仿木榫扣结，建造精美独特。明间正楼屋脊上耸立一座六角楼阁式塔，宝瓶式塔刹，石刹顶状如巨橼。左右次间边楼檐下各有一字库，开圆拱形门，门上部收攒成塔楼各两座。坊上有浮雕，柱上刻楹联，柱脚前后有抱鼓，坊身两侧各有碑二通，坊的正面和背面正中央分别刻有“惜墨如金”“学海文

文星庙（2022 年摄）

宗”几个大字。这种顶上加顶的石坊造型，在省内罕见。

【莲花湖】 莲花湖位于盐亭县莲花湖乡，因神奇的“莲花石”绽放湖畔而得名。莲花湖是盐亭县解放以来兴建的第一处中型水利工程，控制流域面积162.6平方千米，该湖呈“V”字形，湖岸线60余千米，曲折而漫长。沿石门湖两岸崇山峻岭，层层叠叠，错落有致。莲花湖水库的修建改写了盐亭十年九旱、靠天吃饭的历史，也铸就了盐亭人“万众一心、艰苦创业、拼搏奉献、不胜不休”的莲花湖精神。

【文星庙】 文星庙位于盐亭县鹅溪镇鹅溪畔，始建于明正统十二年（1447年）。2012年，四川省人民政府公布盐亭文星庙为四川省文物保护单位，2019年入选第八批全国重点文物保护单位。文星庙坐东北朝西南，占地面积约2340平方米，庙内主殿桂香殿，建于明代晚期，清康熙五十五年（1716年）、咸丰二年（1852年）先后进行过重修。桂香殿建于带雕饰的石砌台上，占地面积630平方米，呈长方形布局，面阔三间，通面阔12.3米，进深12.5米，单檐歇山顶小青瓦屋面。

（董志明）

莲花湖（2022年摄）

2022年盐亭县景区一览表

表28

级 别	单位名称	地 址
AAA级	嫘祖陵景区	嫘祖镇嫘祖村
	文同诗竹园	永泰镇文同村
非星级	中华龙凤谷	高渠镇鳌鱼村
	西部水产现代农业园	巨龙镇胜利村
	花果嫘乡现代农业园	巨龙镇天水村
	七里花乡现代农业园	九龙镇董家沟
	袁诗荛革命烈士纪念园	岐伯镇龙顾村

乡村旅游

【概况】 2022年，盐亭县强化乡镇文旅规划引领，聘请四川大学旅游学院编制“盐亭县文化和旅游融合发展专项规划”，就盐亭县乡村旅游发展提出发展思路和具体任务，为盐亭县“十四五”乡村旅游发展打下理论基础。配合国土空间规划，研判未来文旅发展用地；配合搞好村庄规划，为景区创建提供上位规划支撑，逐步建立乡村旅游规划体系。完成《嫘祖农文旅融合发展片区旅游专项规划2021—2035》《盐梓生态农业发展片区旅游专项规划2021—2035》编制，11月份专项方案通过县专委会审核。鼓励有条件的乡镇和乡村旅游企业编制乡村旅游规划，截至2022年底已完成西部写生基地、中华龙凤谷、花果嫘乡等项目的规划。

【完善乡村文化旅游基础设施】 2022年，盐亭县按照“旅游标准化建设”标准完成嫘祖国家纪念公园、文同诗竹园等景区AAA级国家旅游景区创建方案，并逐步完成补短强弱工作。全年完成嫘祖陵景区内部道路提升、环湖道路及附属设施建设；完成游客接待中心装饰装修等景区配套设施建设。开工建设龙凤谷景区游客接待中心、文同诗竹园游客接待中心等乡村旅游景点基础设施。

【充分利用文化旅游活动引流】 2022年，盐亭县通过省市组织的各种推介活动大力宣传促销，带领各乡镇文旅企业参加“元宇宙”重庆文旅消费城市推介会、第八届中国(四川)国际旅游投资大会、四川省文化和旅游发展大会、“在宽窄巷子遇见绵阳”、“绵品出川”等活动，推销盐亭特色农产品、文创产品和文化旅游资源。同时在本地陆续开展“花果嫘乡桃花艳”“先蚕节”“岐伯行乡”等地方特色节庆活动，为本地带来了较多人流量，为乡镇文化旅游发展注入强心剂。

【规范乡村文化旅游市场管理】 2022年，盐亭县对乡村文化旅游市场进行监督管理，健全和完善监管台账，严格落实行业监管责任，对全县景区、星级乡村酒店、农家乐、乡村文旅企业负责人(企业)进行建档统计，涉及乡村旅游业实体共计42家。在文旅企业和从业人员中广泛开展诚信教育和诚信创建活动，加快推进文旅行业社会信用体系建设工作有序开展，进一步优化营商环境。展开文旅市场主体信息公示抽查工作，夯实企业及个体监督管理工作基础，加强对企业的监督管理，适时展开专项检查。

【壮大乡村文化旅游人才队伍】 2022年，盐亭县推荐何云、宋长清、陈奉明、刘仕龙、黄钊会、彭加卉6人进入全省乡村文旅能人库。通过“文旅大讲堂”形式，开展乡镇文化旅游从业人员专题业务培训近30次，培训人员约1000人次。抽派旅游业务骨干、企业家走出去，参加四川省乡村旅游带头人培训班、2022年“优秀文旅人才研修计划”、文旅产业振兴骨干暨突出贡献乡村文旅能人研修班等省级培训。

（董志明）

传统村落保护

【概况】 2022年，盐亭县建立“村初报、镇乡包装、部门审核、县政府拍板”的申报机制。2014年7月以来，对全县440个申报的行政村进行现场踏勘，筛选了20个意向申报传统村落，经县委、县政府同意后，由县文广旅游局负责核查，重点核实20个意向申报村落的名称、基本信息、传统建筑数量、非物质文化遗产项目和数量，补充近期拍摄的村落全貌照片及说明。按照“早了解、早熟悉、早调查、早初定”的指导原则，扎实、有效地做好摸底排查等申报基础工作。同时广泛调动社会各界力量参与，全县开展“嫘祖故里传统村落申报征文及摄影比赛”，为10个传统村落的申报征集了不少极具价值的资料。所有资料收集后，由各乡镇组织专家对资料进行汇编初审，再报县领导小组专家进行审核和修改，请省传统村落申报指导组进行指导后，将成熟的汇编材料报市规划局逐级上报。截至2022年底，盐亭县有10个传统村落均已列入省传统村落申报项目包装中，黄甸镇龙台村、大兴回族乡青峰村被列为“中国传统古村落”。

【大兴回族乡青峰村】 大兴回族乡青峰村位于大兴回族乡北部，属回汉杂居自然村，该村辖区面积3.15平方千米，辖7个农业合作社。2022年有户数232户，总人口783人，农村劳动力586人，耕地面积80公顷。该村属亚热带季风气候区，光照适宜、降水集中、雨热同季、四季分明。该村有保存完好的古村落4处，高灵古道观1处，回族清真寺1处，敬氏祠堂1处。整个村落传统风貌破坏较小，古建筑类型多样，工艺及传统民居式样独特丰富，农耕文化符号齐全，整体民俗面貌颇具特色。存有穿斗木结构（由青石、柏木、青瓦、竹篾泥墙构成）院落118套，依山弯而建，错落有致，掩映于丛林绿树之中，多套为清代所建，年久失修的有23套。位于洞孔湾的王家大院、正方湾的王氏民居、王家坝老屋、王家坝二房头，正堂屋雕梁画栋，有中国易学和道家文化的太极图案、青龙白虎祥云图案；门窗木雕栩栩如生，房顶有福禄寿喜造型，大院内多处建有天井，形成各具风格的小院落，至今保存完好。整个院落背靠尖子山面向高灵古道观呈五岳朝天之势，王家老屋有三道朝门，木雕人物花草活灵活现，石雕砖画线条优美。

【黄甸镇龙台村】 黄甸镇龙台村位于黄甸镇东南部，村委会距离镇政府11千米，辖区面积4.29平方千米，辖19个农业合作社，有户数487户，总人口1592人，农村劳动力1130人，耕地面积144公顷，林地面积566.7公顷，森林覆盖率56.49%。该村处于群山之间，风景秀丽，土壤肥沃，盛产水稻、小麦、玉米、油菜等农作物，以核桃为主的干果和蜜柚、西瓜为主的水果渐成规模、蜚声远近。龙台村人民世世代代生活在这里，休养生息，过着"世外桃源"般的生活。龙台村属亚热带湿润气候，光照适宜、降水集中、雨热同季、四季分明。龙台村属于山地地形，一沟出头，沟底水泥村道路蜿蜒贯通，路旁为少量平地渐渐向一台、二台坡地延伸，直至融入山间。龙台村沟底有小溪，为人民主要生产生活水源，春夏季雨水丰沛，潺潺而流，秋冬两季干枯。村内王严塆有候鸟白鹭聚居，应时而至，一片耀眼白色，蔚为壮观。整个村落传统风貌破坏较小，现代砖混建筑少量杂处其间，而古建筑类型多样，工艺及传统民居式样独特丰富，农耕文化符号齐全，整体民俗面貌极具特色。存有穿斗木结构院落80余套，依山势而建，错落有致，掩映于丛林之中，透射出古朴典雅。村落内名人故居保存完整，包括历史文化名人举人王明经故居、红色革命家王剑清故居等。

（董志明）

卫生和健康

综 述

【概况】 2022年，盐亭县共有各级各类医疗卫生机构529个，其中县直医疗卫生单位6个（县人民医院、县中医医院、县肿瘤医院、县疾病预防控制中心、县妇幼保健院、县卫生和计划生育监督执法大队），乡镇卫生院21个，社区卫生服务中心1个，社区卫生服务站3个，社区卫生室41个，民营医疗机构11个，村卫生室364个，个体诊所80个，门诊部1个，单采血浆站1个。

【卫生健康资源】 2022年，盐亭县共有编制床位数2744张，其中二级医院750张，乡镇卫生院827张，民营医院617张。共实有床位3636张，其中二级医院499张，乡镇卫生院1326张，民营医院1195张。

【卫生健康人员】 2022年，盐亭县共有专业技术人员1928人（含临聘人员），其中卫生技术1794人，工程技术21人，经财45人，其他68人；正高16人，副高146人，中级职称456人，初级职称1311人；硕士研究生13人，大学本科734人，大学专科及以下学历1181人。县直医疗卫生单位有专业技术人员1134人，其中卫生技术1046人，工程技术18人，经财36人，其他35人；正高15人，副高119人，中级职称342人，初级职称658人；硕士研究生12人，大学本科582人，大学专科及以下学历540人。乡镇卫生院专业技术人员794人，其中卫生技术756人，会计6人，其他32人；正高1人，副高27人，中级职称114人，初级职称652人；硕士研究生1人，大学本科152人，大学专科及以下学历641人。乡村医生580余人，中级职称2人，大专以上学历40余人。

【全年诊疗状况】 2022年，盐亭县总诊疗人次（含村卫生室、个体诊所）262.96万人，其中县直医院74.73万人、乡镇卫生院79.69万人、民营医院7.77万人。全年门诊人次232.94万人，住院人次11.02万人。

（杨惠岚）

医疗技术

【概况】 2022年，盐亭县县、乡、村医疗机构承担全县基本医疗服务，公共卫生服务和妇幼保健计划生育服务工作。其中，县直三级和二级医疗机构主要承担危、急、疑难重症和专科专病的救治；乡镇卫生院主要承担基本医疗、基本公共卫生服务、健康教育和爱国卫生等工作。

【医疗联合体与质控中心建设】 2022年，盐亭县以县人民医院、县中医医院、县肿瘤医院、县妇幼保健院为牵头单位的4个县级医联体，完成县级医联体建设工作自查和评估。继续完善县级质控中心建设，全县32个县级质控中心在全系统开展相关业务培训和学术交流活动。

【重点专科建设】 2022年，盐亭县人民医院、县妇幼保健院、县肿瘤医院分别与四川大学华西医院、成都中医药大学、川北医学院、西南医科大学附属医院、省肿瘤医院、绵阳市中心医院等开展院院或院科合作，支持和帮助盐亭县医疗机构重点学科建设和人才培养。截至2022年底，盐亭有食管癌防治专科、针灸康复科等5个省级重点专科，神经外科学、麻醉医学等15个市级重点专科。

【“120”急救网络建设】 2022年，盐亭县建立健全院前急救体系，全面完成全县20个新冠疫苗接种点驻点医疗保障、中高考及各级各类重大会议、活动的医卫保障任务。全年进行院前急救1023次（救护车次），现场救治148人，接回病人875人。

【临床路径管理】 2022年，盐亭县二级公立医疗机构临床路径管理率55.65%，三级公立医疗机构临床路径管理率48.64%，均达到市平均水平。

【分级诊疗】 2022年，盐亭县全面实施分级诊疗制度。依托渔歌分级诊疗移动平台，全年共转诊6618例，成功5704例，成功率86.19%；基层医疗机构上转县级医疗机构3634人次（确认2631人次），成功率72.4%；县乡两级医疗机构下转2984人次（确认2613人次），成功率87.57%。上级医联体牵头单位定期派相关专业专家到盐亭县成员单位坐诊，参与手术115台次。全县22个基层医疗机构与县人民医院签署了医联体及院科联盟协议，开展超声、影像远程会诊共计远程会诊21708例，其中放射13216例、B超6742例、心电1750例。

【新技术开展】 2022年，盐亭县"平安医院""胸痛中心""无痛医院"创建工作进展顺利。2022年申报新技术、新项目9项，结题11项。

（赵碧胜）

卫生防疫

【生活饮用水安全监测】 2022年，盐亭县设72个监测点对城乡生活饮用水进行安全监测。全年共采集水样235份，其中农村饮用水监测项目164份；生活饮用水安全专项水质监测12份；学校及其余委托59份。检测结果水样合格率85.1%，并按国家要求进行网络报告。

【职业危害因素监测】 2022年，盐亭县完成15家工作场所总尘、呼吸性粉尘、噪声等职业危害因素监测，完成35家放射诊疗机构信息和放射工作人员职业健康管理调查和盐亭县现存尘肺病人随访，配合市疾控中心完成环境辐射本底调查。

【消毒质量监测】 2022年，盐亭县开展消毒质量监测，对辖区内集中隔离场所和医疗机构、托幼机构、养老机构等重点场所进行消毒技术指导与消毒效果评价。全年计划监测50家，实际完成62家质量监测，抽样562件，消毒质量合格率为100%。妇幼保健和计划生育服务中心、单采血浆站监测频次为4次/年；17个镇乡卫生院、3家民营医院，监测频次为1次/年。县人民医院、保健院委托抽检医疗机构污水共20件。托幼机构3家、养老机构2家、洗涤消毒机构1家、电影院1家、宾馆2家、学校食堂2家，共抽检样品142件。开展集中隔离场所消毒质量监测和阳性病例生活、工作、活动的风险点位终末消毒效果过程评价共36次。

【食品风险因素监测】 2022年，盐亭县按照市《2021年绵阳市食品安全风险监测实施方案的通知》相关要求和市级监测计划，完成学校食堂18名从业人员54份带菌监测样品，采集8大类风险食品的样品39份并送市疾控中心检测。

【学校卫生管理】 2022年，盐亭县组织召开学校卫生安全会，对17个乡镇卫生院分管学校卫生安全的院长进行卫生培训；春、秋季开学前，对辖区内61所中小学校、47所托幼机构进行卫生安全技术指导，出具指导意见书120余份；不定时对34所学校开展随机督查，发现问题现场指导整改。组织开展41所托幼机构卫生保健评估工作。"6·6"爱眼日，联合辖区内98所学校开展以"关注普遍的'眼'健康，共筑'睛'彩大健康"为主题的健康教育宣讲与"防近"教育活动。

【全国学生常见病和健康影响因素监测】 2022年，盐亭县抽取云溪小学、云溪实验中学、盐亭中学、富驿初级中学、富驿五马小学、云溪幼儿园、富驿中心幼儿园7所学校2000余名学生，开展近视、肥胖、龋齿、脊柱弯曲异常等常见病监测，并对学校采光、照明等健康影响因素进行监测，针对存在的问题提出干预意见。

【公共场所监测】 2022年，盐亭县按要求完成国家公共场所双随机监测任务和本年度计划监测任务，共监测公共场所37家，采集各类样品230件。

（赵艳均）

中医药管理

【概况】 2022年，县政府成立盐亭县推进中医药强县工作领导小组，负责全县中医药传承创新发展工作的组织领导和统筹协调。县卫健局设中医药股，配备中医专职干部，加强对中医药工作的监督和管理，推动中医药发展工作落实。

【加大财政投入】 2022年，盐亭县加强县中医医院中医药服务体系建设，增加对县中医院人才培养、特色专科、针灸和治疗性推拿等中医非药物治疗项目、设备购置、基层业务指导、基础设施建设等方面投入；安排专项资金用于华夏中医始祖岐伯拜祭典礼暨岐伯中医药文化论坛宣传活动。2022年，县中医医院指南新院区投入使用，乡镇卫生院均建设中医药诊疗服务区或中医馆，全县村卫生室均配备能提供中医药服务的乡村医生，满足人民群众对中医药防病治病的需求。

【传承岐伯中医药文化】 2022年，盐亭县按照“资源共用、信息共享、合作共赢、共谋发展”的原则，与四川省中医药科学院签订战略合作协议书，与四川中医药高等专科学校签订校地合作框架协议书，通过长期、全面、务实的合作，传承岐伯中医药文化，推进盐亭中医事业和中医药产业纵深发展。

【健全中医药应急体系】 2022年，盐亭县健全重大疫情等突发公共事件中医药防控和应急救援机制，建立县中医药应对重大公共卫生事件和疫病防治骨干人才库，实行中西医协同救治和中西医联合会诊制度，中医药人员第一时间全面参与公共卫生应急处置，中医药防治举措全面融入应急预案和技术方案。县中医医院全年积极发挥中医药防病作用，成立中医药疫情防控专家小组，熬制预防汤药5万余份，取得良好效果。

（陈晓蓉）

妇幼保健

【概况】 2022年，盐亭县活产数2720人，住院分娩活产数2720人，住院分娩率100%；新法接生2720人，新法接生率100%；孕产妇系统管理率为98.49%；孕产妇死亡率为0；高危产妇管理率为100%，高危产妇住院分娩率100%；3岁以下儿童系统管理率为98.57%；5岁以下儿童死亡率为1.80‰，婴儿死亡率为0.7‰，新生儿死亡率为0.4‰。

【强化基层妇幼保健工作培训】 2022年，县妇幼保健院组织全县妇幼人员进行重大公共卫生妇幼卫生项目相关知识、围产期保健服务及妇幼卫生信息管理等方面培训，进一步规范孕产妇保健和儿童保健工作管理，提高基层保健人员对孕产妇保健和儿童保健重要性认识，强化基层妇幼保健工作职责。

【预防艾滋病、梅毒、乙肝母婴传播项目】 2022年，盐亭县为1519例孕产妇进行艾滋病、梅毒和乙肝检测，为艾滋病感染孕产妇及所生婴儿按规范服用抗病毒药物，抗病毒药物应用比例100%；指导艾滋病感染孕产妇为所生婴儿进行人工喂养，人工喂养率100%；为艾滋病感染孕产妇所生儿童按时按要求提供随访和艾滋病检测服务，婴儿早期诊断率100%；对梅毒阳性病人提供规范管理；对乙肝表面抗原阳性孕产妇所生儿童进行乙肝免疫球蛋白注射，注射比例为100%。

【农村妇女宫颈癌乳腺癌免费检查项目】 2022年，盐亭县宫颈癌筛查结案人数7700人，年度任务数7490人，项目完成率102.8%。TBS（宫颈细胞学检查的描述性诊断）报告为ASC-US（无明确意义的非典型鳞状细胞的改变）及以上结果的人数有346人，阴道镜检查人数341人，阴道镜检查异常人数140人且全做组织病理检查，查出CIN（CIN1、2、3宫颈上皮不典型增生1级、2级、3级程度）1级36人，CIN2级12人，CIN3级9人，微小浸润癌11人，其他恶性肿瘤0人。2022年度乳腺癌筛查结案人数7757人，年度任务数7490人，项目完成率104%。X线检查实查人数155人，X线4级0人。查出乳腺癌5人，其他恶性乳腺癌5人。

【农村妇女增补叶酸预防神经管缺陷项目】 2022年，县妇幼保健院继续在婚前保健门诊、孕前优生健康检查门诊、孕产期保健门诊、村卫生室等场所进行叶酸服用知识宣传和叶酸药品的发放，全年叶酸服用2254人次，神经管缺陷儿发生率为0。

【计划生育服务】 2022年，县妇幼保健院为1610对待孕夫妇提供免费孕前优生健康检查、早孕及妊娠结局随访服务；加强避孕药具管理，全县所有医疗保健机构设立避孕药具发放点，免费发放避孕药具。

（胡德雄）

基层卫生

【基层医疗机构服务能力】 基层医疗机构主要承担基本医疗、基本公共卫生服务、健康教育、健康扶贫等工作。2022年全县21个乡镇卫生院和凤灵社区卫生服务中心年门诊量67.96万人次，住院4.84万余人次。22个基层医疗机构对标“优质服务基层行”活动开展创建工作，玉龙镇中心卫生院、西陵镇卫生院、九龙镇中心卫生院创建为基本标准卫生院，岐伯镇中心卫生院创建为推荐标准卫生院。

【城乡对口支援】 2022年，县人民医院派出6人支援红原县瓦切、麦洼、刷金寺3个乡镇卫生院，3人支援红原县人民医院；县直医疗卫生机构共派出41人支援县内8个中心卫生院;四川省肿瘤医院选派3名医务人员到县肿瘤医院开展对口支援工作。各支援人员以学术讲座、疑难病例讨论、教学查房、门诊指导、会诊指导、操作示教、远程会诊等多种教学形式开展工作,结合常见病、多发病积极开展诊疗活动。

【乡村医生一体化管理】 2022年,盐亭县21个乡镇卫生院和凤灵社区卫生服务中心共建立家庭医生服务团队115个,通过使用卫健E通,完成电子化签约31.4万人,电子化签约服务率达94%。

【乡镇卫生院学习交流】 2022年,盐亭县组织20个乡镇卫生院订阅中国农村卫生协会刊物《中国乡村医药》20份,鼓励卫生院参加省医院协会农村卫生分会的学术交流活动。

(赵碧胜)

医学教育科研

【继续医学教育】 2022年,盐亭县38家医疗卫生单位(含民营医疗机构)均选派人员参加继续医学教育,学习覆盖率达100%;1713人参加继续医学教育,参与率达96.88%,学分达标率83.71%。

【进修学习】 2022年,县直医疗机构选派16人参加县市级进修学习,乡镇卫生院选派15人参加县市级脱产进修、学习;1300余人通过网络平台参加继续医学教育。

【讲学培训】 2022年,盐亭县各医疗机构结合单位实际聘请上级医院、医学专科学校的专家、教授到盐亭讲学;通过国家下达的卫生技术人员培训项目如乡村医生合理用药、全科医生转岗培训等组织相关医务人员开展学习。全年,全县各级医疗机构承办和协办学术会议、培训会议6次,培训3000余人次。县直医疗机构发表论文40余篇,其中核心期刊1篇,科普论文10篇。

(赵碧胜)

爱国卫生运动

【卫生县城复审】 2022年是省级卫生县城复审年,根据县委、县政府出台的《迎接省级卫生县城复审工作实施方案》,县卫健局成立爱国卫生运动领导小组,建立健全层级检查考核机制,强化督导考核,组织爱国卫生检查评比,顺利通过省级卫生县城验收。

【春、秋季除四害活动】 2022年,盐亭县采取环境治理与药物消杀相结合、专业队伍与发动群众相结合的方法,广泛动员,全民动手开展春、秋季病媒生物防治活动。全年在县城区投放鼠药3200千克,蟑螂药300千克,杀蚊蝇药770千克,在县城区安装毒饵盒6000个,安装防鼠设施面积200平方米。

【卫生创建活动】 2022年,盐亭县成功创建省级卫生村36个、省级卫生单位20个、省级无吸烟单位11个;市级卫生村11个、市级卫生单位8个、市级无吸烟单位10个;健康单位12个;无烟党政机关426个,无烟党政机关创建完成率100%。

(程　菊)

地方病、传染病防治

【地方病防治】 2022年,根据《中央补助2022年盐亭县碘缺乏病监测方案》,县疾控中心开展"5·15"防治碘缺乏病日宣传活动,并对县疾控中心相关科室、县妇幼保健院工作人员、乡镇院分管院长及公卫医生进行系统培训。对5所乡镇小学8—10岁的200名学生及辖区内100名孕妇的盐碘、尿碘和学生食堂食用盐进行监测。监测学生和孕妇300份盐样,合格碘盐290份,不合格碘盐10份,碘盐合格率96.67%,合格碘盐食用率96.67%,碘盐覆盖率100%;5所学校学生食堂碘盐合格率100%,合格碘盐食用率100%,碘盐覆盖率100%;监测尿样300份,检测值范围是19.2—338微克/升,尿碘中位数是237.5微克/升,其中儿童尿碘中位数226.5微克/升,孕妇尿碘中位数264微克/升,小于50微克/升的比例为1.67%。

【传染病信息报告管理】 2022年,县疾控中心通过传染病报告信息管理系统报告乙、丙类法定传染病15种,1115例,报告发病率为265.01/10万(低于全市平均水平),发病数同比下降17.95%。发病数居前五位的分别是:乙肝、流感、肺结核、梅毒、丙肝。对辖区内2所县直医疗卫生机构和4所乡镇卫生院进行传染病报告质量调查,抽查各类门诊日志、出入院登记本等共计50万余份,查出法定传染病267例,报告率为98.88%、及时报告率为100%、报告卡填写完整率为100%、准确率为90.20%、纸质卡和网络报告卡一致率为100%、有效证件完整率为100%。按时编写2022年1—12月疫情月分析共12期、撰写新冠肺炎专题分析1篇、2022年传染病疫情趋势分析4期，提出有针对性的预防措施，指导盐亭县传染病防控工作。

【重点疾病监测】 麻风病。2022年，县疾控中心按要求开展麻风病症状监测，顺利完成全年任务(45例)。对2例现症病人和5例治愈存活患者进行随访，对新发现病人和现症病人密切接触者进行排查。

疟疾。2022年，县疾控中心按照《盐亭县2022年疟疾防治工作实施方案》要求开展疟疾监测工作。全县25个医疗卫生机构全年完成发热病人血检432人次(任务数230人次)，复核血片56张。6月28—30日疾控中心流病科同凤灵社区卫生服务中心在云溪镇咸水村二组一农户家连续三晚悬挂诱蚊灯捕捉蚊虫，收集蚊虫356只，鉴定种类3种。其中，中华按蚊78只，库蚊265只，其他蚊种13只。

霍乱。2022年，县疾控中心开展霍乱外环境、海水产品、重点人群和腹泻病人监测工作。共采集农村厨师及重点人群60样份，腹泻病人60样份，海水产品60样份，外环境样品42样份，全年共采集样品222样份，在监测的样本中均未发现阳性样品。

H7N9禽流感。2022年，县疾控中心在盐亭活禽交易市场抽取4家屠宰点环境样品12份送检，结果6份为H9阳性，并及时将信息转送县农业农村局处置。

【食源性疾病监测】 2022年，县疾控中心共报告1677例(任务1590例)食源性疾病，报告准确率为97.18%、及时率为99.94%；通过食源性疾病监测报告系统检索出疑似食源性疾病事件17起，经辖区内哨点医院调查，排除其为食源性疾病事件。

(赵艳均)

卫生监督管理

【卫生监督检查】 2022年，盐亭县有1333家单位受四川智慧卫监信息系统监督，全年共出动卫生监督员及协管人员3000余人次，共检查被监督单位3400余户，共发出卫生监督意见书3200余份，监督覆盖率93.38%。发现存在问题单位73家，立案查处73家，办结案件73件，其中简易程序68件，一般程序5件，罚款金额64900元。13家医疗机构存在不良执业行为被记分，共记26分，已全部按要求在四川智慧卫监信息系统录入数据并公示案件结果，无经行政复议撤销案件，无经听证或复议后，司法确认违法的案件。

【“双随机”工作开展及案件办理情况】 2022年，县卫健局抽检125家国家“双随机”单位，监督完成121家，因系统原因关闭4家，任务完成率96.8%，完结率100%。“双随机”发现问题单位9家，处罚9家，处罚率100%。

【开展医疗机构专项监督】 2022年，盐亭县严格落实省、市、县相关要求，对辖区内各级各类医疗机构开展多项监督。要求各医疗机构落实“四早”措施，落实检测、登记、报告、引导工作，切实发挥新冠肺炎疫情常态化防控形势下医疗机构的“哨点”作用。组建院感防控督察专门队伍，完善督察制度，督促落实各项院感防控措施。对全体医务人员及医疗机构管理、后勤人员开展培训，加强医疗机构救治设备和物资储备，确保充足且有一定余量。

【医疗乱象专项治理】 2022年，盐亭县严格规范医疗机构设置审批、备案等准入管理，落实依法执业主体责任，加强对基层医疗机构及各级民营医疗机构监管，规范医疗服务行为，防范医疗风险，严厉打击无证行医行为。结合盐亭县实际，制定医疗乱象治理实施方案。联合县市场监督管理局、县医疗保障局，对县域内医疗机构开展检查，严厉打击各类违法违规执业行为、医保欺诈骗保行为，严肃查处发布违法医疗、药品、医疗器械广告和虚假信息的行为，坚决查处各类价格等违法违规行为。全年办理非法医疗美容案件一件，给予警告，并处行政处罚罚款2万元。

【医废在线监管】 2022年，县卫健局按照绵阳市卫健委相关文件通知，以不低于辖区内医疗机构总数15%的要求完成医废在线监管接入任务。全年实现二级以上医疗机构全部接入系统，130家二级以下医疗机构接入系统，接入率23.2%。

【医疗机构依法执法自查】 2022年，盐亭县共有12家医疗机构注册自查系统账号。根据市卫生健康委相关文件要求，盐亭县5家一级以上医疗机构依法执业自查完成率100%。

【医疗机构传染病防治专项监督执法检查】 2022年，盐亭县结合全县前期医疗机构疫情防控监督检查存在问题，对辖区内其他各级各类医疗机构的消毒隔离制度执行和医疗废物管理、预防接种和实验室生物安全、重点人群管理进行全覆盖的监督检查。对发现问题的单位当场下发监督意见书，要求立即整改，对不落实整改的24家医疗机构立案查处，予以警告处罚。

【医疗机构放射诊疗专项督查】 2022年，盐亭县成立督查小组，分片区对辖区内31家放射医疗机构进行全覆盖专项检查。检查重点包括放射诊疗许可证、放射工作人员证办理情况、建设项目职业病危害(放射防护)预评价、控制效果评价、放射诊疗设备质量控制和放射防护检测情况、放射工作人员健康监护及工作人员和患者防护情况、辐射警示标志设置、事故应急预案制定情况、放射卫生档案建立及其他组织管理建设情况。针对现场监督检查存在的问题，当场下达监督意见书33份，对存在问题的单位进行警告，并要求其限期整改。

【职业卫生粉尘和噪声危害专项治理】 2022年，盐亭县成立粉尘和噪声危害专项整治工作组，科学制定粉尘和噪声危害专项整治工作方案，统筹推进工作，提升职业卫生监管水平。职业卫生监督员通过实地走访、调查，摸清盐亭县涉及企业15家，其中非煤矿山12家，其他行业3家，停产2家，给予警告或行政处罚4家。对检查中存在问题的企业，下达监督意见书要求其立即进行整改。为确保企业对存在问题整改落实到位，开展“回头看”工作。截至2022年底，15家企业职业病危害项目申报率达100%，职业病危害因素定期检测率达100%，接触职业病危害的劳动者在岗期间职业健康检查率达100%，用人单位主要负责人、职业健康管理人员培训率均达100%。

【卫生系统生态环境保护专项督查】 2022年，县卫健局牵头组织医政医管、政策法规、卫生监督执法大队及环保局等相关单位人员形成5个专项督察组，对辖区内所有医疗机构的生态环境措施落实情况开展全覆盖督查。围绕医疗卫生机构保障机制、医疗废物管理、医疗污水管理、放射卫生管理4个方面进行督查。检查发现医疗废物在医疗废物暂存间暂存时间超过2天、部分医疗机构医疗废水处置间未安装专用电表、部分医疗机构电离辐射警告标志不规范等问题。对存在问题的部分单位现场下达监督意见书责令立即整改。

【公共场所卫生监督】 2022年，盐亭县建立足浴、推拿按摩场所疫情防控联络机制。转发“绵阳疾控新冠肺炎疫情防控提示”130余条，排查辖区足浴、推拿按摩场所87家，从业人员218人，发放疫情防控明白卡、疫情防控法律责任风险提示200余份，签订疫情防控责任承诺书87份，对提供留宿的场所印发足浴、推拿按摩场所留宿人员信息登记表。联系疾控中心对足浴和推拿按摩场所从业人员开展免费核酸检测，累计减免核酸检测费用近万元。对县城背街小巷、城乡接合部等重点场所“四小行业”开展3轮专项整治，提高持证率，统一制作标识标牌，累计向经营单位免费提供卫生监督公示栏200余个、禁烟标识500余张。县卫健局与县行政审批局协调，对“以诺代证”的公共场所约定由行政审批局以“双随机”方式展开抽检，5年全部抽检一次，大队根据县行政审批局抽检结果予以相应处理，公共场所全年累计办理行政处罚案件24件，罚款4900元。

【学校卫生监督】 2022年，盐亭县开展春、秋季开学前后及日常学校卫生专项监督检查工作，圆满完成57所中小学校，64所托幼机构，1所高中，1所职业技术学校共计123所学校的卫生专项监督检查。结合学校“双随机”监督检查项目重点检查学校生活饮用水卫生、教学生活环境卫生及传染病防控工作，对9家教学环境卫生不符合国家卫生标准的学校给予警告，限期整改的行政处罚。同时对有二次供水、自建设施供水、净水设备的学校的饮用水质开展检测，确保生活饮用水安全。

【生活饮用水卫生监督】 2022年，县卫健局对全县所有的集中式供水、分质供水、二次供水等生活饮用水经营单位进行300余次的卫生监督检查。完成71家涉水单位监督检查工作，了解掌握全县生活饮用水供水站基本情况及使用状况，出具卫生监督意见书300余份，约谈饮用水卫生管理责任不清单位3家，致函1家。对自来水站负责人和供管水人员进行法律法规知识和卫生技术知识现场培训和分别指导，规范自来水站的卫生管理工作和各项卫生制度的落实。2022年，盐亭县饮用水水质检测合格率达到100%。

（胡　迪）

人口和计划生育

【概况】 2022年，盐亭县总人口为371499人，政策生育率99.92%，同比上升0.23个百分点，其中一孩率54.59%，同比下降2.34个百分点，二孩率39.77%，同比下降0.68个百分点，多孩率5.64%，同比上升3.03个百分点。出生婴儿性别比103.99（以女性为100，下同），其中一孩113.51，二孩92.21，多孩104.17。

【人口和计划生育主要指标分析】

2022年，盐亭县新生婴儿中，一孩1422人，均属符合政策生育；二孩1036人，均属符合政策生育；多孩139人，政策生育率99.92%。

（胡德雄）

盐亭县医院简介

【盐亭县人民医院】 盐亭县人民医院始建于1944年，是一所集医疗、科研、教学、急救、预防保健于一体的国家三级乙等综合医院，2022年投入使用的业务用房面积达5万平方米。医院有编制床位550张，开放床位800张，在职职工840人（正高级职称22人、副高级职称86人、中级职称239人），硕士研究生8人，外聘专家7人。下设32个临床及医技科室、12个职能科室、16个住院病区和1个门诊部。年门诊46万人次，年出院3万人次。

医院骨科、中医肛肠科通过四川省重点专科评审，眼科、康复科、神经内科、神经外科、手术麻醉科、中医骨伤科、泌尿外科、护理部通过绵阳市重点专科评审。

医院拥有64排128层多容积CT（电子计算机断层扫描）、1.5TMRI（磁共振成像）、数字化DR（DR系统）摄片系统、美国GE全数字化多功能彩超、全自动生化仪等先进设备。

医院与四川大学华西医学院、四川省人民医院建立网络协作关系，是川北医学院、成都中医药大学附属针灸学校、四川中医药高等专科学校、巴中职业技术学院、雅安职业技术学院的教学实习基地，多年来为高校培养实习医学生2000余人，是四川中医药高等专科学校非直管附属医院。

医院先后创建为“全国综合医院中医药示范单位”“国家级节约型公共机构示范单位”“四川省文明单位”“四川省最佳文明单位四川省二星数字化医院”“国家信息互联互通成熟度测评四级甲等医院”“四川省专家人才服务基地”“绵阳市法治示范单位”“绵阳市AAA级基层示范党组织”，荣获“中国县域医院优秀管理团队”“四川省县级医院管理优秀奖”“盐亭县群众满意医院”等数十项省市县荣誉表彰。

（陈 林）

【盐亭县中医医院】 盐亭县中医医院成立于1984年，是自收自支，费用自理的公益二类事业单位。经过30余年发展，已成为一所具有鲜明中医药特色的集医疗、急救、康复、科研及教学于一体的二级甲等中医医院；是四川省中医药学会理事单位、西南财经大学天府学院实习医院；是四川大学华西医院远程教学、会诊定点医院；荣获绵阳市最佳文明单位、县级医院管理优秀医院荣誉。

医院一院三址，新西街院区和寺垭院区占地面积0.508公顷，总建筑面积9685.35平方米。新建指南院区占地2.8公顷，建筑面积16488平方米。有固定资产5129万余元，编制床位300张。

医院设定编制75人，2022年在编人员45人，空编30人。有借用人员16人（基本来自乡镇卫生院在编人员），合同制聘用人员120人（临聘人员）。医院职工总数176人，其中专业技术人员160人；中医类别医师20人，中药剂人员13人；副高级职称11人，中级51人。医院拥有绵阳市名中医1人、盐亭县名中医5人、名老中医传承工作室1个。

医院开设一级临床科室14个、二级科室22个、医技科室5个、病区7个。其中针灸科为四川省重点中医专科，肺病科为绵阳市重点中医专科，也是省级重点中医专科在建科室，脾胃病科、骨伤科为绵阳市重点中医专科。医院有螺旋CT、进口生化仪等大型设备10余台，设备总值1000万元。

（廖红伟）

【盐亭县肿瘤医院】 盐亭县肿瘤医院（盐亭县第二人民医院）是全国仅有四家、西南地区唯一县级“国家二级甲等肿瘤专科医院”“全国食管癌高发现场防治点”“全国食管癌防治示范基地”“全球五大洲肿瘤发病登记点”；绵阳市首批“院士（专家）工作站”；川西北肿瘤防治中心、四川省肿瘤医院肿瘤专科联盟医院。

医院占地2公顷，业务用房近3万平方米，开放床位350张。2022年有在职员工300余人，其中科研、医务人员占95%，中、高级职称119人；设置临床、医技等科室42个，食管癌防治专科为四川省重点专科，胸外科为绵阳市重点专科，健康体检中心为县级质控中心。拥有瓦里安直线加速器、西门子直线加速器、西门子1.5T超导核磁共振、美国GE高端128层CT、奥林巴斯290电子胃（肠）镜、多功能数字化胃肠机、迈瑞全自动生化免疫流水线、彩超、胸腹腔镜、热疗机、手术用显微镜等大中型医疗设备100余台。

医院集肿瘤防治、科研教学、综合医疗、急诊急救于一体，开展各类癌症的手术、适型调强放疗、化疗、介入治疗、精准靶向治疗及肿瘤的早诊早治。60%的肿瘤病员来自陕西、甘肃、重庆等10多个省及50多个市县，是川西北地区肿瘤防治中心。医院同时具备内科、外科、妇科、中医康复等常见病、多发病及危重疾病的综合诊治能力。开展全县居民全死因监测、肿瘤的发病登记、健康教育、农村医疗卫生关键性技术和三级服务网络相关工作。

（赵利娟）

【盐亭民兴医院】 盐亭民兴医院始建于2014年，医院地处盐亭县凤灵街道办先锋社区8社（云溪坝），占地面积近3万平方米，园林面积近2万平方米，临床医技办公楼面积1.6万平方米，是一所集医疗、预防保健、康复、养老于一体的二级综合医、养机构。

医院建有养老公寓，占地面积3.27公顷，项目地块总体呈梯形，总建筑面积81814.64平方米，设置养老床位1100张，总投资1.6亿元（自筹）。

截至2022年底，有在职职工120人，其中中高级专业技术人员占职工总人数的45%（主任医师1人、副主任医师3人、中级职称12人）。

医院设有内科、外科、妇科、儿科、骨科、五官科、碎石科、体检科、中医科（疼痛科）、麻醉科、化学检验科、医学影像科、中西医结合科、皮肤科、美容皮肤科、老年病科及康复理疗科、心理咨询科、血液透析治疗室、皮肤科、皮肤病专业、性传播疾病专业、医疗美容科、美容外科、美容牙科、美容中医科、美容皮肤科、康复医学科、耳鼻咽喉科等诊疗科目，附带养老、托育、家政等服务。临床医疗方面综合内科、骨科、普外科技术实力较雄厚，手术精湛。

医院拥有DR、CT、核磁共振、C臂、胃肠镜、B超心电、心电监护仪、检验设备、动脉硬化监测仪、中央供氧、“120”救护车等高端医疗检测设施设备。

（陈文孝）

【盐亭康复医院】 盐亭康复医院成立于2009年5月，拥有70多名医护人员，是一所由公转私、房屋面积2800多平方米的非营利性民营综合医院。医院开设老年康复，预保、内科、儿科、妇科、外科、骨伤科、针灸、理疗科、肛肠科、泌尿科。2022年门诊量达7万人次，年住院人数达4500余人次，年业务收入近2000万元。

医院面积2800余平方米，床位编制80张。仪器设施有：核磁和CT（与民兴医院共享）、中央供氧系统、DR全自动摄影系统、B超、彩超机、电子显微镜、麻醉呼吸机、电动吸引器、全自动生化分析仪、心电图机、心电监护仪、无影灯、动脉硬化监测仪、电动间隙牵引床、经穴治疗仪、电脑中频治疗仪、颈部牵引椅、紫外线烤灯、器械柜、妇科检查床、推车、器械台等。

截至2022年底，医院有职工63名，医生18名，其中副主任医师3人，主治医师6人，执业医师6人，执业助理医师3人。护士19人，其中副主任护师1人，主管护师1人，护师4人，护士13人。专业技术人员11人，其中执业药师1人，药师6人，检验师2人，技师1人，技士1人。

（徐桂英）

社会生活

物　价

【概况】 2022年，盐亭县紧扣价格监测工作要点，始终把保障和改善民生作为工作的出发点和落脚点，重点着力于粮油肉蛋、蔬菜、农副产品、居民日用品监测，持续加大新冠肺炎疫情防护用品的监控力度，使盐亭县物价总体水平呈平稳态势。

【成品粮油】 中籼米（标一米）5元/千克，面粉（特级粉）6元/千克、面粉（标准粉）4元/千克，全年运行平稳。桶装金龙鱼菜籽油1月70元/5升、3月75元/5升、6月至年末81.90元/5升，同比增长17%；本地菜籽油（二级散装）1月16元/千克、3月17元/千克、6月至年末20元/千克，同比增长25%；绿豆1月12元/千克、6月至年末14元/千克、同比增长16.7%；大豆1—12月8元/千克。

【副食品】 鲜猪肉1至4月10—24元/千克、6至12月28—40元/千克，在此之间涨跌互现反复波动，12月较1月涨幅达60%，原因是受新冠肺炎疫情影响，营运成本增加。牛羊肉全年均价90—96元/千克，较年初持平。鸡蛋1—12月价格为10—15元/千克；鸭蛋1—12月价格为14—18元/千克；白条鸡1—12月价格为18—24元/千克；白条鸭1—12月价格为14—16元/千克；鲜兔肉1—12月价格为34—44元/千克；禽类肉蛋均有小幅微涨。草鱼、鲢鱼、鲤鱼、鲫鱼每千克年均价格分别为21.66元、30.92元、18.66元、31.66元，其中鲤鱼涨幅25%。

【蔬菜】 2022年蔬菜价格涨跌频繁，各大节日期间，时令蔬菜涨幅较大，节后惯性回落；3—5月本地蔬菜产出进入淡季，6—9月受气候和县内无蔬菜种植基地影响，多个品种零售价上行，直至中秋节后价格回归正常区间。全年城区30个蔬菜品种综合均价在7.48—8元/千克之间运行，单品低至1.6元/千克高至22元/千克不等，属正常市场调节。

【特色农产品】 小麦1月2.60元/千克、6月2.84元/千克、12月3.00元/千克，涨幅15%；稻谷1—12月2.30元/千克；玉米1月2.50元/千克、6月2.64元/千克、12月2.80元/千克，涨幅12%；油菜籽5月中旬6.60元/千克、5月下旬6.80元/千克、6—7月底7.20—6.80元/千克，运行基本平稳；蚕茧（混等）收购价，6—11月均价48.00—45.00元/千克略有下跌。仔猪（25公斤）1月16元/千克、6月36元/千克、8月初达40元/千克、12月26元/千克，同年环比最高涨幅150%；生猪1月13.60元/千克、6月17.80元/千克、10月初达29.4元/千克、12月20元/千克，同年环比最高涨幅116%，其原因是受新冠肺炎疫情影响，市场波动较大。

【居民生活日用品】 2022年，县发改局共监测19种居民生活日用品，10类家用电器。其中：海尔（5公斤）滚筒式洗衣机1—12月为1200—1080元/台；海尔（5公斤）波轮式洗衣机1—12月为650元/台；长虹彩电（液晶42英寸）1—12月为1600—1500元/台；海尔冰箱（210—250立升）1—12月为2000元/台；空调（1.5匹冷暖）1—12月为2400—2200元/台；微波炉1—12月为800—480元/台；取暖器1—12月为450—400元/台；热水器1—12月为1400—1280元/台；抽油烟机、燃气灶等零售价格稳中有降，时有让利活动，所监测的家电价格呈下跌趋势；52度绵阳丰谷特曲1—12月为118—150元/瓶、涨幅27%，中低档云烟、洗衣粉、洗洁精、洗发液、沐浴液、香皂牙膏、新冠肺炎疫情防护用品等涨跌互现，幅度不大，价格运行平稳。

（李　兵）

社会保障

【民生保障】 2022年，盐亭县足额发放社会保障待遇，全年企保发放4.6万人、10.32亿元；机保发放5715人、3.5亿元；城乡居保发放9

万余人、1.31亿元；工伤待遇发放684人次、565.95万元，均达到了按时足额。全面完成代缴代发任务，为低保对象、特困人群等四类特困群体22657人代缴养老保险226.57万元，代缴完成率100%。为77名失地农民、退捕渔民代发生活补贴和企保缴费补贴142.3万元。

【参保扩面】 2022年，盐亭县企业职工养老保险参保4.16万人、参加失业保险15033人、参加工伤保险21259人。紧盯农民工、个体从业、灵活就业等重点群体参保，积极引导城乡居民参加企业职工养老保险1500余名。

【社保缓缴助企纾困】 2022年，盐亭县利用"盐亭发布"等官方微信公众号、工作QQ群等载体，组建工作小分队，"线上""线下"相结合，广泛深入宣传缓缴政策，引导全县26家企业申请缓缴"三险"315.6万元，切实发挥助企纾困稳岗的作用。

【社保关系转移】 2022年，县人社局针对社保关系转移周期长、业务烦琐问题，实行专职专岗、专人专责、限时办结。全年办理关系转移1100余人次，转入转出资金达3319万元，充分保障参保群众权益。

【待遇领取人员资格认证】 2022年，县人社局依托"掌上12333""四川人社""四川e社保""电子社保卡"及省级平台系统异地协查等多种认证方式进行年检。主动推进数据开放共享，以社保大数据赋能智慧社区建设，扎实推进退休人员社会化管理进程。全年社保待遇领取人员资格认证12.76万人，认证率完成100%。

2022年12月，县民政局工作人员前往经开区开展低保入户调查

【数据清理】 2022年，县人社局印发《关于规范社会保险参保信息修改流程的实施意见》，规范信息修改业务经办人员的职能职责和经办流程，保证系统数据的准确性和唯一性。全年数据清理1035人次，其中个人信息变更(企保)808人次、个人多号合并(企保)227人次。

【"温暖人社"品牌打造】 2022年，县人社局整合力量提升服务质量。推行"大综柜"，整合参保股和综柜股工作人员，所有业务一窗办理，群众排长队、多个窗口跑、经办人员工作量不均衡等现象得到根本性转变。巧妙借力扩大企保覆盖面，深入鸿运百惠、盐亭中学等20余个企事业单位检查《中华人民共和国社会保险法》落实情况，引导企事业单位积极主动参保。简化办事流程，由村干部、镇干部代办，参保群众足不出村就能办理参保业务和缴费业务。多措并举提升业务能力，针对系统切换，组织开展视频学习、实践演练、相互学习，确保工作人员及时掌握新系统实操方法。采取"相互讲、手把手教"的模式，窗口经办人员全面掌握业务。千方百计化解信访积案，因事施策，一事一策，多渠道化解社保领域信访积案。

（王　静）

【最低生活保障】 2022年，盐亭县严格按照《四川省最低生活保障工作规程》等相关政策规定开展低保人员认定抽查工作；尽数对接相关救助政策，并做好社会保障制度的衔接，切实解决低保人员急难问题。严格落实民主评议、张榜公示等一系列制度，将符合条件的困难群众纳入低保，已经不符合的及时清退。印发《关于发布2022年全县城乡居民最低生活保障和特困人员基本生活标准的通知》，自2022年7月起，盐亭县城市居民最低生活保障标准由635元/月调整为700元/月，农村居民最低生活保障标准由435元/月调整为500元/月。2022年1—12月城乡低保金共计发放10292万元，累计发放469365人次，其中，城市171997人次，发放资金4333万元；农村297368人次，发放资金5959万元。7月为30642名城乡低保对象增发一次性生活补贴，共计发放397.3万元。7—10月为156008人次城乡低保对象发放价格临时补贴402万元。全年共新增低保对象621户，1023人。坚持“应兜尽兜、应救尽救”的原则，对脱贫人口中完全丧失劳动能力或部分丧失劳动能力且无法通过产业就业获得稳定收入的人口，按规定纳入农村低保或特困，在核算家庭经济收入时严格按《四川省最低生活保障工作规程》的收入核算办法将城乡居民养老保险金、“两残”、高龄、优抚、计划生育奖励与扶助金等与必要的就业成本进行扣减。对持续稳定脱贫户给予6—12个月的渐退期。对各部门排查推送的易返贫致贫监测对象、因病、因残、因灾、因意外支出较大或收入大幅度减少的家庭及时进行家庭经济状况调查与核算，符合低保和特困的纳入低保特困供养范围。印发《盐亭县低保边缘家庭审核确认办法》，开展了低保边缘家庭认定，共认定低保边缘家庭46户122人，对低保边缘家庭中符合条件的重残人员、重病患者，参照“单人户”纳入低保。

【农村特困供养】 2022年，盐亭县按照《四川省特困人员救助供养工作规程》等相关政策规定，做好申请对象家庭情况调查和生活自理能力评估，落实民主评议和张榜公示，严格把关审核审批，将符合条件的困难群众纳入特困人员救助供养范围。全年完成两次农村特困供养调标，调标后供养标准达到650元/月。全年为52151人次农村特困人员发放特困供养金2936.25万元。7月为4362名农村特困人员增发一次性生活补贴共计379494元。7—10月为17126人次农村特困人员发放价格临时补贴共计385175元。全年共新增农村特困人员149人。

（张邱飞）

【医疗保障】 2022年，盐亭县城乡居民医保参保394731人，占市下达目标任务402450人的98%，征收基金共计12630万元(其中个人参保缴费收入10915万元)，各级财政配套24079万元。根据相关政策，资助特困供养人员4742人、151.74万元，1—2级重度残疾人11823人、378.34万元，城乡低保32568人、781.63万元，重点优抚对象2540人、81.28万元，已脱贫稳定人员15562人、373.49万元，监测户503人、12.07万元，共资助代缴资金1778.55万元。城乡困难群众医疗救助38033人次，发放救助资金2550.5万元。生育保险参保16864人次，待遇支付447人次、447.04万元。

【医保惠民政策落实】 2022年，盐亭县有医保备案使用124种单行支付药品、18种高值药品人员588人次，有审核标识门诊慢性病4270例、特殊重症疾病1207例；全县参保人员登记异地就医备案1322人次；城镇职工门诊总费用3051.24万元、179911人次，住院总费用9795.52万元、10377人次，定点药店总费用3559.38万元、446056人次；城乡居民门诊待遇支付1033.82万元、336256人次，住院待遇支付38930.65万元、113396人次。

【药品集中采购】 2022年，盐亭县扎实做好药品集中采购工作，组织县内26家公立医疗机构完成7批次国家组织的药品集中采购、5批次省际联盟药品集中采购和10批次国家组织、省级联盟、“3+N”京津冀组织的高值医用耗材集中采购。报量中选药品涵盖糖尿病、高血压等慢性病用药，涉及抗感染、抗肿瘤和罕见病等多个治疗领域，其中集采药品最高同比下降96%，平均同比下降54%，医用耗材最高同比下降95%，平均同比下降88%，采购金额1595.2万元，节约医保基金1800余万元。

【医保基金监督管理】 2022年，盐亭县以“织密基金监管网，共筑

2022年10月，县民政局工作人员前往云溪镇开展特困人员入户调查工作

医保防护线”为主题开展集中宣传，发放宣传折页2万余份，张贴宣传海报1万余张，户外LED大屏滚动播放宣传标语200余幅次、宣传动漫视频100余场次。印发《关于开展2022年医疗保障基金专项检查工作的通知》，扎实开展医保基金专项治理，对全县定点医药机构检查全覆盖，共处理定点医药机构188家次631.26万元，其中定点药店48家次6.12万元，19家医疗机构自查自纠后主动上交12万元。广泛应用大数据智能审核方式强化日常监管，约谈并责令限期整改66家医药机构，停机1家，处理128家，扣减医保结算费用139万元。严格实行“总额控制”，将上级主管部门下达的职工医保、居民医保、门诊统筹总控指标（15857.42万元）预留风险调节金后（13389.13万元）分解下达到各定点医疗机构，引导医疗机构增强成本意识，进一步规范医疗行为。

【医保助力乡村振兴】 2022年，盐亭县充分发挥好医疗保障助力作用，对已脱贫户基本医保实行全额代缴，共计21546人、517.1万元。动员全县机关企事业单位资助重点人员购买“惠绵保”，实现农村低收入人群“惠绵保”100%参保，有效防范化解因病返贫致贫风险。

（蒙星兴）

【社保基金收支管理】 2022年，盐亭县城镇职工基本养老保险基金累计结存539万元；城乡居民基本养老保险基金累计结存6168万元；机关事业单位基本养老保险基金累计结存356万元；工伤保险基金累计结存440万元；职业年金收取上解7434万元。追回城乡居民养老保险死亡冒领385人、22.61万元；追回重复领取社保待遇14人、11.08万元；追回服刑人员违规领取社保待遇16.69万元。

2022年，盐亭县社会保险基金保费收入68639万元，其中：城镇职工基本养老保险基金保费收入39259万元，机关事业单位基本养老保险基金保费收入12941万元，机关事业单位职业年金保费收入6568万元，城乡居民基本养老保险基金保费收入8562万元，失业保险基金保费收入922万元，工伤保险基金保费收入387万元。

2022年，盐亭县社会保险基金上级补助收入59204万元，其中：城镇职工基本养老保险基金上级补助收入10297万元，机关事业单位基本养老保险基金上级补助收入34954万元，城乡居民基本养老保险基金上级补助收入12714万元，失业保险基金上级补助收入659万元，工伤保险基金上级补助收入580万元。

2022年，盐亭县实现社会保险基金待遇支出共计151709万元，其中：城镇职工基本养老保险基金待遇支出102074万元，机关事业单位基本养老保险基金待遇支出34891万元，城乡居民基本养老保险基金待遇支出13457万元，失业保险基金待遇支出718万元，工伤保险基金待遇支出569万元。

各项基金收入每月底均按时上解到上级指定银行账户，2022年盐亭县累计上解基金119094万元，其中：城镇职工基本养老保险基金上解42789万元，机关事业单位基本养老保险基金上解13033万元，机关事业单位职业年金上解7434万元，城乡居民基本养老保险基金上解54466万元，失业保险基金上解948万元，工伤保险基金上解424万元。

（王　静）

社会救助和捐赠

【临时救助】 2022年，盐亭县按照“小金额先行救助”要求，年初划拨107万元资金到各乡镇（街道），将500元以下审批权下放到各乡镇（街道），由乡镇（街道）审批后直接发放。全年临时救助1103人次，资金146万余元，有力减轻人民群众遇到的临时性生活困难，填补社会救助体系的空白，提升社会救助综合效益。

2022年12月23日，县救助站工作人员在城区给流浪乞讨人员送棉被

【流浪乞讨人员救助】 2022年，盐亭县按照属地管理原则，加强巡查救助，常态开展“大爱四川情满救助——寒冬送温暖、夏季送清凉”专项救助行动，极端天气情况下策划实施专项特别救助行动，联系公安、综合行政执法和民政等部门协同组织开展对街道繁华地段、农贸市场、车站、桥梁、涵洞等流浪乞讨人员集中活动和露宿区域不定期排查、巡查，确保发现一例及时救助一例，盐亭县生活无着的流浪乞讨人员救助管理服务质量大幅提升。

2022年6月，县民政局工作人员前往嫘祖镇嫘祖中心小学走访慰问留守儿童

【残疾人救助】 2022年，盐亭县对困难残疾人生活进行补贴，补贴对象为持有第二代中华人民共和国残疾人证（以下简称残疾人证）的盐亭县户籍低保对象，补贴标准为每人每月100元。全年发放困难残疾人生活补贴70131人次，发放701.31万元。

【重度残疾人护理补贴】 重度残疾人护理补贴对象为持有残疾人证，残疾等级为一级和二级的残疾人和三级、四级智力（精神）残疾人。补贴标准是对一级重度残疾人按每人每月100元、二级重度残疾人按每人每月70元、三级四级按照每人每月50元的标准给予护理费用补贴。2022年，盐亭县为一级重度残疾46251人发放护理补贴392.63万元，二级重度残疾89897人发放护理补贴494.05万元，三级重度残疾1964人发放护理补贴9.82万元，四级重度残疾584人发放护理补贴2.92万元。

【困境儿童救助】 2022年，盐亭县落实2022年省市儿童救助保障政策和动态调整政策机制，提升孤儿、事实无人抚养儿童基本保障水平（1200元、1600元每月保障标准）。坚持关口前移，深入高渠、九龙、云溪等乡镇开展困境儿童保障精准识别工作，走访排查困境儿童45人，有序新增保障困境儿童6人。实施社会助学关爱工作，引进市春天社工服务中心援助，启动

2022年5月12日，盐亭县开展第32次“全国助残日”活动

2022 年 11 月 8 日，重阳节玉龙镇社工站开展“温暖相伴·爱聚重阳”活动

“爱助项目”，投入成美慈善专项资金 5 万余元，资助扶持特殊困境儿童 28 人。继续巩固发挥育才助学带动作用，资助帮扶学生 50 人，累计助学金额超 22.38 万余元，有效填补困境儿童政策保障空白点，实现了服务留守困境儿童的最大社会效应。

【社会组织救助】 2022 年，盐亭县积极引导社会组织、社工站、社工人才等社会力量参与社会救助，推动社会救助由传统单一的物质救助向“物质+服务”提升转变。县育才助学协会坚持公益助学宗旨，推动公益、助学相互衔接，投入爱心助学资金 30 余万元，帮助 100 余名困难学生，是盐亭县公益助学的重要典范。县居家养老服务中心坚持尊老敬老宗旨，扎根城乡，情系老人事业，积极推动健康养老，满足老年人多元化服务需求。玉龙、嫘祖、黄甸三家省级试点乡镇社工站，坚持为社会提供服务的宗旨，在乡村振兴、关心关爱农村留守群体、困难群体、参与社会救助方面贡献力量。

【福利彩票公益金救助】 2022 年，盐亭县共计使用福利彩票公益金 388.72 万元（其中，上级拨付 347.72 万元，县级福彩销售留存 41 万元），用于为 16985 名高龄困难老人提供助餐、助洁、助医等居家养老服务 177 万元，为 530 户特殊困难老年人提供家庭适老化改造 53 万元，为 167 名特殊贫困残疾人提供家庭照料服务 20 万元，为 7 名孤儿发放助学金 7 万元，为残疾儿童提供“明眸”工程试点费用 10 万元，为全县 40 所养老机构提供疫情防控设备购置金 40.72 万元，为修建失能、半失能养护院提供建设资金 21 万元，为修建黄甸区域养老中心提供建设资金 20 万元，为社区提供建设资金 40 万元。

（张邱飞）

社会福利

【儿童福利】 2022 年，盐亭县持续推进县乡村未成年人保护综合服务体系建设，建成未成年人保护中心（县儿童福利院创新转型）、凤灵街道北街社区“童之家”等县域典型示范点为标准，充分整合“儿童之家”“童伴之家”功能要素，一体化打造镇乡“童之家”点位 18 个。健全未成年人关爱保护制度体系，印发《盐亭县未成年人保护工作领导小组关于加强未成年人保护工作的实施意见》《盐亭县未成年人保护工作领导小组成员单

2022 年 5 月，县民政局牵头多部门开展《中华人民共和国未成年人保护法》

位职责分工》《盐亭县未成年人保护工作领导小组工作规则及其办公室工作规则》《盐亭县“明眸”健康工程实施方案》等文件，全面落实儿童监护责任和系列保护计划，不断深化未成年人关爱服务内涵。编写儿童（未成年人）关爱保护和创新做法经验信息4篇。

2022年6月7日，县民政局前往西陵镇开展高龄老人入户抽查工作

【养老服务】 2022年，县民政局牵头开展全国养老反诈专项行动，开展部门联合行动4次，关停违规养老机构2家，向县委政法委提交专项行动报告7篇。指导各养老机构配合县金融办开展非法集资宣传整治工作，制作展板一张，悬挂标语40幅。有序推进全国居家及社区基本养老服务提升项目试点工作，在云溪镇、凤灵街道、黄甸镇、玉龙镇、经开区开展试点工作，完成床位建设274张，超额完成任务数4张，完成全县居家上门服务12200余人次、30242.6小时，服务对象满意度100%。完成社区养老服务综合体建设，拆并养老机构3所，新建村级养老服务站点1个，533户农村困难老人家庭床位建设摸排工作完成。指导新增运营民办养老机构规范运行，发出整改通知4份，督促指导3所新增民办养老机构完善养老备案工作。

【高龄津贴发放】 2022年，盐亭县发放高龄津贴779.085万元，共计214130人次。其中，为80—89岁高龄老人发放高龄津贴461.295万元，共计183980人次；为90—99岁老人发放高龄津贴296.07万元，共计29607人次；为100岁及以上老人发放高龄津贴21.72万元，共计543人次。

（张邱飞）

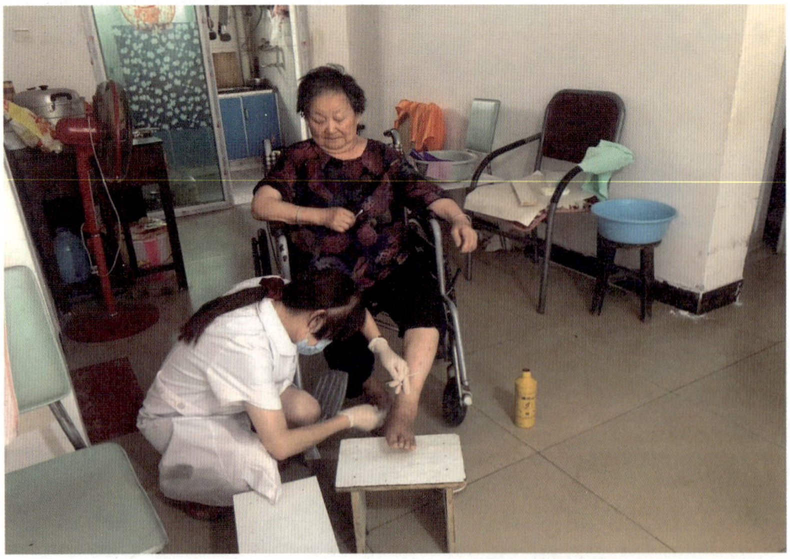

2022年7月18日，盐亭县晚情山庄社会福利院医护人员上门为居家老人开展助医服务

社会事务

【社团管理】 2022年，盐亭县共有社会组织215个，其中，社会团体120个（其中，协会104个、学会2个、商会3个、联合会3个、促进会3个、研究会5个）；民办非企业单位（即社会服务机构）95家（其中，教育类56家、医疗类12家、文化类6家、体育类2家、培训类7家、养老服务类10家、社会工作服务类2家）。县民政局坚持严把“三关”，规范社会组织外部监管和内部治理，推进社会组织健康发展。一是严把登记关。公示社会组织登记事项、依据、条件、程序、时限、章程示范文本等在县政务服务中心网站上，做到内容公开化、登记程序化、业务操作规范化。二是严把年检关。坚持每年年初、年

2022年6月，县民政局一行前往社会组织督查指导工作

终派员参加各业务主管单位召开的业务主管单位联络员联席会议、社会组织年终工作总结会，使各业务主管单位明确对社会组织年检初审的程序和职责，了解各社会组织一年所做的工作。三是严把查处关。加强沟通联系，明确民政部门、各职能部门和业务主管部门管理社会组织应承担的职责，开展执法检查，并向未依法接受年检的社会组织送达整改通知书，督促其整改达到年检要求。帮助引导社会组织提升社会服务能力。3月22日，召开全县社会工作服务体系建设省级试点项目工作推进会，明确3个试点乡镇社会工作服务站服务项目购买主体为项目落地乡镇人民政府，原则上由县内符合条件的社会工作服务机构承接服务。最终引导两家县本级社会组织承接2022年社会工作服务体系建设省级试点示范项目（嫘祖镇、玉龙镇、黄甸镇社工站建设）。2022年10月，3个社工站均在省民政厅组织的中期督导评估中获“优秀”等次。

【婚姻与家庭】 盐亭县婚姻登记处成立于2012年5月1日，设有200平方米结婚登记大厅、候登区、独立的离婚室、免费婚检咨询室、颁证厅、婚姻档案室、婚姻家庭辅导室、婚姻文化长廊等，配置了现代化的办公设备和二代身份证识别器、高拍仪、触摸式排队叫号系统、电子显示屏、高清监控设备、电视等服务设施。

2022年，盐亭县共办理婚姻登记4549对，其中，结婚登记1931对，离婚登记518对，补发结、离婚证2100对。无一例违法登记事件发生，登记合格率100%。查询并开具婚姻登记记录证明和无婚姻登记记录证明521人次，协助公、检、法、司、纪检、计生及住建等部门情况调查22起，接受群众咨询约1315人次，规范和完善婚姻档案电子化管理49687对。

【殡葬服务】 2022年，县民政局扎实开展乡镇活人墓、硬化大墓、“一区一线两地两岸”可视范围违规私建坟墓摸排整治。印发殡葬管理领域突出问题专项整治行动实施方案、告城乡居民“绿色殡葬·文明祭祀”倡议书等殡葬政策和倡议，开展殡葬政策常态化宣传，扎实推进殡葬服务进村居、文明意识入人心，提高了全县干部群众对殡葬政策的知晓度、认同感。出台殡葬工作年度考核办法，量化火化率、殡葬宣传和专项治理、信访和安全防火等重要考核指标，通报全县殡葬工作开展情况和存在问题，及时约谈提醒火化率排名连续靠后以及“以罚代化”“以罚代管”问题突出的乡镇。严厉打击殡葬行

2022年8月，县民政局联合市场监管等部门在城区开展殡葬专项检查

业违法违规行为，建立联合执法检查组，开展联合执法10次，对殡葬用品生产销售环节进行专项清理，摸排各类殡葬服务经营商家 38户，开展经营者教育引导活动 15次，责令8户无照经营商家进行限期整改，进一步规范殡葬用品市场秩序和文明殡葬行为。加大殡葬资金投入，推进城市公墓和殡仪馆建设计划，实施殡葬公共服务设施扩建项目，提升改造常青公墓，完善公墓基础设施功能。加快乡村公益性安葬设施建设布局，积极建设云溪镇复兴农村公益性墓地和嫘祖镇农村公益性墓地。严格落实城乡居民惠民殡葬政策和公职人员（社保人员）丧葬、抚恤待遇。全年，盐亭县共火化遗体2824具，同比增加576具，同比增长26%；落实惠民殡葬政策2612人，累计减免基本殡葬服务费用257.19万元，火化率和惠民殡葬政策享受额均达到历史新高，相关指标在全市乃至全省排名靠前。

（张邱飞）

老龄工作

【概况】 2022年，盐亭县按照关于推行四川省老年人优待证送证上门服务工作的通知要求，将四川省老年人优待证审批办理权限正式下放至各乡镇（街道），全年共计办理老年人优待证9万余本，覆盖率约为90%。积极广泛宣传《中华人民共和国老年人权益保障法》，全年共计发放宣传资料1万余份。

【老年人就医帮扶】 2022年，盐亭县二级以上医疗机构入口通过增设老年患者"无健康码"通道、配备人员帮助老年人进行健康码查询等方式，协助没有手机或无法提供健康码的老年人通过手工填写流调表等方式完成流行病学史调查，为老年患者就医提供方便。同时按照县卫健局关于印发《绵阳市盐亭县老年友善医疗机构创建工作的实施方案的通知》要求，全县9家养老机构开展老年友善医疗机构创建工作，截至2022年底9家创建单位已全部验收通过。高渠镇聚兴卫生院完成"医养结合"环境及房屋改建，全年有 14 名失能老年人入住。卫生院建立绿色通道，为老年人挂号、就诊、检查、办理住院手续及转诊等方面提供便捷服务；在相应窗口明显位置设置"老年人优先"标志；每年为65岁及以上老年人提供一次免费健康体检，并根据体检结果进行健康指导；对65岁以上的老年人门诊及住院病人就诊减免挂号费；提供全科医生签约服务等各项优惠活动。

【落实失能老年人"健康敲门行动"】 2022年，盐亭县按照四川省卫生健康委员会《关于印发2022年四川省失能老年人"健康敲门行动"实施方案的通知》要求，扎实开展失能老年人"健康敲门行动"。县卫健局对全县3823名失能老年人进行评估并录入系统，并为辖区3453名失能老年人提供免费上门健康服务，市下达目标为960人，完成率360%。

【敬老活动】 2022年，盐亭县根据全国老龄工作委员会统一部署，广泛开展以"敬老助老，从我做起"为主题的"敬老月"活动。"敬老月"活动期间，组织由志愿者组成的医疗工作人员7人，到各乡镇敬老院开展"敬老月"义诊活动。组织开展系列老年人防诈骗活动，通过"反诈防骗，敬老孝老助老"宣讲，发放防诈骗手册，院内宣传栏张贴海报，LED电子屏滚动播放防诈标语等形式，切实增强老年人风险意识，保证老年人人身财产安全。

（杜　韬）

残疾人事业

【概况】 2022年，盐亭县有持证残疾人20857人，全年注销、变更残疾人证6376本。其中，5982人享受困难残疾人生活补贴，共计发放金额640余万元；11587人享受重度残疾人护理补贴，共计发放金额820余万元；由政府代缴养老保险5675人、医疗保险14233人。全年共紧急救助 22 名困难残疾人，救助金额2万余元。

【残疾人教育就业】 2022年，盐亭县对46名无法就读的重度及多重残疾儿童、少年开展"送教上门"，有效解决未入学适龄残疾儿童、少年义务教育问题。开展助学活动，投入资金6.7万余元，资助27名残疾儿童、少年。落实残疾人就业扶持政策，对108个行政、企事业单位进行按比例安置残疾人就业确认工作，共有174名残疾人实现就业。做好残疾人就业服务工作，根据残疾劳动者的自身特点进行岗位推荐，动员爱心企业安置残疾人就业，提供适合残疾人就业的岗位300个。同时，开发适合残疾人就业的城乡公益性岗位，实现安置残疾劳动力就业94人。投入资金49万余元，委托第三方机构为407名残疾人及残疾人家庭成员开展农村残疾人种植养殖技能培训课程，提升残疾人内生动力。为401名居家灵活就业（创业）直补人员发放就业直补资金20万余元。

【残疾人康复工作】 2022年，盐亭县通过各级康复机构投入资金140余万元，救助0—6岁残疾儿童48人，7—12岁残疾儿童41人；投入资金88万余元，继续实施残疾人辅助器具全覆盖工作，共计为1158人发放辅助器具，为13名肢体残疾人安装下肢假肢；落实残疾人家庭医生签约服务6860人；组织县人民医院对盐亭县乡村群众进行白内障筛查，100人享受免费手术，减免医药费10万元。

【残疾人组宣文体】 2022年，县残联通过省级媒体、市级媒体、《人民日报》、网易新闻等多种渠道，宣传扶残助残和残疾人自强不息先进典型。充分利用“全国助残日”“爱眼日”“爱耳日”等各类残疾人节日活动，发放宣传资料3600余份，组织医院、防疫等单位为残疾群众提供义诊3100余人次。精心组织残疾人参加绵阳市第四届残运会暨第三届特奥会，取得36枚金牌、26枚银牌、16枚铜牌共计78枚奖牌的好成绩。

【残疾人帮扶救助】 2022年，县残联投入资金58万元为194户贫困残疾人家庭实施了无障碍改造；联合全县各级各部门开展“温暖万家行”困难救助活动，共计走访慰问困难残疾人家庭1360余户，发放慰问物品和慰问金共计22万余元，为县康复中心和特教学校发放慰问金各2万元；投入资金39.6万元，为660名贫困、智力障碍、精神障碍及重度残疾患者提供居家托养服务。

（赵玉婵）

农民工服务

【农民工返乡入乡创业】 2022年，盐亭县回引农民工返乡入乡创业6000余人，培育返乡入乡创业主体1300余个，带动就业7万余人，建立示范园18个、示范点85个，每个示范园（基地、点）带动创业6户以上，吸纳劳动力40人以上，有效辐射周边群众共同创业。

【农民工劳务品牌培训和返乡创业培训】 2022年，盐亭县征集17个乡镇（街道）农民工培训需求，走访当地企业收集企业用工需求，圆满完成了品牌培训600人、创业培训100人的目标。

【农民工维权帮扶】 2022年，盐亭县发放农民工维权知识宣传单1300余份，到农民工相对集中的工业企业、建筑工地调研30余次，接访农民工咨询300余人次，协助讨薪48万余元。做好法律法规政策宣传，引导农民工依法维权。

【春节期间农民工服务保障五件实事】 2022年，盐亭县做好春节期间农民工服务保障五件实事。一是走访慰问。全县发放慰问金、慰问品共计103.8万元。二是就业招聘。春节前后通过“线上+线下”相结合的方式开展专场招聘3场，1000余人达成意向，录用432人。三是根治欠薪。和人社局、公安局等多部门组成联合检查组，协调处理和立案查处拖欠农民工工资20起，涉及230人，156万元。春节前后累计服务农民工1600人，兑付工资金额1800万元。四是证照办理。全面落实“最多跑一次”和就近办理举措，及时开展限时服务、延时服务、预约服务、上门服务，并设立农民工办证绿色通道。车管所办理驾照2113人次，户政部门办理身份证5430人次。五是旅途暖冬。组织志愿者为农民工出行提供优质服务，协助旅客安检800人次，文明劝导700人次，提供药品200人次、咨询服务6000人次，发放口罩1000只，协助旅客申领天府通健康码13709人次、核酸检测采集15367人次。

【农民工流动支部和服务站建设】 8月揭牌成立中国共产党盐亭县农民工流动党员粤港澳大湾区支部委员会、盐亭县农民工粤港澳大湾区服务站；11月揭牌成立中国共产党盐亭县农民工流动党员南浔支部委员会、盐亭县农民工南浔服务站。

【农村劳动力监测】 2022年，盐亭县投入资金（含农民工服务中心补贴和乡镇投入资金）24万余元在全县17个乡镇（街道）全覆盖设立农村劳动力监测点，其中21个为市级劳动力监测点。按照“属地管理、分级负责、全面准确、及时有效”的原则，更新8万余条农民工数据，更新率达35%以上。

【农民工补助】 2022年，盐亭县发放央省衔接推进乡村振兴资金50万元，用于贫困劳动力跨省就业交通补助、农民工返乡创业补助。

（严小雨）

创业就业

【就业帮扶】 2022年，盐亭县认真贯彻落实“就业帮扶”系列活动，积极开展"直播带岗"、推介会、"春风送岗"等就业服务专项活动，进一步促进返乡农民工、就业困难人员、高校毕业生等重点人群就业创业；持续开发公益性岗位，专门安置以脱贫人口、就业困难群体为主的困难人员，认真做好劳动力资源监测工作；持续推进失业保险扩面登记，用好用活失业保险基金；持续做好技能培训工作，联合相关部门、企业共开展职业技能培训1809人次。

【设立劳务市场和零工市场】 2022年，盐亭县引入盐亭县汇林人力资源有限公司、四川红艳人力资源有限公司等经营性人力资源服务机构，新组建绵阳瑞才国有人力资源有限公司，为脱贫人口、农村低收入人口提供更多的就业岗位。开发保洁、保绿、护林、护河、治安协管等公益性岗位1202个，其中，城镇公益性岗位230个，优先安置"4050"人员、残疾人、低收入人员等就业困难人员；农村公益性岗位972个，优先安置无法离乡、无业可扶的脱贫劳动力就业。

【灵活就业】 2022年，盐亭县深入贯彻落实"稳就业、保居民就业"政策精神，多渠道支持灵活就业。出台《关于做好2022年就业困难人员灵活就业社会保险补贴发放工作的通知》，全面通过"四川公共就业创业信息管理系统"申请、审核、发放补贴，确保政策落到实处。2022年，盐亭县发放就业困难人员灵活就业社保补贴927人，发放补贴金额234.69万元。

【稳岗返还】 2022年，盐亭县共发放稳岗补贴4批次。2022年第一批享受稳岗返还政策企业55家，发放资金77.12万元；第二批享受稳岗返还政策企业47家，发放资金97.39万元；第三批20家企业已通过联审复核，发放资金33.62万元，调标企业8家，发放资金21.26万元；第四批享受稳岗返还政策企业70家，发放资金23.41万元。合计2022年发放稳岗返还企业192家，资金252.67万余元，惠及职工4286人。其中，大型企业11家，中小微企业181家。

【统筹城乡就业】 2022年，盐亭县城镇新增就业2128人，城镇失业人员再就业786人，就业困难人员再就业人数314人，城镇登记失业率3.83%。在全县范围内建立城镇劳动力监测点65个，其中市级监测点2个，录入有效城镇劳动力信息15000余条。

【发挥失保基金效能】 2022年，盐亭县充分发挥失业保险基金效能，累计发放失业保险金1938人次295万元；为失业人员全额缴纳医保金106万元；发放失业补助金89人次3.6万元；发放价格零时补贴703人次2.2万元；发放技能提升补贴34人次4.2万元；发放稳岗补贴192家企业253万元；一次性扩岗补助企业22家，按1000元每人的标准发放资金4.2万元。基金运行安全，无违规违纪、挤占挪用现象。

【创新校地企合作】 2022年，盐亭县组织经开区近30家企业陆续走进绵阳职业技术学院、四川化工职业技术学院、重庆化工职业学院等6所高职院校，签订校地合作战略框架协议6份，开展校园招聘推介会6场，参加的企业达138家次，累计发布岗位3000余个，参会学生2000余人，达成就业意向协议人数50余人。

【鼓励自主创业】 2022年，县人社局开展创业培训219人次，发放创业培训补贴27.12万元。为40人发放创业担保贷款977万元；发放返乡下乡创业补贴16万元。

（王　静）

社区建设

【社区治理】 2022年，盐亭县扎实推进省级城乡社区治理试点工作，被四川省民政厅、财政厅确定为全省第二批城乡社区治理试点单位，承担试点任务5个，其中，凤灵街道承接"三社联动"机制创新试点，凤灵街道滨江社区承接"便民服务型"试点，凤灵街道城东路社区承接"社会组织参与型"试点，凤灵街道北街社区承接"其他特色型"试点，云溪镇弥江路社区承接"社区服务项目化"试点。全年新建社工站1个，社区社工室4个，孵化培育本地社会组织16个，培育持证社工5人，扩建志愿者队伍40支、3000余人，开展疫情防控、环境整治、邻里互助等志愿活动200余次，服务居民达4万余人。6月23日，第二批省级城乡社区治理试点工作顺利通过试点单位自评、第三方机构评估、省厅抽查，绩效评价为"良"，云溪镇弥江路社区被确定为省级基层治理示范社区。

【生活垃圾分类】 2022年，县民政局开展城乡社区生活垃圾分类工作。落实"城乡社区共同缔造、将生活垃圾分类纳入居民自治"的要求，印发《盐亭县城乡社区生活垃圾分类工作实施方案》的通知，成立生活垃圾分类工作领导小组，在凤灵街道南街社区开展美好环境与幸福生活共同缔造活动试点，召开试点工作推进会，发布垃圾分类倡导书，将垃圾分类纳入居民自治制度、村规民约、民主协商范围，打造共建共治共享的社会治理格局。

【社区专职网格员招聘】 2022年，盐亭县开展城市社区专职网格员招聘。协调县委政法委、财政局、人社局、卫健局、凤灵街道、云溪镇等单位，组织城市社区专职网格员的报名、笔试、面试、体检和分配等工作，共招聘城市社区专职网格员45人。

【社区社会组织孵化培育及备案管理】 2022年，县民政局持续推进社区社会组织孵化培育及备案管理工作。截至2022年12月底，盐亭县备案的社区社会组织共20家（其中凤灵街道13家、云溪镇3家、玉龙镇4家）。坚持以社区社会组织为载体，培育社区内生服务力量，促进社区居民自我服务，提升社区治理服务的组织化、专业化水平，更好实现政府治理和社会调节、居民自治良性互动。

【社工队伍建设】 2022年，盐亭县实施社工队伍专业培训和能力提升工程。每年对村（社区）干部、社区社会工作者和公益服务类事业单位、公益慈善类社会组织人员以及招募的社工岗人员开展社会工作专业知识培训，增加以社区专职工作者为主体的社会工作专业人才储备，截至2022年12月，全县共有助理社会工作师30名。指导社区志愿服务站（点）建设，开展“社工+义工”双工联动，引导志愿服务向公益法律服务、居家社区养老、社会心理健康等特殊领域拓展，向孤寡老人、残疾人、失能人员、失独家庭、社区矫正人员等群体延伸，积极开展儿童关爱、老年人关爱、社区建设、垃圾分类等志愿服务项目，探索开展“时间银行”“绿色账户”等志愿服务项目，推动社区志愿服务制度化常态化。坚持以创新“五社联动”机制为载体，不断提升社会工作服务质量，更好助力全县城乡基层社会治理。

（张邱飞）

民族·宗教

【民族】 盐亭县世居民族为汉族、回族，2022年盐亭县有汉族511082人，占总人口98.94%；回族4046人，占总人口0.78%。另有藏族、羌族等33个少数民族人口共1405人，主要为婚嫁迁入，散布于17个乡镇（街道）。

【教职人员与信教群众】 2022年，盐亭县共有备案教职人员41人，其中，佛教24人、道教7人、伊斯兰教8人、基督教2人。有信教群众6万余人，其中佛教约3.5万人、道教约1.5万人、伊斯兰教约5000人、基督教约5000人。

【宗教团体与场所】 2022年，盐亭县有佛教、道教、伊斯兰教、基督教四大宗教，有县级宗教团体3个（佛教协会、伊斯兰教协会、基督教三自爱国运动委员会），有

2022年12月6日，南街社区召开垃圾分类宣讲培训会

宗教活动场所29处(省民宗委批准寺观教堂23个,市民宗局批准固定处所6处),分布于凤灵街道、西陵镇、嫘祖镇、九龙镇、富驿镇、大兴回族乡、黄甸镇、鹅溪镇8个乡镇(街道)。其中佛教7处(分别是凤灵寺、净安寺、金峰寺、长乐寺、金鼎寺、高山少林寺、玉泉寺)、道教3处(分别是天禄观、真常观、会仙观)、伊斯兰教15处(分别是北街清真寺、穆家沟清真寺、马家山清真寺、马家寨清真寺、达家坪清真寺、大罗村清真寺、小河子清真寺、杨家湾清真寺、江家湾清真寺、檬子垭清真寺、军门清真寺、金家山清真寺、金家寨清真寺、富驿清真寺、安家清真寺)、基督教4处(分别是云溪基督教堂、富驿基督教堂、黄甸基督教堂、高灯基督教堂)。有基督教临时活动点5处,分别位于玉龙镇、文通镇、莲花湖乡、富驿镇、金孔镇。有民间信仰场所3处,分别位于西陵镇、嫘祖镇、岐伯镇。

(尹雨欣)

乡镇街道

凤灵街道

【概况】 凤灵街道总面积34平方千米，2022年辖1个建制村、15个社区、5个村民小组、71个居民小组。街道总户数38019户，其中，农业户1216户；总人口100858人，其中，农业人口4021人；有外来人口324人。山林面积25372.6公顷；耕地面积3246公顷，其中，水田1111.05公顷。全年，街道完成固定资产投资入库1404万元，入统4894万元；实现消费品零售总额73.65亿元，同比增长16.5%；实现农林牧渔总产值6600余万元，同比增长8.5%；城镇居民人均可支配收入41258元，同比增长3.9%；农民人均纯收入21323元，同比增长4.9%。

【农业生产】 2022年，凤灵街道实现农业总产值0.66亿元，全面完成粮油生产任务，总计种植小麦200公顷，水稻173.3公顷，玉米386.7公顷，豆类蔬菜等其他作物38公顷。全年实现生猪出栏3685头，肉牛113头，肉羊1736只，小家禽4万余羽。

【工业发展】 2022年，凤灵街道有96家工业企业，其中规模以上企业16家。万安社区被市级抽中为个体工业样本村，2022年有工业企业14户，规模以下企业3户，个体工业11户。

【民生保障】 2022年，凤灵街道持续关注民生民情，加强社会救助和对特殊群体的帮扶关心。全年共计实施临时救助74人次，累计支出救助资金3.7万元；上报符合医疗救助条件的人员115人次；开展“温暖万家行”慰问残疾人群体86人次发放救助金13200元；发放残疾人灵活就业补贴25人次合计12500元；发放重度残疾人护理补贴1025人次合计491570元；发放残疾人辅助器具34人次41件；开展服务残疾人助听器适配筛查3次，发放助听器9件。推荐凤灵街道最美残疾人家庭1人次并获得残疾人市级表彰。开展20余次退役军人常态化联系慰问工作，发放慰问金7万余元，帮助重点优抚对象申报医疗救助68人次，街道优抚临时救助37人共计7.34万元，新挂、补挂光荣牌15户。

【村社道路建设】 2022年，凤灵街道新规划建设村社道路3500米，其中红光6、10社自然村通硬化路新建道路2000米已验收合格；万安社区咸水1、2、5队通硬化路1000米已立项；红光、指南、三义社区共500米的道路硬化工程已向县交通局提交申请。

【墨竹里风情街】 墨竹里风情街项目，地处凤灵街道红光社区，位于文同桥与嫘祖大桥之间，扼守梓江与弥江交汇处，两横三纵五街汇成3000米特色风貌街区，以华夏嫘祖文化为核心，集岐伯中医康养文化、农耕桑蚕文化、礼学字库文化、美食文化等于一体，打造嫘祖文化体验地。项目总规划建设用地为4.67余公顷，以国家AAAA级旅游景区标准成就盐亭城市新名片，助力实施文旅活县战略，推动盐亭旅游产业升级转型。

【老旧小区改造项目】 2022年，凤灵街道验收南街、东街等8个社区老旧小区改造项目，惠及44个小区2740户居民，投资6202.94万元。上报2023年4个社区12个小区老旧小区改造项目，惠及居民347户，涉及房屋面积20700平方米。

【征地拆迁】 2022年，凤灵街道按政策征用指南、石龙、三义、红光、石岭、梅花村土地40余公顷，有力保证墨竹里、党校、河堤建设等项目的落地实施。棚户区改造方面，红光2、3、11社及指南片区均已进入收尾阶段，累计与90户居民签订拆迁补偿安置协议，涉及房屋面积近15000平方米。提请审定赐紫路170号片区棚户区（城中村）改造项目房屋征收与补偿安置方案，涉及居民70户。

【污染防治】 2022年，凤灵街道全面落实河长制工作，强化散乱污和餐饮油烟企业治理，完成沿河两岸铁围栏栽设约4千米。全年出动700余人次、挖掘机18台次、船只14台次，投入资金16万余元，清理弥江河沿线5千米、梓江河沿线4千米，打捞水葫芦约20吨。开展油烟专项排查联合执法行动8次，摸排辖区小餐饮店共1340余家，定期排查油烟排放及净化器安装使用情况。更新摸排9类散乱污企业台账，成功取缔万安、红光、先锋4处砂石厂以及万安废旧汽车回收站、北街河堤养鸡场。

（杨政宇）

云溪镇

【概况】 云溪镇地处盐亭县城北面，辖区面积约71.57平方千米。2022年辖7个建制村（石牌村、三清村、阳山村、七宝村、新农村、鳌鱼村、复兴村），2个社区（风池街社区、弥江路社区），53个村民小组，14个居民小组。全镇总户数7925户，常住人口约3.1万人，流动人口3976人，城镇人口21879人，农村人口9327人，少数民族200余人。耕地面积0.11万公顷，其中，水田133.33公顷。全镇森林覆盖率达50.8%，年均气温16.3℃，年降水量约860毫米，全年气候温和，四季分明。2022年，全镇财政总收入1887.15万元。辖区有大型综合市场2个，大型综合商场3个，企业331家。

【农业生产】 2022年，云溪镇新型农业经营主体已达50余家，规模流转土地333.33余公顷。乡镇农技推广人员全部在岗在位，专职从事农业技术推广服务工作。2022年粮油生产面积0.14万公顷、总产0.82万吨。治理撂荒耕地31.33公顷，实现复耕复种。发展雷竹笋、羊肚菌、藕等各类时蔬为主的近郊蔬菜种植126.7公顷，杂柑、藤椒、蚕桑等特色产业园100公顷。养殖成片水产品15公顷。有标准化、现代化生猪代养场10家共计33个单元，年出栏生猪达5万头，年产值1.6亿余元。按照村集体经济“一年消薄三年壮大”行动要求，制订《消除集体经济薄弱村实施方案》和村级任务清单，全镇7个村均实现集体经济收入5万元以上。

【民生保障】 2022年，云溪镇开展“雨露计划”职业教育补助工作，发放补助资金26人次3.9万元，全年全镇无义务教育阶段辍学现象。为全镇监测户、脱贫户发放鸡苗3200余只，直接带动280余户农户增收。为3户脱贫人口发放小额贷款8.54万元，解决脱贫户产业发展资金难题。通过集中排查和日常排查，新识别32户、61人为监测对象，落实帮扶措施和帮扶责任人，全面做好省级后评估交叉验收。

【水利项目建设】 2022年，云溪镇协调解决水利项目建设土地征用、青苗赔偿、林地占用等，按时完成农村安全饮水建设任务，塘库堰等小微水利工程管理到位。着重围绕全镇脱贫户和监测户的饮水状况再次进行摸排，实施三清村自来水管安装工程及石牌、阳山、东永打水井工程，改善供水不稳定问题。

【城乡基层治理】 2022年，云溪镇在全镇2个社区，7个村设立村（社）级基层人民调解委员会9个，在社区建立“百姓说事点”6个，为村居民提供法律咨询服务390余次、人民调解服务190余次、法律援助服务10余次、公正便民服务360余次、司法鉴定服务10余次。各村（居）通过法律手段共调解大小纠纷42件，并形成工作台账，解决法治服务“最后一公里”。开展形式多样普法活动，在辖区LED屏循环滚动播放法治宣传标语，悬挂横幅32幅，制作法治宣传展板14个。不定期开展法律知识培训、法治讲堂等，组织观看警示教育片3次，开展“以案释法”活动5次，在全镇营造浓厚的法治氛围。开展“3·30”森林草原防灭火警示日宣传教育活动，在各村重要路段、林区要道悬挂宣传标语30余处，制作标识标牌300余幅，发放宣传单2000余份。

【商贸发展】 2022年，云溪镇成功引进智慧酒店项目。该项目计划总投资约1000万元，建筑面积约3000平方米，项目建成运营后，可以提供就业岗位12个。全年新增企业37家，新增个体342个，新增农专社2个，经济发展持续向好。开通2条跨梓江大桥，县城到龙凤谷的交通得到改善，龙凤谷成为县城游、娱、休闲的后花园。

（汪　鑫）

富驿镇

【概况】 富驿镇总面积174.8平方千米，2022年辖4个社区和21个建制村，16个居民小组和150个村民小组。全镇总户数23303户，总人口5.7万人。林地面积0.84万公顷，耕地面积0.6万公顷，其中，水田0.126万公顷。

全年，全镇实现地区生产总值21.72亿元；财政总收入2066.46万元，同比增长46.58%；村级集体经济总收入170.32万元，同比增长134.13%；城镇人均可支配收入43381元；农村人均纯收入29551元。有限额以上商贸企业1家，限额以上批零企业3家，完成桃林大酒店等3家限额以上商贸企业入库。2022年新培育市场主体408家，共有各类市场主体2902家，已超额完成年初下达任务。

获得四川省首批"省级百强中心镇"、四川省县域医疗卫生次中心、绵阳市五四红旗团委、绵阳市无偿献血先进单位、第四批绵阳市"四好农村路"示范乡镇、盐亭县乡村振兴先进乡镇等多项荣誉。

【农业生产】 2022年，富驿镇种植有优质杂柑666.67公顷、藤椒366.67公顷，杂柑园提质增效166.67公顷、藤椒园提质增效66.67公顷。有葡萄、猕猴桃、桃子等优质果园166.67公顷，水产品养殖133.33公顷，生猪代养场30个单元（具备年出栏生猪10万头产能），规模肉牛养殖场1处，山桐子、中药材、蚕桑、小龙虾等产业均已具备一定规模。培育新型农业经营主体62家，成功创建3家县级家庭示范农场、3家县级示范合作社。持续推进粮食生产高产高效示范地建设，在五星村新增高产高效示范基地3.33公顷，完成化肥农药减量增效示范。积极推进五柳村、五星村、幸福村高标准农田建设，油料作物（油菜、花生、大豆等）稳定在2666.67公顷以上，粮食（小麦、玉米、水稻）播面达6200公顷以上，较2021年实现恢复性增长。发展大豆玉米复合种植433.33公顷（其中，核心示范基地133.33公顷）。在五星村建成省级高产高效示范基地33.33公顷；规划建设富驿现代粮油产业园区666.67公顷。扎实推进耕地保护工作，年初摸排撂荒地共有275.33公顷，已全面完成整治任务；全力落实耕地进出平衡，2022年全镇耕地进出平衡缺口126.67公顷，除金峰水库淹没区46.67公顷，已恢复80公顷。

【工业发展】 2022年，富驿镇推动规模以上工业企业嫘祖豆瓣与成都三顾冒菜成功签订合作协议；新引进的嫘泰食品，已于4月下旬建成投产；积极协调五星、三岔、龙坛三处中浅油气井建设，为项目顺利推进营造良好环境。

【民生保障】 2022年，富驿镇扎实做好全镇685户1884人脱贫人口、123户303人监测对象帮扶工作，及时对接新帮扶单位对帮扶责任人进行调整，保持帮扶力量总体稳定。启动临时救助程序，实现应助尽助，2022年全镇累计救助大病、生活困难等群众58人次，累计发放临时救助资金3.4万元。积极开发镇村公益性岗位，全镇农村区域公益性岗位人员44人均为脱贫户。强力推进金融帮扶，全年为脱贫人口发放贴息政策小额信用贷款19笔，贷款金额80余万元。全力推进农村"一户多宅"整治和农村危房拆除行动，五柳村成功创建市级乡村振兴示范村。

【村镇基础设施建设】 2022年，富驿镇投资1300万元建设4.4千米绕镇路，已具备通车条件。国道245线富驿场镇过境段中修工程已完工。金峰水库蓄水已达7000万立方米，已正式运行；金峰水厂已建成，待投入运行。完成富驿场镇污水处理站技改提升，犁头垭下段第二污水处理站已完成管网建设。省级百强中心镇奖励资金到位718万元，利用该项资金实施的富驿路改造提升项目即将完工。

【百万蛋鸡项目在富驿镇正式落地】 富驿镇通过农业招商引资，成功引进嫘祖禽业与凤集食品集团合作的百万蛋鸡项目。1月18日，嫘祖禽业与凤集食品集团合作的百万蛋鸡项目在富驿镇复明村举行开工仪式。该项目由盐亭嫘祖禽业牵头投资修建，项目固定资产投资8000万元，总投资1.2亿元，分两期完成，一期在7月30日前完成，二期在2023年6月30日前完成。项目建成后，将由凤集食品集团有限公司金蛋产业链运营，可实现年产值2亿元以上，创利1600万元。

2022年1月18日，嫘祖禽业与凤集食品集团合作的百万蛋鸡项目在富驿镇复明村举行开工仪式

【承办全县小春田管、大春备耕现场会】 3月25日，县政府在富驿镇五星村召开全县2022年小春田管、大春备耕现场会。现场推广小麦病害科学防治、大豆玉米带状复合种植机械播种等技术，实现“藏粮于技”。

2022年3月25日，县政府在富驿镇五星村召开全县2022年小春田管、大春备耕现场会

【召开镇第九届人民代表大会第二次会议】 6月13日，富驿镇召开第九届人民代表大会第二次会议，会议第一阶段组织代表就幸福村高标准农田建设、绕镇路建设开展调研视察；第二阶段听取审议镇政府工作报告、人大主席团工作报告，听取2021年度民生实事项目报告，票决产生2022年度镇政府民生实事项目。

2022年6月13日，富驿镇召开第九届人民代表大会第二次会议

【召开庆祝中国共产党成立101周年暨“七一”表扬大会】 6月30日，富驿镇召开庆祝中国共产党成立101周年暨“七一”表扬大会，大会表扬了优秀个人和先进基层党组织，为在党50年老党员代表颁发“光荣在党50年”纪念章，并组织全镇在家党员重温入党誓词，邀请党校老师讲授党课，为全镇党员过上一个有意义的“政治生日”。

【开展“冲刺四季度、大干一百天”书记龙门阵】 10月8日，富驿镇召开“冲刺四季度、大干一百天”书记龙门阵会议。各村（社区）书记就当前重点工作展开讨论发言。镇长王鹏安排当前各项工作，党委书记李明远强调在中共二十大召开之际，全镇上下一定要以对党和人民高度负责的态度，全力做好各项安全生产工作。

（刘　禧）

2022年6月30日，富驿镇召开庆祝中国共产党成立101周年暨“七一”表扬大会

2022年10月8日，富驿镇召开"冲刺四季度、大干一百天"书记龙门阵会议

玉龙镇

【概况】 玉龙镇是首批全国重点镇、县域中心镇，盐蓬路、盐射路穿场而过，梓江河、榉溪河交汇于此，交通便利，经济活跃，素来有盐亭"水陆码头"之称，是盐蓬路产业示范带重要节点，先后获"全国重点镇""国家卫生乡镇""国家级核桃示范基地""首批全省百镇建设行动试点镇"等称号。

玉龙镇总面积92.95平方千米，2022年，辖11个建制村、3个社区、91个村民小组、17个居民小组，总人口3.3万人，场镇面积3.5平方千米，常住人口1.6万人。

2022年，全镇实现地区生产总值5.4亿元、同比增长9.3%；地方一般公共预算收入1540.84万元；城镇居民人均可支配收入41560元、同比增长4%；农村居民人均可支配收入22045元、同比增长3.4%。

【现代农业转型升级】 2022年，玉龙镇大力实施农业"135"工程。推进现代农业园区建设，按照"做大规模、做优品质、做响品牌"的思路，大力发展农产品精深加工、仓储物流、冷链烘干，延伸产业链，提高附加值，推动核桃、生猪、特色水果等产业扩面、提质、增效。全镇0.12万公顷核桃园、466.7公顷杂柑园呈现良好发展势头。结合撂荒地治理扩大粮食种植面积146.7公顷，开展133.33公顷大豆玉米带状复合种植，完成播面任务0.47万余公顷。全镇生猪存栏10万头，家禽存栏30万羽，畜牧业总产值同比增长20%。

【民生保障】 2022年，玉龙镇扎实推进就业、教育、医疗、养老等基础性、普惠性、兜底性社会民生事业发展。拓展完善鑫裕隆乡村发展服务有限公司功能，破解场镇管理难题，为进一步推进城乡环境综合提质三年行动探路子、创经验。拓宽社工站服务范围，为服务对象提供更具品质的陪伴与照顾，提升群众幸福感。进一步巩固和完善城乡救助体系，全年发放农村低保2019743元、城市低保2694300元、五保1324872元、重度残疾人护理补贴944260元、高龄补贴597300元；全面落实城乡医疗救助政策，发放县临时救助金10万元、镇临时救助金6万元；开发城镇公益性岗位15个，农村过渡性公益性岗位83个，完成200名就业困难人员灵活就业。

【村镇基础社区建设】 2022年，玉龙镇聚焦场镇治理，构建"一心、两轴、四片区"场镇发展空间布局。将陈家坝新区土地拍卖收益600余万元全部用于推进新区市政道路管网等基础设施建设。通过对上争取、自筹资金对玉龙桥、麒麟街等处市政设施进行维修改造，治理损坏路面3100平方米，改建污水管网220米。加强道路交通安全管理，发现并整改道路隐患14处。10月初盐蓬路新家沟段水毁项目完成竣工验收，12月底盐射路莲花桥改线项目完成竣工验收。

【防止返贫动态监测帮扶】 2022年，玉龙镇严格落实中央"五年过渡期"和"四个不摘"要求，健全防止返贫动态监测和帮扶机制，继续对全镇521户1194人脱贫人口、97户197人监测对象开展监测，持续跟踪收入变化、"两不愁三保障"情况。健全防止返贫动态监测和帮扶机制，重点对患有大病、兜底保障的易返贫、致贫人群落实帮扶措施。做好社会保障工作，新识别低保户75户，开展特困人员走访关爱活动190次。组织48人次适龄贫困劳动力参加技能培训，输送534名贫困劳动力外出务工，不断拓宽贫困人口收入渠道。有效使用低保兜底、公益性岗位和预警处置资金解决20户监测户收入问题。开展房屋安全鉴定全覆盖工作，完成困难群体危房改造9户。

【发展村级集体经济】 2022年，玉龙镇不断巩固提升农村集体产权制度改革成果，有效盘活集体资产，用好用活集体资源，狠抓产业项目落实。全年新建红薯种植加工基地1个，预计增收20万元；因地制宜种植6.67余公顷生态莲藕，预计增收20万元，被央视新闻频道《新闻直播间》栏目报道。启动红薯粉生产建设项目，预计年产值达20万元。

【文化活动与文化保护】 2022年，玉龙镇加大对嫘祖文化、龙狮文化的挖掘，打造文化志愿服务活动品牌，发掘选拔优秀文艺人才160余人，组建舞龙队、舞狮队、腰鼓队、川剧坐唱队、舞蹈队等文化志愿服务队伍18支。加大孝节牌坊、七级浮屠塔、古月台、古榕树等名胜古迹的保护和开发力度，并投资2万元进行景观打造，成功创建绵阳市首批乡村文化振兴样板乡镇。同时紧抓省级传统村落申报契机，2022年8月黄溪村被列入第五批省级传统村落名录。

（胥　蕾）

黄甸镇

【概况】 黄甸镇总面积132.6平方千米，2022年辖12个建制村（万泉村、金马村、保安村、定光村、长乐村、高林村、三学村、笔塔村、净铭村、金益村、龙台村、利和村）、3个社区（黄天坝、湍江、三元）、117个村民小组、16个居民小组。全镇总户数21295户，其中，农业户15183户；总人口41887人，其中，农业人口35259人，有外来人口5753人。人口自然增长率为4‰。山林面积6336公顷；耕地面积4539公顷，其中，水田1082.6公顷。

全年，全镇实现工农业总产值7.28亿元，比2015年增长61%；财政总收入2474.6万元，其中，地方财政收入2222万元；农村经济总收入115201万元，同比增长0.96%；村级集体经济总收入158.03万元，同比增长89.57%；农民人均纯收入21108元，同比增长9.6%。年末银行存款余额10.1亿元，同比增长8.5%。

【农业生产】 2022年，黄甸镇粮食播种面积0.45万公顷，总产2.64万吨，种植业实现年产值22229万元，投入资金160万元整治撂荒地133.33公顷。全面推广大豆玉米带状复合种植，粮食播种面积产量实现“三连增”，三学村夏粮丰收喜获央视报道。巩固提升特色产业，稳定形成“1+2+N”现代农业产业体系，累计发展蚕桑、蔬菜、中药材等特色产业0.078万公顷，400公顷标准化、规模化柑橘产业园持续发力，带动5000名群众增收致富。新增农民合作社4家，新增流转土地面积166.67公顷。发展经济作物1915.7公顷、蔬菜487.3公顷。生猪年存栏16909头、出栏31878头，肉牛年存栏3845头、出栏1883头，肉羊年存栏16375只、出栏23328只，各类家禽年存栏669557羽，出栏971033羽，养殖业实现产值2.13亿元。全年培训并成建制规模输出富余劳动力29711人，实现劳务收入53566万元，其中劳务净收入53566万元。利和村荣获省级“基层治理示范村”、省级“乡村振兴示范村”、省级“六无”平安村。

【工业发展】 2022年，黄甸镇新引进规模以上工业企业1个，规模以上工业企业总数达到6个。新增市场主体139家，完成“个转企”39家、“小升规”3家，新增亿元企业3家。争取实施项目92个，其中，千万元以上项目1个，亿元以上项目1个，洛克石油黄甸辖区年产天然气达到3.3亿立方米，角70井增压脱烃项目投资达2.9亿元。全年实现工业总产值7891万元、工业增加值1726万元。

【民生保障】 2022年，黄甸镇持续巩固脱贫攻坚成果，尽心解决群众“所急、所难、所愁、所盼”。组织帮扶责任人开展走访帮扶4100人次，新纳入监测户35户67人。进行低保、特困户兜底186户259人，医疗救助、临时救助达305人次，重度护理补贴、精神智力障碍三四级护理补贴、困难残疾人生活补贴等受益人数达84人。建成儿童之家和社会工作站各1个，累计开展个案服务12个，开展社区活动14场次。统筹推进集便民服务、党群服务、社工服务、新时代文明实践于一体的综合服务平台，成功创建“省级示范便民服务中心”。高水平承办全市2022年科技活动周系列活动，发放各种科普宣传资料1.5万余份、开展实用技术咨询500人次、义诊500人次。

【商贸与旅游】 2022年，黄甸镇两个场镇商业配送中心和大型综合超市经营规模、销售总额等继续保持全县乡镇第一。农产品市场交易持续向好，有电子商务1家，网上交易额逐步攀升。虎洞沟农家乐立体生态种植养殖完成业主和经营模式转换，经济效益提高，社会效益明显。龙台村国家级传统保护村落和省级最美古村落建设继成功申报后，确认首期国家保护项目内容和资金，即将实施。王氏名人故居科举和红色文化旅游、黄阁府和字库塔历史文化旅游、真常观会仙观道教文化旅游、常乐寺佛教文化旅游、剑清故里、大楼街文化名人之乡旅游逐渐连成体系，旅游文化建设欣欣向荣。

【村镇基础设施建设】 2022年，黄甸镇新建村社道路8.425千米、加宽24.832千米。新建污水管网1000余米，新建生态沟渠571米，新购垃圾车13辆，清理各类垃圾803.3吨。拆除违法建筑3宗，面积达800余平方米；拆除一户多宅及D级危房100处、9000余平方米，改造危房5户。二季度城乡环境综合提质三年行动综合评比位居全县第二，三季度荣获全市"十佳"乡镇。实施场镇美化亮化工程，新建市政管网600米，新划设停车位395个，累计清理路面151.53千米、广告招牌897处、私搭乱接线路1.18万米。全面完成高速公路出口风貌打造，新建绿地1200平方米，安装路灯41盏，升级改造场镇路灯153盏，新建河堤沿线路灯71盏，新安装村级路灯55盏。持续推进农村"三大革命"，整村推进利和村120户无害化卫生厕所改造。实施村庄"五清"行动，推进饮用水源地规范化建设，完成隔离网、标识牌等设施建设，落实饮用水源保护区的长效管理机制。全面落实河(湖)长制，设立镇级河长2名、村级河长15名、巡河员15人，打捞白色垃圾和漂浮物130余吨，湍江河水质长期保持在Ⅲ类以上。

【招商引资促项目发展】 2022年，黄甸镇立足镇情实际，破解招商引资困境，实施精准招商、依托贤达以商招商、发动干群全民招商，天然气增压脱烃、中化现代粮油、风集蛋种鸡全产业链等大项目、好项目全速推进，即将竣工投产达效，总投资破4亿元。

【项目攻坚】 2022年，黄甸镇全力推进项目攻坚，争取项目实施92个。湍江黄甸防洪治理工程项目顺利完工；区域特困集中供养项目主体完工；8个撤并建制村畅通工程全面完工，新建村社道路8.425千米、加宽24.832千米，"金通工程·天府交邮通"改革经验先后被学习强国、《四川经济日报》、绵阳新闻网刊播转载。投入资金60余万元，提标升级改造党群服务中心，建成"省级示范便民服务中心"。

【壮大集体经济】 2022年，黄甸镇持续壮大集体经济，14个村级集体经济全面实现"破五清零"，实现收入150余万元，其中，集体经济收入10万元以上村达到3个，三学村集体经济收入首次突破50万元大关。培育建成家庭农场、合作社、农业企业等新型经营主体26个。

【整治场镇秩序】 2022年，黄甸镇高压推进场镇秩序整治，新增停车位395个；规划班车、摩托车停放点8处；取缔摊点31个；规范门市73个。率先启动场镇"三线"整治行动，梳理拆除规范"三线"9500米，拆除废弃电线杆5处。

（白凤娇）

金孔镇

【概况】 金孔镇位于盐亭县东南部，距盐亭县城42千米，总面积117平方千米，2022年辖6个社区、21个建制村、25个居民小组、150个村民小组。全镇总户数1.7万余户，总人口52223人(场镇居民常住人口11499人)，其中，农业人口46885人，有外来人口1206人，人口自然增长率4.08‰。

2022年全镇农村经济总收入57493.54万元，同比增长5.4%；财政总收入1989.04万元，同比增长12.09%；村集体经济总收入141.66万元；农民人均纯收入18622元，同比增长7.3%。

【农业生产】 2022年，金孔镇全年完成大春粮油作物种植0.42万公顷，优良品种普及率达96%以上，总产24481.2吨；小春农作物种植0.35万公顷，圆满完成全年大小春生产目标任务。盐亭县杜欣农业开发有限公司种植杂柑37.33公顷，2022年总产量20余万千克，总产值200余万元，产品远销临沂、宁夏、长沙、天津等地。盐亭县创润达水果种植专业合作社种植优质李13.33余公顷，2022年总产量10余万千克，总产值100余万元。盐亭县收陈农家农场承担省、市农科院玉米品种对比试验13.33公顷，得到省市专家好评。开展撂荒耕地治理，全年农户自行复耕撂荒耕地39.96公顷；村集体经济组织治理撂荒耕地98.36公顷；引进社会资本流转土地300余公顷，其中撂荒耕地233.33余公顷。

【民生保障】 2022年，金孔镇有2057人享受低保，全年发放低保金约360万元，发放临时救助金额91人38500元，发放低保、特困人员和特殊困难群众大病医疗救助40人92317元。全年新办理各类残疾证75本，发放残疾人各类补贴约104万元，慰问困难残疾人130余人。完成危房改造64户，发放资金191万元。规范农家书屋管理，完善制度建设，组织开展农家书屋"新春剪纸活动"，丰富群众精神文化生活。组织农民工培训、招聘、送岗，40余人成功就业。

【商贸与旅游发展】 2022年，金孔镇营商环境进一步得到优化，全年新增企业52家，招商引资1000万元以上。加强文物保护工作，积极发掘保护陈家庵、云仙村字库、金孔小麻花等15个地方特色文化项目。成立文物保护工作领导小组，对辖区内文物保护单位、文旅经营单位开展安全自查20余次，与县级相关部门联合巡查12次，促进各旅游点安全保障体系建设，为金孔旅游业发展开创有利条件。

【村镇基础设施建设】 2022年，金孔镇全年新建及在建道路34.89千米，完成投资1200余万元，其中村社道路建设8.138千米，道路加宽24.829千米，新增错车道20处，硬化机耕道1.923千米，便利群众出行，促进产业发展。开展农村人居环境整治，2022年自筹资金40万元，购置清扫车、洒水车、垃圾清运车以及巡逻车。在场镇主要位置新建垃圾中转站4个，按照垃圾“村收集、镇转运、县处理”的处理方式，有效改善场镇卫生条件。大力开展场镇“三化”工程，对场镇主干线和村(社)主干道进行绿化、亮化、美化，以树木亮化为重点，以种植樱花树、桂花树、月季等植物为依托，积极打造明亮璀璨的美丽小镇。

(谢玉如)

高渠镇

【概况】 高渠镇总面积139平方千米，2022年辖14个建制村(白虎村、魏河村、香山村、堠溪村、宏生村、石门村、共和村、五和村、凤林村、白石垭村、章邦村、玉带村、双林村、桐船村)、3个社区(两河社区、毛公社区、聚兴社区)、104个村民小组、19个居民小组。全镇总户数17305户，总人口40768人。有镇属党组织21个，其中设党委8个，党总支8个，党支部5个，党员1653名。成巴、绵西两条高速和绵盐、国道245线等公路穿境而过。全镇以“休闲农业+乡村旅游”为主，已初步形成以果蔬采摘、休闲观光体验游为主导产业，杂柑为拳头产品的产业格局。2022年，全镇村(居)集体经济总收入94.3万元。

【农业生产】 2022年，高渠镇传统农业粮油生产持续稳定，生猪、牛、羊、小家禽出栏数量持续上升，“三大产业片区”提质升级。全年粮油总产24659.2吨，大力实施266.67公顷玉米绿色高质高效行动项目和33.33公顷水稻高产高效示范片创建项目，示范片亩产分别高于一般种植产量25～30千克，梓江万亩生态蔬菜产业带、白虎休闲观光产业带、共和种养循环产业带初具规模。优化完善农产品检测室，有序开展农产品质量安全日常检测工作，全年完成产品样本检测4800例，录入农产品追溯批次4800个，合格率达到100%，农产品质量监管体系进一步强化。狠抓农业新型经营主体的引进和培养，全年新引进硒科农业、新奇特农业种植企业2家，引进业主5家，培养家庭农场24家、种粮大户7家，共计流转土地666.67余公顷。消除集体经济薄弱村8个，集体经济总收入增加近25万元。成功认证“三品一标”企业7家，高渠镇品牌规模优势进一步提高。

【工业发展】 2022年，高渠镇工业商业健康发展。全年增加个体工商户208户，增加企业55户，镇域内主要企业有朋安建材有限公司、大洪禽业、嫘祖禽业、天生建材有限公司、自来水厂、新民机砖厂、华腾商砼、园香园味业等17家。全年乡镇企业总收入5500万元，其中工业企业收入3640万元。

【民生保障】 2022年，高渠镇养老保险、医保参保银行签约代扣率、参保率、缴费成功率均达到指定指标。计划生育奖励扶助全部兑现到位，全年“量服”入库数目标任务全面完成，残疾人需求达到100%，残疾人人均服务超过5项次，精准度达到100%。城乡低保、五保实现应保尽保，农村养老服务

2022年7月，高渠镇荣获四川省第二届乡村文化振兴魅力竞演大赛盐亭赛区“魅力乡镇”称号

体系建设试点工作有序推进，保障农村及城市低保2165户、农村五保供养377人。巩固拓展脱贫攻坚成果同乡村振兴有效衔接，继续强化落实“四不摘”要求，确保政策总体稳定、帮扶力度不减，接受并顺利通过省级后评估检查工作。持续抓好防止返贫致贫动态监测，全年新增监测户40户99人。不断完善矛盾纠纷多元化解体系，全年共排查矛盾纠纷200余件，调处率100%，调解成功率达95%以上；大调解系统录入率100%，累计办理上三级交办案件和县本级转办信访案件295件。

【商贸与旅游】 2022年，高渠镇五禾生态农庄、青龙山庄、高老庄等农家乐接待游客3万余人，全年实现旅游收入100余万元；引进成都民兴文创旅游公司投资1200万元打造“棕榈世界”章邦露营基地项目。

【村镇基础设施建设】 2022年，高渠镇实施通组路建设、撤并建制村畅通工程等基础设施建设工程3个；12个村农村污水治理项目、溪沟桥至梓江污水处理站污水管网整治项目、场镇道路黑化工程全面完工并完成验收；完成新建西部供水站输（提）水管道90千米，高位水池18处。

【农业农村部到高渠镇调研农业农村工作】 2022年7月4日，农业农村部到高渠镇调研农畜产品质量安全监管工作，调研生产经营主体名录建立，生产主体标准化生产、生产主体质量安全责任落实、追溯体系建设、承诺达标合格证推行情况，星级服务站对“一图二书三员四定五化八制度”监管规范情况，网格化监管责任落实情况。7月7日，全国人大宪法和法律委员王宁一行再次到高渠镇调研此项农业农村工作。

【高渠镇承办盐亭县2022年晚秋生产现场会】 2022年9月2日，高渠镇玉带村承办盐亭县2022年晚秋生产现场会，探讨晚秋生产增产路径，确保晚秋“满栽满种”。

（张晨倩）

九龙镇

【概况】 九龙镇总面积117.4平方千米，2022年辖15个建制村（青龙村、乐建村、复新村、灵龙村、青松村、骑龙村、新胜村、江坝村、金龙村、长征村、紫龙村、龙潭村、仁广村、桃花村、应龙村）、4个社区（八角社区、万灵社区、五龙社区、榉溪社区）、154个村民小组、10个居民小组。全镇总户数19330户40438人。山林面积4703公顷；耕地面积4451公顷，其中，水田1337公顷。

全年，全镇实现农业总产值8.46亿元；财政总收入1948.37万元，同比增长25.78%，其中，地方财政收入1948.37万元；上缴税款167万元；村级集体经济总收入126.52万元；农民人均收入2.20万元；年末银行存款余额12.71亿元，同比增长11.59%。

2022年，九龙镇荣获“绵阳市无烟单位”“绵阳市乡村振兴先进

2022年9月2日，高渠镇玉带村承办盐亭县2022年晚秋生产现场会

镇”等荣誉称号，青松村球宿根花卉现代农业园区被评为“市三星级现代农业园区”。

产业路提升改造工程（2022 年摄）

【农业生产】 2022 年，九龙镇深入探索“企业+基层供销社+村集体经济”发展模式，发展壮大各村集体经济收入。九龙镇基层供销社全年实现销售农资化肥 217.49 吨，销售总额超 60 万元，毛利润超 11 万元。桃花村采用“公司+村集体+农户”的订单模式，利用撂荒地发展订单农业，治理撂荒耕地 226.67 余公顷，分别种植南瓜 20 余公顷、蚕豆 40 余公顷，全年集体经济收入超 25 万元。种植小麦 1198.63 公顷、水稻 877 公顷、玉米 1643.81 公顷、大豆 294.09 公顷，总产量 25364.04 吨。发放地力保护补贴、一次性种粮补贴、水稻补贴等各项惠农补贴 720 余万元。七里花乡园区投资 1400 万元修建温室大棚 1 万平方米、花卉体验场 7000 平方米、农产品展示中心 2000 平方米。新增家庭农场 15 个，申报市级家庭农场 2 户，县级家庭农场 3 户。共有规模养猪场 16 户，散养户 536 户，出栏生猪 81400 头，肉牛 2570 头，肉羊 1500 只，肉禽蛋禽约 25 万羽。

盐亭九龙乡贤农业开发有限公司盆景基地（2022 年摄）

角 76 井航拍图（2022 年摄）

【工业发展】 2022 年，角探 1 井正式投产，产量达到 35 万立方米每日，该井是四川盆地蓬莱气区茅口组产层井口压力最高的一口风险探井。角 76 井正在建设 LNG（液化天然气）压缩站。

【民生保障】 2022 年，九龙镇医保缴费人数 27564 人，参保率达 95%。全年累计发放低保、特困人员生活金等民政救助资金 760 余万元，惠及 5600 余名困难群众。全年办理退役军人优待证，慰问困难退役军人，申报医疗救助 25 人，

角探 1 井航拍图（2022 年摄）

关爱基金救助 12 人。持续巩固脱贫攻坚成果，新增监测户 56 户 128 人，审核发放防止返贫致贫基金 32 万余元。实施“雨露计划”资助困难学生 25 人。

【商贸与旅游】 2022 年，九龙镇成功承办以“春满人间·花香七里”为主题的“2022 年四川花卉（果类）生态旅游节暨第二届盐亭球宿根花卉生态旅游节”，展销百合、郁金香、朱顶红等花卉 100 余种，促成盆景成交额超 50 万元，带动周边经济收入达 20 余万元。

【村镇基础设施建设】 2022 年，九龙镇投资 4500 余万元提升改造产业路，硬化路面 12.7 千米，打造景观绿化带 7.2 千米，种植彩叶花卉行道树 800 棵，安装太阳能路灯 100 盏。完成建制村道路加宽 21 千米，修建通组路 10.2 千米，整治危桥 2 座。全面完成自建房安全排查，录入房屋 13931 栋，排查 C、D 级危房 726 栋，实施 C、D 级危房改造 24 户。投资 200 余万元对 12 个村的水利设施进行除险加固。完成武引二期和金峰水厂管网铺设协调工作。完成青松农渠项目主体工程建设。投入 230 万元完成五龙社区、桦溪社区地质灾害点整治工作。

（汪　茜）

七里花乡园区新建温室大棚、花卉园艺体验场等（2022 年摄）

花展现场（2022 年摄）

文通镇

【概况】 文通镇总面积 99.9 平方千米，2022 年辖 10 个建制村、2 个社区、7 个居民小组、60 个村民小组。全镇总户数 8327 户，其中，农业户 7446 户。总人口 20610 人，其中，农业人口 17498 人，有外来人口 6926 人。山林面积 4984.96 公顷，耕地面积 4053.46 公顷，其中，水田 206.60 公顷。

全年，文通镇实现农业总产值 4.07 亿元，比 2015 年增长

61%；财政总收入1609.8万元，同比增长28.6%；上缴国税、地税91.7万元，同比增长29.1%；实现村级集体经济总收入109.76万元，同比增长566.02%；农民人均纯收入2.2万元，同比增长4.8%；年末银行存款余额6.04亿元，同比增长42.8%。

2022年，文通镇有集体企业290个，较2021年增加72个；个体企业918个，较2021年增加95个。

【农业生产】 2022年，文通镇种植大豆200公顷、玉米1480.3公顷、小麦1042.06公顷、油菜1026.7公顷。推广玉米大豆带状复合种植133.4公顷，引导群众种植海椒、南瓜、生姜、青菜等各类时令蔬菜200公顷，种植瓜蒌、桔梗等中药材20公顷，产出蔬菜0.85万吨，同比增长0.005万吨，生猪存栏36720头，出栏61500头。

【民生保障】 2022年，文通镇各类志愿服务队伍先后开展理论宣讲、农业技术指导、读书日、文体、扶危济困、关爱留守儿童、人居环境整治、帮助缺劳动力户抢种抢收等志愿服务活动100余场次，服务各类人群达2000余人次。城乡居民养老保险参保率达90%以上，医疗保险参保率达95%。落实兑现计划生育奖励，严把审批关、调查关和公示关，全镇独生子女保健费落实率达100%。抓实扶危救困工作，全年实施低保救助948户1351人，救助分散特困126人。定期发放奖扶1660人、特扶117人。对全镇高龄老人601人，开展定期全覆盖巡防服务，救助帮扶困难老年人200余人。分散养育孤儿2人，事实无人抚养儿童1人，进行孤儿助学1人。镇级临时备用金救助114人50000元。提供残疾人就业、康复、办证咨询服务300余次，发放残疾人辅具71副，实施残疾人无障碍改造项目，累计受惠残疾人13户。

【村镇基础设施建设】 2022年，文通镇以补齐短板为手段，全力实现基础设施增速发展。全年扩建道路53千米（其中新建10千米、扩宽43千米），解决8000余名群众“出行难”的问题，为发展乡村经济打下坚实基础；因地制宜，通过新打水井、清淘旧井、新建蓄水池、对上争取武引用水等方式，解决989户3100余人生产生活用水。大力推进辖区内“五清”“四定”“四化”工作，镇村组织发动参与整治1000余人，清扫路面200余千米，附属设施维护、维修60处，清理杂灌、边沟、边坡等143.7千米，绿化美化亮化7处，清运生活垃圾388吨，整治农户庭院2000余户，整治畜禽养殖（水产）污染10处，清理老旧标语招牌等104处，清理乱贴乱画167处，整治临路街雨棚、遮阳帐篷等3处。新增停车位120个，整顿占道经营300余个，整治乱停乱放车辆500余辆，完善村社垃圾处理转运系统，做到村收集、镇转运、县处理。

【安全生产责任体系建设】 2022年，文通镇严格落实安全生产责任体系，对辖区烟花爆竹专营点、砖厂、加油站等开展常态安全检查15次，发出整改通知10份，消除安全隐患27处。抓实防汛抗旱及地灾应对和森林防火工作，年内治理地质灾害点2处，纳入项目库4处，辖区内4处地灾点均严格执行汛期监测。

【森林防火能力建设】 2022年，文通镇严格落实森林防火，组建半专业队伍1支（30人）、义务扑火队12支（350人），配备兼职护林员12名。充分整合镇消防站专职消防队员、民兵分队、镇村党员骨干力量，组建“1+1+12”消防铁兵队伍。开展镇村扑救实战演练13次，通过应急演练对应急方案进行反复修正、完善，有效提升扑灭火工作效率。全镇开展专题培训4场，受训人数达600余人次。组织全镇广大干部职工集中观看各类警示教育片10余场次，警示教育1000余人次。形成《工作简报》12期，被“四川森防”“盐亭在线”“盐亭发布”等新闻媒体采用5篇。与莲花湖乡、岐伯镇、富驿镇等相邻乡镇签订“联防联控联动”协议，实现信息资源共享，进一步提升区域森林火灾人力、物力、应急保障和应急救援能力。

（梁辅砷）

岐伯镇

【概况】 岐伯镇位于盐亭县北部，与绵阳市梓潼县、三台县毗邻，距县城24千米，与文通镇、鹅溪镇、云溪镇、高渠镇等乡镇接壤，由原柏梓镇、茶亭乡、来龙乡合并而成。西距成都192.2千米、绵阳84.6千米，北距梓潼53.3千米，交通便捷，绵西高速公路穿境而过，距东光庙高速公路出口9千米。全镇辖区面积169.1平方千米，有耕地0.45万余公顷，其中，水田666.67余公顷。下辖云龙村、龙顾村、燕来村、广福村、联合村、麟龙村、麒阳村、前头村、高峯村、三合村、青马村、龙前村、伯乐村13个建制村和榆龙社区、岐伯社区、新桥社区3个社区，112个村（居）民小组。2022年有户籍人口3.018万人。岐伯镇历史文化底蕴深厚，系华夏中医始祖岐伯、革命烈士袁诗尧、禅宗大师袁焕仙故里。

【农业生产】 2022年，岐伯镇粮食总产量2.8万吨。果蔬方面，按照“以种定养、以养促种、种养结合、绿色发展”思路，果蔬产业朝向集中连片规模发展，共种植柑橘、脆红李等果树和有机蔬菜176.67余公顷。养殖方面，建成标准化生猪育肥场、代养场16个、84个单元，生猪出栏20万余头；凤巢农牧有限公司持续扩大规模，已建成单批次饲养20万只、年出苗40万只、年产值约2000万元的标准化肉鸡养殖场。

【工业发展】 2022年，岐伯镇柏梓酒业、柏梓页岩机砖厂、石灵电厂、自来水厂、天然气站等私营经济健康发展，全年实现工业产值2000余万元。完成社会固定资产投资入库入统项目7个，固定投资达到9021.69万元。

【民生保障】 2022年，岐伯镇不断完善便民服务体系。优化调整镇便民服务中心党政事务、民政残联、计生服务、社会和劳动保障、退伍军人五大综合窗口，充实配备7名工作人员、修订完善10余项制度；健全完善村级便民服务平台，细化服务事项清单，明确村组代办员；全面推广四川省一体化政务服务平台，落实“一枚印章管服务”、提高办事效率，累计办理便民服务事项2700件，其中代办800余件。全面落实医保缴费工作，引导群众参加“惠绵保”医疗补充险，发放养老待遇245人次。深入开展农民工就业创业服务保障工作，组织100余人进入企业实地参观，组织80余人参加“金秋送岗位”大型招聘会，培养致富带头人5人，创办大型购物商场1座、木材加工厂1个。2022年岐伯中学升入国家级示范性普通高中2人、600分以上35人，教育事业得到高质量发展。有序推进退役军人事务工作，发放抚恤补助金和关爱金。全力筑牢疫情防控屏障，扎实抓好常态化疫情防控，充分发挥网格化管理作用，按照30人一网格标准对全镇网格进行精细划分。狠抓新冠疫苗接种，全力确保应接尽接。结合辖区内核酸采样、检测能力和人口数量，周密制定计划，提前准备物资、安排分工，安全、高效、有序地完成22轮全员核酸检测，累计采集标本23万余人次。全镇及各村居分别开展疫情应急处置演练1次，储备一次性医用口罩1万余只、防护服200余套、帐篷40余顶，不断提升疫情防控处置能力。积极推动城乡环境提质三年行动。拆除土坯房482户、4.8万平方米，整治“撂荒地”80.67公顷，守住耕地红线。完成2个村、463户的“厕所革命”整村推进项目。通过“2022年农村人居环境整治提升项目”新建垃圾房27个，配置垃圾转运车5辆。通过“农村污水治理项目”，建成生态沟渠10千米，污水管网1000米，大型化粪池5个，有效提升农村人居环境。完善村规民约、红白理事会等制度，加强法治宣传教育，统筹安全和发展，基层治理能力有效提升。加强民生资金监管，做好困难群体帮扶、社会救助、社会福利、疫情防控等工作，提高保障服务水平。推进常职干部遍访群众工作法，一批遗留问题得到化解。团结干群，全力以赴抗旱救灾保民生。2022年，面对极端干旱天气，镇政府动员组织全镇人民奋力抗灾降损，成立17支抗旱应急突击队给人畜饮水困难户送水，联系县农业农村局、组织镇消防中队运水，为各村（居）急缺群众送水救急，共计送水2600余立方米。

【商贸与旅游】 2022年，岐伯镇打造岐伯“中医药文化”、袁诗荛革命烈士纪念园“红色文化”和国学大师袁焕仙“国学文化”三张名片，因地制宜抓好文旅农融合发展。大力挖掘岐伯文化，成功举办2022（壬寅）年华夏中医始祖岐伯民间拜祭典礼。民俗“岐伯行乡会”入选四川省第六批省级非物质文化遗产代表性项目名单。袁诗荛烈士纪念园发挥中共党史学习教育基地、党性教育基地和社科科普基地作用，开展“喜迎二十大，奋进新征程”等系列宣传教育活动，全年累计接待游客200批次4000余人。加快推进袁焕仙故居内部布展，持续加大水龙、桃子龙、蚕龙、药龙、龙潭鼓乐等非物质文化遗产项目的传承和保护力度。

【村镇基础设施建设】 2022年，岐伯镇以“建设美丽乡村，创建山水岐伯”为目标，以“优环境、惠民生、谋发展”为根本出发点，坚持“乡镇发展、规划先行”的原则，科学规划、齐抓共管、狠抓落实。不断完善道路基建。对全镇道路交通进行摸底研判，科学制定道路建设规划，满足支持产业发展和确需解决出行难的农户，积极与上级部门对接争取资金项目，全镇共修建道路13.67千米，加宽道路16.27千米，投资1167.6万元。新修建道路已全部投入使用，形成“村村相连，社社相通”的道路格局。补齐场镇短板弱项。针对可利用空间有限、场镇街道较窄的问题，投资10万元购买多功能洒水车1辆，投资30余万元购买场镇垃圾转运车辆1辆、更换垃圾收集箱20个，投资7万元租用改造临时停车场1个，采取“村集体经济+社区”的管理模式，投资

120万元在榆龙社区规划新建4000平方米、约200个停车位的标准停车场，不断筑牢城乡环境提质工作的坚实支撑。做好污水综合治理。2022年，岐伯镇污水综合治理项目共投资583万元，分别在联合村、麟龙村、伯乐村、广福村、前头村、麒阳村、龙前村、燕来村、高峯村、三合村、青马村、龙顾村、云龙村建设生态渠2449米、管网10453米、污水检查井及沉泥井244口、化粪池及提升站18处、污水处理站1处以及其他设备设施，该项目6月开工，2022年已全部竣工并投入使用，乡村环境得到进一步美化。

【中药材特色产业发展】 2022年，岐伯镇依托岐伯中医药文化资源禀赋，以盐亭岐伯中药材发展联合体为突破口，建立"党建+企业+村集体经济+农户"新型生产经营模式，大力发展中药材特色产业。全年组织外出学习考察1次、召开现场培训会5次，推动3家中药材企业扩大规模，随着产业的持续稳步扩展，2022年度中药材产业园成功创建为县级现代化中药材产业园区，主要有丹参、吴茱萸、大通草、桔梗、艾叶、天冬、白芷、黄精、乌梅、决明子等10余种中药材，并成功注册"岐舌"牌商标。各新型农业经营主体累计在核心区投资800余万元，对上争取项目资金200余万元，新建道路、蓄水池、烘干房、晾晒场、冷藏室等各类配套设施设备。依托核心园区的积极带动，2022年全镇发展中药材种植达500余公顷，其中，龙前村种植天冬、丹参、百部等80公顷；伯乐村种植决明子13.33公顷；麒阳村种植桔梗13.33公顷；广福村种植决明子13.33公顷；燕来村种植决明子13.33公顷。召开岐伯文化研究会，西华大学、四川中医药高等专科学校等一大批知名专家学者先后莅临岐伯镇考察调研，岐伯中药材产业知名度和影响力得到提升。

【巩固拓展脱贫攻坚成果同乡村振兴有效衔接】 2022年，岐伯镇建立健全巩固拓展脱贫攻坚成果长效机制，巩固拓展脱贫攻坚成果"回头看"工作。全面落实防止返贫动态监测和帮扶工作，全年组织实施4次防止返贫动态监测村与村之间交叉检查工作，检查出问题233个，其中，涉及存在返贫致贫风险的24户54人均已纳入监测，其余问题已完成整改。通过两次防止返贫动态监测集中排查，新增监测户87户199人。制定《岐伯镇2022年巩固拓展脱贫攻坚成果同乡村振兴有效衔接工作计划》，严格按照部署开展工作。制定脱贫户收支台账，每季度监测脱贫户收支。指导13个村、3个社区按照帮扶主体责任清单，建立脱贫户和监测户帮扶工作手册，帮扶责任人每季度到户开展"回头看"帮扶工作，守住返贫底线，防止发生规模性返贫。健全完善驻村帮扶机制，针对部分新任第一书记、驻村工作队员和帮扶责任人业务政策不熟悉、工作衔接不顺畅等问题，全年组织开展驻村工作专题业务培训6次，持续加大力度督促驻村帮扶力量到村开展帮扶工作、提高帮扶实效。

（吴倩玲）

鹅溪镇

【概况】 鹅溪镇辖区面积101.8平方千米，2022年辖7个建制村和2个社区、59个村（居）小组。全镇总户数6017户，总人口17816人，有汉族、回族、藏族、羌族等民族居住于此。有耕地0.39万公顷。全年，全镇实现生产总值57664.5万元，其中，第一产业增加值38777.2万元，第二产业增加值12331.2万元，第三产业增加值6556.1万元；全年完成财政固定资产投资1.2亿元、社会资本固定资产投资0.8亿元，农民人均纯收入24531元。2022年获评盐亭县组织工作先进集体、武装工作先进集体、农业农村工作先进集体等多个荣誉称号。

【农业发展】 2022年，鹅溪镇裕泉种猪场建成投产，全镇实现年出栏仔猪62万头、育肥猪12.5万头，成为全省生猪产业第一镇；引入乡贤盘活存量资源，创办全省超大型肉牛养殖场新嘉洲牧业；引进超大经营主体蜀粮公司发展优质粮油生产和制种，投资2000余万元建设集农机、仓储、冷藏、加工、营销于一体的农事服务中心，全镇集中流转耕地突破666.67公顷；培育本地专合社、家庭农场、经营大户16个，建立经营主体间"统一规划、科学布局、合理分工""结对互帮、代耕代种、联耕联种""利益均沾、共谋发展、协同作战"的发展模式；完成鹅溪农产品公共品牌"舒雁溪上"创建，"生猪+粮油"现代农业产业园区获评市级五星级园区。

【民生保障】 2022年，鹅溪镇集中开展2轮脱贫攻坚与乡村振兴有效衔接"回头看"，新增监测户24户57人，新开发公益性岗位10个，发送鸡苗4000只、"两杂种子"1吨；投入资金近700万元弥补基础设施短板，新增停车位200余个，"五清四定"规范有序，城乡环境明显改观；夯实蓝天、碧水、净土保卫战战果，保护、发展好梓江入盐第一镇生态资源；消灭撂荒土地90公顷，土地复耕34公顷，拆除危旧房390处，3项"硬骨头"工作完成数量、比例均居全县前列。

【村镇基础设施建设】 2022年，鹅溪镇完成21.5千米村社道路建设和10.5千米刘黑路修复（重建），完成7个村的农村污水治理项目建设和2个垃圾中转站升级，投资1200万元的"亚行项目"完成80%，西部写生基地梓江河堤建设完工，龙门湖闸坝建设顺利推进。

（辛　琴）

西陵镇

【概况】 2022年，西陵镇辖12个建制村、2个社区、6个居民小组、95个村民小组。全镇总户数10065户，其中，农业户4891户；总人口30383人，其中，农业人口16483人，有外来人口543人。人口自然增长率4.5‰，山林面积3798公顷；耕地面积2620公顷，其中，水田422公顷。

2022年全镇实现工农业总产值5亿元，同比增长6.1%，财政总收入1136.77万元，同比减少39.9%。农村经济总收入79681万元，同比增长4%，村集体经济总收入150万元，同比增长57%；农民人均纯收入23601元，同比增长9%。年末银行存款余额6.9亿元，同比增长4%。

【农业发展】 2022年，西陵镇贯彻落实县委产业兴盐战略，盐蓬路产业示范区进一步得到巩固，"公司+农户""合作社+大户"等产业发展模式进一步得到推广，"瑞禾园"杂柑产业发展迅速，强华、高凤、麒麟、三河、星星、高华等村水产养殖再获丰收，高凤村、麒麟村水果迎来好收成，全镇整治撂荒地166.67余公顷，全面完成耕地进出平衡工作任务。麒麟村被省委、省政府命名为"四川省乡村振兴示范村"。星星村蚕业合作社被评为省级示范合作社，龙泉村欣欣家庭农场被评为市级示范家庭农场。发展壮大集体经济，全面完成6个村和社区的消除集体经济薄弱村任务。做大做强集体经济发展项目，强华、麒麟、高凤、三河、石道场、龙泉、星星等村盘活闲置资产，做好撂荒地的整治工作，用好用活产业扶持资金，形成气调库冷链服务、开展社会化服务，种植粮油作物、光伏发电、养蚕、栽植藤椒的统一经营模式；三河、强华、双龙等村以集体资金入股分红的方式获得收益。全镇集体经济收入达150余万元。

【工业企业】 2022年，西陵镇工业企业主要有乐泉矿泉水厂、高灯自来水厂、龙泉自来水厂、阳春塑胶加工厂。全年乡镇企业总收入700万元，其中工业企业收入500万元。

【民生保障】 2022年，西陵镇做好帮助贫困户和监测户规划生产、发展产业，为他们送政策、送技术、送温暖、排忧解难。实施"雨露计划"19人次，资助资金28500元。为34户住房重建农户审批宅基地，完成106户一户多宅及C、D级危房拆除工作。新增监测户12户21人。为172户困难群众发放临时生活救助资金12万余元；为218名低保、五保人员发放医疗救助金23万余元；在八一建军节、清明节、烈士纪念日对重点优抚对象进行217人次救助。为551名在校困难学生提供生活补助。扎实做好医保收缴工作，完成14个村（居）44名贫困户扶贫技能专门培训，完成1100余人次的农民工培训。利用"先蚕节"、"七一"建党节、九九重阳节组织村民开展丰富多彩的各种文化活动。做好14个村（社区）"农家书屋"的管理，强化对字库塔、石刻、传统民居等文化遗产的保护。

【村镇基础设施建设】 2022年，西陵镇完成高凤、麒麟等村一事一议水泥路建设4.2千米，完成高凤、双龙、龙泉等村产业路建设5.2千米，加固麒麟村、三河村山坪塘和提灌站3处，新打水井11口，完成三河村瑞禾园产业园区道路设施建设，完成高凤和石道场村4个规模100吨级气调库建设，果庄农业文化旅游项目正式投入运营，全镇固定资产投资完成入库3800万元。

【农旅融合发展】 2022年，西陵镇加强场镇建设，改建高灯场镇污水处理厂，扩建高灯、三河、龙泉垃圾转运站。以星星村果庄农业、三河村景王山庄、高华村龙居湖山庄为代表的文化旅游休闲娱乐设施游客接待能力进一步得到加强。在嫘祖文化建设方面，开展以祭祀嫘祖为主要内容的"先蚕节"祭祀活动和嫘祖陵祭祀活动，嫘祖宫、丝源山、宝范寺、藏丝洞、果庄农业、龙居湖山庄等嫘祖旅游景点基础设施建设得到加强，管理进一步规范。

【"五星文明家庭""最美母亲"表彰】 1月25日，西陵镇隆重举办2021年度"五星文明家庭""最美母亲"表彰暨2022年迎春文艺会演活动。全体镇村干部、受到表彰的2021年"五星文明家庭""最美母亲"代表和各界社会人士200余人参加了活动。党委书记曾劲涛在活动上代表党委、政府致辞，党委副书记、镇长李林宣读2021年度“五星文明家庭”“最美母亲”名单。活动由西陵镇党委副书记胥雪丹主持。曾劲涛在致辞中指出，开展“五星文明家庭”“最美母亲”评选表彰活动和迎新春文艺会演活动，是弘扬社会主义核心价值观、促进乡风文明，弘扬中华传统美德的重要举措。

【省政协副主席祝春秀到西陵镇调研】 3月25日，省政协副主席祝春秀率调研组到西陵镇开展“发展壮大农村集体经济”专题调研。省政协常委、农业与农村委员会主任郑学炳参加调研。调研组前往三河村，详细了解集体经济发展相关工作、经验做法、存在的困难问题及意见建议等。与基层干部、项目负责人等进行深入交流。调研组充分肯定西陵镇持续推进农村集体产权制度改革，不断完善农村基本经营制度，积极探索发展壮大农村集体经济新路子，努力拓宽持续增收渠道，有效推动村集体经济不断壮大和农民收入快速增长所取得的成效。认为西陵镇在发展集体经济中的创新模式与成功经验值得学习推广。调研组强调，要进一步发挥好农村基层党组织在发展壮大农村集体经济中的引领作用，选好配强带头人。要推动乡村特色产业多层次、可持续发展，优化配置资源要素，延长产业链。要建立健全农村集体经济发展机制，有效防范经营风险，筑牢安全“防火墙”。要积极探索多元模式，因地制宜发展壮大农村集体经济。

【农产品仓储保鲜冷链设施项目建设】 5月5日，西陵镇村级集体经济重点项目气调库正式投入运营。石道场村与高凤村合建的农产品仓储保鲜冷链设施项目气调库是西陵镇发展壮大集体经济的重点项目之一，总投资260万元，占地5200平方米，总库容量400吨。4月下旬以来，石道场村种植的5余万千克时令嫩胡豆作为新建气调库的第一批“客人”，陆续交售入库进行保鲜冷藏。待储存两个月后，根据市场行情，再进行错季销售，集体经济组织获得收益近2万元。

【“四好农村路”示范县创建验收】 8月17日，省交通运输厅到西陵镇开展省级“四好农村路”示范县创建验收工作。省考评组（第三组）组长、省交通运输厅公路局二级调研员舒超率队到西陵镇开展第六批省级“四好农村路”示范县创建现场考评。

（杨　雄）

嫘祖镇

【概况】 嫘祖镇位于盐亭东南部，距县城42千米，于2019年由原金鸡镇、原折弓乡、原高灯镇龙盘村、原金孔镇仙缸村（1、2社）合并设立，是盐亭南部经济文化重镇。地处成渝经济圈，是三市（绵阳市、南充市、遂宁市）、四县（盐亭县、西充县、蓬溪县、射洪市）交界处，是盐亭对外开放的“南大门”。自然环境优美，水资源丰富，蕴藏丰富的石油、天然气、盐卤、砂石等矿产资源，森林覆盖率达55%，绿化率达96%，沈水河横贯全镇，素有“九坝十三弯，一河穿中间”之美誉。人文底蕴厚重，是黄帝元妃嫘祖的出生及归葬地，是古关东县所在地。镇内民风淳朴、尚礼崇文、有在外乡贤300余人。境内有已经建成的国家AAA级旅游景区嫘祖陵、省级道教开放场所天禄观、市级佛教开放场所高山寺等旅游景点，具有巨大的旅游发展潜力。

嫘祖镇总面积66.6平方千米，2022年辖12个建制村（启文村、樵村、嫘祖村、长生村、金刚村、胥坝村、新星村、雍江村、万隆村、福禄村、昝殿村、中台村）和2个社区（金鸡社区、折弓社区），87个村民小组和7个居民小组。全镇总户数12544户，其中，农业户9198户；总人口31183人，其中，农业人口21502人。山林面积2616公顷；耕地面积831.3公顷，其中，水田1081公顷。

全年，全镇实现农业总产值3.29.亿元，同比增长4.1%；财政总收入1329万元，村级集体经济总收入109.12万元，同比增长1.06倍；农民人均纯收入21594元，同比增长9%。

【农业生产】 2022年，嫘祖镇生产小麦等谷物共计17356吨，薯类233吨，油料作物3342吨，豆类作物460吨，糖料448吨，产值达3000余万元；种植稻谷67.8公顷，种植小麦880公顷，种植玉米1398.67公顷，种植大豆169.53公顷；育种育苗3.87公顷，更新造林面积92.53公顷。全年出栏生猪39340头，出栏肉牛1004头，出栏羊13976头，出栏鸡、鸭、鹅共计579514羽。饲养牛羊共计14321头，产值1680万元。

【工业发展】 2022年，嫘祖镇金鸡页岩有机砖厂年产量达到1000万块，产值约300万元，有效带动本地各村居民就业。全年新增个人独资企业（工业类）7家，个体工商户（工业类）15家，全方位、全覆盖，增加了嫘祖镇经济多样性。

【民生保障】 2022年，嫘祖镇统筹推进各项民生工程，不断创新社会管理，群众幸福感和满意度大幅提高。聚焦群众“衣食住行”，全镇累计改造农村危房21户，实施无害化卫生厕所改造170户，解决30余人饮水安全问题。投资700多万元在12个建制村推动农村污水治理项目，改善农村水环境质量；持续推进2个镇级饮用水源地取水点规范化建设，地表水质均在优列。持续推进民生事项，427人享受0～18周岁独生子女父母奖励，发放资金4.602万元；发放农村计划生育家庭奖扶金970人93.12万元；发放计划生育家庭特扶金32人34.542万元，计生奖励“三金”兑现率达到100%。2022年有低保户1460户，1980人。其中，农村低保1358户，1778人；城市低保102户，202人；全年共发放资金4020204元。有集中供养五保户95人，散居五保户173人，全年为散居五保户发放资金1160361元。

【人居环境整治】 2022年，嫘祖镇推动农村人居环境整治工作。严格按照全镇每月“环境整治日”活动，动员群众对房前屋后、室内室外、公共区域等进行大整治、大清理；各村（社区）组织辖区党员参与到秸秆禁烧、巡山护林、打击非法捕捞和生产性垂钓等工作。

【嫘祖粮油现代农业园区】 2022年，嫘祖镇响应市委“引老乡、回故乡、建家乡”号召，成功回引在外成功人才返乡创业，成功建成市级三星级农业园区——嫘祖粮油现代农业园区。园区面积约0.12万公顷，涵盖启文、呇殿、胥坝、樵村（部分）4个建制村，计划总投资8亿元，预计5年建成。园区以订单生产、土地入股、劳务输出为主要方式，构建联农带农长效机制，充分运用嫘祖IP赋能区域文化价值、品牌价值，打造形成“生态粮仓体验区+民生度假区+智慧度假区+嫘祖文化度假区”的产品体系。全年园区农户土地流转收入205.6万元，带动就业280余人，实现劳务收入357万元。园区以粮油种植为核心主导产业，采取水稻—油菜、小麦—玉米轮作倒茬的方式，2022年种植水稻653.3公顷，油菜440公顷。11月8日，盐亭县人民政府决定命名盐亭县嫘祖粮油现代农业园区为盐亭县第四批县级现代农业园区。

（冯炜珅）

永泰镇

【概况】 永泰镇辖区面积69.16平方千米，2022年辖10个建制村（安定村、桂花村、玉龙村、爱国村、玉城村、文同村、灵星村、天和村、景凤村、陈家井村），3个社区（林农社区、文同故里社区、和平社区），75个村民小组，10个居民小组。全镇总户数10491户，总人口25727人，其中，农业户9152户，农业人口21665人，人口自然增长率6.2‰。山林面积3033.3公顷；耕地2717.41公顷，其中，水田742.5公顷。

2022年，全镇实现工农业总产值1.39亿元，同比增长6.18%。其中，农村经济总收入31944万元，同比增长6.1%；村集体经济总收入68.34万元，同比增长42.6%；城镇居民人均可支配收入达到13320元，同比增长20.73%；农村居民人均可支配收入达到12750元，同比增长27.25%。

2022年，永泰镇获2022年度目标绩效综合考核先进集体，2022年绵阳市无烟单位，四川省卫生乡镇，2022年度退役军人事务工作先进单位，第四批绵阳市“四好农村路”示范乡镇，绵阳市家庭家教家风实践基地，四川省第二届乡村文化振兴魅力竞演大赛盐亭赛区优秀组织奖，绵阳市城乡环境综合提质三年行动2022年第二季度十佳乡镇，四川科技兴村在线盐亭县平台优秀乡镇等荣誉。

【农业发展】 2022年，永泰镇立足镇情实际，以文同廉政文化基地为核心、以大仁路和林和路为两线、以香稻、中药材为主的特色产业，实施“五统一分”模式壮大优质香稻种植规模，种植优质香稻200余公顷、中药材86.67余公顷，引进中药材加工企业1家，进一步优化产业结构和布局。灵活运用资产、资源、资金等要素，探索实施“三领三联三进”发展模式，打造村级集体经济联合体，以1865野香大米、文同清香米为基础，塑造“文米诗香”特色品牌，充分整合村级产业扶持资金等125万元，改变资金使用“碎片化”现状，提升村级集体经济产业规模化效益，实现种植、收购、加工、销售全覆盖，拓展集体经济增收环节，现爱国村米业加工厂已正式投产。全面开展村级集体经济“一年消薄三年壮大”行动，全镇所有建制村集体经济收入达3万元以上，其中2个村集体经济收入达10万元。

【民生保障】 2022年，永泰镇社会民生保障全面务实。快速扑灭玉城村“10·4”新冠肺炎疫情冲击，有效推进新冠疫情后健康服务工作，发放疫情防控小礼包3200余份，被央视《新闻联播》报道。规范低保评议和审批程序，对各低保申请户情况进行现场核实，核实后共有低保429户、627人，并进行动态管理。开展急难救助51人次，救助金额共计74100元；开展大病医疗救助4人，救助金额共计12100元。加大特困人员动态管理力度，新增特困户5人，核销7人。

【镇村基础设施建设】 2022年，永泰镇镇村基础设施建设更加完善。完成陈家井至原永泰乡场口道路加宽工程2.61千米、镇域内村间畅通工程11.54千米、天和村通组路项目0.50千米、文同村通组路项目0.44千米、林农社区农村公路危桥（云溪桥）改造工程；配合武引二期金鸡—八角支渠建设；投入资金534万元，实施3.42公顷玉龙村小流域整治工程，治理水土流失面积1.482公顷，惠及玉龙村2组和6组共600余人，成功创建为“第四批绵阳市‘四好农村路’示范乡镇”。

【便民服务体系构建】 2022年，永泰镇构建“1+1+13”〔1个便民服务中心、1个镇级便民服务站、13个村（社区）级便民服务站〕和“网上问、网下办”的便民服务格局，推行“4+X”（便民服务中心4个综合窗口、村干部和网格员不定期巡访）的便民服务模式，让群众实现随时办、马上办、就近办、上门办。

【安全工作】 2022年，永泰镇完善和规范矛盾纠纷排查调解机制，开展“随手调”工作，排查、化解矛盾问题50件。建立健全安全生产工作机制体制，出动民兵、应急队伍、志愿者等270余人次，开展综合应急演练4次，进行安全宣传6场次，发放宣传资料2500余份，通过广播、微信群等媒介播发安全知识120次，有效提升群众的安全意识和应急响应能力。完成全年农产品农残抽样检测4800个检测任务，检测合格率在99%以上。扎实开展交通安全整治工作。有力推进森林草原防灭火、食品药品安全、地质灾害防治、防洪度汛、动植物疫情等重点领域风险隐患防范化解，维护社会大局和谐稳定。

【集镇村人居环境建设】 2022年，永泰镇镇村人居环境更加优化。建立和落实“1+13+X”（1个镇级广播站、13个村级广播站、X个网格员）的全方位宣传发动机制，召开广播会43场、坝坝会59场，深入发动群众，引导群众由思想提升到环境提质。划定停车位230个，界定临时占道经营位50余处，规范垃圾中转站2处，修补破损道路76处、900余米，规范农贸市场3个，清理河道4.6千米，清除垃圾杂草18吨，转运生活垃圾80余吨。全面启动“一户多宅”整治和农村危房拆除专项行动，全年拆除农村D级危房63户。

【城乡环境综合提质】 2022年，永泰镇开展城乡环境综合提质“大比武”活动，在场镇显眼处开设城乡环境综合提质“曝光台”，按月开展村级交叉考评，专门设置群众反馈栏目，将考评结果和群众反馈直接展现在“曝光台”，村社利用“红黑榜”开展文明卫生户评选，发动群众相互监督、主动参与，评选文明卫生户110户、最美庭院52户。

（谌梓川）

巨龙镇

【概况】 2022年，巨龙镇总面积43.39平方千米。辖7个建制村，2个社区，54个村民小组，13个居民小组。全镇总户数3215户，其中，农业户3123户；总人口12734人，其中，农业人口10512人，有外来人口1877人。人口自然增长率1.39‰。山林面积2967公顷；耕地面积2151公顷，其中，水田479公顷。

全镇全年实现工农业总产值6.43亿元，财政总收入1393.88万元。村级集体经济总收入41.5万元，同比增长143%；农民人均纯收入22679元，同比增长12.3%。

【农业发展】 2022年，巨龙镇坚持把农业产业园区建设摆在产业发展的重要位置，组建产业园区工作专班。全年召开专题推进会9次，帮助协调解决土地、环保、审批等各类问题17个。2022年，水产现代农业园区完成省级四星级现代农业园区创建，建设梓江鳜鱼良种繁育技术中心1个，新建梓江鳜鱼标准化驯化繁育基地4000平方米。花果嫘乡投入1035万元建设完成选果车间1个、变压器2个、排水沟沟渠2000米、露营基地1个、内部旅游观光桥2座，种植红枫林6.67公顷。省市主要领导多次到西部水产现代农业园区、花果嫘乡现代农业园区调研工作。大力发展“一村一品”，充分挖掘种植养殖资源潜力壮大集体经济，发展渔业养殖收入7.86万元，种植水果收入31.2万元。利用土地整治、农业综合开发和项目建设等政策措施，对闲置或低效使用的办公用房、土地等集体财产通过自营、转租，收入达7万元。全镇共完成撂荒地整治46.67余公顷，青丰村和天水村引进富硒蔬菜种植企业流转撂荒地26.67余公顷，完成种植8.67余公顷，收入5.6万元。村集体经济法人证更换2个，村集体经济主体持牌8个。制定消除集体经济薄弱村计划3个。2022年有集体经济收入10万元以上的村社4个，集体经济收入达69万元。巨龙镇村级集体经济发展模式入选“全省发展新型农村集体经济九种典型模式”。

【工业企业】 2022年，巨龙镇共有工业企业5家，包括盐亭县麻秧先雄木材加工厂、绵阳乾辰耀建材有限公司、盐亭天水圆明圆石材有限公司、四川小镇姑娘酒业有限公司、绵阳德生皇食品有限责任公司。全年工业企业总收入2000万元。

【民生保障】 2022年，巨龙镇发放低保1995273元，特困补贴476653元、重度残疾人护理补贴192400元、高龄补贴170425元。城乡医疗救助政策全面落实覆盖，发放临时救助金43500元、医疗救助金70020元。全年共有奖扶对象1520人，发放金额1459200元；特扶对象57人，发放金额465840元；独生子女奖励420人，发放金额44280元。安置城镇公益性岗位6人，农村过渡性公益性岗位25人，为35名外出务工人员发放交通补贴10500元。办理城乡居民养老保险业务1500余人。线上办理待遇领取资格认证8926人次，为125名异地离退休人员办理异地待遇领取资格认证。

【村镇基础设施建设】 2022年，巨龙镇整治排淤渠道63千米，硬化渠系4.5千米，维修石堰10道，清理河道14千米，新建社道水泥路16千米，新增垃圾池13处，对部分垃圾中转房进行维修改造。在钟沟村、金昌村、两岔河社区新建蓄水池3口；在天水村、梓水村、钟沟村维修提灌站11处；在金昌村、梓水村、东石村打水井3口；在胜利村、天水村改造供电线路10千米，实现通信网络全覆盖。此外，在西部水产现代农业园区建成

西部水产现代农业园区全景(2022年摄)

高低位池循环水养殖系统和精养池塘尾水处理系统并完成核心区全覆盖视频监控系统的安装。至2022年末，全镇有农机总动力14265千瓦，有排灌机械31台920千瓦，有农用水泵67台；有水利工程348处，总蓄水量654万立方米，有效水量524万立方米，有效灌面613公顷，其中，水田有效灌面358公顷。完成覆盖40余公顷的灌溉系统建设，满足产业生产用水。

【农旅融合发展】 2022年，巨龙镇拥有地标产品梓江鳜鱼、麻秧河虾。成功举办天水村花果嫘乡第四届桃花节，形成以花果嫘乡产业园为依托的特色乡村旅游景区。重建胜利村党群服务中心、新建胜利堡，助推农旅融合发展。

【乡村振兴】 2022年，巨龙镇建立健全工作机制，成立乡村振兴工作领导小组，组织9个驻村工作组、1支驻村工作队、40名驻村干部、39名村社常职干部奋力推进乡村振兴工作。完成2021年市级乡村振兴先进镇奖补资金项目，完成2022年省级乡村振兴先进镇奖补资金项目的方案评审1个，完成市级乡村振兴示范村奖补项目建设1个。扎实开展防返贫动态监测与帮扶工作，坚决守住“两不愁三保障”、应纳尽纳的底线，集中排查出风险线索75户103人，新增纳入监测户31户58人。荣获四川省第二届乡村文化振兴魅力乡镇。

【基层治理】 2022年，巨龙镇创新开展“1131”头雁领航工程即“一诺一单三评一监督”行动，探索加强村级“一把手”考核管理和作用发挥的新模式新方法，打造锻炼出一支政治素质高、工作作风好、带动作用强的村级党组织书记队伍，农村基层党组织“堡垒”作用显著加强，村级集体经济得到快速发展。2022年，全镇村党组织书记已兑现承诺87条，成立各类自治群体、公益组织、志愿服务队15个，帮助群众解决实际问题79个，落地实施道路、产业等投资2000余万元，95%的村级党组织满意度测评超过90%。

【项目建设】 2022年，巨龙镇立足资源优势，准确把握投资方向，全方位、多渠道、多形式开展招商引资工作，组织相关部门对以往年度项目、已批复未动工项目进行认真摸排、全面梳理，努力挖掘潜力，弥补项目不足。着力改善投资环境，加大招商引资、吸引民间投资力度，确保项目来源丰富，做到应统尽统，确保规划项目早日建成。2022年已经开工梓江鳜鱼扩繁基

地建设项目，完成固定资产投资625万元，盐亭县天水缘农旅融合产业园基础设施项目完成投资8265万元，四川鑫金鸿胶粘制品有限公司完成投资1650万元。

【人居环境整治】 2022年，巨龙镇新建垃圾池21个，划定车位232个，新建农贸市场2个，新建停车场1个，新建农村公路14.76千米，栽种花草树木8000余株，美化绿化公路沿线2000余米。每3天对乡、村道清扫1次，每周对社道、河道至少清扫1次，每月逢8进行1次全镇大扫除。集中清理道路60千米、河道水库淤堵4处，清理淤泥、杂草枯枝及垃圾杂物等100余吨，清理户外商业广告牌30余面，残旧横幅标语5幅，更换破损招牌19处，粉刷外立墙面9处，劝诫和教育擅自摆挂广告牌人员5人。排查全镇7683户经营性自建房隐患。实地查看建设项目占用基本农田12处，宣传保护耕地红线等政策20余次，帮助200余户建房群众办理房产证件。2022年，被评为第四批绵阳市“四好农村路”示范乡镇。

（何　英）

大兴回族乡

【概况】 大兴回族乡总面积45.4平方千米，2022年辖7个建制村（青峰村、林园村、金宝村、尖子村、松柏村、大联村、广裕村）、1个社区（群英）、44个村民小组。全乡总户数4502户，其中，农业户3841户；总人口12219人，其中，农业人口11595人，回族2956人，回族占比24.2%，有外来人口109人，人口自然增长率2.13‰。乡政府驻盐亭县大兴回族乡群英社区青龙街63号。有山林面积2646.07公顷；耕地面积20411.9公顷，其中，水田5759.2公顷。

2022年，大兴回族乡村级集体经济总收入73.67万元、同比增长1269%，农民人均可支配收入18657元、同比增长15%。

2022年，大兴回族乡成功创建2021年度市级（AAAA）先进村党组织、市级法治示范村和省、市级乡村文化振兴样板村，成功进入首批省级“示范便民服务室”名单，荣获第七批四川省民族团结进步示范区、示范单位称号和绵阳市第二届乡村文化振兴魅力竞演大赛二等奖，松柏村民族团结进步示范村称号复核成功。

【农业生产】 2022年，大兴回族乡以松柏村为中心，利用项目资金170万元，与农旅公司合作建成桃、李、杂柑采摘园13.33余公顷；以青峰村为中心，投入300余万元，改良嫁接阳光一号橘柚40余公顷；以林园村为中心，形成“供销社+合作社”“公司+集体经济+农户”新模式，投入315万元，建成66.67余公顷柠檬种植基地；以金宝村、尖子村为中心，投入800余万元，种植藤椒40余公顷，改良土地33.33余公顷，建成3个生猪代养场；全面实现集体经济“消薄”，整治撂荒地23.2公顷扩大粮油种植；以广裕村为中心，投入400余万元，建成1000余亩杂柑供销基地。

【民生保障】 2022年，大兴回族乡开展乡村振兴相关业务培训10次、专题会议45次，开展玉米和大豆种植技术现场指导2次；利用新时代文明实践站开展文化活动，定期开展广播会，持续开放“农家书屋”；对民族团结广场活动阵地提档升级；落实政策兜底，为全乡特困人员123人，发放分散供养特困人员资金95.94万元；低保户323户428人，发放资金107.29万元；残疾人623人，发放补贴资金18.36万元，配发各类辅具121件，为困难人群提供最低生活保障。落实养老政策，扎实开展高龄补贴，发放补贴资金17万元；由政府购买社会化服务，为400名老年人提供居家养老服务。落实医疗救助工作，全乡医疗参保已完成全覆盖，全年共救助困难群众120余户，拨付救助资金共计8.94万元。

【村镇基础设施建设】 2022年，大兴回族乡新建4.28千米村道，窄路加宽3千米，修复武引渠系2千米；投资62万元在广裕村完成基础设施补短板建设项目，在群英社区、大联村投资25万元完成“雪亮工程”建设项目；完成群英社区民族团结进步教育基地、民族文化阵地提质增效项目和梓江河堤、弥江河中小流域治理等项目的前期规划；清理河道13千米，持续开展污染治理，常年坚持环境卫生整治；常态化推进秸秆禁烧工作；已拆除土坯房103户。

【农旅融合发展】 2022年，大兴回族乡以大联村为中心，投入100余万元，结合撂荒地整治引进业主开发集休闲采摘、农特销于一体的生态农业综合体，形成多产业融合发展示范带；以国家级传统村落、达家坪清真寺等为依托，创建农旅融合示范区；启动少数民族特色村寨保护和发展项目后续工作，修缮正方湾王氏民居、王家坝老屋、王家坝二房头，提升侯伯英烈士纪念馆。

【基层治理】 2022年，大兴回族乡全面推动林园村“积分制、清单制”工作，创建“1355”乡村综合治理模式，提升乡村治理效能，构建共建共治共享工作新格局；全年共办理“12345”信访投诉18件、网上信访11件，共化解各类矛盾纠纷61件；开展严重精神障碍患者全覆盖随访2次共计随访120人次；开展“听音问廉”走访9464人次，为老百姓办理实事30余件。

（薛　爽）

莲花湖乡

【概况】 莲花湖乡地处盐亭县北部，由原冯河乡（尖子村除外）和原双碑乡组建，因辖区内有水利工程莲花湖水库而得名。驻地距县城16千米，与文通镇、岐伯镇、富驿镇、大兴回族乡接壤。辖区面积72.3平方千米，2022年辖2个社区和9个建制村、8个居民小组、51个村民小组。全乡总户数6604户，其中，农业户6381户；总人口15013人，其中，农业人口14723人。有山林面积3687.87公顷；耕地面积2278.07公顷，其中，水田375.33公顷。2022年实现财政总收入1009.9万元，村级集体经济总收入58.7万元。2022年，被绵阳市农村产权流转交易中心评为绵阳市农村产权工作2022年度先进乡镇。

【农业发展】 2022年，莲花湖乡新建养牛场壮大村集体经济。争取中省扶持资金100万元、申请产业基金19万元分别建成容纳肉牛100头、50头的养牛场各1个，截至2022年底已投入使用。稳步发展特色产业种植。依托“莲花湖鲢鱼”品牌标识，打造双碑水产果蔬特色产业片，引进绵阳佳康生态农业有限公司，投资500余万元修建热带水果温室大棚近20公顷，以种植热带水果为主，已全部投产；打造冯河藤椒产业示范区，在新房村成立莲花湖乡玉凤家庭农场，依托原玖叶藤椒合作社建立藤椒烘干房等基础设施；兴隆村引进业主发展藤椒产业，2个村总共发展近66.67公顷藤椒。持续打造高粱产业示范地。飞跃村引进业主成立高粱种植合作社种植高粱20余公顷，年产1.2万余吨。快速推进产业转型。原飞跃、红五、莲花石等村集体发展的40公顷杂柑、20公顷藤椒效益差，乡班子引进社会资本，盘活3个村集体经济，产业得到发展，集体投入实现保值增值。主动对接兴隆村粮油种植大户母继严，引导鼓励其承包撂荒地100余公顷扩种粮食作物。全年新引进业主6户，新发展果蔬种植1000余亩，新建烘干房3座，有力推动全乡产业进一步发展。2022年，全乡粮食播种面积19693.67公顷，总产值23105.2吨。规范畜牧业，全年生猪出栏141200头；肉牛存栏1500头，出栏240头；鸡出栏11万羽。

【民生保障】 2022年，莲花湖乡认真落实各项惠农政策，扎实推动社会事业发展。全年共发放低保资金6452人次1928258元，散居五保资金1347人次761532元，临时救助资金50人次62000元，特殊群体医疗救助资金31人次44003.73元，孤儿供养资金24人次28800元，高龄补贴资金6935人次238475元，重度残疾人护理补贴6218人次396820元，困难残疾人生活补贴3892人次411140元。开展疾病治疗和预防，组织妇女344人次进行“两癌”免费筛查。开展文旅宣传，组织图书管理员和文化志愿者集中培训3次，安装直播卫星38台次，维护检修电视网络296户次，赠送给已脱贫户、监测户电视机26台次。

【村镇基础设施建设】 2022年，莲花湖乡大力发展农村道路交通，新建新房村至双碑社区连接路约3千米，群众到乡办事更便捷；争取县级部门支持，全乡修建共计约20千米的乡村振兴产业路。筹集资金30余万元，整修塘库堰6口，渠系5.6千米，解决群众生产生活用水需求。争取市县水利部门资金10万余元用于加固维修病险小（2）型水库。实施城乡环境综合提质三年行动，规划停车位244个，新（改）建垃圾收集设施33个，购买洒水车1辆、清洁车3辆，修复受损路面30余处，改造无害化卫生厕所740户；集中开展村社清洁行动100余次，整治车辆乱停放1000余次，清理各类广告、过时标语800余处，清扫维护乡村道路1750千米；争取“千村示范工程”，解决罗观村污水直排问题。有力有序拆除一户多宅及D级危房254处。

【莲花湖水库】 2022年，莲花湖乡以莲花湖水库为依托，借助“莲花湖生态鲢鱼”品牌效应，进一步带动周边休闲垂钓、观光旅游业发展，截至2022年底已建成农家乐2家。莲花湖乡全年接待游客和垂钓爱好者6.5万人次以上，实现旅游总收入40余万元。

（程子蔓）

人　物

信守终生承诺
好大哥无怨无悔照顾瘫痪弟弟23年

陈益凡，男，汉族，出生于1963年8月，四川省绵阳市盐亭县凤灵街道城东路社区居民。自1996年下岗后，先后遭遇妻子不辞而别、父亲去世、母亲病重难起、弟弟因脑梗瘫痪等变故，他依然没有向苦难的命运低头，咬牙扛下所有的生活重担，无怨无悔地悉心照顾母亲、看护弟弟、抚育儿女，用实际行动诠释了真正的“手足情”“人间爱”。荣获2022年第三季度“四川好人”、2021年度“最美绵阳人物”等殊荣。

一个坚强汉子　接连遭遇厄运不低头

1996年，陈益凡所在的县农机厂因企业不景气而破产，他也因此下岗失业，在这窘迫关头，老父亲因病去世，母亲一病不起，妻子又撇下他和女儿不辞而别。从那以后，为了养家糊口，他在县城四处打零工，下水道清淤、建筑工地搬砖、蹬人力三轮车载客……再脏再苦的活都咬紧牙关干。每天起早贪黑地拼命打工，对陈益凡来说都算不了什么，最让他放心不下的，是年近七旬的老母亲和失去母亲关爱的女儿，家庭生活的重担都压在他一人的肩膀上，内心的压力也时时刻刻磋磨着他苦痛的内心。

一场无妄之灾　在外打工的弟弟患“怪病”

正当陈益凡凭一己之力苦苦支撑的时候，在外地打工的弟弟陈益山又传来身患怪病的消息。陈益山比哥哥小四岁，初中毕业后，便一直跟父亲学木匠，后来凭着这个手艺到处打工赚钱。1998年秋天，陈益山正在西藏当雄县一处建筑工地做木工，突然一阵晕眩，昏厥倒地。经医生检查发现，陈益山因长期患有腰椎间盘突出症，导致神经被压迫，引发脑梗。经过全力救治，陈益山总算捡回一条性命，待病情稳定后，由于无力支付高昂的医药费，又因弟弟在2年前就已离婚，独自一人无依无靠，陈益凡只好远赴西藏，把行动不便的弟弟接回家照顾。

刚回家那阵子，陈益山还可以自己拄着拐杖行走，但在2005年却彻底失去了生活自理能力，不得不成天卧床养病。在此期间，陈益凡东挪西借，筹钱送弟弟四处医治，但病情始终毫无起色。从那以后，瘫痪在床的陈益山只能眼睁睁看着哥哥为了撑起这个风雨飘摇的家庭，每天天不亮就起身做早饭，伺候他和母亲的吃喝拉撒，随后匆忙出门打工，中午又赶回家做午饭，晚上拖着疲惫的身子回到家里还要照顾两个病人到深夜。

一份暖心坚持　照顾23年弟弟有了好转

在陈益凡的精心护理下，卧床12年的母亲活到80岁安然离世。由于弟弟免疫力低下，一场感冒就可能引发各种并发症，陈益凡不敢有丝毫疏忽大意。虽然自从弟弟生病以来，社区就在政策允许范围内，为他最大限度地争取了城镇低保、大病救助和临时生活救助，但依然远远不能满足弟弟的医疗和生活费用。为此，陈益凡不得不精打细算、一分一毫地用好自己的退休金和弟弟的救助金。为了保障弟弟的营养，他每天买回新鲜肉食和时令蔬菜，变着花样为弟弟烹调可口又健康的饭菜。

由于长期卧床，弟弟臀部的溃伤久治不愈，陈益凡虚心向医生请教，并买回必需的医疗器械和药物，学着为弟弟清除溃烂结痂，清洗创面。为了贴补家用，他从2014年起抽出下午时间，帮助小区“双职工”家庭临时照看小孩，这样每月有四五百元收入。由于他有耐心、责任心强，照顾娃娃细心周到，受到小孩家长的一致好评。

皇天不负有心人。在陈益凡坚持不懈的悉心照料下，弟弟的病情慢慢有了好转，如今，思维和语言功能基本恢复，原来麻木、僵硬的上肢也开始变得比较灵活，可以自己吃喝了。为了帮助弟弟排解精神上的寂寞，陈益凡买回一部智能手机，鼓励弟弟学会上网与外界交流。在上网聊天交友过程中，弟弟与天南地北的残疾网友相互学习、相互鼓舞，慢慢找回了生活的自信，鼓起了生活的勇气，增强了战胜病魔的信心。

一句深情承诺　只要我在一天就要照顾弟弟一天

最温馨的时光，对于两兄弟来说莫过于夜晚。陈益凡每天晚上一面小心翼翼为弟弟翻身、擦洗身子，一面跟他一起回忆小时候全家人在一起的快乐时光。每到动情处，陈益山总忍不住热泪盈眶地说："哥哥，要是没有你这么多年的照顾，恐怕我坟头的草都长得老高了，我这辈子咋个报答你啊！"每当这时候，陈益凡总是轻轻地安慰他："我们是手足兄弟，兄弟之情只有今生没有来世，只要我在一天，就要照顾你一天！只要我有一口吃的，就不会让你饿着。"

不过，见惯了人情冷暖，经历了世间风雨，坚强的陈益凡也有害怕的时候。他最忧心是，假如哪一天自己先一步离开人世，瘫痪在床的弟弟日子怎么过？为了解除陈益凡的顾虑，社区除了为陈益山办理享受城镇低保和残疾人护理补贴，又为他申报由哥哥陈益凡负责照顾，属于居家托养性质的每月大约800余元的城市"三无"人员救助对象补贴。

陈益凡，就是这样一个普通的汉子，在生活的磨难中，以亲情的坚守，以最坚强的毅力，用最朴实的真情悉心照顾瘫痪的弟弟，向社会诠释了什么是"手足情"，什么是人间爱。

七旬"村干部"不忘初心　带领群众建幸福新村

70岁，应该颐养天年的年纪。但在玉龙镇兰草村，有一位七旬老人为了改变家乡落后面貌，放弃了城市生活，十二年如一日带领群众修路、发展产业，把一个经济发展滞后、村容村貌脏乱的"烂草村"带入了文明、富裕的幸福新村。她就是兰草村党支部书记金光琼。

2007年，59岁的金光琼入党申请被批准，成为当年全县入党年龄最大的一位女党员。从此，村上哪里有事情她就出现在哪里，哪里有矛盾纠纷她就在哪里。2010年，她被村民联名推荐为兰草村村主任，此时的金光琼虽已是儿孙绕膝，但看着村里的情况，想到村民的信任，她毅然决定担起这副担子。"既然村民这么相信我，我就不能让他们失望，我的全部精力都要用在村里，我要让我们村越来越美丽，村民越来越富裕。"金光琼如是说。

要想富，先修路。多年来交通不便一直制约着全村经济的发展，修通"致富之路"成了村"两委"头等大事。然而，兰草村是出了名的"烂草村"，干群关系紧张，让村民集资是不可能的。村集体没有钱，村民积极性又不高，这可急坏了金光琼，她暗下决心，不管困难多大，坚决要把路修好。

她捐出自己年轻时开食店、跑运输、搞建筑积攒的40余万元。钱不够，金光琼四处奔走筹集修路资金，遭过白眼、吃过闭门羹，但功夫不负有心人，最终筹得修路资金100万元。

为降低成本，节约经费，修一条让村民放心的路，线路规划、土地协调，她事必躬亲，把"家"搬到了工地上。金光琼和村"两委"干部，从水泥、砂石采购到工程质量监督都一一把关。很快，这条连接兰草各组通向县城的8千米水泥路修通了，缩短了村民到县城的距离。

路通了，金光琼又采取"一事一议"的办法，筹资100多万元，疏通灌溉排洪沟4千米，建提灌站，新修、维修、清淤蓄水池、山平塘8口，解决了灌溉和饮水问题。基础设施完善了，她又组织全村群众栽核桃树，建成核桃园1300多亩，现已成为国家级核桃园基地。同时向县林业局争取项目，将荒废多年的河滩地、沟边地栽上红杨树，建成工业原料林4300多亩，为村民建成了一座"绿色银行"。

金光琼的工作，赢得了村民和全村党员的无比信赖。2013年，她以全票当选兰草村党支部书记，挑起了带领村民治穷致富的重担。从那时起，这位只有小学文化的农村党员，便把自己的所有精力奉献给了这个"愿望"。

自从当上兰草村党支部书记，金光琼的心里时刻牵挂着每一户村民的衣食住行、冷暖安危，哪里有困难，哪里有险情，哪里就有她的身影。村民刘春华家是全村经济最困难的一家，金光琼就成了她家的“亲戚”，隔几天金光琼就要上她家看看，缺啥她就买啥，帮她家渡过难关。“这几年要不是金书记帮我，我都快撑不下去了，她不但从经济上资助我，还给我出点子，找路子，让我家在发展产业上有了路子，现在我不但脱了贫，还有积余，这都是金书记的功劳。”刘春华激动地说。

百姓的心里都有一杆秤，金光琼想着乡亲们，乡亲们也记着她。村里换届选举时，金光琼都以高票当选。

为了让全村留守老人有一个交流和娱乐的地方，2014年，金光琼又捐资10多万元，在村委会旁边建起了村老年活动中心，让村里300多名老人有了新“家”。

几年来，兰草村发生了翻天覆地的变化，路修通了，产业发展起来了，老年中心建起来了，金光琼已花光了家里100多万元的积蓄。

“金书记这几年把全部心思放在了我们村上，辛苦不说，还贴钱，把路给我们修通了，入户路修好了，产业发展起来了，我们的腰包鼓起来了。”村民王列树掩饰不住内心的激动告诉记者。

一个好支部书记带出了一个好的领导班子，好的领导班子带出了好的村风、民风，好的风气助推了村里各项工作争先进位、蓬勃发展。一桩桩、一件件得民心、顺民意、恤民情的实事好事，深深地打动着群众的心，感动着全村每一个人。村民自发地在村委会大门口挂上一副对联：“村干部正不正，老百姓有杆秤。”这是村民的心声，也是对村干部的激励和鞭策，更是对支部书记金光琼的肯定和评价。

为了那句“让百姓过上好日子”的承诺，金光琼十二年如一日，把使命举过头顶，把责任扛在肩上，把事业装进心里，团结带领乡亲将一个“烂草”小村建设成为新农村示范村，她也多次被评为省、市、县“优秀共产党员”、“优秀党支部书记”和三八红旗手等荣誉称号，并当选为县人大代表，2018年2月荣获“四川好人”。

赴汤蹈火抢险救灾　他被评为全国先进个人

谭伟，男，25岁，汉族，四川绵阳人，1997年2月出生，2018年10月入队，现任绵阳市消防救援支队盐亭县政府专职消防队战斗三班班长。2022年，获得第六届“全国119消防先进个人”荣誉称号。

入队以来，谭伟坚持战斗在灭火救援、抢险救灾第一线，与队员们圆满地完成了上千次“急、难、险、重”的战斗任务。

他先后参加比武竞赛4次，2021年10月29日，代表四川总队参加全国职业技能大赛；2021年，先后被绵阳市消防救援支队、四川省消防救援总队记嘉奖1次；2019—2020年，连续被盐亭县消防救援大队评为“优秀先进个人”。

忠诚履职、勇于担当，守护辖区百姓安宁

多年来，谭伟先后参加灭火救援战斗500余次，成功抢救被困群众260余人；为群众取钥匙、摘蜂窝，进行电梯困人等综合救助480余次；成功处置了2020年盐亭万安汽配综合市场（D栋）火灾；2022年1月9日凤楚云天高层火灾；2022年4月25日半山华府高层火灾……

勤学苦练、勇攀高峰，练就过硬业务本领

谭伟刚到队伍第一次考核的时候，5000米负重跑跑了28分钟。他凭着一份执着，坚持多训多练，如今5000米负重跑考核成绩为23分钟，从28分到23分、从及格到优异，汗水和身上的伤痛见证了他的努力。

2021年10月29日，谭伟因训练成绩优秀，代表四川总队参加了全国职业技能大赛，这场由应急管理部、人力资源和社会保障部、中华全国总工会、共青团中央共同举办的比赛，是国家综合性消防救援队伍成立三年来首次面向社会公开举行的赛事，也是目前我国消防行业规格最高、项目最多、规模最大、水平最高的国家职业技能赛事。

不忘初心、牢记使命，忠实践行铮铮誓言

作为一名盐亭政府专职消防队的一线消防员，谭伟始终认为学习是做好一切工作的基础，他深知只有苦练“内功”，勤修“外功”，不断加强思想政治理论知识和自身理论修养，才能不辱使命、不负重托。

谭伟是这样说的，也是这样做的，他多次为了集体的荣誉舍小家顾大家。在备战全国职业技能大赛时，他的母亲因心脏病被送往医院紧急抢救，但是比赛的日程已近

在眼前，他只能强忍对母亲的担心，全身心地投入比赛中。谭伟在比赛结束后第一时间来到医院，在经历13个小时的煎熬和等待后，才在重症监护室看到了母亲。

谭伟作为一名平凡的基层消防工作者，无论在工作中还是训练中，都充分发挥着模范带头作用，用自己的实际行动，用自己无悔的青春，忠实践行“对党忠诚、纪律严明、赴汤蹈火、竭诚为民”的新时期消防精神。

“80后”白发法官：在坚守中奉献大爱

王益波，男，1980年3月出生，中共党员，现任盐亭县人民法院金孔法庭庭长。自2008年到盐亭县法院工作以来，十年如一日，始终坚守在全县最偏远的法庭，在距离基层群众最近的平凡审判岗位上，用一腔热情和一身正气，铸就了对党的事业无限忠诚。岁月深情共白发，不到四十的他，早已是满头“霜雪”，他先后承办各类民商事案件1500余件，无一起超审限案件、无一起因办案不公、执法不廉、态度不好引发的信访案件。2015年被省高院表彰为“全省基层人民法庭先进个人”，2018年被县委评为“优秀共产党员”，2018年被县委评为“盐亭县十大感动人物”，2020年11月获得“第五届绵阳市敬业奉献模范”称号。

十年坚守谱写忠诚奉献

王益波曾是成都某知名律师事务所的律师，也是该所的合伙人，怀着对家乡的深情和对公平正义的追求，实现儿时定下当“法官”的梦想，王益波毅然决然放弃高薪优越的条件，带着只有半岁的儿子和为了他放弃事业的妻子，走上了盐亭法院平凡的工作岗位。自进入法院，他一直扎根全县地域最偏远、条件最艰苦、管辖面积最大的基层法庭，多年来始终以共产党员的标准严格要求自己，无怨无悔地战斗在基层审判第一线，用自己的实际行动践行着忠诚于党的铮铮誓言，为地方社会和谐奉献着自己的青春，多次荣获先进个人和优秀共产党员等多项荣誉。

心系群众践行初心使命

他出身农村，参加工作以来，始终不忘初心、不失本色，始终把坚持服务群众放在首位。基层当事人年纪较大、文化层次较低，“老王”主动耐心释法，经常跑田边、走地头给当事人送文书、解难题，为此，他的爱人没少抱怨他陪伴家人时间少。基层案件标的小，但是涉及群众利益“大”，每一个案件，“老王”都细心了解情况，多方协调化解矛盾。在办理菜农追讨卖菜款的买卖合同纠纷一案中，金额不到10万元，涉及群众却达105户，被告欠款2年多时间，行踪不定，以各种理由推脱欠款，他一面核实整理每位农户货款数额，一面四处查找王某某下落；一面安抚当事群众，又一面通过被告的亲人和被告进行沟通。通过“老王”耐心细致的工作，最终感动了对方，使这一系列共同诉讼案件以调解方式结案，并支付了所有款项，成为盐亭法院审理并调解成功的第一例“小额诉讼”系列案件。

他经常奔走在扶贫帮困的第一线，主动与困难群众结对认亲，平时送米送油送奶，寒冬送衣物送棉被，一面生活帮困，一面支持产业脱贫。他是空巢老人的“孝儿孝女”，经常忙前忙后，送米送油；他是贫困户家的“贴心人”，多年来，他帮扶困难群众5户，帮助困难当事人执行案件15件，一年四季都能看到“老王”在帮扶对象家忙碌的景象。他用自己的贴心热情赢得了群众的支持和口碑。

春风化雨宣扬法律温度

农村空巢现象严重，留守群众文化程度不高，法律意识淡薄等问题突出，他积极组织法庭干警主动开展“送法下乡”“送法进校”等活动，在场镇，给群众送去婚姻家庭、土地承包、灾后重建、劳资纠纷、民工维权、老年人和未成年人权益保护、计生政策等相关知识，用图文并茂的法治案例展板、生动的视听资料、通俗易懂的语言向群众宣传法律、宣讲法治；在金孔中学、金孔小学、八角小学，开展预防青少年犯罪、青少年维权法制教育课，深入浅出地讲解和剖析案例，在广大师生中引起了强烈的反响。

2017年11月，一件提供劳务者受害责任纠纷案件，责任的归责原则和化解矛盾的方式有较强的教育和宣传意义，他便主动联系宣传部门进行庭审直播，该案例节目先后被绵阳市电视台的《案与法》栏目、中央电视台教育频道的《法治天下》栏目采用播放，同年12月他受邀到中央电视台演播大厅作以案释法。

2020年新冠防疫战役打响后，为减少人员聚集，保障当事人的诉讼权利，王益波成为盐亭法院首位使用“云庭”远程直播开庭的法官，也带领盐亭法院成为全市率先启用网上办案的法院，有关经验、成果被绵阳电视台、四川电视台等多家新闻媒体报道。他作为一名司法工作者，用自身的行动和经验积极进行法律宣传，方便了当事人参与诉讼，保障了当事人的诉讼权益，传播法律知识的同时，也弘扬了法治精神，促进了社会和谐。

维护正义坚持德行双行

一腔热血护正义，满头青丝变白发。刚从成都回盐亭法院工作，“老王”的爱人没有找到合适的工作，很多案件当事人在知道这一情况后都主动向他“示好”，给他爱人“介绍”薪资不错的工作，“老王”从不动心，断然拒绝，他时常教育法庭的同志，自身是一杆秤，只有身正，才能把得稳“天平”，才能维护好法律的公平正义。

他是这样说的，也是带头这样做的，作为一名党员，他工作中务实清廉，自觉抵制各种不良因素的侵蚀，坚持做到慎独、自重、自省、自警、自励。严格遵守最高人民法院出台的各项“禁令”以及院、庭各项规章廉政制度，时时处处严格要求自己，自觉抵制人情案、金钱案，从未因为廉洁问题、作风纪律问题受到当事人的投诉、信访、上访，用自己的实际行动维护法院清正廉洁的形象。2013 年以来，他承办各类案件 1500 件。在他的带领下，全庭干警心系群众、服务群众，赢得当地民心和司法公信。金孔法庭先后被评为2010年全市法院调解先进集体，2012 年全市法院系统“三争当”先进集体，2013 年市中院荣记“集体三等功”。

不忘初心、甘于奉献，耐得住寂寞，守得住底线，这是草根法官王益波多年来扎根基层法庭的真实写照。十年如一日，“80 后”自发的“老王”法官，以院、以庭为家，用他的青春坚守对法律的信仰，用默默耕耘继续践行着维护公平正义的使命和初心。

忠诚奉献，用行动谱写军人赞歌

阳帅，男，1996 年生，中共党员，汉族，2015 年 9 月入伍，服役期间，曾荣立个人二等功 1 次，并先后荣获“爱军精武标兵”“军事训练先进个人”“优秀士兵”等荣誉称号。2020 年 9 月转业回到地方，就职于盐亭县退役军人事务局。

阳帅时刻以军人的标准严格要求自己，始终牢记全心全意为人民服务的宗旨，处处发挥党员先锋模范作用，恪尽职守，无私奉献，爱岗敬业，勤勤恳恳，任劳任怨，以自己的言行诠释了优秀共产党员、退役军人的先进性，得到了领导和群众的一致好评。

永葆赤子之心，忠诚如磐

古人云“君子诚之为贵”。作为一名共产党员、退役军人，阳帅始终把忠诚于事业当作无悔的选择，把忠诚于职责当作不懈的追求，把忠诚于党和国家当作无上的荣耀。在日常生活与工作中把政治建设作为首要政治任务，把忠诚忠实贯穿到工作的全过程、各方面，认真学习贯彻习近平新时代中国特色社会主义思想和习近平总书记关于退役军人工作重要论述，不断提高政治判断力、政治领悟力、政治执行力。

传承军旅作风，奋勇担当

从军营到地方。从军人到退役军人事务工作者，变化的是岗位，不变的是在军营锤炼的硬朗作风。在疫情防控期间，阳帅积极响应党组织号召，主动加入“防疫突击队”，与退役军人志愿者们坚守在轮岗值守、巡逻宣讲、核酸检测等工作岗位上，充分发挥了能打仗、打胜仗、听党指挥和特别能吃苦，特别能战斗的优良作风。

恪守军人情怀，倾心为民

阳帅深知群众利益无小事，始终坚持把群众关注的焦点作为工作重点，全心全意推动群众“急难愁盼”问题解决，努力让自己成为一名可亲、可信、可敬的好干部。他为行动不便的退役军人上门办理优待证，为优抚对象上门办理优抚对象年度确认，为退役军人上门悬挂光荣牌……用实际行动展现了共产党员的为民情怀，践行了共产党员的为民初心。

赤子之心永不改，军人情怀永不变，在未来的道路上，阳帅将继续忠实履职尽责，以实际行动履行“永不变色的橄榄绿”的铮铮誓言，为推动新时代退役军人事务工作高质量发展贡献退役军人力量。

盐亭县2022年度目标绩效综合考核先进集体和先进个人名单

一、先进集体(19个)

县纪委监委
县委宣传部
县委组织部
县总工会
县发改局
县交通运输局
县财政局
县农业农村局
县统计局
县综合行政执法局
县法院
县文广旅游局
县卫健局
经开区　　高渠镇
黄甸镇　　永泰镇
富驿镇　　凤灵街道

二、先进个人(20名)

黄　波　县人大办主任
肖　兵　县政府办党组书记、主任
张郅东　县政协机关党组书记、秘书长
黄　勇　县委办副主任、档案馆馆长
赵艳鸿　县委统战部常务副部长
蒙　盟　县委政法委常务副书记
敬宗平　县工信局党组书记、局长
邓国彬　县住建局党组书记、局长
任勇军　县自然资源局党组书记、局长
赵子知　县水利局党组书记、局长
赵艳梅　县商务局党组书记、局长
任　彤　县公安局党委副书记、政委
任小兵　县市场监管局党组书记、局长
任宇超　县教体局党组书记、局长
杨　松　县委宣传部副部长、融媒体中心支部书记
任科伟　鹅溪镇党委书记
杜亚东　大兴回族乡党委书记
王　毅　岐伯镇党委书记
汪浪涛　巨龙镇党委书记
冯明飞　嫘祖镇党委书记

盐亭县2022年度党建党务工作先进集体和先进个人名单

一、党风廉政建设和反腐败工作

(一)先进集体(8个)

县委组织部
县委宣传部
县委政法委
县市场监管局
县审计局　　云溪镇
巨龙镇　　金孔镇

(二)先进个人(8名)

王　茵　县交通运输局党组成员、机关党委书记
张　宏　县公安局党委委员、机关党委书记、刑事侦查大队大队长
任　捷　县政府和社会资本合作中心副主任
胥执兵　县统计局党组成员、副局长
洪　帆　县法院四级主任科员
陈　锐　高渠镇党委委员、纪委书记、县监委派出高渠镇监察室主任
刘大鹏　岐伯镇纪委副书记
张　勇　莲花湖乡党委书记

二、组织工作

(一)先进集体(8个)

县纪委监委
县委宣传部
县卫健局
县财政局
党史研究室　　巨龙镇
文通镇　　鹅溪镇

（二）先进个人（8名）

任洪连　县农业农村局党组成员、副局长

穆怀彬　县市场监管局机关党委副书记

任维江　县交通运输局党组成员、总工程师

张邱飞　县民政局办公室副主任

杨雅岚　嫘祖镇妇联主席、综合办副主任

李红娇　富驿镇党委委员、组织统战委员

成　香　西陵镇党委委员、组织统战委员

龙　飞　黄甸镇副镇长

三、宣传思想及精神文明建设工作

（一）先进集体（8个）

县纪委监委

县委组织部

县委政法委

县委统战部

县文广旅游局

县卫健局

县融媒体中心

云溪镇

（二）先进个人（8名）

赵　丽　县委办副主任

姚　熙　县委党校校务委员、县委党校（县行政学校）常务副校长

李龙川　县交通运输局党组成员、副局长

母张芬　县工信局能源产业股股长

袁勤鹏　县发改局项目管理股股长

张丽青　县司法局办公室干部

张志强　富驿镇党委委员、宣传委员、副书记

吕泓程　金孔镇党建办干部

四、政法（含扫黑除恶）工作

（一）先进集体（8个）

县纪委监委

县检察院

县公安局

县信访局

县司法局

县法院

县退役军人事务局

永泰镇

（二）先进个人（8名）

王　伟　县综合行政执法局党组成员、县城市联合执法大队大队长

吴　彦　县委组织部办公室主任

焦炳尧　县委办会务股股长

周贤伟　县融媒体中心编发股股长

何晓烈　县商务局办公室副主任

董胜权　盐亭生态环境局执法大队干部

赵　凯　莲花湖乡党委副书记、乡长

薛　妮　文通镇社会事务办干部

五、统战工作

（一）先进集体（5个）

县司法局　　县经合局

县侨联　　县委党校

岐伯镇

（二）先进个人（6名）

任培雄　县民政局党组书记、局长

黄晓花　县妇联党组书记、主席

任　翔　县科技局（科协）党组副书记、县科协主席

郭　兰　县残联办公室主任

桑　飞　县教体局计财股干部

丁　琴　团县委办公室干部

六、依法治县工作

（一）先进集体（5个）

县委政法委

县委宣传部

县委统战部

县妇联　　金孔镇

（二）先进个人（6名）

何金明　县信访局党组成员、副局长

刘凌艳　县医保局党组成员、副局长

孙　甫　县财政局党组成员、总会计师

胥兴淋　县应急管理局应急指挥中心副主任

陈　云　县文广旅游局产业规划发展股股长

张　剑　县经合局投资促进服务中心能源化工股股长

七、全面深化改革（含两项改革）工作

（一）先进集体（5个）

县行政审批局

县供销社　　富驿镇

黄甸镇　　巨龙镇

（二）先进个人（6名）

程　磊　县纪委副书记、监委副主任

程　超　县委宣传部副部长、县委对外宣传办（县政府新闻办）主任、县精神文明办主任

王小丽　县检察院党组成员、政治部主任

程　林　县政务服务和大数据管理中心党组成员、副主任

谢　丽　县交通运输局二级主任科员

陈　坤　县水利局规划政策股股长

八、武装工作

（一）先进集体（4个）

富驿镇　　高渠镇

鹅溪镇　　莲花湖乡

（二）先进个人（5名）

李祖恒　西陵镇党委委员、武装部部长、副镇长

王家能　永泰镇党委委员、武装部部长、副镇长

沈应桃　云溪镇党委委员、武装部部长、副镇长

廖　云　巨龙镇党委委员、武装部部长、副镇长

黄　林　大兴回族乡党委委员、武装部部长、副乡长

九、群团工作

（一）先进集体（4个）

县科协　　县档案馆

县工商联　　西陵镇

（二）先进个人（5名）

李丽萍　县侨联主席

许碧琼　县卫健局妇委会主任

叶剑美　经开区管委会建环部主管

霍荟宇　金孔镇党建办干部

蒲婷婷　高渠镇党建办干部

盐亭县2022年度政府政务工作先进集体和先进个人名单

一、农业农村（含乡村振兴）工作

（一）先进集体（8个）

县委组织部　县发改局

县住建局　　玉龙镇

嫘祖镇　　　鹅溪镇

岐伯镇　　　大兴回族乡

（二）先进个人（10名）

何　顺　县政协农业农村委主任

赵伟科　县供销社党组书记、理事会主任

王　浩　县委办综合室副主任

许　力　县政府办秘书三股股长

张宜松　县委目标绩效办目标民生股股长

秦晓芬　盐亭生态环境局综合股股长

肖　峻　文通镇党委书记

罗　言　黄甸镇党委委员、人大主席

申丕欧　金孔镇农业服务中心主任

冯　婷　云溪镇农业服务中心主任

二、工业工作

（一）先进集体（8个）

县经合局　县发改局

县财政局　县商务局

县应急管理局

县自然资源局

盐亭生态环境局

经开区

（二）先进个人（10名）

杨路全　县纪委常委、监委委员

贾　锐　县统计局党组成员、副局长

任莹莹　县融媒体中心副主任

张　玮　县政府办秘书四股股长

王梦宇　县委组织部组织二股股长

何　宇　县总工会办公室主任

胥独飙　县市场监管局办公室主任

陈桂芳　县政务服务和大数据管理中心政务服务股副股长

童宇豪　县税务局收入核算股一级行政执法员

任地灵　玉龙镇党建办干部

三、服务业发展（含文旅活县）工作

（一）先进集体（8个）

县发改局

县财政局

县住建局

盐亭生态环境局

县经合局

县委宣传部

团县委　　　永泰镇

（二）先进个人（10名）

胥林林　县政府办党组成员、副主任

袁　宁　县工信局党组成员、县投资促进服务中心副主任

任贞恺　县综合行政执法局党组成员、副局长

任　春　县党史研究室主任

马　轲　县委统战部副部长，县工商联党组书记、副会长

胡　迪　县卫健局卫生执法大队行政许可股股长

同　娇　县红十字会赈济股股长

李　婷　县司法局富驿司法所所长

赵钦科　玉龙镇党建办干部

李　斌　嫘祖镇副镇长

四、优化营商环境（含市场主体培育）工作

（一）先进集体（6个）

县政务服务和大数据管理中心

县纪委监委

县民政局

县农民工服务中心

九龙镇

黄甸镇

（二）先进个人（8名）

李　波　县财政局党组成员、县政府和社会资本合作中心主任

李敬阳　经开区企业服务中心人才服务股股长

胡　达　县经合局办公室主任

刘　超　县自然资源局规划股股长

何　猛　云溪镇党委副书记、镇长

汪麟坤　金孔镇党委委员、武装部部长、副镇长

冯泽兴　富驿镇副镇长

勾银秀　高渠镇便民服务中心主任

五、招商引资工作

（一）先进集体（6个）

县工信局

县商务局

县农业农村局

县委组织部

经开区

嫘祖镇

（二）先进个人（8名）

陈佳龙　县自然资源局党组成员、县统征储备中心主任

陈明向　县武引局党组成员、总工程师

周翀宇　县发改局项目推进服务中心产业发展股股长

何俊仪　县财政局预算股股长

李　斌　县政务服务和大数据管理中心综合股股长

胥小世　黄甸镇党委副书记、镇长

李仕钢　富驿镇党委委员、副镇长

于　坤　高渠镇副镇长

六、项目突破攻坚工作

（一）先进集体（6个）

县农业农村局　县统计局

县自然资源局　县武引局

县教体局　经开区

（二）先进个人（8名）

陈晓君　县纪委监委机关党委书记

任安辉　县委编办副主任

胥小川　县政府办秘书二股股长

程　凯　县委目标绩效办督查督办股股长

钟勇军　县审计局审计信息中心股长

李鹭言　县委办档案股股长

杨　宇　九龙镇党委书记

李泓江　巨龙镇党委副书记、镇长

七、对上争取工作

（一）先进集体（6个）

县民政局

县交通运输局

县水利局

县医保局

富驿镇

大兴回族乡

（二）先进个人（8名）

陈　刚　县住建局党组成员、总工程师

陈泽红　县行政审批局党组成员、副局长

卢兴全　县气象局党组书记、局长

赵　磊　县委组织部部务委员、公务员股股长

陶军伟　县委宣传部办公室主任

袁名扬　县政府办秘书二股干部

敬守红　盐亭生态环境局农村生态股副股长

许佳佳　县经合局生物医药股股长

八、新冠肺炎疫情防控工作

（一）先进集体（6个）

县市场监管局

县疾控中心

县人民医院

县肿瘤医院

县中医医院

凤灵街道

（二）先进个人（10名）

赵　强　县公安局党委委员、副局长

邵海燕　县委政法委政治安全室副主任

杨　海　县民政局党组成员、副局长

陈　江　县农业农村局办公室主任

邓　强　县科技局（科协）党组成员、副局长

赵碧胜　县卫健局医政医管股股长

黄加斌　县工信局产业政策股股长

岳小标　县教体局体卫艺股股长

何　致　盐亭国有投资管理有限公司董事长

程益民　玉龙镇党委书记

九、安全生产暨食品安全工作

（一）先进集体（5个）

盐亭生态环境局

县教体局

县机关事务服务中心

县气象局

高渠镇

（二）先进个人（6名）

任宏飞　县农民工服务中心党组成员、副主任

赵大为　县机关事务服务中心党组成员、副主任

王　钰　县司法局办公室主任

李　林　西陵镇党委副书记、镇长

张胜然　凤灵街道网格服务中心主任

李　璐　岐伯镇社会治理和应急管理办公室主任

十、生态环境保护与生态文明建设工作

（一）先进集体（5个）

县水利局

县住建局

县市场监管局

县农业农村局

县工信局

（二）先进个人（6名）

宋廷兵　县综合行政执法局党组成员、城市联合执法大队副大队长

陈　昕　县舆情监测中心网络管理股股长

陈明富　巨龙镇副镇长、经开区管委会副主任

李　辉　岐伯镇党委委员、人大主席

江腾飞　凤灵街道办事处副主任

曾　婧　文通镇党建办干部

十一、民生工作

（一）先进集体（8个）

县交通运输局

县教体局

县民政局

县卫健局

县人社局

县总工会

县残联

县红十字会

（二）先进个人（4名）

陈　玲　县文广旅游局文化市场综合行政执法大队副大队长

唐文格　县委统战部三级调研员、市级民生监督员

丁清梅　县委宣传部文化文艺和版权管理股股长

赵泽民　富驿镇财政办干部

十二、信访和维稳工作

（一）先进集体（4个）

县文广旅游局

县水利局

凤灵街道

高渠镇

（二）先进个人（5名）

何智飞　县公安局治安管理大队大队长

张　永　县退役军人事务局信访接待股股长

胥　瀛　鹅溪镇党委副书记、政法委员

李进军　黄甸镇党委副书记、政法委员

吴明磊　岐伯镇社会治理和应急管理办公室副主任

十三、财税工作

（一）先进集体（4个）

县税务局

县自然资源局

县住建局

县工信局

（二）先进个人（5名）

王　东　县人大常委会预算工作委员会主任

喻　波　县监委委员

敬建波　县人社局党组成员、副局长

邹银杉　县发改局政策法规与国民经济股股长

李　莉　九龙镇党委委员、副镇长

十四、省级文明城市建设暨城乡环境三年提质行动

（一）先进集体（4个）

县综合行政执法局

县农业农村局

黄甸镇

凤灵街道

（二）先进个人（5名）

叶映伟　县市场监管局党组成员、副局长

王　兰　盐亭生态环境局党组成员、生态环境监测站站长

李虹含　县委办综合室主任

方　杰　县住建局公用事业和市容市政设施管理股股长

潘　伟　县行政审批局法规股股长

十五、金融工作

（一）先进集体（5个）

盐亭县农村信用合作联社

中国人民财产保险股份有限公司盐亭支公司

广元市贵商村镇银行股份有限公司盐亭支行

中华联合财产保险股份有限公司盐亭支公司

盐亭农旅投资管理有限公司

（二）先进个人（6名）

刘　锐　盐亭县国企综合党委副书记

陈　刚　中国人民银行盐亭县支行行长

陈　俊　中国邮政储蓄银行盐亭县支行副行长

王汉华　绵阳市住房公积金中心盐亭管理部主任

景联杰　中国平安财产保险股份有限公司盐亭支公司负责人

张　镔　中国人寿保险股份有限公司盐亭支公司负责人

十六、纳税先进企业（10个）

中油西南油气田分公司川中合作项目管理部

四川慈辰建筑工程有限公司

绵阳富红房地产开发有限公司

盐亭国有投资管理有限公司

中国石油天然气股份有限公司西南油气田分公司川中油气矿

四川省烟草公司绵阳市公司盐亭分公司

绵阳市恒和房地产开发有限公司

四川恒都投资有限公司

四川威斯卡特工业有限公司

国网四川省电力公司盐亭县供电分公司

统计资料

2022年盐亭县国民经济和社会发展统计公报

2022年，面对异常复杂严峻的外部环境和超预期因素叠加冲击，在市委、市政府和县委的坚强领导下，在县人大及其常委会、县政协的监督支持下，全县上下坚持以习近平新时代中国特色社会主义思想为指导，紧紧围绕"实施三大战略、奋进三大目标"，抢抓发展机遇，全县经济承压前行，发展质量稳步提升，发展韧性持续彰显，地区生产总值再上新台阶，民生福祉持续改善，各项社会事业繁荣发展。

一、综合

国民经济。全年实现地区生产总值203.65亿元，同比增长5.1%，其中，第一产业增加值45.57亿元，同比增长5.1%；第二产业增加值57.29亿元，同比增长7.4%；第三产业增加值100.79亿元，同比增长4.0%。三次产业结构由2021年的23.6∶26.2∶50.2调整为22.4∶28.1∶49.5。非公有制经济全年实现增加值120.18亿元，同比增长3.1%。

工业化率和城镇化率。年末全县工业化率14.2%，比上年增长1.1个百分点；城镇化率39.26%，比上年提高0.57个百分点。

二、农业

农业。全年实现农林牧渔业总产值88.95亿元。其中：农业产值43.99亿元；林业产值4.4亿元；牧业产值32.52亿元；渔业产值4.64亿元；农林牧渔服务业产值3.4亿元。

农产品产量。2022年农作物总播种面积134.04万亩，增长3.7%。其中：粮食播种面积80.56万亩，增长2.3%；油料作物播种面积37.69万亩，增长7.4%。全年粮食总产量29.4万吨，减少2.2%。其中：大春粮食产量21.96万吨，减少3.17%；小春粮食产量7.43万吨，增长0.84%。主要农产品中：稻谷产量7.86万吨，减少1.63%；小麦产量6.71万吨，增长0.77%；油料作物产量6.81万吨，增长10.1%；蔬菜及食用菌产量16.05万吨，增长4.08%。畜牧业。全年生猪出栏57万头，增长6.0%。肉类总产量6.63万吨，增长8.1%。

林业。年末全县森林面积达到7.6万公顷，森林覆盖率达49.68%。完成造林面积13.33公顷。全县有自然保护区1个，自然保护区面积3018.54公顷。

农田水利。防洪工程34.62公里；供水保障工程140处；灌溉保障工程183座水库，5066处小型水利工程；水土保持工程367.08平方公里。

年末耕地有效灌溉面积15.28千公顷。

三、工业和建筑业

工业。全年全部工业实现增加值29.03亿元，增长4.6%。其中：规模以上工业企业实现增加值增长10.3%。

年末，规模以上工业企业37户，完成工业总产值36.07亿元，增长17.6%；实现工业销售产值35.16亿元，增长16.2%；工业产销率97.5%，下降1.2个百分点；工业生产综合能耗92723吨标准煤，增长13.6%。

建筑业。全县资质以上建筑企业45个，完成建筑业总产值46.8亿元，增长10.1%。

四、固定资产投资

固定资产投资。全年全社会固定资产投资同比增长11.4%。从资金来源看，政府投资增长33.3%；民间投资下降4.6%。从产业看，第一产业完成投资增长18.2%；第二产业完成投资增长48.2%；第三产业完成投资下降6.5%。从投资类型看，建安投资完成增长20.5%；更新技术改造完成投资增长36.3%；房地产开发完成投资下降2.2%；农户投资下降51.1%。

房地产。年末全县资质以上房地产企业26户，商品房施工面积107.31万平方米，下降8.2%；商品房销售面积38.56万平方米，增长1.0%。

五、贸易、招商引资

消费品市场。全年社会消费品零售总额105.81亿元，下降0.5%。其中，限额以上企业（单位）

实现消费品零售额11.16亿元，增长16.2%。按行业分，批发业实现零售额18.90亿元，增长5.9%；零售业实现零售额62.24亿元，下降2.1%；住宿业实现零售额1.56亿元，增长1.8%；餐饮业实现零售额23.1亿元，下降1.3%。按经营地分，城镇市场实现零售额52.65亿元，下降1.2%；乡村市场实现零售额53.16亿元，增长0.2%。

招商引资。全年签订投资协议43个、总投资120亿元，其中引进5亿元及以上项目6个，到位国内省外资金43亿元。进出口总额1.75亿元，增长62.2%。

六、交通和邮电

交通。年末全县公路总里程2539公里，其中等级公路2008公里（不含高速公路）。年末营运车辆数773辆（货车366辆、客车407辆），年末出租汽车数130辆，年末实有公共汽（电）车营运车辆数58辆，年末公交车路数12路。

邮电。全年完成邮政业务总量7854.05万元。年末全县共有邮政局（所）65处（其中邮政支局41个、自办所3个、代办所21个）；固定电话机用户（不包括分机，包括小灵通）5.78万户，下降8.5%。

七、财政、金融和保险业

财政。全年实现财政总收入22.22亿元，下降8.1%。实现地方一般公共预算收入5.02亿元，增长12.8%。财政总支出56.77亿元，增长20.7%。实现地方一般公共预算支出38.57亿元，增长16.9%。

金融。年末金融机构人民币各项存款余额263.73亿元，同比增长14.8%，其中：住户存款余额234.7亿元，增长15.4%。金融机构各项贷款余额142.88亿元，同比增长16.9%。

保险。2022年在盐亭13家保险机构实现保费收入5.2亿元，同比增长3.3%，实现理赔1.23亿元，同比增长13.5%。其中，政策性农业保险实现保费收入7043.72万元；小额人身保险参保人数达到3.69万人，实现保费收入184.39万元，实现理赔139万元。

八、教育和科学技术

教育。年末全县共有各级各类学校94所，在校学生42049人，专任教师2984人。

全县有小学38所，在校学生16372人，学龄儿童入学率100%；普通中学17所，在校学生14829人；中等职业教育学校1所，在校学生2876人；幼儿园63所（含附属幼儿班），在园幼儿6962人；特殊教育学校1所，在校学生162人。

科学技术。全年专利授权数138件，其中发明专利授权数2件；2022年全年实施专利项目23件，实施专利项目新增利税480万元，实施专利项目新增产值5113万元。高新技术产业企业7个，科技型中小企业个数197个，本年新增15个，科技企业孵化器数量1个。

九、文化、体育和卫生

文化、体育。年末全县有县级图书馆1个，公共图书馆藏书量17.9万册。县级文化馆1个，影剧院1个，体育场馆1个。乡镇广播电视文化中心17个，广播覆盖率100%，电视覆盖率100%，通有线电视的村189个。

卫生。年末全县有卫生机构526个。医院、卫生院技术人员2412人，其中执业（助理）医师920人。医疗卫生机构床位数3636张。

十、环境保护

年末，县城有污水处理厂2座；乡镇污水处理站40座。污水集中处理率86.45%。全县垃圾处理厂1个。城区空气质量优良天数354天。

十一、人口、人民生活和社会保障

人口。年末全县总户数22.89万户，户籍人口51.91万人，常住人口36.4万人。当年出生人口2510人，死亡人口4925人，人口自然增长率-4.65%。

城乡居民收支。全县全年城镇居民人均可支配收入41569元，增长4.8%，其中：工资性收入24916元，增长4.0%。城镇居民人均消费支出24993元，增长3.1%，其中：食品烟酒支出9187元，增长3.3%。

全县全年农村居民人均可支配收入21594元，增长6.3%；农村居民人均生活消费支出16805元，增长4.5%，其中：食品烟酒支出6083元，增长2.4%。

社会保障。城乡居民社会养老保险参保人数251630人；企业职工养老保险参保人数89200人，其中：企业在职职工参保人数41593人，企业离休、退休人数47607人；工伤保险参保人数21259人；基本医疗保险参保人数428057人，其中：城乡居民基本医疗保险人数394649人。各种社会福利收养性单位数0个，各种社会福利收养性单位床位数0张；社会福利院数1个，社会福利院床位数200张；社区服务机构数40个；城镇居民最低生活保障人数14034人，农村居民最低生活保障人数24757人，农村五保供养人数4159人。

注：

1. 公报中使用数据为统计快报数据，正式数据以《盐亭统计年鉴（2023）》为准。

2. 部分数据因四舍五入的原因，存在着与分项合计不等的情况。

3. 公报中地区生产总值、各行业增加值绝对数按现行价格计算，增长速度按可比价格计算。

4. 外贸进出口为错月数，来源市商务局。

5. 行业数据由相关部门提供。

盐亭县统计局

2023年6月

附　录

盐亭县 2022 年度先进表彰

2022 年盐亭县获中央、省、市表彰情况一览表

表 29

获奖单位	授奖单位	获奖名称	获奖文号	发文（奖牌）时间
盐亭县	财政部	2022 年生猪（牛羊）调出大县	财建〔2022〕133 号	2022 年 4 月 29 日
盐亭县	四川省人民政府办公厅	第六批“四好农村路”省级示范县	川办函〔2022〕78 号	2022 年 11 月 10 日
盐亭县	市委、市政府	2021 年度绵阳市农业农村改革工作先进县	绵委〔2022〕42 号	2022 年 3 月 1 日
盐亭县	市委、市政府	2021 年度生态环境保护党政同责工作先进县、2021 年度食品安全党政同责工作先进县	绵委办〔2022〕55 号	2022 年 10 月 28 日
盐亭县	市政府	2021 年度审计监督工作内审工作先进单位	绵府函〔2022〕154 号	2022 年 6 月 16 日
盐亭县	市政府办	2021 年度政府网站与政务新媒体检查暨年度监管工作考核受表扬	绵府办函〔2022〕21 号	2022 年 2 月 24 日
盐亭县	市委目标绩效办、市发改委	省市重点项目推进和投资运行进入第四季度“红榜”且在前三季度未进入过“黑榜”	督查通报第 4 期、第 9 期、第 17 期、第 2 期	2022 年度
盐亭县	四川省人大常委会办公厅	2022 年度全省人大新闻宣传工作先进单位	川人办〔2022〕126 号	2022 年 12 月 8 日
盐亭县	四川省财政厅	2021 年度部门决算工作较好	川财库〔2022〕23 号	2022 年 11 月 24 日
盐亭县	四川省财政厅	2021 年度农产品质量安全监管与品牌培育工作成效突出单位、2021 年度“三品一标”农产品工作成效突出单位	N〔2022〕-285 号	2022 年 2 月 9 日
盐亭县	四川省农业农村厅	2022 年度四川省农机发展工作突出单位	N〔2023〕-4 号	2023 年 1 月 3 日

续表 29

获奖单位	授奖单位	获奖名称	获奖文号	发文(奖牌)时间
盐亭县	四川省农业技术推广总站文件	2022 年度农技推广工作（抗旱减灾保秋收粮丰收工作）先进单位	川农技函〔2023〕1 号	2023 年 1 月 16 日
盐亭县	国家统计局四川调查总队	2022 年粮食统计调查数据管理工作先进县、2022 年畜牧业统计调查数据管理工作先进县	川调函〔2023〕8 号	2023 年 1 月 12 日
盐亭县	四川省政府政务服务和公共资源交易服务中心	获四川省政府集中采购机构标准化服务标准县(市、区)单项标准三等奖	川政公〔2023〕4 号	2023 年 1 月 19 日
盐亭县	市委、市政府党风廉政建设责任制领导小组办公室	2021 年度党风廉政建设责任制考核结果排名第二等次	绵委责办〔2022〕3 号	2022 年 5 月 31 日
盐亭县政府办公室	市政府办	2021 年度全市政府系统办公室工作先进集体(政府信息公开和政府网站与政务新媒体建设管理工作、政务督办工作)	绵府办函〔2022〕32 号	2022 年 3 月 24 日
盐亭县政府办公室	市政府办	2022 年全市政府系统办公室好文稿(综合类文稿、机关公文类)三等奖	绵府办函〔2022〕146 号	2022 年 12 月 7 日
盐亭县	市水利项目投资促进委员会办公室	2022 年 1—4 月水利项目中省资金投资计划执行“红榜”、全社会水利固定资产投资计划执行“红榜”	通报第 1 期	2022 年 5 月 20 日
盐亭县	市项目投资促进委员会办公室	2022 年第一季度至第三季度 “骏马项目”通报	项目投资促进工作通报 2022 年第 15、31、42 期	2022 年 12 月 26 日
盐亭县	市交通运输局	2021 年度重点交通项目投资运行“红榜”	绵交规便〔2022〕1 号	2022 年 2 月 21 日
盐亭县	市交通运输局	2022 年第一季度至第四季度重点交通项目推进“红榜”	绵交函〔2023〕31 号/绵交函〔2022〕158、232 号/绵交规便〔2022〕5 号	2023 年 2 月 1 日
盐亭县	绵阳市道路交通安全综合治理委员会	2022 年全市道路交通安全集中整治考评第 1 名	绵道安委〔2023〕1 号	2023 年 1 月 19 日
盐亭县	绵阳市道路交通安全综合治理委员会	2022 年全市道路交通安全集中整治工作获通报表扬	绵道安委〔2023〕2 号	2023 年 1 月 27 日
盐亭县	绵阳市食品安全委员会办公室	2022 年度创建国家食品安全示范城市工作先进单位	绵食安办〔2022〕41 号	2022 年 12 月 30 日

续表 29

获奖单位	授奖单位	获奖名称	获奖文号	发文（奖牌）时间
盐亭县	绵阳市农业技术推广中心	2022 年度粮经作物生产工作先进单位 2022 年度肥料工作先进单位	便函	2023 年 1 月 10 日
盐亭县	绵阳市总河长办公室	县级总河长、市级河流县级河长、县级河长制办公室考核获一等次	绵总河长办发〔2022〕5 号	2022 年 6 月 1 日
盐亭县（应急管理局、生态环境局、综合执法局、农业农村局、教体局等）	国管局、中直管理局、国家发展改革委、财政部	节约型机关	编号：2021230723019	2022 年 10 月 25 日
盐亭县（文化馆）	文化和旅游部	国家一级文化馆	文旅公共发〔2021〕133 号	2021 年 12 月 28 日
盐亭县（城东路社区“侨胞之家”）	中国侨联	2021—2022 年度全国侨联系统“侨胞之家”典型选树单位	中侨发〔2023〕3 号	2023 年 1 月 20 日
盐亭县（文通镇红联村）	司法部、民政部	全国民主法治示范村（社区）	司法部政府网站	2022 年 10 月 31 日
盐亭县（农业技术推广中心）	农业农村部	全国农牧渔业丰收奖（二等奖）	编号：FCG-2022-2-283-08D	
盐亭县（经开区劳动人事争议调解中心）	人力资源和社会保障部	2022 年度工作突出基层劳动人事争议调解组织	人力资源和社会保障部网站	2023 年 1 月 11 日
盐亭县（巨龙镇）	省委、省政府	2021 年度四川省乡村振兴先进乡镇	川委〔2022〕43 号	2022 年 1 月 3 日
盐亭县（鹅溪镇）	市委、市政府	2021 年度绵阳市乡村振兴先进乡镇	绵委〔2022〕43 号	2022 年 3 月 1 日
盐亭县（公安局）	市委、市政府	党的二十大全市信访维稳安保工作先进集体	绵委〔2023〕1 号	2023 年 1 月 3 日
盐亭县（盈基生物）	市委、市政府	绵阳市第四届“十佳环保企业”	绵委〔2022〕89 号	2022 年 6 月 1 日
绵阳市	四川省烟草发展专项工作领导小组	绵阳“7·09”假烟网络案（国标二级）一等奖	川烟领〔2022〕3 号	2022 年 11 月 25 日

2022年盐亭县获省、市领导肯定性批示情况一览表

表30

批示领导姓名	具体内容	签批时间
彭清华	盐亭县基层治理三种模式获得原省委书记彭清华肯定性批示。	2022年4月12日
曹立军	3月22日，曹立军在市信访工作联系会议办公室《关于2022年北京冬奥会冬残会全国"两会"期间信访稳定保障工作情况的报告》上批示：成绩来之不易，应予充分肯定。	2022年3月22日
曹立军	7月15日，曹立军在市信访联席办《关于2022年上半年全市信访工作总结和形势分析的的报告》上批示：今年以来，全市信访系统工作扎实，成效明显，应予表扬！	2022年7月15日
曹立军	7月22日，曹立军在政协绵阳市委员会研究室《社情民意》(决策专报第15期)"关于借鉴盐亭水旱灾害防御调度系统做法的建议"上批示：请华蓉、李栋同志阅。盐亭的做法可以借鉴。	2022年7月22日
曹立军	9月29日，曹立军在市信访局《关于报送市委书记批示群众来信办理情况的报告》上批示：很好！	2022年9月29日
曹立军	11月29日，盐亭县招才引智工作获市委书记曹立军肯定性批示。	2022年11月29日
曹立军	1月30日，曹立军在蒲浪涛《关于优化营商环境工作的体会和建议》上批示：浪涛同志的建议有很强的针对性和可操作性，请朝阳、永红、中兵同志召集相关部门研究，拿出工作方案。	2023年1月30日
曹立军	1月5日，曹立军同导在衡洪志委员代表特邀办的发言《关于大力发展我市化工产业的建议》上批示：请李云、海昌同志组织研究。	2023年1月5日

2022年盐亭县重大改革创新举措、工作经验推广情况一览表

表31

重大改革创新举措、工作经验主要内容	推广情况	文号	发文时间
创新"123458"监管模式全面推进农产品质量安全网格化管理	全国	农业农村部工作简报第40期	2022年7月29日
试点探索"一诺一单三评一监督"全面提升党建引领基层治理效能	全国	《组织人事报》《绵阳改革专报》(第32期)	2022年10月28日
创新发展新型农村集体经济	全省	《关于贯彻落实清华书记重要批示精神创新发展新型农村集体经济的通知》	2022年4月14日
盐亭县党建引领基层供销社新型"三化"建设激发服务"三农"新活力	全省	《四川改革动态》(第16期，总第1081期)	2023年2月14日
盐亭县："1+3"模式助力乡村振兴	全省	四川党的建设(2022年7月下/第14期 总第422期)	2022年7月
坚持"四个实招"强化"四种力量"，全力挤压电诈犯罪"生存圈"	全省	《政法要情专报》〔2022〕第73期(总第1033期)	2022年4月20日

续表31

重大改革创新举措、工作经验主要内容	推广情况	文号	发文时间
实施"五共"工作法 奋力谱写各民族交往交流交融盐亭新篇章	全省	《四川统一战线》2022年11/12（总第438期）	2022年11月
加快推进嫘祖陵公园"海峡两岸交流基地"建设	全省	《四川统战工作》(第11期)	2022年4月14日
"四共"工作法探索民族交往交流交融新路径	全省	《四川统战工作》(第28期)	2022年9月30日
农产品质量安全监管制度机制集成创新试点项目会议在盐亭县召开	全省	便函	2022年8月8日
四川省"两癌"筛查基层工作经验成果媒体采风调研活动在盐亭县举行	全省	便函	2022年9月26日
实施基层党校标准化建设	全国	《人民日报》	2022年3月8日
开展系列招才引智、招商引资活动	全国	新华网	2022年6月17日
实施"三项行动"推动党员教育提质增效	全国	共产党员网	2022年7月25日
将廉洁文化作品搬到"云端"线上线下协同传播	全国	人民网	2022年6月7日
"七廉共建"，打造"正反结合"的廉洁教育体系	全国	《人民日报》	2022年8月2日
细化12条措施33项任务四川挂图作战强化基层监督	全国	中国纪检报	2022年4月24日

2022年盐亭县试点示范情况一览表

表32

授予单位	试点示范称号、试点示范工作名称	文号	发文时间
中共中央纪律检查委员会	承担小微权力"监督一点通"试点工作并持续优化推进	中纪国监信息〔2021〕20号	2021年6月18日
财政部	2022年生猪(牛羊)调出大县	财建〔2022〕133号	2022年4月29日
人民日报社新媒体中心	乡村振兴传播基地		
四川省人民政府办公厅	第六批"四好农村路"省级示范县	川办函〔2022〕78号	2022年11月10日
四川省商务厅	四川省首批24个县域商业建设行动示范县	四川省商务厅网站	2022年8月22日
四川省水利厅	第二批乡村水务示范县(2022—2024年)	《四川水利》	2023年1月6日
四川省政府政务服务和公共资源交易服务中心	2022年全省镇村便民服务"三化"建设省级试点单位	川政公〔2022〕14号	2022年3月30日

续表 32

授予单位	试点示范称号、试点示范工作名称	文号	发文时间
四川省民政厅、四川省财政厅	2022 年社工服务体系建设试点县	《关于组织实施 2022 年社会工作服务体系建设试点项目的通知》	2022 年 4 月 12 日
四川省文化和旅游厅	四川省第六批省级非物质遗产代表性项目名录（绵阳市盐亭县岐伯行乡会）	四川发布	2022 年 11 月 6 日
中办、国办	全电发票试点（国家税务总局盐亭县税务局）	盐税函〔2022〕13 号	2022 年 11 月 18 日
国管局、中直管理局、国家发展改革委、财政部	节约型机关（盐亭县应急管理局、生态环境局、综合执法局、农业农村局等）	编号：2021230723019	2022 年 10 月 25 日
中国侨联	2021—2022 年度全国侨联系统“侨胞之家”典型选树单位（盐亭县城东路社区“侨胞之家”）	中侨发〔2023〕3 号	2023 年 1 月 20 日
中国气象局	荣获第三批百年气象站名录称号	中气函〔2022〕204 号	2022 年 12 月 19 日
农业农村部	盐亭县（农业技术推广中心）绵单系列优质丰产广适玉米新品种选育及配套栽培技术集成应用项目获全国农牧渔业丰收奖（二等奖）	编号：FCG-2022-2-283-08D	
农业农村部	2021 年国家级水产健康养殖和生态养殖示范区（四川省盐亭县华腾水产养殖专业合作社、盐亭县浩森渔业养殖专业合作社、盐亭县农旅投资管理有限公司联合体）	农渔发〔2021〕30 号	2021 年 12 月 29 日
司法部、民政部	全国民主法治示范村（盐亭县文通镇红联村）	司法部政府网站	2022 年 10 月 31 日
四川省司法厅、四川省民政厅	第一批“省级民主法治示范村”（盐亭县文通镇红联村）	川司法发〔2022〕84 号	2022 年 9 月 26 日
四川省民政厅	全省基层治理示范社区（盐亭县弥江路社区）	司法部政府网站	2022 年 10 月 28 日
四川省退役军人事务厅	四川省退役军人事务管理服务标准试点单位（盐亭县退役军人服务中心）	川退役军人办〔2021〕4 号	2021 年 1 月 7 日
四川省推进中心镇改革发展厅暨联席会议办公室	“省级百强中心镇”（盐亭县 2 个：富驿镇、黄甸镇）	川中心镇联席办〔2021〕11 号	2021 年 7 月 30 日
四川省民族宗教事务委员会、中共四川省委宣传部、中共四川省委统战部	第七批四川省民族团结进步示范区示范单位（盐亭县大兴回族乡）	川民宗委〔2022〕95 号	2022 年 12 月 30 日

续表 32

授予单位	试点示范称号、试点示范工作名称	文号	发文时间
四川省机关事务管理局	第一批“公务用车管理专项领域创新引领实践单位”（盐亭县机关事务服务中心）	川机管发〔2022〕236号	2022年11月28日
市深化“放管服”改革优化营商环境领导小组办公室	首批省级“示范便民服务室”盐亭县6个（凤灵街道：滨江社区；富驿镇：五马社区、大兴乡林园村；黄甸镇：黄天坝社区、湍江社区；西陵镇：高灯社区）	便函	2022年2月10日
四川省人民政府	2022年度省四星级现代农业园区（盐亭县水产现代农业园区）	川府函〔2023〕16号	2023年2月13日
四川省农业农村厅	四川省高素质农民培育省级实习实训基地（盐亭县华腾水产养殖合作社）	川农函〔2022〕631号	2022年10月21日
四川省农产品质量安全监管制度机制集成创新试点	农产品质量安全监管制度机制集成创新试点（西部水产园区，地址：盐亭县巨龙镇胜利村云栖逸境）	便函	2022年8月8日
四川省统计局	文化产业单位清查筛选试点（盐亭县统计局）		2022年10月26日
四川省教育厅、四川省发展和改革委员会	“四川省绿色学校”（18所）	川教函〔2022〕252号	2022年6月14日
四川省政务服务和公共资源交易服务中心	第二批省级“示范便民服务中心”（盐亭县2个：高渠镇便民服务中心、黄甸镇便民服务中心）	川政公〔2023〕1号	2023年1月4日
中共四川省委宣传部等9部门	2022年乡村文化振兴省级样板村镇（盐亭县大兴回族乡青峰村）	川宣通〔2022〕41号	2022年12月9日
四川省水利厅	2022年度河湖公园（试点）（盐亭县文同诗竹河湖公园）	川水函〔2023〕42号	2023年1月9日

2022年盐亭县党政军群团机关及其工作部门主要领导名录

一、县级领导干部

县委：

书　记：何长鹰

副书记：卢　昊　祝润明

常　委：张　珏　康玉波

任　勇　倪　助

刘　帆　康　丹

潘　力　谷业非

县人大常委会：

党组书记、主任：蒲浪涛

党组副书记、副主任：范晓林

党组成员、副主任：黄世勇

胥　雄

副主任：杨海燕

县政府：

党组书记、县长：卢　昊

党组副书记、副县长：康玉波

副县长：衡孝波

党组成员、副县长：谷业非

汪晓艳

吴鸿飞

雷　勇

朱沛元

县政协：

党组书记、主席：衡洪志

党组副书记：潘　力

党组成员、副主席：杨　冰

副主席：衡正明　王　雪

何　畅

县法院：

党组书记、院长：卢　珊

县检察院：

党组书记、检察长：张雪松

二、县委工作部门及其直属事业单位

县委办公室：

主　任：胥兴荣

副主任：赵　丽

黄　勇(兼)

蒋红祥(9月始)

何宗泱(9月始)

密码管理总工程师：

何宗泱(9月止)

吴春艳(9月始)

县委组织部：

部长：张　珏

常务副部长、县公务员局局长：

王　晶(5月止)

王　淼(5月始)

副部长：陈耀忠(兼)

黄春梅(兼，4月止)

孙　京(兼，4月始)

陈一龙

董明跃(9月始)

县委“两新”工委书记：陈一龙

县委人才办主任：

陈一龙(兼，12月始)

部务委员：赵　磊

陈　荀(7月止)

杜欣蕊(7月始)

马玲玉(9月止)

赖长明(10月始)

县委城乡基层治理办专职副主任：罗宇痕(7月止)

鞠　通(7月始)

党员教育中心主任：王　琴

县干部人事档案管理中心主任：

赵　虹

县高端人才服务中心主任：

马玲丽(9月始)

县委宣传部：

部　长：康　丹

常务副部长：何　蛟(9月止)

副部长：陶文元(5月止)

杨广旭(7月始)

程　超　杨　松

冯青春(兼，10月止)

王　震(兼，10月始)

县委对外宣传办(县政府新闻办)主任：程　超

县新闻出版局(县版权局)局长：

杨　松

县文联主席：冯青春(10月止)

王　震(10月始)

县精神文明办主任：

陶文元(5月止)

程　超(7月始)

县社科联主席：

陶文元(5月止)

杨　松(7月始)

县社科联副主席：袁继红

县文联副主席兼秘书长：

卢艳玲

县网络舆情监测中心主任：

王　震(10月止)

苏明胜(10月始)

县对外宣传服务中心主任：

卢　鑫

县委统战部：

部　长：潘　力

常务副部长：赵艳鸿
副部长：何懿儒（兼，12月始）
张克南
孙　京（4月止）
董　鉴（7月始）
赵　嵩（4月止）
马　轲（兼，4月始）
县民族宗教事务局局长：
赵艳鸿（兼，12月止）
何懿儒（12月始）
县委台湾工作办（县政府台湾事务办）、县侨务办主任：
孙　京（4月止）
董　鉴（7月始）
县民族宗教事务局副局长：
穆小东（9月止）
牟文龙（10月始）

县委政法委员会：
书　记：任　勇
常务副书记、常务副会长：
任　彤（12月止）
蒙　盟（12月始）
副书记：范德斌（12月止）
王德维（12月始）
胡海峰
政治处主任：何　敏（7月止）
汪　智（7月始）

县委机构编制委员会办公室：
主　任：黄春梅（4月止）
孙　京（4月始）
副主任：任　蓉（4月止）
杨沅鑫（4月始）
任安辉

县委目标绩效管理办公室：
主　任：何　东
副主任：何光振　何凤娟

县委巡察工作领导小组办公室：
主　任：王　平（1月止）
赵文武（1月始）
常务副主任：王　平（1月始）
副主任：于连琼　谢　彬
县委第一巡察组组长：董国胜
县委第一巡察组副组长：
雷春艳
县委第一巡察组巡察专员：
王渝钧
县委第二巡察组组长：陶民安
县委第二巡察组副组长：
黄远俊
县委第三巡察组组长：李治国
县委第三巡察组副组长：
谢　红
县委第四巡察组组长：任　彦
县委第四巡察组副组长：
雷　刚
县委第四巡察组巡察专员：
李荣森
县委第五巡察组组长：彭年春
县委第五巡察组副组长：
陈兴鹤
县委第五巡察组巡察专员：
李树尧

县委党校：
校　长：张　珏
常务副校长：姚　熙
副校长：汪　钦
校务委员：李　慧

县委党史研究室：
主　任：任　春
副主任：杨永浩（12月止）

县档案馆：
馆　长：黄　勇
副馆长：王　凤

三、县人大工作部门

人大常委会办公室：
主　任：黄　波
副主任：胥春燕
机关党委书记：文海燕
调研室主任：金　勇
调研室副主任：
任　春（女，7月止）
敬　标（7月始）
执法监督室主任：顾琼芬
执法监督室副主任：吕　晶

城乡环境资源保护工作委员会：
主　任：赵益民
副主任：任清勇

教科文卫工作委员会：
主　任：王小红
副主任：彭　恺

农业工作委员会：
主　任：赵红军
副主任：陈　勇（7月始）

人事代表工作委员会：
主　任：许勇军
副主任：何云芬

县人大常委会预算工作委员会：
主　任：王　东
副主任：毛　亨（4月止）
何泽荣（7月始）

县人大财政经济委员会：
主　任：王　飞
副主任：杨　勇　彭秀梅
陈小叶

县人大民族宗教外事侨务委员会：
主　任：达文海
副主任：蒲　军　黄　凯
何志宏

县人大社会建设委员会：
主　任：穆桂兰
副主任：刘凌英　王　斌
杜伟标

县人大监察和司法委员会：
主　任：张　锡
副主任：张小容　何丽娟
刘红梅

四、县政府工作部门及其直属事业单位

县政府办公室：

主　任：肖　兵
副主任：赵　敏（12月止）
胥林林（9月始）
夏礼亮
董　俊（兼）

县公安局：

书　记、局长：雷　勇
副书记、政委：
蒲定军（12月止）
任　彤（12月始）
副局长：侯怀礼（3月止）
赵　强（3月始）
冯　磊（3月始）
王德维（12月止）
曹　剑（12月始）
李　灿（挂职）
政治处主任：赵　卫（3月始）
机关党委书记：
赵　卫（3月止）
张　宏（3月始）
办公室主任：李　巍（7月始）
法制大队大队长：江　川
指挥中心主任：
李　巍（7月止）
胡　军（7月始）
指挥中心教导员：
胡　军（7月止）
邹成波（7月始）
警务督察大队大队长：
杜颖耀（5月止）
任光伟（7月始）
警务保障室主任：
胡　彦（5月止）
张　辉（10月始）
治安管理大队大队长：何智飞
出入境管理大队大队长：
岳晓林（7月止）
彭青松（7月始）
国安大队大队长：
袁本明（7月止）
国安大队教导员：
杜　雄（7月止）
政治安全保卫大队大队长：
袁本明（7月始）
政治安全保卫大队教导员：
王大军（7月始）
刑事侦查大队大队长：
赵德松（5月止）
张　宏（7月始）
刑事侦查大队教导员：
王大军（7月止）
蒙　源（10月始）
交通警察大队大队长：王止柱
交通警察大队教导员：李德强
特巡警大队大队长：
任大儒（7月止）
冯晓军（10月始）
特巡警大队教导员：
任大儒（7月始）
网络安全保卫大队大队长：
任光伟（7月止）
邹旭强（7月始）
情报信息大队大队长：
赵　强（3月止）
禁毒缉毒大队大队长：
周　详（5月止）
何　丹（5月始）
禁毒缉毒大队教导员：
王　进（5月止）
黄　飞（10月始）
看守所所长：胡海龙（7月始）
经济犯罪侦查大队大队长：
张　宏（3月止）
李珏伯（5月始）
拘留所所长：胡绍勇（5月止）
顾开荣（7月始）
森林警察大队大队长：王德强
森林警察大队教导员：
牟洪波（5月止）
任小军（7月始）

县财政局：

书记、局长，县国资办、金融办主任：赵凤兰
副局长：何　洪　宋　彪
赵晨颖（挂职，7月始）
总会计师：孙　甫（3月始）
县国库集中收付中心主任：
孙　甫（3月止）
马　芳（5月始）
县政府和社会资本合作中心主任：李　波
县政府和社会资本合作中心副主任：任　捷

县自然资源局：

书记、局长，县林业局局长：
任勇军
副局长：董　鉴（7月止）
何　磊（8月始）
杨　波
总工程师：何　春
机关党委书记：
陈　勇（7月止）
袁小丽（8月始）
县国土资源执法大队大队长：
宋　晨
县土地统征储备中心主任：
陈佳龙
县土地统征储备中心副主任：
任承姜（4月止）
杨华敏（4月始）
任志强
县不动产登记中心主任：
任承姜（4月始）

县发改局：

书记、局长：刘　锐（5月止）
赵　强（5月始）
副局长：许宏松
文　霞（9月始）
李佳麒
县粮食和物资储备局局长：
刘　锐（5月止）
赵　强（5月始）
机关党委书记：
王　驰（10月止）
尹　波（12月始）

项目推进服务中心主任：
何小丽

县教体局：

书记、局长：任宇超
副局长：肖　庆（4月止）
马　轲（4月止）
陶建军（4月始）
王　涛
县委教育工委专职副书记：
陶建军（4月止）
任　蓉（4月始）
机关党委书记：梁永茂
县教体局总督学：
肖　庆（4月始）
教育考试中心主任：李冬泉
盐亭中学党委书记、校长：
张领先
盐亭中学党委专职副书记：
何涌章
盐亭中学副校长：
邓小飞
胥　伟
肖　平（挂职，7月始）
盐亭中学纪委书记：杨　滔
县职中校长：雷　力
县职中副校长：陈天标
文　强
县职中党总支书记：陈　焕
县职中纪检员：孙小灵
县教师进修校校长：马奉尤
县教师进修校副校长：杨鹏腾
县教师进修校党总支书记：
黄　帆
县教师进修校纪检员：王　俊

县卫生和健康局：

书记、局长：邓小兵
副局长：何　驰
欧阳清镯（4月始）
机关党委书记：勾婉君
县卫生执法监督大队大队长：
王　渊
县医院党委书记：王　栋
县医院党委专职副书记：雷秋芬
县医院副院长：沈新诗
何　杨
县肿瘤医院党委书记：李德伟
县肿瘤医院院长（肿研所所长）：何永明
县肿瘤医院副院长（肿研所副所长）：胡　荷　顾勇军
县肿瘤医院（肿研所）党委专职副书记：黄筱契
县中医院党总支书记：敬　博
县中医院院长：蒲　湘
县中医院副院长：杨树鲜
县疾控中心主任：杨　兴
县疾控中心副主任：陈庆举
县妇幼保健计划生育服务中心党总支书记：刘　翔
县妇幼保健计划生育服务中心主任：江翠平

县农业农村局：

书记、局长：彭光益（4月止）
刘仕通（4月始）
副局长：任洪连
任　勇（4月止）
王国安（9月始）
毛　亨（4月始）
总农艺师：顾性军
机关党委书记：
伏绍友（4月止）
黄　涛（4月始）
县委农办专职副主任：胥　杰
县农机监理站站长：顾化鑫
县农畜产品质量安全检验检测站站长：王大章
县农村合作经济管理服务中心主任：赵　超
县农技推广中心主任：衡刚强

县住房和城乡建设局：

书记、局长：邓国彬
副局长：赵　君　刘　里
李福玉（12月始）
总工程师：陈　刚

县市场监督管理局：

书记、局长：刘仕通（4月止）
任小兵（4月始）
副局长：李　尹　叶映伟
机关党委书记，县食品药品稽查大队大队长：陶　锐
凤灵监督管理所所长：邓中海
云溪监督管理所所长：赵　俊
黄甸监督管理所所长：马　兵
高渠监督管理所所长：陶小明
富驿监督管理所所长：任　刚
岐伯监督管理所所长：邓伟振
金孔监督管理所所长：苟云凌
玉龙监督管理所所长：杜　芄

县税务局：

书记、局长：徐　兴（2月止）
赵永强（2月始）
副局长：何　维　李兴舟
张洪伟
第一税务分局局长：唐　岚
第二税务分局局长：古小辉
云溪税务分局局长：徐　强
玉龙税务分局局长：范弋川
金孔税务分局局长：程　钢
黄甸税务分局局长：赵　飞
岐伯税务分局局长：李皓然
高渠税务分局局长：黄　飞
九龙税务分局局长：庞加伟
富驿税务分局局长：汪　恒

县水利局：

书记、局长：赵子知
副局长：许　飞
张利文（5月止）
何　军（5月始）
县水利水电工程移民工作办主任：赵子知
总工程师：何　军（5月止）
马　骥（7月始）
水利水资源管理中心主任：
谭　毅

县文化广播电视和旅游局：

书记、局长：何　政

副局长：赵　明　任炜旖
机关党委书记：
杨　鹏（10月止）
王　驰（10月始）
县文化市场综合执法大队大队长：杜成杰（10月始）

县民政局：
书记、局长：任培雄
副局长：王志远（7月止）
王小飞（7月始）
杨　海
县社会组织综合党委书记：
任培雄
社会救助帮扶中心主任：
陶先标
县低保服务中心主任：
何　戬（7月止）
王晓清（7月始）
县社会救助帮扶中心副主任：
王晓清（7月止）
谢　林（7月始）

县人力资源和社会保障局：
书　记：任小兵（4月止）
陈忠耀（4月始）
局　长：陈忠耀
副局长：王　鸾　敬建波
机关党委书记：
余　敏（4月止）
陈　荀（7月始）
县社会保险服务中心主任：
何　鑫（4月止）
余　敏（4月始）
县社会保险服务中心副主任：
苏　科
县就业服务中心主任：赵　希
县就业服务中心副主任：
王止松
县人才服务中心主任：
马玲丽（9月止）
县城乡居民社会养老保险服务中心主任：李　飞（5月始）
县劳动人事争议仲裁院院长：
张鸿芬

县劳动保障监察大队大队长：
杨　勇

县司法局：
书　记：陈　挺
局　长：贾　伟
副局长：彭晓红　赵　锟
政治处主任：汪　智（7月止）
何　敏（7月始）

县交通运输局：
书记、局长：陈　文
副局长：任文韬　李龙川
总工程师：任维江
机关党委书记：王　茵
路政管理大队大队长：刘克辉
公路运输管理所所长：任良勇

县工业和信息化局：
书记、局长：赵　强（5月止）
敬宗平（5月始）
副局长：黄　熹（5月止）
罗宇痕（7月始）
邓蓝波（10月始）
石　秋（12月止）
县投资促进服务中心副主任：
袁　宁

县商务局：
书记、局长：任　溢（7月止）
赵艳梅（7月始）
副局长：陈　益　罗枭雄
文　雯（12月始）
电商发展中心主任：何　毅

县气象局：
局　长：卢兴全
副局长：何洲强　赵绿荣

县退役军人事务局：
书记、局长：赵　刚
副局长：赵大川　赵蜀峰
杨　希（兼，3月始）
县退役军人服务中心主任：
于海涛

县应急管理局：
书记、局长、县安全生产委员会办公室主任：谭　兵
副书记：王　旭（兼）
副局长：许志勇　杜　明
董　鉴（兼）
何　军（兼）
县森林草原防灭火指挥部专职副指挥长：汪通远
县应急管理局党委委员，县安全生产监察执法大队大队长：王　勇

县统计局：
书记、局长：黄元明
副局长：胥执兵　贾　锐
总统计师：王　琴
县普查中心主任：何代容

县信访局：
书记、局长：董　俊
副局长：叶　慧　何金明
县信访和群众接待中心主任：
赵小兰

县医疗保障局：
书记、局长：顾晓军
副局长：岳晓帆（4月止）
何　洋（4月始）
刘凌艳
县医疗保险事务中心主任：
胡雪飞

县综合行政执法局：
书记、局长：杨广旭（7月止）
蒲定军（7月始）
副局长：王　丽　任贞恺
党组成员：王止柱（兼）
赵　勇（兼）
江腾飞（兼）
县城市监察执法大队大队长：
赵键钧
县城市联合执法大队大队长：
王　伟
县城市联合执法大队副大队长：
宋廷兵　蒲九州

县经济合作局：

书记、局长：敬宗平（5月止）
王显佳（7月始）
副局长：敬　毅（10月止）
李学阳（10月始）
刘　恒
县投资促进服务中心主任：
冯　丽
经开区党工委委员、县投资促进服务中心副主任：
董　成（4月止）
罗怀恩（4月始）
县投资促进服务中心副主任：
何　致（10月止）

县审计局：

书记、局长：张建雄
副局长：何泽荣（7月止）
任　春（女，7月始）
陈向阳

县行政审批局：

书　记：袁　政（12月止）
赵　敏（12月始）
局　长：袁　政（12月止）
石　秋（12月始）
副局长：陈泽红　冯林彬

县科学技术局：

书记、局长：赵春梅（9月止）
何　蛟（9月始）
副局长：邓　强　孙　华

绵阳市盐亭生态环境局：

书记、局长：杜小红
副局长：张　涛　李拥军
总工程师：李强中
监测站站长：王　兰

绵阳市住房公积金管理中心盐亭管理部：

主　任：李　原（1月止）
王汉华（1月始）

县融媒体中心：

副主任：任　凯　任莹莹
总编辑：刘　派

县新时代文明实践服务中心：

主　任：任　磊（9月始）
副主任：李　敏（9月始）

县政务服务和大数据管理中心：

书记、主任：岳稳强
副主任：程　林　陈　伟

县机关事务服务中心：

书记、主任：郑　妍
副主任：赵大为　王　淇

县供销社：

书记、理事会主任：赵伟科
理事会副主任：
谢云智（5月止）
谭仕和
监事会主任：谢云智（5月始）

县武引局：

书记、局长，县莲花湖管理局局长：陶永慧
副局长：赵　彬　蒲　东
总工程师：陈明向

县农民工服务中心：

书记、主任：杜劲松（7月止）
何　戬（7月始）
副主任：任宏飞　李洪兵
县乡村振兴服务中心主任：
李运波（10月止）
冯青春（10月始）
县乡村振兴服务中心副主任：
李运波（10月始）
任茂刚（10月始）

五、县政协工作部门

县政协常委会：

秘书长：张郅东
副秘书长：石美莲
刘　璐

政协办公室：

主　任：石美莲
副主任：舒　斌

政协社会法制台侨民宗委员会：

主　任：陈　志
副主任：李　勇（4月止）
陈启砚（4月始）

政协提案委员会：

主　任：王德丰
副主任：张朝普

政协文化文史和学习委员会：

主　任：冯　斌
副主任：杨小松

政协农业农村委员会：

主　任：何　顺
副主任：勾　睿

政协经济委员会：

主　任：刘　利
副主任：杨　君

政协教科卫体委员会：

主　任：汪秀英
副主任：许田心

政协委员工作委员会：

主　任：孙　勇
副主任：陶兰兰

六、其他部门单位

中共盐亭县纪律检查委员会、盐亭县监察委员会：

县纪委书记、监委主任：
刘　帆
县纪委副书记、监委副主任：
赵文武　程　磊
县纪委常委、监委委员：
杨路全　张　艳
县纪委常委：胥成果

董明跃（9月止）
赵　准（10月始）
县监委委员：王　彰
喻　波（2月始）
机关党委书记：陈晓君
办公室主任：李　磊
组织部部长：张瑷玲
宣传部部长：刘思明
信访室主任：赵祥钦
案件监督管理室主任：张　志
案件审理室（法规室）主任：
顾洪哲（3月始）
纪检监察干部监督室主任：
张梦源
党风政风监督室主任：
赵　准（10月止）
许　阳（12月始）
第一纪检监察室主任：向江龙
第二纪检监察室主任：郭　伟
第三纪检监察室主任：
张林凯（12月止）
第四纪检监察室主任：
左乐宁（9月始）
第五纪检监察室主任：
蒲先忧（12月止）
胡　涛（12月始）
驻县委办纪检组组长：
黄　涛（4月止）
胡　波（4月始）
驻县政府办纪检组组长：
范国勇
驻县人大常委会机关纪检组组长：张云霞
驻县政协机关纪检组组长：
赖利红（9月止）
范　胡（9月始）
驻县财政局纪检组组长：
刘　欢
驻县自然资源局纪检组组长：
胡小清
驻县教体局纪检组组长：
姚　克（9月止）
赖利红（9月始）
驻县卫健局纪检组组长：
马　荣
驻县发改局纪检组组长：
胡　波（4月止）
何　欣（7月始）
驻县农业农村局纪检组组长：
范　胡（9月止）
姚　克（9月始）
驻县住建局纪检组组长：
赵　宏
驻县公安局纪检组组长：
寇化波
驻县法院纪检组组长：
喻　波（2月止）
张林凯（12月始）

县法院：
副院长：杜　尧（12月止）
王益波（12月始）
胡　云
机关党委书记：
陈海英（12月止）
宋　倩（12月始）
政治部（督察室）主任：
何　梅（12月止）
任　婧（12月始）
审判委员会专职委员：
何　勇（12月止）
杨　剑（12月始）
审判委员会专职委员：
赵万超（12月止）
何　刚（12月始）
执行局局长：何　刚（12月止）
李　健（12月始）
富驿民庭庭长：赵　娟
金孔民庭庭长：
王益波（12月止）
玉龙民庭庭长：
李　健（12月止）

县检察院：
副检察长：赵　展　冯　健
杜　庆
政治处主任：王小丽
检察委员会专职委员：陈学远
李卫平

盐亭县经开区：
党工委书记：张　珏（4月止）
黄　强（4月始）
党工委副书记：
黄　强（4月止）
黄　熹（5月始）
何　磊（7月止）
杜泽龙（7月始）
管委会主任：黄　强（4月止）
黄　熹（5月始）
管委会副主任：
杜泽龙（7月止）
覃　夯（7月始）
陈明富（4月始）
谭　辉（兼，7月止）
纪工委书记：于　军

县总工会：
主　席：潘　力
常务副主席：胡晓胜
副主席：黄映强

县红十字会：
会　长：汪晓艳
常务副会长：王直昌（7月止）
王志远（7月始）
副会长、秘书长：曹荣伟

县工商业联合会（民间商会）：
主　席：衡正明
副会长：赵　嵩（4月止）
马　轲（4月始）
陈丽琼

县妇女联合会：
主　席：黄晓花
副主席：何奉娟

共青团盐亭县委：
书　记：胥林林（9月止）
马玲玉（9月始）
副书记：宋明昶（10月止）
张尧文（10月始）

县侨联：

主　席：李丽萍

副主席：苏香云

县科学技术协会：

主　席：任　翔

副主席：蒙　宁

县残联：

理事长：敬　标（7月止）
王直昌（7月始）

副理事长：蒲云涛

县消防救援大队：

教导员：王　旭

大队长：罗　兵

七、乡　镇

凤灵街道：

党工委书记（矛盾化解协调中心主任）：蒙　盟（12月止）
袁　政（12月始）

党工委副书记：李　志
李　丽
衡超勇

人大工委主任：黄　林

办事处主任：李　志

宣传委员：李　丽

政法委员：衡超勇

办事处副主任：
赵　勇　江腾飞
李祚燕
何　清（4月止）
景洁丽（7月始）

组织统战委员：鲜兆军

便民服务中心主任：杜江容

云溪镇：

党委书记（矛盾化解协调中心主任）：李光勇

党委副书记：何　猛　王　桢
黄　锦

镇　长：何　猛

人大主席：杨云峰

宣传委员：王　桢

政法委员：黄　锦

组织统战委员：肖　玮

副镇长：沈应桃　何秋秀
李福玉（12月止）

便民服务中心主任：郑　昌

富驿镇：

党委书记（矛盾化解协调中心主任）：李明远

党委副书记：王　鹏　张志强
杜　波

镇　长：王　鹏

人大主席：王　平

宣传委员：张志强

政法委员：杜　波

组织统战委员：李红娇

副镇长：黄丽平　李仕钢
冯泽兴　董晶晶
董小兵

便民服务中心主任：张　志

玉龙镇：

党委书记（矛盾化解协调中心主任）：程益民

党委副书记：杨勇军　王　利
王国安（9月止）
敬　毅（10月始）

镇　长：杨勇军

人大主席：张　鸿

宣传委员：王　利

政法委员：王国安（9月止）
敬　毅（10月始）

组织统战委员：陈鸿兰

副镇长：许人友（12月止）
何　斐（12月始）
许志伟　任艳秋
申　婷　朱文江

便民服务中心主任：冯　欢

黄甸镇：

党委书记（矛盾化解协调中心主任）：李福和

党委副书记：胥小世　徐红娇
李进军

镇　长：胥小世

人大主席：罗　言

宣传委员：徐红娇

政法委员：李进军

组织统战委员：梁建斌

副镇长：黄　会　汪海军
刘子玮　袁　悦
龙　飞

便民服务中心主任：
李　飞（5月止）
任　丹（7月始）

金孔镇：

党委书记（矛盾化解协调中心主任）：马　林（9月止）
金　毓（9月始）

党委副书记：王力锋　谢智刚
赵　波

镇　长：王力锋

人大主席：陶　海

宣传委员：谢智刚

政法委员：赵　波

组织统战委员：
郑守强（12月止）
王　娇（12月始）

副镇长：汪麟坤　黄杰凤
胡德文　许竞艺
王　娇（12月止）
宋　进（12月始）

便民服务中心主任：
杨华敏（4月止）
何祎曦（4月始）

高渠镇：

党委书记（矛盾化解协调中心主任）：敬山鹰

党委副书记：王显佳（7月止）
魏　川（7月始）
王　巍　胥鹏飞

镇　长：王显佳（7月止）
魏　川（7月始）

人大主席：任　杰

宣传委员：王　巍

政法委员：胥鹏飞

组织统战委员：
文　雯（12月止）
副镇长：李劲松　刘　军
何昇蔚（5月止）
于　坤
梁海媛（7月始）
便民服务中心主任：勾银秀

九龙镇：
党委书记（矛盾化解协调中心主任）：杨　宇
党委副书记：李前宽　张　瀚
勾承飞
镇　长：李前宽
人大主席：杜春霞
宣传委员：张　瀚
政法委员：勾承飞
组织统战委员：陈　欣
副镇长：敬凌春　李　莉
董明强　陈红宇
彭　荣
便民服务中心主任：羊绍东

文通镇：
党委书记（矛盾化解协调中心主任）：冯明飞（7月止）
肖　峻（7月始）
党委副书记：牟行亮
蒋红祥（9月止）
许人友（12月始）
赵碧波
镇　长：牟行亮
人大主席：董大勇
宣传委员：蒋红祥（9月止）
许人友（12月始）
政法委员：赵碧波
组织统战委员：李　斌
副镇长：颜　国　刘海凤
雷　静
便民服务中心主任：颜　雄

岐伯镇：
党委书记（矛盾化解协调中心主任）：王　毅
党委副书记：何国良
张志勇（10月止）
杨　鹏（10月始）
张峻铭
镇　长：何国良
人大主席：李　辉
宣传委员：张志勇（10月止）
杨　鹏（10月始）
政法委员：张峻铭
组织统战委员：李　涛
副镇长：杜骁霏　张春春
赵雁敏　岳东辰
便民服务中心主任：黄山珊

鹅溪镇：
党委书记（矛盾化解协调中心主任）：任科伟
党委副书记：李　箭　谭　辉
胥　瀛
镇　长：李　箭
人大主席：胡　强
宣传委员：谭　辉
政法委员：胥　瀛
组织统战委员：张　英
副镇长：李　坤　张　轶
廖　鑫
便民服务中心主任：蒲宜辉

西陵镇：
党委书记（矛盾化解协调中心主任）：曾劲涛
党委副书记：李　林　胥雪丹
曹　剑（12月止）
郑守强（12月始）
镇　长：李　林
人大主席：杜丽琼
宣传委员：胥雪丹
政法委员：曹　剑（12月止）
郑守强（12月始）
组织统战委员：成　香
副镇长：李祖恒　贾钦栋
王映涛
便民服务中心主任：
余　杰（4月始）

嫘祖镇：
党委书记（矛盾化解协调中心主任）：赵艳梅（7月止）
冯明飞（7月始）
党委副书记：刘　杰
魏　川（7月止）
侯智民（9月始）
杜天良
镇　长：刘　杰
人大主席：张剑峰
宣传委员：魏　川（7月止）
侯智民（9月始）
政法委员：杜天良
组织统战委员：李　尔
副镇长：周　龙
侯智民（9月止）
汪　梁（10月始）
肖婷婷　李　斌
便民服务中心主任：张　艳

永泰镇：
党委书记（矛盾化解协调中心主任）：李红伟
党委副书记：赵　伟
王小飞（7月止）
王诗淋（9月始）
范章林
镇　长：赵　伟
人大主席：李云智
宣传委员：王小飞（7月止）
王诗淋（9月始）
政法委员：范章林
组织统战委员：肖　艳
副镇长：王家能　刘玉池
赵　敏
便民服务中心主任：
苏明胜（10月止）
赵雪玲（10月始）

巨龙镇：
党委书记（矛盾化解协调中心主任）：汪浪涛
党委副书记：
李泓江
陈启砚（4月止）

王怀宇(4月始、10月止)
何　西(10月始)
牟文龙(10月止)
王怀宇(10月始)
镇　长:李泓江
人大主席:刘安勇
宣传委员:
陈启砚(4月止)
王怀宇(4月始、10月止)
何　西(10月始)
政法委员:牟文龙(10月止)
王怀宇(10月始)
组织统战委员:
何　西(10月止)
杨　翕(10月始)
副镇长:王怀宇(4月止)
廖　云
冯荷娟(12月止)
陈明富(4月始)
便民服务中心主任:余富永

大兴回族乡:

党委书记(矛盾化解协调中心主任):王　淼(5月止)
杜亚东(5月始)
党委副书记:金　毓(9月止)
穆小东(9月始)
何懿儒(12月止)
陈小鹏
乡　长:金　毓(9月止)
穆小东(9月始)
人大主席:龚　力
宣传委员:何懿儒(12月止)
政法委员:陈小鹏
组织统战委员:杨　亚
副乡长:黄　林　江伯龙
代正巧
便民服务中心主任:庞珍珠

莲花湖乡:

党委书记(矛盾化解协调中心主任):张　勇
党委副书记:赵　凯　江林玲
王　健
乡　长:赵　凯
人大主席:陶文罕
宣传委员:江林玲
政法委员:王　健
组织统战委员:任　鹏
副乡长:甘　志　漆　林
杨　翕(10月止)
李开洋(10月始)
便民服务中心主任:唐红斌

盐亭县部分机关企事业单位机构名称全简称对照

表 33

全　　称	简　　称
中国共产党盐亭县委员会	县委
盐亭县人民代表大会常务委员会	县人大常委会
盐亭县人民政府	县政府
中国人民政治协商会议盐亭县委员会	县政协
盐亭县人民武装部	县人武部
盐亭县人民法院	县法院
盐亭县人民检察院	县检察院
中共盐亭县纪律检查委员会	县纪委
中共盐亭县委办公室	县委办
中共盐亭县委巡察工作领导小组办公室	县委巡察办
中共盐亭县委组织部	县委组织部
中共盐亭县委县直机关工作委员会	县直机关工委
中共盐亭县委机构编制委员会办公室	县委编办
共青团盐亭县委员会	团县委
中共盐亭县委宣传部	县委宣传部
盐亭县融媒体中心	县融媒体中心
中共盐亭县委精神文明办公室	县文明办
盐亭县文学艺术界联合会	县文联
盐亭县社会科学界联合会	县社科联
中共盐亭县委政法委员会	县委政法委
中共盐亭县委统战部	县委统战部
盐亭县归国华侨侨眷联合会	县侨联
盐亭县工商业联合会	县工商联
中共盐亭县委目标绩效管理办公室	县委绩效办
中共盐亭县委党校	县委党校
中共盐亭县委党史研究室	县委党研室
盐亭县档案馆	县档案馆

续表 33

全　　称	简　　称
盐亭县农民工服务中心	县农民工服务中心
盐亭县人民政府办公室	县政府办
盐亭县卫生和健康局	县卫健局
盐亭县文化广播电视和旅游局	县文广旅游局
盐亭县华夏母亲嫘祖国家纪念公园管理中心	县嫘管中心
四川盐亭嫘祖文化开发研究会	县嫘开会
盐亭县发展和改革局	县发改局
盐亭县财政局	县财政局
盐亭县住房和城乡建设局	县住建局
盐亭县人民防空办公室	县人防办
盐亭县教育和体育局	县教体局
盐亭中学	盐中
盐亭县职业技术学校	盐亭职中
盐亭县科学技术局	县科技局
盐亭县科学技术协会	县科协
盐亭县商务局	县商务局
盐亭县工业和信息化局	县工信局
盐亭县政务服务和大数据管理中心	县政务服务和大数据中心
盐亭县人力资源和社会保障局	县人社局
盐亭县社会保险服务中心	县社保中心
盐亭县医疗保障局	县医保局
盐亭县民政局	县民政局
盐亭县残疾人联合会	县残联
盐亭县红十字会	县红会
盐亭县公安局	县公安局
盐亭县退役军人事务局	县退役军人局
盐亭县交通运输局	县交通局
盐亭县消防救援大队	县消防大队
中国人民武装警察部队绵阳市支队盐亭县中队	武警盐亭县中队
盐亭县国家税务局	县税务局
盐亭县市场监督管理局	县市场监管局

续表 33

全　称	简　称
盐亭县农业农村局	县农业农村局
盐亭县水利局	县水利局
盐亭县武引建设管理局	县武引局
盐亭县行政审批局	县行政审批局
盐亭县供销合作社联合社	县供销社
盐亭县审计局	县审计局
盐亭县信访局	县信访局
盐亭县司法局	县司法局
盐亭县应急管理局	县应急管理局
绵阳市住房公积金管理中心盐亭管理部	县住房公积金中心
盐亭县统计局	县统计局
盐亭县生态环境局	县生环局
盐亭县经济合作局	县经合局
盐亭县机关事务服务中心	县机关事务中心
四川盐亭经济开发区管理委员会	经开区管委会
中国电信股份有限公司盐亭分公司	盐亭电信
中国移动通信集团四川有限公司盐亭分公司	盐亭移动
中国联合网络通信有限公司盐亭分公司	盐亭联通
中国人民银行盐亭县支行	县人行
绵阳市商业银行盐亭县支行	县商行
中国建设银行盐亭县支行	县建行
中国农业银行盐亭县支行	县农行
中国农业发展银行盐亭县支行	县农发行
中国工商银行盐亭县支行	县工商行
盐亭县农村信用合作联社	县联社
中国邮政储蓄银行盐亭县支行	县邮储银行
中国人寿保险公司盐亭支公司	盐亭人寿
中国财产保险公司盐亭支公司	盐亭财险
国网盐亭县供电有限责任公司	县供电公司
盐亭中民燃气有限公司	中民燃气

（编辑部）

县委、县政府重要文件目录

2022 年中共盐亭县委重要文件一览表

表 34

序号	文件名称	文号	发布机关
1	中共盐亭县委关于印发《“真抓实干、建功一线”主题活动方案》的通知	盐委〔2022〕19 号	县委办
2	中共盐亭县委盐亭县人民政府关于印发《盐亭县贯彻落实第二轮中央生态环境保护督察报告整改实施方案》的通知	盐委〔2022〕42 号	县委办
3	中共盐亭县委盐亭县人民政府关于印发《盐亭县法治宣传教育第八个五年规划(2021—2025 年)》的通知	盐委〔2022〕49 号	县委办
4	中共盐亭县委办公室盐亭县人民政府办公室关于印发《县级领导安全生产包保责任清单》的通知	盐委办〔2022〕3 号	县委办
5	中共盐亭县委办公室盐亭县人民政府办公室关于印发《盐亭县 2022 年经济工作要点》的通知	盐委办〔2022〕10 号	县委办
6	中共盐亭县委办公室盐亭县人民政府办公室关于印发《盐亭县 2022 年农业农村工作要点》的通知	盐委办〔2022〕11 号	县委办
7	中共盐亭县委办公室盐亭县人民政府办公室关于印发《盐亭县 2022 年工业工作要点》的通知	盐委办〔2022〕12 号	县委办
8	中共盐亭县委办公室盐亭县人民政府办公室关于印发《盐亭县 2022 年第三产业发展工作要点》的通知	盐委办〔2022〕13 号	县委办
9	中共盐亭县委办公室盐亭县人民政府办公室关于印发《盐亭县 2022 年项目投资工作要点》的通知	盐委办〔2022〕14 号	县委办
10	中共盐亭县委办公室盐亭县人民政府办公室关于设立县林长、县副林长及林长制办公室的通知	盐委办〔2022〕15 号	县委办
11	中共盐亭县委办公室盐亭县人民政府办公室关于印发《盐亭县推动实现 2022 年一季度“开门红”促进全年经济稳定增长激励措施》的通知	盐委办〔2022〕19 号	县委办
12	中共盐亭县委办公室关于印发《盐亭县贯彻落实〈四川省法治社会建设实施方案(2021—2025 年)〉责任分工方案》的通知	盐委办〔2022〕22 号	县委办

续表 34

序号	文件名称	文号	发布机关
13	中共盐亭县委办公室盐亭县人民政府办公室关于印发《全面拓展新时代文明实践中心（所、站）建设实施方案》的通知	盐委办〔2022〕24 号	县委办
14	中共盐亭县委办公室盐亭县人民政府办公室关于认定命名2021 年度盐亭县乡村振兴先进乡镇、示范村的决定	盐委办〔2022〕26 号	县委办
15	中共盐亭县委办公室盐亭县人民政府办公室关于印发《盐亭县违法建设整治三年行动方案》的通知	盐委办〔2022〕27 号	县委办
16	中共盐亭县委办公室盐亭县人民政府办公室印发《关于进一步深化招商引资工作构建全域开放合作格局的实施意见》的通知	盐委办〔2022〕32 号	县委办
17	中共盐亭县委办公室盐亭县人民政府办公室关于印发《盐亭县“招商大使”聘任管理办法（试行）》的通知	盐委办〔2022〕33 号	县委办
18	中共盐亭县委办公室盐亭县人民政府办公室政协盐亭县委员会办公室关于印发《2022 年度协商计划》的通知	盐委办〔2022〕35 号	县委办
19	中共盐亭县委办公室盐亭县人民政府办公室关于印发《2022年全县 20 件省级民生实事实施方案》的通知	盐委办〔2022〕36 号	县委办
20	中共盐亭县委办公室盐亭县人民政府办公室关于印发《2022年 5 类 7 件市级民生实事实施方案》的通知	盐委办〔2022〕39 号	县委办
21	中共盐亭县委办公室盐亭县人民政府办公室关于印发《盐亭县“园区提质”“企业满园”行动实施方案》的通知	盐委办〔2022〕50 号	县委办
22	中共盐亭县委办公室关于做好学习贯彻习近平总书记到四川视察重要指示精神和省第十二次党代会精神宣讲工作的通知	盐委办〔2022〕54 号	县委办
23	中共盐亭县委办公室关于建立县整治形式主义为基层减负专项工作机制的通知	盐委办〔2022〕55 号	县委办
24	中共盐亭县委办公室盐亭县人民政府办公室关于印发《盐亭县县本级重大经济事项决策规定实施细则（试行）》的通知	盐委办〔2022〕56 号	县委办
25	中共盐亭县委办公室盐亭县人民政府办公室关于加强防汛减灾督导工作的紧急通知	盐委办〔2022〕57 号	县委办

续表 34

序号	文件名称	文号	发布机关
26	中共盐亭县委办公室盐亭县人民政府办公室关于印发《盐亭县深化应急管理综合行政执法改革实施方案》的通知	盐委办〔2022〕58 号	县委办
27	中共盐亭县委办公室关于配备 2022 年软弱涣散村（社区）党组织帮扶力量的通知	盐委办〔2022〕59 号	县委办
28	中共盐亭县委办公室盐亭县人民政府办公室关于印发《盐亭县 2022 年省级卫生县城复审工作方案》的通知	盐委办〔2022〕61 号	县委办
29	中共盐亭县委办公室盐亭县人民政府办公室关于印发《盐亭县贯彻落实〈四川省法治政府建设实施方案（2021—2025 年）〉责任分工方案》的通知	盐委办〔2022〕63 号	县委办
30	中共盐亭县委办公室盐亭县人民政府办公室关于组织党员干部下沉基层一线参加疫情防控工作的通知	盐委办〔2022〕66 号	县委办
31	中共盐亭县委办公室盐亭县人民政府办公室关于印发《盐亭县开展移风易俗专项行动方案》的通知	盐委办〔2022〕68 号	县委办
32	中共盐亭县委办公室关于印发《盐亭县 2022 年精神文明建设工作要点》的通知	盐委办〔2022〕71 号	县委办
33	中共盐亭县委办公室盐亭县人民政府办公室关于印发《盐亭县 2022 年优化营商环境工作方案》的通知	盐委办〔2022〕72 号	县委办
34	中共盐亭县委盐亭县人民政府关于扎实做好 2022 年“三农”工作全面推进乡村振兴的意见	盐委发〔2022〕1 号	县委办
35	中共盐亭县委盐亭县人民政府关于推进 2022 年全面从严治党、党风廉政建设和反腐败工作的意见	盐委发〔2022〕6 号	县委办
36	中共盐亭县委办公室关于印发《盐亭县村集体经济“一年消薄三年壮大”行动实施方案（2022—2025 年）》的通知	盐委办发〔2022〕1 号	县委办
37	中共盐亭县委办公室盐亭县人民政府办公室关于印发《盐亭县城乡环境综合提质三年行动方案（2022—2024 年）》的通知	盐委办发〔2022〕2 号	县委办

（县委办）

盐亭县人民政府2022年重要文件一览表

表35

序号	文　件　标　题	文号	发文单位
1	关于防控新冠肺炎疫情规范市场经营秩序的通告	盐府规〔2022〕1号	盐亭县人民政府
2	关于加强高考、中考期间环境噪声管理的通告	盐府规〔2022〕2号	盐亭县人民政府
3	2022年高温天气森林禁火令	盐府规〔2022〕3号	盐亭县人民政府
4	印发《关于促进房地产市场平稳健康发展的实施意见》的通知	盐府规〔2022〕4号	盐亭县人民政府
5	2022年森林防火命令	盐府发〔2022〕1号	盐亭县人民政府
6	关于印发《盐亭县工业经济倍增三年行动方案》的通知	盐府发〔2022〕4号	盐亭县人民政府
7	关于印发《盐亭县农业产业提质三年行动方案》的通知	盐府发〔2022〕5号	盐亭县人民政府
8	关于印发《盐亭县宜居城市建设三年行动方案》的通知	盐府发〔2022〕6号	盐亭县人民政府
9	关于印发《盐亭县交通建设升级三年行动方案》的通知	盐府发〔2022〕7号	盐亭县人民政府
10	关于印发《盐亭巨龙化工园区居民搬迁方案》的通知	盐府发〔2022〕9号	盐亭县人民政府
11	关于印发“十四五”水安全保障规划的通知	盐府发〔2022〕12号	盐亭县人民政府
12	关于印发《盐亭县矿产资源总体规划（2021—2025年）》的通知	盐府发〔2022〕13号	盐亭县人民政府
13	关于印发《盐亭巨龙化工园区“一园一策”安全整治提升工作方案》的通知	盐府发〔2022〕16号	盐亭县人民政府
14	关于印发《盐亭县行政许可事项清单（2022年版）》的通知	盐府发〔2022〕17号	盐亭县人民政府
15	关于印发《盐亭县行政权力清单（2021年本）》的通知	盐府发〔2022〕19号	盐亭县人民政府
16	关于盐亭县新华水库工程建设征地范围内禁止新增建设项目和迁入人口的通告	盐府告〔2022〕7号	盐亭县人民政府

续表 35

序号	文件标题	文号	发文单位
17	关于在县城规划区及富驿镇等 15 个乡镇场镇进行防空袭警报鸣放的通告	盐府告〔2022〕10 号	盐亭县人民政府
18	关于印发《盐亭县 2022 年一季度经济发展领域“开门红”工作方案》的通知	盐府办发〔2022〕2 号	盐亭县人民政府办公室
19	关于印发《盐亭县二水厂集中式饮用水水源突发环境事件应急预案(2021 年修订版)》的通知	盐府办发〔2022〕3 号	盐亭县人民政府办公室
20	关于印发《盐亭县农村生活污水处理设施运行维护管理办法(试行)》的通知	盐府办发〔2022〕4 号	盐亭县人民政府办公室
21	关于进一步规范县政府常务会议有关工作的通知	盐府办发〔2022〕5 号	盐亭县人民政府办公室
22	关于印发《盐亭县低温雨雪冰冻灾害应急预案》的通知	盐府办发〔2022〕10 号	盐亭县人民政府办公室
23	关于做好盐亭县第十九届人民代表大会第二次会议县人大代表建议和第十一届政协二次会议县政协委员提案办理工作的通知	盐府办发〔2022〕11 号	盐亭县人民政府办公室
24	关于印发《盐亭县“土坑盐渍发酵池”问题整治方案》的通知	盐府办发〔2022〕15 号	盐亭县人民政府办公室
25	印发《关于进一步加强义务教育阶段学生“控辍保学”工作实施方案》的通知	盐府办发〔2022〕17 号	盐亭县人民政府办公室
26	关于印发《盐亭县食品安全突发事件应急预案(试行)》的通知	盐府办发〔2022〕19 号	盐亭县人民政府办公室
27	关于印发《盐亭县中医药强县建设行动方案(2021—2025 年)》的通知	盐府办发〔2022〕20 号	盐亭县人民政府办公室
28	关于印发《盐亭县防止返贫致贫基金使用管理办法(试行)》的通知	盐府告〔2022〕21 号	盐亭县人民政府办公室
29	关于印发《盐亭县地质灾害全域综合整治三年行动计划(2021—2023 年)》的通知	盐府办发〔2022〕22 号	盐亭县人民政府办公室
30	关于印发《盐亭县危险化学品事故应急预案(试行)》的通知	盐府办发〔2022〕24 号	盐亭县人民政府办公室
31	关于印发《盐亭县气象灾害应急预案(试行)》的通知	盐府办发〔2022〕25 号	盐亭县人民政府办公室
32	关于印发《盐亭县突发地质灾害应急预案(修订)》的通知	盐府办发〔2022〕26 号	盐亭县人民政府办公室
33	关于印发《盐亭县防汛抗旱应急预案(2022 年 7 月修订)》的通知	盐府办发〔2022〕27 号	盐亭县人民政府办公室

续表 35

序号	文 件 标 题	文号	发文单位
34	关于印发《盐亭县“十四五”文化和旅游融合发展专项规划》的通知	盐府办发〔2022〕28 号	盐亭县人民政府办公室
35	关于印发盐亭县粮食应急预案的通知	盐府办发〔2022〕30 号	盐亭县人民政府办公室
36	关于印发《盐亭县推进撂荒耕地复耕复种工作方案》的通知	盐府办发〔2022〕32 号	盐亭县人民政府办公室
37	关于印发《盐亭县地震应急预案（试行）》的通知	盐府办发〔2022〕33 号	盐亭县人民政府办公室
38	关于印发《盐亭县人民政府 2022 年度法治政府建设重点工作安排》的通知	盐府办发〔2022〕34 号	盐亭县人民政府办公室
39	关于印发《盐亭县突发公共卫生事件应急预案（试行）》的通知	盐府办发〔2022〕35 号	盐亭县人民政府办公室
40	关于印发《盐亭县自建房安全专项整治实施方案》的通知	盐府办发〔2022〕36 号	盐亭县人民政府办公室
41	关于印发“十四五”卫生健康发展规划的通知	盐府办发〔2022〕38 号	盐亭县人民政府办公室
42	关于印发《盐亭县“转企升规”攻坚行动方案》的通知	盐府办发〔2022〕42 号	盐亭县人民政府办公室
43	关于印发《盐亭县 2022 年农村危房改造工作实施方案》的通知	盐府办发〔2022〕43 号	盐亭县人民政府办公室
44	关于印发《盐亭县赋予乡镇（街道）县级行政权力清单（第二批）》的通知	盐府办发〔2022〕45 号	盐亭县人民政府办公室
45	关于公布行政规范性文件清理结果的通知	盐府办发〔2022〕47 号	盐亭县人民政府办公室
46	关于印发《盐亭县金融突发事件应急预案（试行）》的通知	盐府办发〔2022〕48 号	盐亭县人民政府办公室
47	关于印发《盐亭县推动公立医院高质量发展实施方案》的通知	盐府办发〔2022〕50 号	盐亭县人民政府办公室
48	关于印发《盐亭县校外培训机构风险化解处置专项工作方案》的通知	盐府办函〔2022〕6 号	盐亭县人民政府办公室
49	关于印发全县道路交通安全集中整治工作方案的通知	盐府办函〔2022〕9 号	盐亭县人民政府办公室
50	关于印发《盐亭县破坏森林资源专项整治方案》的通知	盐府办函〔2022〕15 号	盐亭县人民政府办公室

续表 35

序号	文件标题	文号	发文单位
51	关于做好 2022 年《阳光政务》政风行风热线工作的通知	盐府办函〔2022〕16 号	盐亭县人民政府办公室
52	关于印发《四川省“四好农村路”示范县试点建设项目实施方案》的通知	盐府办函〔2022〕18 号	盐亭县人民政府办公室
53	关于印发《盐亭经开区突破红线违规开发暨安全隐患排查工作方案》的通知	盐府办函〔2022〕20 号	盐亭县人民政府办公室
54	关于进一步规范征收县城生活垃圾处理费的通知	盐府办函〔2022〕21 号	盐亭县人民政府办公室
55	关于印发《创建省级“金通工程”样板县实施方案》的通知	盐府办函〔2022〕25 号	盐亭县人民政府办公室
56	关于印发市级以上现代农业园区“一园一策”提升行动方案的通知	盐府办函〔2022〕30 号	盐亭县人民政府办公室
57	关于印发《盐亭县耕地保护专项整治行动方案》的通知	盐府办函〔2022〕34 号	盐亭县人民政府办公室
58	关于印发《盐亭县“十四五”综合交通运输发展规划》的通知	盐府办函〔2022〕40 号	盐亭县人民政府办公室
59	关于印发《盐亭县种业振兴行动实施方案》的通知	盐府办函〔2022〕43 号	盐亭县人民政府办公室

（县政府办）

县委、县政府重要文件刊载

盐亭县2022年经济工作要点

一、指导思想

2022年是实施"十四五"规划承上启下的关键之年，全县上下要以习近平新时代中国特色社会主义思想为指导，全面贯彻党的十九大和十九届历次全会以及中央、省、市经济工作会议精神，坚持稳字当头、稳中求进工作总基调，全面贯彻新发展理念，积极融入新发展格局，坚持以供给侧结构性改革为主线、全面深化改革开放，坚持创新驱动发展、积极融入成渝地区双城经济圈、绵阳科技城建设，继续实施"产业强县、开放兴县、文旅活县"三大战略和乡村振兴战略，坚定不移抓项目、促投资，切实统筹发展和安全，不断增进民生福祉，奋力推动县域经济社会高速度高质量发展。

二、主要目标

按照"全年高开稳走、地区生产总值增长8.0%以上，增速在全市9个县市区排位稳中有进，力争达到全市平均水平"的思路，统筹布局全年经济工作。

三、主要任务

（一）深入实施"三大战略"，促进三次产业协同发展

1.深入实施"产业强县"战略

（1）大力实施工业"123"工程。全年工业总产值大幅提升，规上工业增加值增速在全市继续保持优势并实现合理进位。重点围绕生物医药、能源化工、绿色食品三大主导产业，做大总量、做优质量、扩大增量。继续实施"大企业领航"和"小升规"计划，力争全年新增规上工业企业10户、亿元企业4户、4亿元企业1户。推进伙伴智造谷、博大金点、锦茂生物等项目开工建设。积极争取油气资源综合利用相关政策支持、引进培育油气产业集聚，加快推进角探1井、金浅512井等完钻井位地面集输工程和输气管网建设，以及轻烃回收、金浅5H井集气总站等项目建设。不断完善"生物医药产业园"、化工园区等基础设施建设，完成化工园区申报认定。持续实施清闲促建，盘活耀达等未有效利用工业用地，做好经开区的"提扩培引"工程。

（2）大力实施农业"135"工程。稳定保持一产增加值增速位列全市第一态势。稳定提升粮油生产能力，推进实施2.2万亩"鱼米之乡"项目试点，全年粮油播面稳定在120万亩、总产达到37.3万吨，建成粮油生产示范基地2个。推进现代农业园区提档升级，新增市级现代农业园区1个，提档升星省级园区1个、市级园区2个。推动经果产业提质增效，建成集中连片千亩以上标准化经果基地3个，产地初加工能力达到80%以上。加快畜牧水产全产业链发展，继续推动150万头生猪全产业链项目建设、积极创建全国生猪调出大县，加快推进100万只高品质蛋鸡养殖和精深加工基地建设。提升农田水利基础设施配套，新建高标准农田3.5万亩、高效节水农田0.8万亩。加快推进莲花湖中型灌区、武引二期灌区分支渠等项目建设。全面推广使用盐亭农业区域公用品牌和形象标识，新增"三品一标"10个、规上企业2家、市以上龙头企业3家。建立主导农产品全程可追溯监管体系，通过国家农产品质量安全县评估验收。

（3）大力实施服务业"114"工程。力争全年服务业增加值增速达到或超过全市平均水平并实现进位。促进文化旅游、健康养老、商贸流通、现代物流四大主导产业加快发展，改造提升传统服务业，新增规上服务业企业2户以上、限额以上商贸流通企业8家。深入推进县域商业体系建设，完善县、乡、村三级电商服务体系及三级物流配送体系建设，全年实现电子商务交易额13.5亿元，网络零售额6.25亿元。加快推进嫘祖圣境、墨竹里文化街等项目建设，积极培育城市商圈、商贸综合体，大力发展休闲经济等新兴业态，探索产业融合发展新路径、供需直连型数字化平台、数字化消费新模式新场景、城市居民生活数字化供应链建设，不断推动城乡消费市场更加繁荣。

2.深入实施"开放兴县"战略

（1）构建协同发展新格局。全面融入"一带一路"、成渝双城经济圈建设，加强与长江经济带、京津冀、长三角、粤港澳大湾区等区域的交流合作，积极承接产业转移。继续落实好《成绵一体化发展事项责任清单》任务。积极推进与成都市郫都区、重庆市荣昌区等地的深

度合作，不断拓展区域合作的广度与深度。全面加强、务实推进与周边县市区合作。

（2）不断实现招商新突破。进一步健全优化招商政策，提高项目履约率、开工率和资金到位率，力争全年签约项目30个、到位国内省外资金25亿元以上。依托各类商会、协会、乡贤联谊会，促进“盐商回归”，拓宽对外开放平台，为项目招引、资源回流创造条件。

3. 深入实施“文旅活县”战略

全面实施“十四五”全域旅游规划，积极构建“一核三区三线”文旅产业发展格局，支持县文旅公司统筹运营全县文化旅游资源，加强嫘祖文化、岐伯文化、文同文化、红色文化、非物质文化遗产等文化资源综合利用，积极融入巴蜀旅游圈，规划打造一批文旅线路、景观景点、文创产品，大力推动文旅深度融合发展。支持华夏母亲嫘祖国家纪念公园、文同诗竹园创建国家AAA级旅游景区，努力培育星级酒店，实现全年旅游总收入15亿元以上。

（二）深入实施项目投资攻坚，切实发挥投资关键作用

1. 积极扩大有效投资。始终坚持以项目为中心组织经济工作，用好用活1000万元项目前期工作经费，充分发挥中省预算资金、部厅局财政资金、债券资金的撬动作用，充分把握国、省推进“十四五”规划中重点专项的机遇，按照“四个一批”推进项目投资工作，力争全年全社会固定资产投资80亿元、增长10%以上。

2. 紧盯对上争取精准发力。狠抓国家、省实施“十四五”规划、稳定经济增长的政策“窗口期”，积极对标中省预算、部厅财政、债券、外国银行贷款等资金支持方向和金融机构降息降准政策机遇，积极争取更多项目列入国、省专项并获得支持。进一步健全对上争取体制机制，有效发挥县投资促进办和盐亭、成都两个工作专班作用，加强对口部门上下衔接，力争全年对上争取到位资金45亿元以上、创先争优取得更好效果。

3. 聚力重大基础设施建设。坚持“没有补缺，有了要好”原则，持续强化交通水利设施建设。坚决打好新一轮交通攻坚大会战，全力融入大动脉、畅通主通道、联通内循环，进一步健全“布局合理、能力充分、外联内通、水平提升”的现代化综合交通运输体系。加快构建“一铁二环四高五干”的交通网络主骨架，推动盐亭与周边县市区快速便捷联通，实现交通区位优势大幅提升，积极配合南盐高速、盐黑高速（盐亭至茂县段）开展前期工作，加快推进S306共和至毛公提升改线工程，开工建设S413盐亭县岐伯镇（麟龙）至石牌段改建工程，推动大仁路进入省道管理并实施提升改造。加快推进新华水库前期工作、梅花水库对上争取、石牛庙水库纳入规划，加快推进莲花湖中型灌区改造提升工程，建成金峰水厂、北部和西部城乡一体化供水项目。

（三）深入实施乡村振兴，推动城乡融合发展

1. 深入推进乡村振兴。坚持巩固拓展脱贫攻坚成果同乡村振兴有效衔接，争创乡村振兴省、市级先进乡镇1个、示范村8个，力争取得省乡村振兴成效显著县称号。深入开展“农村人居环境整治三年行动”，实施“千村示范工程”5个。实施一批村畅通工程、居民小组通硬化路项目，改造一批农村公路危桥。新建和改造一批农村污水和垃圾处理设施。推进“厕所革命”整村示范村建设。继续加快农村电网改造升级，实施220千伏变电站及配套电网建设。加快推进“两项改革”成果转化，高质量编制以片区为单元的乡村国土空间规划，构建城乡发展新格局，有针对性地开展区域土地整治，探索启动消灭土坯房工作。支持特色小镇创建。

2. 有序开展新型城镇化建设。加快推进新型城镇化建设，做好城市更新、防涝排涝、县城基础设施补短板、现代社区培育、城乡融合发展和新基建建设等工作。完成云溪河排水口、蓝泊湾、中央大城、行政服务中心4座雨水泵站及附属设施电力接入。实施老旧小区改造和老城区有机更新，全年改造棚户区309户、老旧小区54个。探索由企业“代建租用”或采取股权投资等市场化方式增设电梯，提升住宅舒适度。统筹推进通信基础设施建设，力争2022年新建4G基站40余个，新建5G基站190个。加快农网改造升级，实施220千伏变电站及配套电网建设，为产业发展提供充足的能源支撑。积极引导全民参与城市治理，提升公民文明素质，提升城市精细化管理水平。支持房地产行业健康快速发展。

（四）深入推进改革创新，不断激发县域振兴活力

1. 纵深推进重点领域改革。深入推进国资国企改革发展，进一步做强、做优、做大国有资本和国有企业，积极支持地方金融组织改革，加快普惠金融体系建设，健全金融有效支持实体经济的体制机制。健全金融风控体系，完善监管协同机制，坚决守住不发生系统性区域性金融风险的底线。因地制宜扩大要素市场化配置范围，形成统一开放、竞争有序的要素市场体系，实现要素价格市场决定、流动有序、配置高效。健全乡村振兴多元投入保障机制和风险补偿金制度，深入推进农业产业结构调整，提升粮食和重要农产品供给保障能力。

2. 持续优化营商环境。继续

深化“放管服”改革，对所有行政许可事项实行“告知承诺制”，破解企业准入易准营难问题，推动企业自主发展。深化“一网通办”下的“最多跑一次”和“一事一次办”改革。健全新型监管体系，加强事中事后监管，对新产业、新业态事项包容审慎监管。加快社会信用体系建设，建立健全政务失信信息归集机制。深化电力体制改革，推进电力市场化交易，降低用电成本。

3. 积极推动科技创新。建立以企业为主体、市场为导向、产学研相结合的技术创新体系，推动产业链与创新链深度融合。加快培育高新技术企业、科技型中小企业。加强企业创新平台建设，组建一批产业共性技术研发机构和行业协同创新技术研究中心。鼓励支持企业加大研发和技改投入，引导企业加大技术创新和成果转移转化。引导企业加大与各类院校、科研院所合作力度，打造“科研+基地”产业创新模式，推动科研成果转化为经济发展动力。鼓励迪澳药业、应友光电、凤集集团等科技创新型企业围绕特色优势产业开展技术创新。

（五）深入实施“双碳”战略，保持生态环境持续向好

1. 加快绿色低碳产业发展。全面贯彻落实党中央和省委、市委、县委关于“碳达峰碳中和”战略的决策部署，坚定不移走生态优先、绿色低碳的高质量发展道路。推进传统产业绿色低碳转型发展，战略性新兴产业和高新技术产业占规模以上工业比重大幅提高、单位地区生产总值能耗及二氧化碳排放持续下降。依托能投盈基生物质能发电热电联产项目，打造全县经济发展与环境保护有机结合“新典范”。加快推进光伏发电和天然气发电等项目。

2. 巩固提升生态环境质量。持续巩固国家生态文明建设示范县创建成果，抓好中央、省、市生态环保督察及“回头看”反馈意见整改。加快调整能源结构、产业结构，严把“两高”项目准入关口。加强生态文明城市理念传播和生态价值观教育，推动全社会形成绿色消费自觉。用好“三线一单”绿色标尺，落实重点领域各项举措。

3. 打好污染防治攻坚战。深化区域大气污染联防联控联治，确保生态环保涉及指标完成上级考核目标。实施梓江、弥江等重点流域水环境治理，推动河（湖）长制更加“有能有效”。推进固废、土壤和农业面源污染治理，确保土壤环境安全可控。启动实施“林长制”工作，筑牢绿色生态屏障。

（六）深入提升民生福祉，增强群众获得感

1. 扎实办好民生实事。保持一般公共预算收入与经济同幅度增长，确保一般公共预算支出中民生支出比重稳定增长。把稳就业放在更加突出位置，加强高校毕业生、返乡农民工、退役军人、失业人员等重点群体就业创业服务，实现城镇新增就业 2800 人以上，城镇登记失业率控制在 4.0% 以内。实施重点群体差别化收入分配激励政策，确保城乡居民人均可支配收入增速与地区生产总值增速同步。健全多层次社会保障体系，实施全民参保计划，基本实现城乡居民应保尽保。

2. 推动社会事业全面发展。持续推进学前教育普及普惠发展，扩大学前教育优质资源供给，巩固“50 · 80”成果，继续开展保教人员及教师培训。稳步实施义务教育质量提升“11255”工程，推进“五育并举”全面发展。严格落实“双减”政策，规范民办义务教育发展。扎实推进基本医保跨省异地就医费用直接结算、门诊费用跨省直接结算，确保开通 1 家联网定点医疗机构。完善分级诊疗制度，推动县域医疗次中心建设，提升基层医疗技术服务能力。实施县级公立医院综合改革。启动 2022 年“全国基层中医药工作先进单位”复审的相关工作。扎实开展普惠养老、普惠托育专项行动，支持社会力量兴办运营养老机构。促进“三孩”生育政策落地见效。推进公共基础设施适老化适小化改造。大力弘扬中华优秀传统文化，办好嫘祖文化、岐伯文化等交流活动，强化非物质文化遗产保护和利用。统筹发展其他社会事业。

（七）深入开展安全和风险防控，保持经济平稳运行

1. 常态化抓好新冠肺炎疫情防控。健全公共卫生应急管理体系，持续完善重大疫情防控体制机制。切实抓好“外防输入、内防反弹”“人物同防”，进一步压实“四方责任”，落实“四早要求”，持续保证疫情防控体系维持激活状态，落实落细网格化管理，筑牢村（社区）防线，健全疫情防控应急预案和处理机制。稳妥有序开展适合人群疫苗接种和“加强针”接种工作，确保“应种尽种”，尽快构建全民免疫屏障。健全新冠病毒核酸检测体系，强化城市检测基地建设，全面提升全员核酸筛查应急能力。最大限度地减少疫情对生产生活和经济运行的影响。

2. 扎实做好安全管理和风险防控。完善安全生产预防控制体系，坚决防范遏制各类生产安全事故。抓实道路交通安全工作，营造安全顺畅的通行环境。加强应急管理体系和能力建设，提升森林草原防灭火工作能力，强化应对自然灾害的应急储备。完善覆盖全链条的食品药品安全监管制度，保障人民群众生命安全和身体健康。实施地质灾害全域综合整治三年行动，抓实重大地质灾害隐患点综

合治理和地质灾害隐患点消除。完善政府债务管理制度，分类分级妥善化解债务存量，杜绝隐性债务增量。深化平安盐亭建设工作，落实平安社区、平安乡村创建。稳步推进“问题楼盘”处置化解，保障房地产市场平稳健康发展。着力化解重点领域、重点群体信访矛盾确保社会大局和谐稳定。

3. 加强经济运行调度。坚持目标导向、加强经济运行监测，着力提升应对复杂经济问题的能力水平。完善经济工作体制机制，细化目标任务、强化服务指导，确保经济实现量的合理增长和质的稳步提升。

（八）深入贯彻党的全面领导，形成高速度高质量发展格局

1. 坚定以习近平新时代中国特色社会主义思想统筹经济工作。深入学习习近平新时代中国特色社会主义经济思想，全面贯彻落实中央和省委、市委各项决策部署。加强统筹协调，坚持系统观念，完善党委研究经济社会发展战略、定期分析经济形势、研究重大政策措施工作机制。充分发挥县委财经委员会及其办公室作用，开好经济运行调度会、项目推进会。健全领导联系重大项目、重点企业等工作推进机制，实现产业项目高位推动。

2. 全面提高解决实际问题的能力和成效。各级领导干部要提高领导经济工作的专业能力，综合考虑政治和经济、现实和历史、物质和文化、发展和民生、资源和生态、国内和国际等多方面因素，加强经济学知识、科技知识学习，特别是要悟透以人民为中心的发展思想，坚持正确的政绩观，敬畏历史、敬畏文化、敬畏生态，慎重决策、慎重用权。要加强调查研究，坚持“三严三实”，坚决防止简单化、乱作为，坚决反对不担当、不作为。真抓实干、锐意进取，为全面建设成渝地区生态经济强县和社会主义现代化盐亭而努力奋斗。

盐亭县村集体经济“一年消薄三年壮大”行动实施方案（2022—2025年）

为深入贯彻落实党中央、省委、市委关于发展壮大农村集体经济决策部署，推动市第八次党代会、县第十四次党代会精神落地落实，高质量完成村集体经济“消薄”行动计划，促进村集体经济健康、平稳发展，助推乡村全面振兴，结合全县实际，制定如下实施方案。

一、目标任务

到2022年底，消除全县年收入3万元以下的集体经济“薄弱村”，到2025年底，力争90%以上的村集体经济年收入达5万元以上，50%以上的村集体经济年收入达10万元以上。坚持优中拔高，扶持发展一批年收入达30万元以上的村集体经济组织。

二、实施路径

（一）构建“1+N”联合发展村集体经济。建立“村集体经济组织+金融+县属国企+龙头企业+社会资金+集体经济组织成员”联合发展模式。村集体可抱团参与到由县属国有企业主导的凤集、新希望等代养项目，投资入股政府主导的产业园区标准厂房建设，通过盈利分红增加村集体经济组织经营性收入。县属国企兜底主导项目建设和运营，保证村集体经济组织投入资金安全。龙头企业负责养殖技术指导、产品销售、企业运营等。金融部门向村集体组织提供融资抵押担保贷款优惠政策。

（二）建设基层供销体系发展村集体经济。由县供销社牵头统筹，搭建基层供销体系。村集体经济组织负责为供销社收集农资需求，组织本地农产品统一出售给基层供销社。减少产品供销中间环节，村集体经济组织在农资、农产品供销过程中，获取服务费，用于充实村集体经济。供销体系运行中，乡镇（街道）党（工）委、政府（办事处）负责整合区域内资源，协调调度工作，监管资金情况。

（三）鼓励“飞地抱团”合作发展村集体经济。村集体经济组织可采取“土地+资金”“强村+弱村”“资源+项目”等形式参与到五大产业片区规划建设项目中来。把各村的资金、资产、资源作为参股资本，把分散资源聚集到片区项目中，打破村域界限，集中力量抱团发展，共同抵御发展风险，实现村集体资产翻倍升值。

（四）承接农村项目建设发展村集体经济。把给资金变为给项目，由财政局牵头，交通、发改、水利、自然资源、农业等部门具体负责，从财政支出的农村项目建设中，筛选出适合村集体经济组织承接的项目，或者筛选出项目中适合村集体经济组织承接的部分内容，由村集体组织本村劳动力实施，项目验收后资金及时拨付到位，实施项目所得的盈利部分转为集体经济收入。由发

改局牵头，出台村集体经济组织承接农村项目建设相关政策，明确可承接清单，制定承接规范。

（五）推行代理服务发展村集体经济。村集体经济组织提供生产配套服务，统一组织土地经营权流转，收取土地流转服务费；购买农机设备，提供农作物耕种防收、烘干等社会化服务，收取服务费用。村集体组织可承担村运行维护、农村生活垃圾治理、村庄道路日常养护、小型农田水利维修养护等服务；农村社区承接社区运行维护、市政维护、农村垃圾清运等服务。近郊村通过积极创办服务组织，把资源整合起来，把群众组织起来，把市场连接起来，开展有偿薄利的劳务、家政、物业等配套服务，增加集体经济收入。

（六）盘活资产资源发展村集体经济。村集体经济组织自主摸清资产资源家底，对原来存在违规发包、逾期未收回承包费、逾期未分红、拖欠款等问题的集体资产资金进行依法清理或收回，把可用于发展集体经济的资产资源充分利用起来。盘活土地资源，开展撂荒地治理，发展种植业，集体和土地承包户按约定方式分享种植收入；盘活闲置房产，充分利用村办公室、村小学等房屋，用于农产品初加工生产用房，服务农产品加工业，或者用于餐饮、民宿、超市等业态，服务乡村旅游业；用活水利资源，集体经济组织对堰塘进行淘淤、塘埂硬化，改善堰塘水质，提升蓄水能力，养殖鱼类、螃蟹、小龙虾等，发展水产养殖业；挖掘景观资源，充分利用优美的田园风光、自然景观，鼓励各地创办以乡村旅游资源为核心的乡村周末游项目。

三、日常监管

（一）强化资金规范监管。由县农业农村局、县财政局牵头，制定集体经济组织管理人员考核激励相关指导办法，鼓励村干部在集体经济组织兼职兼薪；制定村级集体资金使用管理相关办法，规范村集体经济组织收益使用分配，规范资金财务监管。乡镇（街道）纪（工）委要每月对各村集体经济组织运行情况进行监督检查，县纪委监委适时开展抽查检查，县委巡察办要将其纳入巡察内容。

（二）强化资金风险防控。规范村集体经济组织投资经营发展行为，合理控制投资规模和债务规模，通过合同、章程、协议等方式控制经营风险，各村发展壮大村集体经济项目要经乡镇（街道）党（工）委会研究批准后再组织实施，预防生产经营类项目破产亏损，确保集体资产保值增值。严格按照《绵阳市农村产权流转交易管理办法》（绵府办发〔2020〕25号），规范开展农村产权流转交易，引导村集体经济组织坚持以市场为导向，选择合适的发展项目。

四、组织保障

（一）加强党的领导。坚持把发展壮大村集体经济工作作为加强基层党建的一项重要工作，以钉钉子的精神抓实抓深抓细，通过发展壮大村集体经济，进一步巩固党在农村的执政基础，逐步实现共同富裕。认真贯彻落实《四川省农村集体经济组织条例》，县委农村工作领导小组牵头抓总，县级各部门（单位）同心同向发力，乡镇（街道）党（工）委扛起主责主业，各村当好实施主体。建立县级部门联系帮扶村集体经济发展工作机制，在全县上下形成齐抓共管、各村齐头并进、党组织战斗力日益增强的工作格局，营造风气干净清爽、群众获利满意的良好氛围。

（二）加强运营保障。村集体经济组织要规范制定组织章程，建立健全法人治理机制。乡镇（街道）要因村施策，加强指导，特别是对重点村、难点村、薄弱村、问题村要组建专班，专题研究。农业农村、财政、自然资源、民政、人社、住建、水利、交通运输、商务、经合、文广旅、市场监管、行政审批、税务、生态环境等部门要按照职能职责，加强对村集体经济组织在组织建设、项目支持、资金管理、产业发展、土地流转、人才培训、政策支持等方面的分类指导。县级各部门（单位）下达的项目资金，要主动向发展壮大村级集体经济薄弱村倾斜，原则上除法律法规、政策有明确规定外，都作为发展壮大村集体经济资产资金。政府采购的产品、服务原则上优先选择村集体经济组织。

（三）加强舆论宣传。加强宣传推广发展壮大村集体经济的先进典型、成功经验和创新做法，树立一批有思路、有办法、有成效的优秀村干部和致富带头人模范典型。引导各类人才和社会工商资本有序参与村集体经济发展，营造全社会支持村集体经济发展的良好环境。

（四）严格督查考核。将发展壮大村集体经济情况，纳入县级部门、乡镇（街道）领导班子综合考核评价以及乡镇（街道）党（工）委、村党组织书记抓基层党建促乡村振兴和述职评议考核的重要内容。在消薄决胜攻坚年，县委组织部牵头每季度组织一次督查，严格考核。对发展壮大村集体经济工作推进不力、成效不好的村党组织，适时按相关规定进行处理；对发展成效明显的村党组织，在评优评先等方面优先推荐。

附件：1.《盐亭县村集体经济“一年消薄三年壮大”行动实施方案（2022—2025年）》任务领办明细表

2. 牵头部门领办任务推进情况清单管理表

附件 1

《盐亭县村集体经济“一年消薄三年壮大”行动实施方案（2022—2025 年）》任务领办明细表

序号	发展模式	模式内容	具体任务	县级牵头领导	领办县级领导	牵头部门	责任部门	启动/完成时限（建议）
1	承接农村项目建设发展村级集体经济模式	把给资金变为给项目。村集体经济组织承接农村建设项目或部分建设项目内容，实施项目所得的收入部分转为集体经济收入。金融部门提供信贷支持。鼓励农村社区参照执行	县财政局负责筛选交通、水利、自然资源、农业等部门符合村集体经济组织承接的农村建设项目（或部分项目内容），并形成村集体经济组织可承接清单	祝润明 衡孝波	康玉波	县财政局	县发改局、县交通局、县水利局、县自然资源局、县农业农村局、县住建局、盐亭生态环境局、县信用社、各乡镇（街道）等	2022 年 4 月底前完成
2			县发改局负责制定盐亭县村级集体经济组织承接农村项目建设具体办法，细化村级集体经济组织承接整套流程。指导乡镇（街道）统一组织领导，并监督辖区内项目实施和项目收益分配				县财政局、县交通局、县水利局、县自然资源局、县农业农村局、县住建局、盐亭生态环境局、县信用社、各乡镇（街道）等	2022 年 4 月底前完成
3	开展代理服务发展村级集体经济模式	把给经费变为买服务。积极开展撂荒地治理，鼓励农村、城市社区承接村垃圾清运、养老育幼、市政维护等服务和开办社区超市等项目	县农业农村局牵头细化完善村级集体经济组织开展代理服务具体操作办法，指导乡镇（街道）统一组织领导，并监督各村开展代理服务进度情况。县农业农村局负责指导乡镇（街道）组织各村开展撂荒地治理，种植传统粮油作物		衡孝波	县农业农村局	县财政局、各乡镇（街道）等	2022 年 4 月底前完成

续表

序号	发展模式	模式内容	具体任务	县级牵头领导	领办县级领导	牵头部门	责任部门	启动/完成时限（建议）
4	开展代理服务发展村级集体经济模式	把给经费变为买服务。积极开展撂荒地治理，鼓励农村、城市社区承接村垃圾清运、养老育幼、市政维护等服务和开办社区超市等项目	县住建局牵头组织农村社区承接乡镇（街道）辖区内农村生活垃圾清运、场镇市政维护等服务	祝润明 衡孝波	朱沛元	县住建局	县交通局、县水利局、县自然资源局、县农业农村局、盐亭生态环境局、各乡镇（街道）等	2022年4月底前启动 2022年12月前完成
5			县住建局牵头组织城市社区抱团承接市政维护、垃圾清运等服务			县住建局	县交通局、县水利局、县自然资源局、县农业农村局、盐亭生态环境局、云溪镇、风灵街道等	2022年4月底前启动 2022年12月前完成
6			县民政局牵头组织城市社区抱团承接养老托幼项目		汪晓艳	县民政局	县属国企、云溪镇、风灵街道等	2022年4月底前启动 2022年12月前完成
7			县商务局牵头组织社区抱团发展社区超市经济			县商务局	县供销社、县属国企、云溪镇、风灵街道等	2022年4月底前启动 2022年12月前完成
8			县综合执法局牵头组织城市社区抱团入股投资城市停车智慧化改造项目		雷勇	县综合执法局	县属国企、云溪镇、风灵街道等	2022年4月底前启动 2022年12月前完成

续表

序号	发展模式	模式内容	具体任务	县级牵头领导	领办县级领导	牵头部门	责任部门	启动/完成时限（建议）
9	“1+N”联合体发展村级集体经济模式	建立“村集体经济组织+金融+县属国企+龙头企业+社会资本+集体经济组织成员”联合发展模式。村集体经济入股县属国有企业主导的风集、新希望等代养项目和政府主导的产业园区标准厂房建设，通过固定分红+盈利增加村集体经济组织经营性收入。社会资金缺口份额，（可）由县属国有企业代持。集体经济组织成员自愿自筹资金入股，暂未参加的成员由集体经济组织代持股份	村集体经济组织投资入股县属国企主导的风集、新希望等代养项目。县属国企主导项目建设和运营，保证村级集体经济组织投入资金和分红安全。金融部门向符合政策条件的村集体经济组织提供信贷支持	祝润明 衡孝波	衡孝波	县农业农村局	县属国企、县财政局、县信用社、各乡镇（街道）等	2022年4月底前启动2022年12月前完成
10			村集体经济组织投资入股政府主导的产业园区标准厂房等建设，县属国企主导项目建设和运营，保证村级集体经济组织投入资金和分红安全。金融部门向符合政策条件的村集体经济组织提供信贷支持		吴鸿飞	经开区	县属国企、县财政局、县信用社、各乡镇（街道）等	2022年4月底前启动2022年12月前完成

续表

序号	发展模式	模式内容	具体任务	县级牵头领导	领办县级领导	牵头部门	责任部门	启动/完成时限（建议）
11	基层供销社发展村级集体经济模式	村集体经济组织入股成立乡镇(街道)基层供销社合作社有限公司，参与公司市场化运营，通过实际业务开展，取得集体经济收益	县供销社指导村集体经济组织入股成立乡镇（街道)基层供销社合作社有限公司，以市场化运作形式进行农产品收购，农资、饲料等销售，取得实体化运行收入，村集体经济组织取得分红和盈利。金融部门向符合政策条件的村集体经济组织提供信贷支持。各村可合理使用运维、工作经费	祝润明 衡孝波	衡孝波	县供销社	县农业农村局、各乡镇(街道)等	2022年4月底前启动 2022年12月前完成
12			以乡镇供销社合作有限公司为单位，统筹辖区内农业机械，组建农业社会化服务组织，有组织开展耕、种、防、收等社会化服务。机械缺口部分，金融提供信贷支持购买，各村可合理使用运维、工作经费			县供销社	县农业农村局、县信用社、各乡镇(街道)等	2022年4月底前启动 2022年12月前完成
13			县农业农村局牵头，以乡镇为单位合理布局冷链物流、烘干等网点，村集体经济组织、社会资本等投资入股。由县属国有企业项目建设运营，保证村级集体经济组织投入资金和分红安全。金融部门向符合政策条件的村集体经济组织提供信贷支持			县农业农村局	县供销社、县信用社、各乡镇(街道)等	2022年4月底前启动 2022年12月前完成

续表

序号	发展模式	模式内容	具体任务	县级牵头领导	领办县级领导	牵头部门	责任部门	启动/完成时限（建议）
14	基层供销社发展村级集体经济模式	村集体经济组织入股成立乡镇(街道)基层供销社合作社有限公司，参与公司市场化运营，通过实际业务开展，取得集体经济收益	在养殖规模大、特色产业发展好的乡镇，组建畜禽粪污处理专业合作社，由乡镇统筹组织项目实施和收益分配			县农业农村局	县供销社、县信用社、各乡镇(街道)等	2022年4月底前启动2022年12月前完成
15	推行资产资源盘活量化入股发展村级集体经济模式	对私自占有、违规拖欠村集体“三资”情况进行排查，依法清理或收回小二型水库、塘等集体资产资源，盘活闲置资产资源推动量化入股	县农业农村局负责组织开展村集体经济“三资”专项清理，对原来存在违规发包、拖欠款、村账不清等“三资”问题进行系统摸排，依法依规整改和收回；负责对各乡镇、村干部开展集体经济发展账务计算等相关培训	祝润明 衡孝波	衡孝波	县农业农村局	县财政局、县审计局、各乡镇(街道)等	2022年4月底前启动2022年12月前完成
16			县农业农村局负责组织各乡村盘活撂荒地、非耕地资源引进业主投资，将稀缺自然资源、基础设施，以及组织协调、手续代办等服务统一量化入股，增加集体收入			县农业农村局	县自然资源局、县水利局、县财政局、县审计局、各乡镇(街道)等	2022年4月底前启动2022年12月前完成

续表

序号	发展模式	模式内容	具体任务	县级牵头领导	领办县级领导	牵头部门	责任部门	启动/完成时限（建议）
17	强化村级集体经济发展组织保障	加强对 2019 年以来中央财政和省级财政扶持集体经济发展项目督导检查	加强对 2019 年以来中央财政和省级财扶持集体经济发展项目督导检查，强化日常监管，强化效益分析，确保资金使用到位，项目实施有稳定效益	祝润明 衡孝波	张珏	县委组织部	县农业农村局、县财政局、县纪委监委、相关乡镇（街道）等	2022 年 12 月前完成
18		用好村级集体经济工作调度机制	建议领办县级领导一月召开一次调度会，县委书记每季度召开一次专题调度会，了解掌握村级集体经济工作进展、政策落实等情况，研究解决实际问题。县农业农村局负责全面掌握调度会议召开情况，对相关问题提出意见建议和解决办法		衡孝波	县农业农村局	县委组织部、县财政局、县发改局、县住建局、县民政局、县商务局、县综合执法局、县供销社、经开区、各乡镇（街道）等	2022 年 4 月底前启动 2022 年 12 月前完成
19		健全村级集体经济组织考核激励机制	县农业农村局牵头研究出台村级集体经济组织考核激励相关指导办法，鼓励村干部在集体经济组织兼职兼薪，规范村级集体经济组织收益使用分配，规范资金财务监管		衡孝波	县农业农村局	县财政局、县审计局、各乡镇（街道）等	2022 年 4 月底前完成

附件 2

牵头部门领办任务推进情况清单管理表

序号	发展模式	模式内容	具体任务	县级牵头领导	领办县级领导	牵头部门	责任部门	工作推进情况(隔周统计进度)	启动/完成时限(建议)
1	承接农村项目建设发展村级集体经济模式	把给资金变为给项目。村集体经济组织承接农村建设项目或部分建设项目内容,实施项目所得的收入部分转为集体经济收入。金融部门提供信贷支持。鼓励农村社区参照执行	县财政局负责筛选交通、水利、自然资源、农业等部门符合村集体经济组织承接的农村建设项目(或部分项目内容),并形成村集体经济组织可承接清单	祝润明 衡孝波	康玉波	县财政局	赵风兰		2022 年 4 月底前完成
2			县发改局负责制定盐亭县村级集体经济组织承接农村项目建设具体办法,细化村级集体经济组织承接整套流程。指导乡镇(街道)统一组织领导,并监督辖区内项目实施和项目收益分配			县发改局	刘锐		2022 年 4 月底前完成

续表

序号	发展模式	模式内容	具体任务	县级牵头领导	领办县级领导	牵头部门	责任部门	工作推进情况（隔周统计进度）	启动/完成时限（建议）
3	开展代理服务发展村级集体经济模式	把给经费变为买服务。积极开展撂荒地治理，鼓励农村、城市社区承接村垃圾清运、养老育幼、市政维护等服务和开办社区超市等项目	县农业农村局牵头细化完善村级集体经济组织开展代理服务具体操作办法，指导乡镇（街道）统一组织领导，并监督各村开展代理服务进度情况。县农业农村局负责指导乡镇（街道）组织各村开展撂荒地治理，种植传统粮油作物	祝润明 衡孝波	衡孝波	县农业农村局	刘仕通		2022年4月底前完成
4			县住建局牵头组织农村社区承接乡镇（街道）辖区内农村生活垃圾清运、场镇市政维护等服务		朱沛元	县住建局	邓国彬		2022年4月底前启动 2022年12月前完成
5			县住建局牵头组织城市社区抱团承接市政维护、垃圾清运等服务			县住建局	邓国彬		2022年4月底前启动 2022年12月前完成
6			县民政局牵头组织城市社区抱团承接养老托幼项目		汪晓艳	县民政局	任培雄		2022年4月底前启动 2022年12月前完成

续表

<table>
<tr><th>序号</th><th>发展模式</th><th>模式内容</th><th>具体任务</th><th>县级牵头领导</th><th>领办县级领导</th><th>牵头部门</th><th>责任部门</th><th>工作推进情况（隔周统计进度）</th><th>启动/完成时限（建议）</th></tr>
<tr><td>7</td><td rowspan="2">开展代理服务发展村级集体经济模式</td><td rowspan="2">把给经费变为买服务。积极开展撂荒地治理，鼓励农村、城市社区承接村垃圾清运、养老育幼、市政维护等服务和开办社区超市等项目</td><td>县商务局牵头组织社区抱团发展社区超市经济</td><td rowspan="3">祝润明
衡孝波</td><td>汪晓艳</td><td>县商务局</td><td>任　溢</td><td></td><td>2022年4月底前启动
2022年12月前完成</td></tr>
<tr><td>8</td><td>县综合执法局牵头组织城市社区抱团入股投资城市停车智慧化改造项目</td><td>雷勇</td><td>县综合执法局</td><td>杨广旭</td><td></td><td>2022年4月底前启动
2022年12月前完成</td></tr>
<tr><td>9</td><td>“1+N”联合体发展村级集体经济模式</td><td>建立“村集体经济组织+金融+县属国企+龙头企业+社会资本+集体经济组织成员”联合发展模式。村集体经济入股县属国有企业主导的风集、新希望等代养项目和政府主导的产业园区标准厂房建设，通过固定分红+盈利增加村集体经济组织经营性收入。社会资金缺口份额，（可）由县属国有企业代持。集体经济组织成员自愿自筹资金入股，暂未参加的成员由集体经济组织代持股份</td><td>村集体经济组织投资入股县属国企主导的风集、新希望等代养项目。县属国企主导项目建设和运营，保证村级集体经济组织投入资金和分红安全。金融部门向符合政策条件的村集体经济组织提供信贷支持</td><td>衡孝波</td><td>县农业农村局</td><td>刘仕通</td><td></td><td>2022年4月底前启动
2022年12月前完成</td></tr>
</table>

续表

序号	发展模式	模式内容	具体任务	县级牵头领导	领办县级领导	牵头部门	责任部门	工作推进情况(隔周统计进度)	启动/完成时限(建议)
10	“1+N”联合体发展村级集体经济模式	建立“村集体经济组织+金融+县属国企+龙头企业+社会资本+集体经济组织成员”联合发展模式。村集体经济入股县属国有企业主导的凤集、新希望等代养项目和政府主导的产业园区标准厂房建设,通过固定分红+盈利增加村集体经济组织经营性收入。社会资金缺口份额,(可)由县属国有企业代持。集体经济组织成员自愿自筹资金入股,暂未参加的成员由集体经济组织代持股份	村集体经济组织投资入股政府主导的产业园区标准厂房等建设,县属国企主导项目建设和运营,保证村级集体经济组织投入资金和分红安全。金融部门向符合政策条件的村集体经济组织提供信贷支持	祝润明 衡孝波	吴鸿飞	经开区	黄 强		2022年4月底前启动 2022年12月前完成

续表

序号	发展模式	模式内容	具体任务	县级牵头领导	领办县级领导	牵头部门	责任部门	工作推进情况（隔周统计进度）	启动/完成时限（建议）
11	基层供销社发展村级集体经济模式	村集体经济组织入股成立乡镇（街道）基层供销社合作社有限公司，参与公司市场化运营，通过实际业务开展，取得集体经济收益	县供销社指导村集体经济组织入股成立乡镇（街道）基层供销社合作社有限公司，以市场化运作形式进行农产品收购，农资、饲料等销售，取得实体化运行收入，村集体经济组织取得分红和盈利。金融部门向符合政策条件的村集体经济组织提供信贷支持。各村可合理使用运维、工作经费	祝润明 衡孝波	衡孝波	县供销社	赵伟科		2022年4月底前启动 2022年12月前完成
12			以乡镇供销社合作有限公司为单位，统筹辖区内农业机械，组建农业社会化服务组织，有组织开展耕、种、防、收等社会化服务。机械缺口部分，金融提供信贷支持购买，各村可合理使用运维、工作经费			县供销社	赵伟科		2022年4月底前启动 2022年12月前完成

续表

序号	发展模式	模式内容	具体任务	县级牵头领导	领办县级领导	牵头部门	责任部门	工作推进情况(隔周统计进度)	启动/完成时限(建议)
13	基层供销社发展村级集体经济模式	村集体经济组织入股成立乡镇(街道)基层供销社合作社有限公司,参与公司市场化运营,通过实际业务开展,取得集体经济收益	县农业农村局牵头,以乡镇为单位合理布局冷链物流、烘干等网点,村集体经济组织、社会资本等投资入股。由县属国有企业项目建设运营,保证村级集体经济组织投入资金和分红安全。金融部门向符合政策条件的村集体经济组织提供信贷支持	祝润明 衡孝波	衡孝波	县农业农村局	刘仕通		2022年4月底前启动 2022年12月前完成
14			在养殖规模大、特色产业发展好的乡镇,组建粪污处理专业合作社,由乡镇统筹组织项目实施和收益分配			县农业农村局	刘仕通		2022年4月底前启动 2022年12月前完成

续表

<table>
<tr><th>序号</th><th>发展模式</th><th>模式内容</th><th>具体任务</th><th>县级牵头领导</th><th>领办县级领导</th><th>牵头部门</th><th>责任部门</th><th>工作推进情况（隔周统计进度）</th><th>启动/完成时限（建议）</th></tr>
<tr><td>15</td><td rowspan="2">推行资产资源盘活量化入股发展村级集体经济模式</td><td rowspan="2">对私自占有、违规拖欠村集体“三资”情况进行排查，依法清理或收回小二型水库、塘等集体资产资源，盘活闲置资产资源推动量化入股</td><td>县农业农村局负责组织开展村集体经济“三资”专项清理，对原来存在违规发包、拖欠款、村账不清等“三资”问题进行系统摸排，依法依规整改和收回；负责对各乡镇、村干部开展集体经济发展账务计算等相关培训</td><td rowspan="3">祝润明
衡孝波</td><td rowspan="2">衡孝波</td><td>县农业农村局</td><td>刘仕通</td><td></td><td>2022年4月底前启动
2022年12月前完成</td></tr>
<tr><td>16</td><td>县农业农村局负责组织各乡村盘活撂荒地、非耕地资源引进业主投资，将稀缺自然资源、基础设施，以及组织协调、手续代办等服务统一量化入股，增加集体收入</td><td>县农业农村局</td><td>刘仕通</td><td></td><td>2022年4月底前启动
2022年12月前完成</td></tr>
<tr><td>17</td><td>强化村级集体经济发展组织保障</td><td>加强对2019年以来中省财政扶持集体经济发展项目督导检查</td><td>加强对2019年以来中省财政扶持集体经济发展项目督导检查，强化日常监管，强化效益分析，确保资金使用到位，项目实施有稳定效益</td><td>张　珏</td><td>县委组织部</td><td>陈一龙</td><td></td><td>2022年12月前完成</td></tr>
</table>

续表

序号	发展模式	模式内容	具体任务	县级牵头领导	领办县级领导	牵头部门	责任部门	工作推进情况(隔周统计进度)	启动/完成时限(建议)
18	强化村级集体经济发展组织保障	用好村级集体经济工作调度机制	建议领办县级领导一月召开一次调度会,县委书记每季度召开一次专题调度会,了解掌握村级集体经济工作进展、政策落实等情况,研究解决实际问题。县农业农村局负责全面掌握调度会议召开情况,对相关问题提出意见建议和解决办法	祝润明 衡孝波	衡孝波	县农业农村局	刘仕通		2022年4月底前启动 2022年12月前完成
19		健全村级集体经济组织考核激励机制	县农业农村局牵头研究出台村级集体经济组织考核激励相关指导办法,鼓励村干部在集体经济组织兼职兼薪,规范村级集体经济组织收益使用分配,规范资金财务监管			县农业农村局	刘仕通		2022年4月底前完成

中共盐亭县委 盐亭县人民政府
关于扎实做好2022年“三农”工作全面推进乡村振兴的意见

经开区党工委和管委会，各乡镇党委和人民政府，凤灵街道党工委和办事处，县级各部门：

为持续全面推进乡村振兴，保障农业稳产增产、农民稳步增收、农村稳定安宁，根据《中共中央、国务院关于做好2022年全面推进乡村振兴重点工作的意见》（中发〔2022〕1号）、《中共四川省委、四川省人民政府关于做好2022年“三农”重点工作全面推进乡村振兴的意见》（川委发〔2022〕1号）、《中共绵阳市委、绵阳市人民政府关于促进“三农”工作高质量发展全面推进乡村振兴的意见》（绵委发〔2022〕1号），结合我县实际，提出如下意见。

一、总体要求

（一）指导思想。坚持以习近平新时代中国特色社会主义思想为指导，全面贯彻党的十九大和十九届历次全会精神，深入贯彻习近平总书记对四川工作系列重要指示精神和中央、省委、市委农村工作会议精神，坚持稳中求进工作总基调，立足新发展阶段、贯彻新发展理念、融入新发展格局，坚持和加强党对“三农”工作的全面领导，牢牢守住保障粮食安全和不发生规模性返贫两条底线，全力抓好粮食等重要农产品生产供给、巩固拓展脱贫攻坚成果、加强耕地保护、发展现代农业园区、推进乡村建设、夯实乡村治理、做好两项改革“后半篇”文章和壮大新型农村集体经济等重点工作，全面推进乡村振兴和农业农村现代化，为建设成渝地区生态经济强县提供有力支撑。

（二）目标任务。2022年，确保粮油播种面积稳定在120万亩以上，粮油总产量稳定在37.3万吨左右，力争全年出栏生猪80万头，农业固定资产投资达到20亿元，农业增加值达到48亿元以上、增速达5.6%以上，农村居民人均可支配收入增长9.1%。脱贫攻坚成果持续巩固，农业综合生产能力稳步增强，农村一、二、三产业融合发展水平明显提升，农业园区提档升级有序推进，全力创建国家农产品质量安全县，积极争创省乡村振兴成效显著县，支持鹅溪镇创建省级乡村振兴先进乡镇，支持九龙镇、富驿镇创建市级乡村振兴先进乡镇，支持巨龙镇钟沟村等有条件的村创建省市乡村振兴示范村。

二、确保粮食安全，坚决扛起重要农产品稳产保供责任

（一）强化粮食安全政治责任。贯彻落实《四川省粮食安全保障条例》。开展粮食安全责任制考核，压紧压实乡镇（街道）党委（党工委）和人民政府（办事处）粮食安全主体责任。强化粮食生产功能区目标作物种植情况监测，健全耕地“非粮化”“非农化”情况通报机制，对问题突出的进行约谈和限期整改。粮食播种面积和产量未完成的乡镇（街道），在推进乡村振兴战略实绩考核和分类考评激励中不得评为先进和优秀。在相关涉农项目安排上，将粮食贡献率作为重要考量因素，给予政策倾斜支持。优化粮食储备布局，持续推动储备粮集中管理。

（二）抓好粮油增产扩面。深入实施“藏粮于地、藏粮于技”战略，优化调整粮食生产功能区布局，加快粮食生产功能区和重要农产品生产保护区建设。推进粮食绿色高质高效行动，完善和落实惠农政策，加强田间管理、落实技术指导，积极参加“稻香杯”暨农业丰收奖评选活动。落实“国家大豆振兴计划”，推进玉米大豆带状复合种植，大力发展油料作物，加快实施中央财政产油大县示范县项目，全面完成大豆3万亩、油菜2.5万亩扩面任务。健全粮食生产责任考核激励机制，支持相关涉农项目向高粮油贡献率主体倾斜，坚决打赢全年粮油增产增收硬仗。加强病虫害综合防治体系建设，科学预防自然灾害。开展粮食节约行动，减少生产、流通、加工、存储、消费等环节粮食损耗浪费。

（三）保障“菜篮子”产品供给。严格落实“菜篮子”县长负责制，推进高渠镇优质粮蔬种植基地项目建设，切实保障常年菜地保有量、重要蔬菜产品自给率，力争蔬菜产量达9.75万吨以上。稳定生猪生产长效性支持政策，推动养殖企业合理布局，稳定基础产能，加快推进父母代种猪场、公猪站、保育育肥场、洗消中心等项目建设；实施新希望六和150万头生猪全产业链基地项目，全力创建国家生猪调出大县。推进100万只高品质蛋鸡养殖、精深加工基地和15万吨蛋鸡饲料加工中心项目建设，建立盐亭蛋种鸡园区。加强农技推广和动植物疫病防治体系建设，强化非洲猪瘟等重大动物疫病常态化防控，创建一批非洲猪瘟等重大动物疫病净化示范场和非洲猪瘟无疫区、无疫小区。推进家禽牛羊产业高质量发展，全面提升现代渔业发展水平，实施富驿等乡镇鱼米之乡建设。

（四）加强高标准农田建设。全面完成《绵阳市盐亭县高标准农田建设规划（2021—2030年）》编制。按照“能排能灌、旱涝保收、宜机作业、生态友好、稳产高产”标准，严格落实中央和省市县高标准农田建设财政补助资金每亩总投入不低于3000元的要求，建成高标准农田3.5万亩、高效节水灌溉0.8万亩。完善现有水利工程渠系配套，增加农田有效灌溉面积，解决农业生产用水“最后一公里”问题。加快补齐主要农作物全程机械化和北部山区农机化发展短板，推进农机科技创新，提高农业机械化管理服务水平，力争全县主要农作物耕种收综合机械化水平达到70%以上。

（五）实施种业提升行动。支持农旅公司等企业联合种业龙头企业开展项目储备，改善科研育种条件，扩大生产规模，做响种业品牌。推进“优势企业+优势基地”联合体建设，带动县内中小企业同步发展，加快形成优势企业做大做强、特色企业做专做精的发展格局。持续提升大兴黄牛、天府肉羊、凤集蛋种鸡、梓江鳜鱼等种业项目，支持开展全基因组选择育种，推动生物育种产业化。

三、巩固拓展脱贫攻坚成果，坚决守住不发生规模性返贫底线

（一）推动帮扶政策落地见效。围绕全省巩固脱贫成果同乡村振兴有效衔接“1+37”政策体系，严格落实“四个不摘”和“一坚持、三强化”要求，持续调整优化医疗、教育等民生保障政策，用好金融支持、保险保障、城乡建设用地增减挂钩等政策。统筹使用衔接资金项目，强化乡村振兴项目库建设，健全项目推进机制，加强扶贫资产和衔接资金项目管理，突出衔接资金补短补弱功能，在就业需要、产业发展和设施配套等方面精准发力。稳定帮扶力量，持续开展“万企兴万村”行动，聚合社会力量，加快补齐脱贫村、集体经济薄弱村、乡村振兴重点帮扶村基础设施建设、集体经济、公共服务短板。

（二）完善监测帮扶机制。精准确定监测范围，简化识别程序，对监测对象不设规模限制，确保“应排尽排”“应纳尽纳”。建立横向到边、纵向到底的风险线索收集平台，推动防止返贫监测数据信息共享，建立健全跨部门工作会商机制，落实监测对象动态监测和帮扶。坚持分类施策、精准帮扶，对有劳动和经营能力的监测对象落实开发性帮扶措施，对无劳动能力的监测对象落实综合性社会保障措施，对因灾因病因疫等苗头性问题要及时落实兜底保障、健康帮扶等帮扶措施，修订完善防止返贫致贫基金使用管理办法，充分发挥基金作用，确保“应帮尽帮”。强化督促检查，对防止返贫监测和帮扶工作开展定期调度和常态化督查暗访，确保防止返贫监测基本制度落实落地，坚守无“漏测失帮”底线。

（三）促进脱贫人口稳定增收。进一步健全产业利农联农带农机制，注重脱贫产业后续发展培育，规范脱贫产业奖补扶持，提升特色脱贫产业质效。推广用好“天府乡村”公益品牌，做好产销对接，深化消费帮扶。完善农村劳动力监测制度，加强就业服务，统筹用好以工代赈、公益岗位等政策，促进转移就业和就地就近就业，确保有劳动能力的脱贫家庭至少有1人稳定就业，确保脱贫人口就业规模只增不减。

（四）做好重点帮扶村工作。落实重点帮扶村产业扶持、集体经济发展、基础设施补短等支持政策，持续加大人力物力财力支持力度。制定乡村振兴重点帮扶村年度专项方案，包装落实以工代赈、央省衔接资金等项目，统筹推进乡村产业发展、社会保障、基础设施建设等各项工作，实施一批补短板促发展项目，集中支持重点帮扶村全面提升可持续发展能力。

四、落实耕地保护责任，坚决守住耕地红线

（一）严守耕地红线。按照永久基本农田、生态保护红线、城镇开发边界的顺序，统筹划定“三条控制线”，将耕地保有量和永久基本农田保护目标任务在国土空间规划中落地上图。全面执行最严格的耕地保护制度，采取“长牙齿”的硬措施，严守耕地保护红线，确保完成上级下达的耕地保护目标任务。全面落实党政主体责任和行业监管责任，逐级压紧压实耕地保护责任，各乡镇（街道）签订耕地保护目标责任书，作为刚性指标实行严格考核、一票否决、终身追责。构建县自然资源局牵头抓总、相关单位通力配合、乡镇（街道）属地监管、社会各界广泛参与的耕地保护工作格局。

（二）明确耕地用途。严格落实耕地利用优先序，一般耕地主要用于粮食和油料、蔬菜等农产品及饲草饲料生产，永久基本农田重点用于粮食生产，新建高标准农田全部用于粮食生产，切实保障稻谷、小麦、玉米三大粮食作物种植面积，确保“良田粮用”。对于已经在永久基本农田和高标准农田种植水果、干果、苗木、草皮和挖塘养鱼的，要根据作物周期、生产现状及耕作层的影响程度，明确时间表，签订责任书，逐步恢复种粮或置换补充，防止“一刀切”“运动式”的做法。引导新发展林果业上山上坡，不与粮争地。

（三）加强耕地管护。持续开展耕地动态监测，对乱占耕地从事非农建设及时预警，严格落实“早发现、早制止、严查处”常态化监管机制，全覆盖建立县乡村三级联动耕地保护网络化监管体系。强化耕地用途管制，永久基本农田不得转为林地、草地、园地等其他农用地及农业设施建设用地，将一般耕地转为其他农用地及农业设施建设用地的，要做到年度“进出平衡”。按照“先补后占、占一补一”的原则，落实耕地占补平衡政策，建立补充耕地立项、实施、验收、管护全程监管机制，确保补充可长期稳定利用的耕地，实现补充耕地数量、质量、产能与所占耕地相当。加大耕地执法监督力度，严肃查处违法违规占用耕地特别是永久基本农田行为，巩固“大棚房”问题专项清理整治成果，持续开展撂荒地和农村乱占耕地建房专项整治，坚决制止耕地“非农化”、严格管控“非粮化”。

五、聚焦乡村发展，加快构建现代乡村产业体系

（一）优化农业产业空间布局。贯彻落实《盐亭县“十四五”推进农业农村现代化规划》，以“区域化布局、专业化生产、规模化发展”为原则，大力推进农业“135”工程，加快构建“一核三带三区”的现代农业产业发展布局。“一核”：即中部农文旅融合发展核心区；“三带”：即梓江现代农业融合发展产业带、盐蓬路现代农业融合发展产业带、唐巴（G245）现代农业融合发展产业带；“三区”：即北部生态种养循环示范区，重点发展生态粮油、肉牛、肉羊、生猪、饲用玉米、藤椒、中药材等产业；中部农文旅融合示范区，重点发展粮油、水果、藤椒、果蔬、水产、休闲观光农业、乡村旅游等产业；南部现代农业综合示范区，重点发展粮油、蚕桑、肉牛、肉羊、生猪、特色水果等生态种养循环农业。围绕粮油、蔬菜、中药材、蚕桑、林果、藤椒、畜禽、水产、蛋种鸡种业等“优势特色产业”，梯次建设多个现代农业园区。

（二）提升现代农业园区质效。落实《四川省现代农业园区条例》，严格实行“园长制”，进一步健全现代农业园区管理机制。坚持“一园一策”，聚集人才、土地、资金等要素，打造“以粮为主、粮经统筹、种养循环、五良融合”的现代农业园区升级版。聚焦特色优势产业，推进集中连片发展，切实做大园区产业基地规模。加强院地合作，充分发挥专家（院士）工作站、产学研基地“科技前哨站”作用，增强生产、加工环节中的科技动力，完善“柑橘+水产”两大特色优势产业全产业链，谋划创建省级农业科技示范园区。加快建设一批烘干、保鲜、包装、储藏、冷链物流等初加工和商品化处理设施，培育引进一批精深加工龙头企业，推进农产品初加工率。强化县级现代农业园区培育，推进省、市现代农业产业园创建，提升现代农业园区知名度和显示度，力争认定县级现代农业园区1个，争创市级现代农业园区1个，争取提档升级省星级现代农业园区1个、市星级现代农业园区2个。

（三）推进一、二、三产业融合发展。推动全产业融合、全环节提升、全链条增值，形成高效益农业产业融合发展体系。加快培育新型农业经营主体，支持农业产业化龙头企业做大做强，推进农民合作社规范管理和高质量发展，大力发展家庭农场。创新农业社会化服务体系，争创农业社会化服务示范县，把小农户带入现代农业发展轨道。开展农业品种培优、品质提升、品牌打造和标准化生产提升行动，推进食用农产品承诺达标合格证制度，完善全产业链质量安全追溯体系。实施农产品质量安全保障工程，健全监管体系、监测体系、追溯体系，推动农业由增产向增产与提质并重转型。实施县域商业体系建设行动，构建以“县城为中心、乡镇为重点、村为节点”的多极多元商贸服务网络。推进“重点商贸镇”和“产业融合示范镇”建设，打通“消费品下乡”和“农产品上行”的双向通道，形成物品流、运输流、信息流、资金流的最优化循环。强化宣传推介，提升“梓江鳜鱼”“盐亭桑叶”等品牌影响力。

（四）发展乡村新产业新业态。延伸农业产业链，健全农业价值链。持续发挥柑橘、藤椒、肉牛、核桃、鳜鱼等特色农产品优势，大力发展农产品加工和流通。加强乡村电商直播人才培养，运用“绵阳市农产品直播电商基地”（云栖逸境）开展线上线下同步销售。推进花果嫘乡、西部水产、七里花乡等现代农业产业园景区化建设，争创一批天府旅游名镇、名村，支持巨龙镇谋划创建省级农业主题公园。支持黄甸、富驿等中心镇发展专业化中小微企业集聚区，推动重点村发展乡村作坊、家庭工场。

六、聚焦乡村建设，着力建设生态宜居美丽乡村

（一）加快国土空间规划编制。加快推进以片区为单元的乡村国土空间规划编制，全面完成县域5个乡镇级片区国土空间规划编制，同步开展九龙镇、巨龙镇、鹅溪镇等乡镇村级片区规划编制。加强现代农业、交通、水利、文旅等专项规划与乡村国土空间规划有效衔接，确保各类基础设施落地实施。按照片区化布局、集约化投放要求，统筹考虑中心镇建设和一般镇发展，集约高效配置重点项目、基础设施、公共服务等资源，构建片区差异化设施配套模式。推动机构编制资源向片区中心镇倾斜，引导各类资源要素向片区中心镇集中，支持黄甸镇、玉龙镇创建“省级百强中心镇”。

（二）实施农村人居环境整治提升行动。深入实施“美丽四川·宜居乡村”建设五年行动，推进农村“厕所革命”整村推进示范村项目，新改建农村无害化卫生厕所2250户，持续提升农村厕所粪污无害化处理率，做到因地制宜、分类施策，推动粪污就地就农消纳，进一步完善农村卫生厕所长效管护机制。全面提升农村生活垃圾治理水平，做实“户分类、村收集、镇（乡）转运、县处理”模式。完成8个村农村生活污水治理省级“千村示范工程”建设项目。持续开展村庄清洁行动，推动村容村貌整体提升，积极创建国家卫生城镇。全年力争农村卫生厕所普及率保持在95%以上，行政村生活垃圾有效治理率保持在100%，行政村生活污水有效治理率达80%以上。建设1个市级、2个县级美丽宜居乡村示范点。

（三）推进农村基础设施建设。加快推进武引二期盐亭灌区桂花分支渠工程、莲花湖中型灌区改造提升项目、武引一期盐亭灌区共麻分支渠改造提升项目和武引二期盐亭灌区田间工程农业灌溉项目建设。加快推进新华水库前期工作，力争2023年具备开工条件。持续推进小型水库除险加固、中小河流治理、水土保持及移民后扶工作。实施农村供水安全保障工程，全面推进乡村水务建设，加快城乡供水一体化进程，全面完成金峰水厂及配套管网工程建设，农村自来水普及率达到88%。巩固提升乡村电网，促进农村地区供电能力与服务水平显著提升。加快建设数字乡村，推进农村光纤宽带和4G网络深度覆盖、5G网络向农村延伸。实施乡村运输“金通工程”，落实农村公路路长制，强化农村道路交通安全监管，有序推进乡镇通三级及以上等级公路，较大人口规模自然村（组）通硬化路，实施撤并建制村畅通工程和乡村振兴产业路旅游路工程。持续推进“四好农村路”示范创建提质扩面，持续提升农村道路防灾减灾能力。全面完成农村房屋安全隐患整治，建立常态化农村房屋建设管理制度，提升农村房屋设计建造和质量监管水平。推进农业气象服务体系建设，开展新型农业经营主体直通式气象服务，做好气象防灾减灾综合保障。

（四）推进乡村绿色发展。强化农业面源污染治理，高标准实现“一控两减三利用”目标，力争全县畜禽粪污综合利用率达到96%，秸秆综合利用率达到97%，农膜回收率达86%以上。加强生态绿色建设，积极推进长江上游森林生态保护修复，推进新一轮大规模绿化绵州盐亭行动，完成世行贷款项目营造林2.1万亩，实施天保工程公益林管护41.95万亩，巩固退耕还林成果。加强名木古树保护和复壮，新建文通镇古树名木小微公园1个。全面实施林长制，助推林业经济发展和资源保护。全面落实河（湖）长制，推进农村河湖“清四乱”常态化规范化，实施水系连通及农村水系综合整治。进一步健全长江“十年禁捕”长效机制，强化执法检查，巩固“十年禁渔”成果。

七、聚焦乡村治理，确保农村社会和谐稳定

（一）健全乡村治理体系。不断健全党组织领导下的村民自治机制，村级重大事项实行“四议两公开”制度，推广村级组织依法自治事项清单制，规范村级组织机构挂牌和证明事项，推行村级基础信息统计“一张表”制度，切实减轻村级组织负担；推进社会心理服务体系建设，修订完善村规民约，鼓励各地在乡村治理中推广运用红黑榜和积分制等做法，推进乡村有效自治。持续实施村民道德提升工程，开展新时代乡风文明建设行动，深化文明村镇、文明家庭创建活动，强化农村生产生活遗产和农耕文化保护传承，加强传统村落和传统民居保护，创建省级乡村文化振兴样板村镇。全面推进法治乡村建设，深入推进“八五”普法，启动农村学法用法示范户培育，利用短信、微信、网络等载体，创新普法教育方式方法，引导农民尊法学法懂法守法，自觉用法律维护自己的合法权益。

（二）抓好农村安全稳定。深化“六无”平安村（社区）建设，大力推广发展“慧眼工程”，强化与“雪亮工程”联网运用。加快推进综治中心规范化建设，全面达到实体化、实用化、实战化运行。加强乡村人民调解组织队伍建设，健全农村矛盾纠纷多元预防调处化解综合机制，乡镇（街道）、村（社区）矛盾纠纷调解成功率达96%以上。持续推进“全科网格”建设，建立健全乡村社会治安风险隐患信息化排查处置体系。常态化开展农村扫黑除恶斗争，完善防范和整治“村霸”问题长效机制。巩固提升农村安全生产专项整治三年行动成果，开展农业机械、农村沼气、渔业船舶、饲料兽药、农药肥料、消防安全、地质灾害、森林草原防灭火等领域安全隐患排查专项治理，防范各类安全生产事故发生。依法打击农村制售假冒伪劣农资、非法集资、电信诈骗等违法犯罪行为，优化农村公共法律服务供给。规范农村户籍登记管理和农业人口统计监测。

（三）提升农村公共服务水平。强化乡镇卫生院能力建设，推进县域医疗卫生次中心建设工作，深入开展城乡医疗卫生对口支援，推动医疗保障向健康保障转型，兑现乡村医生保障政策。提升农村教育质量，深化县管校聘改革，推进学区制治理、集团化办学，优化农村中小学、幼儿园结构布局；加强农村教师队伍建设，全面保障乡村教师待遇，落实各阶段教育资助政策。健全乡村社会保障体系，促进城乡居民基本养老保险应保尽保，鼓励新业态从业人员、农民工等重点群体按规定参加城镇职工基本养老保险和职工基本医疗保险。加强村级文化服务中心建设，深入推进文化惠民活动，进一步丰富农村群众文化生活。实施农民工服务保障专项行动，加强农村地区劳动力监测和培训，完善农民工服务平台，建设一批乡镇（街道）社会工作服务站和村（社区）农民工综合服务站，引导农民工返乡回乡创业。完善“1+17+N”养老服务体系，健全农村特殊困难老年人关爱巡访与帮扶制度，切实增强老年人的获得感和幸福感。深入开展“乡村振兴巾帼行动”，健全农村留守儿童和困境儿童关爱服务体系，加强政府购买服务资金保障。将农村“一老一小”关爱保护工作作为推进乡村振兴战略实绩考核的重要内容。抓好农村地区新冠肺炎疫情常态化防控。

八、深化农村改革，激发乡村振兴新动能

（一）纵深推进两项改革“后半篇”文章。持续优化乡镇机构职能体系，提升乡镇承接能力，确保扩权赋能事项落实落细。推进乡镇综合行政执法工作，整合现有执法力量和资源，逐步实现“一支队伍管执法”。坚持以片区规划为引领，探索党建引领片区产业协同发展，优化片区内文化、体育、应急救援等公共资源配置，支持中心镇（村）率先发展，形成“一片区一主业一特色”新格局。以中心镇（村）“三化”试点为重点，积极创新拓展“政务服务+产业园区、文旅融合、邮政物流、金融服务”等服务模式，推进镇村便民服务“三化”建设扩面增效。

（二）大力发展新型农村集体经济。深入贯彻《四川省农村集体经济组织条例》，开展农村集体产权制度改革“回头看”。探索建立“村集体经济组织+金融+县属国有企业+龙头企业+社会资金+集体经济组织成员”联合发展模式，村集体经济组织参与到由县属国有企业主导的代养项目，投资入股政府主导的产业园区标准厂房建设。持续深化供销合作社综合改革，探索建立“供销社+村集体经济+集体经济组织成员+社会资本”利益链接机制，规范农资市场助力集体经济发展。支持村集体经济组织“飞地抱团”，将生态和生产资源、资产或财政扶持资金量化入股，推动产业集中连片发展。落实村庄小型建设项目简易审批要求，鼓励符合条件的农村集体经济组织承接建设项目和服务代理类项目。乡镇（街道）人民政府（办事处）加强对农村集体经济组织投资规模和经营性债务规模的领导、监测和风险提示。严禁将政府债务转嫁给农村集体经济组织或将农村集体经济组织债务转嫁给政府。加快实施村级集体经济“消薄”攻坚行动，有序推进合并村集体经济融合发展，全面消除年收入3万元以下的集体经济薄弱村。

（三）深化农村土地制度改革。落实好第二轮土地承包到期后再延长30年政策，保持农村土地承包关系稳定并长久不变，持续推进农村承包土地“三权分置”改革。依法稳妥推进农村集体经营性建设用地入市，健全土地征收公共利益用地认定机制。推进九龙镇全域土地综合整治试点工作。完善宅基地基层管理体系，加强农村产权流转交易市场体系建设，推动农村土地等生产要素有序流动。

（四）创新农村金融服务。加大“三农”领域信贷支持力度，根据我县乡村振兴产业发展贷款规模确定注入乡村振兴产业发展基金金额。推行“一片一行长，一镇一经理”制度，适时召开金融支持涉农产业投融资项目对接会，保持同口径涉农贷款余额和普惠型涉农贷款余额持续增长，全年涉农信贷投放不低于3亿元。按规定组织开展金融机构服务乡村振兴考核评估，督促指导农村中小金融机构强化支农支小市场定位，将当年新增可贷资金主要用于支持当地农业农村发展。开展“保险+期货”试点，稳步扩大优势特色农产品保险范围和规模，实现大宗农作物、林业以及重要畜产品生产的保险政策全覆盖。

九、加强党对“三农”工作的全面领导，落实推进乡村振兴责任

（一）压实全面推进乡村振兴责任。深入贯彻落实《中国共产党农村工作条例》《中华人民共和国乡村振兴促进法》《四川省乡村振兴促进条例》，健全县乡村抓落实的乡村振兴工作机制，构建责任清晰、各负其责、执行有力的“三农”工作推进机制。落实乡村振兴责任制实施办法，完善各级各有关部门抓乡村振兴责任落实机制。建立县委、县政府主要负责人抓乡村振兴责任清单和县委、县政府推进乡村振兴年度任务清单制度。完善县乡村振兴推进机制，加大统筹协调力度，形成整体规划、分步实

施，整合资金、集中投入，聚合力量、共同推进的工作格局。制定县委、县政府领导班子成员推进乡村振兴战略实绩考核年度实施方案。将贯彻落实“三农”重大政策措施情况纳入审计监督重点内容。

（二）建强党的农村工作机构。发挥县委农村工作领导小组牵头抓总、统筹协调等作用，一体承担巩固拓展脱贫攻坚成果、全面推进乡村振兴议事协调职责。推进县委农村工作领导小组议事协调规范化制度化建设，建立健全重点任务分工落实机制，协同推进乡村振兴。加强县委农办机构建设，充实工作力量，完善运行机制，强化决策参谋、统筹协调、政策指导、推动落实、督导检查等职能。

（三）强化乡村振兴要素保障。落实财政投入优先保障，积极争取新增政府债券支持，增加公共财政对乡村振兴和衔接推进乡村振兴补助资金的投入。分年度稳步提高土地出让收入用于农业农村比例，集中支持乡村振兴重点任务。按照产业规划和有关规定制定产业发展引导政策，建立乡村振兴重点投资项目库，大力推进产业招商。新编县乡两级国土空间规划不少于10%的建设用地指标，重点保障乡村产业发展用地。制定土地年度供地计划时应安排至少5%的新增建设用地指标，保障乡村重点产业和项目用地。加强“三农”工作队伍建设，建立县乡领导干部定点联系涉农企业和新型农业经营主体制度，选派一批优秀干部到乡村振兴一线岗位，加强乡镇一办一中心人员配置，建设一支政治过硬、纪律过硬、作风过硬的乡村振兴干部队伍。将干部在乡村振兴一线的表现作为选拔任用、评优评先、职级晋升、五方面人员选拔等的重要依据，对工作出色、表现优秀的干部，同等条件下优先提拔任用。深入实施乡村人才振兴五年行动，推行科技特派员制度，建设一批乡村振兴高技能人才培育基地。全面推行县以下事业单位建立管理岗位职员等级晋升制度。实施高素质农民培育工程。加快建立乡村（社区）规划师制度。

（四）发挥农村基层党组织战斗堡垒作用。健全乡镇党委统一指挥和统筹协调机制，加强乡镇、村集中换届后班子建设，开展农村基层干部乡村振兴主题培训。全面推行“党支部标准工作法”，严格执行基层党建绩效管理，健全乡村党组织运行机制，完善村级重要事项、重大问题经村党组织研究讨论制度。深入开展巡察，强化基层监督，加强基层纪检监察组织与村务监督委员会的沟通协作，健全完善村常职干部管理制度，强化对村“两委”成员特别是“一肩挑”人员的监督。持续整顿软弱涣散村党组织。充分发挥驻村第一书记和工作队抓党建促乡村振兴作用。

盐亭县工业经济倍增三年行动方案

一、工作思路

按照县委“产业强县、开放兴县、文旅活县”发展战略，坚持“工业为主导、项目为驱动”发展理念，以优化工业产业结构和培育产业集群为主线，以油气资源勘探开发为中心，做好“增量招引”“存量扩张”两篇文章，围绕“生物医药、能源化工、绿色食品”三大主导产业，实施招大引强、产业赋能、企业培育、园区升级四大行动，实现我县工业经济高质量发展。

二、发展目标

（一）总体目标

到2024年，全县制造业产业基础得到加强，产业链条更加完善，创新能力明显提升，实现规上企业数量倍增、规上工业总产值过百亿元的目标任务。力争全县规模以上工业企业突破70户，新增亿元企业20户，规模以上工业总产值达到120亿元，完成工业投资88亿元，完成技改投资37亿元。

（二）阶段目标

2022年，规上工业总产值实现40亿元，新增规模工业企业10户。其中，新增亿元企业4户，新增4亿元企业1户。

2023年，规上工业总产值实现60亿元，新增规模工业企业8户。其中，新增亿元企业3户，新增4亿元企业2户。

2024年，规上工业总产值实现120亿元，新增规模工业企业18户。其中，新增亿元企业13户，新增4亿元企业2户，新增10亿元企业1户。

三、实施途径

（一）实施招大引强增量行动

1. 围绕主导产业，实施精准招商。聚焦动物药及动物保健品、现代中药、动植物提取物等领域，精准招引四川新辉煌、重庆众妙、甘肃兴中等一批行业知名企业，全力打造西南地区最大的动物药生产基地和亚洲最大的柑橘类提取及衍生物研产销基地。依托县内丰富的天然气资源，积极融入全省“气大庆”战略布局，围绕天然气勘探开发、综合利用等重点领域，着力引进中石油、大唐集团、粤电集团、川能投、恒力石化等行业领军企业，推动天然气关联产业高质量发展，构建全省能源化工产业发展高地。以锂源新能源为链主，瞄准锂电储能上下游产业链发力，重点招引锂电设备制造、正负极、石墨烯材料生产等配套项目，持续做大做强锂电产业链条，加快形成新能源产业长板效应。重点围绕新希望六和、凤集等龙头企业，进一步发挥经果、鳜鱼、肉羊等特色生态农业资源优势，锚定中粮集团、厦门古龙等优质企业，积极招引一批联农带农能力强的项目，鼓励各乡镇围绕现有产业基础，大力招引农产品加工项目，在全县范围内形成绿色食品产业集群发展态势。（责任单位：经开区、各乡镇、县级相关部门）

2. 创新招商方式，深化开放合作。进一步强化驻外招商，牢牢抓住粤港澳大湾区、长三角经济圈和成渝地区双城经济圈产业转移机遇期，通过加强与驻点区域行业协会、商会合作，精准捕获项目投资信息，提升驻外招商实效。进一步拓宽招商渠道，借力中介招商、资本招商等方式，优化招商资源，夯实招商基础；充分把握、利用盐亭丰富的乡贤资源，积极引导“盐商回归”“乡贤创业”。进一步深化政企合作，依托现有龙头企业、链主项目，开展“二次招商、以商招商”，实现以存量求增量。（责任部门：各乡镇、县经合局、县工信局、经开区）

3.汇聚招商合力，强化内生动力。深化实施全员招商，进一步健全各部门、乡镇、国有企业招商引资联动机制，主动以“管行业必须管招商、管产业必须管招商”思想引领发展突围，在项目信息获取、招引项目落地方面形成招商合力。优化招商引资考核办法，突出对到位资金、招大引强情况等重点指标的考核和奖惩兑现，充分调动各单位招商引资的主动性和积极性，形成全县上下大抓招商的浓厚氛围。着力创新工作举措，优化营商环境，打造高质量、专业化的招商体系，不断提升项目招引实效，切实提高项目履约率、开工率和资金到位率。（责任部门：经开区、各乡镇、县级相关部门）

分年度目标：

2022 年签约项目 26 个，到位国内省外资金 21 亿元，到位外资 100 万美元；

2023 年签约项目 28 个，到位国内省外资金 22 亿元，到位外资 100 万美元；

2024 年签约项目 30 个，到位国内省外资金 23 亿元，到位外资 100 万美元。三年累计签约项目 84个，到位国内省外资金66亿元，到位外资 300 万美元。

（二）实施产业赋能提升行动

1. 做强生物医药产业。壮大企业规模，形成龙头带动效应，引导企业组团式发展，打造西南地区最大的动植物提取类医药基地，形成兽药产业集群，进一步提升行业话语权。（责任单位：县工信局、县经合局、经开区）

分年度目标：

2022 年迪澳药业、新华康、新川义等投产企业产能进一步提升，博大金点、锦茂生物、一维百利等项目建成投产，实现生物医药产值 6 亿元。

2023 年加快奥蓉多肽、万鑫兽药、新辉煌等一批新签约项目建成投产，力争实现迪澳药业与江苏联环合作、并购，实现生物医药产值 8 亿元。

2024 年加快众妙、兴中等其他意向企业签约落地，引导已投产企业更新生产线及生产工艺，实现生物医药产值 10 亿元。

2. 做大能源化工产业。做好油气资源勘采服务协调工作，加大勘探开采力度，加快以天然气处理厂为代表的天然气综合利用项目落地建设。推进氢能、光伏、锂电池等新能源产业化布局发展，建设成为川内具有影响力的绿色清洁能源产业园。积极招引以医药中间体、天然气乙炔为代表的精细化工产业，使其成为我县工业经济最大增量和支柱产业。（责任单位：县工信局、经开区、县经合局）

分年度目标：

2022 年锂源新能源建成投产，引导晋深科技、盈基生物质技改扩能，支持盛丰磷化工与行业龙头企业合作，实现能源化工产值 10 亿元。

2023 年神州卓越建成投产，格润中天、熔增环保达到设计产能，推动精细化工项目签约落地，实现能源化工产值 30 亿元。

2024 年天然气处理厂建成投产，部分化工企业升规达产，实现能源化工产业产值 80 亿元。

3. 做优绿色食品产业。依托新希望、凤集实施“肉篮子”计划，打造成渝地区最大的肉制品、蛋制品加工地。依托粮、果、桑茶等特色农产品，在具备条件的乡镇布局粮油和果蔬生产加工企业，以绿色有机为突破口，积极创建“盐亭造”名优品牌。（责任单位：县经合局、县农业农村局、县工信局、各乡镇）

分年度目标：

2022 年椒奥食品达到设计产能，全成食品、嫘祖酿造、园香园味业等企业技改项目投产达效，实现绿色食品产值 5 亿元。

2023 年凤集集团肉制品、蛋、饲料加工等项目建成投产，推动嫘桑缘、绿迪源等特色农产品企业产业化、集群化、整合化发展，实现绿色食品产值10亿元。

2024年新希望精深加工项目、中粮集团、厦门古龙建成投产，实现绿色食品产业产值20亿元。

（三）实施企业培育提质行动

1. 梯度化培育龙头企业。支持企业兼并重组、抱团发展、挂牌上市，促进规模企业再上新台阶。推动企业技改升级，以提质增效为目标，鼓励建丰林业、威斯卡特等企业更新生产线，提高市场占有率。引导中宇橡塑、新川义等5户重点企业扩大生产能力，提高生产效率。（责任单位：县工信局、经开区）

分年度目标：

2022年培育亿元企业4户，4亿元企业2户。

2023年培育亿元企业3户，4亿元企业2户。

2024年培育亿元企业13户，4亿元企业2户，10亿元以上企业1户。

2. 鼓励小微企业上规模。紧盯西南地板产业园、博大金点、锦茂生物等重点在建项目，项目建成投产后实施“一对一帮扶”，指导企业尽早升规入统。建立成长型小微企业重点培育库，实行领导联系机制，为成长型企业纾困解难，激发企业活力，助推其释放产能，早日达到规模体量。积极做好万安商混、园香园味业等企业上规引导和扶持。（责任单位：县工信局、县统计局、县财政局）

分年度目标：

2022年新增规上工业企业10户（格润中天、熔增环保、锂源新能源、椒奥食品、一维百利、锦茂生物、博大金点、睿力新科技、应友光电、铭升电缆）。

2023年新增规上工业企业10户（奥蓉多肽、多晶金刚石、新辉煌、万鑫兽药、神州卓越、地板产业园内3户及2户“小升规”企业）。

2024年新增规上工业企业15户（天然气处理厂、地板产业园内6户、其他签约项目5户及3户“小升规”企业）。

3. 支持企业创新发展。强化企业创新主体地位，鼓励企业加大R&D研发投入，推动资源共享、优势互补，提升企业竞争实力。支持企业与高校、科研院所合作，创建一批市级企业技术中心。支持迪澳药业申报国家级专精特新“小巨人”，支持新华康生物、建丰林业申报纳入市级单项冠军培育库，支持双辉金属、优锂科技申报高新技术企业。（责任单位：县科技局、县工信局、县人社局、县财政局）

分年度目标：

2022年新认定市级企业技术中心2户，培育省级“专精特新”中小企业3户，入围市级单项冠军培育库1户。

2023年新认定市级企业技术中心2户，省级企业技术中心1户；培育省级“专精特新”中小企业3户，入围市级单项冠军培育库1户。

2024年新认定市级企业技术中心2户，省级企业技术中心1户，市级工业设计中心1户，市级工业质量标杆企业1户；培育省级“专精特新”中小企业4户，国家级专精特新“小巨人”或“单项冠军”企业1户；新认定省级创新创业示范基地1个；新增高新技术企业10户。

（四）实施园区优化升级行动

1. 高水平绘制园区发展蓝图。按照“统一规划、合理布局、立足长远、适度超前”的原则，2022年高质量完成经开区国土空间总体规划、控制性详细规划、产业发展规划编制，进一步明确发展方向，优化“一区多园”布局，资源配置及功能分区。以规划为引领，扎实推进800亩生物医药产业园、5000亩能源化工产业园、600亩绿色食品产业园三个“区中园”建设，充分满足企业用地需求。进一步优化资源配置，实现区域优势产业集约集群发展，提高亩均产值，提升园区产业发展水平。（责任单位：经开区、县自然资源局、县发改局、县工信局）

2. 高质量建好化工园区。科学推动化工园区申报建设工作，2022年4月底前完成申报认定的文本资料组卷工作。按照《四川省化工园区认定管理办法》化工园区认定基本条件，加快推动基础设施建设，完成园区封闭化管理、危险固废安全处置、自然灾害防范预警等建设，做好化工园区审核认定工作。（责任单位：县发改局、县工信局、经开区、县自然资源局、盐亭生态环境局、县应急管理局、县水利局、县卫健局）

分年度目标：

2022年上半年成功认定化工园区。

2023年完成道路、管网等基础设施建设，具备化工项目落地条件。

2024年园区化工产业初具规模。

3. 高标准完善基础设施配套。加快基础设施建设步伐，大力“清闲促建”，适时“修编扩区”，提高土地、电力等资源利用率，提升园区承载能力和服务水平。推进产城融合发展，构建与经济发展相适应的生产生活服务配套，努力把经开区建成产业强县的“加速器”。（责任单位：经开区、县发改局、中嫘集团、县交通运输局、县自然资源局、盐亭生态环境局、县住建局）

分年度目标：

2022年度，完成生物医药产业园配套设施工程，建成近400亩标准地，确保已签约企业顺利入驻；完成盈基集中供热项目一期建设工程，建成供热管网3千米；完成天然气处理厂征地拆迁及配套设施建设工程。实现用地报批及征地约600亩，用地范围及安全卫生防护距离拆迁约100余户，建设规划道路及项目建设道路约2千米；完成中型特勤消防站建设工程，建设1座中型特勤消防站，满足园区消防安全需求，提高综合消防能力。

2023年度，完成盐亭盈基集中供热项目二期建设工程，建设供热管网4千米；完成经开区污水处理厂提升改造工程，将日处理能力5000吨提升至日处理能力15000吨，满足园区企业的污水处理需求；完成化工园区场平及配套设施建设工程，建成3.32平方千米标准地，为化工企业招引和规范园区建设打下坚实基础。

2024年度，完成锣锣沟场平及配套设施建设工程，建成近300亩标准地，为项目做好招引土地储备；完成杜家沟(临江社区4、5、6社)场平及配套设施建设工程，建成250亩标准地，提升绿色食品产业园承载土地面积，服务食品企业招引。

四、保障措施

(一)强化组织领导

成立以分管副县长为组长，县工信局主要领导为副组长，县级相关部门、乡镇为成员的盐亭县工业经济倍增三年行动工作专班，负责统筹协调、资金筹措、目标考核和研究解决重大问题，制定相关配套政策，开展工业经济运行分析研判，建立定期会商机制，落实县级领导联系制度等。工作专班办公室设在县工信局，负责日常工作推进。(责任单位：县工信局、县政府办、县经合局、经开区、县委目标绩效办)

(二)强化政策支持

落实《中共绵阳市委、绵阳市人民政府关于印发〈绵阳市集中精力大抓工业24条措施〉的通知》(绵委发〔2021〕11号)，用好《盐亭县人民政府办公室关于印发〈盐亭县推动工业经济高质量发展奖励政策(试行)〉的通知》(盐府办发〔2021〕23号)等政策，财政每年拨付不低于2000万元专项资金用于兑现各类企业奖补。县级相关部门全面梳理国家、省、市工业项目扶持政策，组织企业分类申报，帮助企业用好用活各类支持资金。用活《中共盐亭县委办公室、盐亭县人民政府办公室关于印发〈“嫘祖故里英才计划”实施办法(试行)〉的通知》(盐委办〔2020〕17号)等系列人才政策，加强政、企、校合作互动，帮助企业引才、用才、留才。(责任单位：县财政局、县委组织部、县发改局、县工信局、县经合局、经开区、县人社局、县科技局、县农业农村局、县商务局)

(三)强化要素保障

畅通水、电、气、运、讯等生产要素供给，规范入户安装收费标准，降低企业生产运营成本。加快规划建设220千伏变电站项目，完善110千伏、35千伏电网结构，进一步增强供电能力。规划新建经开区内燃气公司门站(配气站)，2024年底供气能力提升至8万立方米每天。(责任单位：县发改局、县工信局、县住建局、经开区)

提升经开区承载能力计划表

责任清单		责任单位	年度		
			2022年	2023年	2024年
突出规划引领	国土空间总体规划、控制性详细规划	经开区 中嫘集团	报批	实施	实施
	产城融合规划		报批	实施	实施
保障用地供应	争取指标	自然资源局 住建局 经开区	工业用地712.04亩(土地增收成片开发方案)，土地增收成片开发方案批准后，根据项目需求逐年报批，力争到2024年新增工业用地不少于1800亩，新增可供厂房25万平方米(伙伴智造8万平方米、生物医药产业园15万平方米、嫘圣工业园2万平方米)		
	清闲促建		通过协议回购、代管招租、合作开发等方式逐步盘活未有效利用土地1688.37亩(耀达1483.59亩，中民燃气50亩，宏鑫粮油46.4亩，原兴环通108.38亩)；厂房约38700平方米(耀达16—23号厂房34000平方米、天鸿2500平方米、众投产业园2200平方米)		
完善基础设施	生物医药产业园基础设施	经开区 交通局 中嫘集团	约420亩坪、2千米道路及配套管网、边坡支护等	集中办公楼2万平方米，厂房5万平方米	厂房10万平方米

续表

<table>
<tr><th colspan="2" rowspan="2">责任清单</th><th rowspan="2">责任单位</th><th colspan="3">年　度</th></tr>
<tr><th>2022 年</th><th>2023 年</th><th>2024 年</th></tr>
<tr><td rowspan="7">完善基础设施</td><td>化工园区基础设施</td><td>经开区
交通局
自然资源局
住建局
中嫘集团</td><td colspan="3">根据定稿规划，2022 年上半年至 2024 年完成该园区内土地一级开发</td></tr>
<tr><td>绿色食品产业园基础设施</td><td>经开区
交通局
自然资源局
住建局
中嫘集团</td><td colspan="3">根据定稿规划，2022 年下半年至 2024 年完成该园区内土地一级开发</td></tr>
<tr><td>东岸污水处理厂</td><td>经开区
住建局
生态环境局</td><td>选址、环评、排口论证等前期工作，开工建设</td><td>达到日处理能力 2000 吨</td><td>根据项目需求扩容</td></tr>
<tr><td>西岸污水处理厂</td><td>经开区
住建局
生态环境局</td><td colspan="3">根据入驻企业需求 2024 年前扩容至 15000 吨/天</td></tr>
<tr><td>雨污管网疏通治理</td><td>经开区
住建局
生态环境局</td><td colspan="3">完成主干道西陵大道、嫘祖大道及部分支路约 4 千米雨污管网疏通治理</td></tr>
<tr><td>加快经开区对外通道建设</td><td>交通局</td><td colspan="3">2024 年前，逐步完成在编国土空间规划中的西环线建设</td></tr>
<tr><td>盐亭盈基集中供热项目</td><td>经开区</td><td>完成项目一期建设（至迪澳）</td><td colspan="2">2024 年前全面建成覆盖经开区核心区的供热管网</td></tr>
<tr><td rowspan="6">强化要素保障</td><td>破解企业融资瓶颈</td><td>经开区
工信局
金融办
科技局</td><td colspan="3">充分运用“园保贷”“应急转贷”“天府科创贷”等融资政策，切实降低企业融资成本</td></tr>
<tr><td>化解企业用工难题</td><td>组织部
人社局
经开区</td><td colspan="3">设立“经开区企业招聘咨询办公室”，每季度更新、发布各企业招聘需求，每年组织企业参加大中型集中招聘、校园招聘、直播带岗等活动不少于 3 场，联系各类高校校招不少于 10 所</td></tr>
<tr><td>燃气保障</td><td>住建局
燃气公司</td><td>全面开始项目建设</td><td>项目建设</td><td>完成投运</td></tr>
<tr><td>燃气保障</td><td>住建局
燃气公司</td><td colspan="3">规划新建经开区门站、配气站，2024 年底供气能力提升至 8 万立方米每天</td></tr>
<tr><td>消防应急能力</td><td>消防大队
应急管理局</td><td colspan="3">2022 年底前经开区新建完成特勤消防站一座（用地约 10 亩，投资约 8000 万元）</td></tr>
<tr><td>构建与经济发展相适应的生产生活服务配套</td><td>公交公司
住建局
自然资源局
中嫘集团
经开区</td><td colspan="3">2022 年底解决经开区内公共交通、照明、环卫等城市配套，2023 年底前完成经开区内市政基础设施移交。2023 年底完成经开区商贸中心、物流中心等商贸综合体建设</td></tr>
</table>

盐亭县交通建设升级三年行动方案

为深入贯彻习近平总书记关于交通强国战略重要论述，全面落实党中央、省委、市委关于建设交通强国、交通强省、交通强市的决策部署，深入实施“产业强县、开放兴县、文旅活县”战略，迅速启动新一轮交通攻坚大会战，特制定本方案。

一、指导思想

坚持以习近平新时代中国特色社会主义思想为指导，全面贯彻市委“交通先行”战略，县委“开放兴县”战略，奋力构筑“产业振兴新天地、通达开放新高地、和谐美丽新福地”，全力打造成渝地区重要交通节点，加快构建现代化综合交通运输体系，以交通运输高质量发展推动盐亭高质量发展，为全面建设成渝地区生态经济强县和社会主义现代化盐亭打好交通基础。

二、工作目标

到2024年底，交通建设升级三年行动完成投资超过50亿元，全县路网总里程达2536千米，“一铁二环四高五干”路网格局加快形成。全面提升道路通行能力和技术标准，实现“提档升级”；持续提高路网覆盖面和通达深度，实现“加密加深”；推动融入大动脉、畅通主通道、打通断头路、联网可循环，实现“内联外畅”；全面争创三项省级示范，实现“创先争优”。推动全县交通加快发展步伐、实现超常发展，全面建成承接成渝通道的区域性交通枢纽。

三、重点任务

（一）交通基础设施畅通成网

1.实施内容。

（1）全力推动高速、高铁、机场前期工作。以“加密大通道、融入大网络”为核心，主动参与成渝双城建设。加快开展南盐、盐茂高速公路前期工作并做好土地征拆协调，力争尽早迈入“四高速”时代。联动毗邻地区对上争取成巴高铁过境盐亭并设站。配合论证盐亭通用机场建设类别及规模，及早启动场址遴选和周边配套公路规划，加快形成“铁、公、机”一体的综合交通运输体系。（责任单位：县交通运输局、县发改局、县自然资源局、属地乡镇人民政府）

（2）着力提升改造国省干线。以“破瓶颈、提质量”为核心，强化县域县际互联互通，计划投资24.19亿元，建设普通国省干线里程114.7千米。全面做好G245盐亭县富驿过境段改建工程前期工作。积极对上争取将大仁路、西玉路、盐蓬路，盐三路共76.7千米调整升级为省道。全力推进S413盐亭县麟龙（梓潼界）至石牌段、盐亭县凤灵至巨龙段、盐亭县玉龙镇（飞龙社区至丁家堡段），S306盐亭县共和至毛公段，大仁路（富驿断桥至金孔段）、岐伯大道等6个普通省道改建项目。全面提升普通国省干线通行能力，推动实行更高水平开放，助力构建“通达开放新高地”。（责任单位：县交通运输局、县发改局、县自然资源局、属地乡镇人民政府）

（3）大力推进农村公路建设。以“联通城乡、通村达组”为核心，推动农村公路向深度广度拓展，计划投资18.66亿元，建设农村公路682千米。结合县域经济发展和产业布局，建设三道咀水库道路、西环线、黄甸至永泰快速通道、毛公至鹅溪产业路。结合乡镇行政区划调整和村级建制调整“后半篇”文章，实施幸福美丽乡村路50千米、撤并建制村畅通工程390千米、村民小组通硬化路200千米，完成农村公路危桥改造38座。畅通县域交通“微循环”，推动乡村振兴，提升群众幸福感、获得感。（责任单位：县交通运输局、县发改局、县自然资源局、属地乡镇人民政府）

2.实施计划。

2022年：新开工S413盐亭县麟龙（梓潼界）至石牌段改建工程、岐伯大道，完成三道咀水库道路建设、撤并建制村畅通工程235千米、村民小组通硬化路70千米、危桥改造36座。（详见附件）

2023年：新开工西环线、黄甸至永泰快速通道、盐亭县毛公至柏梓灵瑞产业路、幸福美丽乡村路。完成S306盐亭县共和至毛公段改线提升工程、岐伯大道路基工程、撤并建制村畅通工程100千米、村民小组通硬化路70千米、危桥改造2座。（详见附件）

2024年：新开工S413盐亭县凤灵至巨龙段改建工程、S413玉龙镇（飞龙社区至丁家堡段）改建工程、大仁路（富驿断桥至金孔段）改建工程、盐亭县柏梓灵瑞至鹅溪镇产业路。完成S413盐亭县麟龙（梓潼界）至石牌段改建工程、岐伯大道、西环线，黄甸至永泰快速通道、盐亭县毛公至柏梓灵瑞产业路主体工程，幸福美丽乡村路、撤并建制村畅通工程、村民小组通硬化路。（详见附件）

（二）平安绿色交通提质增效

1.实施内容。

（1）推动管养能力提升。深化农村公路养护体制改革，落实县乡村三级“路长制”，持续实施公路管养市场化，加快构建现代公路养护管理体系。加强农村公路日常养护，重视预防性养护，做好应急养护储备，高质量完成大中修工程、灾毁路段恢复工程。加强养护人员技能培训，力争实现培训2000人次。保持公路路况水平优良，实现国省干线路面质量指数（PQI）逐年提高。（责任单位：县交通运输局、属地乡镇人民政府）

（2）推动平安交通建设。完善交通运行监测网络，强化对重点运营车船、执法车辆的联网联控，实现货运车辆主动安全智能防控系统安装覆盖率达100%。严厉打击超限超载运输、违法违规营运、冒险作业行为，实现高速公路、普通国省道超限超载率明显下降。开展道路交通安全专项整治，及时排查、消除道路安全隐患。以“局队合一”为契机，抓好交通执法建设，提升交通运输管理标准化、规范化水平。（责任单位：县交通运输局、县公安局、货运源头企业主管部门等县级相关部门）

（3）推动绿色交通发展。持续深入开展汽车维修污染防治、公路及施工工地扬尘治理、路域环境治理、非道路移动机械污染源整治、船舶污染防治和涉砂船舶治理。鼓励和引导公交、出租车全部新能源化，行业碳排放强度和污染物排放强度持续下降。（责任单位：县交通运输局、盐亭生态环境局）

2.实施计划。

2022年：完成G245大中修工程、10处水毁道路恢复工程。货运车辆主动安全智能防控系统安装覆盖率达100%。全面完成“局队合一”改革。

2023年：完成一批重点存量道路交通安全隐患整治。

2024年：国省干线路面质量指数（PQI）达到93，高速公路、普通国省道超限超载分别控制在0.5%、2%以内。

（三）交通运输创新融合发展

1.实施内容。

（1）推动出行服务便捷快速。建成具备旅游咨询、农村物流功能的城乡客运站7个，新设需求响应型城际快客线路2条，支持玉龙、嫘祖、金孔、九龙加快建成乡镇综合运输服务站。全域推动乡村运输“金通工程”。

（2）推动“交商邮”一体建设。建成1个县级物流中心、7个乡镇（街道）配送站、12个村（社区）取送点。推广“一县一公司”农村客运模式，整合邮政快递网点与公路客运站、电子商务服务站等设施，依托现有客运班线、公交线路，开设部分“定时、定点、定线”的寄递配送线路，适度推动客货同网运行。（责任单位：县交通运输局、县商务局、县文广旅游局、属地乡镇人民政府、县邮政公司）

2.实施计划。

2022年：改造2个城乡客运站，新增1条需求响应型城际快客线路、2个乡镇（街道）配送站、3个村（社区）取送点。

2023年：改造2个城乡客运站，新增1条需求响应型城际快客线路、3个乡镇（街道）配送站、4个村（社区）取送点。

2024年：改造3个城乡客运站，新建1个县级物流中心、2个乡镇（街道）配送站、5个村（社区）取送点。

（四）省级示范创建扎实推进

1.实施内容。

积极对上争取，健全定期赴省到市汇报制度，并主动向相关县（市、区）学习和借鉴省级示范创建先进经验，对标对表完成省级示范创建各项工作，力争完成省级“四好农村路”示范县、省级“金通工程”样板县、省级旅游精品线示范县三项示范创建。（责任单位：县交通运输局、县农业农村局、县文广旅游局、县商务局、县公安局、属地乡镇人民政府）

2.实施计划。

2022年：完成省级“四好农村路”示范县创建。

2023年：完成省级“金通工程”样板县创建。

2024年：完成省级旅游精品线示范县创建。

（五）历史遗留问题逐步化解

以巡视反馈的交通问题为重点，以交通建设升级三年行动工作专班为平台，建立定期会商机制，分类推进工程项目、资金欠款等历史遗留问题化解。（责任单位：县交通运输局、县财政局、中嫘集团、属地乡镇人民政府）

四、组织保障

（一）加强组织领导。成立由分管副县长任组长，交通运输部门主要负责人为副组长，县级相关部门、经开区、乡镇人民政府、中嫘集团等单位主要负责人为成员的交通建设升级三年行动工作专班。

（二）压实工作职责。按照“政府主导、部门联动、各司其职”的原则，县交通运输局充分发挥牵头揽总作用，细化“项目前期分块负责、征地拆迁属地负责、建管投入分级负责”要求，统筹、指导、协调推动各项工作落地落实。发改、财政、自然资源、生态环境、水利、农业、商务、文广旅游、中嫘集团等单位主动对标三年行动重点任务，制定重点支持事项清单，增强服务意识，优化审批程序，提高审批效率，加强要素保障，做好全流程动态跟踪服务。

（三）强化监督考核。将交通建设升级三年行动工作开展情况纳入各要素部门年度考核工作内容，由县委目标绩效办牵头，每季度督查一次各部门工作开展情况、交通项目推进情况，并予以通报。

附件：盐亭县交通建设升级三年行动项目任务分解表

附件

盐亭县交通建设升级三年行动项目任务分解表

项目类型	序号	项目名称	建设批次	项目情况	里程（千米）	估算总投资（亿元）	资金来源	上级补助标准（万元/千米）	任务分解		
									2022年	2023年	2024年
高速	1	南盐高速公路	力争开工	省："十四五"前期工作项目 市："十四五"力争开工项目 盐亭境内路线起于富驿镇，经富驿镇、大兴回族乡、云溪镇、高渠镇，接成巴高速秋林互通	45	—	—	—	对上争取	完成前期工作	开展土地征拆
	2	盐茂高速公路	力争开工	省："十四五"前期工作项目 市："十四五"开工建设项目 盐亭境内路线起于高渠镇，经岐伯镇、鹅溪镇、接梓潼县界出境	30.1	—	—	—	对上争取	完成前期工作	开展土地征拆
	3	绵阳至南部高速	规划研究	省：《四川省高速公路网规划（2021年调整方案）（征求意见稿）》（新增） 市：规划研究项目	—	—	—	—	—	—	对上争取并配合开展路线规划研究
高铁	4	成都经三台至巴中铁路	规划研究	市：研究论证项目	—	—	—	—	配合开展研究论证，对上争取纳入国省规划	配合开展研究论证，对上争取纳入国省规划	配合开展研究论证，对上争取纳入国省规划

续表

项目类型	序号	项目名称	建设批次	项目情况	里程（千米）	估算总投资（亿元）	资金来源	上级补助标准（万元/千米）	任务分解		
									2022年	2023年	2024年
机场	5	盐亭通用机场	规划研究	市:前期研究项目	—	7.86	—	—	配合开展研究论证,开展对上争取	配合开展研究论证,开展对上争取	配合开展研究论证,开展选址及配套道路规划
国省干线	6	G245盐亭县富驿过境段改建工程	新建	起于富驿镇麻石桥,止于民主村,二级公路标准,路基宽度12米,设计时速60千米/小时,沥青混凝土路面	6.1	2.93	对上争取及地方自筹	800	开展前期工作	完成前期工作	力争开工建设
	7	新增省道路网布局2条	对上争取	1. S223原大仁路、西玉路、盐蓬路至玉龙接S413路线,共计66.9千米 2. S524原盐三路出境接三台县路线,共计9.8千米	76.7	—	—	—	完成纳入省道路网	—	—
	8	S413盐亭县麟龙(梓潼界)至石牌村段改建工程	新建	起于盐亭梓潼县界,止于盐亭县云溪镇石牌村(绵西高速柏梓互通),二级公路标准,设计时速40千米/小时,路基宽度8.5米,沥青混凝土路面	33.08	4.9	对上争取及地方自筹	550	开工建设	完成路基工程	全面完工
	9	S413盐亭县凤灵至巨龙段改建工程	新建	起于临江社区,止于麻秧高速互通接S413,二级公路标准,路基宽度12米,设计时速60千米/小时,沥青混凝土路面	5.7	2.05	对上争取及地方自筹	550	开展前期工作	完成前期工作	开工建设

续表

项目类型	序号	项目名称	建设批次	项目情况	里程（千米）	估算总投资（亿元）	资金来源	上级补助标准（万元/千米）	任务分解		
									2022年	2023年	2024年
国省干线	10	S413盐亭县玉龙镇(飞龙社区至丁家堡段）改建工程	新建	起于玉龙镇飞龙社区，止于丁家堡射洪界，二级公路标准，路基宽度8.5米，设计时速40千米/小时，沥青混凝土路面	3.1	1.12	对上争取及地方自筹	550	开展前期工作	完成前期工作	开工建设
	11	S306盐亭县共和至毛公改线提升工程	续建	起于高渠镇共和互通，止于毛公场镇，新建路段10.3千米，路基宽度8.5米，路面宽度7.5米，设计时速40千米/小时；两河至毛公边沟整治、地质灾害治理	17.89	1.76	对上争取及地方自筹	550	完成路基工程	全面完工	—
	12	大仁路（富驿断桥至金孔段）改建工程	新建	起于富驿镇断桥，止于金孔镇孟阳村，二级公路标准，设计速度40千米/小时，路基宽度8.5米，沥青混凝土路面	46.4	9.28	对上争取及地方自筹	550	纳入省道网布局规划	完成前期工作	开工建设
	13	岐伯大道	新建	起于凤灵街道红光，止于石岭，与石龙大道连接，城市次干道标准，设计时速40千米/小时，路基宽度24米，沥青混凝土路面，全线设置隧道一座，含路基、路面、管网、绿化、亮化等工程	2.4	2.15	对上争取及地方自筹	550	开工建设	完成路基工程	全面完工

续表

项目类型	序号	项目名称	建设批次	项目情况	里程（千米）	估算总投资（亿元）	资金来源	上级补助标准（万元/千米）	任务分解		
									2022年	2023年	2024年
农村公路	14	盐亭县三道咀水库道路建设	续建	三道咀水库道路宽7.5米，沥青混凝土路面	5	1.36	地方政府专项债	—	全面完工	—	—
	15	西环线	新建	起于G245鳌鱼大桥，止于经开区7号路，与S413连接，城市主干道标准，设计时速40千米/小时，路基宽度20米，沥青混凝土路面，全线设置隧道2座、桥梁2座，含路基、路面、管网、平面交叉及交安工程等	4.1	5	地方政府专项债	—	完成前期工作	开工建设	全面完工
	16	盐亭县黄甸至永泰快速通道	新建	起于黄甸镇绵西高速互通，止于永泰镇文同景区，二级公路标准，设计时速40千米/小时，路基宽度10米，沥青混凝土路面	9	4.35	对上争取及地方自筹	160	完成前期工作	开工建设	完成主体工程
	17	盐亭县毛公至柏梓灵瑞产业路建设	新建	起于S306毛公场镇，止于灵瑞场镇。三级公路标准，设计时速30千米/小时，路基宽度7.5米，水泥混凝土路面	10.5	0.82	对上争取及地方自筹	160	完成前期工作	开工建设	完成主体工程
	18	盐亭县柏梓灵瑞至鹅溪镇产业路建设	新建	起于灵瑞场镇，止于安家大桥。三级公路标准，设计时速30千米/小时，路基宽度7.5米，水泥混凝土路面	13.6	1.13	对上争取及地方自筹	160	开展前期工作	完成前期工作	开工建设

续表

项目类型	序号	项目名称	建设批次	项目情况	里程（千米）	估算总投资（亿元）	资金来源	上级补助标准（万元/千米）	任务分解		
									2022年	2023年	2024年
农村公路	19	盐亭县幸福美丽乡村路建设	新建	实施幸福美丽乡村路建设，三级公路标准，设计时速30千米/小时，路基宽度7.5米，水泥混凝土路面	50	2	对上争取及地方自筹	160	完成前期工作	开工建设	全面完工
	20	盐亭县撤并建制村畅通工程	新建	实施撤并建制村畅通工程，四级公路标准，路基宽度5.5米，水泥混凝土路面	390	1.95	对上争取及地方自筹	30	完成235千米	新完工100千米，累计完成335千米	全面完工
	21	盐亭县村民小组通硬化路	新建	实施村民小组通硬化路工程，路基宽度4.5—5.5米，水泥混凝土路面	200	1.6	对上争取及地方自筹	30	完成70千米	新完工70千米，累计完成140千米	全面完工
	22	盐亭县农村公路危桥改造工程	新建	实施农村公路危桥改造38座	—	0.45	对上争取及地方自筹	3200元/平方米	完成36座	完成2座，全面完成	—

索 引

正文附表

主题文字

D

E

F

G

H

J

K

L

M

N

P

Q

R

S

T

W

X

Y

Z